Verfassungsunmittelbare Bindungswirkung abstrahierbarer Auslegungen des Grundgesetzes

Europäische Hochschulschriften

Publications Universitaires Européennes
European University Studies

Reihe II
Rechtswissenschaft

Série II Series II
Droit
Law

Bd./Vol. 3602

PETER LANG
Frankfurt am Main · Berlin · Bern · Bruxelles · New York · Oxford · Wien

Hagen A. Wegewitz

Verfassungsunmittelbare Bindungswirkung abstrahierbarer Auslegungen des Grundgesetzes

Theorie der Bindungswirkung und Methodik zur Ermittlung der tragenden Gründe von Bundesverfassungsgerichtsentscheidungen am Beispiel einer argumentationstheoretischen Analyse der Entscheidungen zur Rechtschreibreform

PETER LANG
Europäischer Verlag der Wissenschaften

Bibliografische Information Der Deutschen Bibliothek
Die Deutsche Bibliothek verzeichnet diese Publikation in der Deutschen Nationalbibliografie; detaillierte bibliografische Daten sind im Internet über <http://dnb.ddb.de> abrufbar.

Zugl.: Jena, Univ., Diss., 2002

27
ISSN 0531-7312
ISBN 3-631-50688-0

www.peterlang.de

Ist aber ein wirkliches Bedürfnis zu einer großen Reform in einem Volke vorhanden, so ist Gott mit ihm, und sie gelingt.

Johann Wolfgang von Goethe, 1824

Vorwort

Rechtsstaatlichkeit ist über das Bestimmtheitsgebot eng mit Sprache und Text verbunden. Ohne Sprache sind auf der einen Seite systematisches Denken und planende Kommunikation nicht möglich. Auf der anderen Seite halten Texte die Sprache in Symbolen fest und erweitern so räumlich und zeitlich ihren Wirkungsbereich. Die Beziehung von Sprache und Text sollte daher über eine möglichst lange Zeit stabil bleiben, aber auch modische oder lebensweltliche Änderungen und Anpassungen ermöglichen.

Als die Rechtschreibreform durch staatliche Entscheidung die offizielle Form von Texten änderte, geschah dies auf textlichem Weg - durch Verwaltungserlaß und durch die bindenden Gründe einer Bundesverfassungsgerichtsentscheidung. Dabei ist es rechtswissenschaftlich nicht unumstritten, wie Entscheidungsgründe zu normativen Texten werden können. Dieser Frage wird am Beispiel der Rechtsprechung zur Rechtschreibreform nachgegangen werden.

Der Verfasser hält sich im übrigen an die traditionellen Rechtschreibregeln, wie sie im Rechtschreibwörterbuch von *Theodor Ickler*, Leibniz Verlag 2000, verzeichnet sind, da sie zur Zeit den einzig verläßlichen und konsistenten Regelkanon der deutschen Orthographie darstellen.

Ich danke meinen Eltern, diese Arbeit ermöglicht zu haben.

Abkürzungsverzeichnis

a.a.O.	am angegebenen Ort
Abs.	Absatz
Ag.	Antragsgegner
ÄndG	Änderungsgesetz
ArbGG	Arbeitsgerichtsgesetz
Art.	Artikel
Aufl.	Auflage
BAG	Bundesarbeitsgericht
BayVerfGH	Bayerischer Verfassungsgerichtshof
BayVBl.	Bayerische Verwaltungsblätter
Bd.	Band
Beschl.	Beschluß
Bf.	Beschwerdeführer /in
BGB	Bürgerliches Gesetzbuch
BGBl.	Bundesgesetzblatt
BGH	Bundesgerichtshof
BGHZ	Entscheidungen des Bundesgerichtshofs in Zivilsachen
BImSchG	Bundesimmissionsschutzgesetz
bspw.	beispielsweise
BT-Drucks.	Drucksache des Deutschen Bundestags
BVerfG	Bundesverfassungsgericht
BVerfGE	Bundesverfassungsgerichtsentscheidung
BVerfGG	Bundesverfassungsgerichtsgesetz
BVerwG	Bundesverwaltungsgericht
BVerwGE	Bundesverwaltungsgerichtsentscheidung
bzw.	beziehungsweise
ca.	circa
ders.	derselbe
DIN	Deutsches Institut für Normung e.V.
DÖV	Die Öffentliche Verwaltung
Drucks.	Drucksache
DtZ	Deutsch-deutsche Rechtszeitschrift
EGZPO	Einführungsgesetz zur Zivilprozeßordnung
Einf.	Einführung
EMRK	Europäische Menschenrechtskonvention
EU	Europäische Union
EuGRZ	Europäische Grundrechte-Zeitschrift
FAZ	Frankfurter Allgemeine Zeitung
FGO	Finanzgerichtsordnung
Fn.	Fußnote

GG	Grundgesetz
ggf.	gegebenenfalls
GMS	Grundlegung zur Metaphysik der Sitten
h.M.	herrschende Meinung
Hrsg.	Herausgeber
IdS	Institut für deutsche Sprache
JöR n.F.	Jahrbuch des öffentlichen Rechts der Gegenwart, neue Folge
Jura	Juristische Ausbildung
JuS	Juristische Schulung
JZ	Juristenzeitung
KMK	Kultusministerkonferenz
m.w.N.	mit weiteren Nachweisen
NJW	Neue Juristische Wochenschrift
NRW	Nordrhein-Westfalen
NSchG	Niedersächsisches Schulgesetz
NV	Niedersächsische Verfassung
NVwZ	Neue Zeitschrift für Verwaltungsrecht
NWVBl.	Nordrhein-Westfälische Verwaltungsblätter
OTZ	Ostthüringer Zeitung
OVG	Oberverwaltungsgericht
RdJB	Recht der Jugend und des Bildungswesens
Rdn.	Randnummer
RGBl.	Reichsgesetzblatt
SächsVwBl.	Sächsische Verwaltungsblätter
SGG	Sozialgerichtsgesetz
SSW	Partei der dänischen Minderheit in Schleswig-Holstein
StPO	Strafprozeßordnung
st.Rspr.	ständige Rechtsprechung
stw	Suhrkamp Taschenbuch Wissenschaft
SZ	Süddeutsche Zeitung
TÜV	Technischer Überwachungsverein
VG	Verwaltungsgericht
VGH	Verwaltungsgerichtshof
vgl.	vergleiche
VR	Verwaltungsrundschau
VVDStRL	Veröffentlichungen der Vereinigung der deutschen Staatsrechtslehrer
VwGO	Verwaltungsgerichtsordnung
VwVfG	Verwaltungsverfahrensgesetz
z.B.	zum Beispiel
ZBR	Zeitschrift für Beamtenrecht
ZIP	Zeitschrift für Wirtschaftsrecht
ZPO	Zivilprozeßordnung
ZRP	Zeitschrift für Rechtspolitik

Inhaltsverzeichnis

Einleitung

Im Sommer 1998 beendete ein Urteil des Bundesverfassungsgerichts die Serie divergierender Verwaltungsgerichtsrechtsprechung zur Rechtschreibreform. Um diese für die Gerichte ungewöhnliche Thematik, insbesondere für mögliche Nachfolgefälle, sachgerecht erfassen zu können, forderte das Urteil dazu heraus, den Umfang und die Grenzen seiner Bindungswirkung systematisch zu bestimmen.

Bei der dogmatischen Untersuchung der Grundlagen der Bindungswirkung entstand die Überzeugung, daß eine Bindungswirkung von Verfassungsgerichtsentscheidungen bereits notwendig in der Verfassung angelegt sei, sich daraus aber gleichzeitig auch eine inhaltliche Begrenzung der bindenden Gründe ergibt. Für eine praktikable, inhaltlich-systematische Bestimmung der mit bindender Wirkung ausgestatteten Gründe wurde auf argumentationstheoretischer Grundlage und mit Bezugnahme auf die herausgearbeitete Bindungsdogmatik eine Analysemethode entwickelt, mit der sich diese Gründe aus einer Entscheidung des Bundesverfassungsgerichts herausfiltern lassen.

Diese Methode wird exemplarisch am Urteil des Bundesverfassungsgerichts zur Rechtschreibreform demonstriert und die herausgearbeiteten bindenden Gründe werden anschließend in Beziehung gesetzt zu den vor und nach dem Bundesverfassungsgerichtsurteil ergangenen Urteilen des Verwaltungsgerichts Berlin und des Bundesverwaltungsgerichts zur selben Thematik.

Das Urteil des Bundesverfassungsgerichts zur Rechtschreibreform wird auch einer kritischen inhaltlichen Analyse unterzogen, um bestimmte strukturelle Schwächen aufzudecken. Dabei werden argumentative Versäumnisse aufzeigt, was insbesondere im Vergleich zu einigen der zeitlich vorangegangenen verwaltungsgerichtlichen Entscheidungen hervortritt. Die materiellrechtliche Analyse ergänzt insofern die formal-systematische Ermittlung der mit Bindungswirkung ausgestatteten tragenden Gründe der Entscheidung und ermöglicht so eine ganzheitliche Betrachtung des Urteils mit seinen unmittelbaren, konkret-bindenden und seinen mittelbaren, argumentativ-überzeugenden Wirkungen.

Zusätzlich erschien es wissenschaftlich vielversprechend, auch die begrenzte Zahl von Verwaltungsgerichtsentscheidungen zur Rechtschreibreform vergleichend zu analysieren. Das Besondere dieser Entscheidungen liegt darin begründet, daß sie tatbestandlich einander sehr ähnlich sind, mehrheitlich innerhalb einer Zeitspanne von nur eineinhalb Jahren ergingen und darüber hinaus einen rechtlichen Konflikt zum Gegenstand hatten, welcher, soweit ersichtlich, noch niemals vorher vor deutschen Gerichten verhandelt worden war. Die verwaltungsgerichtlichen Entscheidungen werden sowohl einzeln analysiert als auch untereinander verglichen. Dabei werden insbesondere die einzelnen Argumentationslinien, aber auch die Wechselbezüge zwischen den Entscheidungen herausgearbeitet.

Aus Gründen der Vollständigkeit wurde in einem Anhang auch eine chronologische Darstellung der Ereignisse um die derzeitige Rechtschreibreform in diese Arbeit mit aufgenommen.

1. Kapitel
Bindungswirkungen von Bundesverfassungsgerichtsentscheidungen

Im Verfassungsprozeßrecht werden die verbindlichen Rechtswirkungen von Entscheidungen durch die Institute der Rechtskraft und der Bindungswirkung nach § 31 Abs. 1 BVerfGG vermittelt. Von beiden gehen bestimmte, teilweise ähnliche Rechtsfolgen aus, die genauer untersucht werden sollen. Zur besseren Unterscheidung soll im folgenden bei der Benutzung des Begriffs „Bindungswirkung" im Singular vor allem diejenige Bindung gemeint sein, die staatliche Organe über die Rechtskraft hinaus bindet[1]. Die bindenden Wirkungen der Rechtskraft werden hingegen kontextabhängig und durch Bezug zu diesem Rechtsinstitut gekennzeichnet. Ziel der Untersuchung ist zunächst die Klärung des Verhältnisses der nur einfachgesetzlich geregelten Bindungswirkung zur grundgesetzlich dem Bundesverfassungsgericht übertragenen Kompetenz der Verfassungsauslegung. Darüber hinaus sollen auch Kriterien zur Unterscheidung und Methoden zur Auffindung von bindenden Entscheidungsgründen analysiert und herausgearbeitet werden.

I. Untersuchungsgegenstand

Schon bei einer allgemeinen Betrachtung des dogmatischen Sachstandes zur Bindungswirkung stellt man fest, daß bereits in der Bestimmung des sachlichen Bezugspunkts dieses Rechtsinstituts größte Uneinigkeit herrscht: Ob allein dem Urteilstenor oder diesem erst unter Hinzuziehung der tragenden Gründe eine für alle Gerichte und staatlichen Organe verbindliche Wirkung zukommt, wird als die wohl umstrittenste Rechtsfrage zum Bundesverfassungsgerichtsgesetz überhaupt angesehen[2]. Hinzu kommt der Umstand, daß die Bindungswirkung teilweise lediglich als Erweiterung der subjektiven Grenzen der allgemeinen Rechtskraft[3], teilweise aber auch, im Gegensatz zum prozessualen Charakter der Rechtskraft, als rein materielles Recht angesehen wird[4]. Dadurch wird eine gleichzeitige Betrachtung des Instituts der Rechtskraft sowie eine Analyse der Beziehungen zur Bindungswirkung notwendig.

---

1 *Schlaich / Korioth*, Das Bundesverfassungsgericht - Stellung, Verfahren und Entscheidungen, 5. Aufl., 2001, Rdn. 470, sieht in der herkömmlichen Terminologie der Bezeichnung als „Bindungswirkung aus § 31 Abs. 1 BVerfG" bereits einen Ausdruck der Unsicherheit, ob sich der Unterschied der Institute in der bloßen Rechtskrafterstreckung erschöpft oder ob eine Bindungswirkung neuer Qualität hervorgebracht wird.

2 *Sachs*, Die Bindung des Bundesverfassungsgerichts an seine Entscheidungen, 1977, S. 7 ff., mit zahlreichen Nachweisen für beide Ansichten aus Rechtsprechung und Literatur.

3 *Schlaich / Korioth* (Fn. 1), Rdn. 470 ff.

4 *Maunz / Bethge*, in: *Maunz / Schmidt-Bleibtreu / Klein / Ulsamer / Bethge*, Bundesverfassungsgerichtsgesetz, Kommentar, 1999, § 31, Rdn. 15.

In einer gesonderten Teiluntersuchung soll untersucht werden, welche Probleme durch die wesentliche Gründung einer Entscheidung auf Prognosen entstehen können und welchen Einfluß der Grad der Rationalität einer Prognose auf die Bindungswirkung haben kann. Weiterhin soll die Frage geklärt werden, ob und in wieweit eine spätere Feststellung des Nichteintritts entscheidungserheblicher Prognosen die Bindungswirkung einer verfassungsgerichtlichen Entscheidung beeinflussen oder gar entfallen lassen kann.

II. Formelle und materielle Rechtskraft

Im Bundesverfassungsgerichtsgesetz gibt es neben § 31 BVerfGG nur wenige Bestimmungen zu den Rechtswirkungen der Entscheidungen[5]. Eine Vorschrift zur Rechtskraftbindung ähnlich § 121 VwGO findet sich im Bundesverfassungsgerichtsgesetz nicht[6], weshalb auch eine unmittelbare Anwendung der Lehre von der Rechtskraft ausscheidet[7]. Dennoch besteht zur Sicherung des Rechtsfriedens auch im Verfassungsprozeßrecht der Bedarf nach endgültigen Streitlösungen[8]. Das Bundesverfassungsgericht selbst sieht die Rechtskraft gerichtlicher Entscheidungen durch das Rechtsstaatsprinzip verbürgt und damit auch unmittelbar verfassungsrechtlich gewährleistet: Eine Entziehung des Bestandsschutzes von Gerichtsentscheidungen würde den Grundsatz der Rechtssicherheit verletzen, der einen wesentlichen Bestandteil des Rechtsstaatsprinzips bildet[9]. Die Rechtskraft wird damit in den Rang eines unmittelbar aus der Verfassung folgenden Instituts gehoben[10]. Für das Bundesverfassungsgericht, das als Organ der Rechtspflege[11] bei Individualverfassungsbeschwerden, wie alle anderen Gerichte[12], auch[13] subjektiven Rechtsschutz gewährt, folgt daraus, daß zumindest die grundsätzliche Möglichkeit

---

5 So kann beispielsweise über die besondere Verfahrensvorschrift des § 79 Abs. 1 BVerfGG die Wiederaufnahme eines Strafverfahrens erwirkt werden.

6 *Pestalozza*, Verfassungsprozeßrecht, 3. Aufl., 1991, § 20 , Rdn. 54, 62.

7 *Wischermann*, Rechtskraft und Bindungswirkung verfassungsgerichtlicher Entscheidungen, 1979, S. 27.

8 *Schnapp / Henkenötter*, Zur Bindungswirkung der Entscheidungen des BVerfG, JuS 1994, S. 121.

9 BVerfGE 29, 412, 432.

10 *Detterbeck*, Streitgegenstand und Entscheidungswirkungen im öffentlichen Recht, 1995, S. 329.

11 BVerfGE 40, 356, 360; *Stern*, Das Staatsrecht der Bundesrepublik Deutschland, Bd. II, 1980, S. 346 ff., 941 ff. m.w.N.

12 Art. 92 GG betrachtet das Bundesverfassungsgericht als gleichrangigen Bestandteil der rechtsprechenden Gewalt; § 1 Abs. 1 BVerfGG betont die Stellung als Gerichtshof des Bundes. Aufgrund dieser Qualifikation unterliegt die Aufgabenwahrnehmung des Gerichts den verfassungsrechtlich verbürgten Neutralitätsgarantien, die die Dritte Gewalt allgemein kennzeichnen: Fallbezogenheit, Passivität, Entscheidungszwang, Unabhängigkeit, Unparteilichkeit und Normbindung. *Voßkuhle*, in: *v. Mangoldt / Klein / Stark*, Das Bonner Grundgesetz, Bd. 3, 4. Aufl., 2001, Art. 93 Rdn. 20.

13 So ist beispielsweise umstritten, ob auch Normenkontrollentscheidungen in materielle Rechtskraft erwachsen können, wenn sie über § 31 Abs. 2 BVerfGG bereits Gesetzeskraft haben, vgl. *Detterbeck* (Fn. 10), S. 329 f., m.w.N. Für das hier interessierende Verhältnis von Rechtskraft und Bindungswirkung soll diese Frage aber ausgeblendet bleiben.

einer Anwendung der Lehre von der Rechtskraft auf dessen Entscheidungen[14] besteht[15].

1. Anwendung der Lehre von der Rechtskraft im Verfassungsprozeß

Bevor auf die Lehre von der Rechtskraft eingegangen wird, sollen vorab noch die der Rechtskraft verwandten Regelungen im BVerfGG betrachtet werden.

Von Regelungen dieser Art finden sich im BVerfGG nur wenige. Dazu gehören u.a. die §§ 41 und 61 BVerfGG, in denen zum einen die Voraussetzungen einer Antragswiederholung und zum anderen die Wiederaufnahme eines Verfahrens zur Richteranklage geregelt werden. Die Antragswiederholung ist für Verfassungsbeschwerdeverfahren nach §§ 41, 96 BVerfGG nur zulässig, wenn ein Antrag auf neue Tatsachen gestützt wird. Unter dem Blickwinkel der Rechtskraft handelt es sich in solchen Fällen aber dann nicht mehr um denselben Verfahrensgegenstand zwischen denselben Parteien.[16]

In engere Beziehung zu den allgemeinen Rechtskraftwirkungen treten die Regelungen zum Wiederaufnahmerecht. Eine umfassende, entsprechende Anwendung des Wiederaufnahmerechts nach den verschiedenen Prozeßordnungen auch für das Verfassungsprozeßrecht kommt aber wegen fehlender prozeßrechtlicher Lücke nicht in Betracht[17]. Denn der Gesetzgeber hat der Befriedungswirkung der Rechtskraft nur dann eine nachrangige Bedeutung zugeordnet, wenn in Fällen elementarer persönlicher Bedeutung die Aufrechterhaltung einer Entscheidung unter dem Aspekt des Gerechtigkeitsanspruchs

---

14 Der mögliche Einwand, daß es sich bei den Entscheidungen des Bundesverfassungsgerichts nicht eigentlich um gerichtliche Urteile, sondern Aussprüche eines Verfassungsorgans handelt, steht im Widerspruch zum Willen des Gesetzgebers aus Art. 92 GG und § 1 BVerfGG. *Maunz / Bethge* (Fn. 4), § 31 Rdn. 1.

15 So die h.M.: *Benda / Klein*, Verfassungsprozeßrecht, 2. Aufl., 2001, Rdn. 1289 f.; *Maunz / Bethge* (Fn. 4), § 31 Rdn. 5; *Rennert*, in: *Umbach / Clemens*, Bundesverfassungsgerichtsgesetz, Mitarbeiterkommentar und Handbuch, 1992, § 31, Rdn. 24, 28; *Vogel*, Bundesverfassungsgericht und Grundgesetz, Band I, 1976, S. 575; *Zuck*, in *Lechner / Zuck*, Bundesverfassungsgerichtsgesetz, Kommentar, 4. Auflage, 1996, § 31 Rdn. 8, 11; *Pestalozza* (Fn. 6), Rdn. 49; *Schlaich / Korioth* (Fn. 1), Rdn. 464; *Wischermann* (Fn. 7), S. 21; Letztlich auch *Sachs* (Fn. 2), S. 33, der zwar keine globale Übertragung für möglich hält, bei der Individualverfassungsbeschwerde aber Rechtskraftwirkungen bejaht, S. 375 ff.; BVerfGE 4, 31, 38; 20, 56, 86 ff.; 69, 92, 103; 78, 320, 328. Der Möglichkeit der Übernahme steht auch nicht die Ansicht *Geigers*, Die Grenzen der Bindung verfassungsgerichtlicher Entscheidungen (§ 31 Abs. 1 BVerfGG), NJW 1954, S. 1057, entgegen, der zwar speziell die Lösung des Problems des Umfanges der Bindung verfassungsgerichtlicher Entscheidungen unter Anwendung der Lehre von der Rechtskraft verneint, damit aber nicht die allgemeine Anwendbarkeit der Lehre blockiert. *Kriele*, Theorie der Rechtsgewinnung, 2. Auflage, 1976, S. 296 ff., lehnt die generelle Übernahme der Lehre von der Rechtskraft ab und sieht das überwiegende Befriedungsinteresse der Einzelindividuen durch die Regelungen der §§ 41, 61, 96 BVerfGG als ausreichend geschützt an; kompensatorisch wirkt bei dieser Ansicht aber der Lösungsansatz, der das generelle Befriedungsinteresse durch eine Ausweitung der Bindungswirkung hin zu einer präjudiziellen Bindung sichert.

16 BVerfGE 4, 31, 39, 78, 320, 328. Unten (S. 23) wird gezeigt werden, daß es weder eine Regelungslücke gibt, noch zu Überschneidungen der Regelungen zur Antragswiederholung und zur Rechtskraft kommen kann.

17 *Benda / Klein* (Fn. 15), Rdn. 1306, *Pestalozza* (Fn. 6), § 20 Rdn. 53.

unerträglich wäre. Dies fand seinen Niederschlag in § 61 BVerfGG, der die Möglichkeit der Wiederaufnahme eines Richteranklageverfahrens unter den Voraussetzungen der Wiederaufnahmeregeln der StPO vorsieht. Die dadurch erfolgende Durchbrechung der Rechtskraft ist ein so bedeutsamer Vorgang, daß im Hinblick auf die spezielle Regelung für Richteranklageverfahren eine unbewußte Außerachtlassung der Rechtskraftdurchbrechung durch den Gesetzgeber nicht unterstellt werden kann[18].

Daraus ergibt sich zugleich, daß die Ablehnung allgemeiner Verfahrenswiederaufnahmen punktuell zu nicht mehr hinnehmbaren, weil evident ungerecht erscheinenden Situationen führen kann. Das Bundesverfassungsgericht hält daher die Abänderung einer rechtskräftigen Entscheidung bei Vorliegen groben prozessualen Unrechts generell für zulässig[19] und wendet das auch auf sich selbst an[20], hat dies aber - soweit ersichtlich - noch in keiner eigenen Entscheidung praktiziert[21]. Der Annahme groben prozessualen Unrechts sind, schon im Vergleich mit den engen Voraussetzungen des § 61 BVerfGG, notwendig ebenfalls sehr enge Grenzen gesetzt, die auch kaum generalisierbar scheinen. Im Rahmen dieser dogmatischen Betrachtung soll die Annahme groben prozessualen Unrechts daher als zwar mögliches, aber sehr restriktiv benutzbares Korrektiv dahingestellt bleiben.

Es kann somit festgehalten werden, daß die rechtskraftverwandten Regelungen des BVerfGG einer analogen Anwendung der Lehre von der Rechtskraft nicht entgegenstehen.

a) Inhalt der Lehre von der Rechtskraft

In den übrigen Rechtsgebieten wird dem Befriedungsinteresse durch gerichtliche Entscheidungen über die Lehre von der Rechtskraft[22] und deren Niederschlag in den einzelnen Prozeßordnungen[23] genüge getan. Die Lehre von der Rechtskraft unterscheidet bei dem in den Prozeßordnungen einheit-

---

18 *Benda / Klein* (Fn. 15), Rdn. 1306, ist der Ansicht, daß der Gesetzgeber beim Bundesverfassungsgericht von einer höheren Gewähr der Richtigkeit und der Korrektheit des Zustandekommens der Entscheidungen ausgehen durfte und deshalb von einer allgemeinen Wiederaufnahmemöglichkeit - bei positiv-rechtlicher Ausnahme des § 61 BVerfGG - absehen konnte. Allerdings gibt *Vogel* (Fn. 15), S. 222 f., zu bedenken, daß in besonderen Ausnahmefällen auch bei Präsidentenanklageverfahren sowie Parteiverbots- und Grundrechtsverwirkungsverfahren ein späteres Rehabilitationsinteresse entstehen kann, daß eine Wiederaufnahme gebietet. Solche Fälle dürften aber vom Bundesverfassungsgericht voraussichtlich so pragmatisch gehandhabt werden, wie diejenigen der Beseitigung groben prozessualen Unrechts (vgl. BVerfGE 72, 84) und können keine allgemeine Ausdehnung des § 61 BVerfGG begründen.

19 BVerfGE 63, 77, 78; 69, 233, 242; *Benda / Klein* (Fn. 15), Rdn. 332, 1308.

20 *Benda / Klein* (Fn. 15), Rdn. 332.

21 In der Entscheidung vom 25.3.1984 - BVerfGE 72, 84 - nahm das Gericht Stellung zum Begehren einer Abänderung einer vorangegangenen Entscheidung - BVerfGE 69, 272 - wegen Nichtberücksichtigung eines nach der mündlichen Verhandlung eingereichten Schriftstücks, wies die Beschwerde jedoch wegen der nicht vorhandenen Entscheidungserheblichkeit der neuen Tatsachen als unbegründet zurück.

22 Kritisch zu einer einheitlichen Lehre, aber i.E. zustimmend: *Pestalozza* (Fn. 6), § 20 Rdn. 54 ff.

23 Z.B. §§ 322, 705 ZPO, § 121 VwGO, § 110 FGO, § 449 StPO, § 141 SGG, § 62 II ArbGG.

lich als „Rechtskraft" verwendeten Begriff zwei ihrem Inhalt nach unterschiedliche prozeßrechtliche Phänomene: zum einen die Unanfechtbarkeit einer Entscheidung im anhängigen Rechtsstreit[24], die allgemein als „formelle" Rechtskraft bezeichnet wird, und zum anderen die inhaltliche Maßgeblichkeit der Entscheidung über den anhängigen Rechtsstreit hinaus[25], die „materielle Rechtskraft" genannt wird[26]. Die Trennung in diese beiden Formen dient auch der besseren methodischen Differenzierung, besonders um die Entstehungsvoraussetzungen deutlich von den Wirkungen des Rechtsinstituts absetzen zu können. Keinesfalls aber stellt die Lehre von der Rechtskraft die enge Wechselbezüglichkeit, insbesondere die direkte Abhängigkeit der materiellen von der formellen Rechtskraft infrage[27]. Von der formellen Rechtskraft ist generell noch die für das Gericht gegebene Unwiderruflichkeit einer Entscheidung zu unterscheiden. Im folgenden sollen die Unwiderruflichkeit sowie die beiden Aspekte der Rechtskraft speziell für das Verfassungsprozeßrecht untersucht werden.

b) Unwiderruflichkeit, innerprozessuale Bindung

Das Prinzip der Unwiderruflichkeit einer Entscheidung wirkt nur für das Gericht, das diese Entscheidung getroffenen hat. Für die Sphäre des Gerichts kann die Unwiderruflichkeit daher als das Gegenstück zur Unangreifbarkeit einer Entscheidung durch die Beteiligten, die formelle Rechtskraft, angesehen werden. Unwiderruflichkeit bedeutet, daß das Gericht, das eine Entscheidung erlassen hat, an diese Entscheidung gebunden ist und sie nicht mehr aufheben oder rückgängig machen kann[28]. Insofern ist auch von der Unwiderruflichkeit als einer innerprozessualen Bindung[29] beziehungsweise einem Aufhebungsverbot[30] die Rede, da diese Wirkung völlig unabhängig von einem zweiten Prozeß ist[31]. Die Unwiderruflichkeit tritt unter den gleichen Voraussetzungen wie die Rechtskraft ein[32], wird aber wegen der Unabhängigkeit von einem

---

24 *Pestalozza* (Fn. 6), § 20 Rdn. 52 ff.; *Benda / Klein* (Fn. 15), Rdn. 1292; *Wischermann* (Fn. 7), S. 21.

25 Die Voraussetzungen der Verbindlichkeit auch in nachfolgenden Prozessen sind im einzelnen sehr umstrittenen. Vgl. *Detterbeck* (Fn. 10), S. 327.

26 Diese Bezeichnung der Wirkungsformen spiegelt sich auch wider in den nichtamtlichen Kurzbezeichnungen der einschlägigen Bestimmungen in Gesetzestextsammlungen, beispielsweise des „Schönfelder", 98. Auflage, 2000, der § 705 ZPO mit [Formelle Rechtskraft] und § 322 ZPO mit [Materielle Rechtskraft] überschreibt.

27 *Detterbeck* (Fn. 10), S. 327.

28 *Vogel* (Fn. 15), S. 583; *Maunz / Bethge* (Fn. 4), § 31 Rdn. 6. Nicht ausgeschlossen von der Unwiderruflichkeit ist die Berichtigung offensichtlicher Unrichtigkeiten analog § 319 ZPO, § 118 VwGO, *Rennert*, in: *Umbach / Clemens* (Fn. 15), § 31 Rdn. 22; *Zuck*, in: *Lechner / Zuck* (Fn. 15), § 31, Rdn. 4.

29 *Pestalozza* (Fn. 6), § 20 Rn. 49.

30 *Sachs* (Fn. 2), S. 140 ff, der unter das Aufhebungsverbot auch das Abänderungsverbot fallen läßt, da eine Abänderung letztlich eine (stillschweigende) Aufhebung mit anschließender Neuregelung sei, S. 140 Fn. 4.

31 *Pestalozza* (Fn. 6), § 20 Rn. 49; *Benda / Klein* (Fn. 15), Rdn. 1291.

32 *Rennert*, in: *Umbach / Clemens* (Fn. 15), § 31 Rdn. 22.

zweiten Prozeß als eine von der Rechtskraft gesondert zu betrachtende Wirkung angesehen[33].

Im BVerfGG ist die Selbstbindung des Gerichts an die eigenen Entscheidungen nicht erwähnt, aber durch die in Art. 92 GG vorgenomme Zuordnung des Bundesverfassungsgerichts zur rechtsprechenden Gewalt ist dieses Prinzip der Unwiderruflichkeit im BVerfGG wohl vorausgesetzt[34]. Dies gilt auf jeden Fall für die hier interessierenden verfahrensabschließenden Entscheidungen nach § 25 BVerfGG, einschließlich der Teil- und Zwischenentscheidungen, da auch die Verfahren vor dem Bundesverfassungsgericht nach dem aus dem Rechtsstaatsprinzip entwickelten Gebot des Rechtsschutzes ihren Abschluß finden müssen[35].

Anders stellt sich die Ansicht von *Maunz / Bethge*[36] dar, nach der eine Differenzierung nach den Senaten des Bundesverfassungsgerichts für erforderlich gehalten wird: die Aufhebung einer eigenen Entscheidung durch den gleichen Senat sei durch den Grundsatz der Unwiderruflichkeit ausgeschlossen, die des anderen Senats aber aufgrund der formellen Rechtskraft[37]. Dieser Ansicht kann jedoch entgegengehalten werden, daß jeder Senat im Zeitpunkt der Entscheidung das Bundesverfassungsgericht als solches zwar repräsentiert[38], nicht aber als eigenes, eigenständiges Gericht handelt. Das Verhältnis der Senate zueinander ist intern nach inhaltlichen Zuständigkeiten geregelt und nach außen hin von einer generellen Gleichrangigkeit geprägt.

Eine Entscheidung zwischen den dargestellten Ansichten könnte an sich dahingestellt bleiben, da sie von den gleichen Voraussetzungen ausgehen und praktisch zu der gleichen Rechtsfolge kommen. Aber gerade aufgrund der Gleichwertigkeit sollte der systematischen Ansicht, nach der nicht zwischen den Senaten bezüglich der Unwiderruflichkeit unterschieden wird, der Vorzug gegeben werden. Alle Entscheidungen bleiben stets solche des einen Bundesverfassungsgerichts, gefaßt jeweils von dem gemäß § 14 BVerfGG zuständigen Senat. Inhaltliche Divergenzen sind nach § 16 BVerfGG vom Plenum des Gerichts zu entscheiden, was für den gesetzgeberischen Wunsch eines möglichst einheitlichen Auftretens beider Senate nach außen hin als ein Gericht spricht. Die formelle Rechtskraft hingegen bekräftigt die Unanfechtbarkeit einer Entscheidung nach außen und ist auch begrifflich eher der Sphäre der Beteiligten, als der Sphäre der internen Spruchkörperregelung eines Gerichts zuzuordnen.

---

33 *Zuck*, in: *Lechner / Zuck* (Fn. 15), § 31 Rdn. 3; *Benda / Klein* (Fn. 15), Rdn. 1291; *Maunz / Bethge* (Fn. 4), § 31 Rdn. 6.

34 *Zuck*, in: *Lechner / Zuck* (Fn. 15), § 31 Rdn. 3; *Pestalozza* (Fn. 6), § 20 Rn. 49.

35 *Vogel* (Fn. 15), S. 583; Die Fälle der Wiederaufnahme des Verfahrens (§ 61 BVerfGG) stellen gesondert geregelte Ausnahmen dar.

36 *Maunz / Bethge* (Fn. 4), § 31 Rdn. 6.

37 Ebenda.

38 BVerfGE 1, 29; 1, 89; 7, 17; 19, 89. *Maunz* selbst kommentiert § 2 Abs. 1 BVerfGG mit den Worten: „Jeder Senat ist für sich selbst das Bundesverfassungsgericht. Dieses Verhältnis wird mit der Bezeichnung 'Zwillingsgericht' charakterisiert." *Maunz* (Fn. 4), § 2 Rdn. 1.

c) Analoge Anwendung der Lehre von der Rechtskraft

Methodisch kommt für die Übernahme der Lehre von der Rechtskraft in das Verfassungsprozeßrecht nur eine entsprechende Anwendung in Betracht[39]. Von der Rechtsprechung[40] und der Lehre[41] wird die grundsätzliche Möglichkeit einer Analogie im Verfahrensrecht bejaht. Voraussetzung hierfür sind die Feststellung ähnlicher Regelungen in verwandten Rechtsgebieten, das Vorliegen einer Regelungslücke im Gesetz sowie das Bestehen einer vergleichbaren Interessenlage, die eine unterschiedliche Handhabung nicht zu rechtfertigen geeignet ist[42]. Die Anwendung dieser Analogiekriterien führt zu den nachfolgenden Erwägungen.

aa) Regelungslücke

Im Verwaltungsprozeßrecht, das dem Verfassungsprozeßrecht als Rechtsgebiet eng verwandt ist, werden Rechtskraftwirkungen als allgemeine prozeßrechtliche Prinzipien anerkannt[43] und wird ausdrücklich die Lehre von der Rechtskraft vertreten[44]. Damit kann von einer ähnlichen Regelung in einem verwandten Rechtsgebiet ausgegangen werden.

Fraglich ist das Vorliegen einer Regelungslücke, da aus dem Nichtvorhandensein von Rechtskraftregelungen bei gleichzeitigem Vorliegen einiger spezieller Regelungen zur Wirkung der Entscheidungen sowohl auf eine bewußte Ausfüllungsbedürftigkeit der prozeßrechtlichen Vorschriften, aber eben auch auf eine ausdrückliche Nichtregelung der Rechtskraftwirkung geschlossen werden kann. Generell kann hierzu zunächst festgestellt werden, daß die Möglichkeit einer Regelungslücke wegen der speziellen Regelung der Bindungswirkung nicht von vornherein zu verneinen ist[45]. Es liegt auf der anderen Seite durch das Vorhandensein von Spezialvorschriften keine echte Gesetzeslücke vor, wodurch nur der vergleichbare Fall der Annahme einer Regelungslücke in Betracht käme. Die Voraussetzung, daß einer kodifizierten Spezialregelung nichts über das Verhältnis zu einem allgemein anerkannten Rechtsprinzip entnommen werden kann, liegt vor. Um zwischen diesen Alternativen eine dogmatische Entscheidung treffen zu können, werden im folgenden die Argumente für die ausschliessende Wirkung und die Argumente der kumulativen Anwendbarkeit gewichtet und miteinander verglichen.

Aus dem Fehlen zusätzlicher Normen zu den Regelungen der §§ 41, 47, 61, 96 BVerfGG könnte der Umkehrschluß gezogen werden, daß in allen anderen Verfahrensarten vor dem Bundesverfassungsgericht der Eintritt der Rechts-

[39] *Schnapp / Henkenötter* (Fn. 8), S. 122.
[40] BVerfGE 1, 109, 110 ff.; 2, 79, 84; 6, 376, 386; 13, 54, 94.
[41] *Klein*, in: *Maunz / Bethge* (Fn. 4), Vorb. § 17 Rdn. 1 m.w.N.; *Wischermann* (Fn. 7), S. 27 m.w.N.
[42] *Larenz*, Methodenlehre der Rechtswissenschaft, 6. Aufl., 1991, S. 381 ff; *Wischermann* (Fn. 7), S. 27.
[43] *Wischermann* (Fn. 7), S. 28.
[44] *Kopp / Schenke*, Verwaltungsgerichtsordnung, 11. Auflage, 1998, § 121 Rdn. 1 ff.
[45] *Wischermann* (Fn. 7), S. 29.

kraft ausgeschlossen sei[46]. § 96 BVerfGG regelt die Voraussetzungen der Wiederholung einer Verfassungsbeschwerde, wobei, wie auch in § 47 BVerfGG, auf das Erfordernis der Stützung auf neue Tatsachen aus § 41 BVerfG verwiesen wird. Bei genauerer Betrachtung stellt sich heraus, daß § 41 BVerfGG an sich eine von der Annahme einer Rechtskraftwirkung relativ unabhängige Vorschrift ist. Denn diese Vorschrift beschreibt nur den äußerlichen, indirekten Aspekt der Rechtskraftwirkung, daß ein neuer Antrag gegen denselben Antragsgegner auf neue Tatsachen gestützt werden muß. In diesem Sinne umschreibt sie eine Bedingung für das Vorliegen eines anderen, neuen Verfahrensgegenstandes und nach der Lehre von der Rechtskraft ist ein anderer Verfahrensgegenstand ein Kriterium, an dem die Rechtskraft der Erstentscheidung endet. Die Annahme einer Regelungslücke für eine allgemeine Rechtskraftwirkung von Verfassungsbeschwerdeentscheidungen, welche die Bestimmungen der §§ 96, 41 BVerfGG als einen ihrer logischen Bestandteile integriert, bleibt somit möglich.

Diese Regelungslücke könnte aber von der anderen Seite her über die Regelung der Bindungswirkung in § 31 Abs. 1 BVerfGG geschlossen werden. Im Vorgriff auf die Untersuchung der Bindungswirkung muß an dieser Stelle schon darauf hingewiesen werden, daß die Bindungswirkung nach herkömmlicher Auslegung nur inhaltliche Wirkungen entfaltet[47] und somit nicht das prozeßhindernde Sachentscheidungsverbot umfaßt, wonach ein erneuter Antrag auf gleicher tatsächlicher Grundlage bereits zur Unzulässigkeit des Antrags führt. Wenn aber die Bindungswirkung prozeßrechtlich unwirksam ist, dann bleibt der Bedarf für die prozeßrechtlichen Wirkungen der Rechtskraft bestehen. Denn es widerspräche dem Prinzip der Prozeßökonomie und würde die Möglichkeit einer provozierten Überlastung des Bundesverfassungsgerichts eröffnen, wenn erneuerte Anträge jeweils einer Sachentscheidung zugeführt werden müßten.

Für das Vorliegen einer ausfüllungsbedürftigen Regelungslücke sprechen letztlich auch die allgemeinen Ansichten aus Literatur[48] und Rechtsprechung[49] zur Lückenhaftigkeit der verfassungsprozeßrechtlichen Vorschriften.

bb) Vergleichbare Interessenlage

Bezüglich des Kriteriums des Vorliegens einer vergleichbaren Interessenlage ist zwischen formeller und materieller Rechtskraft zu unterscheiden. Ein Interesse an der Unanfechtbarkeit einer Entscheidung im anhängigen Rechtsstreit kann generell für alle Verfassungsprozesse bejaht werden. Aufgrund der nach der Verfahrensordnung vorgegebenen Rechtsmittellosigkeit wirkt

---

46 *Schnapp / Henkenötter*, (Fn. 8), S. 122.

47 Vgl. unten S. 73 ff. zum Gegenstand der Bindungswirkung.

48 *Klein*, in: *Maunz / Bethge* (Fn. 4), Vorb. zu § 17 Rdn. 1 m.w.N.

49 BVerfGE 1, 109, 110 ff. Der Gesetzgeber hat nach Ansicht des Gerichts sogar bewußt Raum für die Ausgestaltung des Prozeßrechts durch die Gerichtspraxis offengelassen, BVerfGE 2, 79, 84.

die formelle Rechtskraft klarstellend bezüglich des Eintritts der Bestandskraft und damit der Unanfechtbarkeit einer Entscheidung.

Im Hinblick auf die materielle Rechtskraft ist es umstritten, ob diese den Entscheidungen generell zukommt oder ob innerhalb der Verfassungsprozeßarten nach den möglichen Beteiligten differenziert werden muß[50]. Zumindest bezüglich der Verfahren zur Individualverfassungsbeschwerde besteht aber unstreitig eine mit anderen, subjektiven Rechtsschutz gewährenden Verfahren direkt vergleichbare Interessenlage. Denn gerade in diesen Verfahren ist die inhaltliche Maßgeblichkeit einer Entscheidung für die Beschwerdeführer die für die Befriedungsfunktion wesentliche Wirkung der Entscheidung.

Die Voraussetzungen für eine analoge Anwendung der Lehre von der Rechtskraft liegen aus rechtsdogmatischer Sicht vor. Lehre[51] und Rechtsprechung[52] sind daher auch fast[53] einhellig der Ansicht, daß die Entscheidungen des Bundesverfassungsgerichts keine Entscheidungen besonderer Art sind, sondern wie andere Gerichtsentscheidungen in entsprechender Anwendung der Lehre von der Rechtskraft in formelle und materielle Rechtskraft erwachsen.

2. *Formelle Rechtskraft von Verfassungsbeschwerdeentscheidungen*

Unter der formellen Rechtskraft versteht man im Zivilrecht die Eigenschaft einer Entscheidung, mit ordentlichen Rechtsmitteln nicht mehr angefochten werden zu können[54]. Auf dem Gebiet des Verwaltungsrechts wird mit demselben Begriff operiert, auch wenn die Verwaltungsgerichtsordnung keine eigene Bestimmung trifft; die Auffangverweisung des § 173 VwGO auf entsprechende Bestimmungen der Zivilprozeßordnung gestattet diese Begriffsübernahme[55]. Das Bundesverfassungsgerichtsgesetz selbst enthält keine Vorschrift,

---

50 Einerseits *Wischermann* (Fn. 7), S. 30 ff. m.w.N., der letztlich auch bezüglich der Normenkontrollverfahren für die materiellen Rechtkraft eine vergleichbare Interessenlage wegen des Befriedungsinteresses annimmt.; a.A.: *Kriele* (Fn. 15) S. 297, Danach sollen allein die Entscheidungen in Rechtskraft erwachsen, in denen Bürger unmittelbar als Prozeßparteien beteiligt sind. Diese Frage soll dahingestellt bleiben, da von beiden Seiten die Möglichkeit, daß Entscheidungen des Bundesverfassungsgerichts auch in materielle Rechtskraft erwachsen, nicht generell verneint wird.

51 *Rennert*, in: *Umbach / Clemens* (Fn. 15), § 31 Rdn. 24 f.; *Zuck*, in: *Lechner / Zuck* (Fn. 15), § 31 Rdn. 8, 11; *Lange*, Rechtskraft, Bindungswirkung und Gesetzeskraft der Entscheidungen des Bundesverfassungsgerichts, JuS 1978, S. 2; *Rupp*, Zur Bindungswirkung der Entscheidungen des Bundesverfassungsgerichts, in: Festschrift für Eduard Kern, 1968, S. 403; *Pestalozza* (Fn. 6), § 20 Rdn. 62 f.

52 BVerfGE 4, 31, 38; 5, 34, 37; 20, 56, 86; 33,199, 203; 78, 320, 328.

53 *Kriele* (Fn. 15), S. 296 ff., sieht in den §§ 41 und 96 BVerfGG Spezialvorschriften, die andeuten, daß über diese Vorschriften hinaus kein Platz für eine Rechtskraftwirkung bestehe. Dem kann jedoch der methodische Grundsatz entgegengehalten werden, daß allein die Existenz einer teilweisen Sonderregelung eine Analogie nicht ausschließt: Berührt die Regelung den Problemkreis, ohne ihn erschöpfend zu regeln, gilt vielmehr, daß sie durch eine Analogie ergänzt werden kann. So auch *Sachs* (Fn. 2), S. 12 ff.

54 In § 705 ZPO und § 19 EGZPO wird die äußere (=formelle) Rechtskraft in diesem Sinne definiert. Vgl. § 705 ZPO, *Baumbach / Lauterbach*, Zivilprozeßordnung, Kommentar, 1997, Einf. §§ 322-327, Rdn. 1.

55 *Kopp / Schenke* (Fn. 44), § 121 Rdn. 2.

die den Inhalt der formellen Rechtskraft näher bestimmt. Allgemein gilt aber auch im Verfassungsprozeßrecht der Grundsatz, daß eine Entscheidung dann formell rechtskräftig ist, wenn sie mit den nach dem maßgeblichen Verfahrensgesetz möglichen Rechtsmitteln oder Rechtsbehelfen nicht mehr angegriffen werden kann[56].

a) Rechtsmittel

Denkbare und bereits im Schrifttum diskutierte Rechtsmittel gegen Bundesverfassungsgerichtsentscheidungen sind die nach § 61 BVerfGG mögliche Wiederaufnahme eines Verfahrens sowie ein Gesuch an die europäische Kommission für Menschenrechte nach Art. 25 EMRK. Die Wiederaufnahme eines Verfahrens nach § 61 BVerfGG ist jedoch kein originäres Rechtsmittel, da es an die Voraussetzungen der § 359, 364 StPO anknüpft. Denn die strafprozessualen Wiederaufnahmevorschriften setzen ausdrücklich ein durch ein rechtskräftiges Urteil abgeschlossenes Verfahren voraus. Es würde ein dogmatisch unlösbarer Zirkelbezug entstehen, wenn ein die Rechtskraft voraussetzendes Verfahren den Eintritt derselben Rechtskraft zu hindern geeignet wäre.

Ebenfalls kein verfassungsprozessualer Rechtsbehelf ist eine gegen eine Entscheidung des Bundesverfassungsgerichts mögliche Menschenrechtsbeschwerde nach Art. 25 EMRK, da sie außerhalb des Instanzenzugs liegt[57]. Eine Entscheidung des europäischen Gerichtshofs für Menschenrechte, die mittelbar über § 359 Nr. 6 StPO und § 61 BVerfGG eine Wiederaufnahme des Verfahrens bewirken könnte, setzt darüber hinaus zur Legitimation einer Klage vor dem Gerichtshof mindestens die Zustimmung der Bundesrepublik Deutschland voraus[58], steht also nicht zur alleinigen Disposition des Beschwerdeführers einer Verfassungsbeschwerde und ist somit auch formal kein Rechtsbehelf im herkömmlichen Sinn. Eine Menschenrechtsbeschwerde ist daher nicht geeignet, den Eintritt der formellen Rechtskraft zu hindern[59].

b) Voraussetzungen der formellen Rechtskraft

Verfassungsgerichtliche Entscheidungen werden formell rechtskräftig, sobald sie wirksam werden[60]. Wirksam werden die formgerecht schriftlich abgefaßten, begründeten und von den mitwirkenden Richtern unterzeichneten Entscheidungen[61] entweder mit der öffentlichen Verkündung nach mündlicher Verhandlung[62] oder, falls es keiner Verkündung bedarf, mit der Zustel-

---

56 *Zuck*, in: *Lechner / Zuck* (Fn. 15), § 31 Rdn. 8 ff.

57 *Frohwein / Peukert*, Europäische Menschenrechtskonvention, Kommentar, 2. Aufl., 1996, Art. 25 Rdn. 2.

58 Art. 48 Punkt b) EMRK.

59 *Zuck*, in: *Lechner / Zuck* (Fn. 15), § 31 Rdn. 9.

60 *Rennert*, in: *Umbach / Clemens* (Fn. 15), § 31 Rdn. 23.

61 § 30 Abs. 1 S. 2 BVerfGG.

62 § 30 Abs. 1 S. 3 BVerfGG.

lung an die Beteiligten[63]. Bei einer Zustellung an einzelne Beteiligte kann der Zeitpunkt des Wirksamwerdens fraglich sein, je nach dem, wann und ob überhaupt die Zustellungen gelingen. Hier empfiehlt es sich, mit der überwiegenden Ansicht[64] eine Parallele zu vergleichbaren Vorschriften wie § 116 Abs. 3 VwGO, § 310 Abs. 3 ZPO zu ziehen, wonach der Eintritt der Wirksamkeit mit der ersten bewirkten Zustellung angenommen wird. Denn zum einen wurde die Lehre von der Rechtskraft gerade auf dem Weg der Analogie für das Verfassungsprozeßrecht herangezogen. Zum anderen kommt es wegen der Rechtsmittellosigkeit gegenüber den Entscheidungen auch nicht auf individuell differenzierte Zeitpunkte des Eintritts der Wirksamkeit an. Damit kann festgestellt werden, daß im Verfassungsprozeß lediglich die Einhaltung der formellen Vorschriften der Entscheidungsfindung und des Entscheidungserlasses Voraussetzung für den Eintritt der Rechtskraft sind[65].

3. *Materielle Rechtskraft von Verfassungsbeschwerdeentscheidungen*

Das Bundesverfassungsgericht umschreibt den Sinn der materiellen Rechtskraft in der Form, daß sie in den sachlichen und zeitlichen Grenzen des Entscheidungsgegenstandes Rechtsfrieden zwischen den Beteiligten stiften soll[66]. Die Gewährleistung von Rechtsfrieden und Rechtssicherheit ist nach Ansicht des Gerichts von so zentraler Bedeutung für die Rechtsstaatlichkeit, daß um ihretwillen sogar die Möglichkeit einer im Einzelfall vielleicht unrichtigen Entscheidung in Kauf genommen werden muß[67]. Rechtsfrieden und Rechtssicherheit werden auch als wesentliche Bestandteile des Rechtsstaatsprinzips aus Art. 20 Abs. 3 GG angesehen[68], was der Rechtskraft eine verfassungsmäßige Verankerung verleiht[69]. In der Sphäre des Rechts muß die Maßgeblichkeit einer Entscheidung vor allem im Verhältnis zu anderen, späteren Entscheidungen gegeben sein, so daß der Zweck der materiellen Rechtskraft vor allem darin besteht, daß sie der Sicherung des inhaltlichen Bestandes einer formal endgültigen Entscheidung in einem weiteren Verfahren dient[70]. Die materielle Rechtskraft verhindert, daß über ein formell rechtskräftiges Urteil nicht nur nicht anders, sondern über diesen Gegenstand überhaupt nicht mehr entschieden werden darf[71]. Damit ergeben sich aber Folgefragen hinsichtlich des Umfangs und der Grenzen der Rechtskraft und der Bestimmbarkeit der bindenden Wirkung der Rechtskraft. Vorab sollen noch kurz die einzelnen Voraussetzungen und Wirkungen des prozessualen Instituts der materiellen Rechtskraft genauer beleuchtet werden.

---

63 § 30 Abs. 3 BVerfGG.

64 *Rennert*, in: *Umbach / Clemens* (Fn. 15), § 31 Rdn. 23, m.w.N.

65 *Benda / Klein* (Fn. 15), Rdn. 1292; *Schlaich / Korioth* (Fn. 1), Rdn. 466.

66 BVerfGE 47, 146, 165.

67 BVerfGE 2, 380, 402.

68 *Rupp* (Fn. 51), S. 403.

69 *Maunz / Bethge* (Fn. 4), § 31 Rdn. 8.

70 *Zuck*, in: *Lechner / Zuck* (Fn. 15), § 31 Rdn. 11; *Benda / Klein* (Fn. 15), Rdn. 1299.

71 *Maunz / Bethge* (Fn. 4), § 31 Rdn. 8.

a) Voraussetzungen und Wirkungen der materiellen Rechtskraft

Das Bundesverfassungsgericht beschreibt die bestandssichernde Wirkung der Rechtskraft mit der „Maßgeblichkeit und Rechtsbeständigkeit" einer Entscheidung[72]. Diese doppelte Begrifflichkeit spiegelt wider, daß eine Entscheidung in einem zweifachen, wenn auch eng begrenzten Sinn bindende Wirkung entfaltet: Sie versagt einerseits dem Gericht, sich nach entsprechendem Antrag oder entsprechender Beschwerde erneut mit dem selben Verfahrensgegenstand zu befassen, und sie versagt auch andererseits dem Antragsteller beziehungsweise Beschwerdeführer, diese Angelegenheit erneut vor das Gericht zu bringen[73]. Das Bundesverfassungsgericht bejaht selbst die materielle Rechtskraft seiner Entscheidungen und unterscheidet sie auch ausdrücklich von der Bindungswirkung des § 31 Abs. 1 BVerfGG. Diese Unterscheidung erfolgt interessanterweise mit der Begründung, daß gerade die Bindungswirkung nach § 31 Abs. 1 BVerfGG nicht für das Bundesverfassungsgericht selbst gelte[74]. Auf dieses Verhältnis wird in der rechtsinstitutsvergleichenden Betrachtung unten[75] noch zurückzukommen sein.

Speziell für die Verfahren der Individualverfassungsbeschwerde ist einzig das Vorliegen einer formell abschließenden Entscheidung über den Verfahrensgegenstand bezüglich des individuellen Beschwerdeführers Voraussetzung des Eintritts der materiellen Rechtskraft[76]. Die zweifach bindende Wirkung der materiellen Rechtskraft ist insofern auch relativ unabhängig vom Inhalt der Entscheidung: Jede inhaltliche Wirkung einer Entscheidung, die sich aus der nach Maßgabe des § 95 BVerfGG getroffenen Regelung ergibt[77], kann in diesem Sinn materiell rechtskräftig werden.

b) Prozessuale Folge der materiellen Rechtskraft

Aus dem dargelegten Zweck der materiellen Rechtskraft ergibt sich auch die praktisch bedeutsame prozessuale Folge der materiellen Rechtskraft[78]. Denn aus prozessualer Sicht stellt sich die materielle Rechtskraft als eine negative Sachentscheidungsvoraussetzung[79] dar, also als ein Prozeßhindernis, das zur Unzulässigkeit eines erneuten Antrags auf gleicher tatsächlicher Grundlage führt. Diese prozessuale Wirkung beschränkt die spätere gerichtli-

---

[72] BVerfGE 47, 146, 161.

[73] *Zuck*, in: *Lechner / Zuck* (Fn. 15), § 31 Rdn. 11.

[74] BVerfGE 4, 31, 38; 20, 56, 86.

[75] Vgl. unten zur Selbstbindung des Gerichts S. 59 ff.

[76] *Benda / Klein* (Fn. 15), Rdn. 1297.

[77] *Benda / Klein* (Fn. 15), Rdn. 1298, verweist ausdrücklich darauf, daß aufgrund der Bedeutung der Urteilsformel für die materielle Rechtskraft die jeweilige Entscheidungsbefugnis des Gerichts beachtlich ist.

[78] Der nach der Rechtsprechung des Bundesverfassungsgerichts im Vordergrund stehende Befriedungszweck der materiellen Rechtskraft (BVerfGE 47, 146, 154) entspricht der im Zivilrecht von der h.M. vertretenen prozeßrechtlichen Theorie der Rechtskraft (BGHZ 36, 365); Zu den zivilrechtlichen Lehren vgl. *Baumbach / Lauterbach* (Fn. 54), Einf. §§ 322-327 Rdn. 5 ff m.w.N.

[79] *Benda / Klein* (Fn. 15), Rdn. 1296.

che Befassung auf die Feststellung, daß in gleicher Sache bereits eine Entscheidung ergangen ist und beugt damit auch wirksam einem Mißbrauch der Beschwerdemöglichkeit vor.

Ähnlich der Diskussion bei der Unwiderruflichkeit[80] stellt sich auch hier die Frage, ob die verfassungsprozessuale Bindung der materiellen Rechtskraft auch zwischen den Senaten, zwischen einem Senat und dem Plenum beziehungsweise zwischen einem Senat und einer Kammer des Bundesverfassungsgerichts wirkt. Aber auch hier gilt, daß jeder Senat das Bundesverfassungsgericht als solches repräsentiert[81] und, soweit die Rechtskraft reicht, jeder Spruchkörper an das von einem anderen Spruchkörper Entschiedene gebunden ist[82].

4. Umfang und Grenzen der Rechtskraftwirkung

Die materielle Rechtskraft unterliegt sowohl objektiven (sachlichen und zeitlichen) als auch subjektiven (persönlichen) Grenzen, die der Bestimmung des Umfangs der für Folgeverfahren bindenden Wirkung der Rechtskraft dienen. Nachfolgend sollen diese Grenzen unter besonderer Betrachtung bestimmter verfassungsprozessualer Implikationen dargestellt werden.

a) Sachliche Grenzen

Die inhaltliche Wirkung der materiellen Rechtskraft erfaßt nach überwiegender Ansicht[83] allein den Tenor der Entscheidung. Kann anhand der Entscheidungsformel der Inhalt der materiellen Rechtskraft nicht ermittelt werden, so können die Gründe der Entscheidung, d.h. Tatbestand und Entscheidungsgründe, zur Auslegung hinzugezogen werden[84]. Bei der Verwerfung oder Zurückweisung beispielsweise eines Verfassungsbeschwerdeantrages ist ein derartiger sinnvermittelnder Rückgriff regelmäßig unvermeidlich[85].

Bei nicht aus sich heraus verständlichen Entscheidungsformeln, insbesondere bei abweisenden Entscheidungen, gewinnt die Bestimmung des Verfahrensgegenstandes durch die Auslegung der Gründe eine wesentliche Bedeutung. Denn von der Bestimmung des konkreten Verfahrensgegenstands hängt sowohl ab, inwieweit von den Verfahrensbeteiligten die Respektierung der Entscheidung verlangt werden kann, als auch inwieweit die spätere Möglichkeit des Einwands der Rechtskraft durch ein Gericht besteht[86]. Der Verfahrensgegenstand muß dabei allein aus der Entscheidung, also ohne Hinzunahme äußerer, nicht in den Gründen angeführter Kenntnisse bestimmbar sein, da nur so der Eindeutigkeit von Rechtsprechung und Rechtsdurchset-

---

80 Vgl. oben S. 21.

81 BVerfGE 1, 29; 1, 89; 2; 79, 95; 7, 17; 19, 89. *Maunz / Bethge* (Fn. 4), § 2 Rdn. 1.

82 *Pestalozza* (Fn. 6), § 20 Rdn. 64.

83 *Benda / Klein* (Fn. 15), Rdn. 1298; *Zuck*, in: *Lechner / Zuck* (Fn. 15), § 31 Rdn. 16.

84 BVerfGE 4, 31, 38; 33, 199, 203; 78, 320, 322; *Zuck*, in: *Lechner / Zuck* (Fn. 15), § 31 Rdn. 16.

85 *Benda / Klein* (Fn. 15), Rdn. 1298.

86 *Benda / Klein* (Fn. 15), Rdn. 1299.

zung und damit der Rechtsbefriedungsfunktion von Entscheidungen wirksam entsprochen werden kann. Im Umkehrschluß folgt daraus eine sich aus dem Bestimmtheitsgebot des Rechtsstaatsprinzips ableitbare Verpflichtung (auch) des Bundesverfassungsgerichts, seine Entscheidungen in einer solchen Art zu verfassen, daß eine Bestimmung des Verfahrensgegenstands allein aus der Entscheidung selbst heraus möglich ist.

Bei der Ermittlung des Umfangs der Rechtskraft allein anhand der Entscheidungsformel oder durch eine die Gründe hinzuziehende Auslegung stellt sich die Frage, ob und inwieweit bestimmte inhärente inhaltliche Grenzen der materiellen Rechtskraft mit zu berücksichtigen sind. Diese könnten in der verfahrensabhängigen Prüfungskompetenz des Bundesverfassungsgerichts liegen. So ist beispielsweise die Prüfungskompetenz für Verfassungsbeschwerdeverfahren sowohl durch verfassungsrechtliche als auch durch verfassungsprozeßrechtliche Bestimmungen auf die Auslegung von Grundrechten oder grundrechtsgleichen Rechten begrenzt. Die Bedeutung der Entscheidungsformel korrespondiert bei Verfassungsgerichtsentscheidungen insofern damit, daß in den Tenor nicht beliebige Ausführungen einbezogen werden dürfen, sondern nur diejenigen, die in der durch das Verfahren vorgebenen Entscheidungsbefugnis des Gerichts liegen[87].

Betrachtet man beispielhaft das Verfassungsbeschwerdeverfahren, so ist zunächst der Verfahrensgegenstand regelmäßig die individuelle Grundrechtsverletzung[88], welche durch die spezifische Fassung der Beschwerde und die tatbestandlichen Besonderheiten inhaltlich eingegrenzt wird[89]. Die Prüfungsbefugnis ist daher auf die individuelle Feststellung der Verletzung von Grundrechten und grundrechtsgleichen Rechten beschränkt[90]. Darauf aufbauend ergeben sich die spezifischen Entscheidungsbefugnisse für Verfassungsbeschwerdeverfahren, die die Feststellung der Verletzung dieser Rechte, die Aufhebung von Entscheidungen (§ 95 Abs. 2 BVerfGG) sowie die Nichtigkeitserklärung von Gesetzen (§ 95 Abs. 3 BVerfGG) aufgrund der festgestellten Rechtsverletzungen umfassen. Die jeweiligen fachgerichtlichen Entscheidungsbefugnisse werden dabei über das Erfordernis der Erschöpfung des Rechtswegs[91] beziehungsweise die Möglichkeit der Zurückverweisung[92] gewahrt.

Fraglich bleibt, ob eine verfassungsgerichtliche Entscheidung auch über die Grenzen ihrer Entscheidungsbefugnis hinaus materielle Rechtskraftwirkungen entwickeln kann. Nach der Lehre von der Rechtskraft stellt der Kompetenzrahmen eines Gerichts keine inhärente Grenze der materiellen Rechts-

87 *Benda / Klein* (Fn. 15), Rdn. 1298.
88 *Benda / Klein* (Fn. 15), Rdn. 1302.
89 *Schnapp / Henkenötter* (Fn. 8), S. 122.
90 Art. 93 Abs. 1 Nr. 4a GG; § 90 Abs. 1 BVerfGG.
91 § 90 Abs. 2 S. 1 BVerfGG.
92 § 95 Abs. 2 BVerfGG.

kraft dar[93]. Eine Beachtung des Kompetenzrahmens innerhalb der materiellen Rechtskraft würde zwangsläufig zu Unklarheiten über den Regelungsinhalt einer Entscheidung führen, was dem Gebot der Rechtssicherheit und des Rechtsfriedens widerspräche. Eine Verletzung des Kompetenzrahmens stellt vielmehr eine Verletzung des Gebots des gesetzlichen Richters aus Art. 101 Abs. 1 S. 2 GG dar[94]. Zumindest formell sollten Verstöße dieser Art mit einer hierauf gerichteten Verfassungsbeschwerde überprüft werden können[95]. Bei Entscheidungen des Bundesverfassungsgerichts tritt jedoch die Besonderheit auf, daß das Gericht die eigenen Entscheidungen nicht als Akte der öffentlichen Gewalt im Sinne von Art. 93 Abs. 1 Nr. 4a GG und § 90 Abs. 1 BVerfGG ansieht[96].

Dieses vornehmlich akademische Problem wäre dadurch lösbar, daß das Gericht in Fällen der Verletzung des Gebots des gesetzlichen Richters eine eng begrenzte Ausnahme von seiner Rechtsprechung zuließe. Denn mit der Zulässigkeit einer (weiteren) Verfassungsbeschwerde wegen Verletzung des grundrechtsgleichen Rechts aus Art. 101 Abs. 1 Satz 2 GG bliebe dem Bundesverfassungsgericht die Möglichkeit der Selbstkorrektur erhalten. Bei umfassender Würdigung der bisherigen Rechtsprechungspraxis des Bundesverfassungsgerichts ist jedoch die Wahrscheinlichkeit der Überschreitung des Kompetenzrahmens als sehr gering einzuschätzen. Eine für die hier untersuchte Frage der Rechtskraft beachtliche, offensichtliche Überschreitung der Entscheidungskompetenz, die eine eindeutige Ablehnung der Rechtskraftwirkung bezüglich des kompetenzüberschreitenden Teils des Tenors evozieren könnte, ist um so unwahrscheinlicher.

b) Zeitliche Grenzen

In zeitlicher Hinsicht erfaßt die materielle Rechtskraft nur den Zustand, der von dem zugrundeliegenden Sachverhalt zum Zeitpunkt der Verkündung der Entscheidung beschrieben wird; später eintretende Veränderungen werden nicht erfaßt. Die materielle Rechtskraft endet daher vor denjenigen neuen Tatsachen, die zeitlich nach der Entscheidung entstanden sind[97]. Unter Durchbrechung der objektiven zeitlichen Grenze der Verkündung einer Ent-

---

93 Vielmehr gilt beispielsweise im Verwaltungsprozeßrecht das Prioritätsprinzip, nach dem die Bejahung der Zuständigkeit eines Gerichts bezüglich des Streitgegenstandes für alle Gerichte anderer Rechtszweige bindend ist, *Kopp / Schenke* (Fn. 44), § 41 Rdn. 8.

94 Sowohl die Senate als auch die Kammern des Bundesverfassungsgerichts können gesetzlicher Richter im Sinne des Art. 101 Abs. 1 Satz 2 GG sein. *Schulze-Fielitz*, Helmuth, in: *Dreier*, Horst, (Hrsg.): Grundgesetz-Kommentar, Bd. 3, 2000, Art. 101 Rdn. 29; BVerfGE 12, 132, 142 ff.; 64, 1, 13 ff.; 19, 88, 92.

95 *Höfling*, Wolfram - *Roth*, Thomas: Ungesetzliche Bundesverfassungsrichter? - Zur Geltung des Art. 101 Abs. 1 Satz 2 GG für das Bundesverfassungsgericht, DÖV 1997, 71, sehen bei einer Grundrechtsverletzung durch einen Senat des Bundesverfassungsgerichts den Rechtsweg naturgemäß nicht eröffnet. Da die „Naturgemäßheit" aber nicht näher erläutert wird, erscheint dieser Schluß nicht zwingend.

96 BVerfGE 1, 89, 90; 7, 17, 18; 19, 88, 90.

97 BVerfGE 70, 242, 249.

scheidung können auch solche Tatsachen als zumindest subjektiv „neu" angesehen werden, wenn sie weder dem Gericht noch einem der Verfahrensbeteiligten zum Zeitpunkt der Entscheidung bekannt waren[98]. Jedenfalls können Tatsachen dieser Art dogmatisch nicht zur Auslegung der Entscheidungsformel im Rahmen der Rechtskraftbestimmung herangezogen werden, da sie aufgrund allseitiger Unbekanntheit bis zur Verkündung der Entscheidung nicht Bestandteil der Gründe sein können.

Zu den neuen Tatsachen, die zeitlich nach der Entscheidung entstanden sind, gehören sowohl Gesetzesänderungen[99] als auch eine Änderung in der überwiegenden Auslegung einschlägiger Gesetze infolge geänderter Lebensumstände und Lebensanschauungen[100].

Eine weitere, die Rechtskraft beeinflussende zeitliche Grenze liegt in der Möglichkeit, daß in der Entscheidung von fachlichen Stellen übernommene oder vom Gericht selbst getroffene Prognosen, die der Entscheidung auch wesentlich zugrunde liegen, sich im Laufe der Zeit als fehlerhaft oder gänzlich falsch herausstellen. Im Grenzfall wird aus einer solchen, sich als eindeutig falsch herausstellenden, entscheidungserheblichen Prognose eine neue Tatsache im Sinne der vom Bundesverfassungsgericht entwickelten Formel eines gegenüber dem Zeitpunkt der Entscheidung geänderten, entscheidungserheblichen Sachverhalts[101], an der die Rechtskraft enden muß. Ob und wie sich die im Laufe der Zeit konkretisierende Grenzen zwischen gerade noch vertretbaren und unvertretbaren, eindeutig falschen Prognosen bestimmen läßt und welche Kriterien dabei beachtlich sind, ist eine dogmatisch bisher nicht aufgearbeitete Frage, die für die materielle Rechtskraft gemeinsam mit der Bindungswirkung in einem gesonderten Abschnitt unten[102] behandelt werden soll.

c) Persönliche Grenzen

Wer durch die materielle Rechtskraft gebunden wird, wird herkömmlich als Adressat der Rechtskraft bezeichnet[103]. Andere Prozeßordnungen benennen als Adressaten der Rechtskraft vor allem die Verfahrensbeteiligten und ihre Rechtsnachfolger[104]. Im analogen Sinne entwickelt die materielle Rechtskraft auch im Verfassungsprozeß grundsätzlich nur Wirkungen *inter partes*[105]. Speziell im nichtkontradiktorischen Verfassungsbeschwerdeverfahren betrifft sie in der Regel nur den Beschwerdeführer und gegebenenfalls dessen

---

98 *Zuck*, in: *Lechner / Zuck* (Fn. 15), § 31 Rdn. 17.

99 BVerfGE 33, 199, 204.

100 BVerfGE 39, 169, 181 ff.; 65, 179 = NJW 1984, 970.

101 BVerfGE 33, 199, 204.

102 Vgl. unten S. 93 ff.

103 *Pestalozza* (Fn. 6), § 20 Rdn. 55.

104 Vgl. § 121 Nr. 1 VwGO. § 325 Abs. 1 ZPO.

105 *Zuck*, in: *Lechner / Zuck* (Fn. 15), § 31 Rdn. 15; *Rennert*, in: *Umbach / Clemens* (Fn. 15), § 31 Rdn. 42; *Maunz / Bethge* (Fn. 4), § 31 Rdn. 10; *Pestalozza* (Fn. 6), § 20 Rdn. 55.

Rechtsnachfolger[106], nicht aber außenstehende Dritte[107]. Die Organe des Staates, von denen die beschwerdebegründende Handlung oder Unterlassung ausging, sind keine Parteien des Verfassungsbeschwerdeverfahrens und also auch nicht Adressaten der Rechtskraft.

Als Ausnahme hiervon können bestimmte Verfassungsorgane von der materiellen Rechtskraft umfaßt werden, wenn sie dem Verfahren gemäß § 94 Abs. 5 S. 1 BVerfGG beitreten. Ein solcher Beitritt ist nur den in § 94 Abs. 1, 2 und 4 BVerfGG genannten Verfassungsorganen des Bundes oder eines Landes gestattet, welche gleichzeitig auch, unabhängig von ihrem Beitritt, über § 31 Abs. 1 BVerfGG an die Entscheidungen gebunden sind. Daraus ergibt sich jedoch weder ein inhaltlicher Widerspruch noch eine positive Korrelation von materieller Rechtskraft und Bindungswirkung gemäß § 31 Abs. 1 BVerfGG, denn der Beitritt eines Verfassungsorgans kann auch dazu genutzt werden, die Durchführung einer mündlichen Verhandlung zu sichern[108].

Abzulehnen ist die Auffassung von *Vogel*, wonach sich die materielle Rechtskraft auch auf die Organe erstreckt, die dem Verfahren beizutreten berechtigt sind und tatsächlich von der Einleitung des Verfahrens unterrichtet worden sind[109]. *Vogel* verweist dabei auf die zivilrechtliche Nebenintervention und die verwaltungsrechtliche Beiladung und rechtfertigt dadurch die rechtliche Bindung derjenigen, die vom Verfahren unterrichtet waren und Angriffs- und Verteidigungsmittel hätten geltend machen können[110].

Dieser Ansicht wird zum einen entgegengehalten, daß die Ausweitung des Adressatenkreises der materiellen Rechtskraft wegen der Selbstbindung des Bundesverfassungsgerichts durch die materielle Rechtskraft[111] die Gefahr einer Fesselung des Gerichts und damit der Erstarrung der Verfassungsrechtsprechung in sich berge[112]. Dieses Argument ist jedoch nicht von hinreichender Überzeugungskraft, da die Voraussetzungen eines späteren Verfahrens, dem die materielle Rechtskraft des vorhergehenden entgegenstände, sehr eng gefaßt sind: es muß sich um denselben Streitgegenstand zwischen denselben Verfahrensbeteiligten handeln[113]. Denn würde ein von der materiellen Rechtskraft erfaßter Dritter einen bereits entschiedenen Streitgegenstand erneut vor das Bundesverfassungsgericht bringen, wäre dies aufgrund der prozessualen Wirkung der materiellen Rechtskraft[114] unzulässig, so daß es zu keiner Sachentscheidung käme. Läge hingegen ein modifizierter Streitgegenstand vor, so entfiele die materielle Rechtskraft der Erstentscheidung. Die Ge-

106 *Benda / Klein* (Fn. 15), Rdn. 1302; *Pestalozza* (Fn. 6), § 20 Rdn. 63.
107 BVerfGE 4, 31, 39; 33, 199 ff.; *Sachs* (Fn. 2), S. 45; *Lange* (Fn. 51), S. 2.
108 § 94 Abs. 5 S. 2 i.V.m. § 25 Abs. 1 BVerfGG.
109 *Vogel* (Fn. 15), S. 592 f.
110 *Vogel* (Fn. 15), S. 593.
111 BVerfGE 4, 31, 39.
112 *Lange* (Fn. 51), S. 3.
113 *Maunz / Bethge* (Fn. 4), § 31 Rdn. 13.
114 Vgl. oben S. 27 ff.

fahr einer Erstarrung der Rechtsprechung wäre somit durch eine Ausweitung des Adressatenkreises nicht gegeben.

Viel stärker spricht jedoch ein anderes Argument gegen eine Ausweitung des Adressatenkreises im Sinne *Vogels*, denn weder bei der vergleichbaren selbständigen, streitgenössischen Streithilfe[115], noch bei der verwaltungsgerichtlichen Beiladung folgt eine Rechtskraftbindung aus der Möglichkeit des Prozeßbeitritts nach Unterrichtung, sondern in der Regel erst nach einer Betätigung des Beitrittswillens des Berechtigten[116]. Zwar lassen sich die Rechtsgrundsätze über die Beiladung auf Verfahren vor dem Bundesverfassungsgericht nicht ohne weiteres übertragen[117], aber es kann zumindest festgestellt werden, daß Rechtskraftwirkungen im sonstigen Prozeßrecht grundsätzlich nicht aufgezwungen werden können.

Das Bundesverfassungsgericht hat für ein Normenkontrollverfahren festgestellt, daß die Beteiligten des Verfahrens vor dem Gericht, das den Normenkontrollantrag gestellt hat, durch das Äußerungsrecht gemäß § 82 Abs. 3 BVerfGG nicht zu Beteiligten des Normenkontrollverfahrens werden[118]. Für die Rechtskraft sollte aus dogmatischen Gründen aber nicht anderes gelten als für das Äußerungsrecht aus § 94 Abs. 1, 2 u. 4 BVerfGG. Beteiligter, mit der Folge der Erfassung von der Rechtskraft der Entscheidung, wird daher ein Verfassungsorgan erst nach Erklärung des Beitritts gemäß § 94 Abs. 5 S. 1 BVerfGG[119]. Insbesondere besteht wegen der Beachtung der Bindungswirkung gemäß § 31 Abs. 1 BVerfGG für die infragekommenden Verfassungsorgane auch kein praktisches Bedürfnis für die Annahme einer generellen Ausdehnung des Adressatenkreises[120].

d) Wiederholungsverbot

Im Zusammenhang mit der Behandlung der persönlichen Grenzen der materiellen Rechtskraft muß auf das Problem des Wiederholungsverbots einer beanstandeten Maßnahme näher eingegangen werden, da dieses sich dogmatisch im Grenzbereich zwischen Rechtskraft- und Bindungswirkung befindet. Praktisch wird es regelmäßig vor allem tatbestandlich zweifelhaft sein, ob ein Wiederholungsakt vorliegt[121]. Die herrschende Verfassungsrechtspraxis läßt

---

115 In einem Verfassungsbeschwerdeverfahren wird die Grundrechtsverletzung durch einen Akt der öffentlichen Gewalt festgestellt, was aufgrund des Auslegungsmonopols des Bundesverfassungsgerichts notwendig in gleichem Sinne auch sachlich gegen das Organ der öffentlichen Gewalt wirkt. Insofern ist die selbständige, streitgenössische Streithilfe gemäß § 69 ZPO die im Vergleich zur Nebenintervention nach § 66 ZPO der verfassungsprozeßlichen Analogie näherstehende Vorschrift.

116 Vgl. § 70 ZPO (Einreichung eines Schriftsatzes) bzw. § 65 Abs. 1 VwGO (auf Antrag). Ausgeklammert bleiben kann die verwaltungsgerichtliche Beiladung von Amts wegen, da in § 94 BVerfGG keine Anknüpfungspunkte für eine Analogie vorhanden sind.

117 BVerfGE 20, 18, 26.

118 BVerfGE 78, 320, 328.

119 *Goetze*, in: *Umbach / Clemens* (Fn. 15), § 94 Rdn. 21; *Zuck*, in: *Lechner / Zuck* (Fn. 15), § 94 Rdn. 12.

120 *Maunz / Bethge* (Fn. 4), § 31 Rdn. 10.

121 *Sachs* (Fn. 2), S. 64.

aber vermuten, daß zumindest eine das Bundesverfassungsgericht vorsätzlich provozierende, eindeutige Wiederholung einer bereits verfassungsrechtlich ausgeurteilten staatlichen Maßnahme eher unwahrscheinlich ist.

aa) Explizites und implizites Wiederholungsverbot

Gesetzlich determiniert ist lediglich die Befugnis des Bundesverfassungsgerichts, in Verfassungsbeschwerdeverfahren gemäß § 95 Abs. 1 S. 2 BVerfGG im Entscheidungstenor auszusprechen, daß auch jede Wiederholung der beanstandeten Maßnahme das Grundgesetz verletzt. Die Vorschrift gibt dem Gericht die Möglichkeit, insbesondere bei konkretem Anlaß der Gefahr einer Wiederholung vorzubeugen[122]. Ein solcher Ausspruch soll hier als explizites Wiederholungsverbot bezeichnet werden.

In dem bislang einzigen Anwendungsfall, bei dem es um Wahlkampfsendezeiten politischer Parteien im öffentlich-rechtlichen Rundfunk ging[123], formulierte das Bundesverfassungsgericht die bereits konkret festgestellte Verletzung von Art. 3 GG im Tenor nochmals allgemein durch inhaltliche Ausdehnung auf alle Rundfunkanstalten des öffentlichen Rechts und auf alle im Wahlkampf zugelassenen Parteien. Gegen diese Verallgemeinerungen, die über den Wortlaut des § 95 Abs. 1 S. 2 BVerfGG hinausgehen, wurden in der Literatur Bedenken geäußert[124], wenn auch der Vorteil der Möglichkeit des Ausschlusses bestimmter Distinktionen begrüßt wurde[125]. In den Gründen der Entscheidung werden die Verallgemeinerungen ohne weitere Ausführungen aus der Bindungswirkung des § 31 BVerfGG hergeleitet[126].

Ein Ausspruch nach § 95 Abs. 1 S. 2 BVerfGG hat nach überwiegender Ansicht im Schrifttum[127] auch nur deklaratorischen Charakter, da von einem generellen Verbot der Wiederholung einer gerichtlich beanstandeten Maßnahme durch staatliche Stellen[128] auszugehen sei. Dieses Wiederholungsverbot grün-

---

122 *Kriele* (Fn. 15), S. 302.

123 BVerfGE 7, 99.

124 *Vogel* (Fn. 15), S. 625, unter Verweis auf die politisch-psychologische Bedeutung eines ausgesprochenen Wiederholungsverbots.

125 *Kriele* (Fn. 15), S. 302.

126 BVerfGE 7, 99, 109.

127 *Pestalozza* (Fn. 6), § 20 Rdn. 66; *Sachs* (Fn. 2), S. 64, 376 f.; *Lange* (Fn. 51), S. 3. Anderer Ansicht sind *Benda / Klein* (Fn. 15), Rdn. 1337, weil ein Ausspruch nach § 95 Abs. 1 S. 2 BVerfGG bereits präventiv die Wiederholung als Grundrechtsverletzung feststellt. Die Wirkung des Ausspruchs soll über die Bindungswirkung aus § 31 Abs. 1 BVerfGG hinausgehen, denn ein solches Wiederholungsverbot steht dann nicht unter dem Vorbehalt der Aufhebung, die durch eine Neubefassung des Gerichts herbeigeführt werden kann. Völlig unklar und ohne Begründung bleibt jedoch, warum über § 95 Abs. 1 S. 2 BVerfGG eine Selbstbindung stattfinden soll, über § 31 Abs. 1 BVerfGG aber nicht (so *Benda / Klein*, Rdn. 1322). Ob durch eine solche selbstbindende Interpretation des § 95 Abs. 1 S. 2 BVerfGG wirklich ein Schutz der Grundrechte erreicht wird (so *Benda / Klein*, Rdn. 1337) oder dies nicht vielmehr die Gefahr einer Rechtssprechungserstarrung in sich trägt, bleibt zweifelhaft.

128 Die Frage, ob auch der Gesetzgeber vom Wiederholungsverbot erfaßt wird (so *Pestalozza* (Fn. 6), § 20 Rdn. 66, allerdings beschränkt auf den Bundestag der laufenden Wahlperiode) oder nicht (so *Schlaich / Korioth* (Fn. 1), Rdn. 470 ff.; und auch *Stricker*, Subjektive und objektive Grenzen der Bin-

de sich in der allgemeinen Verfassungspflicht zur wechselseitigen Respektierung gültiger Staatsakte[129] und wird teilweise auch als „Inter-Organ-Bindung" bezeichnet[130]. In diesem Sinne soll hier vom impliziten Wiederholungsverbot gesprochen werden.

Offen bleibt jedoch die dogmatische Einordnung dieses impliziten Wiederholungsverbots in das System des Verfassungsprozeßrechts. Mehrheitlich erfolgt die Einordnung über die Annahme einer speziellen Rechtskraftwirkung[131], sie wird aber teilweise auch als Element der Bindungswirkung[132] betrachtet. Die Möglichkeiten der dogmatischen Stellung des impliziten Wiederholungsverbots im System des Verfassungsprozeßrechts sollen im folgenden analysiert werden.

bb) Analogie im Verfassungsprozeßrecht

Im Verwaltungsrecht ist das implizite Wiederholungsverbot rechtskräftig aufgehobener Verwaltungsakte an die materielle Rechtskraft gekoppelt[133]. Die analoge Anwendung der Lehre von der Rechtskraft macht eine Übernahme dieser Ansicht möglich, schließt aber auch nicht eine anderweitige dogmatische Anknüpfung des impliziten Wiederholungsverbots von vornherein aus. Bestimmte Besonderheiten im Verfassungsprozeßrecht, wie das Fehlen einer Gegenpartei in Verfassungsbeschwerdeverfahren oder die verfassungsrechtliche Stellung des Gesetzgebers als möglicher Adressat eines Wiederholungsverbots im Vergleich zu derjenigen einer einen Verwaltungsakt erlassenden Behörde, lassen eine differenzierte Betrachtung dieses Problems erforderlich erscheinen.

Auf der einen Seite gibt es im Verfassungsprozeßrecht kontradiktorische Verfahren wie Bund-Länderstreite[134] oder Organstreitverfahren[135], für die bei einer Anknüpfung des Wiederholungsverbots an die materielle Rechtskraft keine Widersprüchlichkeiten aufträten, da die Parteien des Verfahrens auch die Adressaten des Wiederholungsverbots sind. Das Verbot umfaßt inhaltlich die Wiederholung der jeweils bereits beanstandeten Maßnahmen.

Auf der anderen Seite stehen die Normenkontrollverfahren[136], deren Verfahrensgegenstand ein gesetzgeberischer ist, bei denen der Normgeber aber nicht Partei des Verfahrens ist. Dementsprechend wird den Entscheidungen

---

dungswirkung verfassungsgerichtlicher Entscheidungen gemäß § 31 Abs. 1 BVerfGG, DÖV 1995, S. 980 f.) soll hier ausgeklammert bleiben, da diese Frage weit in die umfangreiche Problematik des Kompetenzverhältnisses zwischen Bundesverfassungsgericht und Bundesgesetzgeber führt (vgl. auch *Alexy*, Theorie der Grundrechte, 3. Aufl., 1996, S. 495 ff. m.w.N.).

129 BVerfGE 8, 1, 20; *Pestalozza* (Fn. 6), § 20 Rdn. 65.

130 *Sachs* (Fn. 2), S. 76-82.

131 *Sachs* (Fn. 2), S. 64; *Lange* (Fn. 51), S. 3; *Pestalozza* (Fn. 6), § 20 Rdn. 66.

132 *Benda / Klein* (Fn. 15), Rdn. 1336 ff.; *Kriele* (Fn. 15), S. 302 (unter Voraussetzung der präjudiziellen Bindung der Entscheidungen).

133 *Kopp* (Fn. 55), § 121 Rdn. 11 m.w.N.

134 Art. 93 Abs. 1 Nr. 3, 4 GG, § 13 Nr. 7, 8 BVerfGG.

135 Art. 93 Abs. 1 Nr. 1 GG, § 13 Nr. 5 BVerfGG.

136 Artt. 93 Abs. 1 Nr. 2, 100 Abs. 1, 2 GG, 126 GG, § 13 Nr. 6, 11, 12, 14 BVerfGG.

des Bundesverfassungsgerichts in diesen Verfahren gemäß § 31 Abs. 2 BVerfGG auch Gesetzeskraft zuerkannt. Die Bindung des Gesetzgebers an normverwerfende Entscheidungen des Bundesverfassungsgerichts ist ein umstrittenes Gebiet, in dem es sogar eine fundamentale Änderung der verfassungsgerichtlichen Judikatur in der Mitte der 80er Jahre gab[137]. Die Auswirkungen der passiven Normverwerfungskompetenz des Bundesverfassungsgerichts auf die aktive Normsetzungskompetenz des Gesetzgebers werden unten bei der Betrachtung der Grundlagen einer möglichen verfassungsunmittelbaren Bindungswirkung genauer beleuchtet werden[138].

Zumindest ergibt das Faktum der Umstrittenheit eines legislativen Wiederholungsverbots verfassungsgerichtlich verworfener Normen aber, im Vergleich zur Verwerfung nichtlegislativer staatlicher Akte, daß ein für alle verfassungsrechtlichen Verfahrensarten geltendes generelles Wiederholungsverbot nicht postulierbar ist. Wenn aber beim Wiederholungsverbot bereits verfahrensspezifisch inhaltlich einschränkend differenziert werden muß, so sollten auch die anderen bindenden Wirkungen hinsichtlich ihrer dogmatischen Verankerung zunächst nach den Verfahrensarten getrennt betrachtet und erst später vergleichend systematisiert werden. Zunächst soll dabei, seinem überragenden Anteil an den Entscheidungen des Bundesverfassungsgerichts entsprechend, das nichtkontradiktorische Verfassungsbeschwerdeverfahren betrachtet werden, für das das Verhältnis des impliziten Wiederholungsverbots zur Rechtskraft, zum expliziten Wiederholungsverbot gemäß § 95 Abs. 1 S. 2 BVerfGG und zur Bindungswirkung nach § 31 Abs. 1 BVerfGG klärungsbedürftig erscheint.

cc) Wiederholungsverbot im Verfassungsbeschwerdeverfahren

Wäre das implizite Wiederholungsverbot eine Folge der materiellen Rechtskraft einer Verfassungsbeschwerdeentscheidung, so ergäbe sich das Problem, daß nur hinsichtlich dieser einen speziellen Rechtskraftwirkung eine Ausdehnung des Adressatenkreises der materiellen Rechtskraft erforderlich wäre. Denn die Organe der öffentlichen Gewalt, deren Akte mit der Verfassungsbeschwerde angegriffen werden, sind nicht Partei des Verfahrens und werden somit nicht auch von den sonstigen Wirkungen der materiellen Rechtskraft erfaßt. Eine Ausdehnung des Adressatenkreises für den Spezialaspekt der Wiederholung der beanstandeten Maßnahme erscheint aber dogmatisch als zumindest bedenklich, da eine sonst nicht übliche Differenzierung innerhalb des Begriffs der materiellen Rechtskraft erforderlich würde. *Vogel*[139] stützt sich ergänzend auf den Grundsatz, daß nicht gebunden sein kann, wer nicht Gelegenheit hatte, seinen Rechtsstandpunkt im Verfahren geltend zu machen. Allerdings trifft *Vogel* insgesamt keine Entscheidung über die dog-

---

137 BVerfGE 77, 84, 103 f.; ausführlich dazu unten S. 65 f.

138 Vgl. unten S. 47.

139 *Vogel* (Fn. 15), S. 624.

matische Einordnung des Wiederholungsverbots in den Spannungsbereich von Rechtskraft und Bindungswirkung und sieht daher auch keinen Widerspruch darin, wenn er gleichzeitig die Wirkung der Bindung nach § 31 Abs. 1 BVerfGG als objektive Ausdehnung auf Verfassungsorgane, Gerichte und Behörden bezeichnet[140]. Eine Verknüpfung der Bindungswirkung mit der Möglichkeit der Geltendmachung von Rechten bleibt aber insbesondere deshalb unbefriedigend, weil die in § 31 Abs. 1 BVerfGG genannten Bindungsadressaten schon aus praktischen Gründen regelmäßig nicht über alle sie möglicherweise später bindenden, laufenden Verfahren vor dem Bundesverfassungsgericht informiert werden.

Bei der weiterhin zu betrachtenden Frage der Ausdehnung des Adressatenkreises der materiellen Rechtskraftwirkung ergeben sich für das Verfassungsbeschwerdeverfahren insofern systematische Bedenken, als von einer generellen Erweiterung der Rechtskraft in Bezug auf das Wiederholungsverbot auch die in § 94 Abs. 1 BVerfGG erwähnten Verfassungsorgane des Bundes oder der Länder umfaßt wären. Dadurch würde aber die Bestimmung des § 94 Abs. 5 BVerfGG unterlaufen werden, nach der ein Verfahrensbeitritt fakultativ ist. Nach der hier vertretenen Ansicht[141] tritt die allgemeine Rechtskraftwirkung nicht bereits mit der Unterrichtung und der Beitrittsmöglichkeit, sondern erst mit der Erklärung des Beitritts ein. Durch diese Entscheidungsfreiheit hinsichtlich des Beitritts haben die genannten Verfassungsorgane so indirekt auch die Wahl, ob sie nach Ergehen der Entscheidung unmittelbar von deren Rechtskraft oder nur allgemein von der Bindungswirkung erfaßt werden[142]. Eine Ausdehnung des Adressatenkreises der Rechtskraft würde bezüglich des Wiederholungsverbotes hiermit in einen Wertungswiderspruch geraten - oder aber die Ausdehnung des Adressatenkreises müßte als Ausnahme die genannten Verfassungsorgane wieder von der Ausdehnung der Rechtskraft entbinden. Die Tauglichkeit des Ansatzes der Anknüpfung an die materielle Rechtskraft erscheint in diesem Zusammenhang zweifelhaft, da das implizite Wiederholungsverbot mit einem negativen Katalog der von der Wiederholungswirkung nicht erfaßten Institutionen verbunden werden müßte.

Ein weiteres dogmatisches Problem der Anknüpfung des impliziten Wiederholungsverbots an die materielle Rechtskraft liegt darin, daß eine Bestimmung der Grenzen des Wiederholungsverbotes auf den Tenor der Entscheidung beschränkt bleiben müßte. Denn für die inhaltliche Feststellung, ob eine erneute Maßnahme die Wiederholung einer Maßnahme ist, die bereits Gegenstand eines verfassungsgerichtlichen Verfahrens war, kann nicht ausgeschlos-

---

140 *Ders.*, S. 624 f.

141 Vgl. oben S. 32.

142 Dies setzt voraus, daß die Bindungswirkung nach § 31 Abs. 1 BVerfGG nicht selbst nur durch die Ausdehnung des Adressatenkreises der Rechtskraft definiert wird, sondern sich auch inhaltlich durch die Einbeziehung der tragenden Gründe einer Entscheidung von der Rechtskraft unterscheidet. Vgl. unten S. 79 f.

sen werden, daß es eines detaillierten Vergleichs der beiden Maßnahmen über den Entscheidungstenor hinaus bedarf. Ein solcher Vergleich ließe sich auch nicht beschränken auf einen nur im Zweifelsfall zur Auslegung des Tenors zulässigen Rückgriff auf die Gründe. Denn der Vergleich müßte in bestimmten Fällen zumindest teilweise auf die grundsätzlichen Erwägungen, d.h. die tragenden Gründe der Entscheidung ausgedehnt werden. Dadurch würde aber die materielle Rechtskraft in ihrer Wirkung stark ausgeweitet und gleichzeitig inhaltlich unklarer, weil notwendig bestimmungsbedürftig. Eine dogmatische Grenzziehung zur Bindungswirkung nach § 31 Abs. 1 BVerfGG wäre bei der Frage des impliziten Wiederholungsverbots nicht mehr möglich.

Das explizite Wiederholungsverbot nach § 95 Abs. 1 S. 2 BVerfGG könnte über die Verallgemeinerungsmöglichkeit dieses Problem mildern, wenn im jeweiligen Entscheidungstenor die aus dem Einzelfall gewonnenen, universalisierten Sätze aufgeführt wären, die die materiellen Grenzen der Rechtskraft um-reißen würden. Dem steht aber das gewichtige Bedenken gegenüber, daß ein solcher Ausspruch nicht obligatorisch ist, wodurch die Notwendigkeit eines Rückgriffs auf die tragenden Gründe nicht ausgeschlossen werden kann. Darüber hinaus wäre diese Ansicht auch nur schwerlich mit der Rechtsprechung des Bundesverfassungsgerichts vereinbar, das in seiner Entscheidung mit explizitem Wiederholungsverbot die Universalisierungswirkung direkt und ausschließlich auf § 31 Abs. 1 BVerfGG gestützt hatte[143].

Letztlich bleibt zu konstatieren, daß eine widerspruchsfreie Einordnung des impliziten Wiederholungsverbotes für Verfassungsbeschwerdeverfahren wohl nur dann gelingen kann, wenn es dogmatisch als Element der Bindungswirkung angesehen wird[144]. Die Möglichkeit eines expliziten Wiederholungsverbots gemäß § 95 Abs. 1 S. 2 BVerfGG bleibt bei Verfassungsbeschwerdeverfahren als möglicher deklaratorischer Ausspruch des impliziten Wiederholungsverbots - und damit der Bindungswirkung - bei konkret gegebenem Anlaß bestehen. Auf diesen Ansatz und auch auf die Möglichkeit eines gesetzgeberischen Wiederholungsverbots, d.h. einer Bindung des Gesetzgebers durch Entscheidungen des Bundesverfassungsgerichts wird noch näher eingegangen werden[145].

dd) Wiederholungsverbot in den anderen verfassungsrechtlichen Verfahren

Für die anderen Verfahren vor dem Bundesverfassungsgericht gibt es keine mit § 95 Abs. 1 S. 2 BVerfGG vergleichbaren prozessualen Vorschriften, die ein explizites Wiederholungsverbot ermöglichen. Hinzu kommen hinsichtlich eines Wiederholungsverbots spezifische Besonderheiten, auf die kursorisch eingegangen werden soll. So haben bestimmte Verfahren keine Maßnahmen der öffentlich-rechtlichen Gewalt zum Gegenstand, beispielsweise die jeweils

143 BVerfGE 7, 99, 109.

144 Diese Sicht läßt sich auch gut mit der Ansicht des Bundesverfassungsgerichts (BVerfGE 7, 99, 109) in Übereinstimmung bringen.

145 Vgl. zur Bindung des Gesetzgebers unten S. 63 ff.

nichtkontradiktorischen Verfahren über die Verwirkung von Grundrechten, die Verfahren über die Verfassungswidrigkeit von Parteien sowie die Bundespräsidenten- und die Richteranklageverfahren. Die Frage nach einem Wiederholungsverbot wäre hier ohne Sinn, da es weder denkbare Adressaten öffentlichen Rechts gibt, die außerhalb der Verfahren stehen, noch die Verfahrensgegenstände öffentlich-rechtliche Maßnahmen betreffen.

Ebenfalls nichtkontradiktorisch, aber im Wiederholungsfall einzig den Gesetzgeber betreffend, sind die Verfahren der abstrakten und der konkreten Normenkontrolle sowie die Verfahren über die Fortgeltung von Bundesrecht. Das Verhältnis zwischen Bundesverfassungsgericht und Gesetzgeber ist jedoch ein sehr spezielles, aber auch grundlegendes für das Funktionieren des Systems der obersten Bundesorgane. Weder sollte das Bundesverfassungsgericht über dem Gesetzgeber stehen und diesen in seiner Gesetzgebungsfreiheit einschränken können, noch sollte der Gesetzgeber frei sein, Gesetze identisch neuzuerlassen, die das Bundesverfassungsgericht für verfassungswidrig erklärt hat. Hier besteht also Bedarf für ein speziell ausgestaltetes Wiederholungsverbot. Da der Gesetzgeber in diesen Verfahren regelmäßig nicht Verfahrensbeteiligter ist, liegt keine originäre Rechtskraftbindung vor. Ein spezielles, an den Gesetzgeber gerichtetes Wiederholungsverbot soll daher unten aus dem Prinzip der Verfassungsorgantreue hergeleitet und als Element einer verfassungsunmittelbaren Bindungswirkung untersucht werden[146].

In den kontradiktorischen Verfahren vor dem Bundesverfassungsgericht sind diejenigen, die als einzige die infragestehenden Maßnahmen wiederholen könnten, notwendig auch Verfahrensbeteiligte: so im Organstreitverfahren und in den Bund-Länderstreitverfahren. Hier könnte sich ein Wiederholungsverbot sowohl aus der Rechtskraftwirkung als auch aus der Bindungswirkung ergeben.

Letztlich verbleiben noch die Kommunalverfassungsbeschwerdeverfahren hinsichtlich einer Verletzung von Art. 28 Abs. 2 GG. Strukturell ähneln diese den Individualverfassungsbeschwerdeverfahren, da auch hier in einem nichtkontradiktorischen Verfahren Akte der öffentlichen Gewalt angegriffen werden und eine Wiederholungsgefahr besteht. Daher sollte aus dogmatischen Gründen, in Anlehnung an die oben gemachten Ausführungen zur Individualverfassungsbeschwerde, auch in den Kommunalverfassungsbeschwerdeverfahren ein implizites Wiederholungsverbot nicht als Element der Rechtskraft, sondern als Teil der Bindungswirkung angesehen werden.

---

146 Zum Prinzip der Verfassungsorgantreue unten S. 51 ff., zur Bindung des Gesetzgebers unten S. 46 ff.

III. Bindungswirkung von Verfassungsbeschwerdeentscheidungen

Die Bindungswirkung von Bundesverfassungsgerichtsentscheidungen ist ein wesentliches Merkmal der besonderen Stellung und Funktion des Bundesverfassungsgerichts[147], die dem Gericht von der Verfassung als Funktionselement des politischen Systems übertragen worden ist[148]. Ebenso alt wie das Gericht[149] ist aber auch die Diskussion über die Reichweite der Bindungswirkung[150]. Sowohl der Inhalt als auch die Reichweite der Bindungswirkung aus § 31 Abs. 1 BVerfGG sind in der Literatur in einer Weise umstritten, daß sich der gesamte Sachstand erst nach einer differenzierten, funktionsbezogenen Analyse des Verhältnisses von Rechtskraft und Bindungswirkung erschließt[151]. Daher muß in die Diskussion der Bindungswirkung auch der Vergleich zur Rechtskraftwirkung einbezogen werden. Insbesondere bezüglich der Bindungswirkung kommt *Stricker* zu dem Schluß, daß es in dieser Frage letztlich trotz der verstrichenen Zeit kaum zu einer Annäherung von Rechtsprechung und weiten Teilen der Literatur gekommen ist[152].

1. Verfassungsrechtliche Grundlagen von Bindungswirkungen

Wesentlich für ein Verständnis der divergierenden Ansichten zu Inhalt und Reichweite der Bindungswirkung ist vor allem die Frage nach den verfassungsrechtlichen Grundlagen der Bindungswirkung. Denn insbesondere in den unterschiedlichen Vorstellungen über die Eigenart und Funktion der Verfassungsgerichtsbarkeit liegt begründet, daß die Konturen der Bindungswirkung weitgehend unscharf geblieben sind und noch erhebliche Unsicherheiten hinsichtlich ihrer inhaltlichen Reichweite bestehen[153].

a) Verfassungsrechtliche Einordnung

Der Streit um die verfassungsrechtliche Einordnung der Bindungswirkung läßt sich äußerlich sowohl auf ungeklärte historische Gründe im Prozeß der Verfassungsentstehung als auch auf spätere Versuche einer dogmatischen Unterordnung der Bindungswirkung unter die Gesetzgebungsermächtigung des Art. 94 Abs. 2 Satz 1 GG für die Gesetzeskraft von Verfassungsgerichtsentscheidungen zurückführen. Beide Aspekte müssen daher nachfolgend genauer untersucht werden.

Dem Streit liegt aber auch eine innere Problematik zugrunde, die ihre Ursache im Spannungsfeld zwischen der einzigartigen, teilweise auch hochpoli-

---

147 *Schlaich / Korioth* (Fn. 1), Rdn. 463.
148 *Lange* (Fn. 51), S.1 ff.
149 Gesetz über das BVerfG vom 12.3.1951, BGBl. I S. 243.
150 *Stricker* (Fn. 128), S. 978 ff.
151 *Lange* (Fn. 51), S. 2.
152 *Stricker* (Fn. 128), S. 978.
153 *Voßkuhle*, in: *v. Mangoldt / Klein / Stark* (Fn. 12), Art. 94 Rdn. 31 f.

tischen Interpretationsmacht[154] des Gerichts und dessen gleichzeitiger Akzeptanzabhängigkeit hat. Das Gericht scheint weniger als andere Gerichte im Rechtssystem selbst abgestützt zu sein[155] und muß sich daher in besonderer Weise um Akzeptanz bemühen[156]. Diese Akzeptanz beruht vor allem auf der Transparenz und Konsistenz der Entscheidungsbegründungen. Sie beruht aber auch auf der klugen „Politik" des Gerichts, beispielsweise durch die Wahrnehmung der Möglichkeit der Distanzierung von früheren Fehlentscheidungen[157], sowie auf der angemessenen Selbstdarstellung des Gerichts in der Öffentlichkeit[158]. Die Wirkung von Entscheidungen des Bundesverfassungsgerichts kann aber, besonders im Bereich der Träger öffentlicher Gewalt, nicht allein auf die Existenz der Institution „Bundesverfassungsgericht" und die faktische Akzeptanz seiner Entscheidungen gestützt werden. Es bedarf auch einer formell-rechtlichen Ausformung, um die in den Entscheidungen enthaltenen Verfassungsinterpretationen auch rechtlich verbindlich werden zu lassen. Begonnen werden soll die verfassungsrechtliche Einordnung aber mit der Geschichte der Bindungswirkung.

aa) Der Entwurf des Verfassungskonvents

Im Entwurf des Verfassungskonvents von Herrenchiemsee gab es ursprünglich die Absicht, die wichtigsten Einzelheiten des Bundesverfassungsgerichts direkt in der Verfassung zu kodifizieren; unter anderem wurde dabei die Bindungswirkung als eine vom Grundgesetz zu regelnde, wichtigste Einzelheit angesehen[159]. Art. 99 Abs. 1 des Entwurfs enthielt eine dem § 31 Abs. 1 BVerfGG direkt vergleichbare Regelung:

> „Die Entscheidungen des Bundesverfassungsgerichts und seine zu ihrer Durchführung erlassenen Anordnungen sind für alle Gerichte und sonstigen Behörden bindend."[160]

In den Sitzungen des Rechtspflegeausschusses des Parlamentarischen Rates wurden ausführlich die einzelnen Fälle behandelt, in denen die Entscheidungen des Bundesverfassungsgerichts Gesetzeskraft haben sollten. Dabei wurden sowohl das auch derzeit noch aktuelle Spannungsfeld zwischen der

---

154 Prägend zum Begriff der Interpretationsmacht: *Simon*, in: *Benda / Maihofer / Vogel*, Handbuch des Verfassungsrechts, 2. Aufl 1994, § 34 Rdn. 56.

155 *Rollecke* in: *Stern*, Handbuch des Staatsrechts II, 1980, § 53 Rdn. 26.

156 *Limbach*, Im Namen des Volkes, S. 176 ff. m.w.N. *Herzog* betont, daß das „Vertrauen der Bürger [...] letztlich das einzige Kapital dieser Institution" ist.; ders. in: *Burmeister*, Germania restituta, 1993, S. 164.

157 Vgl. *Seyfarth*, Die Änderung der Rechtsprechung durch das Bundesverfassungsgericht, 1998, S. 106 ff.

158 Die Ernstnahme der Öffentlichkeitsarbeit beweist die Einrichtung eines eigenen Pressereferats beim BVerfG; vgl. *Voßkuhle*, in: *v. Mangoldt / Klein / Stark* (Fn. 12), Art. 93 Rdn. 34.

159 *Bullert*, Die Gesetzeskraft und die bindende Wirkung der Entscheidungen des Bundesverfassungsgerichts, 1965, S. 33.

160 Zit. nach *Bullert* (Fn. 159), S. 34; *Pestalozza* (Fn. 6), § 20 Rdn. 83.

Gefahr einer Erstarrung der Rechtsentwicklung und der Notwendigkeit einer Anpassung an sich umgestaltende Rechtsverhältnisse diskutiert als auch die Unterschiede zwischen deutscher Rechtsdogmatik und amerikanischem Präjudizienrecht[161]. Die Entscheidung über eine Regelung der Gesetzeskraft wurde dann aber dem Hauptausschuß überlassen[162], welcher diese Fälle sowie die Regelung des Verfahrens vor dem Bundesverfassungsgericht einer näheren Bestimmung durch ein Bundesgesetz übertrug[163].

Die Vorschrift des Art. 99 Abs. 1 HChE bezüglich der Bindungswirkung wurde bereits auf der 1. Sitzung des Rechtspflegeausschusses fallengelassen und damit auch nicht vom Parlamentarischen Rat übernommen[164]. Die Gründe für diese Nichtübernahme sind bis heute nicht geklärt[165]. Die Nichtübernahme stützt aber sowohl den Schluß, daß die Bindungswirkung so selbstverständlich notwendig ist, daß ihre ausdrückliche Erwähnung in der Verfassung überflüssig wäre, als auch den gegenteiligen Schluß, daß eine verfassungsmäßige Verankerung nicht stattfinden sollte[166]. Zumindest kann die Annahme, daß die Bindungswirkung nicht verfassungsmäßig verankert ist, nicht mit einem *argumentum a maiore ad minus* aus der Delegation der Gesetzeskraftfälle an den Gesetzgeber begründet werden. Denn die Bindungswirkung ist insbesondere in systematischer Hinsicht kein Unterfall der Gesetzeskraft, sondern ein eigenständiges Rechtsinstitut im Sinne eines *aliud*. Die Gesetzeskraft greift, wenn auch nur passiv, in die Gesetzgebungshoheit, also die Hoheit eines Verfassungsorgans ein. Allerdings kann selbst die Gesetzeskraft normverwerfender Entscheidungen nach neuerer Rechtsprechung nicht zu einer so absoluten Bindung des Gesetzgebers führen, daß ein identischer Neuerlaß des Gesetzes zu einer verfassungswidrigen Maßnahme würde[167].

Die Bindungswirkung ist, abgesehen von der überholten Ansicht, daß sie die richterliche Unabhängigkeit einschränke und daher verfassungswidrig sei[168], kompetenzkollisionsfrei, denn das Bundesverfassungsgericht ist alleinig zur verbindlichen Auslegung des Grundgesetzes berufen. Hinzu kommt bei einer differenzierenden Betrachtung der beiden Rechtsinstitute, daß die Entfaltung der Bindungswirkung prinzipiell unstrittig und, wie hier gezeigt werden soll, für das Gefüge der Verfassungsorgane sogar unverzichtbar ist.

---

161 Drucks. Nr. 53, 7. Sitzung des Rechtspflegeausschusses des Parlamentarischen Rates, Stenographisches Protokoll S. 276 ff.

162 Drucks. Nr. 353, 9. Sitzung des Rechtspflegeausschusses des Parlamentarischen Rates, Stenographisches Protokoll S. 6 f.

163 Drucks. Nr. 543 vom 25.1.1949; Drucks. Nr. 850 v. 5.5.1949; vgl. *Bullert* (Fn. 159), S. 37 f. Diese Entscheidung des Hauptausschusses spiegelt sich wider in Art. 94 Abs. 2 Satz 1 GG.

164 Vgl. *Rennert* in: *Umbach/Clemens* (Fn. 15), § 31 Rdn. 11 ff.; *Pestalozza* (Fn. 6), § 20 Rdn. 83; *Bullert* (Fn. 159), S. 38; jeweils m.w.N.

165 *Ziekow*, Die Bindungswirkung der Entscheidungen des Bundesverfassungsgerichts, Jura 1995, S. 524; *Bullert* (Fn. 159), S. 33 ff. m.w.A.

166 Vgl. auch *Ziekow* (Fn. 165), S. 524.

167 BVerfGE 77, 84, 103 f.

168 So noch *Thieme*, Zum Problem der Bindung aller Gerichte und Behörden an die Entscheidungen des Bundesverfassungsgerichts, ZBR 1954, S. 193 ff.

Die derzeitige einfachgesetzliche Regelung der Bindungswirkung in § 31 Abs. 1 BVerfGG knüpft inhaltlich an die Herrenchiemseer Formulierung an. Im Unterschied zum Entwurf wurde in § 31 Abs. 1 BVerfGG der Kreis der gebundenen Institutionen noch um die Verfassungsorgane des Bundes und der Länder erweitert, was einerseits der Befriedung im System der Verfassungsorgane dient, andererseits aber auch prinzipielle Statusfragen und Rückkopplungsprobleme zwischen Verfassungsgerichtsbarkeit und Legislative mit sich bringt[169].

Im Grundgesetz findet die Bindungswirkung der Entscheidungen des Bundesverfassungsgerichts keine Erwähnung, da die Entwurfsformulierungen nicht übernommen wurden. Es stellt sich daher die verfassungsdogmatische Frage, ob die Bindungswirkung ein im Gefüge des Staates und seiner Verfassungsorgane notwendiges, für die Erfüllung der verfassungsmäßigen Aufgaben aus der Zuständigkeitsübertragung des Art. 93 GG unabdingbares Rechtsinstitut von Verfassungsrang ist oder nur eine verfassungsprozessuale, einfachgesetzliche Regelung darstellt. Nachfolgend sollen diejenigen Verfassungsvorschriften betrachtet werden, welche mit der Bindungswirkung wechselwirken können. Dies sind vor allem die Artt. 92, 93 und 94 GG.

bb) Divergierende Ansichten

In der Literatur wird überwiegend Art. 94 Abs. 2 GG als ausreichende Verfassungsgrundlage sowohl für die dort direkt erwähnte Gesetzeskraft als auch für die Bindungswirkung angesehen[170]. Dabei wird für die Bindungswirkung eine explizite verfassungsrechtliche Ermächtigung nicht für notwendig erachtet, da für bindende Wirkungen außerhalb der Gesetzeskraft im Grundgesetz keine Regeln aufgestellt sind, von denen eine Ausnahme gemacht werden müßte[171]. Danach wäre der einfache Gesetzgeber frei, auch ohne ausdrückliche Ermächtigung durch das Grundgesetz festzulegen, welche Wirkung unterhalb der Gesetzeskraft den Entscheidungen des Bundesverfassungsgerichts zukommen kann und zukommen soll. Dieser Lösungsansatz, der bei näherer Betrachtung auf zwei einander widersprechenden Annahmen fußt, ist jedoch sowohl formal als auch verfassungssystematisch nicht haltbar. Denn einerseits wird Art. 94 Abs. 2 GG als verfassungsrechtliche Grundlage auch der Bindungswirkung angesehen,[172] obwohl diese Vorschrift neben der Gesetzeskraftregelung nur eine Gerichtsverfassungs- und Gerichtsverfahrensermächtigung enthält. Andererseits wird eine verfassungsrechtliche Ermächtigung zur einfachgesetzlichen Kodifizierung der Bindungswirkung nicht für erfor-

---

169 Vgl. dazu im einzelnen unten S. 63 ff.

170 Vgl. vor allem *Maunz / Bethge* (Fn. 4), § 31 Rdn. 2, wonach gegenwärtig anscheinend nicht mehr bezweifelt wird, daß § 31 BVerfGG vollumfänglich durch die Ermächtigung des Art. 94 Abs. 2 GG gedeckt sei. Ähnlich auch: *Lange* (Fn. 51), S. 1; *Voßkuhle*, in: *v. Mangoldt / Klein / Stark* (Fn. 12), Art. 93 Rdn. 27.

171 *Maunz / Bethge* (Fn. 4), § 31 Rdn. 2.

172 Vgl. Fn. 170.

derlich gehalten[173]. Es bleibt dabei unklar, warum in Art. 94 Abs. 2 GG eine verfassungsrechtliche Grundlage für ein keiner verfassungsrechtlichen Grundlage bedürfendes Rechtsinstitut liegen soll.

Der allgemeine Bezug auf Art. 94 Abs. 2 GG ist aber auch formal zweifelhaft, da sich das Verhältnis zur Bindungswirkung auch negativ betrachten läßt. Denn die Bestimmung des Art. 94 Abs. 2 S. 1 GG, der eine verfassungsrechtliche Ermächtigung zur Regelung der Gesetzeskraft durch ein Bundesgesetz enthält, trifft gerade keine Aussage über die Bindungswirkung.

Die Gesetzeskraft wurde in § 31 Abs. 2 BVerfGG einfachgesetzlich normiert für Normenkontrollverfahren im weiteren Sinn[174] und für das Verfassungsbeschwerdeverfahren, bei letzterem abhängig davon, ob in der Entscheidung das Bundesverfassungsgericht ein Gesetz als mit dem Grundgesetz vereinbar oder unvereinbar oder für nichtig erklärt. Dem Publizitätsinteresse an der Gesetzeskraft wird bei Verfassungsbeschwerdeverfahren durch die zwingende Einbeziehung einer Nichtigkeitserklärung in die Urteilsformel[175] und die Veröffentlichungspflicht im Bundesgesetzblatt[176] genüge getan. Die Gesetzeskraft ist mithin ein speziell geregeltes Rechtsinstitut mit Voraussetzungen und Rechtsfolgen, die sich deutlich von denen der Bindungswirkung unterscheiden. Die Bindungswirkung hat einen eigenen, von der Gesetzeskraft zu unterscheidenden Inhalt und Adressatenkreis und ist damit eben nicht nur ein Unterfall der Gesetzeskraft, der mittels eines *argumentum a maiore ad minus* verfassungsrechtlich auf Art. 94 Abs. 2 S. 1 GG gestützt werden könnte. Daher ist aus Art. 94 Abs. 2 GG weder ein eindeutiger noch überhaupt ein Rückschluß auf die Stellung der Bindungswirkung im Gefüge der Verfassung möglich.

cc) Möglichkeit einer verfassungsunmittelbaren Bindungswirkung

Die Annahme, daß eine verfassungsrechtliche Ermächtigung zur einfachgesetzlichen Regelung der Bindungswirkung nicht erforderlich ist, ist verfassungssystematisch zu eng gefaßt und damit ungenau, denn bereits in der Frage nach der Ermächtigung liegt die Prämisse, daß erst die Festschreibung der Bindungswirkung konstitutiv für dieses Rechtsinstitut wäre. Ausgeblendet wird dabei die Möglichkeit, daß die Bindungswirkung bereits implizit in der Verfassung verankert ist und einer einfachgesetzlichen Bestimmung nur deklaratorischer Charakter zukäme.

Dem Bundesverfassungsgericht wird herkömmlich über Art. 93 GG die alleinige Kompetenz zugewiesen, im vorgegebenen Rahmen über die Befolgung des Grundgesetzes zu wachen und dessen Inhalt in diesen Grenzen autorita-

---

173 So *Maunz / Bethge* (Fn. 4), § 31 Rdn. 2.

174 Die Verfahren der abstrakten und konkreten Normenkontrolle, die Verfahren über die Fortgeltung von Recht als Bundesrecht sowie die Verfahren über die Bundesrechtsqualität von Völkerrecht.

175 § 95 Abs. 3 BVerfGG.

176 § 31 Abs. 2 S. 3 BVerfGG.

tiv zu interpretieren[177]. Die verfassungsmäßige Übertragung der Aufgabe der alleinigen verbindlichen Verfassungsinterpretation macht es aber unabdingbar, auch deren Maßgeblichkeit zu sichern und dem Gericht eine über die konkrete Streitentscheidung hinausgehende Wirkung seiner Entscheidungen zuzugestehen[178]. Unter diesem Blickwinkel ist daher zu konstatieren, daß die einfachgesetzliche Kodifizierung in § 31 Abs. 1 BVerfGG der Bedeutung der Bindungswirkung als notwendiges Institut zum Erhalt des Gefüges der Verfassungsorgane des Grundgesetzes nicht gerecht wird. Dies wird besonders durch ein Gedankenexperiment deutlich, für welches man die Aufhebung des § 31 Abs. 1 BVerfGG mittels eines einfachen Gesetzes, nur auf die einfache Mehrheit des Bundestages gestützt, postuliert. Mangels einer geregelten Bindungswirkung könnte sich die Wirkung von Bundesverfassungsgerichtsentscheidungen unterhalb der Gesetzeskraft dann nur noch auf die Autorität und Integrität sowie die Annahme einer allgemeinen Akzeptanz der Maßgeblichkeit der Entscheidungen des Gerichts in Verfassungsfragen stützen. Aber auch wenn diese Akzeptanz derzeit teilweise als so hoch eingeschätzt wird, daß sogar § 31 BVerfGG für obsolet gehalten wird[179], so bleibt die derzeitige Stellung des Gerichts eine in der Zeit befangene, lediglich empirische Tatsache. Von der anderen Seite her betrachtet kann die Annahme, daß die Normierung der Bindungswirkung in § 31 Abs. 1 BVerfGG unwesentlich sei, auch als eine implizite Bestätigung dafür gesehen werden, daß die Bindungswirkung allgemein als für das Verfassungsgefüge unabdingbar angesehen wird.

Ohne die Vorschrift des § 31 BVerfGG (und ohne die Annahme einer verfassungsunmittelbaren Bindungswirkung) ließe sich aber schon formal nicht ausschließen, daß es zu divergierenden Auslegungen der Verfassung durch Verfassungsorgane, Gerichte und Behörden käme. Auch wenn ein offenes Ignorieren des Bundesverfassungsgerichts durch einen in Verfassungsauslegungsfragen dissentierenden Träger der öffentlichen Gewalt derzeit nicht sehr wahrscheinlich ist, würde allein die relative Rechtsfolgenlosigkeit dieser Möglichkeit die Gefahr einer elementaren Verfassungskrise in sich bergen. Zwar wäre es bei jedem Akt der öffentlichen Gewalt, der in der Verfassungsauslegung die Ansicht des Bundesverfassungsgerichts ignorieren würde, weiterhin möglich, eine Individualverfassungsbeschwerde zu erheben, aber dadurch würde die Herstellung einer einheitlichen Auslegung der Verfassung wesent-

---

[177] *Lange* (Fn. 51), S.1; *Geiger* (Fn. 15), S. 1058; *Böckenförde*, Verfassungsgerichtsbarkeit, Strukturfragen, Organisation, Legitimation, in: ders., Staat, Nation, Europa, 1999, S. 167, spricht insofern von authentischer Verfassungsinterpretation. *Voßkuhle*, in: *v. Mangoldt / Klein / Stark* (Fn. 12), Art. 93 Rdn. 26, betont zusätzlich die besondere Verantwortung des Bundesverfassungsgerichts, zwischen der diesem übertragenen Verfassungsfortbildung und der allein dem qualifizierten Gesetzgeber vorbehaltenen Verfassungsänderung zu unterscheiden.

[178] *Kriele*, § 218 nach dem Urteil des Bundesverfassungsgerichts, ZRP 1975, 73 ff., 74, betont, daß die Sonderstellung des Bundesverfassungsgerichts als Verfassungsorgan auf seiner Berufung zur verbindlichen Verfassungsinterpretation beruht.

[179] *Luetjohann*, Nicht-normative Wirkungen des Bundesverfassungsgerichts, Ein Beitrag zur Rechtsprechungslehre, 1991, S. 38 ff.; *Ziekow* (Fn. 165), S. 522.

lich komplizierter und wäre für den einzelnen jeweils mit fachgerichtlichen Prozeßkosten und einem in jeder Instanz gegebenen Prozeßrisiko behaftet. Vor allem aber wäre nicht systematisch zu sichern, daß sich in jedem Fall divergierender Auslegung ein Beschwerdeführer fände, der, soweit erforderlich, auch den Rechtsweg zu erschöpfen in der Lage wäre. Es wäre in einem solchen Szenario denkbar, daß es zu einer Vielzahl bestandskräftiger Verwaltungsakte und rechtskräftiger fachgerichtlicher Urteile mit jeweils abweichender Verfassungsauslegung käme.

Ein solcher Zustand ist in einem gewaltenteiligen Rechtsstaat unerwünscht und ließe sich auch nicht durch den Verweis auf ungeschriebene Prinzipien wie die Inter-Organ-Bindung[180] oder die Verfassungsorgantreue[181] eindämmen, da diese Prinzipien zwar justiziabel sind, aber keine unmittelbare Wirkung für Behörden und Gerichte entfalten.

Es bleibt daher zu untersuchen, ob die Aufgabenzuweisung aus Art. 93 GG mit der notwendigen Maßgeblichkeit der Verfassungsinterpretation verfassungssystematisch verknüpft werden kann.

Ausschließen läßt sich vorab bereits ein Lösungsansatz, der der Bestimmung des § 31 Abs. 1 BVerfGG direkt den Rang von Verfassungsrecht zuerkennt. Dies verbietet sich eindeutig aus rechtsdogmatischen Gründen. Ebenso ist ein ergänzender Bezug auf Art. 92 GG nicht erforderlich. Denn zwar kann über Art. 92 GG, in Analogie zu den Wirkungen der Entscheidungen anderer Rechtszüge, die Rechtskraft im Sinne der Maßgeblichkeit und Rechtsbeständigkeit der Entscheidung für die Parteien des Rechtsstreits gesichert werden, jedoch ist die Bindungswirkung ein eigenes Rechtsinstitut und damit mehr als nur eine Ausdehnung der subjektiven Rechtskraftgrenzen[182]. Ein verfassungssystematischer Bezug auf Art. 92 GG besäße daher für eine verfassungsunmittelbare Bindungswirkung keinen eigenständigen, spezifischen Gehalt und kann folglich unterbleiben.

b) Verfassungsunmittelbare Bindungswirkung und Verfassungssystematik

Um eine verfassungsrechtliche Bindungswirkung im Sinne eines maßgeblichen Interpretationsmonopols direkt aus der Aufgabenzuweisung des Art. 93 GG herleiten zu können, muß untersucht werden, ob sich ein solcher Ansatz auch in die Systematik des Grundgesetzes widerspruchsfrei einfügen ließe. Dazu bedarf es einer Darstellung der besonderen verfassungsrechtlichen Stellung des Bundesverfassungsgerichts und auch einer Analyse des Verhältnisses von Bindungswirkung und der im Rechtsstaatsprinzip enthaltenen Verfassungsbindung aller staatlichen Gewalten.

---

180 *Sachs* (Fn. 2), S. 76.

181 *Schenke*, Die Verfassungsorgantreue, 1977, S. 116.

182 Vgl. unten S. 79 f.

aa) Verfassungsrechtliche Stellung des Bundesverfassungsgerichts

Das Bundesverfassungsgericht ist sowohl Teil der rechtsprechenden Gewalt[183] als auch eines der Verfassungsorgane des Bundes[184]. Der organisatorische Status entspricht dem eines Gerichts mit Geschäftsordnungsautonomie[185], Weisungsungebundenheit[186] und der Stellung seiner Mitglieder als Richter des Bundesverfassungsgerichts[187]. Auch in seiner Funktion ist es materiell ein Gericht[188].

Der Streit in der Literatur um die Bezeichnung des Gerichts als Verfassungsorgan[189] ist verhältnismäßig unbedeutend, da nicht ersichtlich ist, daß aus dieser Einordnung tatsächlich Kompetenzen hergeleitet werden sollten[190]. Im Kern geht es beim Verfassungsorganstatus nur darum, dem Verfassungsgericht im Verhältnis zu den anderen Verfassungsorganen eine gleichrangige Stellung zu sichern[191].

---

183 Art. 92 GG; vgl. auch BVerfGE 40, 356, 360.

184 Vgl. den Wortlaut von § 1 Abs. 1 BVerfGG: „ ... allen übrigen Verfassungsorganen gegenüber ..."; ausführlich zur Verfassungsorganqualität: *Stern* (Fn. 11), S. 341 ff. Das Bundesverfassungsgericht selbst drückt seine duale Stellung wie folgt aus: „Das Bundesverfassungsgericht als der oberste Hüter der Verfassung ist nach Wortlaut und Sinn des Grundgesetzes und des Gesetzes über das Bundesverfassungsgericht zugleich ein mit höchster Autorität ausgestattetes Verfassungsorgan", Denkschrift vom 27.6.1952, JöR n.F. Bd. 6 (1957), 144 ff.

185 § 1 Abs. 3 BVerfGG.

186 Das Bundesverfassungsgericht ressortiert nicht wie die übrigen Gerichte bei einem Ministerium, unterliegt keiner Dienstaufsicht, stellt einen eigenen Haushalt auf (vgl. § 28 Abs. 3 BHO) und der Präsident ist oberster Dienstherr der Beamten des Gerichts; vgl. *Schlaich / Korioth* (Fn. 1), Rdn. 28.

187 Nur für sie gelten die Bestimmungen der §§ 98 ff. BVerfGG. Sie sind weder selbst Verfassungsorgane (*Schlaich / Korioth* (Fn. 1), Rdn. 29), noch Bundesrichter (vgl. die Verweisung in § 103 BVerfGG).

188 *Schlaich / Korioth* (Fn. 1), Rdn. 34.

189 Ablehnend *Schoch / Wahl*, Die einstweilige Anordnung des Bundesverfassungsgerichts in außenpolitischen Angelegenheiten, in: Festschrift für *Benda*, 1995, S. 284, Anm. 62: „Die Redeweise vom Verfassungsorgan ist zu kritisieren. Das Bundesverfassungsgericht ist ein Gericht. Das reicht zur Charakterisierung aus. Als Gericht steht es den Verfassungsorganen gegenüber, nicht aber steht das Bundesverfassungsgericht in einer Reihe oder auf derselben Seite mit den Verfassungsorganen." Warnend auch *Wieland*, in: *Dreier*, Art. 93, Rdn. 30, wonach die Bezeichnung als Verfassungsorgan gegenüber der Gerichtsqualität keinen ‚Mehrwert' bringt. Anders *Gussek*, Bundestagsauflösung kraft Richterspruch?, NJW 1983, 721, 723, der das Bundesverfassungsgericht - im Verfahren nach Art. 68 GG - als „letztes Verfassungsorgan in einer Phalanx von Bundeskanzler, Bundestag, Bundespräsident" bezeichnet.

190 *Wieland*, in: *Dreier*, Art. 93, Rdn. 30, warnt vor der Gefahr der Ableitung von Kompetenzen aus dem Status als Verfassungsorgan. Ausführlich hierzu auch *Voßkuhle*, in: *v. Mangoldt / Klein / Stark* (Fn. 12), Art. 93 Rdn. 29; *Schlaich / Korioth* (Fn. 1), Rdn. 32.

191 *Badura*, Die Bedeutung von Präjudizien im öffentlichen Recht, in: *Blaurock*, Die Bedeutung von Präjudizien im deutschen und französischen Recht, 1985, S. 68: „Die Titulierung bekräftigt, daß es [das Bundesverfassungsgericht, Anm.d.Verf.] den anderen Verfassungsorganen, besonders den gesetzgebenden Körperschaften und der Bundesregierung, auf gleichem Fuß gegenübertritt." So ähnlich auch *Schoch / Wahl* (Fn. 189), S. 284 Anm. 62: „ Der Ausdruck Verfassungsorgan wird hier verwendet, um das Gebot der Rücksichtnahme argumentativ zu begründen." Auch dem Bundesverfassungsgericht selbst ging es in seiner Denkschrift von 1952 (Fn. 184) nur um seine organisationsrechtlichen Freiheiten. Es stellt selbst klar (S. 145), daß sich die Verfassungsorganqualität aus den übertragenen Kompetenzen ergibt. Das spricht im Umkehrschluß bereits gegen die Möglichkeit, aus dem Status als Verfassungsorgan eine Kompetenzerweiterung herzuleiten.

Im Grundgesetz wird die Verfassungsgerichtsbarkeit nach dem sogenannten Trennungsmodell einem organisatorisch verselbständigten Fachgericht mit eigenen Zuständigkeiten übertragen[192]. Die einzelnen Zuständigkeiten und Entscheidungskompetenzen des Bundesverfassungsgerichts sind alle in Art. 93 GG zusammengefaßt[193]. Aus diesen Aufgabenzuweisungen ergibt sich zunächst, daß dem Gericht auch eine eigene politische Verantwortlichkeit für die Erhaltung der rechtsstaatlichen Ordnung und ihrer Funktionsfähigkeit auferlegt wurde[194]. Ergänzend ist dann aber auch ein Rechtsinstitut erforderlich, daß die Maßgeblichkeit der Entscheidungen über den Einzelfall hinaus sichern kann. Es muß sich dabei um ein taugliches Mittel zur Herstellung und Wahrung der Einheit der gesamten verfassungsmäßigen Ordnung im Sinne einer angestrebten inneren Widerspruchsfreiheit der Verfassungsauslegung handeln. Als ein taugliches und auch praktikables Mittel kann die über die an einem Verfahren direkt beteiligten Parteien hinausgehende Bindungswirkung angesehen werden, die bislang jedoch explizit nur einfachgesetzlich kodifiziert wurde.

Insofern ist es aber möglich und mit der derzeitigen Rechtslage vereinbar, die Bindungswirkung der Entscheidungen des Bundesverfassungsgerichts als in Art. 93 GG implizit vorausgesetzt anzusehen. Insbesondere kann die Bindungswirkung nicht hinweggedacht werden, ohne daß sich das Gefüge der Verfassungsorgane des Grundgesetzes wesentlich verschöbe[195].

Die Offenheit von Art. 93 Abs. 2 GG, die eine Aufgabenübertragung an das Bundesverfassungsgericht durch einfaches Bundesgesetz ermöglicht, steht im Hinblick auf die bisherige Praxis einer Einbeziehung dieser Vorschrift in die Grundlagen einer verfassungsunmittelbaren Bindungswirkung nicht entgegen[196]. Denn auch die Entscheidungen, die auf einer einfachgesetzlichen Übertragungsvorschrift an das Bundesverfassungsgericht beruhen, sollten in ihren abstrahierbaren Verfassungsauslegungen bindende Wirkung über die Rechtskraft hinaus entwickeln können - aus den gleichen Gründen wie bei den unmittelbar in Art. 93 Abs. 1 GG dem Bundesverfassungsgericht übertragenen Entscheidungsarten. Erst eine exzessive Kompetenzübertragung auf Grundlage des Art. 93 Abs. 2 GG, die in die Zuständigkeiten der rechtsprechenden Gewalt aus Art. 92 GG oder in das Verhältnis von Gesetzgeber und Bundesverfassungsgericht eingreifen würde, könnte es erfordern, über Ausnahmen

---

192 Vgl. *Voßkuhle*, in: *v. Mangoldt / Klein / Stark* (Fn. 12), Art. 93 Rdn. 15, m.w.N.

193 Insbesondere durch die Verweise in Abs. 1 Nr. 5 und Abs. 2.

194 *Badura* (Fn. 191), S. 68.

195 Vgl. *Sobota*, Das Prinzip Rechtsstaat, 1997, S. 478: „Der bundesrepublikanische Rechtsstaat ist ohne Verfassungsgerichtsbarkeit schwer vorstellbar" und „Daß diese Aufgabe von einem Verfassungsgericht wahrgenommen wird, ist für den Rechtsstaat in Deutschland kennzeichnend, aber nicht unverzichtbar".

196 Von der Ermächtigung des Art. 93 Abs. 2 GG ist bisher nur in wenigen Fällen Gebrauch gemacht worden: Vgl. § 50 Abs. 3 VwGO, § 39 Abs. 2 SGG, §§ 24 Abs. 5 S. 3-5, 36 Abs. 4 S. 2-3 Gesetz über das Verfahren bei Volksentscheid, Volksbegehren und Volksbefragung, § 26 Abs. 3 Europawahlgesetz. *Benda / Klein* (Fn. 15) Rdn. 31 m.w.N.

von der Bindungswirkung nachzudenken. Eine solche Lage befände sich aber in der Nähe einer veritablen Verfassungskrise und brächte zahlreiche andere, grundlegendere Konflikte mit sich. Abhilfe nur durch eine eingeschränkte Bindungswirkungsdogmatik wäre in einer solchen Situation sehr unwahrscheinlich. Daher scheinen beide Absätze des Art. 93 GG geeignet, als Grundlage einer verfassungsunmittelbaren Bindungswirkung zu dienen.

bb) Rechtsstaatsprinzip, Verfassungsbindung und Bindungswirkung

Der Rechtsstaatsbegriff ist vieldeutig[197] und seine Verwendung als Rechtsstaatsprinzip zerfällt in eine Vielzahl von Inhalten und Verwendungsweisen[198]. Von der Vielzahl der Merkmale des Rechtsstaats[199] ist hier vor allem die Verfassungsbindung aller staatlichen Gewalten nach Art. 20 Abs. 3, Art. 1 Abs. 1 S. 1 und Abs. 3 GG von Bedeutung. Diese geht davon aus, daß nur der verfaßte Staat ein Rechtsstaat ist und durch die Verfassung die politische Macht organisiert und ihre Grenzen normiert werden[200]. Die Verfassungsbindung ist als Merkmal des Rechtsstaats der Bundesrepublik Deutschland insofern unverzichtbar und damit als eines seiner wesentlichen Elemente anzusehen[201].

Gemeinsam mit der in Art. 93 GG vorgesehen Aufgabenübertragung der exklusiven und letztverbindlichen[202] Verfassungsrechtsprechung[203] läßt sich damit direkt aus der Verfassung der Adressatenkreis einer verfassungsunmittelbaren Bindungswirkung bestimmen. Denn er läßt sich auf diejenigen Institutionen eingrenzen, die mit hoheitlicher Gewalt ausgestattet wurden und die Vorschriften der Verfassung direkt zu berücksichtigen und anzuwenden verpflichtet sind. Dazu gehören zunächst alle sonstigen Gerichte und Behörden[204]. Insofern besteht eine Übereinstimmung des rechtsstaatlich gebotenen

---

197 So *Šarcenic*, Der Rechtsstaat, 1996, S. 6, mit besonderem Bezug auf die Geschichte des Rechtsstaatsbegriffs.

198 *Kunig*, Das Rechtsstaatsprinzip, 1986, S. 457. Nach dieser Sicht sollten die Vokabeln Rechtsstaat und Rechtsstaatlichkeit auch nur in unproblematischen Fällen ‚abkürzend' gebraucht werden (S. 468). *Kunig* möchte dem Rechtsstaatsprinzip insbesondere keine verfassungsrechtliche Dimension beimessen (S. 481); Kritisch zu der von *Kunig* vorgeschlagenen Abschaffung des Rechtsstaatsbegriffs als eigenständigem Hauptprinzip: *Sobota* (Fn. 195), S. 399 ff.

199 *Sobota* (Fn. 195), S. 254, unterscheidet beispielsweise 142 Merkmale.

200 Vgl. *Hesse*, Grundzüge des Verfassungsrechts, 20. Auflage, 1995, Rdn. 193: Die Verfassung gibt dem Gemeinwesen „Maß und Form".

201 *Sobota* (Fn. 195), S. 476.

202 *Schneider*, Verfassungsgerichtsbarkeit und Gewaltenteilung, NJW 1980, 2103, 2104, stellt klar, daß das Bundesverfassungsgericht nicht letztinstanzlich, sondern letztverbindlich entscheidet.

203 Vgl. auch *Meyn*, Kontrolle als Verfassungsprinzip, 1982, S. 348: „Das Bundesverfassungsgericht übt ebenso wie andere Organe verfaßte, d.h. verfassungsgesetzlich gebundene Gewalt aus. Es operiert damit grundsätzlich unter derselben Bindung wie der einfache Richter, nur daß seine Bindung auf einer höheren Rangstufe angesiedelt ist."

204 Im Entwurf des Verfassungskonvents von Herrenchiemsee stellten explizit die Gerichte und sonstige Behörden den Adressatenkreis der vorgesehenen verfassungsrechtlichen Bindungswirkung dar, vgl. oben S. 42.

Adressatenkreises einer verfassungsunmittelbaren Bindungswirkung mit demjenigen aus § 31 Abs. 1 BVerfGG.

Ebenfalls mit hoheitlicher Gewalt ausgestattet und direkt verfassungsgebunden sind als Träger staatlicher Gewalt auch die sonstigen Verfassungsorgane des Bundes und der Länder. Die Annahme einer verfassungsunmittelbaren Bindungswirkung sollte sich deshalb generell auch auf diese Institutionen ausweiten lassen. Dabei besteht aber die Gefahr, daß eine verfassungsunmittelbare Bindungswirkung wesentlich in das Grundverhältnis der Verfassungsorgane[205] eingreift und dieses nachhaltig verändern könnte. Daher muß untersucht werden, ob eine solche Ausweitung überhaupt erforderlich ist.

cc) Bindungswirkung und Verfassungsorgantreue

Die Annahme einer verfassungsunmittelbaren Bindungswirkung ist im Hinblick auf die anderen Verfassungsorgane des Bundes nicht unproblematisch. Denn eine strenge Bindung des Bundesgesetzgebers an die Vorgaben des Bundesverfassungsgerichts würde die Gefahr einer legislativen Stagnation in sich bergen und könnte letztlich zu einem Gewaltenteilungskonflikt führen[206]. Eine verfassungsunmittelbare Bindungswirkung könnte dem Gesetzgeber gegenüber auch nicht auf die Aufgabenzuweisung der Verfassung gestützt werden. Denn aufgrund der generellen Gleichrangigkeit der Verfassungsorgane im Gewaltenteilungsgefüge müßte eine Bindungswirkung vor allem die für das Zusammenspiel der Verfassungsorgane notwendige verfassungsmäßige Abgrenzung unter Beachtung der jeweiligen spezifischen Funktionen der Organe berücksichtigen. Da die Besonderheiten des Verhältnisses der Verfassungsorgane vor allem in den verschiedenen Verfahrensarten vor dem Bundesverfassungsgericht deutlich werden, sollen diese auf die Erforderlichkeit einer verfassungsunmittelbaren Bindungswirkung hin untersucht werden.

Unstreitig ist für den Erhalt der verfassungsmäßigen Ordnung auf der Ebene der Verfassungsorgane die Maßgeblichkeit der Entscheidungen des Gerichts in feststellenden Organstreitverfahren erforderlich[207], da eine andersartige, gleichakzeptable und auch gleichwertige Streitbeilegungsmöglichkeit nicht besteht. In diesen Verfahren wird die Verbindlichkeit der Entscheidung aber größtenteils bereits über die Rechtskraftbindung der Beteiligten erreicht, so daß für eine verfassungsunmittelbare Bindungswirkung nur wenig Raum bliebe. Man könnte allenfalls annehmen, daß beispielsweise die gemäß Art. 93 Abs. 1 Nr. 1 GG mit eigenen Rechten ausgestatteten Teile von Bundesorganen, wenn sie nicht Partei des konkreten Verfahrens waren, aber Partei hätten sein können, einer Bindungswirkung unterliegen. Für diese Konstellation wäre aber wohl auch ein Verweis auf die allgemeine Verfas-

---

205 Vgl. zur Verfassungsorganqualität des Bundesverfassungsgerichts oben S. 48.

206 Das Bundesverfassungsgericht befindet sich in einem ständigen Konkretisierungs- und Fortbildungskonflikt mit dem Gesetzgeber, vgl. *Meyn* (Fn. 203), S. 399.

207 *Rennert*, in: *Umbach / Clemens* (Fn. 15), § 31 Rdn. 86.

sungsorgantreue[208] ausreichend, um die Entscheidungswirkung zu gewährleisten. Die Annahme einer Bindungswirkung scheint für diese Fälle jedenfalls nicht zwingend erforderlich zu sein.

Auch für die Normenkontrollverfahren läßt sich aus der Verankerung in der Verfassung (Artt. 93 Abs. 1 Nr. 2; 100 Abs. 1 GG) eine verfassungsunmittelbare Respektierungspflicht des Gesetzgebers ableiten[209]. Diese Respektierungspflicht bedeutet zwar keinen Vorrang des Gesetzgebers, wohl aber eine prinzipielle Gleichwertigkeit der Verfassungsorgane untereinander, aus der sich notwendig ein grundsätzliches Rücksichtnahmegebot[210] zwischen den Verfassungsorganen ergibt. Denn ein Konflikt zwischen dem Gesetzgeber und dem Bundesverfassungsgericht durch wiederholten Neuerlaß von für nichtig erklärten Normen wäre letztlich eine Verfassungskrise, die sich auch durch eine Änderung der grundgesetzlichen Kompetenzen des Verfassungsgerichts nicht nachhaltig lösen ließe. Aus diesem Grund ist auch eine Selbstbindung des Bundesverfassungsgerichts für die Funktion des Systems der Verfassungsorgane nicht unabdingbar erforderlich[211]. Auch der Bereich der Normenkontrolle kann daher von der Annahme einer verfassungsunmittelbaren Bindungswirkung ausgespart bleiben und sollte von der flexibleren Forderung der Verfassungsorgantreue[212] bestimmt werden.

Auch in den sonstigen Verfahren, die Verfassungsorgane des Bundes betreffen, scheint für die nicht der Rechtkraft unterliegenden Organe[213] die Annahme einer verfassungsunmittelbaren Bindungswirkung nicht erforderlich zu sein. Das Prinzip der Verfassungsorgantreue ist ausreichend für die Regelung des Verhältnisses der Verfassungsorgane des Bundes untereinander.

dd) Bindungswirkung und Bundesstaatstreue

Ähnlich gestaltet sich das Verhältnis zu den Ländern und deren Verfassungsorganen. Hier ist es das Prinzip der Bundesstaatstreue[214], daß die Maßgeblichkeit von Entscheidungen des Bundesverfassungsgerichts sichert. Danach sind in einer bundesstaatlichen Ordnung die an dem verfassungsrechtli-

---

[208] Ausführlich zur Verfassungsorgantreue: *Schenke* (Fn. 181), S. 116 ff.

[209] *Sachs*, Der Fortbestand der Fristenlösung für die DDR und das Abtreibungsurteil des Bundesverfassungsgerichts, DtZ 1990, S. 198.

[210] Vgl auch BVerfGE 35, 193, 199: „Oberste Verfassungsorgane haben von Verfassungs wegen aufeinander Rücksicht zu nehmen. Diese rechtlich gebotene Rücksichtnahme kann durch keinerlei politische Erwägungen überwunden werden."

[211] Nach *Sachs* (Fn. 209), S. 198, macht die Feststellung in BVerfGE 77, 84, 103 ff., nach der der Gesetzgeber weder durch die Bindungswirkung noch durch die Rechtskraft gehindert ist, eine inhaltsgleiche Neuregelung zu beschließen, nur dann einen Sinn, wenn auch das Bundesverfassungsgericht dann frei ist, trotz früherer Mißbilligung ein Wiederholungsgesetz nunmehr zu akzeptieren. Ausführlich zum Problem der Selbstbindung unten S. 59 ff.

[212] *Schenke* (Fn. 181), S. 116 ff.

[213] In den Verfahren zur Präsidentenanklage gem. §§ 13 Abs. 4, 49 ff. BVerfGG gibt es aufgrund der Strafverfahrensähnlichkeit nicht einmal einen außerhalb der Rechtskraft liegenden Adressatenkreis.

[214] Ausführlich zu dieser Thematik: *Bauer*, Die Bundestreue, 1992.

chen Bündnis Beteiligten gehalten, dem Wesen dieses Bündnisses entsprechend zusammenzuwirken und zu einer Festigung und Wahrung der bundesstaatlichen Belange beizutragen.[215] Entscheidungen in Verfahren, die einzelne Länder als Beteiligte betreffen[216], sind dadurch auch für die sonstigen Länder beachtlich. Der ergänzenden Annahme einer verfassungsunmittelbaren Bindungswirkung bedarf es somit nicht.

ee) Verfassungsunmittelbare Bindungswirkung und § 31 Abs. 1 BVerfGG

Es zeigte sich einerseits, daß zumindest für den nichtreflexiven, nicht verfassungsorganbezogenen Bereich der verfassungsgerichtlichen Rechtsprechung eine direkt aus Art. 93 GG abgeleitete und damit verfassungsunmittelbare Bindungswirkung in das bestehende dogmatische Gefüge widerspruchsfrei eingefügt werden könnte. Der einfachgesetzlichen Kodifizierung in § 31 Abs. 1 BVerfGG käme durch diese verfassungsunmittelbare Bindungswirkung in Bezug auf Gerichte und Behörden ein nur deklaratorischer Charakter zu.

Andererseits zeigte sich, daß das Zusammenspiel der Verfassungsorgane des Bundes und der Länder von den Prinzipien der Verfassungsorgantreue und der Bundesstaatstreue bestimmt wird, die die Eigenverantwortung jedes Organs für die Funktion des gesamten Staatswesens betonen. Für die Annahme einer verfassungsunmittelbaren Bindungswirkung bleibt daher in diesem Bereich kein Raum. In Bezug auf die Verfassungsorgane von Bund und Ländern ist die Bindungsunterworfenheit nach § 31 Abs. 1 BVerfGG also konstitutiv. Soweit ersichtlich, gab es jedoch noch keinen Streitfall, in dem die Bindung der Verfassungsorgane des Bundes und der Länder an die Entscheidungen des Bundesverfassungsgerichts thematisiert wurde. Aufgrund der relativen inhaltlichen Unbestimmtheit des Inhalts und des Umfangs der Bindungswirkung[217] einerseits sowie Nähe zu einer Verletzung der Prinzipien der Verfassungsorgantreue oder Bundesstaatstreue andererseits ist ein solcher Streit auch nicht zu erwarten. Insofern überlagert die Akzeptanz des Gerichts und die Beachtung der verfassungsstaatlichen Prinzipien die in § 31 Abs. 1 BVerfGG bestimmte gesetzliche Bindung der Verfassungsorgane von Bund und Ländern. Auch für diesen Bereich läßt sich daher vermuten, daß sich das Gefüge der Verfassungsorgane nicht verändern würde, wenn die einfachgesetzliche Bestimmung der Bindungswirkung entfallen würde.

Aus rechtsdogmatischen Gründen muß zur Wahrung der Einheitlichkeit des Rechtsinstitut „Bindungswirkung" noch untersucht werden, ob sich die zu § 31 Abs. 1 BVerfGG entwickelten Ansichten von Rechtsprechung und Lehre mit der Annahme einer verfassungsunmittelbaren Bindungswirkung vereinbaren lassen. Insbesondere die noch ausstehende Untersuchung der in-

[215] So in BVerfGE 1, 299, 315; 34, 9, 20; 40, 96, 125.

[216] Die Verfahren nach den §§ 13 Nr. 7, 8 BVerfGG.

[217] Vgl. zum Gegenstand der Bindungswirkung unten S. 73 ff.

haltlichen Schranken einer verfassungsunmittelbaren Bindungswirkung soll daher erst im Zusammenhang mit der Betrachtung der Grenzen des Rechtsinstituts „Bindungswirkung" erfolgen[218].

2. *Formelle Voraussetzungen der Bindungswirkung*

Bindungswirkung haben nach dem Wortlaut der Bestimmung des § 31 Abs. 1 BVerfGG nur Entscheidungen des Bundesverfassungsgerichts. Als Gerichtsentscheidungen in diesem Sinn gelten ausschließlich Urteile oder Beschlüsse der Senate des Bundesverfassungsgerichts; Kammerbeschlüsse[219] können keine Bindungswirkung entwickeln[220]. Weitere Voraussetzung der Bindungswirkung ist die formelle Rechtskraft einer Entscheidung, die regelmäßig mit der Entscheidungsverkündung eintritt[221]. Die Verknüpfung der Bindungswirkung nach § 31 Abs. 1 BVerfGG mit den formellen Voraussetzungen der Rechtskraft einer Entscheidung bewirkt zum einen eine enge Koppelung beider Rechtsinstitute, sie stellt aber zugleich auch den einzigen direkten Bezugspunkt dar; alle nichtformellen Fragen bleiben rechtsinstitutsspezifisch.

3. *Adressaten der Bindungswirkung – Behörden, Gerichte und Verfassungsorgane*

Als bindungsunterworfen werden in § 31 Abs. 1 BVerfGG explizit die Verfassungsorgane des Bundes und der Länder sowie alle Gerichte und Behörden aufgeführt. Bei Annahme einer verfassungsunmittelbaren Bindungswirkung ist der Bezug auf die Gerichte und Behörden deklaratorisch, der Bezug auf die Verfassungsorgane hingegen konstitutiv[222]. Dennoch bedarf es, wie im folgenden gezeigt wird, auch einer materiell-rechtlichen Abgrenzung der Bindungsunterworfenheit.

a) Negative Abgrenzung

Von der Bindungswirkung sind all diejenigen Rechtssubjekte nicht umfaßt, die ausschließlich der nichtstaatlichen Sphäre zugerechnet werden können. Neben natürlichen und juristischen Personen des Privatrechts zählen hierzu auch auf rein privatrechtlichen Normen beruhende Spruchkörper wie etwa Schiedsgerichte im Sinne der §§ 1025 ff. ZPO[223].

---

[218] Vgl. hierzu unten S. 76 ff.

[219] Der Beschluß des BVerfG vom 21.6.1996 erging durch die 3. Kammer des 1. Senats, die beiden Beschlüsse vom 30.12.1997 ergingen durch die 1. Kammer des 1. Senats. Diese drei Beschlüsse zur Rechtschreibreform fallen somit schon formell nicht unter § 31 Abs. 1 BVerfGG.

[220] BVerfGE 23, 191, 206 f.; 53, 336, 348.

[221] *Rennert*, in: *Umbach / Clemens* (Fn. 15), § 31 Rdn. 22-24.

[222] Vgl. oben S. 53.

[223] *Ziekow* (Fn. 165), S. 525.

b) Behörden

Einer genaueren Abgrenzung bedarf die Gebundenheit der privatrechtlichen Organisationsformen der öffentlichen Hand sowie derjenigen natürlichen oder juristischen Personen des Privatrechts, die öffentlich-rechtliche Aufgaben wahrnehmen, da hier eine Unterordnung unter den Begriff „Behörde" zweifelhaft ist[224]. Der Behördenbegriff ist im allgemeinen Verwaltungsrecht doppeldeutig und wird differenzierend sowohl im formell-organisatorischen als auch im materiellen Sinne gebraucht[225]. Für das Verfassungsprozeßrecht bedarf der Begriff somit der Auslegung. Aus systematischer Sicht spricht die Aufzählung in § 31 Abs. 1 BVerfGG gemeinsam mit „Verfassungsorganen" und „Gerichten" sowohl für den materiellen Sinn, da es bei diesen Institutionen um die Erfüllung hoheitlicher Aufgaben geht, als auch für den formellen Sinn, da die Institutionen auch organisatorische Einheiten der staatlichen Aufgabenerfüllung sind. Die Auslegung des Behördenbegriffes muß daher auf grundlegende Erwägungen zur Stellung und Funktion der Bindungswirkung gestützt werden.

Die Bindungswirkung steht in engem Zusammenhang mit der Berufung des Bundesverfassungsgerichts zur Auslegung der Verfassung und setzt somit auch ein Näheverhältnis zur Verfassung im Sinne einer spezifischen Verfassungsgebundenheit der öffentlichen Gewalt[226] voraus[227]. Damit ließe sich die gewünschte Abgrenzung situationsspezifisch dadurch erreichen, daß untersucht wird, ob originär die Ausübung öffentlicher Gewalt vorliegt oder nicht[228]; die jeweilige Organisationsform des Ausübenden wäre unbeachtlich. Eine auf diesem Kriterium basierende Abgrenzung erscheint auch sachgerecht, da der privatrechtlich organisierten öffentlichen Hand bei Handlungen, die nicht die Ausübung öffentlicher Gewalt sind, die spezifische Verfassungsbindung fehlt[229]. Auf der anderen Seite würde die nach dieser Prüfungsmethode festzustellende Bindungsunterworfenheit mit der Bedeutung des jeweiligen Hoheitsaktes korrelieren[230]. Beliehene[231], also natürliche oder juristische Personen des Privatrechts wären danach nur gebunden, wenn sie in dem ihnen übertragenen öffentlichen Aufgabenbereich tätig werden.

---

224 So auch *Pestalozza* (Fn. 6), § 20 Rdn. 105.

225 *Huber*, Allgemeines Verwaltungsrecht, 2. Aufl. 1997, S. 142; *Erichsen*, in: *Erichsen*, Allgemeines Verwaltungsrecht, 11. Aufl. 1998, § 12 Rdn. 13 ff.

226 Art. 1 Abs. 3, 20 Abs. 3 GG.

227 *Benda / Klein* (Fn. 15), Rdn. 1322; *Ziekow* (Fn. 165), S. 525.

228 So *Benda / Klein* (Fn. 15), Rdn. 1322, die keinen Anlaß sehen, die mittelbare Staatsverwaltung, beliehene oder ministerialfreie Verwaltungsträger von der Bindungswirkung auszunehmen. Ebenso *Ziekow* (Fn. 165), S. 525. Vgl. auch oben S. 47 ff. die Erwägungen zur Herleitung einer verfassungsunmittelbaren Bindungswirkung aus Art. 93 GG.

229 Ebenso eine jeweilige Prüfung der Bindungswirkung für Beliehene, juristische Personen des öffentlichen Rechts u.ä. fordert *Pestalozza* (Fn. 6), § 20 Rdn. 105.

230 Dies ist unabhängig davon zu sehen, wie eng begrenzt die jeweilige Befugnis eines Beliehenen, bspw. eines Bezirksschornsteinfegermeisters oder des TÜV, ist.

231 Vgl. hierzu *Huber* (Fn. 225), S. 132.

Der Begriff der „Behörde" in § 31 Abs. 1 BVerfGG kann somit, letztlich auch im Interesse der Einheitlichkeit der Rechtsordnung, als direkt vergleichbar mit dem materiellen Behördenbegriff aus § 1 Abs. 4 VwVfG angesehen werden.

c) Gerichte

Der Wortlaut des § 31 Abs. 1 BVerfGG bindet alle Gerichte an die Entscheidungen des Bundesverfassungsgerichts. Dabei ist zum einen das Verhältnis zu den Landesverfassungsgerichten zu klären; zum anderen hat das 5. Gesetz zur Änderung des BVerfGG[232] über die Einführung einer Zulassungs- bzw. Vorlagepflicht bei Abweichungen von Entscheidungen des Bundesverfassungsgerichts die bis dahin bestehende Eindeutigkeit der Bindungsunterworfenheit beeinträchtigt.

aa) Bindung der Landesverfassungsgerichte

Das Verfassungsgericht eines Landes muß nach Art. 100 Abs. 3 GG die Entscheidung des Bundesverfassungsgerichts einholen, wenn es bei der Auslegung des Grundgesetzes von den tragenden Gründen[233] einer Entscheidung des Bundesverfassungsgerichts oder eines anderen Landesverfassungsgerichts abweichen will. Im Verhältnis zu § 31 Abs. 1 BVerfGG kann dies zu konträren Schlußfolgerungen Anlaß geben.

Nach einer in der Literatur vertreten Ansicht impliziert die Divergenzvorlage nach Art. 100 Abs. 3 GG verfassungsrechtlich, daß eine Abweichung von der Rechtsprechung des Bundesverfassungsgerichts zulässig sei, was gleichzeitig die fehlende unmittelbare Bindung als denknotwendig voraussetze[234]. Die einfachgesetzliche Bindungswirkung wird danach durch die spezielle Verfassungsbestimmung für den Bereich der Landesverfassungsgerichte derogiert. Diese geringere Gebundenheit entspreche auch der grundsätzlichen Gleichordnung der Landesverfassungsgerichte und des Bundesverfassungsgerichts im Bundesstaat[235].

Dieser Schluß ist aber nicht so zwingend, wie er dargestellt wird, denn Art. 100 Abs. 3 GG stellt auf den Willen zur Abweichung, nicht aber auf die Abweichung selbst ab. Der Abweichungswille setzt nicht notwendig eine Ausnahme von der Bindungswirkung voraus, denn die Entscheidungseinholungspflicht gestattet eine Abweichung nur nach Vorlage beim Bundesverfassungsgericht.

---

232 5. BVerfGG-ÄndG vom 2.8.1993, BGBl. I, 1442.

233 *Maunz*, in: *Maunz / Dürig*, Art. 100 Rdn. 5: Bei Abweichung von *obiter dicta* ist eine Divergenzvorlage nicht erforderlich.

234 *Benda / Klein* (Fn. 15), Rdn. 1179 ff.; *Rennert*, in: *Umbach / Clemens* (Fn. 15), § 31 Rdn. 82; *Ziekow* (Fn. 165), S. 525.

235 *Rennert*, in: *Umbach / Clemens* (Fn. 15),§ 31 Rdn. 82; mit Bezug auf BVerfGE 36, 342, 356; 64, 301, 315 ff.; 69, 112, 117 ff.

Daher kann Art. 100 Abs. 3 GG auch so gelesen werden, daß die Vorschrift auf dem Gedanken der Sicherung der Einheitlichkeit der Rechtsordnung beruht[236]. Die Bindungswirkung wird nicht inhaltlich eingeschränkt, sondern lediglich in Verbindung mit § 85 BVerfGG dahingehend verfahrensmäßig berührt, als den Landesverfassungsgerichten die fallbezogene Anfrage zugestanden[237] wird, ob das Bundesverfassungsgericht am Inhalt einer bindenden Entscheidung festhalten oder seine Rechtsauffassung ändern beziehungsweise anpassen will[238]. Die Bindungswirkung der betreffenden Entscheidung beziehungsweise der gegebenenfalls neu ergehenden Entscheidung bleibt davon jeweils auch für das Landesverfassungsgericht unberührt. Verfahren dieser Art können somit auch einer Verfestigung der fallabhängigen Rechtsprechung des Bundesverfassungsgerichts entgegenwirken. Insofern kann davon gesprochen werden, daß Art. 100 Abs. 3 GG nicht die Landesverfassungsgerichte von der Bindung freistellt, sondern vielmehr dem Bundesverfassungsgericht hinsichtlich seiner eigenen Entscheidungen die Möglichkeit einer Rechtsprechungsanpassung eröffnet[239].

Diese Sicht wird auch von der hier vertretenen Annahme einer verfassungsunmittelbaren Bindungswirkung aus Art. 93 GG bestärkt. Wenn § 31 Abs. 1 BVerfGG deklaratorischen Charakter besitzt, dann entfällt die Möglichkeit einer einfachen Derogation hinsichtlich der Landesverfassungsgerichte durch Art. 100 Abs. 3 GG. Das Verhältnis der beiden Verfassungsbestimmungen, der impliziten Bindungswirkung und der expliziten Vorlagemöglichkeit, muß vielmehr so zueinander bestimmt werden, daß beide Vorschriften nebeneinander bestehen können. Versteht man die Divergenzvorlage in dem oben dargestellten Sinn der Wahrung der Einheitlichkeit der Rechtsordnung, dann läßt sich dies mit der Annahme einer verfassungsunmittelbaren Bindungswirkung verfassungssystematisch widerspruchsfrei verbinden. Die Bindungswirkung ist danach generell auch für die Landesverfassungsgerichte gegeben, gibt diesen aber die wegen ihrer besonderen Funktion spezielle verfassungsrechtliche Möglichkeit, nach Art. 100 Abs. 3 GG eine Entscheidung des Bundesverfassungsgerichts einzuholen.

---

[236] BVerfGE 3, 261, 265: Der Sinn des Art. 100 Abs. 3 GG liegt in der Einheitlichkeit der Auslegung des Grundgesetzes. Vgl. dazu auch die in § 85 Abs. 2 BVerfGG bestimmte Gelegenheit zur Äußerung der von einer beabsichtigten Abweichung betroffenen Organe.

[237] Das Zugeständnis liegt in der Verbindung des Abweichungswillens, der sich regelmäßig auf gute Gründe stützen wird, mit der Möglichkeit der unmittelbaren Anrufung des Bundesverfassungsgerichts außerhalb von Fällen des Art. 100 Abs. 1 GG. Die Entscheidungseinholungspflicht beeinflußt nicht zwingend den zugestehenden Charakter der Norm, da sie auch als lediglich der Einheitlichkeit der Verfassungsauslegung dienende Bestimmung gelesen werden kann.

[238] Vgl. BVerfGE 3, 261, 265; *Pestalozza* (Fn. 6), § 15 Rdn. 9 f.

[239] So *Ziekow* (Fn. 165), S. 525. Allerdings ist die Formulierung ungenau, da keine echte Selbstbindung des Bundesverfassungsgerichts besteht und hier mit Freistellung von der Bindung nur die Möglichkeit einer Änderung der Verfassungsrechtsprechung gemeint ist.

bb) Bindungsmißachtung als Rechtsmittelgrund

Mit den Artt. 2-6 des 5. Gesetzes zur Änderung des Bundesverfassungsgerichtsgesetzes[240] wurden die Verfahrensordnungen bestimmter Gerichtszweige des öffentlichen Rechts dahingehend geändert, daß eine Abweichung von einer Entscheidung des Bundesverfassungsgerichts einen Rechtsmittelzulassungsgrund darstellt[241]. Motiv dieser Gesetzesänderung war die Entlastung des Bundesverfassungsgerichts von Verfassungsbeschwerden gegen Entscheidungen von Fachgerichten, in denen die Rechtsprechung des Bundesverfassungsgerichts nicht beachtet worden war[242]. Gedacht war die Regelung also für diejenigen Fälle von Nichtzulassungsbeschwerden, in denen ein Fachgericht unbeabsichtigt von der Rechtsprechung des Bundesverfassungsgerichts abweicht und ein zulassungspflichtiges Rechtsmittel aus diesem Grund nicht zugelassen wird[243].

Allerdings sind die Vorschriften so allgemein gefaßt worden, daß nun auch ein bewußtes Abweichen eines Fachgerichts rechtlich möglich ist. Da ein Rechtsmittel nicht eingelegt werden muß, kann sich ein Fachgericht auf diesem Weg bedingt von der Bindungswirkung freistellen[244]. Als späteres Gesetz ist das 5. BVerfGG-ÄndG auch formell in der Lage, die Bestimmung des § 31 Abs. 1 BVerfGG teilweise zu derogieren. Um diese weder vom Gesetzgeber noch rechtspolitisch gewollte Möglichkeit zu unterbinden, wird in der Literatur vorgeschlagen, die geänderten Rechtsmittelvorschriften jeweils einschränkend so auszulegen, daß eine Rechtsmittelzulassung wegen Abweichung von Verfassungsgerichtsentscheidungen nur durch das Rechtsmittelgericht auf eine Nichtzulassungsbeschwerde hin erfolgen darf[245]. Eine in diesem Maß geforderte teleologische Reduktion müßte von so grundsätzlichen Erwägungen getragen werden, daß jede andere, inhaltlich weitere Auslegung als rechtssystematisch widersprüchlich angesehen werden müßte. Die grundsätzlichen Erwägungen sind an dieser Stelle aber lediglich rechtspolitischer Art, da ein rechtsmittelverzichtsabhängiges Auseinanderfallen der Auslegungen des Grundgesetzes zwischen einzelnen untergerichtlichen Entscheidungen und denen des Bundesverfassungsgerichts unter der Voraussetzung einer lediglich einfachgesetzlichen Bindungswirkung keine individuellen Rechte verkürzt. Denn der jeweilige Rechtsschutz bleibt für den einzelnen durch die Möglichkeit der Rechtsmitteleinlegung stets gewahrt. Allerdings ist ein solcher Zustand rechtspolitisch höchst unerwünscht, da er geeignet ist, die Auto-

---

240 5. BVerfGG-ÄndG vom 2.8.1993, BGBl. I, 1442.

241 § 72 Abs. 2 Nr. 2 ArbGG; § 78 Abs. 3 Nr. 2 AsylVerfG; § 115 Abs. 2 Nr. 2 FGO; § 160 Abs. 2 Nr. 2 SGG; §§ 124 Abs. 2 Nr. 4; 132 Abs. 2 Nr. 2 VwGO

242 BT-Drucks. 12/3628 S. 15.

243 Oberste Fachgerichte hatten sich wegen der Bindungswirkung des § 31 Abs. 1 BVerfGG geweigert, die Abweichung von einer Entscheidung des Bundesverfassungsgerichts als Grund für die Zulassung des Rechtsmittels der Revision anzuerkennen. Vgl. BVerwGE 85, 295; BAG NJW 1991, 2100.

244 *Ziekow* (Fn. 165), S. 526.

245 Ebenda.

rität des Bundesverfassungsgerichts als maßgeblicher Verfassungsinterpret zu beeinträchtigen.

Folgt man der oben entwickelten Ansicht einer verfassungsunmittelbaren Bindungswirkung aus Art. 93 GG, dann wäre das 5. BVerfGG-ÄndG schon formell nicht in der Lage gewesen, die Bindungswirkung teilweise zu derogieren. Dann ergäbe sich aus den erweiterten Rechtsmittelgründen kein rechtspolitischer Widerspruch, da die Bindung verfassungsunmittelbar für alle Gerichte wirken würde. Die Anwendung dieses Rechtsmittelgrundes wäre dann gleichzeitig auf die Entscheidungen beschränkt, in denen eine unbeabsichtigte Abweichung vorliegt, wie etwa bei Nichtzulassungsbeschwerden. Denn eine bewußte Abweichung wäre ein Verstoß gegen eine verfassungsunmittelbare Bestimmung und damit ein Verstoß gegen das Rechtsstaatsprinzip.

Die Annahme einer verfassungsunmittelbaren Bindungswirkung löst damit auch das Problem der rechtspolitisch bedenklichen Teilderogation des § 31 Abs. 1 BVerfGG durch die Artt. 2-4 des 5. BVerfGG-ÄndG.

d) Selbstbindung des Bundesverfassungsgerichts

Eine Selbstbindung des Bundesverfassungsgerichts kann durch die Rechtskraft und durch die Bindungswirkung vermittelt werden. Bei letzterer klärt auch die Annahme einer verfassungsunmittelbaren Bindungswirkung nicht eindeutig die Frage der Selbstunterworfenheit, da zu den in Art. 93 Abs. 1 GG genannten Trägern staatlicher Gewalt auch das Bundesverfassungsgericht selbst gerechnet werden kann. Hinzu kommen verschiedene verfassungsrechtliche und einfachgesetzliche Bestimmungen, die eine dogmatische Betrachtung der Selbstbindung erforderlich machen.

aa) Echte Selbstbindung

Eine echte Selbstbindung des Bundesverfassungsgerichts wird über die materielle Rechtskraft einer Entscheidung vermittelt[246], d.h. sie untersagt dem Gericht eine erneute Entscheidung bei demselben Beschwerdeführer hinsichtlich desselben Verfahrensgegenstandes[247]. Damit ist das aus dem Rechtsstaatsprinzip folgende Postulat der Rechtssicherheit für die Beteiligten des Rechtsstreits gewahrt[248].

---

246 *Zuck*, Die Selbstbindung des Bundesverfassungsgerichts, NJW 1975, S. 909; *Pestalozza* (Fn. 6), § 20 Rdn. 85.

247 BVerfGE 4, 31, 39. So auch die Ausführungen in BVerfGE 33, 199, 203: „Die Rechtskraft einer gerichtlichen Entscheidung bezieht sich stets auf den Zeitpunkt, in dem die Entscheidung ergeht. Sie erfaßt also nicht solche Veränderungen, die erst später eintreten. Denn jede gerichtliche Erkenntnis geht von den zu seiner Zeit bestehenden Verhältnissen aus. Deshalb hindert die Rechtskraft auch nicht die Berufung auf neue Tatsachen, die erst nach der früheren Entscheidung entstanden sind."

248 *Ziekow* (Fn. 165), S. 526.

bb) Das Problem der Selbstbindung aus § 31 Abs. 1 BVerfGG

Eine darüber hinaus wirkende Selbstbindung des Gerichts an die in den Entscheidungen hervortretenden Auslegungen des Grundgesetzes könnte sich aus dem Wortlaut von § 31 Abs. 1 BVerfGG ergeben, wonach das Bundesverfassungsgericht, das sowohl Verfassungsorgan des Bundes[249] als auch Gericht[250] ist, genau genommen auch dieser Bindungswirkung unterliegen müßte. Gegen eine umfassende Selbstbindung spricht aber sowohl der Wille des damaligen Gesetzgebers[251] als auch aus systematischer Sicht die Vorschrift des § 16 Abs. 1 BVerfGG, nach der das Plenum von der Rechtsauffassung eines Senats, der im jeweiligen Fall das Bundesverfassungsgericht ist[252], abweichen kann.

cc) Die Sicht des Bundesverfassungsgerichts

Das Bundesverfassungsgericht selbst betrachtet sich, über die Rechtskraft hinaus, als nicht an seine eigenen, früheren Entscheidungen gebunden[253]. Es sieht sich insbesondere frei darin, in früheren Entscheidungen vertretene Rechtsauffassungen aufzugeben, auch soweit sie in diesen früheren Entscheidungen tragend waren[254]. Diese Selbstabweichungsbefugnis folgt nach Ansicht des Gerichts auch aus der bereits erwähnten Gerichtsqualität jedes Senats: Wenn ein Senat von den tragenden Rechtsauffassungen des anderen Senats abweichen will, ist aus Gründen der Einheitlichkeit der Rechtsprechung hierfür eine Entscheidung des Plenums des Bundesverfassungsgerichts gemäß § 16 Abs. 1 BVerfGG erforderlich[255].

dd) Literaturmeinungen

In der Literatur wurde die Frage der reflexiven Bindung umfangreich diskutiert[256], jedoch wird im Ergebnis nicht bestritten, daß eine strikte Selbstbindung zu einer unerwünschten Erstarrung der Verfassungsrechtsprechung führen würde[257]. Späteren Entscheidungen bliebe bei einer solchen strikten Selbstbindung die argumentative Auseinandersetzung mit den sich im Laufe

249 Die Stellung als Verfassungsorgan ist dem GG nicht zu entnehmen, aber aufgrund des politischen Charakters der Rechtsstreitigkeiten unbestritten: BVerfGE 7, 1, 14; 6, 300, 304; JöR 6 (1957), S. 144 f.; *Rollecke*, in: *Stern* (Fn. 155), § 53 Rdn. 10; *Maassen*, Die Probleme der Selbstbindung des Bundesverfassungsgerichts, NJW 1975, S. 1346.

250 Das Bundesverfassungsgericht ist gemäß Art. 92 GG Teil der rechtsprechenden Gewalt; § 1 Abs. 1 BVerfGG kennzeichnet das Bundesverfassungsgericht als selbständigen und unabhängigen Gerichtshof des Bundes.

251 BT-Drucks. 1/788 S. 27, zu § 27: „Bindung aller Organe des Bundes und der Länder ..., solange das Bundesverfassungsgericht seine Rechtsprechung nicht ändert".

252 *Rollecke*, in: *Stern* (Fn. 155), § 53 Rdn. 4, spricht insofern von einem „Zwillingsgericht".

253 BVerfGE 4, 31, 38; 20, 56, 86f.; 77, 84, 104; 78, 320, 328.

254 BVerfGE 4, 31, 38; 20, 56, 86f., ständige Rechtsprechung.

255 BVerfGE 4, 31, 38; BVerfGE 7, 17, 18.

256 Vor allem von *Sachs* (Fn. 2), S. 7 ff.; aber auch von *Maassen* (Fn. 249), S. 1343 ff.; *Zuck* (Fn. 246), S. 907 ff.; *Lange* (Fn. 51), S. 1 ff.; *Stricker* (Fn. 128), S. 978 ff.

257 *Sachs* (Fn. 2), S. 104; *Stricker* (Fn. 128), S. 980.

der Zeit verändernden Tatbeständen oder mit einem Wandel der Auffassungen sowie die Korrektur von Verfassungsinterpretationen verschlossen. Dies widerspräche aber der Bipolarität von Stabilität und Dynamik, in die das Grundgesetz eingebunden ist[258]. Neben der Festlegung der Grundlagen der Ordnung des Gemeinwesens sowie der staatlichen Aufgaben und Verfahren besitzt das Grundgesetz auch die genuine Funktion, die Vielfalt sich geschichtlich wandelnder Problemlagen zu bewältigen und in die Zeit hin offen zu bleiben[259]. Wenn die Wandelbarkeit der Verfassung sich aber bereits als Verfassungsfunktion ableiten läßt, dann ist damit notwendig verbunden, daß auch das Bundesverfassungsgericht als Interpret der Verfassung nicht für alle Zeiten an eine Rechtsauffassung gebunden sein kann, die sich im Laufe der zeitlichen Entwicklung wegen weiterentwickelter oder differenzierterer Rechtserkenntnisse als nicht mehr überzeugungskräftig und tragfähig erweist[260].

ee) Selbstbindende Ausnahmen

Von der grundsätzlichen Ablehnung der strikten Selbstbindung werden aber bestimmte Ausnahmen als erforderlich angesehen, die eine begrenzte Selbstbindung aus inhaltlichen Gründen beschreiben. Eine Entscheidung kann danach eine Selbstbindung gleichzeitig bedingen und begrenzen: Hat das Bundesverfassungsgericht beispielsweise einen Gesetzgebungsauftrag festgestellt und zu dessen Erfüllung eine Frist eingeräumt, so ist es bis zum Fristablauf an diese Entscheidung gebunden[261]. Aus der Art der Entscheidung folgt eine Selbstbindung auch bei den Verfahren über die Feststellung der Verfassungswidrigkeit politischer Parteien gemäß Art. 20 Abs. 2 GG; §§ 13 Nr. 2, 46 BVerfGG[262] sowie bei Entscheidungen, die Gesetze gemäß § 95 Abs. 3 BVerfGG für nichtig erklären[263]. Bei den Parteiverbotsverfahren erklärt sich die Selbstbindung bereits aus den Gestaltungsfolgen, die die Entscheidungen bewirken, denn die Feststellung der Verfassungswidrigkeit gemäß § 46 Abs. 3 BVerfGG ist mit dem Verbot der Schaffung von Ersatzorganisationen verbunden. Ein solcher Wegfall des Verfahrensbeteiligten durch die Entscheidung verhindert schon faktisch die Möglichkeit einer erneuten Befassung und bedingt insofern auch eine rechtliche Endgültigkeit. Daher wäre es in diesen Fällen angebrachter, ausschließlich von der Endgültigkeit einer Parteiverbotsentscheidung zu sprechen, wodurch sich dann auch die Frage nach einer Selbstbindung gar nicht erst stellte.

---

[258] *Hesse* (Fn. 200), § 1 Rdn. 36 f.

[259] Ders., § 1 Rdn. 23.

[260] *Stricker* (Fn. 128), S. 980.

[261] *Massen* (Fn. 249), S. 1347.

[262] *Rupp* (Fn. 51), S. 416; *Zuck* (Fn. 246), S. 909.

[263] *Zuck* (Fn. 246), S. 909; Die Fragen der Selbstbindung durch Entscheidungen mit Gesetzeskraft gem. § 31 Abs. 2 BVerfGG sollen hier ausgeblendet bleiben, da sie eine eigene Form der Bindung neben der Bindungswirkung aus § 31 Abs. 1 BVerfGG darstellen.

ff) Selbstbindung und präjudizielle Bindung

Das Problem der Selbstbindung ist in einem größeren Zusammenhang zu betrachten, wenn man mit einem Teil der Literatur der Ansicht ist, daß die Bindungswirkung präjudiziellen Charakter trägt. Die Theorie der präjudiziellen Bindung der Entscheidungen des Bundesverfassungsgerichts wurde vor allem von *Kriele*[264] aus der Frage nach dem Umfang der Bindung entwickelt und wird bei dieser Thematik unten[265] noch ausführlich behandelt werden.

Von der Theorie der präjudiziellen Bindung sind hier diejenigen Grundauffassungen beachtlich, die letztlich der Frage nach dem Umfang der Bindung entstammen: Zum einen ist danach nur der jeweilige Tenor einer Entscheidung präjudiziell verbindlich; die Gründe können bei Nachfolgeentscheidungen bis hin zur vollständigen Auswechslung variieren, solange nur das Ergebnis nicht der Entscheidung des Bundesverfassungsgerichts widerspricht. Zum anderen ist ein Abweichen von einer sich im Tenor niederschlagenden Rechtsauffassung nur möglich, wenn die Gründe durch eine überlegene Auslegung ersetzt werden.

Wendet man dieses Theoriesystem auf das Problem der Selbstbindung des Bundesverfassungsgerichts an, so ergibt sich zunächst, daß das Gericht präjudiziell an seine eigenen Entscheidungen gebunden ist, es mit einer überlegenen Auslegung aber auch davon abweichen kann. Damit ist aber wenig gewonnen, da eine strikte Selbstbindung auch ohne die Annahme einer präjudiziellen Bindung abgelehnt wird. Auf der anderen Seite bedeutet die Theorie der präjudiziellen Bindung eine Beschränkung des Umfangs der Bindung auf den Tenor der Entscheidung, was der Durchsetzung bestimmter Auslegungen der Verfassung nicht förderlich wäre. Denn bei beschwerdeabweisendem Tenor wäre der präjudiziellen Bindung auch dann Genüge getan, wenn die gebundenen Institutionen in ihren Entscheidungen beliebige andere Gründe anführten, die das gebundene Ergebnis stützen. Das Bundesverfassungsgericht selbst wäre in diesem Sinne in der Lage, eine weitere Entscheidung auf eine gegebenenfalls mögliche überlegene Auslegung beispielsweise eines anderen Grundrechts zu stützen, ohne von der Selbstbindung an den Tenor einer früheren Entscheidung abzuweichen.

Einer solchen relativen Beliebigkeit von Gründen läßt sich nur entgehen, wenn es eine Pflicht zur Auseinandersetzung mit den Gründen der Verfassungsgerichtsentscheidung gäbe, wodurch sich jedoch die Theorie der präjudiziellen Bindung wieder stark an die übrigen Theorien zum Umfang der Bindungswirkung annähert.

Für die Selbstbindung des Bundesverfassungsgerichts kann festgehalten werden, daß die Theorie der präjudiziellen Bindung weniger einen Königsweg zur Lösung des Problems darstellt, als vielmehr nur eine andere Perspektive auf die gesamte Frage der Bindungswirkung ist.

---

[264] *Kriele* (Fn. 15), S. 290 ff.

[265] Vgl. unten S. 81 ff.

Im Vergleich der dargestellten Ansichten lassen sich keine zwingenden Gründe erkennen, die für eine strikte Selbstbindung des Bundesverfassungsgerichts sprechen. Nur bestimmte Entscheidungen wie fristgebundene Gesetzgebungsaufträge[266] können aus inhaltlichen Gründen eine relative Selbstbindung des Bundesverfassungsgerichts entwickeln.

e) Bindung des Gesetzgebers

Das Verfassungsorgan des Bundes, das den institutionellen Mittelpunkt des politischen Lebens bildet und dem die grundlegenden Fragen des Gemeinwesens anvertraut sind[267], ist der Deutsche Bundestag. Diese Aufgabe nimmt er im wesentlichen über der Gesetzgebung wahr, wobei ihm diese Kompetenz eine herausragende Stellung unter den obersten Verfassungsorganen verleiht[268]. Des weiteren wurde dem Gesetzgeber durch das Grundgesetz auch die Kompetenz verliehen, das Verfahren vor dem Bundesverfassungsgericht zu regeln[269], dem Gericht über die in der Verfassung aufgeführten Verfahren hinaus zusätzliche Fälle zuzuweisen[270] sowie letztlich sogar das Grundgesetz selbst zu ändern[271].

Auf der anderen Seite ist die Verfassungsgerichtsbarkeit kein Element des klassischen Gewaltenteilungsschemas und läßt sich in ihrer Ausdifferenzierung rechtsdogmatisch nur schwer erfassen[272]. Zweifellos ist aber die Kontrollfunktion[273] gegenüber dem Gesetzgeber eine zentrale Kompetenz der Verfassungsgerichtsbarkeit, da im System der Gewaltenteilung des Grundgesetzes statt einer politischen Gegenmacht zum Gesetzgeber die Gerichtsförmigkeit einer solchen Instanz gewählt wurde[274]. Das Verhältnis zwischen Gesetzgeber und Verfassungsgericht ist daher generell unter funktionell-rechtlichem Aspekt als auch konkret bei der Frage der Bindungswirkung ein besonderes[275]. Auch aus historischem Blickwinkel ergibt sich, daß § 31 BVerfGG eine nicht unerheblich vorbelastete Vorschrift ist und in der Tradition der authentischen Verfassungsinterpretation steht[276]. Diese Vorschrift wurde also bereits bei ihrer Fassung auch als eine die Auslegung der Verfassung erläuternde

---

[266] Zur Bindung des Gesetzgebers durch Unvereinbarkeitserklärungen und Appellationsentscheidungen vgl. unten S. 71 f.

[267] *Hesse* (Fn. 200), § 15 Rdn. 574.

[268] *Stricker* (Fn. 128), S. 980.

[269] Art. 94 Abs. 2 S. 1 GG.

[270] Art. 93 Abs. 2 GG.

[271] Art. 79 GG.

[272] *Rollecke*, in: *Stern* (Fn. 155), § 53 Rdn. 34, 35.

[273] Vgl. *Meyn* (Fn. 203), S. 399.

[274] *Böckenförde*, Die Methoden der Verfassungsinterpretation - Bestandsaufnahme und Kritik, NJW 1976, S. 2099.

[275] *Achterberg*, Norbert: Bundesverfassungsgericht und Zurückhaltungsgebote, DÖV 1977, S. 654: „Die Bindungswirkung löst eine Funktionenverschränkung zwischen Bundesverfassungsgericht und Gesetzgeber aus."

[276] Ausführlich hierzu: *Rennert*, Historisches zur Bindungswirkung und Gesetzeskraft verfassungsgerichtlicher Entscheidungen, Der Staat, 1993, S. 527 ff.

Norm verstanden. Dies spricht nicht für eine vom Gesetzgeber über diese Vorschrift beabsichtigte Regelung des Verhältnisses der beiden Verfassungsorgane, läßt sich aber gut vereinbaren mit einer bereits in der Verfassung vorausgesetzten Bindungswirkung der Entscheidungen des Verfassungsgerichts.

Letztlich läßt sich auch dem Wortlaut und der Systematik des § 31 BVerfGG nichts zum Verhältnis von Bindungswirkung und gesetzgeberischer Freiheit entnehmen. Denn eindeutig kann aus der funktionell-rechtlichen Stellung des Gerichts lediglich die zeitliche Reihenfolge hergeleitet werden, daß nur eine nachträgliche Prüfung der Verfassungsmäßigkeit des im Bundesgesetzblatt verkündeten Gesetzestextes, direkt oder inzident, zulässig ist[277]. Konkret stellt sich dabei vor allem die Frage, ob eine normverwerfende Entscheidung des Gerichts den Gesetzgeber hindert, eine inhaltsgleiche Regelung erneut zu beschließen oder ob die Bindungswirkung an dieser Stelle den Gesetzgeber in seiner Gesetzgebungsfreiheit beschränken kann. Um bei dieser seit langem umstrittenen Frage zu einem praktikablen Ergebnis zu kommen, das auch mit der hier vertretenen Ansicht einer verfassungsunmittelbaren Bindungswirkung korrespondiert, bedarf es zunächst einiger geschichtlicher und rechtsdogmatischer Ausführungen sowie einer Analyse der wechselnden Rechtsprechung des Bundesverfassungsgerichts zu dieser Thematik.

aa) Parlamentarischer Rat und Regierungsentwurf zum BVerfGG

Bereits im Parlamentarischen Rat wurden die Auswirkungen diskutiert, die eine grundgesetzliche Anordnung einer Gesetzeskraft von Normenkontrollentscheidungen haben würde. Dabei kam sowohl die Gefahr der Erstarrung der Rechtsentwicklung als auch die Möglichkeit der jederzeitigen Neuverabschiedung einer Gesetzesvorlage durch den Gesetzgeber zur Sprache[278]. Letztlich verblieb es aber bei einer kursorischen Erörterung im Parlamentarischen Rat; die Ausgestaltung dieses Problemkomplexes wurde über Art. 94 GG dem Gesetzgeber übertragen[279].

Der SPD-Entwurf zu einem Bundesverfassungsgerichtsgesetz sah für Verfassungsbeschwerdeverfahren, neben der für alle Verfahrensarten vorgesehenen Bindung aller Behörden und Gerichte, sogar ausdrücklich eine Rechtskrafterstreckung für und gegen jedermann vor; die Verfassungsorgane des Bundes und der Länder wurden andererseits im Rahmen der Bindungswirkung nicht erwähnt[280].

Der Wortlaut des § 31 BVerfGG geht demgegenüber auf den CDU-Regierungsentwurf zurück[281], der unverändert verabschiedet wurde. In den Begründungen des Regierungsentwurfs deutet sich ein historischer Wille des Gesetzgebers an, wonach die dem Bundesverfassungsgericht verliehene Be-

277 Eine vorbeugende Normenkontrolle ist nicht zulässig. BVerfGE 1, 396, 400 ff.

278 Vgl. die Darstellung der Verhandlungen des Parlamentarischen Rats, JöR n.F. 1 (1951), S. 686 f.

279 Ebenda, S. 689.

280 BT-Drucks. I/328, Vgl. §§ 30 Abs. 1, 35 Abs. 2, 59 Abs. 1 und 66 des SPD-Entwurfs.

281 BT-Drucks. I/788, § 27 Abs. 1 des Regierungsentwurfs.

fugnis zur authentischen Verfassungsinterpretation dafür spricht, daß die Bindungswirkung des § 31 Abs. 1 BVerfGG den Gedanken des Verbots legislativer Wiederholungsakte beinhaltet[282].

Der hier vertretenen Auffassung einer verfassungsunmittelbaren Bindungswirkung stände eine aus der historischen Sicht folgende Inkludierung des Verbots legislativer Wiederholungsakte aber nicht als wesentlicher Einwand entgegen. Denn in der einfachgesetzlichen Form der Bindungsanordnung kann auch eine Selbstbindung des Gesetzgebers gesehen werden, mit der dieser inhaltlich über den möglicherweise geringeren Regelungsgehalt einer verfassungsunmittelbaren Bindungswirkung hinausgehen wollte. Eine solche Selbstbindung durch einfaches Bundesgesetz würde ein Ausdruck der legislativen Souveränität des jeweiligen Gesetzgebers sein, jedoch schon formal keine Regelung von Verfassungsrang darstellen, die das Verhältnis zwischen den Verfassungsorganen des Bundes unabänderlich zu gestalten in der Lage wäre.

Die grundsätzliche Frage, ob das Verbot legislativer Wiederholungsakte aus dogmatischen Gründen tatsächlich ein notwendiges Element einer verfassungsunmittelbaren Bindungswirkung darstellt, soll im folgenden untersucht werden.

bb) Die Rechtsprechung des Bundesverfassungsgerichts

In der Südweststaatenentscheidung vom 23.10.1951 stellte das Gericht apodiktisch fest, daß die Feststellung der Nichtigkeit einer Rechtsvorschrift mit den tragenden Entscheidungsgründen alle Verfassungsorgane des Bundes gemäß § 31 Abs. 1 BVerfGG derart bindet, daß ein Bundesgesetz desselben Inhalts nicht noch einmal vom Gesetzgeber verabschiedet werden kann[283]. Zu dieser Aussage ist zweierlei festzuhalten: Zum einen erging sie als *obiter dictum* und zum anderen gab es zu diesem Zeitpunkt noch keine Normenkontrollentscheidungen, von denen der Gesetzgeber hätte abweichen können[284]. Immerhin läßt diese Aussage aber erkennen, daß dem Bundesverfassungsgericht ein Verbot legislativer Wiederholungsakte nach normverwerfenden Entscheidungen selbstverständlich schien. Mit Bezugnahme auf diese frühe Entscheidung wurde das Normwiederholungsverbot in einer weiteren Entscheidung im Jahr 1985 bekräftigt[285].

Gänzlich anders sah das Gericht das Problem in seiner Entscheidung vom 6.10.1987, in der es, erneut in einem *obiter dictum*, feststellte, daß § 31 BVerfGG und die Rechtskraft normverwerfender verfassungsgerichtlicher Entscheidungen den Gesetzgeber nicht hindern, eine inhaltsgleiche oder inhaltsähnli-

[282] *Korioth*, Die Bindungswirkung normverwerfender Entscheidungen des Bundesverfassungsgerichts für den Gesetzgeber, Der Staat (30) 1991, S. 560 m.w.N.; *Rennet*, in: *Umbach / Clemens* (Fn. 15), § 31 Rdn.13.

[283] BVerfGE 1, 14, 36 f.

[284] *Korioth* (Fn. 282), S. 549.

[285] BVerfGE 69, 112, 115.

che Neuregelung zu beschließen[286]. Der Aussage wurde aber erstmalig auch eine Begründung beigefügt, was sie vor den anderen beiden auszeichnet. Darin wird zum einen die Entscheidungsfreiheit des Gesetzgebers aus Art. 20 Abs. 3 GG und dessen besondere Verantwortung für die Anpassung der Rechtsordnung an wechselnde soziale Anforderungen hervorgehoben. Zum anderen wird nach Ansicht des Gerichts dadurch auch einer Erstarrung der Rechtsentwicklung vorgebeugt, ohne daß dabei die Aufgaben und Befugnisse des Bundesverfassungsgerichts gefährdet wären, denn das Gericht kann seine Rechtsprechung nicht aus eigener Initiative korrigieren[287].

Da diese jüngste Entscheidung vom ersten Senat gefaßt wurde, die beiden älteren jedoch vom zweiten Senat, läge grundsätzlich ein Fall für das Plenum gemäß § 16 Abs. 1 BVerfGG vor. Dies hat der erste Senat in seiner Entscheidung gesehen, aber gleichwohl eine Anrufung des Plenums für nicht erforderlich gehalten, da die Aussagen des zweiten Senats jeweils keine tragenden Rechtsauffassungen waren[288]. Daß es über diese Frage bei einem Festhalten des zweiten Senats an seiner Position noch zu einer Befassung des Plenums kommt[289], ist aufgrund des widerspruchsfreien Zeitablaufs von über 10 Jahren unwahrscheinlich. Vielmehr ist davon auszugehen, daß die Entscheidung von 1987 einen Rechtsprechungswandel kennzeichnet, dem sich auch der zweite Senat implizit angeschlossen hat. Nach neuerer Ansicht des Bundesverfassungsgerichts beinhaltet die Bindungswirkung also kein Verbot legislativer Wiederholungsakte.

cc) Verfassungsprozessuale Einordnung

Die Regelung des § 31 Abs. 1 BVerfGG kann zur Klärung des Verhältnisses der Verfassungsorgane weder direkt noch indirekt beitragen, obwohl die Vorschrift gerade dem Verfassungsprozeß eigentümlich ist und den Entscheidungen des Bundesverfassungsgerichts besondere Wirkung verleiht. Wird in einem verfassungsgerichtlichen Verfahren die Nichtigkeit einer Norm festgestellt, dann entfaltet der Tenor keine den Gesetzgeber einschränkende Wirkung, insbesondere keine für spätere Normen gleichen Inhalts[290]. § 31 Abs. 1 BVerfGG ist als Teil der Bundesgesetzgebung auch nicht in der Lage, eine dauerhafte Selbstbindung des Bundesgesetzgebers zu begründen. Selbst ohne eine direkte Änderung der Vorschrift wäre ein Hinwegsetzen des Gesetzgebers über eine Entscheidung des Gerichts, beispielsweise durch den Neuerlaß einer für verfassungswidrig erklärten Norm, nach dem *lex-posterior*-Grundsatz eine stillschweigende und rechtlich folgenlose Durchbrechung des § 31 Abs. 1 BVerfGG. Eine weitere Asymmetrie liegt in der verfassungsprozessualen Antragsabhängigkeit des Bundesverfassungsgerichts, der auf Seiten des Bundes-

---

286 BVerfGE 77, 84, 103 f.
287 Ebenda, S. 104.
288 BVerfGE 77, 84, 104.
289 Wie noch befürchtet von *Korioth* (Fn. 282), S. 551.
290 Ders., S. 556.

tages ein Gesetzesinitiativrecht gegenübersteht. Konkret gesagt gibt es keine Gewähr, daß sich bei identischem Neuerlaß einer für verfassungswidrig erklärten Norm ein Prozeßführer findet, der dem Gericht eine Entscheidungsmöglichkeit eröffnet.

dd) Lehre vom Verfassungsrang der Verfassungsrechtsprechung

Diese Erwägungen führen zu der grundsätzlichen Frage, ob sich überhaupt eine konsistente Theorie eines Normwiederholungsverbots mit Verfassungsrang finden läßt oder ob das Verhältnis der beiden in Rede stehenden Verfassungsorgane ein elementar politisches ist, das sich nicht mit verfassungsrechtlichen Verfahren regeln läßt, sondern sich nur auf den Grundkonsens[291] über die Funktionsfähigkeit des demokratischen Verfassungsstaates stützt.

Schon die allgemeine Rechtsqualität der Verfassungsrechtsprechung ist in der Literatur umstritten und reicht von der verbreiteten Ansicht, daß die Verfassungsrechtsprechung zwar authentische Verfassungsinterpretation, aber keine Verfassungsgesetzgebung bzw. -fortbildung sei[292], bis hin zur Postulierung einer Grundaporie der Verfassungsgerichtsbarkeit, nach der das Bundesverfassungsgericht die ihm vorgegebenen Rechtssätze der Verfassung selbst rechtsbildend mitbestimme[293].

Ein konkreter theoretischer Ansatz, auf Grundlage der Verfassungsrechtsprechung dem Normwiederholungsverbot Verfassungsrang einzuräumen, wird von *Korioth* dargestellt[294]. Gestützt wird diese Lehre auf diejenigen Entscheidungen des Bundesverfassungsgerichts, in denen es mit der Verbindlichkeit der tragenden Entscheidungsgründe für sich die Befugnis zur maßgeblichen und authentischen Interpretation der Verfassung in Anspruch genommen hat und die Abweichung eines Gerichts von einer verfassungskonformen Normauslegung als Verstoß gegen die in Art. 20 Abs. 3 GG statuierte Bindung der Rechtsprechung an Gesetz und Recht kennzeichnet[295]. Im Kontext der Erstreckung der Bindung auf die Entscheidungsgründe und die dort enthaltene Verfassungsinterpretation wird die originär rechtsprechende Funktion des Bundesverfassungsgerichts zurückgedrängt und die Funktion, dem Gesetzgeber auf die Zukunft gerichtete Prinzipien und Auslegungen an die Hand zu geben, ausgeweitet. Mit der Ansicht, daß die tragenden Gründe Verfassungsrang erlangen, wird über Art. 20 Abs. 3 GG auch der Gesetzgeber gebunden, der nur der verfassungsmäßigen Ordnung, also dem Verfassungs-

291 Vgl. hierzu insbesondere *Ebsen*, Der Beitrag des Bundesverfassungsgerichts zum politischen Grundkonsens, S. 83 ff., in: *Schuppert, Bumke*, Bundesverfassungsgericht und gesellschaftlicher Grundkonsens, 2000.

292 *Böckenförde*, Die Verfassungsgerichtsbarkeit im Gefüge der Staatsfunktion, Aussprache und Schlußworte, VVDStRL 39 (1981), S. 173.

293 *Badura*, Verfassung, Staat und Gesellschaft in der Sicht des Bundesverfassungsgerichts, Bundesverfassungsgericht und Grundgesetz, Bd. 2, S. 1.

294 *Korioth* (Fn. 282), S. 557 ff.

295 Insbesondere BVerfGE 40, 88, 93 f.

recht verpflichtet ist[296]. Einer solchen Sicht stehen jedoch verschiedene Bedenken verfassungssystematischer, kompetenzieller als auch praktischer Art gegenüber.

Verfassungssystematische Bedenken wurden u.a. von *Böckenförde* geäußert, demzufolge sich der parlamentarische Gesetzgebungsstaat, wenn die Verfassungsrechtsprechung ihrem Wesen nach zur Verfassungsgesetzgebung wird, in Richtung eines im grundgesetzlichen Gewaltenteilungsprinzip nicht vorgesehenen verfassungsgerichtlichen Jurisprudenzstaates bewegt[297]. Auch *Höffe* beschreibt die Gefahr einer Kompetenzanmaßung durch das Bundesverfassungsgericht, wodurch der politisch-parlamentarische Prozeß an Gewicht verliert, die demokratische Legitimation von Normen erodiert und letztlich die politische Gestaltungsfreiheit der folgenden Generationen dadurch eingeschränkt wird, daß Verfassungsgerichtsentscheidungen zu den nur sehr schwierig veränderbaren Vorgaben zählen[298].

Aus kompetenzieller Sicht ist *Korioth* der Ansicht, daß das Bundesverfassungsgericht mit der Befugnis, mit seinen Entscheidungen über die verfassungsmäßige Ordnung im Sinne des Art. 20 Abs. 3 GG zu bestimmen, in direkten Konflikt mit Art. 79 Abs. 1 GG gelangen könnte[299]. Diese Bedenken sind jedoch nicht ohne weiteres durchgreifend, da sich der Begriff „Änderung" in Art. 79 Abs. 1 GG aus Gründen der Rechtsklarheit auf den Wortlaut der Verfassung bezieht[300] und durchaus konfliktfrei von einer bindenden Auslegung, d.h. einer Ausfüllung des Wortlauts der Verfassung durch das Verfassungsgericht unterscheidbar ist. Lediglich eine Auslegung der Verfassung über die Wortlautgrenzen hinaus wäre hier unzulässig, was aber schon elementar gegen die methodisch anerkannten Auslegungsprinzipien der Rechtswissenschaft verstoßen würde[301].

Praktisch bedenklich ist vor allem, daß nach der Lehre vom Verfassungsrang der Verfassungsrechtsprechung neben den Text des Grundgesetzes die Sammlung aller Entscheidungen des Bundesverfassungsgerichts träte[302], von denen aber jeweils nur die tragenden Gründe Verfassungsrang besäßen. An dieser Stelle kommt auch die Lehre vom Verfassungsrang zurück zur Kernfrage der Verfassungsrechtsprechung, wie denn die tragenden Gründe einer Entscheidung exakt bestimmt werden können. Die Unsicherheit über die Bestimmtheit und die Bestimmbarkeit der tragenden Gründe überträgt sich an dieser Stelle auf die Frage nach der Bindung des Gesetzgebers und läßt bereits, abgesehen von allen anderen Einwänden, die tatsächliche Möglichkeit

---

296 So *Geiger* (Fn. 15), Einige Besonderheiten im verfassungsgerichtlichen Prozeß, S. 32: „Diese vom BVerfG entwickelten konkreten Sätze sind materielles Verfassungsrecht, näherhin konkretisiertes Verfassungsrecht zweiter Stufe".

297 *Böckenförde*, Grundrechte als Grundsatznormen, Der Staat 29 (1990), S. 25.

298 *Höffe*, Wieviel Politik ist dem Verfassungsgericht erlaubt?, Der Staat 1999, S. 184 ff.

299 *Korioth* (Fn. 282), S. 560.

300 *Bryde*, in: *v. Münch / Kunig*, Grundgesetzkommentar, Bd. 3, Art. 79 Rdn. 6.

301 Vgl. *Larenz*, Methodenlehre der Rechtswissenschaft, 6. Aufl., 1991, S. 324.

302 *Korioth* (Fn. 282), S. 561.

einer abstrakten und konsistenten Lehre der Einschränkung des Gesetzgebers durch das normverwerfende Verfassungsgericht als gering erscheinen.

Letztlich ist es aber vor allem weder logisch zwingend noch alleinig überzeugend, daß die verfassungsgerichtliche Normenkontrolle Verfassungsrecht erzeugt[303]. Denn es läßt sich auch anderweitig ein Verhältnis zwischen den beiden Verfassungsorganen beschreiben, das die jeweiligen Funktionsbereiche wahrt, den dargestellten Bedenken entgeht und eine gleichgeeignete Gewähr gegen eine Unterminierung der Autorität des Gerichts durch obstinate Wiederholung[304] für vom Gericht für nichtig erklärte Normen durch den Gesetzgeber bietet. Ein Ansatzpunkt liegt hierfür in dem Urteil des Bundesverfassungsgerichts vom 6.10.1987, in dem neben der Gestaltungsfreiheit auch die Gestaltungsverantwortung des Gesetzgebers hervorgehoben wird[305]. Diese Verantwortung verpflichtet den Gesetzgeber, sich zumindest nicht leichtfertig über Präjudizien des Bundesverfassungsgerichts hinwegzusetzen, um dem in der Literatur von *Schenke* aus dem der Gewaltenteilungslehre immanenten Effektivitätsgebot herausgearbeiteten Grundsatz der Verfassungsorgantreue zu entsprechen[306]. Für einen Verstoß gegen die Verfassungsorgantreue, der die Nichtigkeit eines Gesetzes begründen können soll, konnte aber auch *Schenke* prozessual nur auf die Organstreitverfahren vor dem Bundesverfassungsgericht verweisen[307]. Ein Streit zwischen dem Gesetzgeber und dem Bundesverfassungsgericht über eine als verfassungswidrig festgestellte, aber wiederholt neuerlassene Gesetzesnorm könnte auf diesem Weg nicht geklärt werden, da das Bundesverfassungsgericht formell nicht die Organfähigkeit für ein Organstreitverfahren besitzt[308] und auch rechtssystematisch eine Befassung in eigener Sache wegen offenkundiger Befangenheit ablehnen müßte. Ein solcher Streit wäre institutionell nur durch ein beiderseitig anerkanntes übergeordnetes Organ lösbar, welches aber weder nach dem derzeitigen Verfassungsrecht konstruierbar wäre noch die Gewähr böte, daß es nicht selbst in eine Organstreitigkeit verwickelt würde.

Im Grunde kommt keine rechtsdogmatische Lehre an dieser Stelle um das Problem herum, daß das System des demokratischen Verfassungsstaats von Voraussetzungen lebt, die verfahrensmäßig nicht in letzter Konsequenz absicherbar sind[309]. Systemtheoretisch ist dies von *Ebsen* herausgearbeitet worden, der als Kriterium des Gleichgewichts das konsensgetragene Funktionieren des Systems, und als Kriterium des Überlebens das für die Gesellschaft identitäts-

303 *Korioth* (Fn. 282), S. 561.
304 *Kriele* (Fn. 15), S. 296.
305 BVerfGE 77, 84, 104.
306 *Schenke* (Fn. 181), S. 116.
307 Ders., S. 139 ff.
308 Vgl. Art. 93 Abs. 1 S. 1 GG i.V.m. §§ 13 Nr. 5, 63 BVerfGG.
309 Allgemeiner formuliert heißt es bei *Böckenförde*: „Der freiheitliche, säkularisierte Staat lebt von Voraussetzungen, die er selbst nicht garantieren kann.", in: Die Entstehung des Staates als Vorgang der Säkularisation, in: ders., Recht, Staat, Freiheit, 1992, S. 112. So auch *Höffe* (Fn. 298), S. 189.

stiftende Merkmal des Modells des demokratischen Verfassungsstaats anführt[310].

Die Verweisung des Problems auf die Ebene des Grundkonsenses des demokratischen Verfassungsstaats bedeutet auf der einen Seite das Eingeständnis der Grenzen der rechtlichen Regelungsmechanismen, insbesondere der Verfassungsgerichtsbarkeit als Medium gesellschaftlicher Selbstregulierung[311]. Sie benennt auf der anderen Seite das Problem des obstinaten Neuerlasses für verfassungswidrig erklärter Normen aber auch eindeutig als politisches, das in letzter Konsequenz die Gefahr einer Verfassungskrise in sich birgt, aber daher auch nur mit politischen Mitteln gelöst werden kann[312]. Die den beteiligten Verfassungsorganen obliegende Verantwortung für die Funktionsfähigkeit des Gesamtsystems des demokratischen Verfassungsstaats kann an dieser Stelle nicht mit juristischen Mitteln gesichert werden.

In diesem Sinne trägt die Freistellung des Gesetzgebers von kanonisierten Rechtsauffassungen des Bundesverfassungsgerichts und die damit eröffnete Gestaltungsverantwortung[313] auch dem Demokratieprinzip Rechnung[314], denn eine Einengung der Entscheidungsspielräume der unmittelbar gewählten Parlamente durch die bindende Verfassungsinterpretation eines nur mittelbar legitimierten Verfassungsgerichts würde die Bedeutung der Wahlentscheidung des Volkes vermindern.

Für die hier untersuchte Annahme einer verfassungsunmittelbaren Bindungswirkung kann an dieser Stelle festgehalten werden, daß eine Bindung des Gesetzgebers bisher nicht widerspruchsfrei durch eine Theorie vom Verfassungsrang der Verfassungsrechtsprechung dargestellt werden kann. Für die Annahme einer verfassungsunmittelbaren Bindungswirkung ergibt sich damit, daß sich eine Bindung des Gesetzgebers nur durch Akzeptanz, nicht aber durch ein Rechtsinstitut ergeben sollte. Das Bundesverfassungsgericht sollte sich gegenüber dem Gesetzgeber nur auf die Qualität seiner Argumentationen verlassen können, wie dies auch für das Verhältnis zu allen natürlichen und juristischen Personen gilt, die nicht mit der Ausübung öffentlicher Gewalt betraut sind.

---

310 *Ebsen*, Das Bundesverfassungsgericht als Element gesellschaftlicher Selbstregulierung, Eine pluralistische Theorie der Verfassungsgerichtsbarkeit im demokratischen Verfassungsstaat, 1985, S. 226.

311 Ders., S. 218 ff.

312 So auch *Luhmann*, Ausdifferenzierung des Rechts, S. 144: „Rechtsschranken sind Hemmungen innerhalb des politischen Systems, deren Belastbarkeit nicht überschätzt werden darf. Sie halten nur Stand, solange sie durch eine öffentliche Meinung gedeckt sind, die Vorstöße ins Rechtswidrige oder Vorschlägen der Änderung tragender Rechtsinstitutionen keine Chance eines politischen Erfolges gibt."

313 BVerfGE 77, 84 (104): Es entspricht der besonderen Verantwortung des demokratisch legitimierten Gesetzgebers, die Rechtsordnung an wechselnde soziale Anforderungen und veränderte Ordnungsvorstellungen anzupassen.

314 *Korioth* (Fn. 282), S. 565.

f) Unvereinbarkeitserklärungen und Appellationsentscheidungen

Im Hinblick auf eine mögliche Bindung des Gesetzgebers müssen noch diejenigen speziellen Fälle untersucht werden, in denen das Bundesverfassungsgericht direkt im Entscheidungstenor einen Gesetzgebungsauftrag erteilt.

Das Bundesverfassungsgericht[315] hat in Verfahren mit Normenkontrollentscheidungen die Entscheidungsvarianten der Unvereinbarkeitserklärung und der Appellationsentscheidung entwickelt[316]. Dabei wird neben der grundsätzlich vorgesehenen Rechtsfolge der Normenkontrollentscheidung, der Feststellung der *ex-tunc*-Nichtigkeit[317], auch die Möglichkeit des befristeten Auslaufens einer Norm eröffnet[318]. Der Unterschied zwischen beiden Formen liegt in der Feststellung der Verfassungswidrigkeit der Norm: Wird diese in der Entscheidung festgestellt, so liegt eine Unvereinbarkeitserklärung vor, wird nur eine später möglich werdende Verfassungswidrigkeit angekündigt, dann liegt eine Appellationsentscheidung vor. In der Regel sind Unvereinbarkeitserklärungen daher stattgebende Normenkontrollentscheidungen und Appellationsentscheidungen antragsverwerfende[319]. Beide Formen ähneln sich jedoch darin, daß sie den Gesetzgeber auffordern, innerhalb einer vorbezeichneten Frist[320] die streitige Norm aufzuheben oder zu ändern, um den verfassungsmäßigen Zustand wiederherzustellen. Zur Sicherung der Verfassungskonformität einer zukünftigen Regelung gibt das Bundesverfassungsgericht dem Gesetzgeber dabei auch regelmäßig bestimmte Prinzipien und Leitlinien an die Hand[321].

Im folgenden soll die mögliche Bindung des Gesetzgebers durch Unvereinbarkeitserklärungen untersucht werden; für Appellationsentscheidungen kann dann aus dem *argumentum a maiore ad minus* im Ergebnis nichts anderes gelten. Bei genauerer Betrachtung ist eine Unvereinbarkeitserklärung ein Minus zur eigentlich gebotenen Feststellung der Nichtigkeit einer Norm und be-

---

315 Vgl. zur Entwicklung der Unvereinbarkeitserklärung durch das Bundesverfassungsgericht *Schlaich / Korioth* (Fn. 1), Rdn. 383 ff. m.w.N.; insb. Rdn. 62: Die Möglichkeit der reinen Unvereinbarkeitserklärung wird erst seit der Neuregelung des BVerfGG im Jahre 1970 durch die §§ 31 Abs. 2, 79 Abs. 1 BVerfGG eröffnet, als dort eine „für unvereinbar oder nichtig" erklärte Vorschrift vorausgesetzt wird.

316 Ausführlich zu beiden Entscheidungsvarianten: *Schlaich / Korioth* (Fn. 1), Rdn. 382 ff. (Unvereinbarkeitserklärung) und Rdn. 419 ff. (Appellationsentscheidung).

317 §§ 78, 82 Abs. 1, 95 Abs. 3 BVerfGG.

318 Genau genommen führt die Feststellung der Verfassungswidrigkeit einer Norm bei einer Unvereinbarkeitserklärung dazu, daß die Vorschrift *ex-nunc* nicht mehr anwendbar ist, es sei denn, das Bundesverfassungsgericht ordnet ausdrücklich für eine Übergangszeit die vorläufige Anwendbarkeit an. *Schlaich / Korioth* (Fn. 1), Rdn. 391 m.w.N.

319 Neben den antragsverwerfenden Appellationsentscheidungen gibt es noch solche, die sich auf die Verfassungswidrigkeit gesetzgeberischen Unterlassens, beispielsweise „vergessene" Übergangsregelungen stützen und insofern stattgebende Entscheidungen sind. Mangels einer Normsubstanz, die für unvereinbar oder nichtig erklärt werden kann, haben auch diese Entscheidungen nur Appellationscharakter. Vgl. BVerfGE 79, 256, 274.

320 Bspw. die erste Entscheidung zum Länderfinanzausgleich, BVerfGE 72, 330, 333.

321 Bspw. die bisher letzte Entscheidung zum Länderfinanzausgleich, BVerfGE 101, 158.

inhaltet neben der jeweiligen verfassungsrechtlichen Betrachtung auch eine Abwägung zwischen den Folgen der Weitergeltung der grundsätzlich verfassungswidrigen Norm und den Folgen einer *ex-tunc*-Nichtigkeit in bezug auf Aspekte wie den Gleichheitssatz[322] oder die Rechtssicherheit[323]. Denn der Zustand der Regellosigkeit durch eine Lücke im Normgefüge kann bei einzelnen intensiver und mehr Grundrechte verletzen, als eine befristete Beibehaltung der verfassungswidrigen Norm[324]. Insofern kann eine Unvereinbarkeitserklärung teilweise besser die Rechtsfolgen einer Entscheidung berücksichtigen als eine Nichtigkeitserklärung.

Das Gericht verändert durch eine Unvereinbarkeitsentscheidung mit Übergangsregelung nicht selbst die Rechtsordnung, sondern setzt auf eine positiv gestaltende Tätigkeit des Gesetzgebers. Diesem fällt die Aufgabe zu, die Gesetzeslage wieder an die verfassungsrechtlichen Vorgaben anzupassen. Aber anders, als dies *Korioth* sieht[325], gibt es selbst hier nicht die Notwendigkeit, eine Gesetzesänderung durch die Annahme einer verfassungsunmittelbaren Verpflichtung des Gesetzgebers sicherzustellen. Denn es ist insbesondere kein qualitativer Unterschied zu den Fällen der Wiederholung einer für verfassungswidrig erklärten Norm erkennbar. Werden die verfassungsrechtlichen Bedenken vom Gesetzgeber anerkannt, so wird er gesetzgeberisch Abhilfe schaffen. Die gesetzte Frist spielt nur insofern eine Rolle, als das drohende Entstehen einer Regelungslücke in die Rechtsfolgenerwägungen des Gesetzgebungsprozesses einfließt. Ein verfassungsrechtlicher Dissens würde in Besonderheit einen identischen Neuerlaß bereits vor Ablauf der Frist ermöglichen, wodurch die Entscheidung des Bundesverfassungsgerichts noch vor Fristablauf inhaltlich leerliefe.

Korioth hält hingegen eine Vergleichbarkeit mit dem Wiederholungsverbot erst dann wieder für gegeben, wenn der Gesetzgeber nach erfolgter Änderung der Norm im Sinne des Bundesverfassungsgerichts den für unvereinbar erklärten Norminhalt wiederholen will[326]. Ein solches Hin und Her in der Gesetzgebung wäre aber bei einem grundlegenden Dissens ein rein formaler Vorgang, der das Hervortreten der Meinungsverschiedenheiten zwischen dem Bundesverfassungsgericht und dem Gesetzgeber über die Verfassungs-

---

322 Bei dem aus dem Gleichheitssatz hergeleiteten „gleichheitswidrigen Begünstigungsausschluß" geht es darum, daß es verfassungswidrig sein kann, wenn eine bestimmte Gruppe von Begünstigungen ausgeschlossen wird. Die Feststellung der Nichtigkeit hätte den Wegfall der Begünstigung auch für die bedachte Gruppe zur Folge, was deren Grundrechte verletzen könnte; vgl. BVerfGE 22, 349. Der Gesetzgeber kann ein solches Problem umfassender und verfassungsadäquater lösen als das Bundesverfassungsgericht mit seiner reinen Verwerfungskompetenz.

323 Vgl. BVerfGE 73, 40, 101 f.: „Im vorliegenden Fall ist es geboten, für die Zeit bis zu einer gesetzlichen Neuregelung eine Übergangsregelung zu treffen. Dadurch wird verhindert, daß ein rechtliches Vakuum entsteht und bei den betroffenen Steuerpflichtigen wie bei den Behörden Unsicherheit über die Rechtslage herrscht (vgl. BVerfGE 37, 217, 261)."

324 Vgl. BVerfGE 33, 303, 347 f.

325 *Korioth* (Fn. 282), S. 569 ff.

326 Ders., S. 569.

mäßigkeit einer Norm nur verzögern, nicht aber aufhalten geschweige denn eindämmen könnte.

Es wäre daher inhaltlich konsequent, auch Gesetzgebungsaufträgen in Unvereinbarkeitserklärungen keine den Gesetzgeber bindende Wirkung zuzugestehen. Unvereinbarkeitserklärungen sind vielmehr aufschiebend bedingte Normenverwerfungen, die dem Gesetzgeber aufgrund umfassender Abwägung eine Anpassung unter Optimierung der verfassungsmäßigen Rechte aller von der Norm Betroffenen ermöglicht. Kommt der Gesetzgeber einem Auftrag nicht nach, wird die Norm mit Fristablauf nichtig. Die Folgen eines mißachteten Gesetzgebungsauftrags müssen jedoch im politischen Raum diskutiert und gelöst werden. Mit der Annahme einer reinen Akzeptanzbindung ergibt sich für das Gericht die Forderung, die Entscheidungsbegründung so ausführlich und klar zu gestalten, daß ein Akzeptieren der Sicht des Gerichts durch den Gesetzgeber möglich ist. Unbeachtlich sind aus verfassungsrechtlicher Sicht jedenfalls die Bedenken, daß sich der Gesetzgeber durch Unterlassung eines Gesetzgebungsauftrags möglicherweise gegenüber den einzelnen Betroffenen schadensersatzpflichtig macht[327], da solche Erwägungen kompensatorischer Art sind und nicht die Kompetenzverteilung zwischen Verfassungsorganen berühren.

Die Annahme einer Bindung des Gesetzgebers durch das Bundesverfassungsgericht ist folglich auch in diesen Fällen und damit generell verfassungssystematisch nicht erforderlich. In diesem Zusammenhang sei aber nochmals betont, daß der Gesetzgeber verfassungsrechtlich selbstverständlich verpflichtet ist, einen verfassungswidrigen Zustand unverzüglich zu beseitigen[328]. Nur ist eben ein Streit der Verfassungsorgane darüber, was verfassungswidrig ist, nicht formal lösbar und betrifft - mit der darinliegenden Aberkennung des verfassungsgerichtlichen Interpretationsmonopols des Bundesverfassungsgerichts durch den Gesetzgeber - auch den Grundkonsens des demokratischen Verfassungsstaats[329].

4. Gegenstand der Bindung

Im Kernpunkt des praktischen Interesses an der Bindungswirkung stehen vornehmlich die inhaltlichen Fragen. Vor allem sind der genaue Gegenstand und damit der Umfang der Bindungswirkung sowie die Kriterien zu klären, nach welchen der bindende Inhalt einer Entscheidung von dem nichtbindenden methodologisch getrennt werden kann. Zur Bestimmung des möglichen Inhalts von mit bindender Wirkung ausgestatteten Gründen bedarf es zunächst aber abgrenzender Untersuchungen hinsichtlich der sachlichen Grenzen der Verfassungsgerichtsbarkeit selbst.

---

327 *Schlaich / Korioth* (Fn. 1), Rdn. 414.

328 BVerfGE 87, 153, 178, vgl. auch *Schlaich / Korioth* (Fn. 1), Rdn. 399 u. 411.

329 Zur Normsetzungs- und Normänderungsmacht in der rechtsstaatlichen Demokratie sowie der prinzipiellen Souveränität des Normgebers vgl. *Heckmann*, Geltungskraft und Geltungsverlust von Rechtsnormen, 1997, S. 198 ff.

a) Selbstbeschränkung des Gerichts

Zur allgemeinen verfassungsrechtlichen Beschränkung der Entscheidungskompetenz zählt, aus Gründen der Gewaltenabgrenzung, die selbstauferlegte Zurückhaltungspflicht bei primär politischen Streitigkeiten. Das Bundesverfassungsgericht leitet diese Pflicht zur Zurückhaltung sowohl aus seiner besonderen Stellung im Gefüge der Gerichtsbarkeit als auch aus der gesetzlich geregelten Bindungswirkung seiner Entscheidungen her und ordnet ihr die Qualität verfassungsrechtlicher Gebotenheit bei[330]. Mittelbar ist das Argument der richterlichen Selbstbeschränkung (*judicial self restraint*)[331], das kein anderes Gericht verwenden darf[332], auch ein Gebot der Klugheit, um nicht die auf allgemeine Anerkennung der Überparteilichkeit des Gerichts gegründete Autorität zu gefährden.

Für die Bindungswirkung hat eine solche vorgelagerte Selbstbegrenzung der Entscheidungskompetenz jedoch keine eigenständige, mehr als nur mittelbare Bedeutung, da sie aus zwei Gründen nicht institutionalisierbar ist: Sie berührt elementare Fragen des Grundgefüges der Verfassungsinstitutionen und bleibt als Selbstbegrenzung der konkreten Ansicht des jeweiligen Senats des Bundesverfassungsgerichts unterworfen.

b) Allgemeine Grenzen der Verfassungsgerichtsbarkeit

Dem Bundesverfassungsgericht wird vom Grundgesetz die Aufgabe übertragen, die Akte der Exekutive, Judikative und auch der Legislative auf ihre Vereinbarkeit mit der Verfassung zu kontrollieren und letztverbindliche Entscheidungen in Konfliktfällen zu treffen[333]. Die Grenzen der zu dieser Aufgabe notwendigen Befugnis sind jedoch alles andere als klar gezogen, so daß ihre nähere Bestimmung und Einhaltung nicht nur heute, sondern auch in Zukunft wohl das rechtswissenschaftliche Hauptproblem der Verfassungsgerichtsbarkeit bilden wird[334]. Die bisherigen Lösungsansätze materiellrechtlicher und funktionell-rechtlicher Art bieten jedoch eher eine Prinzipienorientierung als handhabbare Differenzierungskriterien.

aa) Allgemeine materiell-rechtliche Grenzen

Dem Ansatz, die materiell-rechtlichen Grenzen der Verfassungsgerichtsbarkeit allgemein zu bestimmen, begegnet das Problem, die materiellrechtlichen Grenzen nur in Abhängigkeit vom jeweilig einschlägigen verfassungsrechtlichen Kontrollmaßstab bestimmen zu können, so daß sich die allgemeinen Grenzen in einen Katalog spezieller Grenzen auffächern würden. Des weiteren liegt der verfassungsrechtliche Kontrollmaßstab zum Teil selbst

---

330 Vgl. BVerfGE 36, 1, 14 f.

331 BVerfGE 36, 1, 14; 59, 360, 377.

332 *Rollecke*, in: *Stern* (Fn. 155), § 53 Rdn. 9.

333 *Voßkuhle*, in: *v. Mangoldt / Klein / Stark* (Fn. 12), Art. 93 Rdn. 35.

334 So *Hesse*, Verfassungsrechtsprechung im geschichtlichen Wandel", JZ 1996, S. 265, 273.

in der Hand des Bundesverfassungsgerichts[335], was zu einer zwar nicht rechtlichen[336], aber mittelbar faktischen Kompetenz-Kompetenz führt[337]. Vermutlich läßt sich eine Beeinflussung des verfassungsrechtlichen Kontrollmaßstabes durch das Gericht mittels formaler Regelungen nicht vollkommen ausschließen. Jedoch sollten aus diesem Grund auch funktionell-rechtliche Betrachtungen in die Bestimmung der Grenzen der Verfassungsgerichtsbarkeit mit einbezogen werden.

bb) Allgemeine funktionell-rechtliche Grenzen

Auch eine vorwiegend funktionell-rechtliche Betrachtung[338] führt nicht zu eindeutigen Ergebnissen, da auch der Bereich des arbeitsteiligen Kompetenzgefüges des Grundgesetzes keine innere Trennschärfe besitzt[339]. Daher werden die Kompetenzen des Verfassungsgerichts auch als ein offenes System von Entscheidungsregeln, Argumentationsmustern, Rechtsfiguren und Prozeduren beschrieben, die flexibel und einzelfallbezogen, aber auch jeweils einzeln akzeptanzabhängig sind[340]. Hinzu kommt, daß der funktionell-rechtliche Ansatz, der auf den Gedanken der Gewaltenteilung zurückgreift[341], in seiner Bedeutung stark umstritten ist: Teilweise wird er als der letzte Rettungsanker vor dem Abgleiten in eine verfassungsgerichtliche Allmacht angesehen[342], teilweise wird eine funktionell-rechtliche Einordnung der Bundesverfassungsgerichtsbarkeit generell abgelehnt[343].

Diese und auch die weiteren denkbaren Lösungsansätze[344] zur Bestimmung der allgemeinen Kompetenzgrenzen der Verfassungsgerichtsbarkeit sollen in ihrer Abstraktheit jedoch dahingestellt bleiben. Es soll vielmehr kon-

---

335 Vgl. *Voßkuhle*, in: *v. Mangoldt / Klein / Stark* (Fn. 12), Art. 93 Rdn. 38 m.w.N.

336 *Depenheuer*, Der Wortlaut als Grenze, 1988, S. 51: „Das Bundesverfassungsgericht hat [...] keine originäre Kompetenz zur Verfassungsgebung." Nach *Depenheuer* scheidet auch die Verfassung als Legitimationsquelle aus, da nach dem Inhalt des Grenzpostulats das sprachlich Mögliche mit dem verfassungsrechtlich Zulässigen zusammenfällt und sich daraus keine inhaltliche Legitimation ergeben kann.

337 *Schlaich / Korioth* (Fn. 1), Rdn. 494.

338 Vgl. hierzu *Voßkuhle*, in: *v. Mangoldt / Klein / Stark* (Fn. 12), Art. 93 Rdn. 40, als auch *Schlaich / Korioth* (Fn. 1), Rdn. 494 ff., jeweils mit zahlreichen weiteren Nachweisen.

339 Kritisch zur funktionell-rechtlichen Betrachtung auch: *Böckenförde* (Fn. 297), Grundrechte als Grundsatznorm, S. 26 f.

340 *Maunz / Bethge*, Vorbem. Art. 93 Rdn. 175; *Voßkuhle*, in: *v. Mangoldt / Klein / Stark* (Fn. 12), Art. 93 Rdn. 42. Das Bundesverfassungsgericht betont seinen Entscheidungsspielraum regelmäßig: BVerfGE 18, 85, 93; 54, 129, 135; 60, 79, 91; 61, 1, 6.

341 *Heun*, Werner: Funktionell-rechtliche Schranken der Verfassungsgerichtsbarkeit, 1992, S. 13.

342 *Heun* (Fn. 341), S. 12.

343 Nach *Schlaich / Korioth* (Fn. 1), Rdn. 494 ff.; Rdn. 514, können funktionell-rechtlich formulierte Sätze zwar als systematische Beschreibungen der Rechtsprechung verwendet werden; aus diesen Beschreibungen heraus lassen sich aber keine Kompetenzen zu- oder absprechen.

344 So unterscheidet *Buchwald*, Prinzipien des Rechtsstaats, 1996, S. 321 ff., neben den materiell-rechtlichen und funktionell-rechtlichen Ansätzen noch die revisionsrechtliche Kontrollbegrenzung, die Begrenzung nach Art der Grundrechtsverletzung und nach der Ermessensfehlerlehre sowie die integralen Kontrollbegrenzungsansätze.

kret untersucht werden, ob und inwieweit sich aus der Verfassung materielle und auch funktionelle Grenzen für die Bindungswirkung herleiten lassen[345].

c) Verfassungsrechtliche Grenzen der Bindungswirkung

Die Grenzen der Bindungswirkung von Verfassungsgerichtsentscheidungen sind systemnotwendig eng verbunden mit den Kompetenzgrenzen des Gerichts, jedoch nicht deckungsgleich. Die allgemeinen Kompetenzgrenzen des Gerichts sind insbesondere für alle von der Rechtskraft erfaßten Bereiche einer Entscheidung von Bedeutung[346]. Aufgrund der über den kleinen Kreis der an einem Verfahren Beteiligten hinausgehenden Wirkung ergeben sich für die Bindungswirkung zusätzliche Einschränkungen, die einer genaueren Untersuchung bedürfen.

Verfassungsrechtliche Grenzen der Bindungswirkung ergeben sich sowohl daraus, daß dem Gericht über Art. 93 GG nur konkrete Streitentscheidungen übertragen sind, als auch aus der notwendigen Abgrenzung der Verfassungsrechtsprechung von den anderen Staatsgewalten.

Formell-rechtlich wird das Bundesverfassungsgericht bei der Wahrnehmung der Aufgabe der maßgeblichen Verfassungsinterpretation durch die Systematik des Art. 93 GG begrenzt, als es nur in den in Abs. 1 benannten Fällen, sowie in den über die Verweisung des Abs. 2 bestimmten Fällen, zur Entscheidung berufen ist. Im Bundesverfassungsgerichtsgesetz spiegelt sich diese Beschränkung darin wider, daß eine Vorlage vor das Bundesverfassungsgericht nur durch die Verfahrensbeteiligten der möglichen Verfahrensarten[347] erfolgen kann. Insofern besitzt das Gericht nur eine passive und abhängige politische Gestaltungsmacht, die vor Autoritätskonflikten im staatlichen Machtgefüge schützt und nicht zuletzt auch der begrenzten Problemverarbeitungskapazität des Gerichts Rechnung trägt[348].

Materiell-rechtliche Grenzen der Bindungswirkung finden sich in Art. 93 Abs. 1 GG in verschiedenen Aufgabenumschreibungen für die einzelnen Verfahrensarten, die sich zwar überschlägig zusammenfassen ließen als „Auslegung des Grundgesetzes", aber auch jeweils relativ exakt konkretisierbar sind. Beispielsweise ist für die Individualverfassungsbeschwerde von Verfassungs wegen in Art. 93 Abs. 1 Nr. 4 a GG bestimmt, daß das Gericht nur mit der Prüfung der Verletzung von Grundrechten und grundrechtsgleichen Rechten beauftragt ist. In Verbindung mit der Annahme einer verfassungsunmittelbaren Bindungswirkung ergibt sich daraus die verfassungsimmanente Beschränkung, daß nur solche Gründe Bindungswirkung entfalten können, die als Verfassungsauslegungen bezüglich von Grundrechten und grundrechts-

---

345 Vgl. BVerfGE 61, 1, 51. Auch *Schlaich / Korioth* (Fn. 1), Rdn. 415, betont, daß der Schüssel für die Bestimmung der Kontrolldichte und Reichweite des Bundesverfassungsgerichts allein die Verfassung sein kann.

346 Vgl. zu den sachlichen Grenzen der Rechtskraft oben S. 29 ff.

347 Vgl. den III. Teil des BVerfGG „Besondere Verfahrensvorschriften", §§ 36 -96 BVerfGG.

348 *Lange* (Fn. 51), S. 1.

gleichen Rechten bezeichnet werden können[349]. Auf diese Weise lassen sich auch für die weiteren Verfahrensarten enumerativ verfassungsunmittelbare Forderungen an die Qualität der für eine Bindungswirkung in Betracht kommenden Gründe formulieren[350]. Andere Gründe, auch wenn sie allgemein abstrahierbare Verfassungsauslegungen darstellen und unmittelbar den Entscheidungstenor stützen, können wegen der Übertretung verfassungsunmittelbarer materieller Grenzen keine über die Rechtskraft hinaus gehende bindende Wirkung erzeugen. Als materielles Recht lassen sich diese Grenzen nur durch die Annahme einer verfassungsunmittelbaren Bindungswirkung aus Art. 93 Abs. 1 GG qualifizieren, denn bei Annahme einer rein einfachgesetzlich bestimmten Bindungswirkung können die Bestimmungen des Art. 93 Abs. 1 GG auch als lediglich formell-rechtliche Verfahrensgegenstandsbegrenzungen angesehen werden, die nur in sehr mittelbarem Bezug zu den möglichen Entscheidungswirkungen stehen.

Diese verfassungsunmittelbare qualitative Begrenzung der mit bindender Wirkung ausgestatteten Entscheidungsgründe ist der wesentliche Unterschied, der durch die Annahme einer verfassungsunmittelbaren Bindungswirkung im Vergleich zur lediglich einfachgesetzlichen Kodifizierung in § 31 Abs. 1 BVerfGG bewirkt wird.

d) Rechtsystematische Beschränkungen der Bindungswirkung

Rechtssystematische Beschränkungen der Bindungswirkung können sich sowohl aus der Frage ergeben, welche Art von Entscheidungen für Bindungswirkungen in Betracht kommen, als auch welches Organ des Bundesverfassungsgerichts solche Entscheidungen erlassen kann.

aa) Begrenzung auf Sachentscheidungen

„Entscheidungen" können allgemein als Schlußfolgerung aus der Subsumtion des Untersatzes (Sachverhalts) unter den Obersatz (Recht) betrachtet werden[351]. Da die Bindungswirkung nach der hier vertretenen Sicht auf der Aufgabenübertragung des Art. 93 Abs. 1 GG beruht, muß sie inhaltlich auch auf Sachentscheidungen begrenzt sein. Entscheidungen in Verfahrensfragen oder Sachurteilsvoraussetzungen können danach keine bindende Wirkung

---

[349] So auch *Heun* (Fn. 341), S. 81: „Letztlich hängt die Entscheidung über den Umfang der Bindungswirkung davon ab, ob die Rechtsprechung des Bundesverfassungsgerichts authentische Interpretation der Verfassung ist."

[350] Für das Organstreitverfahren aus Art. 93 Abs. 1 Nr. 1 GG: Auslegungen des Grundgesetzes über den Umfang der Rechte und Pflichten der genannten Organe; für das allgemeine Normenkontrollverfahren aus Art. 93 Abs. 1 Nr. 1 GG: Feststellungen zur förmlichen und sachlichen Vereinbarkeit der genannten Kodifikationen; für die konkrete Normenkontrolle aus Art. 100 Abs. 1, 2 GG: Feststellungen zur Verfassungsvereinbarkeit von Normen oder Völkerrechtsregeln; für Kommunalverfassungsstreitverfahren aus Art. 93 Abs. 1 Nr. 4 b GG: Feststellungen zur Verletzung des Rechts auf Selbstverwaltung; u.s.w.

[351] *Pestalozza* (Fn. 6), § 20 Rdn. 61.

entfalten[352]. Insofern besteht hier eine direkte Verbindung zu den oben entwickelten materiell-verfassungsrechtlichen Grenzen einer verfassungsunmittelbaren Bindungswirkung[353].

Aus dem Subsumtionscharakter einer Entscheidung ergibt sich auch eine Beschränkung auf konkrete Entscheidungen, so daß losgelöste, abstrakte Rechtssätze zur Auslegung oder Konkretisierung der Verfassung oder des sonstigen prüfungsmaßstäblichen Rechts ebenfalls keine bindende Wirkung zu entfalten in der Lage sind[354]. Die im ehemaligen Art. 97 BVerfGG vorgesehene Rechtsgutachterkompetenz des Bundesverfassungsgerichts wurde bereits 1956[355] mit Verweis auf die umstrittene Rechtsnatur der Gutachten ersatzlos gestrichen[356].

bb) Begrenzung auf Senatsentscheidungen

Gesetzlich bestimmt ist in § 31 Abs. 1 BVerfGG die Bindung an „die Entscheidungen des Bundesverfassungsgerichts". Das Gericht wird jeweils von den beiden Senaten repräsentiert[357], nicht aber von den Kammern, so daß nach dem Wortlaut nur die Entscheidungen der beiden Senate des Gerichts Bindungswirkungen erzeugen können[358].

Nach einer Ansicht in der Literatur[359] ist die Frage, ob Kammerbeschlüssen Bindungswirkung zukommt, noch nicht abschließend geklärt. Für eine Bindungswirkung spricht die Intention des Gesetzgebers, die Kammerbeschlüsse den Senatsentscheidungen weitgehend gleichzustellen[360]. Diese Gleichstellung endet bei Entscheidungen mit Gesetzeskraft, die nach § 93 b Abs. 2 S. 3 BVerfGG den Senaten vorbehalten bleiben. Der Senatsvorbehalt für Entscheidungen mit Gesetzeskraft hat jedoch in bezug auf die Frage nach einer Bindungswirkung von Kammerbeschlüssen keine Auswirkungen, denn allein von der Nichterwähnung der Bindungswirkung in § 93 b Abs. 2 S. 3 BVerfGG ausgehend läßt sich in keine Richtung eine systematisch zwingende Argumentation führen. Denn weder ist die Bindungswirkung ein Unterfall der Gesetzeskraftwirkung, noch läßt sich aus der Nichterwähnung der Bindungswirkung eine solche von Kammerbeschlüssen herleiten.

Bei Annahme einer verfassungsunmittelbaren Bindungswirkung ergeben sich aber Aspekte, die gegen eine Bindungswirkung von Kammerbeschlüssen

---

352 So auch *Rennert*, in: *Umbach / Clemens* (Fn. 15), § 31 Rdn. 71; *Maunz / Bethge* (Fn. 4), § 31 Rdn. 18; *Benda / Klein* (Fn. 15), Rdn. 1319.

353 Vgl. oben S. 76.

354 In diesem Sinne bereits BVerfGE 2, 79, 88 f.

355 1. Gesetz zur Änderung des Gesetzes über das Bundesverfassungsgericht vom 21.7.1956, BGBl. I S. 662.

356 *Heyde*, in: *Umbach / Clemens* (Fn. 15), § 97 Rdn. 1, 4.

357 Vgl. dazu oben die Ausführungen auf S. 21 f.

358 Ablehnend zur Bindungswirkung von Kammerbeschlüssen auch: BVerfGE 23, 191, 207; 53, 336, 348.

359 So *Benda / Klein* (Fn. 15), Rdn. 1321.

360 § 93 b Abs. 2 S. 2 BVerfGG, vgl. auch BT-Drucks. 10/2951.

sprechen. Die Kammern sind innere, unselbständige Organisationsstrukturen des Gerichts und repräsentieren nicht wie die Senate das Gericht als solches. Sie sind damit nicht Adressaten der Zuständigkeiten und Aufgaben des Art. 93 Abs. 1 GG und insbesondere keine Institutionen, denen die rechtsprechende Gewalt gemäß Art. 92 GG von Verfassungs wegen anvertraut wird.

Stattgebende Beschlüsse können nach geltender Gesetzeslage nur ergehen, wenn die Kammer einstimmig der Ansicht ist, daß eine Verfassungsbeschwerde offensichtlich begründet ist, weil das Bundesverfassungsgericht die hierfür maßgebliche verfassungsrechtliche Frage bereits entschieden hat[361]. Es muß also jeweils bereits eine eindeutige, diesen Fall mit Bindungswirkung regelnde Senatsentscheidung vorliegen, so daß bezüglich eines Kammerbeschlusses in der gleichen Sachfrage die Annahme einer Bindungswirkung überflüssig wäre. Eine Kumulierung bindender Entscheidungen zur gleichen Sachfrage ist insbesondere nicht geeignet, die Bindungswirkung in irgendeiner Weise zu steigern.

Eine über die Rechtskraft hinausgehende Wirkung von Kammerbeschlüssen ist daher besonders bei Annahme einer verfassungsunmittelbaren Bindungswirkung abzulehnen.

e) Beschränkung auf die Bindung nur des Entscheidungstenors

Die sachlichen Grenzen der Bindungswirkung können wesentlich durch bestimmte Grundannahmen vorgeprägt werden. Dies ist insbesondere dann der Fall, wenn die Bindungswirkung, wie aus verschiedenen Gründen vertreten wird, nur den konkreten Wortlaut des Tenors umfassen sollte. Die Vertreter dieser Ansicht lassen sich in zwei Gruppen unterteilen: zum einen die Befürworter einer reinen Erstreckung der Rechtskraft auf weitere Subjekte, zum anderen die Anhänger einer präjudiziellen Bindung. Beide Ansichten sollen nachfolgend kurz dargestellt werden.

aa) Subjektive Rechtskrafterstreckung

Aus Gründen der Eindeutigkeit und Klarheit liegt es nahe, allein dem jeweiligen Entscheidungstenor bindende Wirkungen zuzuschreiben. Die Bindungswirkung unterschiede sich von der Rechtskraft dann nur durch die Ausweitung des Adressatenkreises der materielle Rechtskraft auf die in § 31 Abs. 1 BVerfGG genannten staatlichen Institutionen. Diese Anlehnung an die Rechtskraft brächte es aber auch mit sich, zumindest im Zweifel auch die Gründe einer Entscheidung zur auslegenden Würdigung des Tenors heranziehen zu müssen[362].

---

[361] § 93 b Abs. 2 S. 1 BVerfGG.

[362] Vgl. oben, S. 29 ff., die Ausführung zur Rechtskraft.

Anfänglich wurde diese Sicht vom überwiegenden Teil der Literatur[363], aber auch von höchstrichterlicher Fachrechtsprechung präferiert[364]. Zentrales Argument für diese Sicht ist der Hinweis, daß das Gericht es weitgehend in der Hand habe, den Tenor so zu formulieren, daß der Gegenstand und der Umfang der Bindung aus ihm heraus verständlich wird[365]. Gegen die Einbeziehung von Gründen in die Bindungswirkung wird kritisch auf die Gefahr der Nähe zur Verfassungsrechtsetzung durch Kanonisierung von Entscheidungsgründen[366], aber vor allem auf die Schwierigkeit der Ermittlung und der Abgrenzung bestimmter tragender Gründe verwiesen[367]. Denn es herrscht lediglich Einmütigkeit darüber, daß nicht alle Gründe einer Entscheidung binden können[368], insbesondere nicht die sogenannten *obiter dicta,* die als nicht entscheidungserhebliche Nebengründe charakterisiert werden[369]. *Obiter dicta* sind elementar rechtswirkungslos; sie können aber als Hilfsmittel in der Kommunikation gegenüber anderen Gerichten oder dem Gesetzgeber fungieren[370].

Die Befürworter der reinen Tenorbindung müssen aber zugestehen, daß bei der Bestimmung des Tenors einer klageabweisenden Entscheidung bestimmte Gründe im Wege der Auslegung derart in den Vordergrund rücken, daß sie direkt an der Bindung partizipieren[371], denn klageabweisende Entscheidungen wären ohne eine Auslegung ununterscheidbar[372]. Es ist, soweit ersichtlich, auch bisher niemand soweit gegangen, eine Bindungslosigkeit klageabweisender Entscheidungen anzunehmen, denn damit würde § 31 Abs. 1 BVerfGG ergebnisabhängig derogiert werden, was evident rechtswidrig wäre.

Die Bedenken bezüglich der Innovationsfeindlichkeit und Verfassungsrechtsetzung bei Einbeziehung bestimmter Gründe in die Bindungswirkung haben sich im Laufe der Zeit als unbegründet erwiesen. Das Verhältnis der Verfassungsorgane gilt mittlerweile als faktisch stabil: Gesetzgeber und Verfassungsgericht arbeiten gleichermaßen an der Entwicklung des Verfassungs-

---

363 *Vogel* (Fn. 15), S. 574; *Ziekow* (Fn. 165), S. 527, *Schnapp / Henkenötter* (Fn. 8), S. 123; *Pestalozza* (Fn. 6), § 20 Rdn. 90; jeweils m.w.N.; *Bullert* (Fn. 159), S. 119; aus jüngerer Zeit: *Wischermann* (Fn. 7), S. 41 ff., 121.

364 Ausführlich im Jahr 1954 der Große Senat des BGH: Bindend sei nur der Tenor, ohne eine inhaltliche Beschränkung auf Verfassungsauslegungen; auch zurückgewiesene Beschwerdeentscheidungen binden, wobei zur Ermittlung des sachlichen Inhalts des Tenors die Gründe heranzuziehen sind. BGHZ 13, 265, 271-288.

365 *Pestalozza* (Fn. 6), § 20 Rdn. 90.

366 *Schnapp / Henkenötter* (Fn. 8), S. 123; *Rennert,* in: *Umbach / Clemens* (Fn. 15), § 31 Rdn. 53; *Wischermann* (Fn. 7), S. 64 ff.

367 *Benda / Klein* (Fn. 15), Rdn. 1324 f.

368 *Rupp* (Fn. 51), S. 406.

369 *Pestalozza* (Fn. 6), § 20 Rdn. 31, unterteilt diese noch nach Motiven und Funktionen in beratende, warnende, dokumentierende sowie Argumentationsvorräte anlegende Nebengründe.

370 *Pawlowski,* Methodenlehre für Juristen, 3. Aufl., 1999, Rdn. 1071, 1074.

371 *Geiger* (Fn. 15), S. 1059.

372 Die Tenorierung lautet regelmäßig: „Die Verfassungsbeschwerde wird zurückgewiesen."

rechts mit, wobei dem Gesetzgeber der unbestrittene Handlungsvorrang zukommt[373].

bb) Beschränkung der Bindungswirkung auf präjudizielle Bindung

Eine Entscheidung zwischen einer bindenden Wirkung nur des Tenors oder auch der tragenden Gründe ließe sich vermeiden, wenn man dem Vorschlag *Krieles* folgt, daß die Entscheidungen des Bundesverfassungsgerichts als Besonderheit einer generellen höchstrichterlichen Präjudizienvermutung eine präjudiziell-bindende Wirkung entfalten[374]. Vergleichbar mit der Fallrechtsprechung des anglo-amerikanischen Rechtskreises soll danach direkt nur der Wortlaut des Tenors binden. Den nur grundsätzlich bindenden Gründen kommt eine Vermutungsfunktion zu; sie sind allerdings bis hin zu einer vollständigen Auswechslung durch andere, bessere Gründe disponibel[375].

Ungewöhnlich ist bereits der Ausgangspunkt dieser Lehre, da in der deutschen Verfassungsgeschichte die Bezüge einer Verfassungsauslegung stets eher für eine gesetzgeberische, sogenannte „authentische" Interpretation, als für eine präjudizielle Bindung sprechen[376]. *Kriele* stützt sich in seiner systematischen Argumentation zum einen auf die Vorschrift des § 95 Abs. 1 S. 2 BVerfGG, wonach das Bundesverfassungsgericht ein explizites Wiederholungsverbot aussprechen kann[377]. Der Schluß, daß diese Vorschrift unnötig und gegenstandslos wäre, wenn auch die Entscheidungsgründe bänden, ist jedoch nicht zwingend[378], da diese Vorschrift auch im Bereich der persönlichen Grenzen der materiellen Rechtskraft ihre deklaratorische Berechtigung hat[379].

Zum anderen hält *Kriele* die nach §§ 67 S. 3, 69, 72 Abs. 2, 74 BVerfGG über die Auslegung des Grundgesetzes gehende Rechtsentscheidungskompetenz für einen Hinweis darauf, daß die diesbezügliche Tenorierung eine präjudiziell bindende Wirkung hervorruft. Aber auch diese Sicht ist alles andere als zwingend, denn § 67 S. 3 BVerfGG kann auch als folgerichtige prozessuale Bestimmung zu Art. 93 Abs. 1 Nr. 1 GG gesehen werden[380]. Danach bildet der Organstreit nur den Anlaß für die Klärung einer abstrakten verfassungsrechtlichen Zweifelsfrage und wird aus Befriedungsgründen entschieden. Bindende Wirkung sollen nur die abstrahierbaren Verfassungsauslegungen entwikkeln; für die mitentschiedenen Rechtsfragen sind die Parteien des Organstreits

---

373 *Ziekow* (Fn. 165), S. 527.

374 *Kriele* (Fn. 15), S. 299.

375 *Kriele* (Fn. 15), S. 300 f. *Sachs* (Fn. 2), S. 112 ff., plädiert auch für eine Präjudizienbindung, will aber § 31 Abs. 1 BVerfGG nicht als Einfalltor für eine Präjudizienlehre nach angelsächsischem Muster benutzen.

376 Vgl. *Rennert*, S. 527 ff.

377 *Kriele* (Fn. 15), S. 302 f.

378 *Rennert*, in: *Umbach / Clemens* (Fn. 15), § 31 Rdn. 58.

379 Vgl. oben S. 35 f.

380 *Rennert* (Fn. 276), S. 542.

bereits durch die Rechtskraft der Entscheidung gebunden. Letztlich sah *Kriele* selbst seine Theorie mit keiner gesetzgeberischen Dezision im Widerspruch[381], aber er konnte auch keine eindeutigen Grundlagen dafür finden.

Einen grundlegenderen Ansatz, jedoch nur für eine eingeschränkte präjudizielle Selbstbindung des Gerichts, entwickelte *Sachs*, indem er das Vertrauen in die faktisch weitgehend als verbindlich behandelte Verfassungsrechtsprechung als für im Rahmen des Rechtsstaatsprinzips schützenswert erachtet[382]. Für die Bindungswirkungsdiskussion ergeben sich daraus aber keine spezifischen Schlußfolgerungen.

Die Lehren zur Präjudizienbindung im deutschen Recht haben in der letzten Zeit durch *Reinhardt*[383] erneut Auftrieb bekommen. Jedoch haben auch diese Ausführungen keinen Einfluß auf die Beurteilung der Bindungswirkung verfassungsgerichtlicher Entscheidungen. Denn *Reinhardt* beschränkt seine auf Art. 20 Abs. 3 GG gegründete Befolgungspflicht einschlägiger Präjudizien auf den jeweiligen Instanzenzug und läßt Entscheidungen anderer Gerichte allenfalls eine präsumtive Verbindlichkeit zukommen[384]. Insofern geht er in bezug auf Entscheidungen des Bundesverfassungsgerichts nicht über die Ansicht *Krieles* hinaus, da hier kein spezifischer Instanzenzug existiert.

Die Übernahme der Theorie der präjudiziellen Bindung mit ihrem Bezug allein auf den Tenor durch die Rechtsprechung würde zu immensen praktischen Problemen führen, da dadurch ein Großteil der bisherigen Verfassungsrechtsprechung seine bindende Wirkung verlieren würde. Denn das Gericht selbst geht, wie nachfolgend gezeigt wird, nicht von einer nur auf den Tenor beschränkten Bindung aus. Insbesondere wurde die Tenorierungsmöglichkeit des Ausspruchs eines expliziten Wiederholungsverbots vom Bundesverfassungsgericht erst in einem Fall genutzt[385].

Daher kann konstatiert werden, daß nach rund drei Dekaden ohne faktische Resonanz in der Rechtsprechung die Lehre *Krieles* bezüglich der präjudiziell-bindenden Wirkung von Verfassungsgerichtsentscheidungen als nicht hinreichend überzeugend und daher als überholt gelten kann. Aus dogmatischer Sicht bleibt, trotz des faktischen Ruhezustands der Diskussion, somit die Richtigkeit der Feststellung von *Sachs* erhalten, daß keines der Argumente der Meinungsblöcke sich als geeignet erwiesen hat, die Gegenseite zu überzeugen[386].

---

381 *Kriele* (Fn. 15), S. 304.

382 *Sachs* (Fn. 2), S. 113 ff.

383 *Reinhardt*, Konsistente Jurisdiktion, 1997, S. 409 ff.

384 *Reinhardt* (Fn. 383), S. 517 f.

385 BVerfGE 7, 99. Vgl. hierzu oben, S. 35, die Ausführungen zum allgemeinen und expliziten Wiederholungsverbot.

386 *Sachs* (Fn. 2), S. 72, der damit die von *Rawls*, Die Idee des politischen Liberalismus, 2. Auflage 1997, S. 336 ff., untersuchten „Bürden der Vernunft", also die Gleichzeitigkeit und Unvereinbarkeit vernünftiger Meinungsverschiedenheiten für die dogmatische Bindungswirkungsdiskussion konstatiert.

f) Rechtsprechung zur Bindungswirkung

Nachfolgend soll dargestellt werden, wie das Bundesverfassungsgericht selbst den Umfang der Bindungswirkung versteht, ob die Bindungswirkung auch reflexiv für das Gericht selber gilt und welche Bedeutung in diesem Sinne der fachrichterlichen Unabhängigkeit zugemessen wird.

aa) Bindung der tragenden Gründe

Das Bundesverfassungsgericht geht in seiner ständigen Rechtsprechung von Anfang an von einer die tragenden Gründe einer Entscheidung umfassenden Bindungswirkung aus[387]. Inhaltlich wird dabei die Bindungswirkung ausdrücklich auf Grundsätze für die Auslegung der Verfassung beschränkt[388]. Die Fachgerichtsbarkeit hat sich sowohl der Bindung der tragenden Gründe als auch der Beschränkung auf Verfassungsauslegungen im Ergebnis angeschlossen[389].

Als tragende Gründe qualifiziert das Bundesverfassungsgericht all jene, auf denen der Tenor der Entscheidung direkt beruht[390]. Ausführungen, mit denen lediglich eine bestimmte Rechtsauffassung eines Verfahrensbeteiligten zurückgewiesen wird, ohne daß sie zu dem in der Entscheidungsformel ausgesprochenen Ergebnis führen können, sind nichttragende Gründe[391]. Instruktiv zur Auffassung des Gerichts sind vor allem die Ausführungen in der Entscheidung BVerfGE 96, 375:

> „Tragend für eine Entscheidung sind jene Rechtssätze, die nicht hinweggedacht werden können, ohne daß das konkrete Entscheidungsergebnis nach dem in der Entscheidung zum Ausdruck gekommenen Gedankengang entfiele. Nicht tragend sind dagegen bei Gelegenheit der Entscheidung gemachte Rechtsausführungen, die außerhalb des Begründungszusammenhangs zwischen genereller Rechtsregel und konkreter Entscheidung stehen. Bei der Beurteilung, ob ein tragender Grund vorliegt, ist von der niedergelegten Begründung in ihrem objektiven Gehalt auszugehen. Angesichts der besonderen Tragweite, die verfassungsgerichtlichen Entscheidungen nach § 31 BVerfGG zukommt, müssen ihre rechtlich bindenden Aussagen auf den auch für Außenstehende erkennbaren Gehalt beschränkt sein. Es kommt nicht darauf an, ob den Richtern bestimmte Rechtsauffassungen wichtig erscheinen, sondern ob sie erkennbar im Begründungszusammenhang für die Entscheidung erheblich geworden sind."[392]

---

[387] BVerfGE 1, 14, 37; 19, 377, 392; 20, 56, 87; 24, 289, 297; 40, 88, 93; 96, 375, 404.

[388] BVerfGE 19, 377, 392; 40, 88, 93. In der Entscheidung BVerfGE 40, 88, 93 wird bei der Beschränkung der Bindung auf die Grundsätze für die Auslegung der Verfassung auf die Entscheidungen BVerfGE 20, 56, 87 und 24, 289, 297 verwiesen, die aber jeweils nur Ausführungen zur Bindung der tragenden Gründe ohne inhaltliche Beschränkung enthalten. Über diese Zitierung wird aber deutlich, daß das Bundesverfassungsgericht diese inhaltliche Beschränkung generell und durchgehend für ein Element der Bindungswirkung hält.

[389] BGH ZIP 1986, 1211, 1212; BVerwGE 29, 1, 6; 73, 263, 267 f.; 77, 258, 261.

[390] Vgl. insbesondere BVerfGE 96, 375, 404.

[391] BVerfGE 20, 56, 87 f.

[392] BVerfGE 96, 375, 404

Da diese Äußerungen im Rahmen der Erörterung der Bindung an Entscheidungen des Plenums nach § 16 Abs. 1 BVerfGG ergingen, enthalten sie in gewissem Maß die Selbstverpflichtung des Gerichts, seine Entscheidungen so zu verfassen, daß eine Unterscheidung von tragenden und nichttragenden Sätzen möglich ist. In der Sache wurde damit aber kaum mehr Klarheit geschaffen. So wurde zum einen kein Bezug genommen auf die in vorherigen Urteilen gemachten Aussagen über die Qualität der bindenden Rechtssätze, d.h. die Beschränkung der Bindung auf die Grundsätze zu Auslegung der Verfassung[393]. Zum anderen wurden aber auch keinerlei Kriterien angegeben, nach denen im Einzelfall unterschieden werden könnte, ob ein Rechtssatz innerhalb des Begründungszusammenhangs zwischen genereller Rechtsregel und konkreter Entscheidung steht oder nicht. Der vom Gericht erwähnte „Außenstehende" hat weiterhin einen weiten Spielraum bei der Beurteilung der tragenden Gründe.

Mittels einer dogmatischen Betrachtung kann diese Aussage des Bundesverfassungsgerichts inhaltlich noch etwas eingeengt werden: Tragende Gründe müssen nach Ansicht des Gerichts innerhalb des Begründungszusammenhangs zwischen genereller Rechtsregel und konkreter Entscheidung stehen. Um Bindungswirkungen auslösen zu können, müssen allerdings die tragenden Gründe auch selbst den Charakter von generellen bzw. generalisierbaren Rechtsregeln besitzen. Dadurch würden die bindenden Gründe zu generellen Rechtsregeln, die in einem Begründungszusammenhang zwischen generellen Rechtsregeln und der konkreten Entscheidung stehen. Es ist durch diese Betrachtung wahrscheinlich, daß das Gericht - mit implizitem Bezug auf seine Entscheidungskompetenz - unter „genereller Rechtsregel" nur die jeweilige Verfassungsbestimmung und ihre bereits bestehende Auslegung versteht. Die Auslegung, zu der das Gericht im konkreten Verfahren berufen ist und die sich gegebenenfalls im Tenor und in den tragenden Gründen widerspiegelt, kann erst durch die Entscheidung zu einer „generellen Rechtsregel" werden.

Es läßt sich festhalten, daß die dargestellte Sicht des Bundesverfassungsgerichts grundsätzlich vereinbar ist mit der Forderung, daß nur abstrahierbaren Verfassungsauslegungen bindende Wirkung zukommen soll. Darüber hinaus fordert sie aber geradezu heraus, konkrete Methoden zur Bestimmung der tragenden Gründe zu entwickeln.

bb) Konstitutive Bestimmung der tragenden Gründe

Im Urteil zum Grundlagenvertrag erklärte das Bundesverfassungsgericht am Ende der Begründung pauschal, daß alle Gründe der Entscheidung tragende seien[394]. Zumindest theoretisch wäre es durchaus denkbar, daß alle Gründe einer Entscheidung tragende im Sinne des Gerichts sind. Fraglich

---

393 Vgl. oben Fn. 388.

394 Vgl. BVerfGE 36, 1, 36.

bleibt aber, ob das Bundesverfassungsgericht auch konstitutiv Gründe zu tragenden erklären kann.

In der Literatur ist die diesbezügliche Anmerkung im Urteil zum Grundlagenvertrag einhellig auf Kritik gestoßen, da es dem Gericht nicht freistehe, Ausführungen als tragend zu qualifizieren, nur um ihnen Bindungswirkung zu vermitteln[395]. Es bestände insbesondere die Gefahr, daß die vom Gericht selbst aufgestellten Kriterien für tragende Gründe durch solche Erklärungen unterlaufen werden könnten und dadurch auch die Unsicherheit über die bindenden Gründe zunähme. Das Gericht muß daher auf die auf Überzeugung ausgerichteten Regeln zum Verfassen von Urteilsbegründungen beschränkt bleiben, um Gründe als tragend darzustellen.

Der Anmerkung des Bundesverfassungsgerichts, daß alle Gründe tragend seien, kann bei genauerer rechtshistorischer als auch rechtssystematischer Betrachtung aber Gelassenheit entgegengebracht werden. Aus rechtshistorischer Sicht ist das Urteil zum Grundlagenvertrag des Jahres 1972 eine für das Verfassungsselbstverständnis, bei offenem zwischenstaatlichen Dissens über die nationale Frage[396], in besonderem Maß politische Entscheidung. In einem ergänzenden Abschnitt des Urteils, der ausdrücklich Bemerkungen zur Klarstellung der Bedeutung des Urteils beinhaltet, wurde die Ausfüllungsbedürftigkeit des Vertrags betont. Eben auf diese Ausfüllungsbedürftigkeit des vom Gericht wie ein Bundesgesetz behandelten Vertrags bezieht sich der Satz, daß alle Ausführungen der Begründung nötig seien und also im Sinne der Rechtsprechung des Bundesverfassungsgerichts zu den die Entscheidung tragenden Gründe gehören[397]. Der ausdrückliche Bezug auf die Rechtsprechung des Gerichts enthält aber in sich die materiell-rechtliche Beschränkung auf Auslegungen der Verfassung, so daß der Satz in sich widersprüchlich wird, da dadurch eben nicht alle Ausführungen tragend seien können. Es ist auch in der Folgezeit nicht erkennbar geworden, daß das Gericht durch die gemachten Äußerungen mit seiner ständigen Rechtsprechung zu den tragenden Gründen brechen wollte[398].

Aus rechtssystematischer Sicht ist die Behauptung, daß alle Gründe tragend sind, eine Aussage über die Gründe einer Entscheidung, die selbst nicht tragend seien kann, da sie kategorial auf einer anderen Argumentationsebene erfolgt. Sie ist weniger als eine Nebenerwägung, da sie inhaltlich nicht einmal auf den Streitgegenstand ausgerichtet ist und die Entscheidungsgründe als solche von einer Metaebene herab begutachtet. Aus diesem Grund ist diese Behauptung auch nicht als verfassungsrechtliche Auslegung zu qualifizieren,

---

395 *Lange* (Fn. 51), S. 5; *Ziekow* (Fn. 165), S. 527, *Benda / Klein* (Fn. 15), Rdn. 1327; *Schlaich / Korioth* (Fn. 1), Rdn. 476 m.w.N.

396 BVerfGE 36, 1, 35.

397 BVerfGE 36, 1, 36: „Alle Ausführungen der Urteilsbegründung, auch die, die sich nicht ausschließlich auf den Inhalt des Vertrages selbst beziehen, sind nötig, also im Sinne der Rechtsprechung des Bundesverfassungsgerichts Teil der die Entscheidung tragenden Gründe."

398 *Schlaich / Korioth* (Fn. 1), Rdn. 476: „Dieses Vorgehen des BVerfG ist bislang einmalig."

selbst wenn man eine Verfassungsunmittelbarkeit der Bindungswirkung bejaht. Allerdings zeigt sich an dieser Frage, daß die Selbstreferenz der Bindungswirkungsrechtsprechung des Bundesverfassungsgerichts näherer Betrachtung bedarf.

cc) Reflexive Bindung der Bindungswirkungsrechtsprechung

Unter rechtsdogmatischem Blickwinkel soll im folgenden die Selbstreferenz der Bindungsproblematik untersucht werden, d.h. die Frage, inwieweit die Rechtsprechung zur Bindungswirkung geeignet ist, selbst bindende Wirkung zu entwickeln.

Nach herkömmlicher Sicht sind die Ausführungen des Bundesverfassungsgerichts zu § 31 Abs. 1 BVerfGG rein prozeßrechtlicher Art und damit keine Auslegungen von Verfassungsrecht; sie entfalten daher schon aus inhaltlichen Gründen selbst keine bindende Wirkung. Das bedeutet, daß die Anerkennung der Position des Gerichts im wesentlichen auf der Überzeugungskraft der Argumente dieser Sicht beruht. Damit ist aber eben auch ein instabiler Zustand beschrieben, nachdem das Bundesverfassungsgericht seinen Ausführungen zur Bindungswirkung selbst keine bindende Wirkung verleihen kann, so daß sich hierüber, nach herkömmlicher Betrachtung der Verankerung der Bindungswirkung allein in § 31 Abs. 1 BVerfGG, trefflich streiten läßt.

Eine Bindung an die Rechtsprechung zur Bindungswirkung ließe sich aber grundsätzlich bejahen, wenn man der hier bevorzugten Sicht einer verfassungsunmittelbaren Bindungswirkung aus Art. 93 Abs. 1 GG folgt. Wäre danach die Bindungswirkung aus § 31 Abs. 1 BVerfGG die konkrete, aber nicht konstitutive Ausformung einer verfassungsunmittelbaren Bindungswirkung, dann könnte für die verfassungsunmittelbare Bindungswirkung nichts anderes gelten als das, was für § 31 Abs. 1 BVerfGG gilt. Die Ausführungen zur Bindungswirkung würden damit zu Auslegungen spezifischen Verfassungsrechts, d.h. abstrahierbarer Auslegungen des Art. 93 Abs. 1 GG, und könnten so selbst bindende Wirkung entfalten, wenn und soweit sie zu den tragenden Gründen einer Entscheidung gerechnet werden können.

Wenn sich also für eine der Entscheidungen, in denen das Bundesverfassungsgericht Ausführungen zur einfachgesetzlichen Kodifizierung der Bindungswirkung in § 31 Abs. 1 BVerfGG machte, zeigen ließe, daß diese Ausführungen zu den tragenden Gründen der Entscheidung gehörten, dann würde dies, in Konsequenz der Annahme einer verfassungsunmittelbaren Bindungswirkung, die Bindung aller Gerichte und Behörden an diese Auslegung bedeuten. Es soll nochmals betont werden, daß dadurch § 31 Abs. 1 BVerfGG nicht selbst in den Rang von Verfassungsrecht gehoben würde, sondern bei Annahme einer verfassungsunmittelbaren Bindungswirkung nur eine klarstellende, deklaratorische Ausformung des Art. 93 Abs. 1 GG darstellt.

Allerdings gehören alle bisherigen Ausführungen des Bundesverfassungsgerichts zur Bindungswirkung in keinem Fall zu den tragenden Gründen, was im einzelnen kursorisch mit der *condicio sine qua non* - Formel gezeigt werden soll:

Im Südweststaatenurteil vom 23.10.1951 sind die Ausführungen zu § 31 Abs. 1 BVerfGG in die Erläuterung des § 78 BVerfGG zur Feststellung der Nichtigkeit einer Rechtsvorschrift eingebettet[399] und könnten hinweggedacht werden, ohne daß sich der Tenor der Entscheidung ändern würde. Der 5. Leitsatz der Entscheidung[400] kann insofern den falschen Eindruck erwecken, daß die Ausführungen zu § 31 Abs. 1 BVerfGG bindend seien. Der daran inhaltlich anschließende Beschluß vom 29.11.1951 stützt sich ausdrücklich und entscheidungserheblich auf die Bindungswirkung des Südweststaatenurteils. Jedoch führt dieser Beschluß die tragenden Gründe nicht aus und geht inhaltlich nicht über den Wortlaut des § 31 Abs. 1 BVerfGG hinaus[401].

Der Beschluß vom 20.1.1966 betraf allein die Zulässigkeit einer Verfassungsbeschwerde in „Berliner Sachen"[402] und ist als reine Prozeßentscheidung schon aus formellen Gründen nicht in der Lage, bindende Wirkung zu entwickeln[403]. Nebenerwähnungen, d.h. nichttragende im Sinne eines folgenlosen Hinwegdenkens, sind auch die Ausführungen in den Entscheidungen vom 19.7.1966 und 6.11.1968 [404]. Gleiches gilt für den Beschluß vom 10.6.1975, in dem die Bindungswirkung zur Richtigstellung der Ansicht des Landgerichts erörtert wurde, vorher aber bereits der Verstoß gegen § 103 Abs. 1 GG abschließend festgestellt worden war[405]. Im Beschluß vom 30.6.1978 wird die Bindungswirkung ausdrücklich in Form eines Hinweises behandelt[406].

Verhältnismäßig ausführlich nahm das Gericht im Urteil vom 12.11.1997 [407] Stellung zur Abgrenzung der tragenden Gründe, jedoch nur im Rahmen der Erörterung der Bindung der Kammern an Entscheidungen des Plenums nach § 16 Abs. 1 BVerfGG. Zwei weitere Entscheidungen aus jüngerer Zeit[408], welche sich ausdrücklich auf die Bindung der tragenden Gründe stützen, sind Kammerentscheidungen und als solche keine Entscheidungen des Bundesverfassungsgerichts im Sinne des § 31 BVerfGG.

---

399 BVerfGE 1, 14, 36 f.

400 Leitsatz 5 der Entscheidung BVerfGE 1, 14 lautet: Ein Urteil, das ein Gesetz für nichtig erklärt, hat nicht nur Gesetzeskraft (§ 31 Abs. 2 BVerfGG), sondern es bindet auch gemäß § 31 Abs. 1 BVerfGG mit den tragenden Entscheidungsgründen alle Verfassungsorgane des Bundes derart, daß ein Bundesgesetz desselben Inhalts nicht noch einmal erlassen werden kann.

401 BVerfGE 1, 89, 90.

402 BVerfGE 19, 377 ff.

403 Vgl. oben S. 77 f.

404 BVerfGE 20, 56, 87 f.; 24, 289, 297.

405 BVerfGE 40, 88, 93.

406 BVerfGE 42, 258, 260.

407 BVerfGE 96, 375, 404; Das Urteil zur Sterilisation beendete die Divergenzen zwischen den Senaten, ob ein Kind zivilrechtlich als Schaden angesehen werden kann.

408 BVerfG NJW 2000, 3269 f., (betrifft die Unzulässigkeit eines Antrags gem. § 81 a BVerfGG); sowie BVerfG, - 2 BvR 1208/97 - vom 15.2.2000 [Quelle: www.bverfg.de], (betrifft die Nichtannahme einer Verfassungsbeschwerde gem. § 93 a BVerfGG).

Daher gab es, soweit ersichtlich, bisher keine Entscheidung des Bundesverfassungsgerichts, die sich tragend auf die Ansicht des Gerichts stützte, daß die Bindungswirkung nach § 31 Abs.1 BVerfGG sich aus dem Tenor und den tragenden Entscheidungsgründen zusammensetzt und die jeweiligen Verfassungsauslegungen umfaßt.

Neben der Eigenschaft, tragend zu sein, müßten Ausführungen zur Bindungswirkung, um selbst bindend werden zu können, zusätzlich bei Annahme einer verfassungsunmittelbaren Bindungswirkung auch dem verfahrensspezifischen Kompetenzrahmen des Gerichts unterfallen[409]. Für die Mehrzahl der vor dem Bundesverfassungsgericht möglichen Verfahren kann aber bereits formell ausgeschlossen werden, daß einer Auslegung von Art. 93 Abs. 1 GG entscheidungserhebliche Bedeutung zukommt[410]. In Betracht kommen hierfür allenfalls Normenkontrollverfahren bezüglich § 31 Abs. 1 BVerfGG, die es aber, soweit ersichtlich, noch nicht gegeben hat.

Damit läßt sich festhalten, daß es zwar für die Funktion der Verfassungsgerichtsbarkeit akzeptable Argumente für die Annahme einer Bindung auch der tragenden Gründe gibt, den bisherigen Ausführungen des Bundesverfassungsgerichts hierzu aber selbst keine bindende Wirkung zukommt.

dd) Einschränkung der fachrichterlichen Unabhängigkeit ?

Für etwaige Bedenken hinsichtlich einer möglicherweise gegebenen Einschränkung der fachrichterlichen Unabhängigkeit läßt die dargestellte Sicht des Bundesverfassungsgerichts zur Bindungswirkung keinen Spielraum. Denn das Bundesverfassungsgericht hat generell die Bindung eines Gerichts an die Entscheidung eines anderen Gerichts als mit Art. 97 Abs. 1 GG vereinbar angesehen, da diese Vorschrift nur die Einflußnahme nichtrichterlicher Gewalten auf die Rechtsprechung ausschließe[411]. Es ist kein Grund ersichtlich, warum für § 31 Abs. 1 BVerfGG verfassungsrechtlich etwas anders gelten sollte als für Bestimmungen wie §§ 565 Abs. 2 ZPO, 358 Abs. 1 StPO oder 17 Abs. 2 GVG[412]. Das Grundgesetz gibt insbesondere den Fachgerichten keine verfassungsrechtlich beachtliche Befugnis zur Mitwirkung an der Verfassungsauslegung, sondern überträgt diese alleinig und letztverbindlich dem Bundesverfassungsgericht[413].

---

409 Vgl. oben S. 76 ff.

410 So kann insbesondere das Bundesverfassungsgericht selbst nicht Antragsgegner einer Organklage sein, § 63 BVerfGG.

411 BVerfGE 12, 67, 71; 31, 137, 140.

412 Das Bundesverfassungsgericht stellt für Art. 97 Abs. 1 GG nur auf die sachliche Unabhängigkeit ab, die gewährleistet ist, wenn der Richter seine Entscheidung frei von Weisungen fällen kann. BVerfGE 31, 137, 140.

413 *Ziekow* (Fn. 165), S. 527.

g) Lehre von der Bindungswirkung der tragenden Gründe

In der Literatur wurde bereits 1954 von *Geiger*[414] eine Lehre von der Bindungswirkung der tragenden Gründe entwickelt. Dies seien solche Gründe, die aus der Deduktion des Gerichts nicht hinwegzudenken sind, ohne daß das im Tenor formulierte Ergebnis sich ändere[415]. Doch diese, auf den ersten Blick bestechende Formel führte nicht zu einer Vereinheitlichung der Methodik der Bestimmung der tragenden Gründe, sondern fordert vielmehr eine differenzierte Auseinandersetzung mit der Qualität der möglichen Gründe einer verfassungsgerichtlichen Entscheidung, ihren Wechselbezügen und ihrer jeweiligen kausalen Beziehung zum Tenor heraus. Denn ohne eine Ausdifferenzierung könnten nach der *condicio sine qua non* - Formel letztlich alle Gründe, die nicht eindeutig losgelöste Nebenerwägungen sind, als die Entscheidungsformel tragend bezeichnet werden. Schon *Geiger* hielt daher eine Begrenzung der Bindung auf Verfassungsnorminterpretationen für erforderlich[416].

Nach *Achterberg* ist die Ausdehnung der Bindungswirkung über den Tenor hinaus ein Bestandteil der Verfahrensautonomie, da das Bundesverfassungsgericht seinen Rechtsschutzauftrag nur effizient wahrnehmen könne, wenn auch die tragenden Gründe an der Bindungswirkung teilnehmen[417]. Andererseits bemerkt *Heun*, daß die Erstreckung der Bindungswirkung auf die tragenden Gründe dem Bundesverfassungsgericht auch das Lebenselexier einer obersten Gerichtsbarkeit entzieht: remonstrierende, Front machende Untergerichte und die Auseinandersetzung mit ihnen[418].

Badura, der hier als Vertreter der Bindung der tragenden Gründe der jüngeren Zeit fungieren soll, konnte feststellen, daß die verfassungsrechtlich schwierige und theoretisch sehr umstrittene Frage der Bindungswirkung in der Praxis verhältnismäßig selten zu Meinungsverschiedenheiten geführt hat[419]. Inhaltlich kommt auch nach Ansicht *Baduras* nur der Auslegung des Grundgesetzes und nur begründungsnotwendigen Sätzen, in denen die gefundene Auslegung des Grundgesetzes zu Wort kommt, bindende Wirkung zu. Dies sind verallgemeinerungsfähige, präjudizielle Rechtsauffassungen, durch die das Verfassungsrecht erkannt und entwickelt, gegebenenfalls auch fortentwickelt wird[420]. Bei Unklarheiten bleibt aber auch nach *Badura* die Unterscheidung der bindenden von den sonstigen Gründen der Verantwortung des gebundenen Organs überlassen und im Streitfall letztlich erneut dem Bundesverfassungsgericht[421].

---

414 *Geiger* (Fn. 15), S. 1057 ff.

415 Ders., S. 1060.

416 *Geiger* (Fn. 15), S. 1058, 1060.

417 *Achterberg* (Fn. 275), S. 657.

418 *Heun* (Fn. 341), S. 81.

419 *Badura*, Das Kreuz im Schulzimmer, BayVBl. 1996, S. 37.

420 *Badura*, Staatsrecht, Systematische Erläuterung des Grundgesetzes für die Bundesrepublik Deutschland, 2. Aufl., 1996; *ders.* (Fn. 419), S. 37.

421 *Badura* (Fn. 419), S. 39.

Das weiterhin bestehende Problem der Differenzierung der Kausalitäten unter Berücksichtigung der jeweiligen Qualität der Gründe, die Bindungswirkung erzielen können, soll im folgenden genauer untersucht werden.

aa) Kausalität der Gründe und Stimmengleichheit

Die Forderung eines lediglich kausalen Zusammenhangs zwischen Entscheidungsformel und Entscheidungsgründen wurde als notwendige, wenn auch nicht hinreichende Bedingung für eine Bindungsqualifizierung erkannt. Denn Entscheidungen sind entweder Konsens, Kompromiß oder Durchsetzung der Mehrheit[422], ohne daß eine abschließende Richtigkeitsgewähr der Entscheidung beansprucht wird[423]. Daher kann nur der von der Senatsmehrheit getragene Argumentationsstrang bindend sein, so daß Hilfserwägungen selbst dann, wenn sie selbständig den Tenor rechtfertigen würden, unbeachtlich bleiben müssen. Geht aus einer Entscheidungsbegründung nicht eindeutig hervor, welche von zwei alternativ tragenden Argumentationen den Hauptstrang bildet, so wird keine der Begründungen bindend, da das Gericht mit einer solchen Entscheidung seiner kompetenziell gestellten Aufgabe nicht gerecht wird[424].

Einen eigenen Sonderfall bilden wiederum die mit Stimmengleichheit ergehenden Entscheidungen[425]. Daß in einer solchen Entscheidung, die nur von vier Richtern getragen wird, ein Verstoß gegen das Grundgesetz oder sonstiges Bundesrecht nicht festgestellt werden kann, ist geltendes Recht[426]. Ebenso unumstritten ist aber, daß auch diese Entscheidungen generell Bindungswirkungen entwickeln können, denn sie sind ebenso vollwertige Verfassungsgerichtsentscheidungen wie einstimmig ergangene.

Aus dogmatischen Gründen muß daher das Kausalitätserfordernis durch die einzig mögliche Korrektur ergänzt werden: Bei einer Stimmenmehrheit bindet der den Tenor kausal tragende Argumentationsstrang und echte Auffassungsalternativen lassen die Bindungswirkung entfallen; bei Stimmengleichheit bindet entweder nur der den Tenor kausal tragende Argumentationsstrang oder aber, wenn die Ansicht der anderen vier Richter auch geeignet ist, den Tenor zu stützen, der vom Gericht als tragend bestimmte Argumentationsstrang. Für das Bundesverfassungsgericht ergibt sich daraus die Forderung der expliziten Bestimmung der tragenden Argumentation bei Stimmengleichheit. Findet eine solche Festlegung nicht statt, muß der Eintritt einer bindenden Wirkung verneint werden. Denn die Bindungswirkung kann aus Gründen des Bestimmtheitsgebots des Rechtsstaatsprinzips nicht mit der

---

422 § 15 Abs. 3 BVerfGG.

423 Vgl. § 30 Abs. 2 S. 1 BVerfGG

424 So bereits *Geiger* (Fn. 15), S. 1060; *Ziekow* (Fn. 165), S. 528; *Lange* (Fn. 51), S. 5.

425 Bekanntestes Beispiel ist das Urteil des Bundesverfassungsgerichts vom 12.7.1994 zur Zulässigkeit des Einsatzes bewaffneter Kräfte im Rahmen eines gegenseitigen Systems kollektiver Sicherheit, BVerfGE 90, 286 ff.

426 § 15 Abs. 3 Satz 3 BVerfGG.

streitigen Ansicht verknüpft sein, welche der Begründungen tragend ist oder ob nicht zwei den Tenor echt alternativ tragende Begründungen vorliegen. Da das Bundesverfassungsgericht die Bestimmung der tragenden Auffassung bei Stimmengleichheit auch bereits praktiziert hat[427], stellt sich die Forderung nach der Bestimmung weder als systemwidrig noch als unverhältnismäßig dar.

Denkbar sind auch mögliche Kombinationen von alternativ tragenden Begründungen und Stimmengleichheit. Aber abgesehen von der Unwahrscheinlichkeit derart verschachtelter Begründungsstrukturen bliebe es bei den herausgearbeiteten Prinzipien: Alternative Begründungen können in keinem Fall Bindungswirkung entwickeln und Stimmengleichheit fordert das Bundesverfassungsgericht zur Benennung der nach seiner Ansicht tragenden Begründung auf.

bb) Qualität der Gründe – abstrahierbare Verfassungsauslegungen

Die Art der Gründe, die überhaupt Bindungswirkung entwickeln können, folgt aus der Funktion der Bindungswirkung als Kernelement der Sicherung der Aufgabe des Gerichts, die letztverbindliche Verfassungsauslegung zu sichern. Damit bedürfen diejenigen Begründungselemente, die allein im konkreten Einzelfall verwendbar sind, selbst dann nicht einer über die Rechtskraft hinausgehenden Verbindlichkeit, wenn sie die Fassung der Entscheidungsformel kausal bestimmen[428]. Aus diesem Grund können nur abstrahierbare, in vergleichbaren Sachverhalten verwendbare Auslegungssätze zum Verfassungsrecht die Voraussetzungen einer bindenden Wirkung erfüllen[429]. Die Abstrahierbarkeit in diesem Sinne fordert nicht, daß ein solcher Auslegungssatz bereits abstrakt vorliegt, also eine rechtssatzähnliche Form und einen aus sich heraus subsumtionsfähigen Inhalt besitzt. Abstrahierbarkeit bedeutet hier vielmehr, daß eine zur rechtlichen Bewältigung eines konkret zur Entscheidung gestellten Sachverhalts formulierte Verfassungsauslegung auf vergleichbare Sachverhalte anwendbar ist. Die Entscheidung über die Vergleichbarkeit bleibt dabei eine Frage des jeweiligen Einzelfalls und ist nicht pauschalisierbar. Jedoch läßt sich zumindest als abgrenzendes Kriterium fordern, daß der Sachverhaltsvergleich auf die in den jeweiligen Gründen genannten Sachverhaltsaspekte beschränkt bleiben muß und keine darüber hinausgehenden Erwägungen, die nicht Teil der Entscheidung sind, Eingang finden dürfen[430].

---

427 Im Urteil zu den Auslandseinsätzen der Bundeswehr (BVerfGE 90, 286 ff.) wird namentlich aufgeführt, daß die Auffassung der Richter *Klein, Graßhof, Kirchhof* und *Winter* die Entscheidung trägt und die Auffassung der Richterin *Limbach* und der Richter *Böckenförde, Kruis* und *Sommer* die Entscheidung nicht trägt. Die Auffassung aller acht Richter ist dabei geeignet, die konstitutive Zustimmung des Deutschen Bundestages für den Einsatz bewaffneter Streitkräfte zu stützen.

428 Vgl. BGH ZIP 1986, 1211, 1212.

429 *Ziekow* (Fn. 165), S. 528.

430 Vgl. die parallelen Ausführungen hierzu bei der Rechtskraft, oben S. 29 ff.

Aus methodologischer Sicht wird die Abstrahierbarkeit zur einer Forderung, nach der aus bindenden Gründen prägnante Fallreihen[431] konstruierbar sein müssen, die durch die bindenden Gründe im Sinne des Bundesverfassungsgerichts vorentschieden werden. Die nachfolgend gebundenen Entscheidungsträger sind in ihren Entscheidungsspielräumen dann umso stärker eingeschränkt, je genauer die bindenden Gründe den nachfolgenden Fall erfassen[432].

Um die abstrahierbaren Verfassungsauslegungen praktisch auffinden und eine Vergleichbarkeit von Sachverhalten feststellen zu können, bedarf es einer detaillierten Untersuchung des argumentativen Instrumentariums, das sowohl zur Fassung als auch zur Analyse der mit Bindungswirkung ausgestatteten Begründungsteile zur Verfügung steht[433]. Vorher sollen aber noch die sich speziell aus der Bindungswirkung ergebenden argumentativen Grenzen dargestellt werden.

5. Argumentative Grenzen der Bindungswirkung

Innerhalb der Begründungselemente einer Entscheidung kann qualitativ grundlegend zwischen Tatsachenfeststellungen, Prognosen und Bewertungen unterschieden werden. Da zwar nur Bewertungen authentische Verfassungsinterpretationen seien können, diese aber jeweils auf bestimmten Tatsachenfeststellungen und/oder Prognosen beruhen, müssen auch diese Entscheidungselemente auf ihren Einfluß hin untersucht werden. Insbesondere bei der Betrachtung von Prognosen sollen die Methoden ihrer Herleitung und die Möglichkeiten des Einflusses sich als fehlerhaft herausstellender Prognosen, also fehlgeschlagener Erwartungen über die zukünftige Entwicklung von Tatsachen, auf die Bindungswirkung untersucht werden. Zunächst sollen jedoch die verschiedenen Ansichten zu Möglichkeiten der Bestimmung des Gegenstands der Bindungswirkung aufgezeigt werden.

a) Sachverhaltsfeststellungen und Wertungen

Die möglichen Elemente einer Entscheidungsbegründung sind vielschichtig, aber sie können bestimmten Kategorien zugeordnet werden. Zunächst liegt eine Grobunterteilung in Sachverhaltsfeststellungen[434] und Wertungen[435]

---

431 Zur Problematik von Fallreihen vgl. *Schapp*, Hauptprobleme der juristischen Methodenlehre, 1983, S. 10 ff.

432 So auch *Schapp* (Fn. 431) S. 60, der diese Feststellung jedoch nur auf Fallreihen anwendet, die sich auf Gesetze gründen.

433 Ausführlich zu den argumentationstheoretischen Grundlagen der Entscheidungsanalytik unten S. 106 ff.

434 Zu Sachverhaltsfeststellungen, die synonym auch als Tatsachenbehauptungen bezeichnet werden, ausführlich und differenzierend: *Rottleuthner*, Plädoyer für eine empirische Argumentationstheorie, ARSP Beiheft 14/1980, S. 105 ff. und *Philippi*, Tatsachenfeststellungen des Bundesverfassungsgerichts, 1971, S. 15 ff.

435 Vgl. zu Wertungen in juristischen Argumentationen: *Alexy*, Theorie der juristischen Argumentation, Die Theorie des rationalen Diskurses als Theorie der juristischen Begründung, 3. Auflage, 1996, S. 22 ff. m.w.N.

nahe. Sachverhaltsfeststellungen sind die einer Wahrheitsprüfung zugänglichen Aussagen über vergangene oder gegenwärtige Zustände in der Wirklichkeit[436]. Allein schon diese Natur macht es unmöglich, daß Sachverhaltsfeststellungen selbst bindende Wirkung erzeugen, da der Wahrheitsgehalt von Aussagen gerichtsunabhängig ist. Sachverhaltsfeststellungen bilden aber stets auch die Basis von Bewertungen, so daß der Wegfall, die Änderung oder das Hinzutreten neuer Tatsachen auf die darauf aufbauenden Wertungen Einfluß haben kann. So kann letztlich auch die Bindung an Verfassungsauslegungen entfallen, wenn sich die zugrundeliegenden Tatsachen derart geändert haben, daß die festgestellten Sachverhalte unrichtig geworden sind und der ursprünglich gezogene Schluß dadurch nicht mehr nachvollziehbar ist[437].

Eine Beschreibung der Umstände, wann eine Tatsachenqualität oder -quantität eine Sachverhaltsfeststellung hinfällig werden läßt und dadurch ein Umschlagen einer Wertung bedingt, ist in der Regel sehr speziell und komplex. Da sich Tatsachen auch unvorhersehbar ändern, kann selbst im jeweiligen Einzelfall der Punkt des qualitativen Umschlagens nicht vorab sicher bestimmt werden. Aus Gründen der Rechtssicherheit ist daher zu fordern, daß erst bei einer Tatsachenänderung, die eine offensichtliche Unvertretbarkeit des auf der ursprünglichen Sachverhaltsfeststellung beruhenden Schlusses bewirkt, ein Entfallen der Bindungswirkung angenommen werden darf. Offensichtliche Unvertretbarkeit bedeutet hier, daß keine vernünftigen Zweifel an der Unhaltbarkeit einer Rechtsprechung bestehen dürfen. Ein solcher Fall darf jedoch als akademisch angesehen werden, da in der Praxis schon bei ersten Zweifeln am Fortbestand verfassungsgerichtlicher Rechtsprechungen aufgrund geänderter tatbestandlicher Grundlage neu erhobene Verfassungsbeschwerden wahrscheinlich sind. Zwar ist dem Bundesverfassungsgericht die Möglichkeit einer aktiven Anpassung der bindenden Rechtsprechung nicht eröffnet, aber die Vielzahl der eingehenden Anträge und Beschwerden gibt dem Gericht regelmäßig die Gelegenheit, seine Rechtsprechung den gewandelten Tatsachen und Überzeugungen anpassen zu können.

b) Prognosen

Die Dichotomie[438] von Sachverhaltsfeststellungen und Wertungen wird dadurch verwischt, daß Wertungen auch auf Prognosen gegründet werden können, also auf Aussagen über die zukünftige, wahrscheinliche Entwicklung von Tatsachen. Prognosen sind über die Wahrscheinlichkeit ihres Eintritts bewertete Sachverhaltsfeststellungen, die dadurch wiederum von den die

---

[436] Zur Wahrheit von Tatsachen: *Alexy* (Fn. 435), S. 135 ff. m.w.N.

[437] Das Bundesverfassungsgericht spricht insofern von einer wesentlichen Änderung der maßgebenden Verhältnisse, der in einem Wandel der Sachlage oder der Konzeption des geschriebenen Rechts besteht. BVerfGE 82, 198, 205; 86, 369, 378; *Rennert*, in: *Umbach / Clemens* (Fn. 15), § 31 Rdn. 91; *Ziekow* (Fn. 165), S. 529.

[438] Zu den Abgrenzungsproblemen zwischen Tatsachenbehauptungen und Werturteilen: *Rottleuthner* (Fn. 434), S. 111.

Wahrscheinlichkeit bestimmenden Sachverhaltsfeststellungen abhängen[439]. Prognosen können insbesondere nicht mehr als wahr oder falsch, sondern nur noch als wahrscheinlich oder unwahrscheinlich qualifiziert werden und sind zum Zeitpunkt ihrer Stellung in einer Begründung gerichtsabhängig, verlieren jedoch im Laufe der Zeit, in der sich die Wahrscheinlichkeit tatsächlich konkretisiert, diese Abhängigkeit. Tritt die Prognose in vollem Umfang ein, so hat sie sich zur Tatsache konkretisiert und ist weiterhin geeignet, die aus ihr folgende Wertung zu stützen. Stellt sich aber heraus, daß die Prognose fehlerhaft oder gar hinfällig ist, so stellt sich die Frage, ob dies den gleichen Einfluß auf die Bindungswirkung der darauf aufbauenden Wertungen hat, wie sich ändernde Tatsachen, oder ob sich möglicherweise etwas anderes ergibt.

Unter dem Blickwinkel der Bindungswirkung ist es daher keineswegs nur ein akademischer Fall, daß dem Bundesverfassungsgericht eine Fehlprognose unterlaufen könnte, wie noch *Ossenbühl* meinte[440]. Ohne rechtssystematische Bedeutung sind in diesem Zusammenhang auch empirische Prognoseanalysen, nach denen sich herausgestellt hat, daß die Prognosen des Bundesverfassungsgerichts aufgrund der Verwendung vorwiegend rationaler Prognoseverfahren tendenziell beständiger sind als die des Gesetzgebers[441].

aa) Verfassungsgerichtliche Prognosen und Prognosenkontrolle

Das Prognoseproblem selbst ist weder der Verfassungsgerichtsbarkeit noch der Rechtswissenschaft fremd[442]. Die gerichtliche Befassung mit Prognosen läßt sich unterteilen in die richterliche Kontrolle fremder Prognosen, vor dem Verfassungsgericht vor allem die Kontrolle legislativer Generalprognosen, und in die originär judikativen Prognosen[443]. Letztere beruhen für das Bundesverfassungsgericht auf der durch § 26 Abs. 1 BVerfGG gegebenen Möglichkeit, eigenständige Beweiserhebungen durchzuführen. Bezüglich des Spielraums bei der Prognosekontrolltätigkeit des Gerichts wurden in Abhängigkeit von der Eingriffsqualität und -intensität vom Gericht selbst bestimmte Maßstabsstufen entwickelt, die von der Evidenzkontrolle über die Vertretbarkeitskontrolle bis hin zu einer intensivierten inhaltlichen Kontrolle reichen[444]. Diese Stufen sind gleichzeitig Ausdruck des dem Gesetzgeber oder gegebenenfalls auch der Verwaltung zugestandenen grundsätzlichen Prognosespielraums[445].

---

439 Vgl. *Philippi* (Fn. 434), S. 124 ff., *Rottleuthner* (Fn. 434), S. 109.

440 *Ossenbühl*, Die Kontrolle von Tatsachenfeststellungen und Prognoseentscheidungen durch das Bundesverfassungsgericht, in: Bundesverfassungsgericht und Grundgesetz, Festgabe zum 25jährigen Bestehen des Bundesverfassungsgerichts, Bd. 1, Verfassungsgerichtsbarkeit, 1976, S. 518.

441 Vgl. *Philippi* (Fn. 434), S. 182.

442 *Ossenbühl* (Fn. 440), S. 496 ff. m.w.N.

443 Ders., S. 497.

444 Vgl. Das Urteil zum Mitbestimmungsgesetz, BVerfGE 50, 290, 332 f.

445 *Ossenbühl* (Fn. 440), S. 513; Das Bundesverfassungsgericht spricht insoweit von einer Einschätzungsprärogative des Gesetzgebers, BVerfGE 50, 290, 332, 334.

Für die hier relevante Frage der Bindungswirkung von auf Prognosen basierenden Verfassungsauslegungen kommt es jedoch nicht darauf an, ob die Prognose übernommen, modifiziert oder vom Gericht selbst gestellt wurde, sondern einzig darauf, ob sie Teil der Gründe geworden ist und inwieweit der spezielle Prognosecharakter die darauf aufbauenden Gründe beeinflussen kann.

bb) Prognoseverfahren

Prognosen können nach den zugrundeliegenden Verfahren inhaltlich unterteilt werden in rationale und intuitive Prognosen[446]. Zu den rationalen Prognoseverfahren zählen die Ableitung der Prognose aus allgemeingültigen Gesetzen[447], Modellverfahren[448], Trendverfahren[449], Testverfahren[450] und Befragungsverfahren[451]. Diesen Verfahren ist gemeinsam, daß einerseits prinzipiell ein Wahrscheinlichkeitsquotient beziffert werden kann, aber die hinreichende Bestimmung dieses Quotienten auch schnell unverhältnismäßig schwierig und aufwendig werden kann.

Das intuitive Verfahren auf der anderen Seite ist kein Verfahren ohne Informationsbasis, aber es beruht auf intersubjektiv nicht transmissiblem Wissen, also menschlichem Wissen, das nicht auf prinzipiell von jedermann nachprüfbaren Tatsachen beruht[452]. Insofern bewirken intuitive Prognosen die auch bei gerichtlichen Entscheidungen notwendige Komplexitätsreduktion, jedoch auf Kosten der Nachvollziehbarkeit, da individuelles Wissen in unkontrollierbarer Art verwendet wird.

Nachdrücklich sollen in diesem Zusammenhang zwei wichtige Aspekte betont werden: Zum einen ist die Qualität der Prognosen selbst grundsätzlich unabhängig von dem jeweiligen Prognoseverfahren, d.h. intuitive Prognosen können sich durchaus als zutreffender als rationale Prognosen erweisen[453]; zum anderen sind intuitive Prognosen wegen der dargestellten Schwierigkeiten der rationalen Methoden nicht gänzlich vermeidbar und werden auch immer Bestandteil verfassungsgerichtlicher Entscheidungen sein. Fraglich bleibt aber, ob sich aus der Differenzierung von rationalen und intuitiven Prognosen Folgen für die Bindungswirkung ergeben. Denn möglicherweise ist es nicht mehr mit dem Bestimmtheitsgebot des Rechtsstaatsprinzips vereinbar, wenn sich bindende Verfassungsauslegungen letztlich auf intuitive, also nicht nachprüfbare Prognosen stützen.

---

446 *Philippi* (Fn. 434), S. 125 ff. m.w.N.
447 Ders., S. 126 ff.
448 Ders., S. 129 ff.
449 Ders., S. 143 ff.
450 Ders., S. 149 ff.
451 Ders., S. 151 ff.
452 Ders., S. 153.
453 *Philippi* (Fn. 434), S. 154, zeigt allerdings auf, daß aus statistischer Sicht die Trefferquote intuitiver Prognosen nur wenig über der Zufallswahrscheinlichkeit liegt.

cc) Prognosendifferenzierung

Um die Bedingung der Rechtsstaatlichkeit zu erfüllen, müssen Gründe, die als bindende qualifiziert werden sollen, das Kriterium der Nachvollziehbarkeit erfüllen[454]. Nachvollziehbar sind aber, wie gerade festgestellt, nur die auf rationalen Verfahren beruhenden Prognosen. Intuitive Prognosen erfüllen hingegen nicht die Bedingung rationaler Argumentation und müssen jedenfalls dann als mögliche Grundlage für die mit Bindungswirkung ausgestatteten tragenden Gründe ausgeschlossen werden, wenn sie ein wesentlicher sachverhaltlicher Bezugspunkt dieser Gründe sind.

Aus dogmatischer Sicht ist daher bei der Prüfung der Bindungswirkung zu fordern, daß eine Wertung im Sinne einer Auslegung des Grundgesetzes nicht derartig auf einer intuitiven Prognose beruhen darf, daß diese Prognose nicht hinweggedacht werden kann, ohne daß sich die Wertung inhaltlich ändert. In einem solchen Fall muß die gesamte Wertung als nichttragend qualifiziert werden, da durch die kausal-logische Verknüpfung mit einer intuitiven Prognose auch ihr die fehlende Nachvollziehbarkeit und Rationalität anhaftet.

Da für die rationalen Prognoseverfahren prinzipiell ein Grad der Wahrscheinlichkeit für den Eintritt der Prognose angebbar ist[455], wäre nach dieser Ansicht das Bundesverfassungsgericht gehalten, jede Prognose, die bindende Gründe stützen soll, mit Angabe der Wahrscheinlichkeit ihres Eintritts sowie der Benennung des zugrundeliegenden Prognoseverfahrens zu versehen. Dann ließe sich auch bereits aus dem Fehlen einer Wahrscheinlichkeitsangabe auf das Vorliegen einer rein intuitiven Prognose schließen. Die Bedingung der Vollständigkeit einer Begründung allein aus sich selbst heraus führt zusätzlich dazu, daß diese Qualitätsanforderung an die Begründung in gleichem Maß für übernommene als auch für originär judikative Prognosen gilt.

Für Prognosen, die mit rationalen Methoden entwickelt wurden und unter Angabe von Methode und Wahrscheinlichkeitsgrad eine Verfassungsauslegung stützen, gilt hinsichtlich ihrer zeitlichen Grenzen dasselbe wie für Tatsachenfeststellungen, d.h. solange nicht neue oder geänderte Sachverhalte im Einzelfall geeignet sind, die rationale Prognosebasis ohne vernünftige Zweifel zu erschüttern, besitzen die darauf basierenden Wertungen bezüglich abstrahierbarer Verfassungsauslegungen bindende Wirkung.

IV. Verfassungsunmittelbare Bindungswirkung

Für die konkrete Entwicklung einer Entscheidungsanalytik zur Auffindung der in einer Bundesverfassungsgerichtsentscheidung enthaltenen bindenden Gründe lassen sich die allgemeinen Betrachtungen zu einer verfassungsunmittelbaren Bindungswirkung folgendermaßen zusammenfassen:

---

454 Da richterliche Entscheidungen generell auf rationaler Argumentation beruhen müssen, BVerfGE 34, 269, 287, gilt dies im speziellen auch für die tragenden Gründe einer Entscheidung.

455 Vgl. oben S. 95. Der Grad der Wahrscheinlichkeit wird nur in Ausnahmefällen bezifferbar sein, sollte aber aufgrund der dargelegten Prognosebasis zumindest verbal umschreibbar sein.

Es gibt die Möglichkeit, aus dem Grundgesetz eine verfassungsunmittelbare Bindungswirkung von Bundesverfassungsgerichtsentscheidungen abzuleiten, welche mit der bestehenden Dogmatik und Rechtsprechung widerspruchsfrei korrespondiert. Den Ausgangspunkt bilden die Aufgabenzuweisungen in Art. 93 Abs. 1 GG, das verfassungsrechtlich vorgesehene Gefüge der Verfassungsorgane des Bundes sowie grundlegenden Überlegungen zum Rechtsstaatsprinzip. Über eine verfassungsunmittelbare Bindungswirkung wird die Maßgeblichkeit der Entscheidungen des Bundesverfassungsgerichts für alle Gerichte und Behörden als Träger öffentlicher Gewalt über die Grenzen der Rechtskraft hinaus verfassungsrechtlich gesichert. Die Bindung der Verfassungsorgane des Bundes und der Länder wird über die Prinzipien der Verfassungsorgantreue und der Bundesstaatstreue gewährleistet.

Ausgenommen hiervon sind aus rechtsdogmatischen Gründen eine Selbstbindung des Bundesverfassungsgerichts sowie eine Bindung des Gesetzgebers. Gegenüber dem Gesetzgeber und allen natürlichen und juristischen Personen, die nicht Träger öffentlicher Gewalt sind, gibt es nur eine sich auf eine gemeinsame Akzeptanz der Entscheidungen stützende und bei Verstoß rechtsfolgenlose Überzeugungsbindung.

Die Regelung des § 31 Abs. 1 BVerfGG ist der einfachgesetzliche Niederschlag der verfassungsunmittelbaren Bindungswirkung der Gerichte und Behörden und der rechtsstaatlich gebotenen Bindung der Verfassungsorgane des Bundes und der Länder. Selbst für den Fall, daß der Gesetzgeber die Vorschrift des § 31 Abs. 1 BVerfGG ersatzlos streichen sollte, bliebe die verfassungsunmittelbare Bindungswirkung der Entscheidungen des Bundesverfassungsgerichts für alle Gerichte und Behörden bestehen; für alle Verfassungsorgane des Bundes und der Länder, mit Ausnahme des Gesetzgebers und des Bundesverfassungsgerichts selbst, wären die Entscheidungen nach den Prinzipien der Verfassungsorgantreue und der Bundesstaatstreue maßgeblich.

Sachliche Grenzen der Bindungswirkung ergeben sich aus einer spezifischen materiellen und funktionellen Zusammenschau der Grenzen der Verfassungsgerichtsbarkeit: sie folgen aus den in Art. 93 Abs. 1 GG den jeweiligen Verfahrensarten zugeordneten Verfassungsauslegungskompetenzen, aus der qualitativen Einschränkung auf die über den Einzelfall hinaus abstrahierbaren Verfassungsauslegungen sowie aus deren Eigenschaft, tragend für den Entscheidungstenor zu sein. Tragend ist bei Entscheidungen mit Stimmenmehrheit der den Tenor kausal tragende Argumentationsstrang; echte Auffassungsalternativen lassen die Bindungswirkung entfallen. Bei Entscheidungen mit Stimmengleichheit bindet nur der den Tenor kausal tragende Argumentationsstrang. Ist ein solcher nicht eindeutig zu bestimmen, so entfällt die Bindungswirkung, wenn nicht das Verfassungsgericht einen Argumentationsstrang als tragend bestimmt hat.

Argumentative Grenzen der Bindungswirkung liegen in der Verwendung intuitiver Prognosen. Diese sind durch das Fehlen der Angabe des zugrundeliegenden Prognoseverfahrens und das Fehlen einer Wahrscheinlichkeitsangabe von rationalen Prognosen unterscheidbar und damit bereits formal identifizierbar. Der Mangel an Rationalität behindert die Nachvollziehbarkeit der Erwägungen und bewirkt aus rechtsstaatlichen Gründen, daß den auf solchen Prognosen basierenden Wertungen keine über den konkreten Fall hinausgehende Bindungswirkung zugesprochen werden kann.

2. Kapitel
Abgrenzung der tragenden Gründe

Es wäre zu erwarten gewesen, daß sich die umfangreiche Diskussion zur Bindung der tragenden Gründe auch in einer Diskussion von Methoden zur Ermittlung dieser Gründe in der praktischen Anwendung widergespiegelt hätte. Aber abgesehen von jeweils einzelnen Abgrenzungshinweisen wurde, soweit erkennbar, außer in der Abhandlung *Buchwalds*[456] kein weiterer Versuch der Entwicklung einer umfassenden Methodik zu Bestimmung der tragenden Gründe unternommen.

Teilweise wird sogar erwogen, daß es eine solche Methodik gar nicht geben sollte, da die tragenden Gründe weder eine eindeutige Folge der Logik im Sinne der Denknotwendigkeit, noch eine Folge der Wertung im Sinne einer überlegten Formulierung sein können und die Feststellung verbindlicher Verfassungsrechtssätze nicht von solchen Unwägbarkeiten abhängen dürfe[457]. Für eine Auseinandersetzung mit dieser Ansicht muß zunächst Klarheit herrschen, auf welche Unwägbarkeiten hier Bezug genommen wird. Denn diese treten sowohl bei der Entscheidungsfindung als auch bei der Entscheidungsanalyse auf.

Die Unwägbarkeiten der Entscheidungsfindung sind grundsätzlich struktureller Art und liegen im Verfassungssystem der Konzentrierung der maßgeblichen Verfassungsauslegungen bei einem speziellen Gericht begründet. Sowohl die Gerichtsförmigkeit der Klärung von Verfassungsauslegungszweifeln als auch die über die Rechtskraft hinausgehende Bindungswirkung abstrahierbarer Verfassungsauslegungen sind im Grundgesetz funktionellrechtlich verankert[458]. Das Bundesverfassungsgericht kann sich nur in gerichtsförmigen Entscheidungen, d.h. ausschließlich reaktiv und fallbezogen, äußern. In Verbindung mit dem Bestimmtheitsgebot des Rechtsstaatsprinzips stellt sich insbesondere diesem Gericht die Aufgabe, die unbestrittenen Unwägbarkeiten der Entscheidungsfindung auszublenden und die Darstellung der Entscheidungsfindung in den Gründen verständlich und nachvollziehbar zu gestalten. Die Betonung unvermeidbarer Unwägbarkeiten bei der Entscheidungsfindung ist daher nicht geeignet, von dem Versuch der Entwicklung einer Analysemethodik abzuhalten. Denn es kommt bei der Analyse von Gerichtsentscheidungen nicht auf deren Entstehungszusammenhang, sondern nur auf deren Begründungszusammenhang an[459].

Unwägbarkeiten treten ebenfalls bei der Entscheidungsanalyse auf und es sind wahrscheinlich diese, die *Schlaich* zu der Ansicht führen, daß es eine Methodik zur Bestimmung der tragenden Gründe nicht geben sollte. Folgte man

456 *Buchwald*: Objektive Bindungswirkung - materielle Rechtskraft - Richterrecht, 1997.

457 *Schlaich / Korioth* (Fn. 1), Rdn. 476.

458 Vgl. oben S. 47 f. zur Annahme einer verfassungsunmittelbaren Bindung aus Art. 93 GG.

459 Grundlegend zum Verhältnis von Herstellung und Darstellung der Herstellung: *Sobota*, Sachlichkeit, Rhetorische Kunst der Juristen, S. 13 ff.

dieser Ansicht, fände man sich aber gerade mit der größtmöglichen Unsicherheit darüber ab, welche Gründe einer Entscheidung bindende Wirkung besitzen[460].

Aus systematischen Erwägungen läßt sich herleiten, daß die tragenden Gründe qualitativ auf abstrahierbare Verfassungsauslegungen begrenzt werden müssen. Diese Qualität einer Wertung zuzuordnen, kann umstritten sein, beseitigt aber nicht die Forderung nach dieser Qualität. Ebenso führt ein Streit über die Zuordnung der Eigenschaft, tragend zu sein, nicht zu einem Ablassen von dieser Forderung für Gründe, denen die Bindungswirkung zugeschrieben werden soll. Die Anwendung beider Kriterien reduziert in starkem Maß die Unwägbarkeiten über die bindenden Gründe. Divergierende Ansichten über die Methoden, die Kriterien im Einzelfall anzuwenden, sind jedoch keine Argumente gegen die Kriterien selbst.

Bestehen bleibt daher die verfassungsrechtliche Herausforderung, die bindenden Entscheidungsgründe durch eine handhabbare Methodologie aufzufinden und abzugrenzen. Es ist wahrscheinlich, daß dadurch eine systematischere und produktivere Diskussion von Bundesverfassungsgerichtsentscheidungen möglich wird, als dies derzeit der Fall ist.

Ein Problem, die herausgearbeiteten Kriterien zur Bindungswirkung methodisch umzusetzen, liegt vor allem darin, daß bestimmt werden muß, bis zu welcher Begründungstiefe gestaffelte Gründe Berücksichtigung finden sollen, aber dabei auch die Differenzierung nach der Art der Gründe nicht aus den Augen verloren werden darf. Weiterhin müssen auch die verschiedenen Tenorierungsarten und ihr möglicher Einfluß auf die Bindungswirkung bedacht werden, denn schon *Geiger* merkte an, daß die Zahl der als Begründung zur Auswahl stehenden Rechtserwägungen bei Antragszurückweisungen regelmäßig größer ist als im Fall einer Stattgabe[461].

Die Wechselbezüglichkeit der beiden Kernfragen nach der Begründungstiefe und der Art der Gründe ist dabei so eng, daß in der folgenden Darstellung und Entwicklung von Abgrenzungsmethoden eine gemeinsame Betrachtung erfolgen soll.

---

[460] Dies umschreibt in etwa den *status quo*, wonach nur eindeutige Nebenerwägungen keine Bindungswirkung entwickeln können.

[461] *Geiger* (Fn. 15), S. 1060.

I. Methoden zur Ermittlung der tragenden Gründe

Vorschläge für konkrete Methoden zur systematischen Ermittlung der tragenden Gründe gibt es angesichts der Bedeutung der Bindungswirkung verblüffend wenige. Dies könnte ein Indiz dafür sein, daß eine praktikable Methodik angesichts der Komplexität von Verfassungsgerichtsentscheidungen zugleich für prozedural sehr schwierig, als auch für den Entscheidungsinhalt zu unflexibel widerspiegelnd gehalten wird. Ohne eine anerkannte Methodik verbleibt zudem jedem Rechtsanwender die Bequemlichkeit, beliebige Aussagen aus Entscheidungen des Bundesverfassungsgerichts zu zitieren und deren Bindungswirkung teilweise ausdrücklich, meist aber implizit dahinstehen zu lassen. Dieser *status quo* sollte nicht länger hingenommen werden, auch wenn es die eine, allgemein anerkannte und unbestrittene Methodik zur Ermittlung der tragenden Gründe wohl nie geben wird.

1. Orientierung an den Leitsätzen des Bundesverfassungsgerichts

Als methodisch untauglicher Ansatz zur Abgrenzung der tragenden Gründe von den nichttragenden muß bereits aus grundlegenden dogmatischen Gründen derjenige verworfen werden, wonach aus den dem jeweiligen Urteil vorangestellten Leitsätzen dasjenige abzulesen sei, was das Bundesverfassungsgericht als Kern seiner Entscheidung ansehe und mit bindender Wirkung ausstatten wolle[462]. Denn bereits formell sind die Leitsätze, auch wenn sie regelmäßig in der amtlichen Sammlung den Entscheidungen vorangestellt werden, kein Teil der Entscheidung im Sinne des § 25 Abs. 2 BVerfGG und werden damit auch nicht von § 31 Abs. 1 BVerfGG erfaßt[463]. Hinzu kommt, daß es, wie bereits oben bei der Entscheidung zum Grundlagenvertrag angesprochen, schon kompetenziell nicht auf die Sicht des Bundesverfassungsgerichts ankommt und ankommen kann, welche der Gründe bindende Wirkung entwickeln sollen[464]. Eine Nebenerwägung wird durch die Aufnahme in die Leitsätze ebensowenig zum tragenden Grund, wie ein Grund die Eigenschaft, tragend zu sein, nicht formal verlieren kann. Die Leitsätze einer Entscheidung sind nicht mehr als vorinformative Entscheidungssynopsen, auf die eine Bezugnahme zwar zulässig und insbesondere praktikabel ist[465], die die Adressaten der Bindungswirkung aber in keiner Weise von der Notwendigkeit der Ermittlung der tragenden Gründe entbindet.

---

462 BVerwGE 73, 263, 268; *Maunz / Bethge* (Fn. 4), § 31 Rdn. 16 a.E.; in diesem Sinne auch *Rupp* (Fn. 51), S. 406.

463 *Pestalozza* (Fn. 6), § 20 Rdn. 37; *Stricker* (Fn. 128), S. 984.

464 *Schlaich / Korioth* (Fn. 1), Rdn. 477.

465 „Leitsätze sind Mittel, einschlägige Urteile aufzufinden und Praktiker schnell zu informieren; sie informieren nicht über die normativen Zusammenhänge.", *Pawlowski* (Fn. 370), Rdn. 80 a.

2. Dekomposition von Entscheidungen

Richterliche Entscheidungen müssen willkürfrei sein und auf rationaler Argumentation beruhen[466], da nur so der Anspruch auf Richtigkeit[467] innerhalb der richterlichen Urteilsbegründungspflicht[468] überprüfbar bleibt. Die Analyse von Urteilen stellt sich daher als die Rekonstruktion der zum Tenor führenden Gedankengänge aus dem schriftlich Fixierten dar. Praktisch erfordert dies eine inhaltlich passive Methode der Dekomposition der oft verzweigten Struktur der Entscheidung in die einzelnen Begründungsstränge unter qualitativer Betrachtung der einzelnen Elemente und ihrer jeweiligen Verbindungen.

Aus wissenschaftlichem Blickwinkel sind solche Methoden hauptsächlich auf dem Gebiet der Argumentationstheorie entwickelt worden, auf deren Begrifflichkeiten und Erkenntnisse daher grundlegend eingegangen werden muß. Für die Problematik der Bindungswirkung ist jedoch zu konstatieren, daß sich in der Literatur nur ein Ansatz fand, der mit Hilfe der Argumentationstheorie eine Dekompositionstechnik entwarf, um Aussagen über tragende Gründe von Entscheidungen treffen zu können. Dieser Ansatz versprach darüber hinaus eine auch außerhalb der Lehre verbreitbare Praktikabilität und soll daher im folgenden dargestellt werden.

a) Dekomposition von Entscheidungen nach Begründungsebenen (Kern- und Mantelbegründung)

Eine Methodik der Dekomposition von Entscheidungen des Bundesverfassungsgerichts auf argumentationstheoretischer Basis wurde von *Buchwald* im Jahr 1997 veröffentlicht[469]. Er ging dabei von der Zweistufenkonzeption rationaler juristischer Begründungen aus, die *Alexy*[470] und *MacCormic*[471] entwickelt hatten und zeigte Kriterien auf, anhand derer Entscheidungsbegründungen in Kern- und Mantelbegründung[472] aufgeteilt werden können.

Die Kernbegründung besteht danach aus genau derjenigen Menge von Sätzen der Begründung, aus welcher der Tenor logisch folgt und welche einzeln notwendig und insgesamt hinreichend für die Ableitung des Tenors sind[473]. Daran anknüpfend besteht die Mantelbegründung aus der Menge von

---

466 BVerfGE 34, 269, 287.

467 *Alexy* (Fn. 435), S. 264 ff.

468 Vgl. § 30 Abs. 1 BVerfGG; § 117 Abs. 2 Nr. 5 VwGO; §§ 267, 275 Abs. 1 StPO; § 313 Abs. 1 Nr. 6 ZPO; §§ 60 Abs. 2, 75 Abs. 2 ArbGG.

469 *Buchwald* (Fn. 456), Objektive Bindungswirkung - materielle Rechtskraft - Richterrecht, S. 22 ff.

470 *Alexy* (Fn. 435), S. 273 ff. Vgl. dazu auch die Ausführungen zur Theorie des speziellen juristischen Diskurses sowie zur Unterscheidung von interner und externer Rechtfertigung, unten S. 121.

471 *MacCormic*, Donald Neil: Die Grenzen der Rationalität im Rechtsdenken, in: *MacCormic*, Donald Neil - *Weinberger*, Ota: Grundlagen des Institutionalistischen Rechtspositivismus, 1985, S. 222 ff.

472 Die Unterteilung von Kern- und Mantelbegründung wurde allgemein bereits entwickelt in: *Buchwald*, Der Begriff der rationalen juristischen Begründung, Zur Theorie der juridischen Vernunft, 1990, S. 277 ff.

473 *Buchwald* (Fn. 456), S. 25.

Sätzen, aus denen die Sätze der Kernbegründung unter gleichen Ableitungsbedingungen folgen[474]. Zur genauen Definition der beiden Begründungsbegriffe werden noch bestimmte Rationalitätsbedingungen[475] angeführt, die erfüllt sein müssen: jeweils für die Kern- und die Mantelbegründung sind dies die Bedingungen der Korrektheit[476], der Informativität[477] und der Gesetzesbindung[478] bzw. Legitimität[479]; zusätzlich für die Kernbegründung noch die Bedingung der Vollständigkeit[480] und für die Mantelbegründung die Bedingungen der Spezifizität[481] und der Kohärenz[482].

Diese argumentationstheoretischen Differenzierungen sind jedoch in der konkreten Anwendung nicht produktiver als eine fundierte verbale Urteilskritik[483], die ebenfalls Inkonsistenzen in der Begründung, Widersprüche mit bestehenden Normen, Zirkelschlüsse und andere Begründungsschwächen oder -fehler aufzeigen kann[484]. Insbesondere führt die Einordnung der einzelnen Begründungselemente unter die genannten Rationalitätsbedingungen nicht direkt zu einer Methode der Unterscheidung der Kern- von der Mantelbegründung. Diese Unterscheidung muß vielmehr im jeweiligen Einzelfall getroffen werden und bei beschwerdeabweisenden Entscheidungen beispielsweise in der Heranziehung von Gründen regelmäßig mindestens eine Begründungsebene tiefer gehen als bei stattgebenden Entscheidungen[485]. *Buchwald* selbst stellt bei der Korrektheitsbedingung (Schlüssigkeit der Argumentation) fest, daß an einer Stelle der Begründungstiefe generell willkürlich abgebrochen werden muß[486]. Ebenso willkürlich erscheint dann aber auch die

[474] Ders., S. 26.

[475] Ausführlich zu den Bedingungen von Kern- und Mantelbegründungen *Buchwald* (Fn. 472), S. 279 ff. und 292 ff.

[476] Korrektheit im Sinne der Schlüssigkeit der Begründung. Die Negation der Konklusion muß mit den Prämissen unverträglich sein. *Buchwald* (Fn. 456), S. 31 u. 35.

[477] Informativität im Sinne eines empirischen Zusammenhangs mit der Welt, *Buchwald* (Fn. 456), S. 32 f. u. 38 f. Das bezeichnet nichts anderes als die Beachtlichkeit von Sachverhaltsfeststellungen und Prognosen.

[478] Gesetzesbindung im Sinne eines Einfügens in das bestehende Rechtssystem, *Buchwald* (Fn. 456), S. 31 f.

[479] Die Legitimität entspricht der Gesetzesbedingung für die Kernbegründung, *Buchwald* (Fn. 456), S. 36 ff. Hier ist nicht ersichtlich, warum ein gesonderter Begriff eingeführt wurde.

[480] Die Vollständigkeit verbietet zirkuläre Begründungen und ist insofern eine Ergänzung der Korrektheitsbedingung, *Buchwald* (Fn. 456), S. 33 f.

[481] Die Spezifizität fordert ein Maximum an Informativität der Begründung und soll die Bestimmung der engsten Bezugsklasse ermöglichen, zu der die Urteilsregelung gehört, *Buchwald* (Fn. 456), S. 40 f.

[482] Kohärenz als Verträglichkeit mit allen Rechtsnormen und damit als eine Erweiterung der Legitimitätsbedingung, *Buchwald* (Fn. 456), S. 42 f.

[483] *Buchwald* würde dies eine dogmatisch-feuilletonistische Analyse nennen, vgl. (Fn. 456), S. 49.

[484] Ähnlich auch die Kritik an *Buchwald* von *Kastendieck*, Der Begriff der praktischen Vernunft in der juristischen Argumentation, 2000, S. 184: „Buchwald überbewertet die Bedeutung der Logik, der Widerspruchsfreiheit und Konsistenz in der rationalen Begründung, er verdeckt die notwendigen Wertungen."

[485] Denn der Tenor solcher Urteile lautet einheitlich: „Die Verfassungsbeschwerde wird zurückgewiesen."

[486] *Buchwald* (Fn. 456), S. 35.

Aufteilung einer Begründung in eine Kern- und eine Mantelbegründung. *Buchwald* kann aber zumindest zeigen, daß sich die Kernbegründung weder trivialisieren noch beliebig erweitern läßt[487].

Hauptsächlich ist diesem formal-logischen Ansatz aber entgegenzuhalten, daß er blind gegenüber Argumentenformen und Aussagenqualitäten ist, also weder zwischen Verfassungsauslegungen und anderen Wertungen, noch zwischen Tatsachenfeststellungen und Prognosen unterscheidet. Daher soll, zum Teil anknüpfend an *Buchwald,* der Versuch einer Methodensynthese im Sinne einer formal-logischen Dekomposition einer Urteilsbegründung mit gleichzeitiger Extraktion der tragenden Verfassungsauslegungen unternommen werden.

b) Grundlegende Überlegungen zu einer logisch-inhaltlichen Dekomposition

Der Ausgangspunkt *Buchwalds,* mittels einer formal-logischen Analysetechnik die Komplexität einer Entscheidung zu reduzieren, sollte beibehalten werden, denn nur durch eine solche Strukturanalyse kann die Entscheidung in ihren vertikalen Begründungsketten und horizontalen Begründungsebenen möglichst unverfälscht dargestellt werden. Jedoch sollte keine generelle Trennung in Ebenen der Kern- und der Mantelbegründung vorgenommen werden, sondern nur noch eine spezifische Ebenentrennung. Denn die herausgearbeitete, inhaltliche Einschränkung der Bindungswirkung auf abstrahierbare Aussagen über die Auslegung der Verfassung ermöglicht es, die jeweiligen Aussagen unmittelbar und nicht erst nachträglich zu qualifizieren. Die Untersuchung eines Begründungsstrangs sollte daher jeweils an der Stelle abgebrochen werden, an der diese für tragende Gründe notwendige Qualität nicht mehr festgestellt werden kann. Dadurch erhielte man eine diskrete Menge von Argumentationslinien, in der nur diejenigen abstrahierbaren Verfassungsauslegungen enthalten wären, die die Aussagen des Tenors unmittelbar stützen. Andere abstrahierbare Verfassungsauslegungen, die Teil der Gründe sind, wären aufgrund einer auf diese Weise nur als mittelbar festgestellten Beziehung zum Urteilstenor als *obiter dicta* zu werten. Daraus ergäbe sich eine generell zweistufige, repetitive Prüfungstechnik. Bei jedem Argument müßte zuerst die Menge der unmittelbar stützenden, spezifischen Gründe bestimmt werden. Anschließend wären all diejenigen Gründe zu verwerfen, die nicht abstrahierbare Verfassungsauslegungen darstellen oder Elemente einer solchen sind. Die verbleibenden Gründe würden ihrerseits als neue Argumente dann auf der nächsttieferen Begründungsebene nach derselben Methode untersucht werden. Die Grenze des Fortschreitens dieser Prozedur bildet, im Unterschied zu *Buchwald,* nicht eine letztlich willkürliche Aufteilung der Entscheidung in eine Kern- und eine Mantelbegründung, sondern vielmehr der Wortlaut des Urteils selbst. Was das Gericht als Argument in die Urteilsgründe nicht aufgenommen hat, ist nicht Teil der Begründung.

---

[487] Ders., S. 109 - 113.

Die bei der Umsetzung einer solchen Technik vorhersehbar auftretenden praktischen Probleme beträfen vor allem die Qualifizierung von Feststellungen als abstrahierbare Verfassungsauslegungen. Die Ursachen dieser Probleme wären teils sprachlicher Natur, teils würden sie aber auch mit der generell deduktiven Struktur richterlicher Begründungen[488] zusammenhängen. Denn zum einen liegen die Grenzen der Sprache darin, daß Aussagen nicht durch logische Analyse in Elementarsätze aufzulösen sind[489], gleichzeitig aber die Verwendung von Sprache von zahlreichen nichtexpliziten, aber notwendigen Voraussetzungen ausgeht. Hinzu kommen die jeweils subjektiven Varianzen der Grenzen und der Verwendungsgewohnheiten von Begriffen[490]. Zum anderen bewirkt die deduktive Struktur richterlicher Entscheidungen, daß Argumente teilweise über mehrere Begründungsebenen verteilt sind, also auch zahlreiche Sätze mit logischer Brückenfunktion enthalten sind, die nur im Zusammenhang mit anderen Sätzen einzuordnen und zu qualifizieren sind.

Die Lösung solcher Probleme ist voraussichtlich nicht vollständig auf dem Wege einer sprach- und argumentationstheoretisch formalisierten Dekompositionstechnik möglich, sondern bedarf der Flexibilität der Argumentationsbetrachtung und -kritik im Einzelfall. Eine zu entwickelnde Methodik soll daher im Kern nur den Charakter einer Hilfestellung zur besseren Unterteilung der einzelnen Argumente besitzen, ohne jedoch formelle Verbindlichkeit im Einzelfall zu beanspruchen. Dabei soll aus Gründen einer wünschenswerten Verbreitung auch die Möglichkeit einer einfachen Vermittlung einer solchen Analysetechnik nicht aus den Augen verloren werden. Denn die Verbreitung einer praktikablen Methode mit argumentationstheoretischer Grundlage könnte durchaus zu fruchtbareren Diskussionen über die tragenden Gründe von Verfassungsgerichtsentscheidungen führen, als dies mittels der üblichen, in Fachzeitschriften erscheinenden Entscheidungskritiken möglich ist, in denen Entscheidungsanalytik und inhaltliche Kritik regelmäßig untrennbar ineinander verwoben sind.

Vor der Entwicklung einer solchen logisch-inhaltlichen Dekompositionstechnik bedarf es aber einer Darstellung bestimmter argumentationstheoretischer Grundlagen und Techniken sowie einer Klärung des Verhältnisses von Entscheidungsanalytik zur Dogmatik und zur Methodenlehre.

---

488 Zur deduktiven Struktur von Entscheidungsbegründungen: *Koch / Rüßmann*, Juristische Begründungslehre, 1982, S. 14 ff. m.w.N.

489 *Wittgenstein*, Widerlegung des logischen Atomismus, in: Ein Reader, 1. Aufl., 1996, S. 53.

490 Zu Semantik und Verstehen unten S. 111 ff.

II. Argumentationstheoretische Grundlagen

1. Das Spannungsfeld von Logik, Topik und Sprachtheorie

Argumentation ist vornehmlich ein sprachlicher Vorgang, der sich als Übergang von bestimmten Sätzen zu anderen Sätzen vollzieht[491]. Dabei beschäftigt sich die Sprachtheorie vor allem mit den semantischen Regeln der Bedeutungsermittlung und Bedeutungsfestsetzung[492]. Hinzu kommen die Regeln der Logik, die sich mit den Strukturen und Transformationen von Sätzen befassen[493]. Juristisches Folgern ist zusätzlich stark problemorientiert, so daß auch der Einfluß der Topik berücksichtigt werden muß. Die juristische Argumentationstheorie befindet sich damit in einem Spannungsverhältnis zwischen Sprachtheorie, Logik und Topik. Alle drei Gebiete besitzen eine Relevanz hinsichtlich der Entscheidungsanalytik und sollen im folgenden in dem Umfang betrachtet werden, wie es für die Entwicklung einer einfach vermittelbaren Entscheidungsdekompositionstechnik erforderlich erscheint.

2. Logik und Argumentation

Die Logik kann als dasjenige Teilgebiet der Argumentationstheorie verstanden werden, das die Gültigkeit von Schlüssen untersucht[494]. Ausgehend vom generell syllogistischen Charakter juristischer Entscheidungsbegründungen werden in der Entscheidungsdarstellung verschiedene Hilfsmittel der modernen Logik benutzt, mit denen sich formal die Strukturen mit möglichst hohem Abstraktionsgrad nachzeichnen lassen. Im Zentrum stehen dabei zwei Arten von Kalkülen: das Aussagenkalkül (Junktorenlogik), das die Verknüpfung von Aussagen beschreibt, und das Prädikatenkalkül (Quantorenlogik), das zur Beschreibung von Relationen dient. Ein besonderes Merkmal dieser formalen Logik sind die mathematischen Zeichen, mit denen die Möglichkeiten des richtigen Schließens systematisch und umfassend untersucht werden können. So wurden logische Zeichensysteme sowohl für Junktoren[495] („und" = „$\wedge$" , „oder" = „$\vee$", „wenn..., dann ..." = „$\rightarrow$", „nicht" = „$\neg$", u.a.) als auch für Quantoren[496] („für alle ... gilt" = „$\forall$", „es gibt ..." = „$\exists$") entwickelt. Die spezielle deontische Logik untersucht Aussagen normativer Art unter logischen Gesichtspunkten und entwickelt dabei formale Prinzipien[497]. Zur Eingliederung der deontischen Logik in das Zeichensystem der modernen Logik

---

491 *Neumann*, Juristische Argumentationslehre, 1986, S. 45.

492 Ders., S. 47.

493 Ders., S. 45.

494 So *Koch / Rüßmann* (Fn. 488), S. 59; ähnlich auch *Schneider*, Logik für Juristen, 1991, S. 10: „Logik ist eine Hilfswissenschaft, das Handwerkszeug des Wissenschaftlers."; *Klug*, Juristische Logik, 4. Aufl., 1982, S. 1: Logik ist als Lehre der Folgerichtigkeit der Teil der Wissenschaftslehre, der die Technik wissenschaftlichen Beweisens liefert.

495 *Koch / Rüßmann* (Fn. 488), S. 31 ff.

496 *Koch / Rüßmann* (Fn. 488), S. 39 ff.

497 Danach kann beispielsweise nichts zugleich verboten und verpflichtend sein.

wurde mithin ein besonderer deontischer Operator eingeführt („es ist geboten/erlaubt/verboten ..." = „O")[498]. Durch die Verwendung dieser Zeichensysteme werden Aussagen und Schlüsse auf das wesentlichste reduziert und komprimiert, jedoch um den Preis, daß die Lesbarkeit und die Verständlichkeit von einer intensiven Befassung mit den Zeichensystemen abhängt[499]. Andere Systeme der Logik fassen Junktoren und Quantoren zu Prädikatenkalkülen zusammen und unterscheiden davon die die Prädikatenkalküle gruppierenden Klassenkalküle[500]. Auf die Art des logischen Systems kommt es für die Analyse von Texten jedoch nicht an, da Logik stets formal und damit inhaltsunabhängig ist[501]. Insofern bleibt die formale Logik, bei all ihren Verdiensten, nur ein mögliches Analysewerkzeug von Texten. Es hängt insbesondere von den jeweiligen Vorkenntnissen des Anwenders ab, ob sich mit ihr Argumentationen prägnanter darstellen lassen als in sprachlicher Fassung oder nicht.

In jedem Fall sind die entscheidenden Schlüsse alle auch in den zu untersuchenden Texten vorhanden, d.h. sie sind dort nur möglicherweise umständlich sprachlich kodiert und in der Darstellung nicht einer zwingenden Reihenfolge unterworfen. Insofern soll auf den generell logischen Charakter der Sprache und ihrer Syntax verwiesen und damit darauf vertraut werden, daß logische Probleme einer Entscheidung auch ohne eine Übersetzung einer Entscheidung in die Zeichensysteme der formalen Logik bei einer kritischen Betrachtung auffallen werden[502]. Die logische Konsistenz einer Entscheidung im Sinne der internen Rechtfertigung hat für die Herausarbeitung der bindenden Argumentationen zwar eine grundlegende Bedeutung, jedoch nur in dem Sinne, als interne logische Inkonsistenzen Argumentationsketten als offensichtlich unhaltbar erscheinen lassen. Das Auftreten rein logischer Inkonsistenzen ist aber bei Bundesverfassungsgerichtsentscheidungen bereits aufgrund der Zahl der an einer Entscheidungsbegründung mitwirkenden Richter und wissenschaftlichen Mitarbeiter relativ unwahrscheinlich.

Ein Verzicht auf die speziellen formallogischen Darstellungsweisen hat für die zu entwickelnde Entscheidungsanalysetechnik den entscheidenden Nachteil der Weitschweifigkeit und der möglichen Redundanz, aber auch den we-

---

498 *Koch / Rüßmann* (Fn. 488), S. 43 ff.

499 Beispielsweise stellt sich § 17 Abs. 2 Nr. 1 BImSchG im Zeichensystem aus Junktoren und Quantoren dar als: „$\forall x \forall y \forall z[((Bx \wedge Ny \wedge Wxy) \vee (Az \wedge Ny \wedge Wzy)) \leftrightarrow r]$". Vgl. *Koch/Rüßmann* (Fn. 488), S. 42, m.w.A. Die bereits einfachste Form der Darstellung einer Rechtfertigung mit deontischem Operator („O") hat die Struktur:
(1) $(x)\ (Tx \rightarrow ORx)$
(2) Ta
(3) ORa
(„x" = Individuenvariable; „a" = Individuum, „T" = Tatbestandsprädikat, „R" = Rechtsfolge)
Vgl. auch *Alexy* (Fn. 435), S. 274 m.w.A.

500 Vgl. *Klug* (Fn. 494), S. 48 ff. und S. 65 ff.

501 *Klug* (Fn. 494), S. 2.

502 Nach *Schneider* (Fn. 494), S. 9, kennt das natürliche Denken seine eigenen Gesetze nicht und erst die Logik macht das Unbewußte bewußt, um es überprüfen zu können. Logische Grundkenntnisse sollten aber zumindest allen Juristen unterstellt werden können.

sentlichen Vorteil der besseren Verständlichkeit durch Vermeidung speziellen Zeichen- und Systemvorwissens. Ein weiterer Vorteil der rein verbalen Betrachtung sind die inhärenten Grenzen und Gefahren der formal-logischen Analytik, die vor allem in der Semantik der verwendeten Begrifflichkeiten liegen, denn die Unschärfe der Elemente logischer Textuntersuchungen macht eine strikte und unverfälschte Schematisierung unmöglich. Die auf diese Art reduzierende formale Logik behindert insbesondere die Möglichkeit, auch über die Grenzen des Textes hinauszublicken[503].

Auf eine Randbedingung der deontischen Logik soll aber auch für die zu entwickelnde Entscheidungsanalytik zurückgegriffen werden: das aus dem Richtigkeitsanspruch folgende Universalisierbarkeitsprinzip[504], nach dem, in der Ausformung *Alexys*, zur Begründung eines juristischen Urteils jeweils mindestens eine universelle Norm angeführt werden muß, aus der das Urteil zusammen mit weiteren Aussagen logisch folgt[505]. Das Universalisierbarkeitsprinzip ist insofern eine Ausformung des Prinzips der formalen Gerechtigkeit[506] und damit ein notwendiges Merkmal richtigen rechtlichen Entscheidens[507].

An dieser Stelle läßt sich eine Parallele aufzeigen zwischen der oben[508] für die Bindungswirkung von Verfassungsgerichtsentscheidungen geforderten Abstrahierbarkeit der Verfassungsauslegungen und dem aus dem formalen Gerechtigkeitsprinzip folgenden Universalisierbarkeitsprinzip. Die Forderung der Abstrahierbarkeit wurde zunächst nur aus der verfassungsrechtlichen Kompetenzzuweisung des Verfassungsgerichts hergeleitet; sie findet an dieser Stelle ihr Gegenstück in dem aus der deontischen Logik und dem Gerechtigkeitsprinzip folgenden Universalisierbarkeitsprinzip. Aber es gibt auch einen wesentlichen Unterschied zwischen beiden Prinzipien: Die Abstrahierbarkeit soll eine Bedingung für die bindende Wirkung verfassungsgerichtlicher Aussagen sein und damit auch als differenzierendes Prüfkriterium Anwendung finden, wohingegen das Universalisierbarkeitsprinzip eine Bedingung für die Richtigkeit eines Schlusses nach der deontischen Logik ist. Die universelle Norm stellt den gegebenen Ausgangspunkt eines logisch-deduktiven Vorgangs dar. Genau umgekehrt hat die Entscheidungsanalytik gerade die Auffindung der abstrahierbaren Normauslegungen zum Ziel. Die Entscheidungsanalytik darf aber keineswegs als induktiver Vorgang aufgefaßt werden, da sie ihrem Wesen nach kein Erkenntnisverfahren, sondern lediglich ein besonderes Darstellungsverfahren ist. Insofern kommt ihr nur der

503 Vgl. dazu unten S. 110 f. die Anmerkungen zur externen Rechtfertigung.

504 Welches *Alexy* (Fn. 435), S. 90 ff., 274 ff., aus der Theorie der moralischen Argumentation von *Hare* herleitet.

505 *Alexy* (Fn. 435), S. 275.

506 *Alexy* (Fn. 435), S. 274.

507 *Wieacker*, Über strenge und unstrenge Verfahren der Rechtsfindung, in: Im Dienst an Recht und Staat, Festschrift für W. Weber, 1974, S. 440 ff.

508 Vgl. oben S. 91.

Charakter des Entblätterns des Kerns eines schriftlich niedergelegten deduktiven Vorganges zu.

Bei aller Nähe der Prinzipien der Universalisierbarkeit und Abstrahierbarkeit sollte aus Gründen der Klarheit daher keine gleichsetzende Vermengung erfolgen.

3. Topik und Argumentation

Die Topik ist eine aus der Rhetorik entwickelte Techne des Problemdenkens[509]. Sie dient der Problemerörterung und zeigt auf, wie diejenigen Prämissen zu finden sind, die mittels der Logik verarbeitet werden[510]. Die Rechtswissenschaft entwickelt Topoi und Topoikataloge, um jeweils ein bestimmtes Verständnis festzulegen oder aufzubauen[511]. Ein wesentlicher Topos für die Verfassungsinterpretation ist beispielsweise die Wortlautgrenze, die eine lange Tradition in der Methodenlehre besitzt und in der Rechtsprechung breite Zustimmung findet[512]. Auch der Vorgang der Interpretation selbst ist ein Topos, nach dem neue Verständnismöglichkeiten nur so erschlossen werden sollen, daß die bisherigen dabei nicht verletzt werden[513]. Nach *Viehweg* muß sich das interpretative Denken im Stile der Topik bewegen, da sprachlich-logische Ableitungen nicht stringent überprüfbar sind; derartige Schlüsse führen oft verschwiegene und variierende Interpretationen mit sich, d.h. in der genuinen Sprache ist eine geheime Topik am Werk[514].

Topische Interpretation wird auch als Kunstlehre der juristischen Auslegung bezeichnet, mit der sich die Offenheit und Unbestimmtheit der sprachlich vermittelten Normen überwinden läßt, Mehrdeutigkeiten in Eindeutigkeit[515] überführt werden können und von den möglichen Verständnisvarianten des Normtextes die richtige ermittelbar ist[516]. Mit Blick auf die Verfassung und deren sprachliche Offenheit ermöglicht diese Sichtweise die Änderung des Verfassungsinhalts ohne förmliche Änderung des Verfassungstextes[517]. Die Topik ist als Erkenntnisverfahren jedoch aufgrund ihrer instrumentalen Funktion begrenzt; sie bleibt eine bloße Technik des Erörterns und kann allein keine zureichenden Begründungen für die Lösung neuartiger Probleme geben[518]. Für die Entscheidungsanalytik führt die Topik in ihrer Allgemeinheit jedoch nicht weiter, da die Analytik inhaltsneutral und gerade nicht problemorien-

---

509 *Viehweg*, Topik und Jurisprudenz, 2.Aufl., 1963, S. 1.

510 Ders., S. 20, 22.

511 Ders., S. 23.

512 *Depenheuer* (Fn. 336), Der Wortlaut als Grenze, S. 4, m.w.N.

513 *Viehweg* (Fn. 509), S. 24.

514 Ders., S. 56, 59.

515 Vgl. *Struck*, Zur Bedeutung von Widersprüchen, ARSP Beiheft 9, 1977, S. 79 ff., S. 81: „Die Hoffnung auf Eindeutigkeit ist treibendes Element der breiten Strömung in der Juristenschaft".

516 *Depenheuer* (Fn. 336), S. 5.

517 Ebenda.

518 *Zippelius*, Rechtsphilosophie, 3.Aufl., 1994, S. 264 f.

tiert und interpretativ sein darf[519]. Nicht ohne Bedeutung für die Analytik sind jedoch einzelne Topoi und ihre Implikationen. So wird insbesondere auf den Topos der Wortlautgrenze in den nachfolgenden Erwägungen noch gesondert eingegangen werden müssen.

4. *Sprachtheorie und Argumentation*

Rechtliche Begründungen sind wesentlich mehr als syllogistische Deduktionen[520], denn sie sind neben anderem von der nicht immer eindeutigen Semantik der vorgegebenen Begrifflichkeiten abhängig und haben auch die Ergebnisse logischer Ableitungen zu gewichten und letztlich zu werten[521]. All das, was über die logische Folgerung des Urteils aus den zugrundeliegenden Prämissen hinausgeht, also insbesondere all das, was für die Richtigkeit dieser Prämissen spricht, wird in der juristischen Argumentationstheorie auch als externe Rechtfertigung bezeichnet[522].

a) Vermengung von semantischen und rechtlichen Regeln

Die Sprachtheorie spielt bei der Betrachtung deduktiver Begründungen vor allem dort eine Rolle, wo eine Entscheidung sich vornehmlich als Konsequenz rein sprachlicher Zusammenhänge darstellt, aber gleichzeitig die Grenzen zwischen semantischen und rechtlichen Regeln nicht mehr erkennbar sind. Es läßt sich empirisch feststellen, daß der Übergang von Gesetzeshypothesen zu semantischen Regeln in richterlichen Urteilen fließend ist[523]. Vor allem die Auslegung von Gesetzesbegriffen ist bestimmt durch solch eine Kombination von Rechtsregeln und semantischen Regeln[524].

Ist mit semantischen Regeln eine hinreichend präzise Begriffsbedeutungsbestimmung nicht möglich, kommt es in juristischen Entscheidungen sogar zu sogenannten konkretisierenden Bedeutungsfestsetzungen im Sinne einer verpflichtenden Ankündigung, einen Begriff in einer bestimmten Weise zu verwenden[525]. Gerade in solchen gerichtlichen Bedeutungsfestschreibungen kann es zu einer Vermengung von semantischen und normativen Regeln kommen.

Aus Sicht der Entscheidungsanalytik ist daher ein kritischer Umgang mit Auslegungen, der Darstellung semantischer Regeln sowie Bedeutungsfestsetzungen geboten, um unabhängig von der angegebenen Form nicht den Blick für die jeweils mitenthaltenen deskriptiven und präskriptiven Elemente zu

---

519 Nach *Pawlowski* (Fn. 370), Rdn. 145, hat die Topik eine erfinderische Potenz. Eine inhaltspassive Entscheidungsanalytik darf daher nicht topisch geprägt sein.

520 *Koch/Rüßmann* (Fn. 488), S. 30.

521 Vgl. *Haft*, Juristische Rhetorik, 4. Aufl., 1990, S. 21: „Es ist die traditionelle Aufgabe des Juristen, der Bedrohung aller Dinge durch das Chaos die Ordnung und Beherrschung der Welt durch das Wort entgegenzustellen."

522 *Alexy* (Fn. 435), S. 273.

523 *Alexy* (Fn. 435), Die logische Analyse, S. 201.

524 *Neumann* (Fn. 491), S. 47, nennt als Beispiel Behauptungen wie: „Wenn jemand in den letzten 10 Jahren drei Mal wegen Trunkenheit am Steuer bestraft wurde, ist er ‚unzuverlässig'."

525 Ders., S. 48 f.

verlieren. Für eine Dekompositionstechnik bedeutet dies konkret ein wechselseitiges permanentes Mitbedenken bei vorgeblich rechtlichen Regeln, ob und inwieweit sie möglicherweise von semantischen Regeln beeinflußt sind und umgekehrt, ob in vorgeblich rein semantischen Regeln nicht bereits implizit rechtliche Regeln enthalten sind[526].

b) Semantik und Verstehen

Die Probleme mit der Semantik erschöpfen sich aber nicht in einer praktisch möglicherweise noch analysierbaren Vermengung von deskriptiven und präskriptiven Elementen. Denn aus sprachphilosophisch-hermeneutischer Sicht, die vornehmlich auf das Verstehen einer Aussage gerichtet ist, sind die semantischen Regeln bereits die Begründungsregeln[527], d.h. einen theoretischen Satz verstehen setzt voraus zu wissen, wie er zu begründen ist[528].

Das Verstehen selbst ist aber mehr als die reine Kenntnis der Begründungsregeln. Es ist zugleich auch eine Erkenntnisleistung, die neben der Erfassung des die Sache bezeichnenden Wortes immer auch die Erfassung der vom Wort bezeichneten Sache voraussetzt[529]. So wird der Vorgang des Verstehens auch als ein Wiedererkennen des Wort-Sache-Zusammenhangs angesehen[530], bei dem erst in der Herstellung der Wort-Sache-Relation der Sinn eines Wortes definiert wird. Nur ist bereits das sinnliche Erfassen einer Sache selbst nicht völlig unabhängig von einem Vorverständnis[531], einer Sinnantizipation[532]. Dies gilt umso mehr für das Erfassen von Texten, bei dem eine Loslösung vom semantischen Vorverständnis unmöglich scheint[533]. Textverstehen ist danach Sachverstehen[534] und der Sinn bei Texten ist ihre Beziehung zu

---

526 Eine weitergehende Konkretisierung dieser Mitbedenkensforderung erscheint aufgrund der unüberschaubaren Möglichkeiten der Vermischung deskriptiver und präskriptiver Begründungselemente als unmöglich.

527 *Tugendhat*, Zur Entwicklung von moralischen Begründungsstrukturen im modernen Recht, ARSP Beiheft 14/1980, S. 8.

528 *Brandom*, Expressive Vernunft, 2000, S. 37, beschreibt Verstehen als das Begreifen von Gründen, das Beherrschen der Richtigkeiten des theoretischen und praktischen Folgerns (der Inferenz).

529 *Hruschka*, Das Verstehen von Rechtstexten, Zur hermeneutischen Transpositivität des positiven Rechts, 1972, S. 44. So auch *Gröschner*, Das Hermeneutische der juristischen Hermeneutik, JZ 1982, S. 622: „Alles Sachverstehen ist aber ein Können, ein Verstehen also, das auf dem tätigen Umgang mit der betreffenden Sache beruht."

530 *Hruschka* (Fn. 529), S. 43.

531 Vgl. zum Vorverständnis auch *Esser*, Vorverständnis und Methodenwahl in der Rechtsfindung, 1972, S. 122, 135 ff.; *Bydlinski*, Juristische Methodenlehre, 2. Aufl., 1991, S. 443; *Looschelders / Roth*, Juristische Methodik im Prozeß der Rechtsanwendung, 1996, S. 71 ff.

532 *Hruschka* (Fn. 529), S. 46.

533 *Hruschka* (Fn. 529), S. 46: Wer in einem Lebensverhältnis zu der besprochenen Sache steht, trägt eine Sinnantizipation an den Text, aber auch an die Sache heran, was meistens durchaus unbewußt geschieht.

534 *Gröschner* (Fn. 529), S. 623: „Der Jurist ‚hat' eine Sache gar nicht anders als in Sprache: sie ist für ihn nicht das Mittel, um außersprachlich existierende Sachen verständlich zu machen, sondern sie ist für ihn das Medium, in dem er diese Sachen immer schon verstanden haben muß, bevor er sich über sie verständigen kann."

der in ihnen ausgelegten Sache[535]. Beim Textverstehen geht es aber, anders als beim Wortverstehen, neben dem (Wieder-) Erkennen von Text-Sache-Zusammenhängen zusätzlich auch um das widerspruchsfreie Sich-Einfügen dieser Zusammenhänge in die beim Betrachter bereits bestehenden Vorstellungen[536]. An dieser Stelle soll es genügen festzuhalten, daß Semantik und Hermeneutik auf das engste miteinander verwoben sind und ein Verständnis von Texten ohne jeden Rückgriff auf außersprachliche Sachverhalte nicht möglich ist[537].

Aus anderem Blickwinkel unterscheidet *Tugendhat* zwischen semantischen Regeln einerseits und normativen Texten und Wertaussagen andererseits. Für semantische Regeln läßt sich danach eine Wahrheitsrelevanz bestimmen[538]. Normative Texte und Wertaussagen hingegen, obwohl sie ihrer Form nach auch einen Anspruch auf objektive Gültigkeit erheben, können durchaus auch verstanden werden, ohne daß eine Begründungsregel angegeben werden kann[539]. Aber sowohl die semantischen Regeln als auch normative Texte und Wertaussagen lassen sich nicht objektivieren und bleiben vom subjektiven Sachverständnis geprägt.

Damit erscheinen die bedeutungskonstituierenden Regeln der Semantik auf begrifflicher Ebene als ein sprachliches Netzwerk subjektiver Vorstellungen[540], auf das eine begriffsunabhängige Betrachtung von außen nicht möglich zu sein scheint. Dieses Netzwerk kann, offen oder versteckt, auch rückbezüglich auf sich selbst sein und ist zudem dynamisch, d.h. permanenten Änderungen und Anpassungen unterworfen[541]. Der ständige Abgleich der individuellen semantischen Systeme erfolgt durch Kommunikation, die insbesondere auch eine Selbstkontrolle und Selbstvergewisserung der Bedeutungsvor-

---

535 *Hruschka* (Fn. 529), S. 44.

536 *Gadamer*, Wahrheit und Methode, Grundzüge einer philosophischen Hermeneutik, 2. Aufl., 1965, S. 289 f., bezeichnet gelingendes Verstehen auch als „Horizontverschmelzung".

537 *Hruschka* (Fn. 529), S. 48, hält mit der Notwendigkeit des Rückgriffs auf die außersprachlichen Sachverhalte insbesondere die hermeneutische Grundthese des Rechtspositivismus für unhaltbar.

538 „Ein Satz erweist sich als wahr, wenn, sofern die von seinen Bedeutungsregeln geforderte Prozedur befolgt wird, dies zu einem Ergebnis führt, das mit dem in der Behauptung vorweggenommenen Ergebnis übereinstimmt." *Tugendhat* (Fn. 527), S. 8.

539 *Tugendhat* (Fn. 527), S. 9.

540 *Brandom* (Fn. 528), S. 152, stellt fest, daß die unmittelbare Folge einer inferetiellen Abgrenzung des Begrifflichen ist, daß man viele Begriffe haben muß, um überhaupt welche zu haben; denn zum Verstehen eines Begriffs gehört das Beherrschen der Richtigkeiten inferentieller Züge, die ihn mit vielen anderen Begriffen verknüpfen.

541 Nach *Müller*, Juristische Methodik, 7. Aufl., 1997, S. 158 ff., ist die Sprache kein bloßes Medium, das die Gedanken des Senders passiv aufnimmt und dem Empfänger eine problemlose Decodierung ermöglicht. Sie ist weder eine dem Sprecher vorgeordnete und von ihm unabhängige quasinatürliche Größe, noch ein dem Belieben des jeweiligen Sprechers und seiner Intention überantwortetes reines Kunstprodukt, sondern etwas Dazwischenliegendes.
Aus der Sicht *Brandoms* (Fn. 528), S. 153, bedeutet die begriffliche Gliederung von Zuständen und Handlungen, sie als situiert in einem Netz von Richtigkeiten inferentieller Übergänge zu behandeln.

stellungen ermöglicht[542]. Dieser Abgleich verhindert ein Auseinanderdriften der individuellen Systeme und schafft den Eindruck einer objektiven, überindividuellen Semantik.

Eben dieses überindividuelle und historisch vorgegebene, aber dennoch stets dynamische semantische System muß auch in juristischen Entscheidungen benutzt werden, da alles Denken und Begründen sprachlich ist[543]. In diesem Sinne wirkt es auch tendenziell begrenzend, daß juristische Entscheidungen in die Sprache eingebunden sind, denn rechtliche Begriffsbestimmungen oder gar Begriffsfestlegungen können sich stets nur soweit von der Alltagssprache entfernen, als größere Mißverständnisse ausgeschlossen bleiben[544].

Für die Analyse von Entscheidungsbegründungen, die den Anspruch von Rationalität erheben, gilt es festzuhalten, daß es keine, über den konkreten Fall hinaus objektivierbaren Begriffsbedeutungen gibt[545]. Insbesondere die Dichotomie von „Begriffskern" und „Begriffshof" ist bei abstrakter Betrachtung diffus und eine Trennung jeweils nur nach Einzelfallkriterien möglich[546].

Das bedeutet jedoch nicht, daß im Einzelfall verzichtet werden kann auf die Klärung des allgemeinen alltagssprachlichen Kerns, des speziell juristischen Bedeutungsgehalt und des Hofs möglicher Bedeutungsverwendungen eines infrage stehenden Begriffs[547]. Es kommt dabei nicht so sehr auf die Art der Abgrenzung an, d.h. ob formale Methoden zur Anwendung kommen oder ob man sich im Einzelfall daran orientiert, daß eine Begriffsverwendung als eher typisch oder eher untypisch gekennzeichnet werden kann[548]. Viel-

---

542 So auch *Weinberger*, Rechtslogik, S. 46 f.: „Was ein Zeichen bedeutet, welche Rolle ein Zeichen in der Sprache hat, ist durch Konvention bestimmt. [...] Bedeutungsregeln sind fixierte Konventionen."

543 *Tugendhat* (Fn. 527), S. 6; *Busse*, Juristische Semantik, 1993, S. 9: „Alles Recht ist zugleich Sprach-Auslegung, Verstehen von sprachlichen Äußerungen."; *Henkel*, Einführung in die Rechtsphilosophie, 2. Aufl., 1977, S. 194.

544 *Müller*, Demokratie, Rechtsarbeit, Volksgemurmel, in: Methodik, Theorie, Linguistik des Rechts, Neue Aufsätze (1995-1997), 1997, S. 41, betont, daß in der Sprache Wörter und Sätze keine Grenzen mit sich führen, soweit Verständlichkeit gegeben und damit die Funktion von Sprache gewahrt ist. In diesem Sinne betonen auch *Larenz / Canaris*, Methodenlehre der Rechtswissenschaft, 1995, S. 141, daß sich die Gesetzessprache nicht so weit vom allgemeinen Sprachgebrauch entfernen kann, wie in anderen Wissenschaften, da der Gesetzgeber vom Bürger die Beachtung der Rechtsordnung verlangt und ihm ein Zurechtfinden ermöglichen muß.

545 So auch *Haft*, Recht und Sprachtheorie, ARSP Beiheft Nr. 9, 1977, S. 27 ff., S. 31: „Semantiker scheinen sich nur in einem Punkt einig zu sein, nämlich in dem, nicht einig zu sein." Das semantische Verhältnis von juristisch-syntaktischer Logik und pragmatischer Hermeneutik gilt danach als ungelöst.

546 *Busse* (Fn. 543), S. 57. So stellt auch *Müller*, Verfassungskonkretisierung, in: Methodik, Theorie, Linguistik des Rechts, Neue Aufsätze (1995-1997), 1997, S. 31, fest, daß weder von einem immanenten noch von einem ermittelbaren festen Begriffskern ausgegangen werden kann, da dieser in einem nicht beendbaren diskursiven Semantisierungsvorgang befangen ist.

547 Aus Gründen der Rechtsstaatlichkeit bedarf es stets einer kritischen Betrachtung von Begriffsbedeutungen. Vgl. zur Textstruktur des Rechtsstaates: *Müller*, Rechtstext und Textarbeit in der Strukturierenden Rechtslehre, in: Methodik, Theorie, Linguistik des Rechts, Neue Aufsätze (1995-1997), 1997, S. 89 ff.

548 Dies entspricht der in jüngerer Zeit in der Linguistik vertretenen Stereotypensemantik. Vgl. *Busse* (Fn. 543), S. 269. Aus juristischer Sicht ist in der Regel ein hinlänglich sicherer Bedeutungskern be-

mehr ist von Bedeutung, daß die Fallbezogenheit nie aus den Augen verloren wird und nicht mit vorgeblich objektiven Bedeutungsgehalten operiert wird[549].

c) Die Fallnormtheorie Fikentschers

Aus einer streng auf den Einzelfall bezogenen Sicht entwickelte auch *Fikentscher*[550] seine Fallnormtheorie mit der Unterscheidung von Wortsinngrenze und Normsinngrenze. Fallnorm ist danach diejenige Regel des objektiven Rechts, die einem lösungsbedürftigen Sachverhalt eine ihn regelnde Rechtsfolge zuordnet; die Fallnorm ist der Rechtssatz im technischen Sinne[551]. Die Wortsinngrenze bestimmt die Bindung des Entscheiders an die dem Wortsinn gerade noch einfügbaren Fallnormen; sie trennt Auslegung von Analogie[552]. Die Normsinngrenze bestimmt, wie weit im Wege induktiven Schließens ein Gesetz auch über den Wortsinn hinaus für die Herausarbeitung von Fallnormen verwendet werden kann; sie trennt Analogie von Rechtsneubildung[553].

Die Erkenntnisse der Fallnormtheorie *Fikentschers* sind jedoch ohne weitergehende Bedeutung für eine auf die Bindungswirkung bezogene Entscheidungsanalytik. Wie auch für jedes andere Gericht wäre für das Bundesverfassungsgericht ein Überschreiten der Normsinngrenze eine rechtswidrige Kompetenzüberschreitung, da Gerichte zur Rechtsneubildung nicht legitimiert sind. Die Wortsinngrenze ist bei *Fikentscher* zwar streng fallbezogen, aber dennoch objektiv vorhanden und methodisch bestimmbar. Auf die dynamischen Wechselwirkungen mit der Semantik wird kein Bezug genommen.

Die Fallnormtheorie ist für die Bindungswirkungsdiskussion aber in dem Punkt interessant, als die enge Wechselbeziehung zwischen Fall und Norm herausgestellt wird. Die bindenden Gründe wären aus der Sicht *Fikentschers* Fallnormen, die zugleich die Qualität besitzen, Ausgangspunkt für Fallnormen weiterer lösungsbedürftiger Sachverhalte sein zu können. Man könnte die bindenden Gründe danach auch als abstrahierbare Fallnormen bezeichnen.

d) Die Rechtsnormtheorie Müllers

Mit dem Verhältnis von Rechtsnormtheorie und Semantik hat sich insbesondere *Müller* im Rahmen seiner juristischen Methodik[554] intensiv auseinan-

---

stimmbar, wenn auch dessen Reichweite mehr oder weniger unbestimmt bleibt. Vgl. *Henkel* (Fn. 543), S. 197.

549 So auch *Perelman*, Juristische Logik als Argumentationslehre, 1979, S. 17: „Erfahrungsgemäß muß man feststellen, daß juristisches Argumentieren unaufhaltsam von Kontroversen begleitet ist. [...] Darum wird es selten möglich sein, das juristische Argument in einer personenentbundenen Weise als korrekt oder nicht korrekt zu bezeichnen."

550 *Fikentscher*, Methoden des Rechts in vergleichender Darstellung, Bd. IV, 1977.

551 *Fikentscher* (Fn. 550), S. 202.

552 Ebenda, S. 294, 301.

553 Ebenda, S. 297, 301.

554 *Müller*, Juristische Methodik, 7. Aufl.,1997.

dergesetzt, so daß im folgenden untersucht werden soll, ob spezifische Aussagen dieser Normtheorie auch für die Entscheidungsanalytik fruchtbar gemacht werden können.

Ähnlich wie bei *Fikentscher* steht im Zentrum der Sicht *Müllers* die These, daß es Normativität nur in der Situation gibt. Danach ist die situative Rechtsarbeit zwar elementar sprachlich determiniert[555], es gibt aber nach *Müller* in der Sprache keine unverhandelbaren Verläßlichkeiten[556]. Er untersucht dabei vor allem die Kommunikationssituation zwischen Gesetzgeber und Rechtsanwender sowie die Bedeutung und den Einfluß von Sprache und Text als Vermittler imperativer Inhalte. Aus dem Normtext[557] eines Gesetzes muß in der Anwendungssituation ein abstraktes Normprogramm[558] und ein konkreter Normbereich[559] entwickelt werden; die für einen Fall ausschlaggebende abstrakt-generelle Rechtsnorm setzt sich dann aus Normprogramm und Normbereich zusammen[560].

Insofern ist eine Methodik der Bestimmung der mit Bindungswirkung ausgestatteten tragenden Gründe einer Entscheidung von zwei Seiten von der strukturierenden Rechtslehre *Müllers* umrahmt, aber aufgrund ihrer notwendigen inhaltlichen Passivität selbst nicht betroffen. Der Entstehung bindender Gründe geht ein Rechtsnormierungsprozeß des Bundesverfassungsgerichts voraus, in welchem der Normtext der Verfassung mit der konkreten Anwendungssituation verknüpft wird. Andererseits sollen die bindenden Gründe für ihren spezifischen Adressatenbereich selbst als Normtexte wirken, indem sie nachfolgend als Ausgangspunkt von Rechtsnormierungsprozessen dienen sollen. Aus dieser Zwischenstellung ergibt sich, daß eine Methode der Entscheidungsdekomposition tragender Gründe nicht mit der juristischen Methodik *Müllers* in Konflikt geraten kann; sie könnte allenfalls als deduktiver und somit reziproker Prozeß zur induktiven Rechtsnormsetzung[561] im Sinne der strukturierenden Rechtslehre aufgefaßt werden.

---

555 *Muller* (Fn. 544), S. 39.

556 *Müller* (Fn. 544), S. 41.

557 Der Normtext bezeichnet ausschließlich den Wortlaut eines Rechtssatzes und ist insofern der Ausgangspunkt jedes rechtlichen Konkretisierungsvorganges. *Müller* (Fn. 554), S. 32 f.

558 Normprogramm ist die Gesamtheit der Interpretation sämtlicher Sprachdaten, also die Menge der mit allen methodisch anerkannten Mitteln gewonnenen Textauslegungen. *Müller* (Fn. 554), S. 33.

559 Der Normbereich schließlich besteht aus den für das Fallergebnis mit-normativen Tatsachen, die der entscheidende Jurist mit Hilfe des Normprogramms aus dem Sachbereich auswählt, also der Menge der Realdaten, die zu Recht mit zur Grundlage der Entscheidung gemacht werden. *Müller* (Fn. 554), S. 33.

560 *Müller* (Fn. 554), S. 33. Nach *Böckenförde*, Staat, Verfassung, Demokratie, 2. Aufl., 1992, S. 77, wird die Auseinandersetzung mit der Position *Müllers* durch die eigenwillige Begriffssprache sehr erschwert. Man sei sich nie sicher, ob man die Begriffe wie Normbereich, Normprogramm und Normstruktur beigelegten Sonderbedeutungen richtig versteht. Solche Abschneidung von der allgemeinen Umgangssprache schaffe ein Kommunikationsdefizit, das Immunisierung bewirke und eine Breitenwirkung nahezu ausschließt. *Böckenförde* kritisiert hier *Muller* mit *Müller*, denn ein Rechtsstaat als Textstruktur setzt notwendig die Verständlichkeit der Texte voraus.

561 Vgl. *Müller* (Fn. 547), S. 71.

Allerdings sind die Erwägungen *Müllers* zur Textstruktur des Rechtsstaats[562] und zum semantischen Kampf[563] auch für eine Entscheidungsanalysemethode grundlegend, da sich die Entscheidungsanalytik im gleichen dynamischen Textraum nicht beendbarer Semantisierungsvorgänge bewegt. So gehen beispielsweise auch nach verbindlichen Entscheidungen die Diskurse weiter, d.h. die rechtsprechende Gewalt hat stets nur eine temporäre Herrschaft über die sozialen Verhältnisse, nicht aber über den Diskurs[564]. Bei *Müller* führt eine Feststellung wie die, daß letztlich sogar die Wortlautgrenzen fließend sind[565], nicht zu Resignation vor der Gefahr der Beliebigkeit, sondern zu der Verpflichtung für Juristen im demokratischen Rechtsstaat, mit den fragilen Elementen der Sprache offen, vollständig und konsistent zu arbeiten und die Ergebnisse dieser Spracharbeit auch zu verantworten[566]. Wenn es das erklärte Ziel einer juristischen Methodik ist, gegen Suggestivargumente, rhetorische Floskeln und vage Begriffe anzugehen[567], dann muß dies auch für die Entscheidungsanalytik in dem Sinne gelten, daß eine offene Darlegung solcher Elemente geboten ist.

Eine bemerkenswert direkte Implikation ergibt sich aus der Sicht *Müllers* hinsichtlich der Qualität bindender Gründe: Wenn diesen Normtextqualität zukommen soll, um Ausgangspunkt nachfolgender induktiver Rechtsnormsetzungen sein zu können, dann muß es sich strukturell um abstrahierbare Aussagen handeln. All das, was nicht als Teil eines allgemeinen Normtextes denkbar ist, kann danach nicht als Basis eines Rechtsnormierungsprozesses fungieren. Hier besteht eine direkte Querverbindung zu der Feststellung, daß nur abstrahierbare Verfassungsauslegungen als bindende Gründe einer unmittelbar aus Art. 93 Abs. 1 GG hergeleiteten Bindungswirkung in Betracht kommen[568].

e) Sprachtheoretische Forderungen

Für die Entscheidungsanalytik als Methode lassen sich aus diesen Betrachtungen die grundlegenden Forderungen benennen, daß zum einen eine durchgehende Aufmerksamkeit hinsichtlich der Konsistenz der in der Entscheidung verwendeten Begrifflichkeiten bestehen muß und zum anderen, daß sowohl vorgeblich rein semantische Regeln im Rahmen der Argumenteanalyse auf ihre präskriptiven Gehalte hin, als auch umgekehrt vorgeblich rein rechtliche Regeln auf ihre Beeinflussung durch semantische Regeln über-

---

562 *Müller* (Fn. 554), S. 166 f.; *ders.* (Fn. 547), S. 89 ff.

563 Nach *Müller* werden durch juristische Textarbeit Konflikte in die Sprache gezwungen und so zum Kampf ums Recht, als Teil dessen auch ein Kampf mit und um Begriffsbedeutungen stattfindet; vgl. *ders.* (Fn. 547), S. 76 ff. Insbesondere für die Verfassungskonkretisierung gilt, daß es aus dem semantischen Kampf kein Entrinnen gibt; vgl. *ders.* (Fn. 544), S. 35.

564 *Muller* (Fn. 544), S. 31 f.

565 Vgl. *Müller* (Fn. 554), S. 22 ff. zur Verletzung der Grenzfunktion des Wortlauts durch Dezision.

566 *Müller* (Fn. 544), S. 32.

567 *Müller* (Fn. 544), S. 37.

568 Vgl. oben S. 91.

prüft werden müssen. Alle weitergehenden semantischen Probleme sollten einer konkreten inhaltlichen Entscheidungskritik vorbehalten bleiben, da sie für eine passive Entscheidungsanalytik nicht abstrakt formalisierbar erscheinen.

5. *Juristische Argumentationstheorie im Entscheidungsfindungsprozeß*

Die speziell juristische Argumentation unterscheidet sich von der allgemeinen Argumentation durch die Möglichkeit und Notwendigkeit der Institutionalisierung argumentativer Vorgänge und der Notwendigkeit, in begrenzter Zeit Entscheidungen herbeizuführen. Die juristische Argumentationstheorie findet daher ihre hauptsächliche Anwendung bei der Untersuchung von Entscheidungsfindungsprozessen. Die wissenschaftliche Betrachtung wurde wesentlich durch die Theorie des rationalen Diskurses von *Alexy*[569] geprägt, die als prozedurale Theorie die relative prozedurale Richtigkeit[570] einer realen Entscheidung sichern soll.

Aus dem Blickwinkel der Entscheidungsanalytik ist die Argumentationstheorie jedoch nur in Teilen relevant, da hier nur ein Argumentationsergebnis untersucht wird und so die argumentationstheoretischen Forderungen an den Entscheidungsfindungsprozeß selbst ausgeblendet bleiben können[571]. Allerdings gibt es gute Gründe, sich zumindest grundlegend mit der Diskurstheorie auseinanderzusetzen, denn zum einen bezeichnet das Bundesverfassungsgericht selbst den gesamten Vorgang der Verfassungsinterpretation als einen Diskurs, bei dem es keine absolut richtigen Antworten gibt, sondern die jeweils besseren Gründe den Ausschlag geben sollen[572]. Zum anderen sind bestimmte systematische Bezüge zwischen Entscheidungsanalytik und Entscheidungsfindungstheorie so eng, daß eine zumindest kursorische Darstellung der Begrifflichkeiten und Grundannahmen der juristischen Diskurstheorie als förderlich erscheint.

a) *Juristischer Diskurs*

Der Diskursbegriff geht in seiner argumentationstheoretischen Verwendung auf die allgemeine Kommunikationstheorie von *Habermas* zurück, der Diskurse als diejenige Kommunikationsform bezeichnet, in der Geltungsan-

569 *Alexy* (Fn. 435), Der juristische Diskurs als Sonderfall des allgemeinen praktischen Diskurses, S. 261 ff.

570 *Alexy* (Fn. 435), S. 415.

571 Das Verhältnis von Entscheidungsherstellung und der Darstellung der Herstellung in den Entscheidungsgründen wird unten (S. 126 ff.) näher untersucht.

572 BVerfGE 82, 30, 38 f. Man könnte daran zweifeln, ob das Bundesverfassungsgericht mit dieser Aussage auf die gesamte, ausdifferenzierte Theorie des Diskurses Bezug nehmen wollte oder nur allgemein den dialogischen Grundcharakter rationalen Entscheidens (etwa im Sinne *Gröschners*, Dialogik und Jurisprudenz, 1982) hervorheben wollte. Angesichts der Bekanntheit der *Habermasschen* Diskurstheorie muß aber wohl davon ausgegangen werden, daß dieser Begriff nicht leichtfertig, sondern zumindest teilbezüglich vom Bundesverfassungsgericht verwendet wurde.

sprüche aufgestellt und auf ihre Berechtigung hin untersucht werden[573]. Im einfachsten Fall besteht ein Diskurs aus der Diskussion zweier Personen, die sich über eine normative Regel streiten[574]. Die speziell juristische Argumentation ist gekennzeichnet von der inhaltlichen Einschränkung der prinzipiellen Bindung jeder Argumentation an das geltende Recht[575].

Tugendhat wendet gegen die Diskurstheorie *Alexys* ein, daß „alles Begründen ... nicht wesensmäßig kommunikativ (ist), weil es ebensogut auch von einem Einzelnen für sich, also in diesem Sinne monologisch, vollziehbar ist"[576]. Er stellt bei genauer Betrachtung aber nur die von *Alexy* vorausgesetzte wesensmäßige Kommunikativität juristischer Begründungen in Abrede; die grundlegend dialogische Struktur ist auch seiner Ansicht nach gegeben, da Kommunikation und monologische Argumentation zwingend dieselben semantischen Regeln verwenden[577].

Es geht *Tugendhat* bei seiner Kritik *Alexys* vornehmlich um eine Differenzierung der Diskursregeln in semantische und pragmatische Regeln und deren jeweiligen Einfluß auf die Richtigkeit einer Entscheidung. *Tugendhat* zeigt, daß die pragmatischen Regeln bei *Alexy* im wesentlichen dazu dienen, die Begründungsprozedur gegen Verzerrungen abzusichern, die sich ergeben, wenn mehrere an der Prozedur beteiligt sind[578]. Er hält daher die Konsensustheorie der Wahrheit, als auch die Auffassung, daß die Begründungsregeln als Diskursregeln anzusehen seien, jedenfalls für theoretische Aussagesätze für unhaltbar[579]. Die pragmatischen Regeln *Alexys* verteilen nach *Tugendhat* nur die Diskurschancen gerecht und sind somit selbst bereits moralische Regeln, da die Beteiligten als unausgesprochene Voraussetzung ein gerechtes Ergebnis anstreben müssen[580]. Eine Stellungnahme zu diesem Streit kann hier dahingestellt bleiben, da die pragmatischen Diskursregeln *Alexys* für den Entscheidungsentstehungsprozeß vor dem Bundesverfassungsgericht allenfalls mittelbar von Bedeutung sind. Denn die pragmatischen Regeln sind im Verfassungsgerichtsprozeß im wesentlichen bereits verfahrensmäßig institutionalisiert[581].

Ein weiterer, entscheidungsanalytisch wesentlicher Einwand gegen die Diskurstheorie *Alexys* ist derjenige *Rottleuthners*, der darauf hinweist, daß die Texte publizierter Urteilsbegründungen das „Resultat eines mehr oder weni-

---

573 *Habermas*, Theorie und Praxis, 4. Aufl. 1972, S. 25.

574 *Alexy* (Fn. 435), S. 53 f.

575 Ders., S. 262.

576 *Tugendhat* (Fn. 527), S. 6.

577 *Tugendhat* (Fn. 527), S. 6 f. Vgl. hierzu auch *Gröschner* (Fn. 572), Dialogik und Jurisprudenz, S. 67 f.: „... eine eigene Ansicht der Sache ‚hat' man gar nicht anders als in Sprache"; man kann sie „den Anderen im Dialog auch nur durch Sprache vermitteln, verständlich machen".

578 Ders., S. 8.

579 Ebenda.

580 *Tugendhat* (Fn. 527), S. 10, bestimmt „gerecht" in dem Sinne, daß einer Norm alle zustimmen können.

581 Ausführlich dazu unten S. 122 f.

ger verzerrten Kommunikationsprozesses sind, der als solcher in der Urteilsbegründung aber nicht dokumentiert ist"[582]. Die Schriftform gerichtlicher Entscheidungen bedingt eine notwendige Beschränkung auf die sprachimmanenten Möglichkeiten der Vermittlung der Argumentationen und damit auch des Verständnisses derselben. Andererseits beinhaltet die Schriftlichkeit aber den formalen Vorteil der räumlichen und zeitlichen Verbreitungsfähigkeit und den inhaltlichen Vorteil der Komplexitätsreduktion. Nicht zuletzt wird gerade das gerichtsförmige Verfahren, inklusive der traditionellen Form der Schriftlichkeit der Urteile und Urteilsbegründungen, als die Institutionalisierung einer möglichst rationalen Form des allgemeinen praktischen juristischen Diskurses verstanden[583].

b) Theorie des allgemeinen praktischen Diskurses

Zur Untersuchung der Bedeutung der Diskurstheorie für eine Entscheidungsanalytik im einzelnen soll grundlegend davon ausgegangen werden, daß juristische Entscheidungen auch als Resultate juristischer Diskurse angesehen werden können[584]. Bei der Betrachtung der Diskurstheorie ist zunächst hervorzuheben, daß es sich um eine rein prozedurale Theorie handelt[585], d.h. es gilt lediglich die Approximationsthese, daß die Annäherung an die Erfüllung aller Diskursregeln eine Annäherung an Richtigkeit und Wahrheit der Aussagen bedingt[586]. Für die Unterscheidung von rationalen und nichtrationalen Begründungen insbesondere normativer Aussagen gibt die Diskurstheorie genaue Regeln und Formen an die Hand, nach denen die Rationalität beurteilt werden kann[587]. Die Kenntnis dieser Regeln und Formen könnte auch in der Entscheidungsanalytik von Bedeutung sein, obwohl die Rationalität der Begründung nur einen Teilaspekt der Untersuchung gerichtlicher Entscheidungen darstellt.

Alexy kommt in der „Theorie der juristischen Argumentation" nach der Analyse vorhergehender Argumentationstheorien zu bestimmten Regeln und Formen des allgemeinen praktischen Diskurses. Diese unterteilen sich in die Grundregeln[588], die Vernunftregeln[589], die Argumentationslastregeln[590], die

[582] *Rottleuthner* (Fn. 434), S. 100. Vgl. hierzu auch *Gröschner*, Theorie und Praxis der juristischen Argumentation, JZ 1985, S. 170 ff., insbesondere S. 174: „ ... Urteilen ist unaufhebbar individuell und unentrinnbar subjektiv..."

[583] *Alexy* (Fn. 435), S. 430 f.

[584] Diskursteilnehmer sind regelmäßig das Gericht sowie die Partein des Verfahrens in den jeweiligen prozessualen Ausformungen.

[585] *Alexy*, Eine diskurstheoretische Konzeption der praktischen Vernunft, in: Rechtssystem und praktische Vernunft, ARSP Beiheft 51/1991, S. 14.

[586] *Alexy*, Notizen zu einer Diskurstheorie des Rechts, in: *Siller / Keller*, Rechtsphilosophische Kontroversen der Gegenwart, 1. Auflage, 1999, S. 50.

[587] Ders., S. 49.

[588] *Alexy* (Fn. 435), S. 234 ff.

[589] Ders., S. 238 ff.

[590] Ders., S. 242 ff.

Argumentformen[591], die Begründungsregeln[592] und die Übergangsregeln[593]. Betrachtet man diese Formen genauer, stellt man fest, daß es sich, mit Ausnahme der Argumentformen, um pragmatische Regeln im Sinne der oben erwähnten Unterscheidung *Tugendhats* handelt, d.h. um Forderungen an die an einem Argumentationsvorgang Beteiligten[594]. Die Argumentformen beschreiben die allgemeinen Strukturen normativer Aussagen durch mögliche Verknüpfungen von Tatsachenbehauptungen, Regeln und den erwarteten oder beabsichtigten Folgen von Regelbefolgungen. *Alexy* bemerkt an dieser Stelle, daß über die Tatsachenbehauptungen und Regelfolgen gesonderte Diskurse geführt werden können und in der Praxis in diesen Fragen sogar vielfach das entscheidende Problem liegt[595]. Die abstrakt beschreibbaren, in Formeln ausgedrückten Argumentformen bleiben jedoch bei *Alexy* so allgemein[596], daß sie für die Entscheidungsanalytik nicht von einer Bedeutung sind, die über eine qualifizierte sprachliche Argumentanalyse hinausgeht. Für komplizierte juristische Begründungen, wie sie insbesondere Bundesverfassungsgerichtsentscheidungen darstellen, ist die Feststellung, daß sich die Argumentstruktur aus den additiven[597] und regressiven[598] Verbindungen der Argumentformen ergibt, zwar grundlegend, für die Entscheidungsanalyse im Einzelfall aber nicht weiter hilfreich.

In einer späteren Abhandlung[599] unterteilt *Alexy* seine allgemeinen praktischen Diskursregeln in die Gruppe der Argumentenstrukturregeln[600], die generell auch auf monologische Argumentationen anwendbar sind, und die der Diskursprozedurregeln[601]. Bei den Argumentenstrukturregeln spricht seiner Ansicht nach viel dafür, daß keine Theorie rationalen praktischen Argumentierens oder Begründens auf sie verzichten könne[602]. Dem ist an dieser Stelle nicht zu widersprechen, denn Forderungen nach Konsistenz des Sprachgebrauchs, Eindeutigkeit der Semantik, Wahrheit der Prämissen, deduktiver

---

591 Ders., S. 245 ff.

592 Ders., S. 250 ff.

593 Ders., S. 254 ff.

594 Vgl. dazu *Alexy* (Fn. 435), Tafel der Regeln und Formen, S. 361 ff.

595 *Alexy* (Fn. 435), S. 246.

596 Die Argumentformen nach *Alexy* bestehen aus den zwei Grundformen, bei denen Normen aus Tatsachenbehauptungen oder Regelfolgenerwartungen und Regeln argumentativ hergeleitet werden können, den Argumentformen der zweiten Stufe, nach denen das, was als Grund für eine Behauptung angeführt wird, auch tatsächlich ein Grund dafür sein kann, und der allgemeinen Feststellung, daß bei konkurrierenden Regeln auch Vorrangregeln diskutierbar sind. *Alexy* (Fn. 435), S. 246 ff.

597 Additiv im Sinne des Stützens einer Aussage durch verschiedene voneinander unabhängige Argumente.

598 Regressiv im Sinne des Stützens einer Aussage durch einander stützende Argumente.

599 *Alexy* (Fn. 585), S. 11 ff.

600 Dazu gehören etwa die Widerspruchsfreiheit (1.1.), der konsistente Prädikatengebrauch, die sprachliche Klarheit (6.2), die Wahrheit der Prämissen (6.1) u.a. Die Numerierung entspricht derjenigen der Regeln in: *Alexy* (Fn. 435), S. 234 ff.

601 *Alexy* (Fn. 585), S. 15, nennt sie auch „spezifische Diskursregeln".

602 Ebenda.

Vollständigkeit u.ä. sind offenkundig wesentlich für die Möglichkeit rationalen sprachlichen Begründens. Sie sind aber auch so allgemein, daß sie für die Entscheidungsanalytik keine unmittelbare Bedeutung besitzen.

Die allgemeinen Diskursprozedurregeln, die strukturell nichtmonologisch sind und sich auf das argumentative Verfahren beziehen, sind entscheidungsanalytisch ebensowenig fruchtbringend, da sie, wie nachfolgend[603] gezeigt wird, bereits grundlegend in der institutionellen Absicherung des Entscheidungsfindungsprozesses Berücksichtigung gefunden haben.

c) Theorie des speziellen juristischen Diskurses

Aufbauend auf die Erwägungen zum allgemeinen praktischen Diskurs untersucht *Alexy* den speziell juristischen Diskurs als Sonderfall des allgemeinen praktischen Diskurses[604]. Bei den dabei herausgearbeiteten speziell juristischen Diskursregeln unterscheidet *Alexy* zunächst zwischen der internen Rechtfertigung im Sinne einer logischen Schlüssigkeit und der externen Rechtfertigung zur Begründung der Prämissen der inneren Rechtfertigung[605]. Die Regeln und Formen der inneren Rechtfertigung betreffen, grob zusammengefaßt, bestimmte Forderungen nach der logisch-syllogistischen Ableitbarkeit des getroffenen Urteils aus universellen Normen mit ausreichend vielen Entfaltungsschritten[606]. Die Bedeutung der internen Rechtfertigung für die Entscheidungsanalytik geht aufgrund der Allgemeinheit der Forderungen allerdings nicht wesentlich über die bereits gemachten Ausführungen zum Verhältnis von Logik, Sprachtheorie und Argumentation hinaus[607]. Für eine Entscheidungsanalysemethode bleibt aus den Formen der inneren Rechtfertigung festzuhalten, daß bei der Prüfung der Rechtfertigungsstruktur zumindest deutlich gemacht werden muß, welche der Prämissen extern rechtfertigungsbedürftig sind und welche Voraussetzungen möglicherweise versteckt in der Entscheidung enthalten sind[608].

Offensichtlich praxisrelevanter für die Entscheidungsanalytik sind die Regeln der externen Rechtfertigung zur Prämissenbegründung, zu denen die Regeln der empirischen Argumentation, die möglichen Formen und Regeln der Auslegung sowie die Regeln der dogmatischen Argumentation und der Präjudizienverwertung gehören[609]. Die Anwendung dieser Regeln und Formen spiegelt sich in fast allen Entscheidungsbegründungen wider, so daß ihr Einfluß auf die Struktur einer Entscheidung genauer dargestellt und analysiert werden soll. Diese sehr spezifische Analyse der einzelnen Formen der Prämissenbegründungen soll aber erst unten bei den noch zu behandelnden

---

603 Vgl. unten S. 122.

604 *Alexy* (Fn. 435), S. 263.

605 Ders., S. 273 ff.

606 Vgl. *Alexy* (Fn. 435), S. 364 f.

607 Vgl. oben S. 106 ff.

608 *Alexy* (Fn. 435), S. 283.

609 Vgl. *Alexy* (Fn. 435), S. 283 ff.

Argumentformen[610] und dann letztlich bei der Entwicklung einer konkreten Entscheidungsdekompositionstechnik erfolgen, da allgemeine Ausführungen zu diesen Themen kaum eine Aussicht auf verwertbare Erkenntnisse für die Entscheidungsanalytik im allgemeinen bieten.

d) Institutionelle Absicherung der allgemeinen praktischen Diskursregeln in der Verfassungsgerichtsbarkeit

Die allgemeinen praktischen Diskursregeln, die strukturell nichtmonologisch sind und sich auf das argumentative Verfahren beziehen, sind umfänglich bereits in den formellen Vorschriften zu den Verfahren vor dem Bundesverfassungsgericht abgesichert. Unter diskursivem Aspekt ergibt sich aus §§ 2, 13, 23 Abs. 1 BVerfGG, daß die Entscheidungen des Bundesverfassungsgerichts nur auf Antrag bestimmter Parteien und nur als Kollegialentscheidungen ergehen. Dadurch ist der Kreis derjenigen, die Argumente in den Diskurs einbringen können, bereits eng begrenzt. Einem Urteil soll gemäß § 25 Abs. 1 BVerfGG grundsätzlich die diskursive mündliche Verhandlung vorausgehen[611]; hinzu kommt die für alle Entscheidungen notwendige geheime Beratung sowie die abschließende Abstimmung des jeweiligen Senats gemäß §§ 30 Abs. 1, 15 Abs. 3 BVerfGG. Diese Verfahrensbestimmungen sichern einerseits die Unmittelbarkeit argumentativer Reaktionen und beschleunigen so den Diskurs; andererseits sichern sie auch das Zustandekommen einer Entscheidung im Interesse der Rechtssicherheit, auch wenn dadurch ein Diskurs vorzeitig beendet werden muß.

Bedenken hinsichtlich der ausschließlichen Rationalität der Entscheidungsfindung, d.h. des ehrlichen Einlassens auf die allgemeinen praktischen Diskursregeln, könnten sich daraus ergeben, daß die Wahl der Richter nach §§ 5 ff. BVerfGG nicht frei von parteipolitischen Einflüssen ist. Allerdings konnte sich die Vermutung, daß parteipolitische Erwägungen einen Einfluß auf die Entscheidungen des Bundesverfassungsgerichts haben, bisher nicht belegen lassen[612].

---

[610] Vgl. unten S. 132 ff.

[611] Zwar wird in der Praxis oftmals die Option des § 25 Abs. 1 BVerfGG genutzt, nach der alle Beteiligten ausdrücklich auf die mündliche Verhandlung verzichten können. Systematisch bleibt weiterhin die mündliche Verhandlung die Regel. Der freie Verzicht ist selbst ein Teil des Diskurses und ermöglicht den Beteiligten die konzentrierte Behandlung der Streitfrage in einem schriftförmigen Diskurs.

[612] Vgl. *Jäger*, Entscheidungsverhalten und Hintergrundfaktoren der Bundesverfassungsrichter, ZRP 1987, 363.

Das Bundesverfassungsgericht selbst bezeichnet - wie bereits erwähnt - die Verfassungsinterpretation insgesamt als einen Diskurs, bei dem die jeweils besseren Gründe den Ausschlag geben sollen[613]. Unter zeitlichem Aspekt schließt diese Ansicht zumindest auf lange Sicht und in Bezug auf die Bindungswirkung nicht aus, daß das Gericht seine Entscheidungen nicht nur als Teile eines konsistenten und möglichst vollständigen Auslegungskanons versteht, sondern die Verfassungsinterpretation insgesamt als einen sich in der Zeit stetig wandelnden Prozeß ansiehtLetztlich kann mit *Habermas* auch eine sich aus der diskurstheoretischen Deutung der Verfassungsgerichtsbarkeit ergebende legitimierende Kraft hergeleitet werden: „Die Diskurstheorie bricht mit einer ethischen Konzeption von staatsbürgerlicher Autonomie; deshalb braucht sie den Modus deliberativer Politik nicht einem Ausnahmezustand vorzubehalten. Und ein Verfassungsgericht, das sich von einem prozeduralistischen Verfassungsverständnis leiten läßt, braucht seinen Legitimationskredit nicht zu überziehen und kann sich innerhalb der - argumentationslogisch deutlich bestimmten - Kompetenzen der Rechtsanwendung bewegen, ..."[614].

III. Entscheidungsfindung und Entscheidungsdarstellung

Erhebt die Entscheidungsanalytik einen wissenschaftlichen Anspruch, dann darf sie nicht auf die Analyse der in den Entscheidungsgründen dargelegten Argumentationen beschränkt bleiben, sondern muß sich auch mit der Entscheidungstheorie auseinandersetzen. Dazu gehören sowohl die Fragen nach den Bedingungen, unter denen freie Entscheidungen möglich sind, als auch die Fragen danach, inwieweit die Darstellung des Entscheidungsvorgangs in den Entscheidungsgründen die tatsächliche Entscheidungsfindung widerspiegelt. Denn sollte es im Entscheidungsfindungsprozeß und in der Entscheidungsdarstellung nicht ausschließbare subjektive Überformungen geben, so muß der Anwender einer Entscheidungsanalysemethode in die Lage versetzt werden, diese mitbedenken zu können.

1. Entscheidungsfindung und Entscheidungsfreiheit

Bereits die Frage nach den Bedingungen, unter denen freie Entscheidungen möglich sind, wird fundamental von den Erkenntnissen der neuesten Hirnforschung beeinflußt, wonach alle Entscheidungen eindeutig vorbewußt getroffen werden[615]. Willensfreiheit und Verursachung durch einen freien Willen sind eine Täuschung[616], mit der die Konsistenz der im Gehirn abgebil-

[613] BVerfGE 82, 30, 38 f. Vgl. oben S. 117, Fn. 572.

[614] *Habermas*, Faktizität und Geltung, stw 1361, 1. Aufl. 1998, S. 339.

[615] *Roth*, Fühlen, Denken, Handeln, 2001, S. 442.

[616] *Roth* (Fn. 615), S. 445: „Der Eindruck, daß wir Menschen aus Gründen statt aus Ursachen handeln, hat mit der Tatsache zu tun, daß uns die eigentlichen Antriebe unseres Handelns nicht zugänglich sind. Gründe sind Ursachen, die uns sinnvoll erscheinen und die wir uns selbst zuschreiben, da deren kausale Ursprünge uns nicht einsichtig sind. Es ist diese Selbstzuschreibung, die uns das Gefühl, etwas frei zu wollen, vermittelt."

deten Welt gewährleistet und gewahrt wird. Nach den derzeitigen naturwissenschaftlichen Erkenntnissen entscheidet stets das emotionale Erfahrungsgedächtnis, das die Bewertungen des limbischen Systems speichert[617].

Auf der Annahme der Willensfreiheit beruht aber das gesamte kulturelle Selbstverständnis des Menschen und damit auch das gesamte Rechtssystem, von der zivilrechtlichen Vertragsfreiheit bis zur strafrechtlichen Verantwortlichkeit. Die kulturellen Wirkungen dieser Erkenntnisse der Hirnforschung sind daher noch nicht abzusehen[618].

Aber auch mit dem Wissen, daß es keine Willensfreiheit gibt, können wir nicht anders, als uns im Denken frei zu fühlen und frei zu denken[619]. Bisher war es möglich, mit *Kant* der Ansicht zu sein, daß „in praktischer Absicht der Fußsteig der Freiheit der einzige [ist], auf welchem es möglich ist, von seiner Vernunft bei unserem Tun und Lassen Gebrauch zu machen; daher wird es der subtilsten Philosophie eben so unmöglich, wie der gemeinsten Menschenvernunft, die Freiheit wegzuvernünfteln."[620] Es scheint nun aber, als ob die Freiheit des Willens naturwissenschaftlich widerlegt sei und die Annahme nur eines Scheinwiderspruchs[621] zwischen Natur und Freiheit nicht mehr möglich ist. *Roth* schlägt zur Lösung des Dilemmas das Konzept der Autonomie vor: „Autonomie ist die Fähigkeit des ganzen (bewußt und unbewußt gesteuerten) Wesens innengeleitet, aus individueller Erfahrung zu handeln. Autonomie ist mit Willensfreiheit unverträglich. Wir fühlen uns am ehesten frei, wenn die bewußten Intentionen in hinreichendem Einklang mit den unbewußten Antrieben stehen."[622]

Ob und wie das Paradoxon des freien Willens lösbar ist, muß an dieser Stelle dahingestellt bleiben. Das Bewußtsein muß sich frei denken, auch wenn es - oder gerade weil es - nur eine Widerspieglung naturwissenschaftlich determinierter Vorgänge ist. Zumindest scheint das emotionale Erfahrungsgedächtnis aber für alle alltäglichen, nicht grundlegend-philosophischen Betrachtungen hinreichend komplex zu sein, um den Eindruck von Autonomie aufrechtzuerhalten. Im Hinblick auf die speziell juristische Fragestellung sollte es ausreichen, sich mit dem Wissen um das Paradoxon des freien Willens zu arrangieren und zu bedenken, daß auch richterliche Entscheidungen, entgegen ihrem eigenen Rationalitätsanspruch, von unbewußten und auch be-

---

617 *Roth* (Fn. 615), S. 451 f.

618 So auch *Roth* (Fn. 615), S. 452 ff.

619 *Kant*, Grundlegung zur Metaphysik der Sitten, Werke in zwölf Bänden, 1977, Bd. 7, S. 92: „Alle Menschen denken sich dem Willen nach als frei." Auch nach *Kant* (Fn. 619), S. 92 und 96, ist Freiheit nur eine Idee der Vernunft, deren objektive Realität an sich zweifelhaft ist; sie gilt nur als notwendige Voraussetzung der Vernunft in einem Wesen, das sich eines Willens bewußt zu sein glaubt.

620 *Kant*, (Fn. 619), GMS, S. 92.

621 *Kant*, (Fn. 619), GMS, S. 92.

622 *Roth* (Fn. 615), S. 449. Diese Autonomie als Fähigkeit innengeleiteter Handlungen ist allgemeiner als das kantische Prinzip der Autonomie des Willens (GMS, S. 75), bei dem die Wahlmaximen zugleich ein allgemeines Gesetz bilden müssen.

wußten[623] irrationalen Antrieben nicht unerheblich beeinflußt werden. Unbewußte Antriebe in Form eines unbestimmten Rechtsgefühls sollten sich zudem bei guten Juristen in der Regel bereits in ein mittels Erfahrung geschärftes Judiz verwandelt haben[624].

2. Rationalitätsanspruch und Sprache

Juristische Entscheidungen beanspruchen umfassende Rationalität und stellen diese in den Entscheidungsgründen sprachlich dar. Eine solche Anschauung setzt aber ein Sprachverständnis voraus, nach dem Sprache vor allem ein Instrument der Kommunikation ist. Dies ist jedoch ebenfalls nicht mehr unumstritten, denn Sprache wird nach einer neueren Sichtweise als ein sozial vermitteltes Vermögen angesehen, das in erster Linie der Legitimation des überwiegend unbewußt gesteuerten Verhaltens vor uns selbst und vor anderen dient[625]. Damit wären auch die Gründe einer juristischen Entscheidung bereits im Moment ihrer sprachlichen Fixierung, sei es im Kopf des Richters, bei der mündlichen Kammerbesprechung oder bei der schriftlichen Niederlegung, nur noch eine die tatsächliche Entscheidung nachträglich legitimierende Konstruktion.

Strukturiertes Denken und Begründen ist aber ohne Sprache nicht möglich. Insofern scheint dieses Dilemma dem obigen ähnlich, wo trotz des Wissens um die Unfreiheit des Willens das Bewußtsein sich nur frei und autonom denken kann. Ebenso scheint auch das Sprachparadoxon, daß einerseits Sprache der lediglich nachträglichen Legitimation dient, andererseits aber notwendige Voraussetzung des Denkens ist, nicht vollständig auflösbar zu sein. Diese Ähnlichkeit liegt darin begründet, daß sowohl das Willens- als auch das Sprachproblem auf der gleichen Grundtatsache der vorbewußten Determiniertheit beruhen.

Sich mit diesem Sprachverständnis zu arrangieren, bedeutet aber nicht zwingend, den Rationalitätsanspruch gänzlich aufzugeben. Er wird jedoch modifiziert und relativiert. Ein solch relativer Rationalitätsanspruch ist dadurch gekennzeichnet, daß der Verfasser einer sprachlichen Begründung um deren nachträgliche Legitimationswirkung weiß, aber dennoch nach bestem Gewissen eine rationale Begründung anstrebt.

Wird ein Rationalitätsanspruch erhoben, so ist dieser vornehmlich auf interpersonelle Kommunikation, d.h. auf die Überzeugung anderer gerichtet[626].

---

623 Skeptisch hier auch *Schünemann*, Die Gesetzesinterpretation im Schnittfeld von Sprachphilosophie, Staatsverfassung und juristischer Methodenlehre, in: Festschrift für Ulrich Klug, Bd. I, 1983, S. 169 ff., S. 185 f.: „Die Auswahl zwischen mehreren gleichermaßen rational begründeten Entscheidungsalternativen ist deshalb in letzter Konsequenz nur durch einen dezisionistischen Akt möglich, der mit der blassen Utopie des idealen Konsenses nicht adäquat verstanden, sondern nur durch politische Gesetzmäßigkeiten und Randbedingungen kausal erklärt werden kann."

624 Vgl. *Gröschner*, Judiz - was ist das und wie läßt es sich erlernen?, JZ 1987, S.903, 906 ff.

625 *Roth* (Fn. 615), S. 452.

626 Vgl. *Perelman* (Fn. 549), S. 142: „Jede Argumentation steht in einer Beziehung zum Auditorium, welches überzeugt werden soll."

Aber auch die Möglichkeit von Kommunikation wird von der vorbewußten Determiniertheit des Bewußtseins des Empfängers überlagert, denn sprachliche Kommunikation bewirkt nur dann Veränderungen im Partner, wenn dieser sich bereits in einem konsensuellen Zustand befindet[627]. Insbesondere kann Wissen nicht übertragen, sondern nur wechselseitig konstruiert werden[628].

Daher muß auch vom Empfänger einer juristischen Begründung regelmäßig gefordert werden, daß er sich konsensuell auf die Rationalität der Begründung einstellt. Anderenfalls wird er nicht in der Lage sein, die Begründung nachkonstruieren zu können. Allenfalls könnte er Vermutungen über die Konstruktion der Begründung anstellen, was aber nicht seiner Rationalitätserwartung entspricht. Alles Nichtrationale einer Begründung hat nur dann eine Aussicht auf Überzeugungswirkung, wenn ein anderer, nichtrationaler Konsens, beispielsweise religiöser Art, vorliegt.

Das Bestimmtheitsgebot des Rechtsstaatsprinzips verlangt ein Höchstmaß an Transparenz von Entscheidungen für die größte Zahl möglicher Empfänger, was nur durch den kleinsten, aber dennoch wirksamen gemeinsamen Nenner eines gesellschaftlichen Konsenses gewährleistet werden kann. Für einen solchen Konsens kommt einzig das Rationalitätsprinzip in Betracht, wonach sowohl die Verfasser als auch die Empfänger von Entscheidungen Rationalität anstreben sollten und diesen Anspruch auch gegen sich selbst gelten lassen müssen.

Die Rationalität einer Entscheidung nicht absolut zu setzen, sondern sie als ein notwendiges Prinzip im Sinne eines Optimierungsgebots zu verstehen, bedeutet aber auch, sich davon zu lösen, eine absolute Richtigkeit von Entscheidungen annehmen zu können. Die juristische Richtigkeit liegt vielmehr in der Gelungenheit einer Entscheidung, die sich auf die Einheit des vertretbaren Ergebnisses und einer mindestens befriedigenden Begründung bezieht[629].

3. *Darstellung der Herstellung*

Zu dem Ergebnis, daß die Darstellung der Herstellung und der wirkliche Entstehungsprozeß von Entscheidungen wahrscheinlich nicht im Sinne der Wahrheit übereinstimmen, kommt auch *Sobota*[630], wenn auch aufgrund eines gänzlich anderen Ansatzes. Ausgangspunkt ist dabei die Betrachtung, daß die Rechtswissenschaft, soweit sie juristisches Verhalten untersucht, auch Rhetorikforschung ist und selbst die juristische Methodenlehre unter diesem Blickwinkel als ein Zweig der Rhetoriklehre angesehen werden kann[631]. Über die

---

627 *Roth* (Fn. 615), S. 453.

628 Ebenda.

629 So auch *Lege*, Pragmatismus und Jurisprudenz, 1999, S. 605. *Gröschner*, Die richterliche Rechtsfindung: ‚Kunst' oder ‚Methode' ?, JZ 1983, S. 944, 949, spricht auch von der Kunst des Richters.

630 *Sobota*, Sachlichkeit, Rhetorische Kunst der Juristen, 1990, S. 16, 151.

631 *Sobota* (Fn. 630), S. 2.

Darstellung der rhetorischen Aspekte der Entscheidungsanalytik wird die allgemeine Entscheidungstheorie auch wieder mit der speziellen Argumentationstheorie verbunden[632].

Sobota untersucht vornehmlich die selbstreferentiellen Bestandteile von Rechtsreden, zu denen insbesondere der selbstdistanzierte Reflexionsstil richterlicher Entscheidungsfindungen gehört[633]. Juristische Texte erwecken oftmals nur den Anschein eines in sich stimmigen, rein fremdreferentiellen Konstrukts, das in einem Prozeß ordnungsgemäßen Schlußfolgerns zustande gekommen ist[634]. Es läßt sich zeigen, daß das ratiobetonte Darstellungsmuster durchgehend enthymematisch ist, d.h. daß die fremdreferentiellen Aussagen als Schlüsse aus nur wahr scheinenden Regeln präsentiert werden[635]. Die Obersätze der Syllogismen werden in ihrer Darstellung absolut gesetzt, obwohl sie allenfalls zeitlich und kulturell relative, anerkennungsabhängige Regeln sein können[636].

Dieser rhetorischen Sicht zu folgen bedeutet jedoch weder, die Trennung von Tatsachen und Recht[637], noch den Anspruch auf logische Argumentation[638] aufzugeben. Das Recht bleibt als ein existenter, wohlgeordneter Kosmos bestehen, der sich in den strengen, mit sachlicher Attitüde behafteten rechtlichen Argumentationen widerspiegelt[639].

Für die Entscheidungsanalytik ergeben sich aus dieser rhetorischen Betrachtung aber bestimmte Aufmerksamkeitsforderungen. Danach ist zum einen stets zu bedenken, daß die Entscheidungsgründe als Darstellung der Herstellung regelmäßig nur die nachträgliche Selbstdarstellung des tatsächlichen Entscheidungsfindungsprozesses enthalten. Zum anderen ist jeweils konkret

---

632 So ist auch *Neumann* (Fn. 491), S. 4, der Ansicht, daß die Argumentationstheorie nicht mit der Herstellung, sondern mit der Darstellung der Herstellung zu tun habe.

633 *Sobota* (Fn. 630), S. 33.

634 Vgl. *Sobota* (Fn. 630), S. 49.

635 *Sobota* (Fn. 630), S. 81. Enthymem wird auch als Bezeichnung lediglich unvollständiger, verkürzter Schlüsse gebraucht, vgl. *Schneider* (Fn. 494), S. 91 f. Zu bevorzugen ist jedoch die aristotelische Verwendung des Begriffs für Schlüsse aus Wahrscheinlichem, vgl. *Aristoteles*, Erste Analytiken oder: Lehre vom Schluß. Übersetzt und erläutert von J. H. von Kirchmann, Felix Meiner, o.J. (Philosophische Bibliothek, Bd. 10), S. 147.

636 *Sobota* (Fn. 630), S. 72, 88. Diese sogenannten Endoxa beruhen auf Überzeugungen, die als allgemein anerkannt gelten; sie stehen nicht für Wissen, sondern für Meinungen im Bereich der menschlichen Angelegenheiten.

637 Nach *Sobota* (Fn. 630), S. 112 f., ist die Unterscheidung zwischen „Fakten" und „Normen" kein Grundmuster rhetorischer Argumentationstechnik. Der juristische Kardinalsatz der Trennung von „Recht" und „Tatsachen" bleibt davon aber unberührt.

638 Nach *Viehweg* (Fn. 509), S. 95, ist die Logik im Rechtsleben ein Ordnungsdenken, das zugleich Konstanz und Wandel, Abstraktion und Konkretisierung ermöglicht.
Sobota (Fn. 630), S. 117, betont selbst den Wert der Logik, die als leistungsfähige Kombinationslehre mit ihrem formalisierten, musterhaften Stil nicht aufgegeben werden sollte.

639 *Sobota* (Fn. 630), S. 133, 152. *Haft* (Fn. 521), S. 19 f., weist jedoch darauf hin, daß der lapidare Verzichtsstil in der dritten Person wesentlich dazu beigetragen habe, „daß Generationen von Juristen glaubten, das Geschäft der Subsumtion funktioniere als ein rein logischer Vorgang, ohne zu erkennen, wieviel an Vor-Urteilen und Vor-Verständnis, schöpferischer Gestaltung, aber auch blanker Willkür in diesen Vorgang -notwendig- einfloß und weiter einfließen wird."

zu hinterfragen, inwieweit die sachliche, unparteiliche und regelhafte Attitüde der Darstellung der Herstellung einer Entscheidung gerechtfertigt ist. Dabei ist insbesondere zu prüfen, warum die jeweiligen Prämissen dem Gericht so evident wahr scheinen.

Aufmerksamkeitsforderungen dieser Art sind jedoch nicht formalisierbar, da es von unzähligen und unsystematisierbaren Faktoren abhängt, ob eine bestimmte Stelle einer Entscheidungsbegründung hinterfragt werden sollte oder nicht. Zudem hat auch regelmäßig das Ziel einer Analyse von Entscheidungsgründen Einfluß darauf, an welcher Stelle das Hinterfragen von Prämissen abgebrochen wird, da der Prozeß selbst nach Umfang und Tiefe unbeschränkt ist. Das richtige Maß im Umgang mit diesen Erkenntnissen zu finden, kann dem analytischen Verstand und dem Judiz von Juristen anvertraut werden. Jedenfalls sollte ein direktes und insbesondere auch ein indirektes Leugnen der Unzulänglichkeiten der sprachlichen (Re-)Präsentation von Entscheidungsprozessen nicht mehr möglich sein.

4. Argumentation und Rhetorik des Bundesverfassungsgerichts

Auch in Bundesverfassungsgerichtsentscheidungen ist nicht alles, was als Argumentation erscheint, tatsächliches Argumentieren. Neben den verbreiteten Enthymemen, den Schlüssen aus wahr scheinenden Regeln, finden sich in den Entscheidungen auch zahllose rhetorische Figuren[640]. Unter rhetorischen Figuren versteht man all jene rhetorischen Stilmittel, die von der denkbar schlichtesten, schmucklosesten Sprechweise abweichen[641] und die in der Regel dazu genutzt werden, einen Gedanken durch besondere Gestaltung hervorzuheben. Eine bekannte rhetorische Figur ist beispielsweise die Metapher, die sich nicht selten auch in Entscheidungsbegründungen findet[642]. Aber es gibt auch rhetorische Konstruktionen, die Ordnungen suggerieren und einen argumentähnlichen Effekt haben. Hierzu gehören beispielsweise Formulierungen wie „nicht nur ... sondern auch“, „einerseits ... andererseits“, „trotz ... gerade“ oder „zwar ... aber“. Mit Wendungen dieser Art werden bestimmte Aspekte einander gegenübergestellt, von denen dann der jeweils zweite Teil favorisiert wird. Es läßt sich jedoch zeigen, daß die Inhalte dieser Wendungen regelmäßig austauschbar sind[643]. Die Verwendung dieser Formulierungen ist daher keine Argumentation, sondern schlichte Dezision.

---

640 *Sobota*, Argumente und stilistische Überzeugungsmittel in Entscheidungen des Bundesverfassungsgerichts, in: Rhetorik, Ein internationales Jahrbuch 15, 1996, S. 115 ff.

641 *Sobota*, Rhetorische Muster der Rechtsgewinnung am Beispiel einer Entscheidung des OVG Münster, in: Topoi und Rhetorik, 2000, S. 524.

642 Vgl. *Sobota*, Rhetorisches Seismogramm, JZ 1992, S. 232, mit weiteren Beispielen rhetorischer Figuren und weiteren Nachweisen.

643 *Sobota* (Fn. 642), S. 232.

Nun sind Wendungen dieser Art in der Rechtswissenschaft allgegenwärtig und wohl auch unvermeidbar. Aber gerade innerhalb einer Entscheidungsanalytik dürfen sie nicht für Argumente gehalten werden. Daher sollte der dezisionistische Charakter dieser Wendungen bei der Analyse von Entscheidungen stets mitbedacht werden.

An den empirischen Untersuchungen *Sobotas* zu rhetorischen Figuren in Bundesverfassungsgerichtsentscheidungen ist zunächst die Feststellung bemerkenswert, daß sich in allen Entscheidungen eine Spiegelbeziehung zwischen Argumenten und rhetorischen Figuren zeigte, d.h. die Passagen mit vielen Argumenten wiesen wenig Figuren auf und umgekehrt[644]. Bedeutsam unter dem Blickwinkel der Bindungswirkung ist aber vor allem der Nachweis, daß typischerweise in den juristisch wichtigsten Passagen der höchste Figurenaufwand und die geringste Argumentationsdichte zu beobachten ist[645]. Dies deutet zunächst nur darauf hin, daß diese Passagen einen höheren Anteil an eigenen Wertungen des Gerichts enthalten als andere und daß das Gericht die rhetorischen Figuren zum Hervorheben dieser Wertungen nutzt. In der Verwendung rhetorischer Figuren liegt aber auch für das Gericht selbst die Gefahr, beim Verfassen einer Entscheidungsbegründung eine rhetorische Figur wie ein Argument zu nutzen und so eine fiktive Legitimation[646] zu erzeugen. Allerdings ist es nicht die vordergründige Aufgabe einer Entscheidungsanalytik zur Bindungswirkung, eine solche fiktive Legitimation zu entlarven. Dies bliebe aufgrund des voraussichtlich hohen argumentativen Aufwandes vornehmlich die Aufgabe einer ausführlichen Entscheidungskritik.

Für eine Entscheidungsanalytik zur Ermittlung der tragenden Gründe ist vor allem das Wissen um rhetorische Figuren und ihren teilweise scheinargumentativen Charakter von Bedeutung. Daneben können rhetorische Figuren aber auch als Indikator für diejenigen Gründe dienen, die dem Gericht besonders wichtig waren und die daher mit besonderer Aufmerksamkeit auf die für die Bindungswirkung notwendigen Qualitäten hin überprüft werden sollten: die Abstrahierbarkeit und die Qualität als Verfassungsauslegung.

IV. Entscheidungsanalytik

Nach den allgemeinen Betrachtungen zur Argumentationstheorie, den Prozessen um die Entscheidungsfindung und zur sprachlichen Entscheidungsdarstellung soll nun die konkrete Möglichkeit der Analyse von Entscheidungsgründen untersucht werden. Mit dieser Frage befaßt sich die Entscheidungsanalytik, die als ein interdisziplinäres Gebiet zwischen Argumen-

---

644 *Sobota* (Fn. 641), S. 538.

645 *Sobota* (Fn. 642), S. 237; Dies. (Fn. 641), S. 538.

646 Vgl. zu Fiktionen *Perelman* (Fn. 549), S. 191: „... Beispiele zeigen, daß die Gerichte nicht zögern, eine auf der Hand liegende Entscheidung zu treffen, sogar wenn diese einer fiktiven Legitimation bedarf."; S. 240: „Es bleiben jedoch immer Fälle bestehen, auch wenn sie selten auftreten, in denen der Richter seine Entscheidung nur untermauern kann, indem er eine Fiktion zur Hilfe ruft: sei es bei der Qualifizierung der Tatsachen, sei es bei der Motivierung des Urteils."

tationstheorie und juristischer Methodenlehre angesehen werden kann. Ihre Aufgabe besteht in der strukturierten Wiedergabe und Analyse des Ableitungszusammenhangs einer Entscheidung unter besonderer Berücksichtigung der argumentationstheoretischen und der spezifisch entscheidungsdarstellenden Aspekte.

1. Deskriptivität der Entscheidungsanalytik

Die Entscheidungsanalytik kann ihrer Hauptaufgabe, der strukturierten Wiedergabe des Ableitungszusammenhanges einer Entscheidung, nur nachkommen, wenn sie inhaltlich konsequent passiv bleibt, d.h. ausschließlich deskriptiv statt präskriptiv wirkt. Insbesondere in Form einer konkreten Entscheidungsdekompositionstechnik muß bereits für die einzelnen Methoden gesichert sein, daß diese nur nachzeichnend und insbesondere nicht verdeckt rechtschöpfend wirken können.

Gefährdungen der Deskriptivität treten an den Stellen auf, an denen sich die Entscheidungsanalytik mit juristischer Dogmatik oder mit Auslegungstechniken beschäftigt. Da Dogmatik und Auslegungsregeln aber keineswegs inhaltsneutral sind, sondern vielmehr gerade auf die systematische Vereinbarkeit beziehungsweise den Bedeutungsgehalt von Aussagen zielen, müssen diese Verhältnisse genauer untersucht werden.

2. Dogmatik und Entscheidungsanalytik

Die juristische Dogmatik soll mit ihrem grundlegenden Wortgebrauch hier als „Rechtswissenschaft im engeren Sinne" verstanden werden, welche das geltende Recht begrifflich-systematisch untersucht und daraus konsistenzwahrende, innere Widersprüche vermeidende Vorschläge zur Lösung von Rechtsproblemen erarbeitet[647]. In diesem Verständnis ist die Entscheidungsanalytik ein Teil der Dogmatik, und zwar derjenige, der sich auf die Herausarbeitung der Untersuchungsgegenstände beschränkt. Andererseits sind die Fragen, ob die mit einer Entscheidungsanalysemethode gefundenen tragenden Gründe einer Verfassungsgerichtsentscheidung das Ergebnis eines vorher dogmatisch entwickelten Ansatzes sind oder ob sie sich in ein vorhandenes dogmatisches System einfügen, rein sekundär und dürfen nach dem Gebot der Deskriptivität erst einer Entscheidungsanalyse nachgeordnet erörtert werden. Daraus ließe sich die Forderung herleiten, daß der Einfluß dogmatischer Erwägungen bei der Entwicklung einer Entscheidungsanalysemethode ausgeschlossen werden muß, um nicht bereits vorentscheidend einem bestimmten systematischen Verständnis die Richtung zu weisen. Es erscheint jedoch als illusorisch, daß ein solcher Ansatz ein praktikables Ergebnis hervorbringen würde, da jede Entscheidungsanalysemethode diskrete Argumentengruppen unterscheiden muß. Aber schon bei der grundlegenden Unter-

---

[647] *Alexy* (Fn. 435), S. 308. Nach *Schapp* (Fn. 431), S. 99, scheint 'Dogmatik' eine zutreffende Bezeichnung für das juristische Begriffssystem in seinen oberen Abstraktionen zu sein.

scheidung von Tatsachen und Wertungen kann in einer juristischen Argumentation eine angemessene sprachliche Trennschärfe nur durch Grundannahmen und Voraussetzungen erreicht werden, die notwendig dogmatischen Charakter tragen. Eine Entscheidungsanalysemethode kann daher nicht vollständig von der zugrundeliegenden Dogmatik getrennt werden. Daher soll hier die weniger weitgehende Forderung aufgestellt werden, daß die zur Herleitung einer Entscheidungsanalysemethode herangezogenen dogmatischen Erwägungen offen darzulegen sind und die dogmatischen Elemente als solche klar erkennbar sind. Für die unten[648] dargelegte Entwicklung einer logisch-inhaltlichen Dekompositionstechnik zur Bestimmung der tragenden Gründe von Verfassungsgerichtsentscheidungen besteht beispielsweise ein grundlegender dogmatischer Bezug in der Annahme, daß bindende Wirkung nur abstrahierbaren Verfassungsauslegungen zugerechnet werden kann[649]. Dogmatische Bezüge werden weiterhin auch bei der Qualifizierung von Argumentengruppen auftreten, sollen aber dort als solche benannt und auch auf ihre inhaltliche Neutralität für eine Entscheidungsanalysemethode untersucht werden.

3. *Auslegung und Entscheidungsanalytik*

In vergleichbarer Weise muß auch das Verhältnis von Entscheidungsanalytik und Auslegungstechnik bestimmt werden. Unzweifelhaft ist, daß Entscheidungen stets Elemente der Auslegung enthalten, da juristische Entscheidungen immer auf dem bereits vorhandenen Rechtssystem aufbauen und sich dort einzufügen bemüht sind[650]. Erwägungen zu Wortlautgrenzen, Normentstehung, Normsystematik und Normteleologik sind mithin bereits Inhalt der Entscheidung. Um nicht mit denjenigen Auslegungen zu interferieren, die Teil der Entscheidung sind, muß hier postuliert werden, daß Auslegungstechniken bei der Rekonstruktion von Entscheidungen keinerlei Anwendung finden dürfen, da eine Beeinflussung des Aussagegehalts der Entscheidung sonst nicht ausgeschlossen werden kann. Am Beispiel der Formen und Regeln der Auslegung wird besonders deutlich, wie wichtig die absolute Deskriptivität der Analysemethoden ist. Denn Auslegungen können implizit in einer Entscheidung in einer Weise enthalten sein, daß nur eine bestimmte von mehreren möglichen Interpretationen das Ergebnis zu stützen geeignet ist. In einem solchen Fall ist es Aufgabe der Entscheidungsanalytik, diese Auslegungsstruktur nicht zu übersehen und offenzulegen, nicht aber in irgendeiner Art interpretierend zu wirken. Erst eine sich an die Entscheidungsanalyse anschließende und auf diese aufbauende inhaltliche Kritik einer Entscheidung

---

648 Vgl. unten S. 139 ff.

649 Vgl. oben S. 91.

650 Nach *Müller* (Fn. 544), S. 46, können sich die Auslegungsmethoden zwar nicht auf einen einheitlichen und stabilen Sprachgebrauch stützen, sind aber dennoch als Elemente aktiver Semantisierungsvorgänge in der rechtlichen Praxis unverzichtbar.

kann und muß dann auch auslegungsmethodische Prinzipien anwenden oder deren Anwendung in der Entscheidungsbegründung hinterfragen.

Für eine spezielle Methode der Darstellung von Bundesverfassungsgerichtsentscheidungen zur Herausarbeitung der bindenden Verfassungsauslegungen ergibt sich schon aus der Aufgabenstellung, daß auch ein verdeckter Einfluß von Auslegungstechniken ausgeschlossen sein muß.

4. *Argumentformen und Argumentqualitäten in Argumentenklassen*

Einer Entscheidungsanalytik liegt jeweils eine mehr oder weniger ausdifferenzierte Klassifikation der in den Urteilsbegründungen möglichen Äußerungen zugrunde. So schlägt beispielsweise *Rottleuthner* zehn Äußerungskategorien[651] zur Klassifikation der Gründe einer Entscheidung vor; *Schroth* hält sogar dreizehn Kategorien[652] für erforderlich. Eine solch detaillierte Einteilung hat das evidente Problem, die Vielzahl der Argumentenklassen sauber abstrakt zu unterscheiden und auch jeweils konkrete Trennungserfordernisse und -kriterien zu benennen. Hinzu kommt, daß sich in praktischer Hinsicht eine Menge von zehn und mehr Klassen wegen ihrer Unübersichtlichkeit nur schwer als Teil einer anwendungsorientierten Methodik vermitteln ließe.

Generell läßt sich vermuten, daß mit der Zunahme der Differenzierung der Argumentenklassen sowohl die Möglichkeit der praktischen Vermittelbarkeit und Anwendbarkeit einer Entscheidungsanalysetechnik als auch die Trennschärfe der Argumentenklassen überproportional sinkt. Denn zum einen müssen die Unterschiede der einzelnen Klassen begrifflich hinreichend genau umrissen sein, zum anderen muß jede zusätzliche Klasse gegenüber jeder bereits bestehenden sowohl semantisch als auch teleologisch, d.h. auf den Grund und die Zielrichtung der zusätzlichen Unterscheidung hin, argumentativ abgegrenzt und somit auch begründet werden.

Von der anderen Seite aus betrachtet wäre eine gerade noch sinnvolle Reduzierung der Aussagenformen juristischer Entscheidungen bis zur grundlegenden Einteilung in Tatsachenfeststellungen und Wertungen möglich. Zwar darf nicht einmal eine solche duale Differenzierung als trivial[653] angesehen werden, aber es darf zu recht auch daran gezweifelt werden, daß eine solche Einteilung allein für die Ermittlung der tragenden Gründe von Verfassungsgerichtsentscheidungen ausreichend sein kann. Sie soll jedoch als Ausgangspunkt der Argumentenklassen der zu entwickelnden Methodik dienen.

Im folgenden werden jedoch zunächst die allgemeinen Einteilungsvorschläge von *Rottleuthner* und *Schroth* und die speziellen Vorschläge *Philippis* zur Einteilung der Tatsachenfeststellungen genauer betrachtet und vergli-

---

651 *Rottleuthner* (Fn. 434), S. 102 ff.

652 *Schroth*, Eine Methode der formalen Rekonstruktion von Gerichtsurteilen, ARSP Beiheft 14 / 1980, S. 122 f.

653 Auf die Schwierigkeiten selbst bei der Unterscheidung von Tatsachenbehauptungen und Werturteilen weist *Rottleuthner* hin mit dem Verweis, daß oft keine Einigung über die Operationalisierung eines Prädikats erzielt werden kann; *Rottleuthner* (Fn. 434), S. 111.

chen. Insbesondere soll geprüft werden, ob sich aus der begrenzten Zielstellung der Herausarbeitung der tragenden Gründe von Verfassungsgerichtsentscheidungen eine wesentliche Reduzierung dieser Argumentenklassen ergeben kann.

a) Die Argumentenklassen Rottleuthners

In seinem „Plädoyer für eine empirische Argumentationstheorie"[654] schlägt *Rottleuthner* vor, zur möglichst vollständigen und gleichzeitig trennscharfen Erfassung der Äußerungen in Urteilsbegründungen die folgenden zehn Kategorien zu unterscheiden: 1. Normformulierungen, 2. Normsätze, 3. Werturteile, 4. Semantische Präzisierungen, 5. Relevanzbehauptungen, 6. Eventualabwägungen, 7. Normen mit Verweis auf empirische Bedingungen, 8. Indikatoraussagen (Motive, Dispositionen), 9. Tatsachenbehauptungen, 10. Restkategorie. Zur Restkategorie bemerkt *Rottleuthner* selbst, daß die Konkretisierung weiteren Analysen vorbehalten bleiben soll[655], er also selbst von einem noch offenen Klassifizierungssystem ausgeht. Die Klasse der Tatsachenbehauptungen unterteilt er weiterhin in die zwei Obergruppen der deskriptiven und der hypothetischen Aussagen[656], wobei die letzteren die Besonderheit besitzen, daß in ihnen Zusammenhänge mit Variablen behauptet werden[657]. Die deskriptiven Aussagen werden wiederum in sieben[658], die hypothetischen Aussagen in vier[659] Unterklassen aufgeteilt. Zusätzlich gibt *Rottleuthner* noch vier sprachliche Indikatoren an, die bei der Identifizierung von Tatsachenbehauptungen hilfreich sein können[660]. Zwischen diesen insgesamt ca. zwanzig qualifizierten Klassen behandelt *Rottleuthner* Abgrenzungsprobleme bei fünf Paaren[661] von Äußerungstypen in einer Form, die nicht wesentlich über die Darstellung des jeweiligen Abgrenzungsproblems hinausgeht[662] und insbesondere keine allgemeinen Abgrenzungskriterien angibt.

Unter dem Blickwinkel des Aufspürens abstrahierbarer Verfassungsauslegungen ist eine Unterscheidung zwischen einem Teil der Äußerungsklassen *Rottleuthners* irrelevant. Interessant sind nur diejenigen Klassen, die einen

---

654 *Rottleuthner* (Fn. 434), S. 87 ff.

655 *Rottleuthner* (Fn. 434), S. 105.

656 *Rottleuthner* (Fn. 434), S. 108, nennt Gruppe der hypothetischen Aussagen auch „theoretische, gesetzesartige Aussagen".

657 *Rottleuthner* (Fn. 434), S. 107 f.

658 1. Sachverhalt und Vorgeschichte, 2. Präzedenzien und Literaturmeinungen, 3. ‚Wille' des Gesetzgebers, 4. Sprachgebrauchsfeststellungen, 5. Wertvorstellungen sozialer Gruppen, 6. Qualitative Aussagen über das Zukommen von Eigenschaften, 7. Quantitative Charakterisierungen; S. *Rottleuthner* (Fn. 434),107 f.

659 1. Kausale Erklärungen, 2. Zweck-Mittel-Aussagen, 3. irreale Konditionalsätze, 4. Prognosen; *Rottleuthner* (Fn. 434), S. 108 f.

660 1. Erfahrung, 2. Anschauungen sozialer Gruppen, 3. Quantifizierte Behauptungen, 4. Kausalaussagen; *Rottleuthner* (Fn. 434), S. 110.

661 Tatsachenbehauptung oder Werturteil; Sprachliche Festsetzung oder Sachverhaltsbeschreibung; Sachverhaltsbeschreibung oder Normformulierung; Erklärung oder Rechtfertigung und Normsatz oder Normformulierung; *Rottleuthner* (Fn. 434), S. 111.

662 Vgl. *Rottleuthner* (Fn. 434), S. 110 ff.

selbständigen Bewertungsanteil des Gerichts enthalten und unmittelbar verfassungsbezogen sind. Dazu gehören sicher die Kategorien der Werturteile und der Relevanzbehauptungen. Nicht auszuschließen sind diese Kriterien bei Normen mit Verweis auf empirische Bedingungen, bei Indikatoraussagen, bei semantischen Präzisierungen, bei Eventualabwägungen und innerhalb der Unterklasse der hypothetischen Tatsachenbehauptungen bei der Klasse der Prognosen. Keinen eigenständigen Bewertungsanteil enthalten hingegen die Normformulierungen im Sinne imperativischer Äußerungen und die Normsätze im Sinne informativer Äußerungen über die Rechtslage[663].

Die Gruppe der deskriptiven Aussagen bildet jeweils die Grundlage für eine Entscheidung über die Abstrahierbarkeit der Verfassungsauslegungen, aber sie bedarf ebenfalls keiner eigenen Klasse, sondern kann unter der allgemeinen Kategorie der Tatsachenbehauptungen zusammengefaßt werden. Von den hypothetischen Aussagen kann insbesondere nur von der Klasse der Prognosen, die das wahrscheinliche Eintreten künftiger Ereignisse zur Grundlage von Verfassungsauslegungen macht, ein inhaltlicher Einfluß ausgehen, wenn eine Auslegung bei Nichteintritt der Prognose zeitlich verfällt. Bei den anderen Klassen hypothetischer Tatsachenbehauptungen[664] ist ein inhaltlicher Einfluß auf Verfassungsauslegungen weitgehend ausgeschlossen, soweit diese ihres ebenfalls grundlegenden prognostischen Gehalts[665] entkleidet sind.

Die Argumentenklasseneinteilung *Rottleuthners* soll hier nicht weiter untersucht werden, da sie eher der Vollständigkeit der Entscheidungswiderspiegelung dient und für eine Methodik zur Auffindung bindender Gründe einer aufwendigen Neu- und Umgruppierung bedürfte.

b) Die Argumentenklassen Schroths

Ein von *Schroth* entwickeltes Analyseschema[666] sollte es ermöglichen, Gerichtsurteile formal, d.h. möglichst genau, textnah, den dialogischen Charakter abbildend und möglichst umfassend zu rekonstruieren[667]. Grundlage ist dabei ein rein subjektiver Argumentbegriff, d.h. als Argument gilt das, was von einem Autor als Argument vorgebracht wird[668]. Aus den allgemeinen Betrachtungen, daß Argumente stets entweder „für" oder „gegen" etwas vorgebracht werden und dabei auch andere Argumente gewichten und beeinflussen können, entwickelt er 14 Diagramme möglicher Grundstrukturen von Ar-

---

663 Vgl. *Rottleuthner* (Fn. 434), S. 103.

664 Der kausalen Erklärung von Zusammenhängen, der Zweck-Mittel-Aussagen und der irrealen Konditionalsätze, vgl. *Rottleuthner* (Fn. 434), S. 108 f.

665 Der grundlegende prognostische Gehalt besteht in diesen Fällen in den allgemeinen Kausalitäten, dem Weiterbestehen des Staates, der Kontinuität gesellschaftlicher Grundwerte u.ä.

666 *Schroth* (Fn. 652), S. 119 ff. Er ging dabei vor allem von den Argumentationstheorien von Eike v. Savigny und von Stephan Toulmin aus, die auch schon *Alexy's* „Theorie der juristischen Argumentation" als Grundlage gedient hatten. Vgl. *Alexy* (Fn. 435), S. 70 f., 112 ff.

667 *Schroth* (Fn. 652), S. 118.

668 Ders., S. 120.

gumentationen[669]. Um zu verhindern, daß mehrere Argumente in einem Satz die Argumentationsstruktur verdecken, sei es notwendig, die Sätze einer Begründung zu zerlegen und zu klassifizieren. Die von *Schroth* nach verschiedenen, nicht näher erläuterten Versuchen für sinnvoll erachtete Klassifizierung unterteilt die möglichen Argumente einer Entscheidung wie folgt:[670]

1. Semantische Argumente mit Bezug zur Umgangssprache bzw. Fachsprache
2. Normkonkretisierungen aus historischen, nichtnormativen Quellen
3. Argumente zur Normhistorie
4. Interessens- und Interessenskonfliktargumente
5. Dogmatische Argumente, allgemeine Prinzipien
6. Teleologische Argumente, Sinn und Zweck einer Norm
7. Verfassungswidrigkeits-, Verfassungsmäßigkeitsargumente
8. Argumente der Rechtssicherheitsdienlichkeit
9. Argumente der Gerechtigkeitsdienlichkeit bzw. Billigkeit
10. Argumente zur Auslegungsfolgenbewertung
11. Argumente zur systematischen Norminterpretation
12. paralogische Argumente (z.B. *argumentum e contrario*)
13. Argumente zur Praktikabilität

Augenfällig ist, daß sich in den Klassifizierungen 1 bis 3, 5, 6 und 11 die allgemeinen Auslegungsprinzipien der Methodenlehre widerspiegeln. Da die hier angestrebte Entscheidungsanalysetechnik strikt passiv angelegt sein muß[671], ist eine solche Klassifikation aber nicht notwendig. Eine Differenzierung zwischen den aufzuzeigenden Auslegungen würde die Methodik unnötig verkomplizieren und auch die Gefahr in sich bergen, durch die Zuordnung zu einer Klasse eine unbeabsichtigte Gewichtung der jeweiligen Argumente zu bewirken.

Die Klassen 4, 8 bis 10 und 13 bilden eine Gruppe praktisch-relativer Erwägungen, die nicht primär normbezogen sind, sondern vielmehr den Bezug zur Lebenswelt vermitteln. Insofern sind sie ein notwendiger Teil von Auslegungen und damit auch von Grundrechtsinterpretationen. Eine Differenzierung ist aber aus den gleichen Gründen wie bei den reinen Auslegungsprinzipien für die konkrete Zielstellung weder erforderlich noch hilfreich.

Die paralogischen Argumente sind Teil der Struktur einer Entscheidung und können, ebenso wie alle anderen logischen Zusammenhänge, inhaltlich als eine, wenn auch spezifische Form einer Auslegungserwägung verbal erfaßt werden; eine gesonderte Klassifizierung ist daher nicht erforderlich. Die verbleibende Klasse der Argumente zur Verfassungswidrig- bzw. Verfassungsmäßigkeit erübrigt sich als eigene Unterklasse bei Bundesverfassungs-

---

669 Ders., S. 121 f.

670 Vgl. *Schroth* (Fn. 652), S. 122 f.

671 Vgl. oben S. 104.

gerichtentscheidungen, da die Rekonstruktion dieser Argumente gerade das Ziel der hier zu entwickelnden Entscheidungsanalysetechnik darstellt.

Eine Argumentenklassifikation im Sinne *Schroths* stellt sich somit für die gegebene Aufgabenstellung insgesamt als nicht erforderlich dar.

c) Die Tatsachenfeststellungsklassen Philippis

In einer umfangreichen empirischen Untersuchung zu den Tatsachenfeststellungen des Bundesverfassungsgerichts hat *Philippi* diese in drei zeitliche Grundkategorien mit jeweiligem Bezug zur Vergangenheit, Gegenwart und Zukunft eingeteilt. Die Feststellung und Einordnung historischer Tatsachen bereitet nach diesem System die wenigsten Schwierigkeiten[672]. Die vor dem Bundesverfassungsgericht festgestellten gegenwärtigen Tatsachen werden von *Philippi* unterteilt in die Gruppen der tatsächlichen Ziele politischer Organisationen, der tatsächlichen Bedeutungen gesellschaftlicher Institutionen, der tatsächlichen Gleichheit und Ungleichheit, der typischen Sachverhalte, der tatsächlichen Zusammenhänge zwischen Größen, des tatsächlichen Ausmaßes der Wahlrechtsungleichheit, der naturwissenschaftlichen Kausalverläufe, der Änderung ökonomischer und gesellschaftlicher Strukturen und in die Gruppe der grundsätzlichen Fragen[673].

Eine solche Differenzierung ist jedoch für die infrage stehende Entscheidungsanalysemethode nicht erforderlich, da die festgestellten historischen und gegenwärtigen Tatsachen zum Zeitpunkt der Entscheidung gemeinsam das invariante Fundament der konkreten Entscheidung bilden. Inwieweit eine Tatsachenform oder Tatsachenkategorie Teil eines Bindungswirkung erzeugenden tragenden Grundes sein kann, hängt einzig davon ab, wie das Gericht diese Tatsache verwendet, d.h. inwieweit diese Tatsachenfeststellung Grundlage einer abstrahierbaren Verfassungsauslegung ist.

Ähnliches kann auch für die dritte Grundkategorie von Tatsachenfeststellungen, die zukünftigen Tatsachen (oder auch Prognosen) festgestellt werden. Prognosen unterscheiden sich wesentlich dadurch von den historischen und gegenwärtigen Tatsachenfeststellungen, daß sie prinzipiell unbeobachtbar sind und daher nur auf Wahrscheinlichkeiten beruhen[674]. *Philippi* unterteilt die Prognosen in die Klassen der zukünftigen Folgen bei der Realisierung von Verfassungsprinzipien, der zukünftigen Auswirkungen unterschiedlicher gesetzgeberischer Problemlösungen, der Änderung politischer und ökonomischer Strukturen, der wirtschaftlichen Krisen, der irreparablen Fakten, des zukünftigen Wählerverhaltens und des zukünftigen staatlichen Verhaltens[675]. Für die hier relevante Fragestellung kann zunächst festgestellt werden, daß eine Differenzierung von Prognosenklassen nach der Art *Philippis* zwar für die Kritik der Prognoseverfahren und die Entscheidungsfindungsmethodik

[672] Vgl. *Philippi* (Fn. 434), S. 43 f.
[673] Ders., S. 18 ff., 46 ff.
[674] Ders., S. 126.
[675] Ders., S. 32 ff., 56 ff.

sehr produktiv sein kann, innerhalb einer strikt passiven Entscheidungsanalytik aber keine Rolle spielen sollte. Denn ebenso wie bei den historischen und gegenwärtigen Tatsachenfeststellungen kommt es weniger auf den Bezugspunkt, als vor allem auf die Art der Verwendung von Prognosen durch das Bundesverfassungsgericht an, d.h. auf die Frage, ob eine Prognose zur Stützung eines tragenden Grundes angeführt wird.

Genau an dieser Stelle soll daran erinnert werden, daß bereits oben[676] auf die dogmatische Notwendigkeit der Unterscheidung von rationalen und intuitiven Prognosen eingegangen wurde. Denn damit bleibt letztlich doch fraglich, ob die intuitiven Prognosen aufgrund ihrer verhältnismäßig eindeutigen Identifizierbarkeit nicht bereits im Rahmen einer Entscheidungsanalysemethodik berücksichtigt werden könnten.

5. Intuitive Prognosen als bindungsuntaugliche Argumentenklasse

Innerhalb der Erörterung der spezifischen Prognosemethoden wurde bereits oben festgestellt, daß intuitive Prognosen das Gebot der Nachvollziehbarkeit als einer Kernbedingung der Rechtsstaatlichkeit von Entscheidungen nicht erfüllen[677]. Prognosen ohne die Angabe des Wahrscheinlichkeitsgrades ihres Eintritts und des speziellen Verfahrens zur Ermittlung dieses Quotienten müssen aus rechtsstaatlichen Gründen schon aus formalen Aspekten als intuitiv bezeichnet werden. Mit der Forderung, daß intuitive Prognosen nicht die Basis von mit Bindungswirkung ausgestatteten Gründen von Bundesverfassungsgerichtsentscheidungen sein können, ergibt sich die Besonderheit, daß diese Argumentenklasse aufgrund ihrer formal eindeutigen Identifizierbarkeit innerhalb der konkreten Entscheidungsanalysetechnik Berücksichtigung finden kann. Mit der Beschneidung der inhaltlichen Wirkung intuitiver Prognosen wird bewußt, aber eng und eindeutig begrenzt von der strikten Passivität der Entscheidungsanalysetechnik abgewichen. Dabei kommt es nicht darauf an, ob das Gericht eine intuitive Prognose übernimmt oder selbst stellt, sondern einzig auf die Art der Verwendung einer Prognose als nicht näher hinterfragbares, nicht näher nachvollziehbares Argument zur Stützung einer Verfassungsauslegung.

Befürchtungen, daß mit diesem Abweichen von der strikten Passivität die Entscheidungsanalytik der subjektiven Beliebigkeit des jeweiligen Betrachters geöffnet wird, sind nicht ganz unberechtigt. Ihnen kann aber entgegengehalten werden, daß die Klasse der intuitiven Prognosen kumulativ zwei Besonderheiten aufweist, die bei keiner anderen Argumentenklasse zu finden sind: ihr grundlegender Tatbestandscharakter und ihre formale Identifizierbarkeit. Alle anderen Argumentenklassen, ob historische und gegenwärtige Tatsachenfeststellungen oder Wertungen aller Art, können nicht nach formalen, äußerlichen Kriterien als rechtsstaatswidrig gekennzeichnet werden. Insoweit

---

676 Vgl. oben S. 96.

677 Vgl. oben S. 95 f.

garantiert die formale Identifizierbarkeit dieser Argumentenklasse die relative inhaltliche Passivität der beabsichtigten Analysemethode und läßt sie zugleich mehr als eine reine Rekonstruktionstechnik sein.

6. *Argumentenklassen einer Entscheidungsanalysemethodik zur Bindungswirkung*

In Zusammenschau der vorangehenden Erörterungen wird für eine Entscheidungsanalysemethodik zur Ermittlung der tragenden Gründe einer Bundesverfassungsgerichtsentscheidung unter Anwendung des subjektiven Argumentbegriffs eine nur wenig differenzierte, aber grundlegende Argumentenkategorisierung vorgeschlagen. Danach soll es lediglich einer zweistufigen zweiteiligen Einteilung der Argumente bedürfen. Eine Trennung erfolgt zuerst nur in Tatsachenfeststellungen und Wertungen. Anschließend können bei den Tatsachenfeststellungen die intuitiven Prognosen als gesonderte Unterklasse gekennzeichnet werden. Des weiteren werden diejenigen Wertungen einer speziellen Unterklasse zugeordnet, die Auslegungen des Grundgesetzes darstellen oder Teil einer solchen Auslegung sind. Aus einer reinen Rekonstruktionstechnik für Entscheidungen wird über diese Zielgerichtetheit der Unterteilung der Wertungen zum Zweck der Herausarbeitung der bindenden Gründe eine anwendungsorientierte Analysetechnik.

Bestimmte Aussagen des Gerichts, bei denen eine eindeutige Zuordnung zu den Grundkategorien Tatsachenfeststellung oder Wertung nicht unmittelbar möglich ist, sollten zwischenzeitlich als „vorläufig dahingestellt" oder ähnlich gekennzeichnet werden können, um ihren möglichen inhaltlichen Einfluß später genauer beleuchten zu können. Dazu gehören beispielsweise allgemeine dogmatische Aussagen oder die Wiedergabe nicht normierter, aber anerkannter Rechtsregeln. Es scheint jedoch nicht erforderlich zu sein, für Aussagen dieser Art eine eigene Argumentenklasse zu bilden, da sie sowohl quantitativ in Verfassungsgerichtsentscheidungen nur eine marginale Rolle spielen als auch inhaltlich in der Regel nur selbstverständliches zum Ausdruck bringen.

Die so in einer Gesamtschau verbleibenden vier Argumentenklassen könnten gekürzt auch benannt werden als intuitive Prognosen, sonstige Tatsachenfeststellungen, abstrahierbare Verfassungsauslegungen sowie sonstige Wertungen. Für eine praktikable Analysemethode bedarf es im folgenden noch der Darstellung, wie sich die Einordnung der Argumente in die Argumentenklassen mit einer Darstellungstechnik der logischen Zusammenhänge der den Klassen zugeordneten Argumente verknüpfen läßt.

3. Kapitel
Analysemethode der logisch-inhaltlichen Entscheidungsdekomposition

I. Aufgabe: Beschneidung des Wurzelwerks der Gründe

Wenn man den Tenor einer Entscheidung als den Stamm eines Baumes betrachtet, so stellen die Gründe das Wurzelwerk dar, das den Stamm stützt, und die Tatbestandsfeststellungen das Erdreich, in dem der Baum verankert ist. Nach diesem sprachlichen Bild ist es die Aufgabe der beabsichtigten Analysemethode, das Wurzelwerk so zu beschneiden, daß die gesunden Wurzeln freigelegt werden. Tragende Eigenschaft können dabei aus dargestellten dogmatischen Gründen nur Wertungen besitzen, die abstrahierbare Verfassungsauslegungen sind. Basiert ein solches Argument beziehungsweise der zugehörige Argumentationsstrang jedoch auf äußerlich, nach formalen Kriterien identifizierbaren intuitiven Prognosen, so verliert er seine auf rechtsstaatlicher Nachvollziehbarkeit beruhende Tragkraft wieder; die Wurzel ist vom Ende her infiziert.

Das Wurzelbild veranschaulicht auch die Tatsachen, daß Gründe sowohl alternativ als auch kumulativ auftreten können und daß selten nur einzelne Argumente, sondern vielmehr ganze Argumentationsstränge, also gekoppelte Argumente als tragende Gründe auftreten. Diese Kopplung führt dazu, daß eine Vielzahl von Aussagen nicht isoliert eindeutig inhaltlich klassifiziert werden kann, obwohl sie durchaus als Bindeglied beziehungsweise Teilstück einer möglicherweise abstrahierbaren Verfassungsauslegung zuzuordnen wären. Solche Argumente sollen in der konkreten Methode zwischenzeitlich auch als „Brücken" bezeichnet werden können, um ihre Unselbständigkeit zu kennzeichnen. Eine Zwischenbezeichnung hat den praktischen Vorteil, daß die Qualifizierung eines Arguments, insbesondere aufgrund der Schwierigkeit der isolierten Unterscheidung von speziellen Wertungen und abstrahierbaren Verfassungsauslegungen, solange dahingestellt bleiben kann, bis die relevanten Argumentationsstränge herausgearbeitet wurden. Denn unter Umständen sind bestimmte Zuordnungen gar nicht erforderlich, wenn sich herausstellt, daß dieser Argumentationsstrang gar keine Bindungswirkung entwickeln kann. In der sich an die erste Zuordnung von Argumentationsteilen anschließenden Analyse der verbleibenden Argumentationsketten sollte dann die Zuordnung von zwischenzeitlich als „Brücken" gekennzeichneten Argumentationsteilstücken einfacher und eindeutiger möglich sein. Zur anwendungsorientierten Umsetzung dieser Methode wurde eine konkrete Prozedur zur Zuordnung zu den Argumentenklassen entwickelt.

II. Prozedur in drei Schritten

Zum praktischen Erhalt der Übersichtlichkeit einer konkreten Entscheidungsdekomposition wird empfohlen, in einem ersten Schritt die einzelnen argumentativen Sätze der Entscheidungsgründe hierarchisch zu numerieren. Falls erforderlich, d.h. wenn ein Satz mehrere Argumente gleicher oder auch unterschiedlicher Art enthält, muß ein Satz so in Teilsätze zerlegt werden, daß die sprachliche und logische Struktur des Ursprungssatzes erhalten bleibt, also die Teilsätze ein echtes Äquivalent darstellen. Andererseits ist es teilweise auch erforderlich, zwei Sätze gemeinsam als ein Argument anzusehen. Zu numerieren sind letztlich also die einzelnen Argumente einer Begründungsebene. Bereits durch diese weitgehend formale Vorgehensweise fallen *obiter dicta*, Sondervoten und andere Nebenerwägungen aus der Betrachtung heraus.

In einem zweiten Schritt können die einzelnen Sätze und Teilsätze dann klassifiziert werden. Dabei geht es um die Zuordnung der Sätze zu den herausgearbeiteten Argumentenklassen der intuitive Prognosen, der sonstigen Tatsachenfeststellungen, der abstrahierbaren Verfassungsauslegungen und der sonstigen Wertungen. Läßt sich für einen Satz eine Zuordnung nicht eindeutig oder nur im Zusammenhang mit anderen Sätzen finden, so sollte er zunächst als „Brücke" qualifiziert werden. Denn in der Praxis läßt sich feststellen, daß eine Vielzahl von Sätzen nur als Bindeglied, also als Teilelement einer Argumentationskette zu verstehen ist. Bei der anschließenden Gesamtbetrachtung einer Argumentationskette wird dann in der Regel erkennbar sein, ob diese Argumentation abstrahierbare Verfassungsauslegungen enthält oder enthalten kann. Kann diese Qualität für einen ganzen Argumentationsstrang verneint werden, würde damit eine zuvor erfolgte Einordnung der Einzelsätze in Argumentenklassen überflüssig werden. Daher genügt in der Praxis eine kursorische Zuordnung der Sätze, d.h. eindeutige Zugehörigkeiten zu den Argumentenklassen sollten gekennzeichnet werden; in Zweifelsfällen genügt aber eine vorläufige Kennzeichnung als „Brücke".

In einem dritten Schritt werden dann die tragenden Argumentationsstränge isoliert. Dazu werden zunächst all diejenigen Argumentationsstränge als nichtbindend ausgesondert, die nicht als Teilstück und insbesondere nicht an ihrem Ende eine abstrahierbare Verfassungsauslegung enthalten oder die in der Zusammenschau der Teilargumente keine solche ergeben. Von den verbleibenden Argumentationssträngen müssen nach der hier vertretenen Auffassung dann auch diejenigen entfallen, die ganz oder teilweise auf intuitiven Prognosen beruhen. Ebenfalls ausgesondert werden müssen diejenigen Erwägungen, die außerhalb der dem jeweiligen Verfahren in Art. 93 Abs. 1 GG gezogenen sachlichen Grenzen liegen[678]. Als Resultat einer solchen Prozedur erhält man die mit Bindungswirkung ausgestatteten, tragenden Gründe der Bundesverfassungsgerichtsentscheidung.

---

[678] Vgl. zu den verfassungsrechtlichen Grenzen der Bindungswirkung oben S. 76 ff.

An dieser Stelle sei nochmals darauf hingewiesen, daß diese Dekompositionstechnik keinen Anspruch auf die Richtigkeit der ermittelten tragenden Gründe erhebt. Sie sollte nur als Hilfestellung, als formalisierte Methode rationaler Vorarbeit auf der Basis bestimmter verfassungsrechtlicher Annahmen[679] vor einer intensivierten inhaltlichen Entscheidungskritik verstanden werden.

III. Beispielhafte Analyse anhand der Entscheidung zur Rechtschreibreform

Zur Verdeutlichung des Vorgehens soll anhand des Urteils des Bundesverfassungsgerichts vom 14.7.1998 zur Rechtschreibreform die entwickelte Prozedur beispielhaft angewendet werden. Dieses Urteil wurde gewählt, da es den verfassungsrechtlichen Endpunkt einer Reihe von verwaltungsgerichtlichen Verfahren bildet, die materiell gut vergleichbar waren und auch zeitlich eng beieinander lagen. Insbesondere der Umstand, daß vor und nach der Bundesverfassungsgerichtsentscheidung zeitnah Urteile zu vergleichbaren Sachverhalten ergingen, ermöglicht es, sowohl den tatsächlichen Einflusses der Bindungswirkung auf nachfolgende Entscheidungen zu untersuchen als auch zu betrachten, wie sich ein kurze Zeit vorher ergangenes Urteil unter dem hypothetischen Einfluß der bindenden Gründe verändern würde.

1. Allgemeine Erläuterungen

Für die praktische Handhabung der Prozedur der Bestimmung der bindenden Gründe scheint es hilfreich zu sein, die ersten beiden Schritte aus Gründen der Übersichtlichkeit in tabellarischer Form auszuführen. Da diese beiden Prozedurschritte, die Numerierung der Sätze und Teilsätze sowie die Argumentenzuordnung, inhaltlich streng passiv sind, kann auch von einer tabellarischen Dekomposition gesprochen werden. Im Anschluß daran kann im dritten Prozedurschritt eine zusammenfassende Darstellung der tragenden Gründe der Entscheidung unter Kennzeichnung der entscheidungsspezifischen Merkmale erfolgen. Für die Übersichtlichkeit der tabellarischen Darstellung wurden zusätzlich in der zweiten Spalte für die jeweiligen Argumente beziehungsweise Sätze die Seitenzahlen der amtlichen Sammlung (BVerfGE 98, 218 ff.) angegeben. Die Qualifizierung der Aussagen erfolgt in der dritten Spalte nach den oben entwickelten vier grundlegenden Argumentenklassen.

Da es sich um eine Verfassungsbeschwerde handelt, besteht das spezifisch zu prüfende Verfassungrecht aus den möglicherweise verletzten Grundrechten der Beschwerdeführer. Bindende Wirkung kann daher in diesen Verfahren nur abstrahierbaren Grundrechtsauslegungen zukommen.

---

[679] Der Verfassungsunmittelbarkeit der Bindungswirkung und der Rechtsstaatswidrigkeit intuitiver Prognosen in Gerichtsentscheidungen.

2. Tabellarische Dekomposition

Die Verfassungsbeschwerde wird zurückgewiesen.	219	Tenor
(1) Eine Verfassungsbeschwerde wird zurückgewiesen, wenn sie unzulässig oder unbegründet ist.		Dogmatische Aussage
(2) Die Verfassungsbeschwerde ist nicht begründet.	244	Brücke
(3.1) Die angegriffenen Entscheidungen verstoßen nicht gegen das Grundrecht der Beschwerdeführer aus Art. 6 II 1 GG.	244	GR-Auslegung, Brücke
(3.1.1) Die Rechtschreibung ist einer staatlichen Regelung nicht von vornherein unzugänglich.	246	Brücke
(3.1.1.1) Das Grundgesetz enthält kein Verbot, die Rechtschreibung zum Gegenstand staatlicher Regelung zu machen.	246	Wertung, keine GR-Auslegung
(3.1.1.2) Aus der Eigenart der Sprache folgt kein absolutes Regelungsverbot.	246	Wertung, keine GR-Auslegung
(3.1.2) Regulierende Eingriffe sind dem Staat grundsätzlich erlaubt. Für den Bereich der Schulen kann er sich zudem auf Art. 7 I GG berufen. Die Festlegung der Regeln der Rechtschreibung ist davon nicht ausgenommen.	247	**GR-Auslegung, abstrahierbar**
(3.1.2.1) Lehrer wie Schüler benötigen möglichst sichere, verbindliche, aber auch verständliche Grundlagen für richtiges Lehren und Lernen der deutschen Schreibung sowie zuverlässige Maßstäbe für die Benotung.	247	Wertung, keine GR-Auslegung
(3.1.2.2) Schreibregelungen waren in der jüngere Orthographiegeschichte immer auch eine Sache von Staat und Schule.	247	Tatsachenfeststellung
(3.1.3) Der Erlaß ist nicht deshalb zu beanstanden, weil Regelungen dieser Art nicht von den Ländern getroffen werden können.	248	Brücke
(3.1.3.1) Regelwerk und Erlaß sind Gegenstand des Schulwesens, das der ausschließlichen Zuständigkeit der Länder zugewiesen ist.	248	Wertung (rechtliche Einordnung), keine GR-Auslegung
(3.1.3.2) Der Vorbildcharakter für alle steht dem nicht entgegen, da Schule notwendig nach außen wirkt.	249	Wertung, keine GR-Auslegung

(3.1.3.3) Die grundrechtlich verbürgte Kommunikationsmöglichkeit setzt ein hohes Maß an Einheitlichkeit des Kommunikationsmittels „Schreibung" voraus, steht einer Länderregelung aber nicht entgegen, denn sie bedeutet nicht notwendig Übereinstimmung in allen Einzelheiten.	249	**GR-Auslegung, abstrahierbar**
(3.1.3.4) Die Selbstkoordination erfolgte auf Grundlage des Art. 32 III GG und die Umsetzung der Beschlüsse war formell rechtmäßig.	249	Wertung, keine GR-Auslegung
(3.1.4) Der Erlaß ist verfassungsrechtlich nicht deshalb bedenklich, weil es einer Regelung durch den parlamentarischen Gesetzgeber bedurft hätte.	250	Brücke
(3.1.4.1) Es ist von Verfassungs wegen nicht zu beanstanden, daß das OVG das Schulrecht als ausreichende Grundlage für die Umsetzung der Reform an den Schulen angesehen hat.	250	Wertung, keine GR-Auslegung
(3.1.4.2) Das Schulgesetz scheidet als Grundlage nicht deswegen aus, weil es in Hinblick auf Inhalt, Reichweite und Konsequenzen der Reform einer besonderen gesetzlichen Grundlage bedurft hätte.	251	Wertung, keine GR-Auslegung
(3.1.4.3) Nach Maßgabe der Wesentlichkeitsrechtsprechung im Schulwesen und des Vorbehalts des Gesetzes ist für die Einführung der neuen Regeln im Schulunterricht eine besondere gesetzliche Grundlage nicht erforderlich.	252	Brücke
(3.1.4.3.1) Die Unterrichtung nach reformierter Rechtschreibung ist für die Ausübung des Elternrechts nicht von wesentlicher Bedeutung.	253	Brücke
(3.1.4.3.1.1) Eltern werden, wenn überhaupt, nur begleitend und unterstützend bei der Rechtschreiberziehung tätig.	253	Tatsachenfeststellung
(3.1.4.3.1.2) Rechtschreibunterricht ist wertfreie Wissensvermittlung.	253	Wertung, keine GR-Auslegung
(3.1.4.3.1.3) Daran ändert es nichts, das auch nicht historisch gewachsene Regeln gelehrt werden, die auch nicht lediglich eine sich anbahnende Schreibentwicklung vorwegnehmen.	253	Brücke
(3.1.4.3.1.3.1) Die Auswirkungen der konkreten Regelungen sind nicht so gewichtig, daß sie durch eine Leitentscheidung des parlamentarischen Gesetzgebers legitimiert werden müßten.	253	Wertung, GR-Auslegung, abstrahierbar nur bzgl. der konkreten Reform
(3.1.4.3.1.4) Mit der Umsetzung der Reform wurden keine neuen Groblernziele i.S. einer schul- und bildungspolitischen Grundsatzentscheidung festgelegt.	255	Brücke
(3.1.4.3.1.4.1) Der teilweise andere Inhalt der Rechtschreibregeln ist quantitativ wie qualitativ nicht so gewichtig, daß es einer Festlegung neuer Groblernziele gleichkäme.	256	Wertung, GR-Auslegung, abstrahierbar nur bzgl. der konkreten Reform

(3.1.4.3.2) Die Erteilung von Rechtschreibunterricht nach den neuen Regeln ist auch für die Grundrechte der Schüler nicht in dem Sinne wesentlich, daß dafür eine parlamentarische Leitentscheidung herbeigeführt werden müßte.	256	Brücke
(3.1.4.3.2.1) Verweis auf die geringen Auswirkungen der konkreten Regelung: (3.1.4.3.1.3.1).	257	Wertung, GR-Auslegung, abstrahierbar nur bzgl. der konkreten Reform
(3.1.4.3.2.2) Nach Annahmen der Kultusverwaltung wird die Neuregelung zum erleichterten Erlernen der Schriftsprache führen.	258	übernommene, intuitive Prognose
(3.1.4.3.3) Die Umsetzung der Reform ist auch nicht wesentlich für die Grundrechtsausübung Dritter.	258	Brücke
(3.1.4.3.3.1) Art. 12 I GG ist nicht verletzt, da die Regelung keine berufsregelnde Tendenz hat.	258	Wertung, GR-Auslegung, abstrahierbar nur bzgl. der konkreten Reform
(3.1.4.3.3.2) Art. 2 I GG ist nicht berührt, da die Regelung keine wirtschaftliche Ausrichtung besitzt.	259	Wertung, GR-Auslegung, abstrahierbar nur bzgl. der konkreten Reform
(3.1.5) Das Elternrecht des Art. 6 II 1 GG wird nicht unverhältnismäßig eingeschränkt.	260	GR-Auslegung, Brücke
(3.1.5.1) Das Ziel des Erleichterns des Erlernens richtigen Schreibens ist ein Gemeinwohlbelang, der die Neuregelung verfassungsrechtlich rechtfertigt.	260	Wertung, GR-Auslegung, abstrahierbar nur bzgl. der konkreten Reform
(3.1.5.2) Die Reform ist nach vertretbarer Einschätzung des Landes geeignet, dieses Ziel zu erreichen.	260	übernommene, intuitive Prognose
(3.1.5.3) Die Eltern werden in ihrem Erziehungsrecht durch die Reform nicht unangemessen beeinträchtigt.	260	Wertung, GR-Auslegung, abstrahierbar nur bzgl. der konkreten Reform
(3.2) Die angegriffenen Entscheidungen verstoßen auch nicht gegen die Grundrechte der Beschwerdeführer aus Art. 2 I i.V.m. dem Rechtsstaatsprinzip und Art. 1 I GG.	261	GR-Auslegung, Brücke
(3.2.1) Es liegt jedenfalls kein Eingriff vor.	261	Brücke
(3.2.1.1) Die rechtliche Verbindlichkeit ist auf den Bereich der Schulen beschränkt.	262	Brücke
(3.2.1.2) Bis 31.7.2005 gelten die bisherigen Schreibungen nicht als falsch, sondern nur als überholt.	262	Tatsachenfeststellung
(3.2.1.3) Auch danach wird ein Festhalten nicht mit gesellschaftlichem Ansehensverlust oder sonstiger Beeinträchtigung der Persönlichkeitsentfaltung verbunden sein.	262	intuitive Prognose

3. *Entscheidungsspezifische Anmerkungen*

Satz (1) ist eine dogmatische Aussage, die wörtlich nicht in der Entscheidung geäußert wird, implizit aber dieser, wie auch jeder anderern Entscheidung des Bundesverfassungsgerichts zugrunde liegt. Die Aussage wurde in die Darstellung mit aufgenommen, da sie ein notwendig mitzudenkendes Bindeglied zwischen dem Tenor und den differenzierten Gründen ist[680].

Bei den einzelnen Grundrechtsauslegungen stellte sich bei dieser Entscheidung die Besonderheit heraus, daß zwischen einer Abstrahierbarkeit bezüglich der konkreten Reform und einer Abstrahierbarkeit für alle zukünftigen Reformen unterschieden werden konnte. Allgemein ist dies ein Ausdruck der tatbestandlichen Bedingtheit einer Verfassungsauslegung, wonach bei jedem nachfolgenden Sachverhalt geprüft werden muß, ob eine spezifische, qualitative Vergleichbarkeit mit dem Entscheidungssachverhalt der bindenden Gründe vorliegt.

Für die konkret vorliegende Entscheidung müssen daher zwei tatbestandlich differenzierte Bindungswirkungen untersucht werden, je nachdem, ob eine nachfolgende Entscheidung eines gebundenen staatlichen Organs über dieselbe oder über eine zukünftige, qualitativ andersartige Rechtschreibreform zu erfolgen hätte.

4. *Diskussion der Dekomposition*

Die tabellarische Dekomposition kommt zu dem Ergebnis, daß die Entscheidung nur zwei von der konkreten Regelung der Rechtschreibung losgelöste, abstrahierbare Grundrechtsauslegungen enthält[681]. Die zugehörigen Argumentationsstränge sind vergleichsweise kurz[682,683]. Hingegen lassen sich sechs Grundrechtsauslegungen ausmachen, die nur bezüglich der konkreten Reform abstrahierbar sind[684]. Gleichzeitig enthält die Entscheidung aber auch zwei intuitive Prognosen[685], die ihrem Wesen nach geeignet sind, die Bindungswirkung eines tragenden Grundes zu verhindern. Die Beziehungen zwischen den abstrahierbaren Grundrechtsauslegungen und den intuitiven Prognosen müssen aus Gründen der engen inhaltlichen Wechselwirkungen im folgenden verbal analysiert werden, da bei einem strikten Festhalten an der hierarchischen Darstellung der Gründe in Verbindung mit dem deduktiven Urteilsstil inhaltliche Querbezüge übersehen werden könnten.

---

680 Es wird empfohlen, dieses dogmatische Bindeglied zumindest bei der Dekomposition einer beschwerdeabweisenden Entscheidung zu benennen.

681 Sätze (3.1.2) und (3.1.3.3).

682 (3.1.) Kein Verstoß gegen Art. 6 II 1 GG; (3.1.2) Regulierende Eingriffe in Rechtschreibung grundsätzlich erlaubt. Für die Schule zusätzliche Berufung auf Art. 7 I GG möglich.

683 (3.1.) Kein Verstoß gegen Art. 6 II 1 GG; (3.1.3) Ländererlasse sind zulässig; (3.1.3.3) Die grundrechtlich verbürgte Kommunikationsmöglichkeit setzt ein hohes Maß an Einheitlichkeit der „Schreibung" voraus, aber keine Übereinstimmung in allen Einzelheiten.

684 (3.1.4.3.1.3.1) = (3.1.4.3.2.1), (3.1.4.3.1.4.1), (3.1.4.3.3.1), (3.1.4.3.3.2), (3.1.5.1), (3.1.5.3).

685 (3.1.4.3.2.2) = (3.1.5.2), (3.2.1.3).

Dabei soll zunächst der Einfluß der von der Kultusverwaltung übernommenen Prognose bezüglich der Erleichterung des Schreibenlernens geprüft werden[686]. Im Argumentationsstrang zur Wesentlichkeit (3.1.4) stellt diese intuitive Prognose die einzige Grundlage zur verfassungsrechtlichen Rechtfertigung der zu prüfenden staatlichen Maßnahme dar; alle anderen Erwägungen sind gewichtender Art. Insofern müssen die bezüglich der konkreten Reform getroffenen, abstrahierbaren Grundrechtsauslegungen innerhalb der Wesentlichkeitsargumentation des Gerichts als von der intuitiven Prognose infiziert gelten[687]. Anderes gilt nur für die Wesentlichkeitsprüfung bezüglich der Grundrechte Dritter. Zwar kann auch hier keine andere als die intuitiv-prognostische Rechtfertigung angeführt werden, jedoch kommt es darauf nicht an, da die fehlende berufsregelnde Tendenz beziehungsweise die fehlende wirtschaftliche Ausrichtung der Regelung auch unabhängig von einer verfassungsrechtlichen Rechtfertigung festgestellt werden konnten. Insofern muß den Sätzen (3.1.4.3.3.1) und (3.1.4.3.3.2) für die konkrete Reform bindende Wirkung zugestanden werden.

Innerhalb der Prüfung des Elternrechts aus Art. 6 Abs. 2 S. 1 GG muß bei den beiden bezüglich der konkreten Reform abstrahierbaren Grundrechtsauslegungen hinsichtlich des Einflusses der intuitiven Prognose differenziert werden. Denn durch die allgemeine Fassung des Satzes (3.1.5.1), daß das Ziel des Erleichterns des Erlernens richtigen Schreibens ein Gemeinwohlbelang ist, ist auch eine prognoseunabhängige Auslegung dieses Satzes möglich. Bindende Wirkung erlangt daher der in der Aussage mitenthaltene Satz, daß eine Regelung, die auf nichtintuitiv-prognostischer Basis das Schreibenlernen erleichtert, einen verfassungsrechtlich rechtfertigenden Gemeinwohlbelang darstellt. Keine Bindungswirkung kann andererseits Satz (3.1.5.3) entwickeln, da er einzig auf der intuitiven Prognose des Satzes (3.1.5.2) beruht.

Die zweite intuitive Prognose der Entscheidung[688], wonach ein Festhalten an der traditionellen Schreibweise nicht mit gesellschaftlichem Ansehensverlust und sonstiger Beeinträchtigung der Persönlichkeitsentfaltung verbunden sein wird, ist aufgrund des Wortes „auch“ zeitlich nicht nur auf die Zeit nach dem 31.7.2005 beschränkt. Insofern ist die gesamte Eingriffsverneinung von dieser intuitiven Prognose betroffen und daher bindungswirkungsuntauglich.

5. *Zusammenfassende Darstellung der tragenden Gründe*

Nach konsequenter prozeduraler Anwendung der herausgearbeiteten Kriterien zur Bindungswirkung von Argumenten und der kritischen Analyse der Wechselwirkungen intuitiver Prognosen bleiben die folgenden Sätze als diejenigen abstrahierbaren Grundrechtsauslegungen übrig, die Bindungswirkung im Sinne des § 31 Abs. 1 BVerfGG entwickeln können:

---

686 Vgl. Sätze (3.1.4.3.2.2) und (3.1.5.2).

687 Dies sind die Sätze (3.1.4.3.1.4.1) und (3.1.4.3.2.1).

688 Satz (3.2.1.3).

Satz (3.1.2): Regulierende Eingriffe sind dem Staat grundsätzlich erlaubt. Für den Bereich der Schulen kann er sich zudem auf Art. 7 I GG berufen. Die Festlegung der Regeln der Rechtschreibung ist davon nicht ausgenommen.

Satz (3.1.3.3.): Die grundrechtlich verbürgte Kommunikationsmöglichkeit setzt ein hohes Maß an Einheitlichkeit des Kommunikationsmittels „Schreibung" voraus, steht einer Länderregelung aber nicht entgegen, denn sie bedeutet nicht notwendig Übereinstimmung in allen Einzelheiten.

Satz (3.1.4.3.3.1): Art. 12 Abs. 1 GG ist nicht verletzt, da die Regelung keine berufsregelnde Tendenz hat.

Satz (3.1.4.3.3.2): Art. 2 Abs. 1 GG ist nicht verletzt, da die Regelung keine wirtschaftliche Ausrichtung besitzt.

Satz (3.1.5.1): Das Ziel des Erleichterns des Erlernens richtigen Schreibens ist ein Gemeinwohlbelang, der [eine][689] Neuregelung verfassungsrechtlich rechtfertigt.

Bemerkenswert ist, daß von diesen fünf Sätzen drei keinen direkten Bezug zur beschwerdegegenständlichen Regelung der Rechtschreibung haben, sondern allgemeine Aussagen des Gerichts über die grundrechtliche Einordnung der Rechtschreibung und des Rechtschreibunterrichts sind. Die verbleibenden zwei Sätze sind Negierungen konkreter Grundrechtsverletzungen aufgrund der Feststellung des Fehlens der für diese Grundrechte entwickelten spezifischen Voraussetzungen: Für die Berufsfreiheit und die allgemeine Handlungsfreiheit Dritter in ihrer wirtschaftlichen Ausprägung wird bindend die Möglichkeit der Schutzbereichsbetroffenheit durch die konkrete Reform ausgeschlossen.

[689] Der Satz ist diejenige modifizierte Grundform des ursprünglichen Satzes, welche von der intuitiven Prognose des Gerichts nicht abhängig ist.

IV. Vergleich der Wirkung der bindenden Gründe

Anhand zweier, vom Sachverhalt vergleichbarer Urteile, soll nun gegenübergestellt werden, welcher konkret mögliche Einfluß den herausgearbeiteten bindenden Gründen zugeordnet werden kann und welchen realen Einfluß das Bundesverfassungsgerichtsurteil tatsächlich entwickelt hat. Dazu soll zunächst in einer hypothetischen Betrachtung untersucht werden, inwieweit sich das bereits am 14.11.1997 ergangene Urteil des Verwaltungsgerichts Berlin zur Rechtschreibreform ändern würde, wenn man annimmt, daß eine Bindungswirkung an das - tatsächlich später ergangene - Urteil des Bundesverfassungsgerichts bereits bestanden hätte.

Anschließend werden die herausgearbeiteten bindenden Gründe mit denjenigen verglichen, auf die sich das Bundesverwaltungsgericht im Rechtsmittelverfahren zur Entscheidung des VG Berlin in seinem Urteil vom 24.3.1999 [690] tatsächlich stützte.

1. Hypothetische Bindungswirkung für das Urteil des VG Berlin

Der Tatbestand des Urteils des Verwaltungsgerichts Berlin vom 14.11. 1997 [691], in dem es um die Zulässigkeit der Vorabeinführung der neuen Rechtschreibung an den Schulen Berlins ging, ist direkt vergleichbar mit dem des nachfolgenden Urteils des Bundesverfassungsgerichts vom 14.7.1998. Daher erscheint eine hypothetische Untersuchung vertretbar, die analysiert, inwieweit sich das Urteil des VG Berlin verändern würde, wenn eine Bindungswirkung des Bundesverfassungsgerichtsurteils bereits bestanden hätte.

a) Entscheidungssynopse

Das VG Berlin betrachtete in den Urteilsgründen die Reform der Rechtschreibung als eine Veränderung herkömmlicher Lernziele und Lerninhalte in ihren Grundzügen. Die Wesentlichkeit der Regelung als eine bildungs- und schulpolitische Grundentscheidung von allgemeiner Bedeutung wird grundsätzlich und allgemein festgestellt. Es kommt nach Ansicht des Gerichts dabei insbesondere nicht auf eine konkrete Grundrechtsverletzung bei einzelnen an. Jedoch verletzt die Rechtswidrigkeit der Unterrichtung nach den neuen Regeln wegen der fehlenden gesetzlichen Grundlage das Persönlichkeitsrecht der Kinder und das Erziehungsrecht der Eltern. Die abstrakte Frage einer staatlichen Regelungskompetenz der Rechtschreibung wurde vom VG Berlin ausdrücklich offengelassen.

---

[690] Veröffentlicht in: BVerwGE 108, 355. Die Entscheidung wird auch unten (S. 259 ff.) in ihren Grundzügen wiedergegeben.

[691] Vgl. die Darstellung der Entscheidung unten S. 241 ff.

b) Hypothetischer Einfluß der herausgearbeiteten bindenden Gründe

Die fünf herausgearbeiteten bindenden Gründe[692] sollen nun einzeln auf ihre hypothetische Wirkung auf das Urteil des VG Berlin untersucht werden.

Zunächst stellte das Bundesverfassungsgericht eine grundsätzliche Erlaubnis des Staates für regulierende Eingriffe in die Rechtschreibung fest. Dies würde das Urteil des VG Berlin jedoch nicht verändern, da kein Berührungspunkt vorläge, denn die Frage nach der staatlichen Regelungskompetenz wurde ausdrücklich offengelassen.

Die verfassungsgerichtliche Forderung nach einem hohen Maß der Einheitlichkeit der Schreibung wäre generell geeignet gewesen, die Ergebnisoffenheit der fachrichterlichen Entscheidung zu beeinflussen. Fraglich ist, ob mit der konkreten Reform bei divergenter Durchsetzung eine verfassungsrechtlich noch zulässige, nur in Einzelheiten abweichende Länderregelung vorgelegen hätte. Das VG Berlin bejahte die Wesentlichkeit wegen Veränderung der Grundzüge herkömmlicher Lehrinhalte; das Bundesverfassungsgericht hielt die konkrete Reform für so marginal, daß das Ausscheren eines Landes die Einheitlichkeit nicht gefährden würde. Diese Ansicht des Bundesverfassungsgerichts ist zwar keine abstrahierbare Verfassungsauslegung und damit kein bindender Grund. Es könnte dem Urteil des VG Berlin dadurch aber zumindest nicht entgegengehalten werden, daß es im Ergebnis die Einheitlichkeit der Schreibung gefährde.

Die Feststellungen des Bundesverfassungsgerichts, daß Art. 12 Abs. 1 GG wegen fehlender berufsregelnder Tendenz und Art. 2 Abs. 1 GG wegen fehlender wirtschaftlicher Ausrichtung der Regelung nicht verletzt sind, hätten keinen Einfluß auf das Urteil des VG Berlin. Insbesondere wäre das Gericht dadurch nicht gehindert gewesen, wegen der fehlenden gesetzlichen Grundlage Verletzungen des Persönlichkeitsrechts der Kinder und des Erziehungsrechts der Eltern festzustellen.

Einzig die Ansicht des Bundesverfassungsgerichts, daß das Ziel des Erleichterns des Erlernens richtigen Schreibens ein Gemeinwohlbelang ist, der Neuregelungen verfassungsrechtlich rechtfertigen kann, hätte das Urteil des VG Berlin beeinflussen können, es jedoch nicht zwingend verändert. Denn abgesehen von der bindenden Beachtung der Möglichkeit einer verfassungsrechtlichen Rechtfertigung muß jeder Gemeinwohlbelang mit den betroffenen Grundrechten im Einzelfall ins Verhältnis gesetzt werden. Das VG Berlin hätte daher eine umfassendere Abwägung dieses verfassungsgerichtlichen Gemeinwohlbelanges durchführen müssen, als es das tatsächlich getan hat, wäre aber im Ergebnis nicht gehindert gewesen, dennoch die konkrete Wesentlichkeit und damit eine Verletzung der Grundrechte festzustellen.

Somit zeigt sich, daß die herausgearbeiteten bindenden Gründe des Bundesverfassungsgerichtsurteils ein im Ergebnis diametrales Urteil wie das des VG Berlin nicht zwingend verändern würden. Dies liegt vor allem daran, daß

692 Vgl. oben S. 146 f.

all diejenigen Gründe des Bundesverfassungsgerichtsurteils, die das Urteil des VG Berlin hätten beeinflussen können, nach der hier vertretenen Auffassung nicht bindend sind, weil sie auf intuitiven Prognosen beruhen.

2. Reale Bindungswirkung für das Urteil des Bundesverwaltungsgerichts

Die tatsächlichen Auswirkungen des Bundesverfassungsgerichtsurteils lassen sich deutlich am Urteil des Bundesverwaltungsgerichts vom 24.3.1999 [693] zeigen. Denn das Bundesverwaltungsgericht stützte sich in seiner Entscheidung ausdrücklich und umfassend auf die Bindungswirkung der Feststellungen des Urteils des Bundesverfassungsgerichts vom 14.7.1998. Das Bundesverwaltungsgericht gab an, sich hierbei inhaltlich an der vorherrschenden Rechtsprechung des Bundesverfassungsgerichts zur Bindungswirkung zu orientieren, nach der Bindungswirkung der Entscheidungsformel mit den sie tragenden Gründen[694] nach dem Prinzip der *condicio sine qua non*[695] zukommt.

a) Die bindenden Gründe aus Sicht des Bundesverwaltungsgerichts

Nach Ansicht des Bundesverwaltungsgerichts sind die folgenden Aussagen des Bundesverfassungsgerichtsurteils von bindender Wirkung: Die Rechtschreibung ist einer staatlichen Regelung zugänglich; die Länder besitzen die Kompetenz zur Umsetzung der Regelung an den Schulen; die Umsetzung der konkreten Reform bedürfe, mit Rücksicht auf deren Inhalt, Reichweite und Konsequenzen, sowohl in Bezug auf das Elternrecht als auch in Bezug auf die Grundrechtsausübung der Schüler und Dritter keiner besonderen gesetzlichen Regelung und die Grundrechte der Schüler sind auch in sachlicher Hinsicht nicht verletzt, d.h. es sind keine unzumutbaren Konsequenzen zu besorgen.

Ein methodisches Vorgehen zur Ermittlung der tragenden Gründe ist im Urteil des Bundesverwaltungsgerichts jedoch nicht erkennbar. Allein mittels einer Gesamtbetrachtung des Urteils wurden die angeführten Aussagen als tragend qualifiziert, da sie nicht hinweggedacht werden könnten, ohne daß der Urteilstenor entfiele. Ein solches Vorgehen entspricht aber, einmal abgesehen von der hier entwickelten Bindungsdogmatik, nach Art und Ergebnis nicht einmal den bekannten, vom Bundesverfassungsgericht gestellten Anforderungen[696] an die mit bindender Wirkung ausgestatteten Gründe. Das Gericht thematisiert weder, ob die dargestellten Gründe Auslegungen der Verfassung sind, noch wird die Beziehung der Gründe zum beschwerdeabweisenden Tenor untersucht. Nach diesem pauschalen Vorgehen des Bundes-

---

693 Vgl. die Darstellung der Entscheidung unten S. 259 f.

694 Das Bundesverwaltungsgericht führt zum Beleg der Bindung der tragenden Gründe sieben Entscheidungen des Bundesverfassungsgerichts an.

695 Das Bundesverwaltungsgericht führt hierzu allein „*Maunz/Bethge*, in: *Maunz / Schmidt-Bleibtreu / Klein / Ulsamer*, BVerfGG, § 31 Rn. 16" an.

696 Vgl. oben S. 83.

verwaltungsgerichts kann insbesondere nicht ausgeschlossen werden, daß auch solche Gründe als bindend berücksichtigt werden, für die das Bundesverfassungsgericht nicht einmal eine Entscheidungskompetenz besitzt[697].

Trotz der ausdrücklichen Bezugnahme auf die Rechtsprechung des Bundesverfassungsgerichts zur Bindungswirkung kann daher die Beachtung und Umsetzung dieser Rechtsprechung durch das Bundesverwaltungsgericht nur als mangelhaft bezeichnet werden.

b) Vergleichende Betrachtung

Im direkten Vergleich der vom Bundesverwaltungsgericht angenommenen bindenden Gründe mit den methodisch-systematisch herausgearbeiteten bindenden Gründen[698] zeigen sich Übereinstimmungen nur in zwei Bereichen: hinsichtlich der Zugänglichkeit der Materie zu staatlicher Regelung und hinsichtlich der Länderkompetenz zur Umsetzung der Regelung an den Schulen.

Die Nichtverletzung der Berufsfreiheit und der allgemeinen Handlungsfreiheit Dritter folgt für das Bundesverwaltungsgericht aus der Verneinung der Wesentlichkeit der konkreten Reform. Dies unterscheidet sich im Ergebnis nicht davon, daß nach den hier systematisch herausgearbeiteten bindenden Gründen für diese Grundrechte die Verletzung des Schutzbereichs nicht eröffnet ist. Es offenbart jedoch grundlegende Probleme im Verhältnis von Wesentlichkeitslehre und systematischer Grundrechtsprüfung, die bereits im Urteil des Bundesverfassungsgerichts festzustellen sind[699] und sich durch die unkritische Bindungsunterwerfung im Urteil des Bundesverwaltungsgerichts widerspiegeln. Wie bereits das Bundesverfassungsgericht hat auch das Bundesverwaltungsgericht innerhalb der Wesentlichkeitsprüfung von Rechtschreibregelungen weder die abstrakte noch die konkrete Möglichkeit von Grundrechtsverletzungen nach Schutzbereichsbetroffenheit, Eingriff und verfassungsrechtlicher Rechtfertigung geprüft.

Dies zeigt, daß die pauschale Methode der Gesamtschau der Gründe zur Ermittlung der den Tenor tragenden Gründe die Gefahr in sich birgt, daß Fehler oder Unklarheiten im formalen Aufbau einer Verfassungsgerichtsentscheidung unreflektiert in die ermittelten tragenden Gründen einfließen können und sich dann in den der Bindung unterworfenen Entscheidungen wiederfinden. Es wäre daher wünschenswert, wenn sich in Zukunft systematischere und damit auch rationalere Methoden zur Ermittlung der bindenden Gründe durchsetzen würden. Dadurch würden auch die sich auf die Bindungswirkung stützenden Entscheidungen inhaltlich faßbarer. Insbesondere darf eine Berufung auf die Bindungswirkung keine umfassende Freistellung des jeweiligen Gerichts von der konkreten Entscheidungsverantwortlichkeit ermöglichen.

---

697 Zur verfassungsrechtlich begrenzten Kompetenz des Bundesverfassungsgerichts vgl. oben S. 91.

698 Vgl. oben S. 146.

699 Zur ausführlichen Kritik des Urteils des Bundesverfassungsgerichts und dessen Problemen mit der Wesentlichkeitslehre vgl. unten S. 171 ff.

V. Zusammenfassung

Es wurde gezeigt, daß es zumindest ein rationales und praktikables Verfahren gibt, mit der die in Bundesverfassungsgerichtsentscheidungen enthaltenen Sätze mit abstrahierbaren Verfassungsauslegungen extrahiert werden können. Das Verfahren gewährleistet ein möglichst hohes Maß an Rationalität, da auch die traditionell außerhalb der Rechtswissenschaft liegenden Einflüsse auf Entscheidungen als permanent mitzubedenken angemahnt werden. Dazu gehören das Paradoxon der Entscheidungsfreiheit, die auch unbewußt-nachträgliche Legitimationswirkung von Sprache, die in jeder Entscheidung enthaltene Darstellung der Herstellung sowie die Kenntnis vom Einfluß und von den Möglichkeiten der Verwendung rhetorischer Figuren. Die Praktikabilität dieser Methode beruht vor allem auf der Beschränkung der Argumentenklassen auf Tatsachenfeststellungen, rationale oder intuitive Prognosen, allgemeine Wertungen und Auslegungen spezifischen Verfassungsrechts. Die relativ hohe Rationalität und Praktikabilität der Methode scheinen insbesondere geeignet zu sein, die bislang bestehenden Unsicherheiten hinsichtlich des Umfangs und der Grenzen der Bindungswirkung von Bundesverfassungsgerichtssentscheidungen stark zu vermindern.

Die hier favorisierte analytische Dekomposition zur Bestimmung der tragenden abstrahierbaren Verfassungsauslegungen wird voraussichtlich nicht unumstritten bleiben. So kann die Einteilung in nur vier Argumentenklassen als zu stark vereinfachend und dadurch verfälschend angesehen werden, und auch die tabellarische Zuordnung kann als zu schematisch kritisiert werden.

Schwierig erscheint es jedoch, sich gegen die Wirkungen intuitiver Prognosen auf die darauf aufbauenden Argumentationen auszusprechen. Zwar zeigte sich insbesondere auch in der praktischen Anwendung, daß große Teile einer Argumentation durch die Verbindung mit intuitiven Prognosen ihre Bindungswirkung verlieren können. Aber es scheint mit dem Bestimmtheitsgebot des Rechtsstaatsprinzips unvereinbar zu sein, normativ wirkende Entscheidungsgründe auf nichtrationalen Prognosen basieren zu lassen.

4. Kapitel
Das Urteil des Bundesverfassungsgerichts vom 14.7.1998

Im Zusammenhang mit der analytischen Dekomposition des Urteils des Bundesverfassungsgerichts zur Rechtschreibreform zur Bestimmung der bindenden Gründe bot es sich an, diese Entscheidung auch einer intensivierten inhaltlichen Entscheidungskritik zu unterziehen. Bei der eingehenden Beschäftigung mit den rechtlichen Aspekten dieser Thematik wurde unter anderem deutlich, daß noch keine umfassende vergleichende Analyse der in begrenzter Zeit und begrenzter Zahl ergangenen verwaltungsgerichtlichen Entscheidungen zur Rechtschreibreform vorlag. Ein solches Vorhaben erschien aus wissenschaftlicher Sicht vielversprechend, da die Entscheidungen vom Sachverhalt her direkt vergleichbar sind, den Verwaltungsgerichten keine Präzedenzfälle zur Verfügung standen und dennoch die Entscheidungen im Ergebnis stark divergent ausfielen.

Die nachfolgende inhaltliche Kritik des Bundesverfassungsgerichtsurteils hat somit auch die Stellung eines Bindeglieds zwischen den verfassungsrechtlichen Untersuchungen zur Bindungswirkung und den nachfolgenden verwaltungsrechtlichen Untersuchungen zum Vergleich der Entscheidungen.

I. Kurzdarstellung des Urteils

1. Leitsätze

1. Der Staat ist von Verfassungs wegen nicht gehindert, Regelungen über die richtige Schreibung der deutschen Sprache für den Unterricht in den Schulen zu treffen. Das Grundgesetz enthält auch kein generelles Verbot gestaltender Eingriffe in die Schreibung.

2. Regelungen über die richtige Schreibung für den Unterricht in den Schulen fallen in die Zuständigkeit der Länder.

3. Für die Einführung der von der Kultusministerkonferenz am 30. November/1. Dezember 1995 beschlossenen Neuregelung der deutschen Rechtschreibung an den Schulen des Landes Schleswig-Holstein bedurfte es keiner besonderen, über die allgemeinen Lernzielbestimmungen des Landesschulgesetzes hinausgehenden gesetzlichen Grundlage.

4. Grundrechte von Eltern und Schülern werden durch diese Neuregelung nicht verletzt.

2. Gekürzter Wortlaut der Gründe

„Die Verfassungsbeschwerde wird zurückgewiesen. [...]

Die Verfassungsbeschwerde ist jedoch nicht begründet. Die angegriffenen Entscheidungen verstoßen nicht gegen das Grundrecht der Beschwerdeführer aus Art. 6 Abs. 2 Satz 1 GG. [...] Im Bereich der Schule treffen Erziehungsrecht und Erziehungsverantwortung der Eltern vielmehr auf den Erziehungsauftrag des Staates. Dieser Auftrag ist dem elterlichen Erziehungsrecht gleichgeordnet [...]. [...] Der Staat muß in der Schule die Verantwortung der Eltern für den Gesamtplan der Erziehung ihrer Kinder achten und für die Vielfalt der Anschauungen in Erziehungsfragen so weit offen sein, wie es sich mit einem geordneten staatlichen Schulsystem verträgt [...]. Die dafür notwendige Abgrenzung von elterlichem Erziehungsrecht und staatlichem Erziehungsauftrag ist Aufgabe des Gesetzgebers [...]. Gemessen daran wird das elterliche Erziehungsrecht der Beschwerdeführer nicht verletzt. Das Oberverwaltungsgericht hat [...] im Ergebnis zu Recht angenommen, daß der Runderlaß des Ministeriums [...], durch den die von der Kultusministerkonferenz beschlossene und in der Wiener Absichtserklärung gebilligte Neuregelung der deutschen Rechtschreibung für die Schulen des Landes nach Maßgabe von Übergangsvorschriften auch schon für die Zeit vor dem 1. August 1998 umgesetzt worden ist, verfassungsrechtlich nicht zu beanstanden ist.

Notwendigkeit und Inhalt, Güte und Nutzen der Rechtschreibreform, die Gegenstand der Auseinandersetzung in der Öffentlichkeit und der Fachwelt sind, können nicht nach verfassungsrechtlichen Maßstäben beurteilt werden. Das Grundgesetz enthält keine Vorschriften über die sprachwissenschaftlich richtige Schreibung der deutschen Sprache und die korrekte Gliederung geschriebener Texte durch Satzzeichen. Ebensowenig läßt sich dem Grundgesetz etwas dafür entnehmen, wie bestimmte im Schulunterricht verwendete Schreibweisen aus pädagogischer Sicht zu bewerten sind [...]. Eine Verletzung des elterlichen Erziehungsrechts durch die Umsetzung der Rechtschreibreform in den Schulen wäre deshalb nur dann möglich, wenn der Staat die Rechtschreibung überhaupt nicht oder jedenfalls nicht in gestaltender Absicht regeln dürfte, wenn eine solche Regelung im Fall ihrer grundsätzlichen Zulässigkeit einer spezialgesetzlichen Grundlage bedürfte oder wenn die Reform die Betroffenen unverhältnismäßig in Grundrechten beeinträchtigte. [...]

Die Rechtschreibung ist einer staatlichen Regelung nicht von vornherein unzugänglich. Das Grundgesetz enthält kein Verbot, die Rechtschreibung zum Gegenstand staatlicher Regelung zu machen. Ein solches Verbot folgt auch nicht daraus, daß der Staat zur Regelung der Rechtschreibung nicht ausdrücklich ermächtigt worden ist. Dem Grundgesetz liegt nicht die Vorstellung zugrunde, daß sich jede vom Staat ergriffene Maßnahme auf eine verfassungsrechtliche Ermächtigung zurückführen lassen müsse. Es geht vielmehr von der generellen Befugnis des Staates zum Handeln im Gemeinwohlinteresse aus, erlegt ihm dabei aber sowohl formell als auch materiell bestimmte Beschränkungen auf. Ein Regelungsverbot kann sich unter diesen Umständen nicht schon aus einer fehlenden verfassungsrechtlichen Ermächtigung, sondern nur aus den verfassungsrechtlichen Schranken staatlicher Entscheidungen ergeben.

Auch aus der Eigenart der Sprache folgt kein absolutes Regelungsverbot. Die Annahme, die Sprache „gehöre" dem Volk, kann ein solches Verbot nicht begründen; denn weder bringt das „Gehören" eine Zuordnung im Rechtssinn zum Ausdruck noch könnte die der Annahme zugrunde liegende These, falls ihr rechtlicher Gehalt zukäme, eine staatliche Befassung verhindern. Daß ein Gegenstand dem Staat nicht „gehört", hindert diesen nicht daran, seinen Gebrauch bestimmten Regeln zu unterwerfen. Auch der Umstand, daß die Sprache nicht aus einer staatlichen Quelle fließt und sich im gesellschaftlichen Gebrauch von selbst entwickelt, steht einer staatlichen Regelung nicht entgegen. Diese Eigenschaften teilt die Sprache mit zahlreichen Regelungsgegenständen. Die Sprache unterscheidet sich von anderen Regelungsgegenständen auch nicht dadurch, daß bei ihr korrekturbedürftige Fehlentwicklungen - etwa im Sinn erschwerter Lehr- und Lernbarkeit - von vornherein ausgeschlossen wären. Der Staat kann die Sprache deswegen aber nicht beliebig regeln. Begrenzende Wirkungen ergeben sich aus der Eigenart der Sprache jedoch nur für Art und Ausmaß einer Regelung, nicht dagegen für eine Regelung überhaupt.

Auch ein generelles Verbot gestaltender Eingriffe in die Schreibung läßt sich dem Grundgesetz nicht entnehmen. Der Staat ist nicht darauf beschränkt, nur nachzuzeichnen, was in der Schreibgemeinschaft ohne seinen Einfluß im Lauf der Zeit an allgemein anerkannter Schreibung entstanden ist. Regulierende Eingriffe, die Widersprüche im Schreibusus und Zweifel an der richtigen Schreibung beseitigen oder - etwa aus Vereinfachungsgründen - bestimmte Schreibweisen erstmals festlegen, sind ihm ebenfalls grundsätzlich erlaubt. Für den Bereich der Schulen kann er sich zudem auf Art. 7 Abs. 1 GG berufen, der dem Staat mit der Aufsicht über das Schulwesen auch die Befugnis zuweist, Bestimmungen über Art und Inhalt des Schulunterrichts zu treffen [...]. Die Festlegung der Regeln und Schreibweisen der deutschen Rechtschreibung ist davon nicht ausgenommen. Lehrer wie Schüler benötigen möglichst sichere, verbindliche, aber auch verständliche Grundlagen für richtiges Lehren und Lernen der deutschen Schreibung sowie zuverlässige Maßstäbe für die Benotung der insbesondere im Rechtschreibunterricht geforderten schulischen Leistungen. [...]

Der Runderlaß des schleswig-holsteinischen Kultusministeriums ist auch nicht deshalb von Verfassungs wegen zu beanstanden, weil Regelungen dieser Art nicht von den Ländern getroffen werden könnten. Der Erlaß dient der Umsetzung der Neuregelung der deutschen Rechtschreibung „an den Schulen in Schleswig-Holstein". Er berücksichtigt damit, daß das neue Regelwerk nach Nr. 2 des Beschlusses der Kultusministerkonferenz vom 30.11./1.12.1995 die „verbindliche Grundlage für den Unterricht in allen Schulen" sein soll. In dieser Funktion beziehen sich Regelwerk und Erlaß auf einen Gegenstand des Schulwesens, das vom Grundgesetz [...] der ausschließlichen Zuständigkeit der Länder zugewiesen ist [...].

An dieser Zuordnung ändert es nichts, daß die Neuregelung der deutschen Rechtschreibung nach Nr. 1 ihres Vorworts „zur Sicherung einer einheitlichen Rechtschreibung Vorbildcharakter für alle" haben soll, „die sich an einer allgemein gültigen Rechtschreibung orientieren möchten". Zum Bildungs- und Erziehungsauftrag der Schule gehört es [...], Schülerinnen und Schüler durch Vermittlung der dafür benötigten Kenntnisse und Fertigkeiten zu befähigen, in einer sich ständig wandelnden Welt ein erfülltes und erfolgreiches Leben in Staat, Gesellschaft und Beruf zu führen. Die Schule wirkt von daher notwendig nach außen, beeinflußt Verhaltensweisen des Einzelnen und schafft Werte auch für das soziale Miteinander der Menschen. Das gilt nicht erst dann, wenn Schülerinnen und Schüler die Schule verlassen und das Erlernte in der Gesellschaft verwenden, sondern unabhängig davon, weil Zielsetzungen und Werte, die in der Schule vermittelt werden, stets in den außerschulischen Bereich ausstrahlen. Die Vermittlung der Kenntnis richtiger Schreibung der eigenen Sprache durch die Schule ist dafür, wie die Geschichte der deutschen Rechtschreibung zeigt, ein anschauliches Beispiel. Einer Regelungsbefugnis der Länder steht auch nicht entgegen, daß Schreibung als Kommunikationsmittel im gesamten Sprachraum ein hohes Maß an Einheitlichkeit voraussetzt, wenn die grundrechtlich verbürgte Kommunikationsmöglichkeit erhalten bleiben soll. [...] Daß der Bund [...] die Übernahme der Rechtschreibreform in die Amts- und Justizsprache des Bundes zum 1. August 1998 vorerst ausgesetzt hat und Niedersachsen die neuen Rechtschreibregeln an seinen Schulen derzeit nicht anwendet, stellt das damit erzielte Einvernehmen nicht grundsätzlich in Frage. Das Erfordernis eines hohen Maßes an einheitlicher Schreibung, ohne welches Lesbarkeit und Verständlichkeit von Texten und damit Kommunikation zwischen den Schreibenden nicht möglich sind, bedeutet nicht notwendig Übereinstimmung in allen Einzelheiten. Deshalb hat das Ausscheren eines Beteiligten aus dem Kreis derer, die sich zuvor auf gemeinsame Regeln und Schreibweisen verständigt haben, verfassungsrechtlich nicht notwendig die Unzulässigkeit der Neuregelung zur Folge, wenn Kommunikation im gemeinsamen Sprachraum trotzdem weiterhin stattfinden kann.

Der Erlaß des schleswig-holsteinischen Kultusministeriums ist verfassungsrechtlich auch nicht deshalb bedenklich, weil es für die Einführung der neuen Rechtschreibregeln in den Schulunterricht einer Regelung durch den parlamentarischen Gesetzgeber bedurft hätte. Es ist von Verfassungs wegen nicht zu beanstanden, daß das Oberverwaltungsgericht im angegriffenen Beschluß das geltende Schulrecht des Landes Schleswig-Holstein [...] als ausreichende Grundlage für die Umsetzung der Rechtschreibreform an den Schulen des Landes angesehen hat. [...] Daß dazu auch Grundkenntnisse und Grundfertigkeiten im Lesen und Schreiben der deutschen Sprache gehören, hat das Oberverwaltungsgericht festgestellt. Verfassungsrechtlich sind dagegen Bedenken nicht zu erheben.

Die Vorschriften des Schleswig-Holsteinischen Schulgesetzes scheiden als Grundlagen für die Umsetzung der Rechtschreibreform nicht deswegen aus, weil es im Hinblick auf deren Inhalt, Reichweite und Konsequenzen einer besonderen gesetzlichen Regelung bedürfte. Entgegen der Auffassung der Beschwerdeführer zwingt der Vorbehalt des Gesetzes nicht zu einer solchen Regelung. Dieser Grundsatz verlangt, daß staatliches Handeln in bestimmten grundlegenden Bereichen durch förmliches Gesetz legitimiert wird. Der Gesetzgeber ist verpflichtet, alle wesentlichen Entscheidungen selbst zu treffen, und darf sie nicht anderen Normgebern überlassen. Wann es einer Regelung durch den parlamentarischen Gesetzgeber bedarf, läßt sich nur im Blick auf den jeweiligen Sachbereich und auf die Eigenart des betroffenen Regelungsgegenstandes beurteilen. [...] Danach bedeutet wesentlich im grundrechtsrelevanten Bereich in der Regel „wesentlich für die Verwirklichung der Grundrechte" [...]. Die Tatsache, daß eine Frage politisch umstritten ist, führt dagegen für sich genommen nicht dazu, daß diese als wesentlich verstanden werden müßte [...]. Zu berücksichtigen ist im übrigen auch, daß die in Art. 20 Abs. 2 GG als Grundsatz normierte organisatorische und funktionelle Unterscheidung und Trennung der Gewalten auch darauf zielt, daß staatliche Entscheidungen möglichst richtig, das heißt von den Organen getroffen werden, die dafür nach ihrer Organisation, Zusammensetzung, Funktion und Verfahrensweise über die besten Voraussetzungen verfügen. Dieses Ziel darf nicht durch einen Gewaltenmonismus in Form eines umfassenden Parlamentsvorbehalts unterlaufen werden [...].

Der Vorbehalt des Gesetzes ist - mit diesen Maßgaben - auch auf dem Gebiet des Schulwesens zu beachten [...]. Ob und inwieweit dies Regelungen des parlamentarischen Gesetzgebers erfordert, richtet sich allgemein nach der Intensität, mit der die Grundrechte des Regelungsadressaten durch die jeweilige Maßnahme betroffen sind [...]. Speziell in bezug auf Art. 6 Abs. 2 Satz 1 GG ist von Bedeutung, ob die Grenzen im Spannungsfeld zwischen dem in Art. 7 Abs. 1 GG vorausgesetzten Bildungs- und Erziehungsauftrag des Staates und dem elterlichen Erziehungsrecht in substantieller Hinsicht zu Lasten des Elternrechts verschoben werden.

Nach diesen Maßstäben ist für die Einführung der neuen Rechtschreibregeln im Schulunterricht der Länder eine besondere gesetzliche Grundlage nicht erforderlich. Die Unterrichtung von Schülerinnen und Schülern nach der reformierten Rechtschreibung ist für die Ausübung des Elternrechts nicht von wesentlicher Bedeutung. Zwar gehört zum Erziehungsrecht der Eltern aus Art. 6 Abs. 2 Satz 1 GG auch das Recht, die Sprachkompetenz ihrer Kinder zu fördern, ihnen die Kenntnis der Rechtschreibregeln zu vermitteln und sie zu schriftlicher Kommunikation mit Eltern und Dritten zu befähigen. Rechtschreibunterweisung ist indessen nicht in erster Linie eine Sache der Eltern. Sie hat vielmehr im Spannungsverhältnis zwischen Elternrecht und staatlichem Erziehungsauftrag traditionell eine größere Affinität zum schulischen Bereich als zum Einwirkungsbereich der Eltern [...]. Zumindest seit Einführung der allgemeinen Schulpflicht sind der Rechtschreibunterricht und die Bestimmung seiner Grundlagen vornehmlich eine Aufgabe von Staat und Schule; die Eltern werden bei der Vermittlung richtigen Schreibens, wenn überhaupt, nur begleitend und unterstützend tätig. Auch wenn die Rechtschreibung staatlichen Normen unterliegt, ist die darauf beruhende Rechtschreibunterweisung wertfreie Wissensvermittlung, für die die Schule als darauf vorbereitete und mit entsprechend befähigtem Personal ausgestattete staatliche Einrichtung am ehesten geeignet ist und die deshalb zum typischen Aufgabenbereich dieser Einrichtung gehört [...]. Daß Rechtschreibunterricht den Erziehungsplan der Eltern ernsthaft beeinträchtigen könnte, ist nicht ersichtlich.

An dieser Einschätzung ändert es nichts, daß durch die vorliegende Rechtschreibreform im Schulunterricht Rechtschreibregeln und Schreibweisen eingeführt werden, die nicht nur das Ergebnis einer historisch gewachsenen, vom Staat unbeeinflußten Schreibentwicklung sind und auch nicht lediglich eine sich im gesellschaftlichen Bereich immerhin anbahnende Schreibentwicklung vorwegnehmen, sondern jedenfalls teilweise auf reformerische Entscheidungen staatlicher Entscheidungsträger zurückgehen. Zwar wird dies dazu führen, daß Eltern, die wie die Beschwerdeführer an der traditionellen Rechtschreibung festhalten wollen, (auch) im Umgang mit ihren Kindern mit Schreibweisen konfrontiert werden, die sie für sich und für ihre Kinder ablehnen. Doch sind die Auswirkungen der konkreten Regelungen über die neue Schreibung auf das Elternrecht nicht so gewichtig, daß die Inhalte und

Regeln dieser Schreibung durch eine Leitentscheidung des parlamentarischen Gesetzgebers legitimiert werden müßten.

[...] die Änderungen, die die Rechtschreibreform bewirkt, [sind] im Umfang verhältnismäßig gering; nach der Darstellung in der Stellungnahme der Kultusministerkonferenz [...] betrifft die Reform quantitativ, abgesehen von der Änderung der bisherigen ß-Schreibung, nur 0,5 vom Hundert des Wortschatzes. Aber auch qualitativ halten sich die Neuregelung und ihre Folgen für die schriftliche Kommunikation in engen Grenzen. Nach den Eindrükken, die der Senat in der mündlichen Verhandlung gewonnen hat, besteht kein Anlaß, die von der Einschätzungsprärogative des schleswig-holsteinischen Ministeriums [...] getragene Prognose in Frage zu stellen, auf der Grundlage der neuen Rechtschreibregeln lasse sich das richtige Schreiben der deutschen Sprache leichter erlernen. Dies gilt auch dann, wenn mit einem Teil der [...] Sprachwissenschaftler davon ausgegangen wird, daß den Vorteilen der Reform auch Nachteile gegenüberstehen. Unabhängig davon werden Schriftbild und Lesbarkeit von Texten durch die neuen Regeln und Schreibweisen kaum, zumindest nicht in dem Maße beeinträchtigt, daß darunter ernstlich Verständlichkeit und Verständigung litten. Schriftliche Kommunikation ist deshalb weiterhin möglich, und zwar auch zwischen „Altschreibern", die in ihren Texten unverändert die traditionelle Schreibung verwenden, und „Neuschreibern", die den reformierten Schreibweisen folgen. [...]

Vor diesem Hintergrund ist nicht zu erkennen, daß die Beschwerdeführer gehindert wären, ihre Kinder auch mit den traditionellen Schreibweisen vertraut zu machen, ihnen eigene Bücher zum Lesen zu geben und sie an die klassische Literatur in deren ursprünglicher Schreibweise heranzuführen. Da die Unterschiede zwischen herkömmlicher und neuer Rechtschreibung die Lesbarkeit alter wie neuer Texte praktisch nicht beeinträchtigen, kann auch nicht angenommen werden, daß eine auf diesen Unterschieden beruhende Hemmschwelle für Kinder, die Bücher ihrer Eltern zu lesen, nennenswert ins Gewicht fällt. Die Gefahr einer Verunsicherung der Kinder durch die verschiedenen Schreibweisen erscheint ebenfalls als eher gering. Verwechslungen, die im Einzelfall infolge der Konfrontation mit älteren Texten trotzdem unterlaufen, bleiben auch in der Schule auf lange Zeit folgenlos, weil dort bis mindestens Ende Juli 2005 bei schriftlichen Leistungsnachweisen bisherige Schreibweisen nicht als Fehler, sondern lediglich als überholt gekennzeichnet werden. Es ist deshalb auch nicht ersichtlich, daß das Interesse der Eltern an möglichst guten Leistungsnachweisen ihrer Kinder durch die neue Schreibung beeinträchtigt wird.

Daß die Beschwerdeführer bei der Hausaufgabenbetreuung ihrer Kinder nicht mehr wie bisher allein auf ihr in der Schule erlerntes Schreibwissen zurückgreifen können, sondern sich dabei auf die neue Rechtschreibung einlassen müssen, berührt ihr Erziehungsrecht angesichts des geringen Umfangs der Reform und ihrer Auswirkungen ebenfalls nicht derart schwer, daß sich daraus die Notwendigkeit einer spezialgesetzlichen Fundierung der Rechtschreibreform herleiten ließe. Es ist auch nicht erkennbar, inwieweit die elterliche Autorität darunter leiden könnte, daß in der Schule Rechtschreibregeln gelehrt werden, von denen das elterliche Schreibverhalten abweicht. Zum einen ist auch hier zu berücksichtigen, daß die Verwendung der traditionellen Schreibweisen im Schulunterricht bis mindestens Ende Juli 2005 nicht als Fehler gewertet werden wird. Zum anderen bleibt abzuwarten, inwieweit sich in den kommenden Jahren die neue Schreibweise auch bei den Eltern durchsetzen wird. Außerdem entspricht es allgemeiner Erfahrung, daß Wissen und Können von Eltern im Prozeß der Fortentwicklung und Erneuerung von Unterrichtsgegenständen und -inhalten häufig nicht mit dem Schritt halten können, was ihren Kindern in der Schule aktuell gelehrt wird. [...]

Einführung und Anwendung der neuen Rechtschreibregeln im Bereich der Schulen sind für das Elternrecht schließlich nicht deshalb wesentlich, weil mit der Umsetzung der Rechtschreibreform im Gefolge einer schul- und bildungspolitischen Grundsatzentscheidung neue Groblernziele [...] festgelegt worden wären. Wie [...] ausgeführt, ist nach der verfassungsrechtlich nicht zu beanstandenden Auslegung des Oberverwaltungsgerichts in den

§§ 4, 11 Abs. 1 Satz 1 SchulG festgelegt, daß zu den Zielen des Unterrichts an den Grundschulen die Unterweisung im richtigen Schreiben der deutschen Sprache gehört. Daran ändert sich durch die Rechtschreibreform nichts. Allerdings erhält der Unterrichtsgegenstand, erhalten Rechtschreibregeln und die Schriftsprache selbst infolge der Neuregelung einen teilweise anderen Inhalt. Diese ist jedoch, wie dargelegt, quantitativ wie qualitativ nicht so gewichtig, daß sie einer Änderung bisheriger oder der Festlegung neuer Groblernziele gleichkäme. Jedenfalls für eine Reform dieses Zuschnitts reichen die §§ 4, 11 Abs. 1 Satz 1 SchulG als Grundlagen zur Umsetzung im Bereich der Grundschulen aus. Es ist nicht erkennbar, daß für die anderen Schularten, soweit dort richtiges Schreiben ebenfalls zum Lehr- und Lernstoff gehört, nach den für sie geltenden schulartspezifischen Vorschriften [...] anderes gelten könnte. Diese Beurteilung berücksichtigt auch, daß Sachkompetenz und Nähe zur schulischen Praxis die Kultusverwaltungen für die Entscheidung über Notwendigkeit, Inhalt, Ausmaß und Zeitpunkt einer Rechtschreibreform besonders qualifizieren. Wie Rechtschreibregeln und davon gegebenenfalls abweichender Schreibgebrauch unter dem Gesichtspunkt der Erlernbarkeit der Schriftsprache durch Schülerinnen und Schüler zu beurteilen sind, ob und auf welche Weise Vereinfachungen für das Schreibenlernen in den Schulen herbeigeführt werden können, ohne daß die Lesbarkeit von Texten wesentlich beeinträchtigt wird, und wie gegebenenfalls neue Rechtschreibregeln und Schreibweisen in den Schulunterricht eingeführt werden sollten, sind pädagogische, sprachwissenschaftliche und schulpraktische Fragen, für deren Beantwortung die zuständigen Fachverwaltungen grundsätzlich besser ausgerüstet erscheinen als die Landesparlamente und deren Behandlung deshalb auch in der Vergangenheit nahezu ausschließlich der Exekutive anvertraut war.

Die Erteilung von Rechtschreibunterricht nach den neuen Regeln ist auch für die Grundrechtsausübung der betroffenen Schülerinnen und Schüler nicht in dem Sinne wesentlich, daß dafür eine parlamentarische Leitentscheidung herbeigeführt werden müßte. Zwar werden durch die Erlaßregelung [...] auch Grundrechte der die Schule besuchenden Kinder berührt. Diese haben nach Art. 2 Abs. 1 GG ein Recht auf eine möglichst ungehinderte Entfaltung ihrer Persönlichkeit auch im Bereich der Schule und damit Anspruch auf eine Entfaltung ihrer Anlagen und Befähigungen im Rahmen schulischer Ausbildung und Erziehung [...]. Außerdem können sie nach Art. 2 Abs. 1 in Verbindung mit Art. 1 Abs. 1 GG verlangen, daß der Staat bei der Festlegung der Unterrichtsinhalte auf ihr Persönlichkeitsrecht Rücksicht nimmt [...]. Auch diese Rechte stehen in einer Spannungslage zu dem Bildungs- und Erziehungsauftrag des Staates nach Art. 7 Abs. 1 GG [...], indem sie einerseits Beschränkungen hinnehmen müssen, die durch diesen Auftrag gerechtfertigt sind, andererseits aber ihrerseits die auf Art. 7 Abs. 1 GG beruhenden staatlichen Befugnisse begrenzen [...]. Hier in den Grundzügen den notwendigen Ausgleich herzustellen, ist ebenfalls Sache des Gesetzgebers [...]. Der Gesetzgeber des Landes Schleswig-Holstein hat sich dieser Aufgabe im Schulgesetz auch mit Blick auf die Schülergrundrechte bereits in ausreichendem Maße unterzogen. Dabei kann dahingestellt bleiben, ob und inwieweit durch die Neuregelung der deutschen Rechtschreibung die Freiheit der Schülerinnen und Schüler zur Entfaltung ihrer individuellen Anlagen und Fähigkeiten sowie ihr allgemeines Persönlichkeitsrecht eingeschränkt werden. Auch wenn man eine Grundrechtsbeschränkung annimmt, war eine über die Vorschriften des Landesschulrechts hinausgehende gesetzliche Regelung für die Umsetzung der Rechtschreibreform nicht erforderlich. [...] Entscheidend ist auch hier, daß nach den verfassungsrechtlich nicht zu beanstandenden Annahmen der Kultusverwaltung die Neuregelung auf seiten der Schüler zum erleichterten Erlernen der Schriftsprache führen wird, Lesbarkeit und Verständlichkeit nach den neuen Regeln geschriebener Texte nicht ernsthaft beeinträchtigt werden und die Kommunikation der nach diesen Regeln ausgebildeten Schüler auch mit solchen Personen möglich bleibt, die weiter die traditionellen Schreibweisen bevorzugen. Schulanfänger werden darüber hinaus durch die Reform nicht einmal zu einem Umlernen gezwungen.

Wesentlichkeit im Sinne der Rechtsprechung zum Vorbehalt des Gesetzes erlangt die Umsetzung der Rechtschreibreform im Bereich der Schulen schließlich auch nicht im Hinblick auf die Grundrechtsausübung Dritter. Insbesondere erfordern die wirtschaftlichen Folgen der Reform für Verlage und sonstige Wirtschaftsunternehmen keine spezialgesetzliche Grundlage für Einführung und Anwendung der neuen Regeln und Schreibweisen. Durch die Neuregelung wird weder die Berufsfreiheit aus Art. 12 Abs. 1 GG noch die durch Art. 2 Abs. 1 GG gewährleistete wirtschaftliche Betätigungsfreiheit berührt. [...]

Die Einführung der neuen Rechtschreibung an den Schulen des Landes Schleswig-Holstein verletzt auch in sachlicher Hinsicht das Erziehungsrecht der Beschwerdeführer nicht. Das Elternrecht des Art. 6 Abs. 2 Satz 1 GG wird durch die Reform jedenfalls nicht unverhältnismäßig eingeschränkt. Das Ziel, das Erlernen richtigen Schreibens durch Vereinfachung der Rechtschreibregeln und Schreibweisen zu erleichtern, ist ein Gemeinwohlbelang, durch den die Neuregelung verfassungsrechtlich hinreichend gerechtfertigt ist. Nach vertretbarer Einschätzung des Landes ist die Rechtschreibreform geeignet, dieses Ziel zu erreichen. Durch die Anwendung der neuen Rechtschreibung im Schulunterricht werden die Eltern bei der Ausübung ihres Erziehungsrechts auch nicht unangemessen beeinträchtigt. [...]

Die angegriffenen Entscheidungen verstoßen auch nicht gegen die Grundrechte der Beschwerdeführer aus Art. 2 Abs. 1 in Verbindung mit dem Rechtsstaatsprinzip und Art. 1 Abs. 1 GG. Das folgt, soweit die Beschwerdeführer mit der Rüge einer Verletzung der allgemeinen Handlungsfreiheit und des Rechtsstaatsprinzips wiederum die Außerachtlassung des Gesetzesvorbehalts geltend machen wollen, aus den vorstehenden Ausführungen. Im übrigen kann offenbleiben, ob das allgemeine Freiheitsrecht des Art. 2 Abs. 1 GG oder das allgemeine Persönlichkeitsrecht aus Art. 2 Abs. 1 in Verbindung mit Art. 1 Abs. 1 GG dem Einzelnen einen Anspruch darauf gewährt, weiterhin so schreiben zu dürfen, wie dies bisheriger Übung der Schreibgemeinschaft entspricht. Denn jedenfalls würde in ein derartiges Recht durch die dem Runderlaß des schleswig-holsteinischen Kultusministeriums zugrunde liegende Neuregelung der deutschen Rechtschreibung nicht eingegriffen. Soweit dieser Regelung rechtliche Verbindlichkeit zukommt, ist diese auf den Bereich der Schulen beschränkt. Personen außerhalb dieses Bereichs sind rechtlich nicht gehalten, die neuen Rechtschreibregeln zu beachten und die reformierte Schreibung zu verwenden. Sie sind vielmehr frei, wie bisher zu schreiben. Auch durch die faktische Breitenwirkung, die die Reform voraussichtlich entfaltet, werden sie daran nicht gehindert. Dies liegt für die Zeit bis zum 31. Juli 2005, dem Ende der für die Umsetzung der Rechtschreibreform an den Schulen geltenden regulären Übergangsfrist, auf der Hand. Solange bisherige Schreibweisen selbst im Schulunterricht nicht als falsch gelten, sondern nur als überholt gekennzeichnet werden, kann deren Verwendung auch in der allgemeinen Schreibgemeinschaft nicht zu negativen Beurteilungen führen. Aber auch für die Zeit nach dem 31. Juli 2005 ist nicht erkennbar, daß ein Festhalten an den überkommenen Schreibweisen für den Schreibenden mit gesellschaftlichem Ansehensverlust oder sonstigen Beeinträchtigungen der Persönlichkeitsentfaltung verbunden sein könnte. Die Schriftsprache wird sich wie bisher trotz bestehender amtlicher Regeln weiterentwickeln. Traditionelle Schreibweisen werden sich noch längere Zeit erhalten und [...] als Schreibvarianten neben den reformierten Schreibweisen verwendet werden. Allenfalls auf lange Sicht läßt sich vorstellen, daß einzelne Schreibweisen von neuen - im hier behandelten Regelwerk enthaltenen oder später hinzugetretenen - abgelöst werden, sofern sich diese im Schreibusus der Schreibgemeinschaft durchsetzen.

Es ist unter diesen Umständen nicht erkennbar, inwieweit durch die Neuregelung der deutschen Rechtschreibung Grundrechte derjenigen, die ihrer Schreibung die alten Regeln und Schreibweisen zugrunde legen wollen, beeinträchtigt werden könnten.[700]

[700] Veröffentlicht in: BVerfGE 98, 218 ff.

II. Urteilskritik

1. Einleitung

Die Thematik dieses Urteils des Bundesverfassungsgerichts läßt sich in vollem Umfang nur im Zusammenhang mit den gesellschaftlichen und politischen Ereignissen um die Rechtschreibreform[701] und sowie mit Kenntnis der vorangehenden Reihe von verwaltungsgerichtlichen Entscheidungen[702] erfassen. Hinzu kommt, daß mit dem Urteil die Kriterien über die Unwirksamkeit der Rücknahme einer Verfassungsbeschwerde nach einer mündlichen Verhandlung entwickelt worden sind[703]. Dies ist eine noch stark umstrittene Frage formellen Verfassungsrechts[704] und soll bei der nachfolgenden inhaltlichen Urteilskritik ebenso ausgeblendet bleiben, wie die gesellschaftspolitischen Wirkungen des Urteils.

Es geht an dieser Stelle vor allem darum, die inhärenten Widersprüche der Entscheidung offenzulegen. Denn auf den ersten Blick und bei Unkenntnis der Begleitumstände wirken die Urteilsgründe durchaus einleuchtend und in ihren Wertungen nachvollziehbar. Verstärkt wird dieser Eindruck noch dadurch, daß das Urteil einstimmig ergangen ist. Weitet man jedoch den Blick auf die in den vorangegangenen verwaltungsgerichtlichen Entscheidungen entwickelten Argumentationen aus und untersucht auch einige der Wertungen des Bundesverfassungsgerichts genauer, stößt man auf unerwartete und für dieses Gericht ungewöhnliche Widersprüche und Ungenauigkeiten. Teilweise läßt dieser Befund dann die Vermutung aufkommen, daß auch unausgesprochene politische Erwägungen das Ergebnis zu beeinflussen in der Lage waren.

2. Elterliches Erziehungsrecht und staatlicher Erziehungsauftrag

Das Gericht beginnt seine Prüfung mit der Untersuchung eines Verstoßes gegen das elterliche Erziehungsrecht aus Art. 6 Abs. 2 S. 2 GG, was im Urteil

---

701 Vgl. hierzu die Darstellungen im Anhang, unten S. 267 ff.

702 Vgl. unten S. 181 ff.

703 Danach ist die Rücknahme der Beschwerde nach der mündlichen Verhandlung unzulässig, wenn das Bundesverfassungsgericht die Beschwerde nach § 93 a BVerfGG vor Abschluß des fachgerichtlichen Hauptsacheverfahrens angenommen hat, die Beschwerde im Sinne des § 90 Abs. 2 Satz 2 BVerfGG von allgemeiner Bedeutung ist und diese in der Zeit bis zur Urteilsverkündung nicht entfallen ist. Vgl. BVerfGE 98, 218, 242 f. Das Gericht beruft sich dafür auf den Vorrang des öffentlichen Interesses an einer Sachentscheidung gegenüber dem Individualinteresse des Beschwerdeführers in Analogie zu den Fällen der Antragsrücknahme in Normenkontroll- und Organstreitverfahren.

704 In der Literatur wird die Ansicht des Bundesverfassungsgerichts überwiegend abgelehnt: *Cornils*, Zur Rücknahme der Verfassungsbeschwerde, NJW 1998, 3624 ff.; *Menzel*, Rücknahme von Verfassungsbeschwerden 'Last Minute', JuS 1999, S. 339 ff.; *Wißmann*, Wo kein Kläger, da kein Richter, DÖV 1999, 152 ff., *Bauer / Möllers*, Die Rechtschreibreform vor dem Bundesverfassungsgericht, JZ 1999, S. 697 ff.; *Voßkuhle*, in: *v. Mangoldt / Klein / Stark* (Fn. 12), Art. 93 Rdn. 20. Zustimmend aber *Pestalozza* (Fn. 6), § 2 Rdn. 43; *Löwer*, in: *Stern* (Fn. 332), § 56 Rdn. 62. Bedenken werden auch im Urteil des OVG Lüneburg geäußert, vgl. unten S. 262.

letztlich mehr als vier Fünftel des Gesamtprüfungsumfanges ausmacht. Die hier infragekommende Abgrenzung zwischen elterlichem Erziehungsrecht aus Art. 6 Abs. 2 GG und staatlichem Bildungs- und Erziehungsauftrag aus Art. 7 Abs. 1 GG ist nicht völlig unumstritten, weshalb kurz auf die divergierenden Ansichten eingegangen werden soll.

Vereinzelt gibt es in der Literatur[705] und auch in der Rechtsprechung des Bayrischen Verfassungsgerichtshofs[706] Ansichten, die eine Vorrangstellung des elterlichen Erziehungsrechts annehmen. Aus dem Wortlaut des Art. 6 Abs. 2 Satz 1 GG wird über die Wendung der „zuvörderst ihnen obliegende Pflicht" ein Vorrang des elterlichen Erziehungsrechts auch vor dem staatlichen Erziehungsauftrag abgeleitet. Eine elterliche Erziehungspflicht könne danach schwerlich gegenüber der staatlichen vorgehen, ohne daß den Eltern auch ein vorrangiges Erziehungsrecht zusteht - sonst wären die Eltern in bezug auf die Erziehung ihrer Kinder rechtlich schlechter gestellt als der Staat[707]. Aus der rein formalen Betrachtung wird auf ein natürliches, vorrangiges Elternrecht zur Erziehung geschlossen.

Aber aus dieser Sicht ließe sich für das vorliegende Problem kein direkter Nutzen ziehen, da ein vorrangiges Recht ohne zusätzliche Erwägungen keine Abgrenzung erlaubt. In den Worten „zuvörderst" und „Vorrang" ist eben auch der Hinweis enthalten, daß zugleich neben den Eltern auch dem Staat Aufgaben und Pflichten zugewiesen sind, die über das Wächteramt aus Art. 6 Abs. 2 Satz 2 hinausgehen. Die Lehre zur Auslegung des „zuvörderst" führt insbesondere deshalb nicht zu einem konkret verwertbaren Ergebnis, da der jeweilige Bezugspunkt außer Betracht bleibt; in diesem Fall ist dies die Rechtmäßigkeit von nachvollziehenden und fortentwickelnden Rechtschreibreformen.

Vorzugswürdig erscheint daher die Offenheit der h.M.[708], die die Erziehungsrechte und den Erziehungsauftrag zunächst abstrakt gleichberechtigt nebeneinander betrachtet und die Abgrenzung dann anhand der konkreten Materie vornimmt. Dies stellt die dem Einzelfall sachnähere und daher auch angemessenere Sicht dar, da jeweils konkret die besseren Argumente für die besondere Schutzwürdigkeit eines Rechts den Ausschlag zur einen oder anderen Seite geben müssen.

Dem Bundesverfassungsgericht ist daher zuzustimmen, wenn es in Anlehnung an seine ständige Rechtsprechung[709] auch im Urteil zur Rechtschreibreform das Verhältnis zwischen elterlichem Erziehungsrecht und staatlichem Bildungs- und Erziehungsauftrag aus Art. 7 Abs. 1 GG als prinzipiell gleich-

---

705 *Roth*, „Zur Verfassungswidrigkeit der Rechtschreibreform", BayVBl. 1999, 257 ff., hält das Verhältnis der Grundrechte für 'dogmatisch nicht unbedenklich', S. 257, m.w.N.

706 BayVerfGH 7, 9, 13 ff.; 23, 23, 29 ff.; 34, 14, 24 ff.

707 *Roth* (Fn. 705), S. 257.

708 *Eva Maria von Munch*, in: *v. Münch / Kunig*, Grundgesetzkommentar, Bd. 1, Art. 6 Rdn. 35 ff.; *Maunz*, in: *Maunz / Dürig / Herzog / Klein*, Grundgesetz, Art. 6, Rdn. 25j ff.

709 BVerfGE 45, 400; 53, 185; 47, 46; 58, 257.

geordnet kennzeichnet und die Grenzziehung zwischen beiden als Aufgabe des Gesetzgebers betrachtet[710].

Eine abstrakte Grenzziehung zwischen elterlichem Erziehungsrecht und staatlichem Erziehungsauftrag sollte aber auch bei einer konkreten Bezugsmaterie zunächst abstrakt bleiben und unabhängig von konkreten Vorhaben allgemeine Kriterien entwickeln und darstellen. Sie sollte von einem umfassenden Ausgangspunkt aus verschiedenartige Reformvorhaben auf ihre Grundrechtsrelevanz prüfen. So hätte das Gericht in seiner Urteilsbegründung zwei diametrale Vorhaben gegeneinander stellen können, d.h. eine einzelne, marginale Änderung, wie beispielsweise die Festlegung des Geschlechts in Form eines Artikels für ein Wort wie „Multimedia" durch eine staatliche Entscheidung, gegen ein sehr weitgehendes Reformvorhaben, beispielsweise die Vorschläge zur fast durchgängigen Kleinschreibung aus den 70er und 80er Jahren[711]. Anhand solcher Grenzfälle hätten dann Prinzipien für Reformen der Rechtschreibung herausgearbeitet werden können, an denen die konkreten Regeln hätten überprüft werden können.

Am Urteil bleibt im Hinblick auf eine solche getrennte Betrachtung zu kritisieren, daß teilweise sogar abstrakte Abgrenzungserwägungen tatsächlich stattfinden, diese aber nicht konsequent durchgeführt werden und in die abstrakten Abgrenzungen stets auch die behauptete Marginalität der konkreten Regelung einfließt. Insofern findet hier eine Vermengung der Argumentationsebenen statt, die auch in vorangegangenen verwaltungsgerichtlichen Entscheidungen festzustellen war[712].

Konkret prüft das Bundesverfassungsgericht eine Verletzung des elterlichen Erziehungsrechts zunächst unter dem Obersatz, daß der Staat in der Schule die Verantwortung der Eltern für den Gesamtplan der Erziehung ihrer Kinder achten müsse und die Grenzziehung zwischen Erziehungsrecht und Erziehungsauftrag dem Gesetzgeber überlassen sei[713]. Dogmatisch stringenter und somit auch besser verständlich wäre es gewesen, zunächst das elterliche Erziehungsrecht wie alle anderen Abwehrrechte als einen grundrechtlich geschützten Bereich zu kennzeichnen, in welchen der Staat lediglich in Ausübung seiner Wächterfunktion aus Art. 6 Abs. 2 Satz 2 GG oder zur Wahrnehmung seines staatlichen Erziehungsauftrages aus Art. 7 Abs. 1 GG einzugreifen berechtigt ist[714]. Dann wäre der verfassungsklägerische Antrag auch stärker als Ausdruck einer elterlichen Entscheidung zum Erlernen der traditionellen Schreibweise durch ihre Kinder zur Geltung gekommen und hätte bei abweichendem Unterricht einer argumentativen Rechtfertigung auf Grundlage des staatlichen Bildungsauftrages bedurft.

---

710 BVerfGE 98, 218, 244.

711 Vgl. *Kopke* (Fn. 786), Rechtschreibreform und Verfassungsrecht, S. 108 ff.

712 Vgl. den Beschluß des VG Weimar, unten S. 189 f.

713 BVerfGE 98, 218, 245.

714 BVerwGE 22, 235, 236 f.

Im Anschluß an die Feststellung der Schutzbereichsbetroffenheit des elterlichen Erziehungsrechts wäre dann vom Gericht eine Untersuchung, ob denn ein Eingriff in dieses Recht vorliegt, zu erwarten gewesen. Generell muß an dieser Stelle festgehalten werden, daß in der Entscheidung eine klare, klassische Grundrechtsprüfung nach Schutzbereichsbetroffenheit, Eingriff und verfassungsrechtlicher Rechtfertigung überhaupt nicht stattfindet[715]. Das Bundesverfassungsgericht springt im Urteil an diesem Punkt vielmehr weit vor zur Erörterung der Frage, ob die Rechtschreibung einer staatlichen Regelung überhaupt zugänglich sei[716]. Das ist aber an sich ein Punkt, der in einer klassischen Grundrechtsprüfung erst bei der verfassungsrechtlichen Rechtfertigung untersucht worden wäre. Bei einem Rückgriff auf Art. 7 Abs. 1 GG hätte dort die Legitimität des Ziels der Reform, also die Legitimität der Erleichterung des Schreibenlernens durch staatliche Änderung des Inhalts der Rechtschreibung, herausgearbeitet werden können. Bei den geeigneten und zulässigen Mitteln hätte dann abstrakt eine staatliche Rechtschreibreformbefugnis geprüft werden können, und die Wesentlichkeitslehre hätte es an dieser Stelle ermöglicht, auf die Ebenenkompetenz im föderalen Bundesstaat einzugehen und anschließend daran die Umsetzung der konkreten Neuregelung zu prüfen. Eine so strukturierte Prüfung fand aber nicht statt.

Das Bundesverfassungsgericht macht bereits um die Frage, ob in dem ministeriellen Erlaß ein Eingriff vorliegt, einen argumentativ ablenkenden Bogen. Es findet zum einen keine Subsumtion unter die Merkmale des klassischen Eingriffsbegriffs[717] statt, die möglicherweise festgestellt hätte, daß der Erlaß bereits ein finaler und unmittelbarer Rechtsakt ist, der mit Zwang durchgesetzt wird. Zum anderen wird aber auch nicht der weite, modernere Eingriffsbegriff[718] diskutiert, nachdem zurechenbar staatliches Handeln bereits dann einen Eingriff darstellt, wenn es dem einzelnen ein Verhalten, das in den Schutzbereich eines Grundrechts fällt, unmöglich macht. Eine klare Aussage zum Eingriffscharakter des ministeriellen Reformerlasses ist im gesamten Urteil nicht zu finden und damit auch einer der Hauptkritikpunkte an der Entscheidung.

Gleichwohl scheint das Gericht aber indirekt durchaus vom Vorliegen eines Eingriffs auszugehen, denn es führt aus, daß sich ein generelles Verbot gestaltender Eingriffe in die Schreibung nicht aus dem Grundgesetz entnehmen ließe[719]. Die so vom Gericht geschaffene Unklarheit über den Eingriffscharakter erschwert zusätzlich die kritische Auseinandersetzung mit dem Argumentationsgang des Gerichts. Im folgenden sollen daher bestimmte Urteilsstrukturen einzeln betrachtet werden.

---

715 Anderer Ansicht: *Hufen*, Rechtschreibreform: Karlsruhe locuta ..., RdJB 1998, S. 479, sowie ders., JuS 1998, 1153, 1155, der die Prüfungsreihenfolge des Gerichts für die einzig mögliche hält.

716 BVerfGE 98, 218, 246.

717 Vgl. hierzu: *Pieroth / Schlink*, Grundrechte, Staatsrecht II, 14. Aufl. 1998, Rdn. 238 f.

718 BVerfGE 66, 39, 60; *Pieroth / Schlink* (Fn. 717), Rdn. 240 ff.

719 BVerfGE 98, 218, 247.

3. Reformnotwendigkeit und legitimer Eingriffszweck

Zu Beginn der allgemeinen Erörterungen über eine staatliche Regelungsbefugnis fällt der Satz, daß Notwendigkeit und Inhalt, Güte und Nutzen der Reform nicht nach verfassungsrechtlichen Maßstäben beurteilt werden können[720]. Dem ist für die drei letzten Begriffe grundsätzlich beizupflichten, jedoch können bzgl. der Notwendigkeit an dieser Aussage begründete Zweifel bestehen. Denn die Behauptung der Notwendigkeit einer Reform ist zwingend und untrennbar mit der Frage verbunden, wer über die Notwendigkeit urteilten soll, ob das also die Gemeinschaft aller Schreibenden oder eine linguistische Fachkommission sein soll. Und hier stellt sich auch die verfassungsrechtliche Frage, welche Rechtsfolge sich aus der Behauptung der Notwendigkeit durch die eine oder andere Gruppe ableiten lassen soll. Lediglich die einhellige Ansicht aller Schreibenden, daß bezüglich eines konkreten Falles die Notwendigkeit einer Änderung besteht und die gleichzeitige Überzeugung aller, die Freiheit zu haben, auch derart abgeändert ohne Ansehensverlust oder Notenbeeinträchtigung schreiben zu dürfen, wäre frei von verfassungsrechtlichen Bedenken. Ein solcher Fall ist aber faktisch nicht möglich durch die an den Schulen eindeutig festgelegten Schreibweisen der Wörter und die Benotung der Rechtschreibleistungen.

Der Gedanke der Notwendigkeit der Reform hat aber noch zwei weitere verfassungsrechtliche Aspekte. Zum einen kann die von einer Fachkommission festgestellte Notwendigkeit nicht die Diskussion über die Legitimität des Eingriffszwecks ersetzen. Linguistisch, pädagogisch und systematisch Wünschenswertes muß zu seiner Legitimierung im Interesse zumindest der Grundrechte einiger stehen beziehungsweise dem Wohle der Allgemeinheit dienen[721]. Für den Bereich der Schule kommt als Rechtsgrundlage staatlicher Regelungen Art. 7 Abs. 1 GG in Betracht. Im Urteil wird die staatliche Aufsicht über das Schulwesen konkretisiert in den Bedarf von „möglichst sicheren, verbindlichen, aber auch verständlichen Grundlagen für richtiges Lehren und Lernen der deutschen Schreibung sowie zuverlässigen Maßstäben für die Benotung der insbesondere im Rechtschreibunterricht geforderten schulischen Leistungen"[722].

Aber schon in dieser Prinzipienformulierung liegen diskussionsbedürftige Prämissen. Beispielsweise sieht *Roth*[723] an dieser Stelle einen gravierenden logischen Fehler, denn was als „richtiges Schreiben" zu gelten hat, ergibt sich weder aus den Festlegungen des Reformwerkes noch den Anordnungen der Kultusminister, sondern vielmehr aus einer Gesamtschau des heute vorherrschend praktizierten und von der Sprachgemeinschaft akzeptierten Sprach- und Schreibgebrauchs. Denn selbst wenn man annähme, daß die neuen Re-

---

720 BVerfGE 98, 218, 245.

721 *Roth* (Fn. 705), S. 259.

722 BVerfGE 98, 218, 247.

723 *Roth* (Fn. 705), S. 259; mit Verweisen auf die Beschlüsse des BVerfG vom 21.6.1996; des OVG Münster vom 10.11.1997 und das Urteil des VG Berlin vom 14.11.1997.

geln als solche einfacher zu lernen sind, so folgte daraus nicht, daß damit das „richtige" Deutsch leichter zu erlernen wäre[724].

In dem Begriff der Notwendigkeit liegen somit im Ansatz bereits alle Kernprobleme der Verfassungsbeschwerde, so daß die Aussage, daß die Notwendigkeit einer Reform nach verfassungsrechtlichen Maßstäben nicht beurteilt werden kann, bereits eine frühe Weichenstellung für das Urteil darstellt[725].

Des weiteren läßt sich die Notwendigkeit ebenfalls nicht von der Frage trennen, ob nicht zur Erreichung des durch eine „notwendige" Reform angestrebten Ziels der Erleichterung des Schreibenlernens nicht generell auch ein milderes Mittel in Form einer beispielsweise anderen didaktischen Vermittlung der traditionellen Schreibweisen gleich gut geeignet wäre. Dieser Punkt wird im Urteil nicht einmal angesprochen, da das Gericht hier ausdrücklich nur der Einschätzungsprärogative des schleswig-holsteinischen Bildungsministeriums folgt[726]. Bei einer solchen Erforderlichkeitsprüfung hätte insbesondere eine Trennung nach nachvollziehenden und fortentwickelnden Regeln erfolgen müssen, denn nur letztere sind auf eine Lernerleichterung hin konzipiert. Bei nur nachvollziehenden Korrekturen ist es rein zufällig, daß diese auch das Schreibenlernen vereinfachen. Eine Trennung dieser Aspekte findet aber im Urteil nicht wirklich statt[727]. Lediglich im Rahmen der Wesentlichkeitsprüfung wird lapidar darauf verwiesen, daß sich an der Einschätzung nichts dadurch ändere, daß die Neuregelung auch auf reformerische Entscheidungen staatlicher Entscheidungsträger zurückgehe. Hinzu kommt, daß das Urteil auch unvermittelt von Erwägungen zu abstrakten Regelungen zu den konkreten Regelungsplänen übergeht[728], so daß davon ausgegangen werden kann, daß in die Behauptung der Notwendigkeit einer Reform bereits die Hypothese eingeflossen ist, daß die konkreten, fortentwickelnden Regelungen das Schreibenlernen erleichtern.

Die Ansicht des Gerichts, daß die Notwendigkeit der Reform nicht nach verfassungsrechtlichen Maßstäben beurteilt werden kann[729], hält somit als undifferenzierte und unreflektierte Eingangsbehauptung einer kritischen Betrachtung nicht stand.

---

[724] *Roth* (Fn. 705), S. 259.

[725] Dieses teilweise Vorschieben der anderweitig festgestellten Reformnotwendigkeit kam bereits zu Beginn der mündlichen Verhandlung am 12.5.1998 zum Ausdruck, als der Vorsitzende des 1. Senats des Bundesverfassungsgerichts *Hans-Jürgen Papier* äußerte, daß das Gericht nicht die Rolle eines sprachlichen Obergutachters beanspruche. „Deutsches Höchstgericht prüft Schreibreform", Die Presse (Wien), vom 12.5.1998; „Karlsruhe hört Pro und Kontra zur Schreibreform", Die Welt, vom 13.5.1998.

[726] BVerfGE 98, 218, 254.

[727] Vgl. unten S. 167 ff.

[728] Vgl. unten S. 171 ff.

[729] BVerfGE 98, 218, 245.

4. Staatliche Regelungsbefugnis

Die im Urteil folgenden abstrakten Ausführungen darüber, daß weder das Grundgesetz noch die Eigenart der Sprache es verbieten, die Rechtschreibung zum Gegenstand staatlicher Regelung zu machen[730], sind zumindest mißverständlich ausgedrückt. Diese Ansicht läßt zunächst ein etatistisches Grundverständnis vermuten, in welchem dem Staat alles zu regeln erlaubt scheint, was nicht im Grundgesetz explizit verboten wurde. Direkt anschließend wird im Urteil aber gleich klargestellt, daß zwar nicht jede Regelung einer verfassungsrechtlichen Ermächtigung bedürfe, sie aber am Gemeinwohlinteresse ausgerichtet sein müsse[731]. Trotzdem bleibt der dogmatisch bedenkliche Schluß bestehen, daß bereits in den Prämissen des Urteils aus dem fehlenden verfassungsrechtlichen Verbot auf eine grundsätzliche Zugänglichkeit der Rechtschreibung für staatliche Regelungen gefolgert wird. Denn nicht das fehlende verfassungsrechtliche Verbot, sondern das Gebot der Gemeinwohlorientierung aus dem Republikprinzip aus Art. 20 Abs. 1 GG hätte hier in Beziehung zu den prinzipiellen grundrechtlichen Bedenken gesetzt werden sollen. Allgemein sagt das Gericht dies auch, wenn es ausführt, daß das Grundgesetz das Handeln des Staates im Gemeinwohlinteresse durch materielle als auch durch formelle, also verfahrensbezogene Beschränkungen limitiere[732]. Konkret sind unter diesen materiellen und formellen Beschränkungen die Grundrechte[733] und die enge Bindung an den demokratisch-politischen Prozeß[734] zu verstehen. Das Bundesverfassungsgericht wendet seine allgemeinen Äußerungen jedoch nicht konsequent auf den Sachverhalt der „Sprache" beziehungsweise konkret der „Schriftsprache" an[735], da keines der denkbaren zuständigkeitseinschränkenden Grundrechte genannt oder untersucht wird.

Bei einer an den Grundrechten gemessenen grundsätzlichen Zugänglichkeit für eine staatliche Regelung hätte inhaltlich näher bestimmt werden können, welcher Art und Intensität das zu erwartende erhöhte Gemeinwohlinteresse sein müßte, um eine Akzentverschiebung vom elterlichen Erziehungsrecht zum staatlichen Erziehungsauftrag allgemein zu rechtfertigen. Es hätte sich dabei aber auch, denkbar zumindest für fortentwickelnde Regelungen, herausstellen können, daß bei Rechtschreibreformen der Eingriff in private Grundrechte in keinem Fall durch ein erhöhtes Gemeinwohlinteresse zu rechtfertigen ist, so daß dann auch die grundsätzliche Zugänglichkeit für staatliche Regelungen auf Null geschrumpft wäre. Dabei wäre es wiederum hilfreich gewesen, wenn das Gericht auch beim Begriff der grundsätzlichen

---

730 BVerfGE 98, 218, 246.

731 So auch die überwiegende Meinung der Literatur und Rechtsprechung: *Bauer/Möllers*, Die Rechtschreibreform vor dem Bundesverfassungsgericht, JZ 1999, 697, 699, sprechen in diesem Zusammenhang von einer „virtuellen Allzuständigkeit des Staates".

732 BVerfGE 98, 218, 246.

733 In Hinblick auf die Sprache kommen Art. 2 Abs. 1, Art. 5 Abs. 1, Art. 6 und Art. 3 Abs. 3 GG in Betracht, vgl. *Kirchhof*, in: *Isensee/Kirchhof*, Handbuch des Staatsrechts, Bd. I, § 18, Rdn. 54.

734 *Bauer/Möllers* (Fn. 731), S. 699, m.w.N.

735 Vgl. BVerfGE 98, 218, 246 - 248.

Zugänglichkeit zwischen nachvollziehender und fortentwickelnder staatlicher Regelungszugänglichkeit unterschieden hätte, worauf bereits oben bei der Diskussion der Notwendigkeit verwiesen worden war.

Eine solche Abwägung hinsichtlich der Zugänglichkeit wäre, trotz des sehr ähnlichen Ansatzes, auch keine vorgezogene Wesentlichkeitsprüfung gewesen. Denn da die Wesentlichkeitsprüfung eine Kompetenzabgrenzungsfrage im System des Staates ist, setzt sie bereits im Vorfeld notwendig die allgemeine staatliche Regelungszugänglichkeit der Materie voraus.

Bedenklich ist auch die zweite Ansicht des Gerichts, daß die Tatsache, die Sprache „gehöre" dem Volk, keine rechtliche Zuordnung ausdrücke[736]. Wenn es tatsächlich so wäre, daß dieses „gehören" keine rechtliche Zuordnung im Sinne einer echten Sprachkompetenz ausdrückt, bliebe der Sprachgemeinschaft nur noch eine Benutzungskompetenz übrig. Das wäre dann aber semantisch nicht mehr unter den Begriff „gehören" zu fassen. Als reine Benutzungskompetenz verstanden wäre es zudem zutiefst undemokratisch, der Sprachgemeinschaft nicht auch eine Sprachreformkompetenz zuzubilligen.

Zu retten ist dieser Ansatz aber vermittelnd in der Art, daß das Gericht hier zumindest eine staatliche Mitkompetenz für die Schriftsprache, abgeleitet aus dem verfassungsrechtlichen Bildungs- und Erziehungsauftrag, annimmt. Eine Diskussion wäre allerdings hilfreicher gewesen als der pauschale Verweis auf ähnliche, angeblich zahlreiche Regelungsgegenstände[737], die dem Staat nicht gehören und die er trotzdem staatlichen Regeln unterwirft. Da diese Regelungsgegenstände vom Gericht nicht benannt wurden, ist ein argumentativer Vergleich anhand ihrer gegebenen Eigenschaften an dieser Stelle nicht möglich. Denkbar ist, daß das Gericht sich hier auf Dinge wie die staatliche Vereinheitlichung von Maßsystemen bezieht; jede Erörterung bliebe hier aber spekulativ.

5. Fortentwickelnde Gestaltung

Die bis zu diesem Punkt gemachten Ausführungen des Gerichts sind, trotz der bisher kritisierten Punkte, noch nachvollziehbar und vertretbar unter der Prämisse, daß es sich um nachvollziehende Regelungen handelt, die sich bereits in der Gesellschaft mehrheitlich durchgesetzt haben und mit denen der Staat die Schulrechtschreibung lediglich anpaßt.

Das Bundesverfassungsgericht sieht jedoch keine argumentative Hürde darin, die Erwägungen zum Fehlen eines grundgesetzlichen Verbots auch auf regulierende Eingriffe oder erstmalige Festlegungen neuer Schreibweisen auszudehnen. Aus dem Schweigen des Grundgesetzes, und nicht nach der selbst noch wenige Sätze vorher geforderten Prüfung verfassungsrechtlicher Schranken[738], leitet es mit dem Satz „Auch ein generelles Verbot gestaltender

[736] BVerfGE 98, 218, 246.
[737] BVerfGE 98, 218, 246.
[738] BVerfGE 98, 218, 246.

Eingriffe in die Schreibung läßt sich dem Grundgesetz nicht entnehmen" [739] die staatliche Kompetenz für sprachpflegerisch-regulierende Eingriffe her. Hier hätte einer der Prüfungsschwerpunkte des Urteils liegen sollen. Das Gericht beruft sich in seinen Gründen auf die zwei folgenden Gesichtspunkte: Zum einen könne aus dem staatlichen Bildungs- und Erziehungsauftrag aus Art. 7 Abs. 1 GG die Notwendigkeit zuverlässiger Maßstäbe für die Benotung hergeleitetet werden, und zum anderen spreche die Geschichte der Orthographiereformen einschließlich der vom Dudenverlag lange Zeit betriebenen „Sprachpflege" für sprachpflegerisch-regulierende Eingriffe.

Beide Erwägungen sind aber nicht stichhaltig. Denn zum einen ist die bloße Notwendigkeit eines zuverlässigen Maßstabes für die Benotung kein taugliches Argument für eine Änderung der Rechtschreibregeln, da zweifellos auch die bereits bestehenden, traditionellen Regeln eindeutig sind und einen zuverlässigen Maßstab für die Benotung darstellen. Zum anderen muß bei der Geschichte der Orthographiereformen zeitlich differenziert werden. Alle Vorgänge aus Zeiten vor Inkrafttreten des Grundgesetzes sind nicht geeignet, für das Verfassungsgericht rechtlich beachtenswerte Kriterien darzustellen. Die vom Dudenverlag betriebene faktische „Sprachpflege" beruhte auf einem Beschluß der Kultusministerkonferenz aus den fünfziger Jahren, der nur in Zweifelsfällen den ‚Duden' für verbindlich erklärte[740]. Die folgende Praxis des Dudenverlages, die einer Beleihung[741] nahekam, wird vom Bundesverfassungsgericht als Zeichen einer grundsätzlichen normativen Einflußnahme auf die deutsche Schriftsprache angesehen[742]. Das verkennt jedoch die historischen Tatsachen, da der Beschluß nur als Übergangslösung[743] gedacht war. Aber selbst dann, wenn man eine echte Beleihung annehmen würde, machte das nicht verständlich, warum sich daraus eine grundsätzliche staatliche Fortentwicklungsbefugnis ergeben sollte, denn auch die Dudenredaktion selbst hat „Sprachpflege" stets nur als Nachvollzug verstanden und praktiziert[744]. Der Dudenverlag war sich stets dessen bewußt, was das Bundesinnenministerium so ausdrückte, daß zur Frage der Verbindlichkeit des ‚Duden' eine faktische Geltung der Regelung von 1955 im Sinne einer dauernden Praxis festzustellen ist[745]. Auch um diese wirtschaftlich bedeutende Stellung nicht zu gefährden, beteiligte sich die Dudenredaktion aktiv in den 50er[746] und auch in den 80er[747] Jahren an staatlichen Reformprojekten zur amtlichen Schreibung.

---

739 BVerfGE 98, 218, 247.

740 Vgl. hierzu die Ausführungen im Anhang, S. 271.

741 *Kopke*, Rechtschreibreform und Verfassungsrecht, 1995, S. 59 m.w.N.

742 BVerfGE 98, 218, 248.

743 *Kopke* (Fn. 741), S. 65 ff.

744 *Kopke* (Fn. 741), S. 64.

745 Schreiben des Bundesministeriums des Innern vom 27.12.1994, Az. K II 1 - 330 313 II; zit. nach: *Kopke* (Fn. 741), S. 60.

746 Vgl. die Entwicklung der sogenannten „Wiesbadener Empfehlungen", *Kopke* (Fn. 741), S. 72 ff.

747 Vgl. die Mitgliedschaft des Leiters der Duden-Redaktion in der Kommission für Rechtschreibfragen am Institut für deutsche Sprache, *Kopke* (Fn. 741), S. 113.

Aus der faktischen Tätigkeit des Dudenverlages kann also nur eine Tradition der Sprachpflege hergeleitet werden. Eine Tradition für staatliche regulierende Eingriffe in die Rechtschreibung kann dadurch nicht begründet werden. Dagegen spricht insbesondere auch die Geschichte der gescheiterten Reformversuche[748].

Der im Urteil erfolgende Verweis auf Art. 7 Abs. 1 GG, der nach der h.M. dem Staat auch die Befugnis zuweist, Art und Inhalt des Schulunterrichts zu bestimmen, stellt nur einen geeigneten Ausgangspunkt für eine verfassungsrechtliche Rechtfertigung eines derartigen Eingriffs dar. An dieser Stelle hätte vor allem die einzigartige Besonderheit der Rechtschreibreform im Vergleich zu anderen Lehrstoffen angesprochen werden müssen: Eine staatliche Schreibregelung ändert den Lehrstoff selbst inhaltlich und unterscheidet sich somit qualitativ von allen anderen Fällen, in denen naturwissenschaftliche Entdeckungen den Lehrstoff ändern oder die Auswahl der Themen aufgrund gesellschaftlicher Wandlungen neu festgelegt wird. Wissenschaftliche Entdeckungen sind unabhängig von menschlichen Entschlüssen, da sie Erkenntnisse beziehungsweise Theorien über die Außenwelt betreffen. Gesellschaftliche Wandlungen, beispielsweise in den Ansichten der Sexualmoral oder dem aktuellen Übergang von der Arbeits- zur Wissensgesellschaft, beruhen gerade in einer Demokratie nicht auf planenden menschlichen Entschlüssen einiger weniger beziehungsweise auf Regelungen des Staates, sondern auf allmählichem Wandel der gemeinschaftlichen Ansichten aller. Als gesellschaftliche Wandlung wäre daher auch eine Rechtschreibreform nur nachvollziehend denkbar.

Eine Diskussion dieses qualitativen Unterschieds findet im Urteil nicht statt. Mit der Annahme einer generellen staatlichen Regelungskompetenz, die auch die Fortentwicklung umschließt, wurde aber bereits eine weitere einseitige Prämisse gesetzt, die letztlich direkt den Urteilstenor beeinflußt.

6. Länderkompetenz und völkerrechtlicher Vertrag

Die Feststellung der grundsätzlichen Länderkompetenz im Urteil ist insofern interessant, als die Herstellung der Einheitlichkeit der Schreibung durch Selbstkoordinierung verfassungsrechtlich auf Art. 32 Abs. 3 GG gestützt wird[749]. Das Bundesverfassungsgericht sieht in der Kenntnisnahme der Bundesregierung einzig eine Zustimmung im Sinne dieser Verfassungsvorschrift. Im Hinblick auf die diametrale, urteilstragende Ansicht in den Entscheidungen des OVG Lüneburg vom 17.10.1997[750], des VG Meiningen[751] und des VG Wiesbaden vom 26.1.1998[752] wäre hier die Möglichkeit gewesen, die Auslegung der Verfassung für diesen speziellen Punkt zu präzisieren. Das Gericht

748 Vgl. hierzu die Ausführungen im Anhang, S. 267 ff.
749 BVerfGE 98, 218, 248 f.
750 Dargestellt unten S. 227 ff.
751 Dargestellt unten S. 246 ff.
752 Dargestellt unten S. 250 ff.

hätte hier also klären können, ob generell eine Zustimmung durch die Bundesregierung ausdrücklich zu erfolgen hat oder ob auch eine „zustimmende Zurkenntnisnahme" den verfassungsrechtlichen Erfordernissen genügt. Die Relevanz dieser Abgrenzung ist auch begründet durch die einhellige Ansicht, daß das Fehlen der ausdrücklichen Zustimmung nach Art. 32 Abs. 3 GG als präventive Bundesaufsicht einen völkerrechtlichen Vertrag unwirksam macht[753].

Der Verweis des Bundesverfassungsgerichts auf Art. 32 Abs. 3 GG impliziert aber auch die Feststellung, daß hier die Länder der Bundesrepublik einen völkerrechtlichen Vertrag mit auswärtigen Staaten schlossen. Aber nicht einmal die Beteiligten an der Wiener Konferenz von 1996 gingen davon aus, einen völkerrechtlichen Vertrag zu schließen, sondern sahen darin ausdrücklich nur eine Absichtserklärung zur Koordinierung der jeweiligen innerstaatlichen Umsetzung einer geplanten Rechtschreibreform. Außerdem war das Zustimmungserfordernis des Bundes eine im Beschluß der Kultusministerkonferenz von 1995 explizit geregelte Einführungsvoraussetzung der neuen Regeln an den Schulen. In einem völkerrechtlichen Vertrag hätte dieser Punkt aufgrund der Verfassungsvorschrift nicht geregelt oder auch nur erwähnt werden müssen. Das Bundesverfassungsgericht hat an diesem Punkt mit seinem Verweis auf Art. 32 Abs. 3 GG an den Tatsachen vorbei geurteilt.

7. Einheitlichkeit und Kommunikationsstörungen

Das Urteil bestimmt weiterhin, daß das Ausscheren eines Beteiligten verfassungsrechtlich nicht notwendig die Unzulässigkeit der Neuregelung zur Folge hat, wenn Kommunikation im gemeinsamen Sprachraum trotzdem weiterhin stattfinden kann[754]. Diese Bemerkung ist für sich, ohne Bezug auf die konkreten Reformbestimmungen, nicht haltbar. Denn sie beinhaltet zum einen auch die Möglichkeit, daß eine Schreibreform zu einer ernsthaften Störung der Kommunikation führen kann, was sicher von keinem redlichen Befürworter einer Rechtschreibreform gewollt werden kann. Hierzu sei ergänzend angemerkt, daß dies logisch nur bei Regelungen auftreten kann, die nicht nachvollziehend, sondern bewußt verändernd auf die Schrift einwirken.

Zum anderen führt der Umkehrschluß dieses Satzes zu der bedenklichen Aussage, daß eine verfassungsrechtlich notwendige Unzulässigkeit einer Rechtschreibreform erst dann einträte, wenn durch das Ausscheren eines Landes schriftliche Kommunikation nicht mehr stattfinden könnte beziehungsweise ernsthaft gestört wäre. Damit wäre auch für zukünftige Reformvorhaben der mögliche, verfassungsrechtlich unbedenkliche Änderungsrahmen derart weit gefaßt, daß jede weitere Reform bis an die Grenze der Unlesbarkeit gehen könnte. Wichtiger und hilfreicher als derartige Verabsolutie-

---

753 *Schmidt-Bleibtreu / Klein*: Art. 32, Rdn. 15; *Rojahn*, in: *v. Münch / Kunig*, Grundgesetzkommentar, Bd. 2, Art. 32, Rdn. 40.

754 BVerfGE 98, 218, 250.

rungen wären klare und handhabbare verfassungsrechtliche Abgrenzungskriterien gewesen, die vor allem auch für zukünftige Vorhaben eine rechtliche Abwägung zwischen den reformerischen und den relevanten entgegenstehenden Interessen ermöglichen würden.

8. Wesentlichkeit für Elterngrundrechte

Mit dem Thema „Gesetzesvorbehalt und Wesentlichkeit" kommt das Gericht zu einem Schwerpunkt der Verfassungsbeschwerde. Nach den allgemeinen und spezifisch auf das Gebiet des Schulwesens bezogenen Ausführungen zur bisherigen Rechtslage und Rechtsprechung und damit der Setzung der Ausgangsmaßstäbe der Prüfung, folgt im Urteil die Feststellung, daß Rechtschreibunterweisung wertfreie Wissensvermittlung sei und es auch nicht ersichtlich sei, daß der Rechtschreibunterricht den Erziehungsplan der Eltern beeinträchtigen könne[755]. Dem ist uneingeschränkt beizupflichten, wenn die gelehrte Rechtschreibung die in der Sprachgemeinschaft allgemein übliche ist und diese Schreibweisen als Wissen vermittelt werden. Faktisch und auch rechtlich gesehen macht es keinen Unterschied, ob jemand, der das Schreiben erst erlernt, ein Wort in der einen oder anderen möglichen Schreibweise gelehrt bekommt. Relevant ist allein die Frage, woraus dieses „Wissen" besteht, das als „richtig" bezeichnet und das in der Schule benotet wird und ob und wer inhaltlich darauf Einfluß nehmen darf. Die Schule ist bei der Rechtschreibung generell in der Situation, daß ein möglichst abgeschlossener Benotungsmaßstab mit der Einsicht kollidiert, daß Schreibweisen sich aus der Gesellschaft heraus mit der Zeit ändern und dann allmählich durchsetzen. Dabei können verschiedene Schreibweisen gleichzeitig als richtig gelten und es besteht auch bei vielen dieser sich ändernden Wörter, beispielsweise bei Eindeutschungen, eine gewisse Lesetoleranz, die die Lesegeschwindigkeit und das Verständnis nicht beeinträchtigen. Dieser Anpassungsaufgabe hatte sich bislang der Dudenverlag verschrieben. Nachvollziehend ist Rechtschreibunterweisung danach zweifellos als wertfreie Wissensvermittlung zu verstehen.

Das Gericht entscheidet mit dem darauffolgenden Satz die gesamte Richtung des Urteils: „An dieser Einschätzung ändert es nichts, daß durch die vorliegende Rechtschreibreform im Schulunterricht Rechtschreibregeln und Schreibweisen eingeführt werden, die [...] jedenfalls teilweise auf reformerischen Entscheidungen staatlicher Entscheidungsträger zurückgehen."[756]

Unvermittelt wird so von abstrakten Erwägungen zur Wesentlichkeit des Rechtschreibunterrichts hin zu den konkreten Reformvorschlägen gewechselt. Übersprungen werden dabei die wichtigen allgemeinen und grundsätzlichen Betrachtungen, wie sich staatliche Entscheidungen, die die Schreibung fortentwickeln wollen, auf das elterliche Erziehungsrecht auswirken können. Hier fehlt insbesondere die Prüfung, ob der staatliche Erziehungs- und Bildungs-

---

[755] BVerfGE 98, 218, 251 ff.
[756] BVerfGE 98, 218, 253.

auftrag aus Art. 7 Abs. 1 GG generell eine geeignete Norm kollidierenden Verfassungsrechts ist, die einen auf die Verbesserung der Rechtschreibleistungen der Schüler zielenden, Schreibweisen fortentwickelnden Eingriff in das elterliche Erziehungsrecht aus Art. 6 Abs. 2 GG verfassungsrechtlich rechtfertigen kann. Wäre diese Prüfung negativ ausgefallen, so hätte sich eine Diskussion der konkreten Reformvorschläge erübrigt.

Eine solche allgemeine verfassungsrechtliche Argumentation und Abwägung wäre auch der richtige Ort gewesen, zeitlich übergreifende Grenzen herauszuarbeiten, die aufzeigen, daß auch einzeln nacheinander stattfindende, jede für sich nur unwesentliche Änderungen enthaltende Reformen in der Gesamtheit so wirken können, daß die Lesbarkeit historischer Texte und damit die schriftliche intergenerative Kommunikation wesentlich erschwert beziehungsweise unmöglich gemacht werden kann. Nach der hier vertretenen Ansicht, nach der allenfalls eine nachvollziehende Regelung legitim wäre, stellt sich das Problem der auf große Zeiträume gesehenen erschwerten schriftlichen Kommunikation ebenso. Allerdings fänden diese Änderungen dann sowohl tendenziell langsamer als auch tendenziell weniger radikal statt.

9. Die Marginalität der konkreten Neuregelung

Das Bundesverfassungsgericht bleibt gänzlich bei den konkreten Reformvorschlägen und führt zuerst das quantitative Argument an, daß abgesehen von der Änderung der bisherigen ß-Schreibung nur 0,5 % des Wortschatzes betroffen sind[757]. Dieses Argument ist zweifach angreifbar. Zum einen kann nicht die Geringfügigkeit betont werden, wenn durch Ausklammern eines nicht im Umfang bezeichneten Teilbereichs der Gesamtumfang der Änderungen nicht mehr erkennbar dargestellt wird. Zum anderen ist die prozentuale Änderung des gesamten Wortschatzes nur ein spezieller theoretischer Bezugspunkt, der Aspekte wie z.B. die Häufigkeit bestimmter Wörter in den verschiedenen schriftlichen Kommunikationsformen nicht berücksichtigt. Ebenfalls nicht direkt auf den Wortschatz, und damit von der Prozentangabe nicht erfaßt, wirken sich die reformierten Änderungen über die Silbentrennung und die Zeichensetzung aus. Bei der Getrennt- und Zusammenschreibung ist es daher eine Frage der Sichtweise, ob dies wortschatzrelevant ist oder nicht. Das Bundesverfassungsgericht gab jedoch keinen Aufschluß über seine Sichtweise.

Das quantitative Argument erscheint auch daher als zwiespältig, als es nur für die Wesentlichkeitsprüfung, nicht aber für eine Prüfung der Verhältnismäßigkeit der Reform herangezogen wurde. Wenn die Änderungen quantitativ nur marginal sind, stellt sich die Frage, ob diese konkrete Reform dann noch geeignet ist, die Rechtschreibleistungen der Schüler zu verbessern und in Verbindung damit, ob nicht eine verbesserte Didaktik bei der Vermittlung der traditionellen Regeln nicht ein milderes, gleichgeeignetes Mittel gewesen

[757] BVerfGE 98, 218, 253.

wäre, das noch nicht einmal einen Eingriff dargestellt hätte. An dieser Stelle muß die oben gemachte Kritik erneuert werden, daß die fehlende oder zumindest uneindeutige Aussage zum Vorliegen eines Eingriffs die Angreifbarkeit der Erwägungen des Gerichts erschwert.

Eine Verhältnismäßigkeitsprüfung findet an dieser Stelle im Urteil nicht statt. Das Fehlen dieser Prüfung liegt darin begründet, daß das Gericht sich nach eigener Sicht noch in der abstrakten Abgrenzung von Art. 6 Abs. 2 und Art. 7 Abs. 1 GG zu befinden glaubt. Es verweist nur pauschal auf die ministerielle Einschätzungsprärogative, nach der sich das richtige Schreiben der deutschen Sprache leichter erlernen lasse. Das Bundesverfassungsgericht sieht keinen Anlaß, diese Einschätzung infragezustellen[758]. Untersucht werden vom Gericht hingegen Aspekte wie die weiterhin mögliche, zusätzliche Unterweisung der Kinder durch die Eltern in der traditionellen Schreibweise, die Gefahr der Verunsicherung der Kinder durch verschiedene Schreibweisen und das Leiden der elterlichen Autorität unter dem anderen Wissen der Kinder[759]. Unter dogmatischen Gesichtspunkten nimmt das Gericht nur diffuse, intuitive Einschätzungen der Art vor, daß z.B. die Hemmschwelle der Kinder beim Lesen der Bücher der Eltern nicht nennenswert ins Gewicht fällt, Gefahren einer Verunsicherung als eher gering erscheinen und ein zu besorgender Autoritätsverlust nicht erkennbar beziehungsweise lebensfern ist. Bezüglich des letzten Punktes bemerkt das Gericht, daß es abzuwarten bleibt, inwieweit sich in den kommenden Jahren die neue Schreibweise auch bei den Eltern durchsetzen wird[760]. Hierin tritt ein kapitaler, kategorialer Denkfehler zutage: Ein Eingriff kann verfassungsrechtlich niemals durch Bezugnahme auf die zu erwartende, zukünftige Gewöhnung der Betroffenen an die Folgen eben dieses Eingriffs gerechtfertigt werden.

10. Schul- und bildungspolitische Grundentscheidung

Das Bundesverfassungsgericht prüft anschließend, ob in der Reform eine schul- und bildungspolitische Grundsatzentscheidung mit hoher Bedeutung für die Allgemeinheit liegt, so daß über die Wesentlichkeitsrechtsprechung ein Gesetzesvorbehalt gegeben sein könnte. Sinngemäß führt das Gericht hier aus, daß die Unterweisung im richtigen Schreiben der deutschen Sprache zu den Zielen des Unterrichts an den Grundschulen gehöre, sich daran durch die Rechtschreibreform nichts ändere, allerdings der Unterrichtsgegenstand einen teilweise anderen Inhalt erhalte[761]. Dieser Schluß wirkt zirkulär, weil er nicht vorher klarstellt, was unter „richtigem" Schreiben zu verstehen ist. Umformuliert ergibt sich daraus, daß nach Ansicht des Bundesverfassungsgerichts die teilweise Inhaltsänderung des Unterrichtsgegenstandes durch diese konkrete Reform nicht die Richtigkeit des Schreibens ändert. Dem entgegen steht die

---

758 BVerfGE 98, 218, 254.
759 BVerfGE 98, 218, 254 f.
760 BVerfGE 98, 218, 255.
761 BVerfGE 98, 218, 256.

Ansicht *Roths*, der unter „richtigem Schreiben" die Gesamtschau des heute vorherrschend praktizierten und von der Sprachgemeinschaft akzeptierten Sprach- und Schreibgebrauches versteht[762]. Mit dieser Auffassung läßt sich argumentieren, daß die neuen Regeln als solche einfacher zu lernen sein mögen, aber eben nicht, daß so das „richtige" Deutsch einfacher zu erlernen wäre[763]. Diese Ansicht ist jedoch rein formalistisch und daher nicht ohne weiteres geeignet, bei der rechtlichen Beurteilung einen Ausschlag zu geben. Denn vermittelnd ließe sich die Sichtweise des Bundesverfassungsgerichts auch dahingehend auslegen, daß „richtig" im Bereich der Schule eben das sein soll, was an den Schulen als benotungsentscheidend gelehrt wird. Als „richtig" in diesem Sinne würden so in der geplanten Übergangszeit von 1998 bis 2005 beide möglichen Schreibregelsysteme nebeneinander gelten. Nur ist damit im Hinblick auf die Wesentlichkeit nichts gewonnen, denn unabhängig von diesen formalen und semantischen Auslegungen bleibt die eigentliche Frage bestehen, ob und wenn ja, wer bestimmen darf, daß an den Schulen eine inhaltliche Lehrstoffänderung vorgenommen wird.

Auch an dieser Stelle bleibt es bei der bereits geäußerten Kritik, daß vom Bundesverfassungsgericht die Besonderheit und bisherige Einmaligkeit des Umstands, daß durch eine Verwaltungsmaßnahme willkürlich Lehrinhalte geändert werden, nicht im erforderlichen Maß herausgestellt und verfassungsrechtlich gerechtfertigt wird. Bildungs- und schulpolitische Grundentscheidungen betrafen in der Rechtsprechung, in der dieses Kriterium entwikkelt wurde, zwar nie die Einzelheiten des konkreten Lehrinhalts, aber eben dieser stand auch bisher in keinem Fall unter dem direkten Einfluß staatlicher Entscheidungen. Es ist daher eindeutig zu kurz gegriffen, nur mit Verweis auf die Geringfügigkeit der konkreten Regelung die Wirkung als schul- und bildungspolitische Grundentscheidung beziehungsweise Änderung bisheriger Groblernziele zu verneinen. Die kategorische Frage bleibt vom Bundesverfassungsgericht unbeachtet und unbeantwortet.

Schließlich verweist das Bundesverfassungsgericht noch auf die besondere Sachkompetenz und Schulnähe der Fachverwaltungen, die für Entscheidungen über Notwendigkeit[764], Inhalt, Ausmaß und Zeitpunkt einer Rechtschreibreform besonders qualifiziert seien, insbesondere auch im Vergleich zu den Landesparlamenten. Unter systematischen Gesichtspunkten ist das aber kein Argument zur verfassungsrechtlichen Rechtfertigung eines Eingriffs in das elterliche Erziehungsrecht, sondern erst eine sekundäre Frage des „wie" der Ausgestaltung und Umsetzung einer Reform. Die Fachverwaltungen sind bei allen staatlichen Entscheidungen besonders qualifiziert und in der Regel auch qualifizierter als die Parlamente. Qualifikation kann aber nach dem Demokratieprinzip in keiner Weise Legitimation ersetzen. Die grundsätzliche

[762] *Roth* (Fn. 705), S. 259.

[763] Ebenda.

[764] Auf die Zweideutigkeit des Begriffes „Notwendigkeit" wurde bereits oben (S. 164) hingewiesen.

Klärung des „ob" kann nicht kommentarlos in den Begriff der „Notwendigkeit" verlagert werden, so daß die verfassungsrechtlichen Bezüge verdeckt werden.

11. Wesentlichkeit für Schülergrundrechte

Im Rahmen der Wesentlichkeitsprüfung untersucht das Bundesverfassungsgericht weiterhin die mögliche Verletzung von Grundrechten der Schüler[765]. Die allgemeine Handlungsfreiheit aus Art. 2 Abs. 1 GG und das allgemeine Persönlichkeitsrecht aus Art. 2 Abs. 1 in Verbindung mit Art. 1 Abs. 1 GG werden in Beziehung zum staatlichen Bildungs- und Erziehungsauftrag aus Art. 7 Abs. 1 GG gesetzt. Das Gericht verweist hierbei sinngemäß auf die Prüfung der Verletzung des elterlichen Erziehungsrechts und führt aus, daß entscheidend auch hier war, daß nach Einschätzung der Kultusverwaltung die Neuregelung das Schreibenlernen erleichtere und die Kommunikation nicht ernsthaft beeinträchtigt werde. Darüber hinaus müßten Schulanfänger nicht einmal umlernen[766].

Der Einmaligkeit des Sachverhalts werden solch pauschale Anmerkungen jedoch nicht gerecht, denn immerhin hält das Gericht eine Grundrechtsbeschränkung ausdrücklich für möglich[767]. Für die Zeit nach Ablauf der Übergangsfrist, nach der die bisher traditionellen Schreibweisen als Fehler gelten, ist der Eingriffscharakter des Erlasses offensichtlich. Aber auch schon vorher wird durch die Kennzeichnung als „überholt" und durch Hinweis auf die nur noch befristete Geltung der alten Schreibweisen im Bereich der Schule Druck auf die Schüler ausgeübt, sich an die neuen Regeln anzupassen[768].

Das Gericht hätte im Ausgangspunkt einer daher wünschenswerten Grundrechtsprüfung darstellen können, daß den Schülern ein Wissen beigebracht werden soll, das außerhalb der Schule nicht existiert. Im Hinblick auf das Persönlichkeitsrecht der Schüler hätte dann auf die Bedenken eingegangen werden können, daß die Schüler benutzt werden, um langfristig in der Bevölkerung eine veränderte Schriftsprache durchzusetzen. Eine verfassungsrechtliche Rechtfertigung hätte schließlich mit allgemeinen Argumenten abwägen müssen, ab welchem Grad ein erleichterter Rechtschreiberwerb an den Schulen eine Rechtfertigung für eine Umstellung in der gesamten Sprachgemeinschaft darstellen kann.

Das Dilemma liegt hier erneut in der Vermengung der abstrakten mit der konkreten Betrachtungsweise. Wenn im Rahmen einer abstrakten Abgrenzung von Grundrechten die Kompetenzebene über die Wesentlichkeitsprüfung bestimmt wird und dabei implizit auf die Prüfung einer konkreten Grundrechtsverletzung zurückgegriffen wird, dann wird systemwidrig und kommentarlos die Argumentationsebene gewechselt. Die einzig klare Auflö-

---

765 BVerfGE 98, 218, 256 ff.

766 BVerfGE 98, 218, 258.

767 BVerfGE 98, 218, 257.

768 *Roth* (Fn. 705), S. 258.

sung dieses Hin und Her hätte in klar getrennten Untersuchungen gelegen: Einerseits die Untersuchung konkreter Grundrechtsverletzungen durch die konkrete Reform nach Schutzbereich, Eingriff und verfassungsrechtlicher Rechtfertigung, und andererseits die allgemeine Abgrenzung zwischen elterlichem Erziehungsrecht und staatlichem Bildungsauftrag für das Gebiet von Rechtschreibreformen unter Berücksichtigung der Trennung zwischen nachvollziehenden und fortentwickelnden Neuregelungen.

Die Wesentlichkeitslehre gibt hier nur Anlaß zur Verwirrung, da sie über die übliche Konkretisierung des „wesentlich für die Verwirklichung der Grundrechte" die Tendenz hat, die Argumentation der Regelungskompetenz innerhalb der verfassungsrechtlichen Rechtfertigung im Kreis laufen zu lassen[769]. Im Rahmen einer Grundrechtsprüfung sollten daher grundsätzlich bei der Frage der Regelungskompetenz nur abstrakt mögliche Grundrechtsverletzungen diskutiert werden und der konkrete Gegenstand der jeweiligen Prüfung ausdrücklich ausgeblendet bleiben. Die Anwendung der Wesentlichkeitslehre darf in keinem Fall dazu führen, daß ein Grundrechtsschutz verkürzt wird[770]. Kann dies nicht ausgeschlossen werden, so sollte auf die Anwendung der Lehre verzichtet werden.

Eine weitere Einschränkung der Anwendung der Wesentlichkeitslehre ergibt sich aus einem entscheidungsinhärenten Widerspruch: Bei der Zulässigkeit hat das Gericht die Unwirksamkeit der Rücknahme der Beschwerde damit begründet, daß das Individualinteresse des Beschwerdeführers hinter dem öffentlichen Interesse an einer Sachentscheidung zurückstehe, da die Beschwerde vor Abschluß des fachgerichtlichen Hauptsacheverfahrens angenommen worden war und die allgemeine Bedeutung des Sachverhalts zwischenzeitlich nicht entfallen ist[771]. Andererseits wurde eine Wesentlichkeit wegen allgemeiner Bedeutung nicht geprüft, obwohl das Bundesverfassungsgericht in seiner Entscheidung zum Sexualkundeunterricht[772] den Bereich der Wesentlichkeit im Schulrecht bereits vom Grundrechtseingriffserfordernis befreit und um die Möglichkeit allgemeiner Kriterien erweitert hatte. Der Schutz der Grundrechte stellt danach nur noch einen wichtigen Gesichtspunkt dar, ist aber nicht der abschließende Rahmen einer Wesentlichkeitsuntersuchung[773].

Daher ist für den Bereich der Schule zu fordern, daß eine Anwendung der Wesentlichkeitslehre jedenfalls dann untauglich ist, wenn gleichzeitig die Zulässigkeit einer Entscheidung von der allgemeinen Bedeutung einer Sachfrage

---

[769] Vgl. hierzu auch die Zirkelschlußvorwürfe *Hufens*, Rechtschreibreform: Karlsruhe locuta..., S. 476 f.

[770] *Pieroth / Schlink* (Fn. 717), Rdn. 265.

[771] BVerfGE 98. 218, 242 f.

[772] BVerfGE 47, 46.

[773] BVerfGE 47, 46, 79 f. Im Laufe der anerkannten, höchstrichterlichen Fachrechtsprechung wurde als allgemeines Kriterium zusätzlich herausgearbeitet, daß insbesondere das Vorliegen einer bildungs- und schulpolitischen Grundentscheidung mit einer allgemeinen Bedeutung, die weit über den schulischen Bereich hinausreicht, wesentlich ist. BVerwGE 47, 194; 64, 308.

abhängig ist und materiell keine über die Grundrechtsbezogenheit hinausgehende Wesentlichkeitsprüfung stattfindet.

12. Wesentlich für die Grundrechte Dritter

In einer relativ kurzen Betrachtung hat das Gericht die berufsregelnde Tendenz der Reform für das Druckgewerbe und verwandte Bereiche und damit ein Eingriff in die Berufsfreiheit des Art. 12 Abs. 1 GG verneint; gegen Veränderungen des Marktgeschehens, selbst wenn sie vom Staat ausgehen, schützt danach Art. 12 Abs. 1 GG nicht. Auch die wirtschaftliche Handlungsfreiheit aus Art. 2 Abs. 1 GG sieht es als nicht berührt an, da durch das Grundrecht selbst Schulbuchverlagen kein Anspruch auf einen Abnehmer ihrer Druckerzeugnisse verleiht[774].

Aus verfassungsrechtlicher Sicht ist unter Berücksichtigung der bisherigen Rechtsprechung des Gerichts auf diesem Gebiet[775] eine andere Ansicht auch kaum vertretbar. Allerdings gab es im weiten, mittelbaren Zusammenhang der Problematik denkbare Szenarien, die letztlich doch elementare Auswirkungen für die Berufsfreiheit und die wirtschaftliche Handlungsfreiheit hätten haben können. Denn nach den Angaben des Verbandes der Schulbuchverlage sind diese mit der Umstellung der Bücher auf die neue Rechtschreibung mit insgesamt etwa 300 Mio. DM in Vorleistung getreten; der Gesamtjahresumsatz aller Verlage liegt bei ca. 800 Mio. DM[776]. Eine Rückgängigmachung der Reform, sei es aus politischer Entscheidung oder durch die Feststellung der Verfassungswidrigkeit der Art der Einführung, hätte ernste wirtschaftliche Konsequenzen für einige Verlage bedeutet und hätte wohl auch zu Entschädigungsprozessen aus Staatshaftung und/oder aus enteignungsgleichem Eingriff geführt[777]. Bei der Staatshaftung wäre das juristische Hauptproblem die Frage nach einem Verschulden der Kultusminister gewesen[778], d.h. ob deren rechtliche Beurteilung bzgl. der Art und Weise der Einführung der Rechtschreibreform rechtlich als vertretbar angesehen werden konnte, auch wenn dies später von den Gerichten nicht geteilt wird[779]. Eine mögliche Staatshaftung war aber nicht geeignet, die Entscheidung des Bundesverfassungsgerichts vom Ergebnis her zu beeinflussen. Denn mit den tatsächlichen Gründen des Urteils hätte das Gericht bei der hier einmal hypothetisch angenommenen Feststellung der Verfassungswidrigkeit der Einführung der Reform per Erlaß zumindest die Vertretbarkeit der Rechtsansicht der Kultusministerkonferenz bejahen können. In Anbetracht der Umstrittenheit der Problematik vor den

---

774 BVerfGE 98, 218, 258 f.

775 Vgl. zu Art. 12 Abs. 1 GG: BVerfGE 95, 267, 302 m.w.N.; 37, 1, 17 f.; zu Art. 2 Abs. 1 GG: BVerfGE 91, 207, 221 f.; 50, 290, 366; 91, 207, 221.

776 „Im Nebel der Ideologie", Die Zeit, vom 12.12.1997; „Teure Ignoranz", Die Zeit, vom 7.8.1997.

777 Vgl. hierzu den Aufsatz von *Wagner*: „Mögliche Staatshaftungsansprüche der Schulbuchverlage im Falle eines Scheiterns der Rechtschreibreform - ein Gedankenspiel", NJW 1998, 1184 ff.

778 *Wagner* (Fn. 777), S. 1187.

779 BGHZ 119, 365, 369 f. = BGH NJW 1993, 530; BGH NJW 1994, 3158, 3159; BGH NJW 1995, 2918, 2920.

Verwaltungsgerichten wäre die Vertretbarkeit auch durchaus zu begründen gewesen. Ein Anspruch aus Staatshaftung hätte damit mit hoher Wahrscheinlichkeit verhindert werden können.

Ähnlich wäre die rechtliche Position bezüglich eines Anspruchs aus verschuldensunabhängigem enteignungsgleichem Eingriff zu beurteilen, da es fraglich gewesen wäre, ob zum einen die Qualifizierung der Nichtverkäuflichkeit der gesamten Ware wegen Nichtzulassung als Eingriff in die durch Art. 14 GG geschützte Position des eingerichteten und ausgeübten Gewerbebetriebes gewertet worden wäre und ob zum anderen wirklich eine unmittelbare Verursachung des Schadens durch die öffentliche Hand vorgelegen hätte[780]. Erwägungen dieser Art hätte das Gericht im Fall einer möglichen Entscheidung gegen die Rechtschreibreform vornehmen müssen. Da beide denkbaren, einfachgesetzlichen Entschädigungsansprüche aber nicht ohne weiteres gegeben gewesen wären, hätten sie nicht eindeutig gegen eine Rückgängigmachung der Reform verwendet werden können.

Das Schweigen des Urteils zu möglichen Entschädigungsansprüchen könnte ein Indiz dafür sein, daß unangesprochene wirtschaftliche Erwägungen die Einschätzung der Marginalität der Neuregelung zu beeinflussen in der Lage waren. Diese Sicht wäre aber höchst spekulativ. Denn da die Erwägungen zu möglichen Entschädigungsansprüchen nur mittelbar von verfassungsrechtlicher Bedeutung gewesen wären, hätten sie ein Verfassungsbeschwerdeverfahren auch nicht entscheidungserheblich beeinflussen können. Es sollte dem Bundesverfassungsgericht daher zugutegehalten werden, diese Betrachtungen gänzlich ausgeblendet zu haben.

13. *Verhältnismäßigkeit im engeren Sinn*

Das Gericht untersucht dann doch noch die Verletzung des Elternrechts in sachlicher Hinsicht, wobei es unter „in sachlicher Hinsicht" die Verhältnismäßigkeit des Eingriffs im engeren Sinne versteht. Da das Gericht aber nicht vom Vorliegen eines Eingriffs ausgeht, konnte das Elternrecht als „in sachlicher Hinsicht" nicht unverhältnismäßig eingeschränkt angesehen werden.

Das Gericht übernimmt bei dieser Prüfung die Einschätzung des Landes, daß die Reform geeignet sei, den Gemeinwohlbelang des erleichterten Schreibenlernens zu erreichen[781] und qualifiziert sie als vertretbar. Die Eltern werden nach Ansicht des Gerichts bei der Ausübung ihres Erziehungsrechts nicht unangemessen beeinträchtigt, wofür auf die bereits gemachten Ausführungen zum Gesetzesvorbehalt verwiesen wird.

Deutlicher hätte das Gericht jedoch die fehlende Trennung der Argumentationsebenen kaum machen können, wenn es bei der Behauptung der Angemessenheit auf die Ausführungen zum Gesetzesvorbehalt verweist. Die dort festgestellte quantitative und qualitative Marginalität der konkreten Neurege-

---

[780] *Wagner* (Fn. 777), 1188 f.

[781] BVerfGE 98, 218, 260.

lung im Rahmen der abstrakten Prüfung des Gesetzesvorbehalts für Rechtschreibreformen reicht dem Gericht unter Hinweis auf die Berücksichtigung von Übergangsfristen aus, die Verhältnismäßigkeit im engeren Sinne festzustellen.

Insgesamt ist die vom Gericht vorgenommene Grundrechtsprüfung nur als rudimentär zu bezeichnen, da sie nur aus den Feststellungen der Vertretbarkeit der Geeignetheit und der Behauptung der Angemessenheit besteht. Das Kriterium der Erforderlichkeit, beispielsweise die Untersuchung des naheliegenden, gleichgeeigneten und eindeutig milderen Mittels einer verbesserten Didaktik des Rechtschreibunterrichts wurde nicht einmal als zu untersuchender Punkt erwähnt.

14. Allgemeines Persönlichkeitsrecht

In einem zweiten Teil[782] prüft das Gericht noch kursorisch die mögliche Verletzung des allgemeinen Persönlichkeitsrechts der Eltern. Es verweist zur Frage des Gesetzesvorbehalts auf die bereits gemachten Ausführungen. Ausdrücklich offengelassen wird die Frage, ob die allgemeine Handlungsfreiheit aus Art. 2 Abs. 1 GG oder das allgemeine Persönlichkeitsrecht aus Art. 2 Abs. 1 i.V.m. Art. 1 Abs. 1 GG einen Anspruch gewähren, weiterhin so schreiben zu dürfen, wie dies bisheriger Übung entspricht[783], denn die rechtliche Verbindlichkeit bleibe auf den Bereich der Schulen beschränkt. Alle anderen seien rechtlich nicht betroffen und frei, so zu schreiben, wie bisher. Die faktische Breitenwirkung wird angesprochen, aber als rechtlich nicht relevant angesehen. Allenfalls auf lange Sicht kann sich das Bundesverfassungsgericht vorstellen, daß einzelne Schreibweisen von neuen abgelöst werden, sofern sich diese im Schreibusus der Schreibgemeinschaft durchsetzen. Unter diesen Umständen sei nicht erkennbar, inwieweit durch die Neuregelung Grundrechte derjenigen, die ihrer Schreibung die alten Regeln zugrunde legen wollen, beeinträchtigt werden könnten[784].

Diese Argumentation zeigt, daß die zweifache Verengung der rechtlichen Sicht auf den Bereich der Schule und allein auf das Schreiben dem Problem nicht wirklich gerecht wird. Denn zum einen wird interessanterweise an dieser Stelle des Urteil für die Änderung der Schreibweisen in der gesamten Bevölkerung auf den Schreibusus abgestellt, also ausdrücklich der Schreibgemeinschaft die Grund- und die Änderungskompetenz zugebilligt. Zum anderen wird der Bereich des Einflusses der neuen Rechtschreibung auf das Lesen für die gesamte deutschsprachige Bevölkerung komplett aus der Argumentation ausgeblendet.

Bei Erlaß des Urteils stand schon der Zeitpunkt fest, an dem die Nachrichtenagenturen und in deren Folge die Mehrzahl der Zeitungen und Zeitschrif-

---

782 BVerfGE 98, 218, 261 f.
783 BVerfGE 98, 218, 261.
784 BVerfGE 98, 218, 262.

ten umstellen wollten. Ab diesem Zeitpunkt, dem 1.8.1999, wurde jeder Leser von den neuen Rechtschreibungen zumindest belästigt, da anfänglich bei einem neu geschriebenen Wort der Lesefluß und damit der Konzentrationsfluß kurzzeitig ins Stocken geriet. Die Freiheit, eine Zeitung in traditioneller Rechtschreibung lesen zu können, war eingeschränkt. Auch wenn darin im jeweiligen Einzelfall kein Eingriff in die allgemeine Handlungsfreiheit gesehen werden kann, so wäre doch eine Diskussion des Gesetzesvorbehalts wünschenswert gewesen. Das Gericht hätte hier die Chance gehabt, die Wesentlichkeitslehre auf die Sachverhalte auszudehnen beziehungsweise sie abzugrenzen von den Sachverhalten, in denen staatliche Maßnahmen zwar in keinem Einzelfall einen Eingriff darstellen, aber durch die fast die gesamte Bevölkerung über einen langen Zeitraum belästigt wird. Denn selbst, wenn man den konkreten Eingriffscharakter über die Schule hinaus verneint, kann mit guten Gründen vertreten werden, daß der Staat zu solch umfänglichen Belästigungen wenn schon keiner verfassungsrechtlichen Rechtfertigung, so doch zumindest einer möglichst umfänglichen legitimatorischen Basis seiner Entscheidung bedarf.

Das Urteil läßt den Leser letztlich im unklaren darüber, wo und mit welchen Argumenten das Gericht in der Zukunft die Grenze zwischen der staatlichen Kompetenz zur Regelung der Rechtschreibung an den Schulen und der Grundkompetenz der Schreibgemeinschaft ziehen will.

5. Kapitel
Die Entscheidungen zur Rechtschreibreform

I. Die vergleichbare Ausgangslage der Begehren der Antragsteller

In den zu untersuchenden Entscheidungen ging es vorwiegend um die Gewährung einstweiligen Rechtsschutzes gegen die Erlasse der Länder der Bundesrepublik, die von der Möglichkeit einer Vorabeinführung der Reform an den Schulen Gebrauch gemacht hatten. In diesen Verfahren waren die Antragsteller regelmäßig die Eltern schulpflichtiger Kinder und sie machten Rechte in eigenem Namen und im Namen ihrer Kinder geltend. Sie begehrten sinngemäß die Unterlassung der Unterrichtung ihrer Kinder nach den neuen Rechtschreibregeln. Die Anträge waren mehrheitlich in ihrem Begehren zeitlich begrenzt und betrafen die in den Erlassen zur Einführung der neuen Rechtschreibung getroffenen Regelungen, die sich auf die Übergangszeit bis zum eigentlichen Inkrafttreten der Rechtschreibreform an den Schulen am 1.7.1998 bezogen.

Hauptstreitpunkte waren die grundlegenden Aspekte, ob eine staatliche Regelung der Rechtschreibung überhaupt zulässig ist und wenn ja, in welcher Form, aber auch die speziellen Fragen, ob von einer Lehrplanänderung die Grundrechte der Eltern und / oder der Schüler betroffen sein können. Hierzu waren bereits im Vorfeld der verwaltungsgerichtlichen Entscheidungen verschiedene Beiträge in juristischen Fachzeitschriften[785] veröffentlicht worden. Alle zu einer Entscheidung berufenen Gerichte hatten insbesondere die Möglichkeit gehabt, die 1995 von *Wolfgang Kopke* vorgelegte Dissertation[786] über die verfassungsrechtlichen Gesichtspunkte der Einführung einer reformierten Rechtschreibung in den Schulen und Verwaltungen zur Entscheidungsfindung heranzuziehen und auf die dort dezidiert vorgebrachten Argumente in der einen oder anderen Weise einzugehen.

II. Liste der Entscheidungen

Der Untersuchung liegen insgesamt 38 Entscheidungen zugrunde, die von 1996 bis 2001 ergangen sind. Ob die jeweiligen Entscheidungen letztlich rechtskräftig geworden sind oder nicht, wurde bei der Untersuchung unbeachtet gelassen, da das Augenmerk vorwiegend auf die Untersuchung der Gründe der Entscheidungen, einzeln und in der Zusammenschau, gerichtet wurde. Im übrigen erging die Mehrzahl der Entscheidungen nur in Verfahren des einstweiligen Rechtsschutzes zum Schuljahr 1997/98, so daß die Ent-

---

785 *Kopke*, Rechtschreibreform auf dem Erlaßwege, JZ 1995, 874 ff.; *Kopke*, Die verfassungswidrige Rechtschreibreform, NJW 1996, 1081 ff.; *Hufeld*, Verfassungswidrige Rechtschreibreform?, JuS 1996, 1072 ff.; *Kissel*, Der „neue" Duden und die richterliche Unabhängigkeit, NJW 1997, 1097 ff.; *Gröschner/Kopke*, Die „Jenenser Kritik" an der Rechtschreibreform, JuS 1997, 298 ff.; *Rollecke*, Grundrecht auf richtiges Deutsch?, NJW 1997, 2500 ff.

786 *Kopke*, Rechtschreibreform und Verfassungsrecht, 1995.

scheidungen letztlich entweder durch Zeitablauf oder durch die entsprechende Entscheidung in der Hauptsache keine aktuelle inhaltliche Regelungswirkung mehr hatten.

In der nachfolgenden tabellarischen Auflistung wurden die Entscheidungen nach dem Zeitpunkt der jeweiligen Verkündung aufsteigend geordnet. Zusätzlich wurden die Fundstellen der Veröffentlichung der Entscheidungen in juristischen Fachzeitschriften in die Tabelle aufgenommen.

Tabelle 1 Liste der Entscheidungen

Nr	Gericht	Datum	Aktenzeichen	Art	Veröffentlicht
1	BVerfG	21.6.1996	1 BvR 1057/96	Beschluß	NJW '96, 2221, BayVBl '96, 593; NVwZ '96, 997; EuGRZ '96, 435; VR '97, 26
2	VG Schleswig	12.3.1997	9 B 13/97	Beschluß	
3	VG Weimar	24.7.1997	2 E 1355/97	Beschluß	NJW '97, 2403; RdJB '97, 308, ZIP '97, 1426
4	VG Wiesbaden	28.7.1997	6 G 715/97	Beschluß	NJW '97, 2399, RdJB '97, 304, ZIP '97, 1422
5	VG Mainz	4.8.1997	7 L 1423/97	Beschluß	
6	VG Hannover	7.8.1997	6 B 4318/97	Beschluß	NJW '97, 2538
7	VG Gelsenkirchen	11.8.1997	4 L 2293/97	Beschluß	VR '97, 353; NWVBl '97, 479
8	OVG Schleswig	13.8.1997	3 M 17/97	Beschluß	NJW '97, 2536, NVwZ '97, 1002; DVBl. '97, 1193; VR '97, 355
9	VG Dresden	14.8.1997	5 K 2192/97	Beschluß	SächsVwBl '97, 241
10	VG Greifswald	25.8.1997	4 B 1377/97	Beschluß	
11	VG Hamburg	26.8.1997	13 VG 3767/97	Beschluß	
12	VG Hamburg	26.8.1997	13 VG 3884/97	Beschluß	
13	VG Freiburg	29.8.1997	2 K 1753/97	Beschluß	
14	VGH Kassel	5.9.1997	7 TG 3133/97	Beschluß	NJW '97, 2970; NVwZ '97, 1222
15	VG München	9.9.1997	M 3 E 97.4754	Beschluß	
16	VG Gelsenkirchen	17.9.1997	4 L 2832/97	Beschluß	
17	VG Gelsenkirchen	17.9.1997	4 L 2999/97	Beschluß	
18	VG Magdeburg	22.9.1997	B 5 765/97	Beschluß	VR '98, 30
19	VG Stuttgart	23.9.1997	10 K 4605/97	Beschluß	
20	VG Köln	24.9.1997	10 L 2900/97	Beschluß	
21	OVG Greifswald	8.10.1997	2 M 129/97	Beschluß	
22	OVG Hamburg	16.10.1997	Bs III 71/97	Beschluß	VR '98, 31
23	OVG Lüneburg	17.10.1997	13 M 4160/97	Beschluß	NJW '97, 3456; VR '97, 426
24	OVG Bautzen	28.10.1997	2 S 610/97	Beschluß	DÖV '98, 118; SächsVBl. '97, 298
25	VG Potsdam	4.11.1997	2 L 1005/97	Beschluß	
26	OVG Münster	10.11.1997	19 B 2603/97	Beschluß	
27	OVG Münster	11.11.1997	19 B 2436/97	Beschluß	NJW '98, 1240; NWVBl '98, 102
28	VG Berlin	14.11.1997	3 A 817/97	Urteil	NJW '98, 1243; VR '98, 321
29	BVerfG	30.12.1997	1 BvR 2264/97	Beschluß	NJW '98, 1218, VR '98, 282
30	BVerfG	30.12.1997	1 BvR 2368/97	Beschluß	NJW '98, 1217
31	VG Meiningen	14.1.1998	8 E 1385/97	Beschluß	
32	VG Wiesbaden	26.1.1998	6 G 1267/97	Beschluß	NJW '98, 1246
33	VG Hannover	2.3.1998	6 A 4317/97	Urteil	NJW '98, 1250; VR '98, 319
34	BVerfG	14.7.1998	1 BvR 1640/97	Urteil	NJW '98, 2515; BayVBl. '98, 626, BVerfGE 98, 218; VR '98, 357
35	VG Freiburg	27.1.1999	2 K 1752/97	Urteil	
36	BVerwG	24.3.1999	6 C 9.98	Urteil	BVerwGE 108, 355, VR 2000, 103
37	BVerfG	20.7.1999	1 BvQ 10/99	Beschluß	NJW 1999, 3477
38	OVG Lüneburg	20.6.2001	13 L 2463/98	Urteil	

Zur Vervollständigung der Übersicht seien noch die Rechtszüge erwähnt, die die Entscheidungen verschiedener Instanzen verknüpfen:

Das Urteil des Bundesverfassungsgerichts ist mit dem Rechtszug VG Schleswig / OVG Schleswig verbunden. Zum Beschluß des BVerfG „1 BvR 2368/97" gehören der Beschluß des OVG Münster „19 B 2436/97" und der des VG Gelsenkirchen „4 L 2999/97"; zum Beschluß des OVG Münster „19 B 2603/97" gehört der des VG Gelsenkirchen „4 L 2832/97". Zum Beschluß des BVerfG „1 BvR 2264/97" gehört der des OVG Hamburg und der des VG Hamburg „13 VG 3767/97". Das Urteil des BVerwG erging auf die Sprungrevision bzgl. des Urteils des VG Berlin. Die weiteren obergerichtlichen Entscheidungen können in den jeweiligen Ländern den vorangegangenen Verwaltungsgerichtsentscheidungen eindeutig zugeordnet werden.

III. Die einzelnen Entscheidungen

Auf eine Teilwiedergabe der nur teilweise veröffentlichten Entscheidungen konnte nicht verzichtet werden, da sonst die kritischen Anmerkungen und Vergleiche nicht nachvollziehbar wären. Die Entscheidungen werden im folgenden zwar im Wortlaut, aber so auf das Wesentliche gekürzt wiedergegeben, daß die Argumentationsstruktur der jeweiligen Entscheidung noch erkennbar bleibt[787]. Für den beabsichtigten Vergleich der Entscheidungen wird sowohl von den spezifischen Details der einzelnen Erlasse der Länder zur Einführung der Reform als auch von den meisten fallspezifischen Besonderheiten abstrahiert. In den Darstellungen bleiben aber die Bezüge auf die vorangegangenen einschlägigen Entscheidungen mit Beleg, für welche Ansichten die Zitate dienen, erhalten. Zusätzlich wird auch die Bezugnahme auf höchstrichterliche Entscheidungen und juristische Fachaufsätze dokumentiert. Zitierungen aus Zeitungsartikeln, Publikationen des Dudenverlages, Protokollen des Rechtsausschusses des Bundestages u.ä. werden in dieser abgekürzten Darstellung nicht erwähnt. Im Volltext können alle Entscheidungen auf den permanent zu dieser Schrift angelegten Seiten im Internet[788] eingesehen werden.

In einer an jede Entscheidungsdarstellung anschließenden Kurzkritik[789] soll auf die spezifischen Besonderheiten eingegangen werden, ohne daß bereits ein Vorgriff auf den übergreifenden Vergleich aller Entscheidungen erfolgt. Die Darstellung der Entscheidungen erfolgt chronologisch, um die Be-

---

[787] Die Darstellung der Entscheidungsgründe erfolgt im jeweiligen Unterpunkt a). Für die Darstellung wurde ein Mittelweg zwischen exakter Zitierung und sinngemäßer Wiedergabe gewählt: Die Sätze der Begründungen sind in Reihenfolge und Wortlaut unverändert, soweit sie nicht durch gekennzeichnete Auslassungen gekürzt sind. Ausgelassene Sätze oder Absätze sind aus Gründen der Lesbarkeit nicht gekennzeichnet, es sei denn, daß der Bezug des anschließenden Satzes unverständlich würde.

[788] Alle Entscheidungen können im Internet im Volltext (im *.html und im *.pdf-Format) unter „http://jura.freepage.de/rwg" eingesehen werden.

[789] Im jeweiligen Unterpunkt b).

zugnahmen der Entscheidungen untereinander nachvollziehen zu können. Für das Erfassen der Grundgedanken der Entscheidungen genügt es in der Regel, allein den Kurzkritiken zu folgen und die Entscheidungszusammenfassungen zu überspringen.

Die vergleichende Analyse der Argumentationslinien aller Entscheidungen sowie die Darstellung der Beziehungen zwischen den Entscheidungen erfolgt im Anschluß an die Einzeldarstellungen[790].

1. Bundesverfassungsgericht, Beschluß vom 21.6.1996

a) „Die Verfassungsbeschwerden sind unzulässig. [...] Der Beschluß der Kultusministerkonferenz berührt das Elternrecht des Bf. nicht. Seine Wirkung beschränkt sich darauf, daß sich die Kultusminister gegenseitig dazu verpflichten, die neuen Rechtschreibregeln als verbindliche Grundlage für den Unterricht in allen Schulen einzuführen. Es entspricht ständiger Praxis der Bundesländer, daß die Beschlüsse der Kultusministerkonferenz in den einzelnen Ländern in der jeweils für erforderlich angesehenen Weise umgesetzt werden. Erst diese Umsetzungsakte können zu einer unmittelbaren Betroffenheit des Bf. führen. Gegen einen Umsetzungsakt, der den Bf. unmittelbar beträfe, müßte dieser zudem vor Erhebung der Verfassungsbeschwerde den Rechtsweg beschreiten und erschöpfen [...]. Aus den gleichen Gründen führt der Beschluß der Ministerpräsidentenkonferenz und die Kenntnisnahme durch die Bundesregierung zu keiner unmittelbaren Betroffenheit des Bf. Auch die Unterzeichnung der angestrebten zwischenstaatlichen Absichtserklärung würde den Beschwerdeführer nicht unmittelbar betreffen. Weder würde sie eine völkerrechtliche Bindung der Bundesrepublik Deutschland bewirken noch unmittelbare Auswirkungen auf die Durchführung des Schulunterrichts in den Ländern haben. [...] Durch die angegriffenen Maßnahmen ist der Bf. in seinen Grundrechten aus Art. 2 Abs. 1 i.V.m. Art. 1 Abs. 1 GG und aus Art. 2 Abs. 1 GG nicht betroffen. Die Frage, ob eine vom Bf. benutzte Schreibweise von der Sprachgemeinschaft als falsch angesehen wird, hängt nicht unmittelbar von staatlicher Regelung ab, sondern davon, welche Schreibregeln die Sprachgemeinschaft als faktisch verbindlich ansieht. Alle, die bereits lesen und schreiben können, haben die bisherige Rechtschreibung verinnerlicht. Sie werden auch dann, wenn der Bf. an der bisherigen Rechtschreibung festhält, nicht zu dem Schluß gelangen, daß der Bf. ‚falsch' schreibt. Vielmehr werden sie feststellen, daß er sich an die traditionellen und nicht an die reformierten Rechtschreibregeln hält. Der Bf. wird also nicht gezwungen sein, seine Schreibweise der Reform anzupassen, um eine Blamage beim Schreiben zu vermeiden.

Darüber hinaus betreffen die von dem Bf. angegriffenen Maßnahmen ausschließlich die Einführung der reformierten Rechtschreibung in den Schulen, entscheiden aber selbst insoweit noch nicht mit Außenwirkung rechtsverbindlich. Zwar wird das Schreibverhalten der Sprachgemeinschaft auf längere Sicht nicht davon unbeeinflußt bleiben, welche Schreibweisen in den Schulen gelehrt werden. Doch liegt insoweit bisher keine mit der Verfassungsbeschwerde angreifbare Entscheidung vor. Zudem schützen Art. 2 Abs. 1 i.V. mit Art. 1 Abs. 1 GG und Art. 2 Abs. 1 GG in Verbindung mit dem Rechtsstaatsprinzip nicht davor, daß der Bf. mit neuen Schreibweisen konfrontiert wird, weil diese in der Schule gelehrt werden.

Die Verfassungsbeschwerde der Bf. zu 2 [die Bf. zu 2 ist die Tochter des Bf. zu 1, Anm. d. Verf.] ist aus den gleichen Gründen offensichtlich unzulässig. Aufgrund der mangelnden

[790] Vgl. unten S. 266.

unmittelbaren Regelungswirkung der angegriffenen Maßnahmen ist die Bf. nicht unmittelbar betroffen."[791]

b) Dieser Beschluß des Bundesverfassungsgerichts führt die Reihe der Entscheidungen zwar in zeitlicher Hinsicht an, steht aber in thematischer Hinsicht verhältnismäßig isoliert. Die Beschwerdezurückweisung wegen fehlender unmittelbarer Betroffenheit der Beschwerdeführer durch den Beschluß der Kultusministerkonferenz und die Verweisung auf einen Umsetzungsakt ist aus rechtlicher Sicht zweifellos vertretbar, aber weder vorausschauend noch wegweisend. Die Beschwerdeschrift vom Mai 1996 hatte das Problem der unmittelbaren Betroffenheit umfangreich thematisiert und ausführlich dargelegt, warum nach Ansicht der Kläger das Gericht in diesem Fall eine Ausnahme von den Annahmevoraussetzungen gem. § 90 Abs. 2 Satz 2 BVerfGG machen sollte. Das Gericht war aus rechtlicher Sicht frei in der Entscheidung, eine allgemeine Bedeutung der Beschwerde aus den vorgelegten Gründen[792] anzunehmen.

Kritikwürdig bleibt daher der Umstand, daß das Gericht sich mit den Argumenten der Beschwerdeführer zur Annahme einer allgemeinen Bedeutung der Thematik nicht auseinandergesetzt hatte. Denn im nachhinein zeigte sich in den zahlreichen verwaltungsgerichtlichen Klagen, den Bürgerbegehren und den emotionalen Stellungnahmen von Politikern, Schriftstellern, Lehrern und anderen Persönlichkeiten des öffentlichen Lebens deutlich die weit über den Bereich der Schule hinausgehende Bedeutung einer Rechtschreibreform. Hinzu kommt, daß zum Zeitpunkt der Entscheidung bereits Veröffentlichungen vorlagen, die sich konkret mit dem Problem der Grundrechtsbetroffenheit von Eltern und Schülern durch die Rechtschreibreform auseinandersetzten. Hierzu gehören u.a. die 1995 veröffentlichte Dissertation und der am 24. April 1996, also knapp zwei Monate vor dem Beschluß in der NJW veröffentlichte Aufsatz von *Kopke* zur Verfassungswidrigkeit der Rechtschreibreform[793].

Die Annahme einer Ausnahme gem. § 90 Abs. 2 Satz 2 BVerfGG erfordert vom Bundesverfassungsgericht generell einen höheren Begründungsaufwand. Es sind auch regelmäßig nicht wenige Beschwerden, die um die Annahme einer solchen Ausnahme von dem Erfordernis der Erschöpfung des Rechtswegs ersuchen. Jedoch wäre es wünschenswert gewesen, besonders im Lichte des späteren Urteils, das gerade wegen der allgemeinen Bedeutung der Rechtschreibreform trotz Beschwerderücknahme erging[794], wenn das Gericht sich mit Weitblick bereits zu diesem Zeitpunkt argumentativ mit dieser Frage auseinandergesetzt hätte. Eine frühe Stellungnahme des Bundesverfassungsgerichts zur allgemeinen Bedeutung der Rechtschreibreform wäre vermutlich

---

791 Veröffentlicht in: NJW 1996, 2221 f.

792 Vgl. hierzu: *Gröschner / Kopke*, Die „Jenenser Kritik" an der Rechtschreibreform, JuS 1997, 298, 302f.

793 *Kopke*, NJW 1996, 1081 ff.

794 Vgl. oben S. 160.

auch für einen Großteil der hier untersuchten Verwaltungsgerichtsentscheidungen hilfreich und richtungweisend gewesen.

Ein Blick auf die möglichen präjudiziellen Wirkungen dieses Beschlusses zeigt, daß eine ähnliche Entscheidung über eine nicht undenkbare weitere Rechtschreibreform in den nächsten Dekaden aufgrund der Schwierigkeiten bei der Umsetzung dieser Reform (Volksbegehren, Volksentscheid, Klagewelle) eine Diskussion der allgemeinen Bedeutung gem. § 90 Abs. 2 Satz 2 BVerfGG nicht vermeiden könnte; eine vergleichbare Verfassungsbeschwerde gegen einen vergleichbaren Beschluß der Kultusministerkonferenz würde mit hoher Wahrscheinlichkeit zumindest für zulässig erklärt werden.

Der Beschluß wird in den nachfolgenden verwaltungsgerichtlichen Entscheidungen vorwiegend wegen eines bei der kursorischen Betrachtung der Rechtschreibthematik vom Bundesverfassungsgericht gemachten Nebensatzes zitiert:

> „Zudem schützen Art. 2 Abs. 1 GG i.V.m. Art. 1 Abs. 1 GG und Art. 2 Abs. 1 GG i.V.m. dem Rechtsstaatsprinzip nicht davor, daß der Bf. mit neuen Schreibweisen konfrontiert wird, weil diese in der Schule gelehrt werden." [795]

Die Art und Weise, d.h. die Art von Selbstverständlichkeit, mit der dieser Satz im Beschluß geäußert wurde, und die nachfolgend häufige Bezugnahme der Verwaltungsgerichte auf diese Formulierung, fordern eine Analyse und eine juristische Auslegung des Satzes heraus.

Zum einen kann die Nebensächlichkeit der Äußerung in dem Beschluß ein Hinweis darauf sein, daß das Bundesverfassungsgericht nur einen tatsächlichen Vorgang („konfrontieren") in seiner Selbstverständlichkeit schildern und der Aussage nicht den Charakter einer rechtlichen Würdigung zumessen wollte. Vor einer tatsächlichen Konfrontation mit Neuem können aber Rechte nicht schützen. Rechte bezwecken die Regulierung von Konflikten, Verhältnissen und Interessen. Sie geben Auskunft darüber, wie mit Hilfe der im gesetzten Recht zum Ausdruck kommenden Wertungen divergente Interessen in konsensfähigen Einklang gebracht werden können. Rechte wirken nur auf die Rechtsadressaten, nicht auf Tatsachen. Das Bundesverfassungsgericht hat hier die Schilderung des tatsächlichen Vorganges des „konfrontiert werdens" mit einer rechtlichen Abgrenzung vermischt, d.h. deskriptive mit präskriptiven Elementen vermengt. Die Konfrontation ist ein natürlicher Vorgang, der unabhängig von dem Umstand ist, ob er rechtmäßig oder rechtswidrig er-

---

[795] Dieses Zitat wird im folgenden als „obiter dictum" des Bundesverfassungsgerichts bezeichnet, da mehrere Verwaltungsgerichte nachfolgend auf diese spezielle Aussage Bezug nahmen. Die Bezeichnung geht auf den Beschluß des OVG Lüneburg vom 17.10.1997 (vgl. unten S. 227) zurück, in dem der zitierte Satz ebenfalls als „obiter dictum" charakterisiert wurde. Der Begriff wird hier jedoch in Anführungsstriche gesetzt bleiben, da nachfolgend die Ansicht vertreten wird, daß es sich nicht um eine genuin rechtliche Aussage handelt.

folgt. Die Rechtmäßig- oder die Rechtswidrigkeit gibt der Konfrontation eine bestimmte Qualität, aber sie ändert nicht die Natur der Konfrontation als tatsächlichen Vorgang.

Das Bundesverfassungsgericht bringt durch den Satz indirekt auch seine vermutlich eigentliche Ansicht zum Ausdruck, wonach es von einer rechtmäßigen Einführung der Neuregelung in den Schulen ausgeht. Die dann rechtmäßig gelehrten Schreibweisen führen zwingend zu einer faktischen Konfrontation der Eltern mit der Neuregelung. Eine Konfrontation hat für das Bundesverfassungsgericht jedoch offenbar keinen Eingriffscharakter in bezug auf die Grundrechte der Eltern, da eine Prüfung nicht stattfand.

Ein durch die Unklarheit der Formulierung möglicher, aber so nicht explizit vom Bundesverfassungsgericht gezogener Schluß aus dem zitierten Satz lautet: Also sind die Grundrechte der Eltern von dieser Art der Konfrontation nicht einmal betroffen. Im Laufe dieser Untersuchung wird sich herausstellen, daß verschiedene Verwaltungsgerichte, die dieses *obiter dictum* zitierten, genau einen solchen Schluß durch Bezugnahme auf den Beschluß des Bundesverfassungsgerichts zu belegen versuchen. Was in einer solchen unreflektierten Bezugnahme jedoch unzulässig vernachlässigt wird, ist die Prüfung der Rechtmäßigkeit der Einführung der reformierten Rechtschreibung an den Schulen, in deren Folge es erst zur Konfrontation der Eltern mit den neuen Schreibweisen kommen kann.

Bedenklich ist an dem zitierten Satz weiterhin, daß das Bundesverfassungsgericht die vor Konfrontation nicht schützenden Grundrechte ausdrücklich mit Bezug auf ihre Position im Grundgesetz erwähnte. Damit wird zumindest der äußere Eindruck einer vorangegangenen rechtlichen Prüfung erzeugt. Eine solche kann aber schon deshalb nicht vorliegen, da der Äußerung weder eine Prüfung der Betroffenheit der Schutzbereiche des allgemeinen Persönlichkeitsrechts oder der allgemeinen Handlungsfreiheit i.V.m. dem Rechtsstaatsprinzip vorausging, noch der Aussage überhaupt irgendwelche rechtlichen Argumente beigeordnet sind.

Der zitierte Satz des Bundesverfassungsgerichts ist, gemessen an juristischen Methoden, daher in zweierlei Hinsicht mangelhaft: Er täuscht vor, eine rechtliche Würdigung zu enthalten und ermöglicht einen rechtlichen Fehlschluß, der die Betroffenheit von Grundrechten bereits im Ansatz verneint.

2. VG Schleswig, Beschluß vom 12.3.1997

a) „Der Antrag ist unzulässig. Die erforderliche Antragsbefugnis der Antragsteller ist nicht gegeben. Die Antragsteller werden durch den Erlaß [...] nicht unmittelbar in eigenen Rechten betroffen. Der Erlaß des Antragsgegners berührt weder das Elternrecht der Antragsteller aus Art. 6 Abs. 2 GG noch ihr Grundrecht aus Art. 2 Abs. 1 GG. Die Wirkung des Erlasses als interne [...] Verwaltungsvorschrift beschränkt sich darauf, die Schulen [...] anzuweisen, mit seinem Inkrafttreten die deutsche Rechtschreibung nach näher bestimmten Vorgaben zu unterrichten. Eine unmittelbare Betroffenheit der Rechte der Antragsteller folgt hieraus nicht. Eine solche könnte sich - möglicherweise - erst durch die Umsetzung des Erlasses an der Schule, nicht aber unmittelbar durch den Erlaß ergeben. Richtiger Antragsgegner wäre insoweit die die Kinder der Antragsteller unterrichtende Schule, nicht aber der Antragsgegner als Erlaßgeber.

Unabhängig von dem Vorstehenden ist der Antrag der Antragsteller auch unbegründet. Weder ist der für den Erlaß einer hier allein in Betracht kommenden Sicherungsanordnung erforderliche Sicherungsanspruch noch der insoweit erforderliche Sicherungsgrund gegeben. [...] Anhaltspunkte für das Vorliegen eines hiernach erforderlichen Sicherungsanspruches sind nicht ersichtlich. Wie bereits dargelegt, werden die Antragsteller durch den Erlaß [...] mangels unmittelbarer Außenwirkung nicht betroffen. Im übrigen schützen weder Art. 6 Abs. 2 GG noch Art. 2 Abs. 1 GG i.V.m. Art. 1 Abs. 1 GG und Art. 2 Abs. 1 GG in Verbindung mit dem Rechtsstaatsprinzip davor, daß die Antragsteller oder ihre Kinder mit neuen Schreibweisen konfrontiert werden, weil diese in der Schule gelehrt werden (vgl. BVerfG, Beschluß vom 21.06.1996 [...]).

Auch für das Vorliegen des erforderlichen Sicherungsgrundes sind keine Anhaltspunkte gegeben. Eine unmittelbare konkrete Gefährdung der Rechte der Antragsteller ist aus den vorgenannten Gründen nicht gegeben."

b) Das VG Schleswig verneinte als einziges Gericht die Zulässigkeit eines Antrages auf einstweiligen Rechtsschutz. Zwar lag in diesem Fall erstmalig ein Umsetzungsakt in Form einer die Schulen zur Unterrichtung in der reformierten Schreibweise verpflichtenden Verwaltungsvorschrift vor, wie ihn das Bundesverfassungsgericht in seinem Beschluß noch für die unmittelbare Betroffenheit gefordert hatte. Das VG Schleswig stellte dafür jedoch die Innenwirkung der Verwaltungsvorschrift in den Vordergrund und verneinte daraus die unmittelbare Betroffenheit. Vom Gericht wurde dabei die faktische und unmittelbare Wirkung des Erlasses in den Schulen nicht in ausreichendem Maß gewürdigt, da es an den Schulen bei ministeriellen Erlassen regelmäßig keines weiteren Umsetzungsaktes bedarf. Die Schulen brauchen einen solchen Erlaß, der inhaltlich ausreichend bestimmt ist, nur an die Lehrer bekanntzugeben und befassen sich im Rahmen der Dienstaufsicht nur mit der Überprüfung der Durchsetzung. In allen folgenden Verwaltungsgerichtsentscheidungen wird ohne weitere Erörterung die faktische, direkte Außenwirkung der ministeriellen Erlasse angenommen.

Anzumerken ist weiterhin, daß das VG Schleswig eine Sicherungsanordnung für allein in Betracht kommend hielt, obwohl auch bei dieser zeitlich frühen Entscheidung bereits faktisch eine Unterrichtung nach den neuen Regeln stattfand.

Das Gericht übernahm weiterhin fast wörtlich das *obiter dictum* des Bundesverfassungsgerichts und erweiterte es sogar, ohne eine vorherige Argumentation, um das Erziehungsrecht der Eltern aus Art. 6 Abs. 2 GG. Darüber hinaus steht diese Aussage im Text der Entscheidung des VG Schleswig ebenso isoliert („Im übrigen ...") wie in dem Beschluß des Bundesverfassungsgerichts („Zudem ..."). In dieser Entscheidung bestätigen sich also die oben gemachten Bedenken bezüglich eine kritiklosen Übernahme des diskutierten *obiter dictums* aus dem Beschluß des Bundesverfassungsgerichts.

3. *VG Weimar, Beschluß vom 24.7.1997*

a) „Der Antrag ist zulässig, aber nicht begründet. Es fehlt an dem erforderlichen Anordnungsgrund. Einstweiliger Rechtsschutz ist zu gewähren, wenn anders dem Ast. eine erhebliche, über Randbereiche hinausgehende Verletzung in seinen Grundrechten droht, die durch die Entscheidung in der Hauptsache nicht mehr beseitigt werden kann, es sei denn, daß ausnahmsweise überwiegende, besonders gewichtige Gründe entgegenstehen (BVerfGE 79, 69). Diese Voraussetzungen sind hier nicht erfüllt.

Im Spannungsfeld zwischen Art. 6 Abs. 2 Satz 1 GG und Art. 7 GG geht eine Verletzung des elterlichen Erziehungsrechts dann über die Randbereiche hinaus, wenn sie für die Ausübung dieses Grundrechts wesentlich ist. Nach der Rechtsprechung des BVerfG und des BVerwG ist das Merkmal der Wesentlichkeit dann erfüllt, wenn religiöse, weltanschauliche, ethische oder politische Aspekte der Erziehung berührt sind, wenn es um die Festlegung der Erziehungsziele in den Grundzügen geht, wenn die Wahl des weiteren Bildungsweges des Kindes entscheidend vorgeprägt wird und wenn es um bildungs- und schulpolitische Grundentscheidungen von allgemeiner Bedeutung geht, die die Struktur des herkömmlichen Schulsystems organisatorisch und inhaltlich wesentlich verändern (vgl. dazu BVerfGE 34, 165; 45, 400; 47, 46; BVerwGE 64, 308). Durch die Unterrichtung nach der reformierten Schreibweise werden diese Bereiche nicht berührt. Die Unterweisung darin, wie bestimmte Worte zu schreiben sind, stellt lediglich - wertneutrale - Vermittlung von Sachwissen dar. Religiöse, weltanschauliche, ethische oder politische Werte eines bestimmten Inhalts werden nicht durch die Schreibweise, sondern durch die Bedeutung eines Wortes vermittelt.

Es handelt sich auch nicht um die Festlegung von Erziehungszielen in den Grundzügen. Erziehung ist die seelisch-geistige Entwicklung eines Kindes zu einer eigenverantwortlichen Persönlichkeit innerhalb der sozialen Gemeinschaft, wie sie dem Menschenbild des Grundgesetzes entspricht (vgl. BVerfGE 24, 119 [144]). Es ist nicht erkennbar, daß das Lernen einer in einigen Teilen veränderten Schriftsprache auf diese Entwicklung einen Einfluß hat. Ein Einfluß, geschweige denn eine Vorprägung des weiteren Bildungsweges des Sohnes der Ast. ist dadurch ebenfalls nicht gegeben. Dem Kind stehen nach wie vor alle Möglichkeiten unseres Bildungssystems offen. Letztendlich handelt es sich auch nicht um eine bildungs- und schulpolitische Grundentscheidung im obenbeschriebenen Sinne. Die Rechtschreibreform hat das Ziel, die Rechtschreibung zu vereinfachen und nicht, das bestehende System organisatorisch oder inhaltlich wesentlich zu verändern.

Soweit die Ast. sich darauf beruft, durch den durch die Rechtschreibreform verursachten Anpassungsdruck in ihrem allgemeinen Persönlichkeitsrecht gem. Art. 2 Abs. 1 GG verletzt zu sein, wird Bezug genommen auf den Beschluß des BVerfG vom 21. 6. 1996. Ein für die Ast. nicht mehr im Hauptsacheverfahren zu korrigierender Schaden ist daher ebenfalls nicht erkennbar."[796]

b) Das VG Weimar prüfte allgemein die Erforderlichkeit einstweiligen Rechtsschutzes, ohne eine Differenzierung zwischen Sicherungs- und Regelungsanordnungen vorzunehmen. In dieser Entscheidung wurde erstmalig auch die Wesentlichkeitsrechtsprechung des Bundesverwaltungs- und des Bundesverfassungsgerichts auf die Umsetzung der Rechtschreibreform an den Schulen angewendet. Dies erfolgte jedoch nur im Rahmen der Prüfung des Anordnungsgrundes, denn das Vorliegen eines Anordnungsanspruchs wurde vom VG Weimar nicht thematisiert.

---

[796] Veröffentlicht in: NJW 1997, 2403 ff.

An dieser Stelle soll kursorisch die Wesentlichkeitsrechtsprechung des Bundesverfassungsgerichts für den Schulbereich dargestellt werden, da sie für das Verständnis dieser und auch nachfolgender Entscheidungen grundlegend ist. Überschlägig betrachtet regelt diese Rechtsprechung das Verhältnis von legislativen und exekutiven Regelungskompetenzen und bestimmt, daß die wirklich wichtigen Sachverhalte dem Gesetzgeber vorbehalten bleiben sollen. Im Bereich der Schule kam es hier zu einer Ausdifferenzierung der Kompetenzen nach Regelungsgruppen, die durch bestimmte Merkmale gekennzeichnet sind, nachdem das Modell des besonderen Gewaltverhältnisses aufgegeben worden war. Im Kern der Rechtsprechung steht das Verhältnis der Grundrechte der Schüler und Eltern zum verfassungsrechtlichen Erziehungsauftrag der Schule. Grundrechtsrelevanz spricht dabei für die Wesentlichkeit einer Regelung, ist aber nicht notwendige Bedingung. Das Bundesverfassungsgericht hatte in seiner Entscheidung zum Sexualkundeunterricht[797] den Bereich der Wesentlichkeit im Schulrecht vom Grundrechtseingriffserfordernis befreit und um die Möglichkeit allgemeiner Kriterien erweitert. Der Schutz der Grundrechte stellt nur noch einen wichtigen Gesichtspunkt dar, ist aber nicht der abschließende Rahmen einer Wesentlichkeitsuntersuchung. Als allgemeines Kriterium wurde im Laufe der Rechtsprechung u.a. zusätzlich herausgearbeitet, daß insbesondere das Vorliegen einer bildungs- und schulpolitischen Grundentscheidung mit einer allgemeinen Bedeutung, die weit über den schulischen Bereich hinausreicht, wesentlich ist[798].

Da im vorliegenden Fall die Wesentlichkeitsrechtsprechung im Rahmen der Prüfung des Anordnungsgrundes nur hinsichtlich ihrer Grundrechtsrelevanz benutzt wird, engt das VG Weimar bereits von vornherein der Prüfungsumfang gleich in zweifacher Hinsicht ein. Neben der Beschränkung auf eine Grundrechtsverletzung erfolgt diese Prüfung in einem Eilverfahren auch begrenzt im Hinblick auf die Schwere eines Eingriffs, denn es muß ein bestimmter Grad an Erheblichkeit und Intensität eines Eingriffs vorliegen, um ein Abwarten der Hauptsacheentscheidung als unzumutbar erscheinen zu lassen. Insofern ist diese Wesentlichkeitsprüfung anders einzuordnen als eine solche im Rahmen der Prüfung eines Anordnungsanspruchs beziehungsweise in einer Hauptsacheentscheidung.

Das VG Weimar verneinte für die Rechtschreibreform die Wesentlichkeit für die Verwirklichung der Grundrechte im Schulwesen. Die durch Merkmale beschriebenen Gruppen der Wesentlichkeitsrechtsprechung im Schulwesen wurden einzeln geprüft und jeweils als in diesem Fall nicht einschlägig bestimmt. Die Prüfung erfolgte jedoch überwiegend pauschal feststellend und durch Wendungen wie „es ist nicht erkennbar, daß... ".

---

797 BVerfGE 47, 46; vgl. zu den Entscheidungen zur Wesentlichkeitsrechtsprechung auch unten S. 271 ff.

798 BVerwGE 47, 194; 64, 308.

Mit der in dieser Prüfung erstmals auftauchenden Ansicht des VG Weimar, daß die Rechtschreibreform eine lediglich wertneutrale Vermittlung von Sachwissen darstellt, beginnt eine Rechtsprechungslinie, die sich bis in das Urteil des Bundesverfassungsgerichts vom 14.7.1998 und auch darüber hinaus verfolgen läßt. Dabei werden zwei kategorial verschiedene Sachverhalte derart argumentativ miteinander vermischt, daß selbst die Mehrzahl der nachfolgend entscheidenden Verwaltungsgerichte nicht in der Lage war, diese klar auseinanderzuhalten.

Der eine Sachverhalt ist die *abstrakte* Rechtmäßigkeit der Fortentwicklung der Schriftsprache durch den Staat, d.h. die Frage, ob dies ein wesentlicher Gegenstand ist, der, wenn überhaupt eine staatliche Kompetenz besteht, dann nur durch den Gesetzgeber zu regeln ist. Der andere, logisch nachfolgende Sachverhalt betrifft die Frage, ob die Umsetzung des *konkreten* Reformvorschlages wesentlich im Sinne der Rechtsprechung für den Bereich der Schule ist und ob konkret die Möglichkeit der Verletzung der Grundrechte der davon direkt Betroffenen besteht. Beide Fragen sind eng miteinander verbunden, denn wer die abstrakte Kompetenz verneint, kommt auch zur Rechtswidrigkeit der konkreten Umsetzung. Wer letztere bejaht, hat andererseits die Möglichkeit, die abstrakten Erwägungen auch dahingestellt zu lassen. Wegen der fehlenden Eindeutigkeit der Wechselbeziehung sollten die Argumentationen der beiden Diskussionsebenen nicht durcheinander geraten. Die Vermengung der Argumentationen ist möglicherweise auf die in Verfahren des einstweiligen Rechtsschutzes verminderte Tiefe der Prüfung zurückzuführen. Danach ist stets der Gesichtspunkt entscheidend, ob die Dringlichkeit einer Entscheidung vor der Hauptsacheentscheidung besteht. Denn bei realistischer Betrachtung kann von einem Gericht nicht erwartet werden, daß eine neue und komplexe Thematik in einer Eilentscheidung in vollem Umfang behandelt wird und erst zuletzt die Eilentscheidung auf die spezifischen, die Dringlichkeit betreffende Erwägungen gestützt wird.

Möglich ist aber auch, daß die argumentative Vermengung auf einem verfehlten Verständnis der Wesentlichkeitsrechtsprechung selbst beruht. Wie bereits oben erwähnt, stellt die Rechtsprechung im Bereich der Schule nicht mehr nur auf Grundrechtseingriffe, sondern auch auf andere Umstände ab, wie z.B. die Anzahl der von einer Regelung Betroffenen und die Bedeutung für die Allgemeinheit. Dadurch können auch Eingriffe, die keine Grundrechte verletzen, aber eine Vielzahl von Personen betreffen, wesentlich i.S. eines Gesetzesvorbehalts sein. Die Qualitätskriterien werden insofern um ein Quantitätskriterium erweitert.

Eilentscheidungsbegründungen werden in der Praxis zudem oft direkt im Urteilsstil niedergeschrieben, ohne daß eine schriftliche gutachterliche Prüfung vorausgeht. In einem Gutachten wäre die abstrakte Kompetenzprüfung in der Regel inzident zu klären. Dadurch kann es in Eilentscheidungen auch aus praktisch-methodischen Gründen zu Verflechtungen der konkreten und der abstrakten Argumente bei direkter Niederschrift im Urteilsstil kommen.

Bei einer Begrenzung der Prüfung auf Grundrechtsverletzungen und deren Dringlichkeit liegt es in Eilentscheidungsverfahren letztlich auch näher, dies ausschließlich konkret unter Betrachtung der Einwirkung der tatsächlichen Reformvorschläge zu tun, als vorab die abstrakte Frage zu untersuchen, ob einer Rechtschreibreform generell bestimmte Grundrechte entgegenstehen und schon keine staatliche Regelungskompetenz vorliegt.

Die Ansicht des VG Weimar der „wertneutralen Vermittlung von Fachwissen" beinhaltet eine solche Argumentationsebenenvermengung, da über die Qualifizierung als Fachwissen die Frage der Regelungskompetenz einfach umgangen wird und über die Wertneutralität die Möglichkeit einer speziellen Bedeutung für den einzelnen negiert wird. Auf das *obiter dictum* des Bundesverfassungsgerichts wurde vom VG Weimar pauschal, aber auch wieder als rechtliche Wertung Bezug genommen. Die Bezugnahme erfolgte dabei nur eingeschränkt hinsichtlich der Aussage, daß der durch die Rechtschreibreform verursachte Anpassungsdruck nicht das allgemeine Persönlichkeitsrecht aus Art. 2 Art. 1 GG verletzen würde. Kritisch ist auch hier anzumerken, daß eine argumentative Auseinandersetzung mit dieser Aussage nicht stattfand.

4. *VG Wiesbaden, Beschluß vom 28.7.1997*

a) „Der Antrag auf Erlaß einer einstweiligen Anordnung nach § 123 Abs.1 Alt.1 VwGO ist zulässig. [...] Aufgrund des Erlasses ist die neue Rechtschreibung an den Schulen faktisch eingeführt. [...]

Der Antrag ist auch begründet. Aufgrund des Erlasses [...] besteht die Gefahr der Vereitelung des Rechts des Antragstellers, daß seine Kinder nach den traditionellen Rechtschreibregeln in der Schule unterrichtet werden. [...] Die Unterrichtung nach den Neuregelungen [...] wäre nur möglich, wenn ein Gesetz die Einführung anordnete. Ein solches Gesetz gibt es nicht. [...] Die Neuregelung der deutschen Rechtschreibung mag zwar von Wissenschaftlern in langer Arbeit geschaffen worden sein. Doch handelt es sich bei dem Ergebnis nicht um abgeleitete neue Erkenntnisse. Vielmehr ist die Rechtschreibreform ein Ergebnis wertender Entscheidungen, die als Ziel hatte, Grundregeln zu stärken, Ausnahmen abzubauen und Widersprüche zu vermindern und dadurch die deutschen Rechtschreibregeln übersichtlicher und für Lernende leichter zu machen. [...] Aus alldem ergibt sich, daß die bislang geschaffene Neuregelung der Rechtschreibung kein unumstößliches Ergebnis wissenschaftlicher Erkenntnis ist, dem sich ein Schulbetrieb schwerlich entziehen kann, ohne Wissensstand von vorgestern zu unterrichten.

Der den Schulen im Land Hessen in Art. 56 HessVerf. erteilte Bildungsauftrag (vgl. auch Art. 7 I GG) ermächtigt den Ag. nicht, die Neuregelung der Rechtschreibung im Erlaßwege an den Schulen einzuführen. Denn es geht nicht darum, lediglich in den Schulen eine neue Rechtschreibung verbindlich zu machen. Erklärtermaßen soll die neue Rechtschreibung die Schriftsprache der gesamten Bevölkerung verändern und Vorbildcharakter haben. Dem Bildungsauftrag der Schulen entspricht es aber nicht, Schülern eine deutsche Rechtschreibung beizubringen, die ansonsten in Deutschland nicht benutzt wird. [...] Deutlich ist, daß die Rechtschreibreform gerade auch über den schulischen Bereich hinausreichen soll. Klar ist aber, daß es der staatliche Bildungsauftrag an den Schulen nicht umfaßt, Erwachsene in einem elementaren Bereich wieder zu Lernenden zu machen. Eine allgemeine Rechtschreibreform mit Verbindlichkeit auch außerhalb der Schule, wie sie offenbar beabsichtigt ist und über die Schule als „Vehikel" ins Werk gesetzt werden soll, gehört nicht zum administrativ umsetzbaren Bildungsauftrag der Schule. Bereits weil es aus diesem Grunde an einer Rechtsgrundlage für die Einführung fehlt, ist eine Unterrichtung nach den neuen Rechtschreibregeln derzeit rechtswidrig. [...]

Unter dem Gesichtspunkt des Vorbehaltes des Gesetzes und der Wesentlichkeit für die Verwirklichung (auch von Landes-)Grundrechten hat aber das BVerwG zum Ausdruck gebracht, daß zwar eine gesetzliche Regelung für die Fortentwicklung der Bildungs- und Erziehungsziele in den herkömmlichen Bahnen nicht erforderlich sei, anderes habe aber zu gelten, wenn der Unterrichtsinhalt aufgrund von Richtlinien gegenüber den herkömmlichen Unterrichtsfächern und Unterrichtszielen wesentlich neuartig ist (BVerwGE 47,194 [201]). Aufgabe des Gesetzgebers ist danach die Festlegung von Schulinhalten jedenfalls insoweit, als sie in ihren Grundzügen gegenüber dem herkömmlichen staatlichen Bildungsangebot in wesentlichen Punkten geändert werden sollen (BVerwGE 64, 308 [313]). [...] Bei der Einführung der Rechtschreibreform für das Fach Deutsch handelt es sich nach den vorstehenden Grundsätzen um eine bildungs- und schulpolitische Grundentscheidung von allgemeiner Bedeutung. Sie ist nicht lediglich eine Fortentwicklung von bisherigen Bildungszielen und Unterrichtsinhalten.

Die Neuregelungen [...] betreffen einen ganz wesentlichen Teil des Unterrichts. So ist zunächst das Fach Deutsch unverkennbar ein Kernstück des gesamten Schulunterrichts [...]. Die beabsichtigten Änderungen wirken sich jedoch nicht nur auf das Unterrichtsfach Deutsch aus, sondern auch auf die meisten anderen Unterrichtsfächer. Deutschunterricht auf hohem Niveau ist zugleich Voraussetzung für die Aneignung anderer Lerngegenstände. [...] Die nunmehr versuchte Umsetzung der Rechtschreibreform ist auch deswegen „wesentlich", weil nicht einmal klar ist, ob sie denn auch außerhalb der Schule vollzogen wird. [...]

Klarstellend ist festzustellen, daß [...] die Absichtserklärung der deutsch-sprachigen Länder [...] nicht geeignet [ist], an die Stelle eines Gesetzes zu treten, sie bewirkt auch keine völkerrechtliche Bindung der Bundesrepublik Deutschland (BVerfG, Beschluß vom 21.6.1996 [...]). [...] Der Erlaß der einstweiligen Anordnung ist auch erforderlich, weil die Veränderung des bestehenden Zustandes [...] die Verwirklichung der Rechte des Antragstellers vereiteln oder wesentlich erschweren würde. [...] Darüber hinaus bestünde die Gefahr, daß ein erneutes Umlernen erforderlich wäre, wenn die Rechtschreibreform auf politischer Ebene fallengelassen oder wesentlich verändert werden würde, was sich als zunehmend wahrscheinlich erweist."[799]

b) Das VG Wiesbaden nahm durch die Zitierung des § 123 Abs. 1 Alt. 1[800] VwGO die Prüfung einer Sicherungsanordnung an, ohne dies jedoch zu diskutieren. Das Problem der Unmittelbarkeit, das noch wenige Monate vorher dem VG Schleswig zur Feststellung der Unzulässigkeit des Antrages auf einstweiligen Rechtsschutz genügte, wurde vom VG Wiesbaden mit dem tatbestandlichen Satz behandelt: „Aufgrund des Erlasses ist die neue Rechtschreibung an den Schulen faktisch eingeführt".

Das VG Wiesbaden trennte, im Gegensatz zur Entscheidung des VG Weimar, klar die Argumentationsebenen und prüfte zunächst abstrakt die Wesentlichkeit der Einführung einer fortentwickelnden Rechtschreibreform und erst dann die Wesentlichkeit der konkreten Regelungen für die Rechte der Antragsteller. Das Gericht beschränkte die Wesentlichkeitsprüfung nicht auf

[799] Veröffentlicht in: NJW 1997, 2399 ff.

[800] Richtiger müßte es Satz 1 heißen.

die Grundrechtsrelevanz, sondern bezog auch weitergehende Argumente in die Prüfung mit ein, beispielsweise daß Deutsch ein Kernfach darstelle und auch die Umsetzung außerhalb der Schulen beachtlich sei. Hervorzuheben ist hier vor allem die erstmalige ausdrückliche Annahme eines bestehenden Rechts der Eltern, daß ihre Kinder nach den traditionellen Rechtschreibregeln unterrichtet werden. Dieses Recht wurde vom Gericht direkt aus dem elterlichen Grundrecht auf Erziehung abgeleitet. Die ausführliche Diskussion der verschiedenen generellen und konkreten rechtlichen Probleme läßt diese Entscheidung, die erstmals einstweiligen Rechtsschutz gegen die Einführung der Neuregelungen gewährte, auch qualitativ aus der Reihe der Entscheidungen herausragen.

5. VG Mainz, Beschluß vom 4.7.1997

a) „[...] Der Antrag erweist sich in der Sache jedoch als unbegründet. Nach § 123 Abs.1 Satz 1 VwGO kann eine einstweilige Anordnung ergehen, wenn [...]. An diesen Voraussetzungen fehlt es hier jedoch, denn der Antragsteller hat bereits keinen Anordnungsanspruch glaubhaft gemacht; er ist insbesondere nicht dadurch in seinen Rechten verletzt, daß der Antragsgegner die Einführung der Rechtschreibreform durch Verwaltungsvorschrift und nicht durch förmliches Gesetz geregelt hat. [...] wie noch darzulegen sein wird, bedarf die Einführung der Rechtschreibreform keines förmlichen Gesetzes. Das Rechtsstaatsprinzip [...] und das Demokratieprinzip [...] verpflichten den Gesetzgeber, in grundrechtsrelevanten Bereichen die wesentlichen Entscheidungen selbst zu treffen [...] (BVerfGE 34, 165, 192, 193; BVerfGE 47, 47, 78; BVerwGE 47, 194, 197). [...] eine gesetzgeberische Entscheidung [ist] dann erforderlich [...], wenn durch Maßnahmen des Staates in Grundrechte einzelner eingegriffen wird [...] (Lehre vom Eingriffsvorbehalt). Daran fehlt es hier; durch die Rechtschreibreform wird weder in das Elternrecht noch in das allgemeine Persönlichkeitsrecht eingegriffen. [...]

Der Antragsteller wird durch die vom Antragsgegner durch Verwaltungsvorschrift an den Schulen eingeführte Rechtschreibreform nicht in seinem Elternrecht aus Art. 6 Abs. 2 S. 1 GG verletzt. Er wird [...] vor allem nicht daran gehindert, den (weiteren) Bildungsweg für seine Tochter zu bestimmen, denn dieser wird durch die Reform nicht entscheidend vorgeprägt. Dem Kind stehen - da gleichermaßen an allen Schulen nach den geänderten Rechtschreibregeln unterrichtet wird - nach wie vor alle Möglichkeiten unseres Bildungssystems offen (vgl. VG Weimar [...]). Die Rechtschreibreform hat auch nicht das Ziel, das bestehende Schulsystem organisatorisch oder inhaltlich zu verändern, sondern lediglich die Schriftsprache zu vereinfachen; sie stellt insbesondere keine den [...] herkömmlichen Unterrichtszielen wesentlich neuartige Wissensvermittlung, sondern lediglich eine Änderung bestehender Schreibweisen im Rahmen einer Fortentwicklung von Bildungs- und Erziehungszielen in ihren herkömmlichen Bahnen (vgl. BVerwGE 47, 194, 201) dar. [...] die bisherige Schreibweise [wird] lediglich punktuell [...] geändert Dagegen bleiben die pädagogisch-didaktischen Grundzüge des (Deutsch-)Unterrichts von der Rechtschreibreform unberührt [...]. [...] die Unterrichtung darin, wie bestimmte Worte zu schreiben sind, stellt lediglich eine - wertneutrale - Vermittlung von Sachwissen dar [...] (vgl. VG Weimar [...]).

Der Antragsteller wird durch die Einführung der Rechtschreibreform auch nicht in seinen Grundrechten aus Art. 2 Abs. 2 i.V.m. Art. 1 Abs. 1 und aus Art. 2 Abs. 1 GG verletzt, denn diese Rechte i.V.m. dem Rechtsstaatsprinzip schützen nicht davor, daß der Antragsteller mit neuen Schreibweisen konfrontiert wird, weil diese an der Schule gelehrt werden (vgl. Beschluß des BVerfG vom 21.6.1996 [...]). [...] Soweit der Antragsteller schließlich geltend macht, ausgehend voll der Wesentlichkeitsrechtsprechung des Bundesverfassungsgerichts - die dieses bewußt von ihrer Bindung an überholte Formeln (Eingriff in Freiheit und Eigentum) gelöst und von seiner demokratisch-rechtsstaatlichen Funktion her auf ein neues Fundament gestellt habe (vgl. BVerfGE 47, 78, 79) - ergebe sich der Gesetzesvorbehalt für die Rechtschreibreform schon deshalb, weil diese eine hohe Bedeutung für die Allgemeinheit habe, wie sich aus der Diskussion der letzten Monate zeige [...], vermag sich das Gericht dem nicht anzuschließen. Dabei kann zunächst offenbleiben, ob bereits der vom Antragsteller vertretene Ansatz zutreffend ist - es erscheint nämlich sehr fraglich, ob der einzelne überhaupt einen Verstoß gegen den Wesentlichkeitsgrundsatz ohne Verletzung in eigenen (Grund-)Rechten allein aus Gründen der Bedeutung für die Allgemeinheit geltend machen kann -, denn jedenfalls fehlt es zur Überzeugung des Gerichts an einer hohen Bedeutung der Rechtschreibreform für die Allgemeinheit. [...] vielmehr muß hinzukommen, daß diese Maßnahme geeignet ist und darauf abzielt, Rechtspositionen des einzelnen oder der Allgemeinheit zu berühren, also rechtliche Relevanz entfaltet [...]. Daran aber fehlt es aber bei der Rechtschreibreform. Sie hat nämlich weder eine unmittelbare noch eine mittelbare rechtliche Bedeutung in Bezug auf die Allgemeinheit, denn die Beschlüsse der KMK in ihrer Umsetzung durch die einzelnen Länder betreffen lediglich die Einführung [...] an den Schulen und Verwaltungen, auch wenn damit faktisch auf lange Sicht eine Einwirkung [...] auch im außerschulischen Bereich verbunden sein dürfte (in der das VG Wiesbaden [...] eine maßgebliche Intention der Reform sieht [...]). [es] bleibt [...] auch weiterhin jedem einzelnen unbenommen, nach den bisherigen, traditionellen Regeln zu schreiben. [...] bei einem Festhalten an der bisherigen Schreibweise [wird die Allgemeinheit] nicht zu dem Schluß gelangen, daß falsch, sondern daß traditionell geschrieben wird (vgl. Beschluß des BVerfG vom 21.6.1996). Die Reform setzt für die Allgemeinheit allenfalls ein Trend (so zutreffend Hufeld, JuS 1996, 1072, 1075). Ein Anordnungsgrund ist nicht gegeben, da ein im Hauptsacheverfahren nicht mehr zu korrigierender Schaden nicht ersichtlich ist."

b) Das VG Mainz prüfte eine Sicherungsanordnung und richtete seine Argumentation dabei ausschließlich auf das Vorliegen eines Anordnungsgrundes aus. Zunächst schien es nur der älteren Lehre vom Eingriffsvorbehalt zu folgen und sah, unter Zitierung des *obiter dictum* des BVerfG, keine Grundrechte als verletzt an. Das Gericht nahm dann auch die neueren Kriterien der Wesentlichkeitsrechtsprechung (Lösung von Eingriff in Freiheit und Eigentum) auf, äußerte aber gleichzeitig Zweifel daran, daß ein Einzelner auch ohne Grundrechtsverletzung die Wesentlichkeit aus Gründen der hohen Bedeutung für die Allgemeinheit geltend machen könne. Implizit gibt das Gericht dadurch zu erkennen, daß es die Loslösung vom Eingriffserfordernis nicht so versteht wie das Bundesverfassungsgericht, daß also die Grundrechtsverletzung in der fehlenden Gesetzesgrundlage begründet liegen kann und ihr nicht vorausgehen muß[801]. Im Ergebnis konnte das Gericht diese Frage offengelassen, da es seiner Ansicht nach sowohl an der unmittelbaren als auch an der mittelbaren rechtlichen Außenwirkung fehlte. Die formale Betrachtung der Rechtsadressaten der Regelungen, also die Unterscheidung zwischen einerseits rechtlicher und andererseits faktischer Außenwirkung, besitzt den Vorteil einer klaren Abgrenzbarkeit. Sie führt jedoch nicht weiter bezüglich der Frage, ob Rechte des einzelnen durch die Reform verletzt werden. Das

[801] Vgl. BVerfGE 40, 237, 248; 49, 89, 126.

Gericht betonte durchaus die faktische Außenwirkung der Reform auf die Allgemeinheit. Jedoch folgten hierauf keine Erwägungen dazu, ob auch die faktische Außenwirkung die Grundrechte Betroffener, beispielsweise der Kläger, verletzen können. Insofern wird nur, mit Bezug auf den Beschluß des Bundesverfassungsgerichts, darauf verwiesen, daß jeder weiterhin traditionell schreiben könne und auch in Zukunft in den Augen der Allgemeinheit nicht falsch schreiben werde.

6. VG Hannover, Beschluß vom 7.8.1997

a) „Der Antrag hat in der Sache Erfolg; denn die schulische Einführung der Rechtschreibreform verstößt gegen Grundrechte der Ast. [...] Der Antrag ist nach § 123 Abs. 1 Satz 2 VwGO statthaft. Die Rechte der Antragstellerin wären ernsthaft gefährdet, würde sie eine gerichtliche Entscheidung erst im Klageverfahren erhalten. Dies könnte nämlich bedeuten, daß sie erst nach Jahren den Stopp der Rechtschreibreform erwirken würde. Bis dahin hätte ihre Tochter das neue Regelwerk erlernt und verinnerlicht und ein Prozeßerfolg käme zu spät. Zudem müßte die Antragstellerin befürchten, daß die Entscheidung für die Neuregelung faktisch unumkehrbar würde, je länger sich das Verfahren hinzöge, [...]. Die Antragstellerin wäre, außer in ihrem Erziehungsrecht, auch durch die Faktizität des Vordringens der neuen Schreibung beschwert, die sie bei Beharren auf den alten Regeln gesellschaftlich isolieren könnte. Demgegenüber kann den Schulen der Aufschub zugemutet werden. [...]

Der Antrag muß Erfolg haben, weil die Ast. aller Voraussicht nach im Klageverfahren ihren Unterlassungsanspruch durchsetzen wird. [...] Die Ast. wird durch den angegriffenen Erlaß sowohl in ihrem durch Art. 6 Abs. 2 S. 1 GG gewährleisteten Erziehungsrecht als auch in ihrem durch Art. 2 Abs. 1 GG [...] geschützten Recht auf freie Entfaltung der Persönlichkeit verletzt, weil eine Maßnahme dieser Tragweite einer Regelung durch den Gesetzgeber bedarf (so schon Kopke, JZ 1995, 874 [876 ff.] und NJW 1996, 1081 f.; VG Wiesbaden [...]).

Als Mutter wird die Antragstellerin schon insoweit betroffen, als die Schule ihrer Tochter in einem Bereich der natürlich erworbenen Sprache anders unterwiesen wird, als die Antragstellerin das für richtig hält und ihrem Kind vermittelt hat. Sie erlebt durch die Einführung neuer Orthographie in Schule und Behörden eine Isolierung, wenn sie die alte Schreibung beibehalten will; mittelbar wird sie zur Beachtung der neuen Regeln gezwungen. Die Antragstellerin kann die Unterlassung des Eingriffs in ihre Rechte beanspruchen. [...]

Die verbindliche Einführung der neuen Rechtschreibung im Schulunterricht stellte eine „wesentliche Entscheidung" dar. [...] Um eine solche Sprachbeeinflussung handelt es sich in der Tat, wenn man die in Rede stehende Neuregelung betrachtet. [...] Sie verfolgt eine Neuformulierung der Regeln nach einem einheitlichen Konzept. Das bedeutet, ungeachtet etwaiger Vereinfachungen, umfangreiche Änderungen im Bereich von Orthographie, Interpunktion und Trennung. Sie ergeben sich nicht aus einer Festschreibung von Tatbeständen, sondern sind im wesentlichen „am Reißbrett der Linguisten" geschaffen worden. [...] Der Umfang der Änderungen wird deutlich, wenn man die Zahl der zweifelhaften Schreibungen betrachtet, die verschiedentlich mit 8000 Fällen angegeben worden ist [...]. [...] Die Breitenwirkung der Änderung schon im Schulbetrieb läßt sich daran ermessen, daß die Neuregelung nicht nur im Deutschunterricht, sondern grundsätzlich in allen Fächern Geltung beansprucht.

Die wesentlichkeitsrelevante Bedeutung einer Änderung der Rechtschreibregeln erhellt überdies daraus, daß in ihrer Folge alles Schreiben in Mitleidenschaft gezogen wird [...]. sie [hat] doch über kurz oder lang Auswirkungen auf die ganze Gesellschaft (vgl. auch Beschluß des BVerfG vom 21.6.1996). Das Bestehen von „Inseln" der „Altschreibung" ist praktisch nicht möglich, weil jegliches Schreiben an dem neuen Regelwerk gemessen werden wird. Dies verkennt der Ag., wenn er Auswirkungen der Reform auf die Allgemeinheit „nicht ausschließen", aber nicht als „zwingende Folge" ansehen will. Ebenso beruhen die Beschlüsse des VG Weimar [...] und des VG Mainz [...] auf einer bedenklichen Isolierung der Orthographiereform als schulisches Phänomen. Dem ist entgegenzuhalten: Was heute in der Schule gelehrt wird, wird morgen als richtig gelten und jegliche abweichende Schreibweise als altmodisch und falsch verdrängen.[...]

Die Wesentlichkeit der Neuordnung kann nicht mit dem Hinweis darauf abgetan werden, die Regelung führe zu geänderter Schreibweise nur bei maximal 2 % der Wörter. Eine solche Betrachtungsweise wird dem Sachverhalt nicht gerecht. [...] Nimmt man all das zusammen, so ergibt sich das Bild eines deutlichen Eingriffs in den überkommenen Regelkanon (anders VG Weimar [...]). Ein nach dem Vorstehenden die Einführung der Reform legitimierendes Gesetz ist nicht vorhanden. [...]

An ihrer Entscheidung, die Einführung der neuen Rechtschreibung in den niedersächsischen Schulen vorläufig zu untersagen, sieht sich die Kammer nicht dadurch gehindert, daß [...] insbesondere Schulbuchverlage bereits ganz beträchtliche Investitionen getätigt haben. Die Kompetenzverfehlung darf nicht deshalb gebilligt werden, weil Dritte im Vertrauen auf die Rechtmäßigkeit der Reform finanzielle Aufwendungen erbracht haben. [...]

In Hinblick auf Fehleinschätzungen, wie sie in der öffentlichen Erörterung der Entscheidung des VG Wiesbaden zutage traten, meint die Kammer, auf folgendes hinweisen zu sollen: Wenn die Vollziehung der Rechtschreibreform im Schulbereich wegen mangelnder Gesetzesgrundlage aufgeschoben wird, so muß das Gericht zu den Inhalten der Neuordnung nicht Stellung nehmen."[802]

b) Die Entscheidung des VG Hannover knüpft inhaltlich an den Beschluß des VG Wiesbaden an, wirkt aber insgesamt noch klarer und entschiedener. Zunächst hielt das Gericht jedoch, abweichend von den vorherigen Gerichten, eine Regelungsanordnung für erforderlich. Die Entscheidung bejahte nach einer Abwägung der Gefahren und der Zumutbarkeiten den Anordnungsgrund und sah bereits durch eine abstrakte Reform der Rechtschreibung die Rechte der Antragstellerin verletzt. Erstmalig wurde in dieser Entscheidung auch eine Verletzung des Rechts auf freie Entfaltung der Persönlichkeit der Eltern festgestellt. Hervorzuheben ist auch das Eingehen auf die Beschlüsse der VG Weimar und Mainz durch Kritik daran, daß deren Beschlüsse auf einer bedenklichen Isolierung der Reform als rein schulisches Phänomen beruhten.

Die Wesentlichkeit wurde, und das ist das Besondere dieser Entscheidung, nicht auf die Verletzung von Grundrechten, sondern allein auf die Breitenwirkung für die gesamte Gesellschaft gestützt. Erst im Anschluß daran wurde aufgrund der fehlenden gesetzlichen Grundlage die Verletzung der Grundrechte für die Neuregelung festgestellt.

Die Auffassung, von der fehlenden gesetzlichen Grundlage auf die Verletzung der Grundrechte zu schließen, kann zu einiger Verwirrung führen. Deshalb muß stets strikt argumentativ getrennt werden, ob einerseits von der Verletzung von Grundrechten über die Wesentlichkeit auf den Gesetzesvorbehalt verwiesen wird oder ob andererseits ohne die Prüfung der Grund-

[802] Veröffentlicht in: NJW 1997, 2538 ff.

rechtsrelevanz über die Annahme der Wesentlichkeit aus Gründen der Bedeutung für die Allgemeinheit auf eine fehlende gesetzliche Grundlage und dadurch auf eine Verletzung von Grundrechten durch einen Erlaß geschlossen wird. Werden diese Argumentationsstrukturen nicht deutlich getrennt, dann besteht die Gefahr eines Zirkelschlusses[803]. Die hier vom VG Hannover vertretene Sicht ist dabei nur nachvollziehbar, wenn man der höchstrichterlichen Rechtsprechung folgt und sich vom strikten Bezug der Wesentlichkeit auf Verletzungen von Grundrechten löst.

7. VG Gelsenkirchen, Beschluß vom 11.8.1997

a) „Der [...] Antrag auf Erlaß einer einstweiligen Anordnung ist zulässig und begründet. [...] Die Antragsteller haben einen Abwehranspruch aus Art. 6 Abs. 2 GG [...] glaubhaft gemacht [...]. Die Antragsgegnerin greift durch diese vorgezogene Unterrichtung rechtswidrig in die Grundrechte der Antragsteller [...] ein.

Der Schutzbereich der Grundrechte ist betroffen. [...] In dem vorliegend betroffenen Bereich der Schulbildung steht dem Elternrecht zwar die in Art. 7 Abs. 1 GG statuierte Schulaufsicht des Staates gegenüber. [...]Das Grundgesetz bestimmt den sachlich-gegenständlichen Bereich von elterlicher Erziehung einerseits und schulischer Erziehung andererseits nicht alternativ und überschneidungsfrei. Vielmehr erachtet es die Bildung der einen Persönlichkeit des Kindes als die gemeinsame Erziehungsaufgabe von Eltern und Schule, die diese in einem sinnvoll aufeinander bezogenen Zusammenwirken zu erfüllen haben. (vgl. BVerfGE 47, 46 [74] [...]). Es ist daher im Einzelfall zu ermitteln, welcher Verfassungsbestimmung für die Frage der Unterrichtung nach der Rechtschreibreform entscheidendes Gewicht zukommt. Als allgemeine Richtlinie dient dabei die Überlegung, ob der Schwerpunkt des zu beurteilenden Handelns dem rein schulischen oder dem rein menschlich-familiären Bereich oder beiden zugleich nahesteht.[...]

Die Entscheidung darüber, ob Grundschulkinder das Schreiben anhand der neuen Rechtschreibregeln erlernen, ist nach Auffassung der Kammer nicht allein dem staatlichen Bestimmungsrecht zuzuordnen. Zwar gehört zum staatlichen Gestaltungsbereich auch die inhaltliche Festlegung der Ausbildungsgänge und Unterrichtsziele. Der Staat kann daher in der Schule unabhängig von den Eltern Erziehungsziele verfolgen (BVerfGE 47, 46 [71/72]). Bei der Vermittlung der Rechtschreibregeln handelt es sich grundsätzlich um einen Bildungsbereich, in dem das staatliche Erziehungsrecht durchgreift. Die Aufgabe, die Schüler in die Regeln der Schriftsprache einzuführen, obliegt, da es sich insoweit um reine Wissensvermittlung handelt, typischerweise der Schule. Wenn auch nicht zu bestreiten ist, daß durch die Neuregelung die bisherige Rechtschreibung nicht in ihren Grundzügen, sondern lediglich punktuell geändert wird und ihre Vermittlung auch nicht religiöse, ethische, weltanschauliche oder politische Werte berührt (so VG Weimar, VG Mainz), so bestehen aus Sicht der Kammer jedoch folgende Besonderheiten: [...] [es] soll nun erstmals eine Rechtschreibung im Unterricht vermittelt werden, die in Teilbereichen völlig neu und bisher ungebräuchlich ist. Insoweit kann die Vermittlung der neuen Regeln im Unterricht auch nicht lediglich als Fortentwicklung von Bildungs- und Erziehungszielen in ihren herkömmlichen Bahnen verstanden werden. Die Schule verfolgt vielmehr ein neues Ziel, indem sie durch

[803] *Hufen* (JuS 1998, 1153, 1154) will bei den Reformgegnern einen solchen Zirkelschluß vom fehlenden Gesetz auf den Grundrechtseingriff gefunden haben; er hatte aber in seine Argumentation die Möglichkeit der Bejahung der Wesentlichkeit aufgrund der Bedeutung für die Allgemeinheit nicht mit einbezogen.

die Unterrichtung der allein in ihrem Bereich verbindlich gemachten Schriftsprache Vorbildfunktion für die Gesamtbevölkerung wahrnehmen will. Dies bedeutet aber eine Abkehr von der traditionellen Aufgabe der Grundschule, den Kindern das elementare Grundwissen zu vermitteln, das sie befähigt, am gesellschaftlichen Leben teilzunehmen. [...] Nunmehr kommt es dazu, daß jedenfalls vorübergehend zwei unterschiedliche Schriftsprachen existieren [...].

Trotz dieser Besonderheiten wäre das Elternrecht dann nicht berührt, wenn ungeachtet rechtlicher Unverbindlichkeit der neuen Rechtschreibregeln in der Gesellschaft ein Konsens feststellbar wäre, sich die Regeln zu eigen zu machen und sich künftig an ihnen zu orientieren. Daß sich die Reform zukünftig innerhalb der Allgemeinheit durchsetzen wird, ist indes jedenfalls aus gegenwärtiger Sicht nicht mit hinreichender Sicherheit erkennbar. Die Antragsteller haben [...] glaubhaft gemacht, daß daran berechtigte Zweifel bestehen. [...] Angesichts dieser Umstände berührt die Frage, ob die neuen Regeln von Schulkindern erlernt werden sollen, das Recht der Eltern, über die Bildung ihrer Kinder zu bestimmen. Dies gilt umso mehr, als die Fähigkeit, sich schriftlich korrekt auszudrücken, in der heutigen Kommunikationsgesellschaft eine bedeutende Rolle spielt und sich auf alle Lebensbereiche erstreckt. [...]

Der Eingriff in das Recht der Antragsteller aus Art. 6 Abs. 2 GG [...] stellt sich auch als rechtswidrig dar. Dabei kann im Rahmen des vorläufigen Rechtsschutzverfahrens [...] dahinstehen, ob die **endgültige**[804] Einführung der Rechtschreibreform unter Wesentlichkeitsgesichtspunkten einer gesetzlichen Regelung bedarf, denn vorliegend geht es um die **vorgezogene** Einführung durch die Antragsgegnerin [...] und für eine solche Vorgehensweise gibt es jedenfalls keine ausreichende Rechtsgrundlage: Vorliegend hat lediglich die Schulkonferenz der Antragsgegnerin am 4. November 1996 die sofortige Einführung der Reform beschlossen. Insoweit fehlte ihr jedoch die Entscheidungskompetenz.[...]

Die Antragsteller haben auch einen Anordnungsgrund glaubhaft gemacht. Es besteht vorliegend die Gefahr, daß bei fortgesetzter Unterrichtung der Kinder der Antragsteller nach den Regeln der Rechtschreibreform die Verwirklichung des Erziehungsrechts i. S. d. § 123 Abs. 1 Satz 1 VWGO wesentlich erschwert werden könnte. Bis zu einer Entscheidung im Klageverfahren steht zu befürchten, daß die Kinder der Antragsteller das Erlernen der Rechtschreibung weitgehend abgeschlossen und die neuen Regeln verinnerlicht haben. [...] Zudem erscheint jedenfalls nicht ausgeschlossen, daß die Einführung der Rechtschreibreform nicht durch eine Verwaltungsvorschrift erfolgen darf, sondern einer gesetzlichen Grundlage bedarf. (Bejahend VG Wiesbaden [...], VG Hannover [...]; verneinend VG Mainz [...]). Die Antragsteller müssen daher befürchten, daß ihre Kinder die neuerlernten Rechtschreibregeln später nicht gebrauchen können. [...] Schließlich ist nicht von der Hand zu weisen, daß ein möglicher Anspruch auf Unterlassen der Rechtschreibreform nach Jahren faktisch kaum noch durchsetzbar wäre. Bei vernünftiger, den wirtschaftlichen und tatsächlichen Lebensverhältnissen gerecht werdender Betrachtungsweise hätte sich dann die Neuregelung im Schulbereich bereits verfestigt. Insbesondere wäre auch die einen enormen Kostenaufwand verursachende Umstellung der Schulbücher abgeschlossen, so daß schon aus wirtschaftlichen Erwägungen die Tendenz bestehen könnte, an der Reform festzuhalten."[805]

b) Das VG Gelsenkirchen prüfte das Vorliegen der Gründe für eine Sicherungsanordnung. Die Entscheidung wirkt in ihrer Argumentation zunächst vermittelnd, wenn der lediglich punktuelle Charakter der Änderungen betont wird, der nicht die Grundzüge der bisherigen Rechtschreibung berührt. Dann wurde aber die Besonderheit der Reform hervorgehoben, daß sie eine Neu-

[804] Hervorhebung im Original.

[805] Veröffentlicht in: NWVBl. 1997, 479 ff.

entwicklung bisher ungebräuchlicher Regeln sei und somit keine Fortentwicklung von Bildungs- und Erziehungszielen in ihren herkömmlichen Bahnen darstellt.

Interessant ist die weitere Einschränkung, daß das Elternrecht nicht berührt wäre, wenn ein gesellschaftlicher Konsens feststellbar wäre. Mit den glaubhaft gemachten, berechtigten Zweifeln an diesem Konsens wurde für den konkreten Fall dieses Problem umgangen, aber gleichzeitig auch die Möglichkeit einer zukünftig anderen Bewertung bewahrt. Das VG Gelsenkirchen fand auch eine Möglichkeit, die endgültige Wesentlichkeit der Reform dahinstehen zu lassen, indem es im konkreten Fall die fehlende Entscheidungskompetenz der Schulkonferenz zumindest für die vorgezogene Einführung der Neuregelung feststellte.

Bei der Bejahung des Anordnungsgrundes wurde vom Gericht auf die vorangegangenen Entscheidungen Bezug genommen und mit Hilfe dieser argumentiert, daß das Erfordernis einer gesetzlichen Grundlage für die Einführung der Reform nicht im Eilverfahren ausgeschlossen werden könne.

8. OVG Schleswig, Beschluß vom 13.8.1997

a) „Die [...] Beschwerde [...] ist unbegründet. [...] Aus dem Schulverhältnis ihrer Kinder [...] und aus ihrem verfassungsrechtlich verbürgten Elternrecht [...] kann den Kl. ein Anspruch auf Unterlassung von Rechtschreibreform-Unterricht nur gegenüber ihren Kindern zustehen, und nicht allgemein. [...] Auf eine unzulässige Vorwegnahme der Hauptsache zielt dies [...] nicht. [...] Sinngemäß [...] verlangen sie damit eine Leistung durch positives Tun, nämlich Rechtschreibunterricht in der bisherigen Schreibweise, und kein Unterlassen. Denn das hieße einen Deutschunterricht ohne Orthographie überhaupt. [...] Vielmehr geht es ihnen um die nur vorläufige Beibehaltung der bisherigen Unterrichtspraxis gegenüber ihren Kindern. Und genau dafür stellt § 123 Abs.1 Satz 1 VwGO die Rechtsschutzform der sogenannten Sicherungsanordnung zur Verfügung.

Der Antrag [...] ist jedoch unbegründet. [...] Ebenso klar ist, daß eine künftig [...] zu erwartende neue Schreibweise die derzeitige Rechtschreibung – noch nicht - prägt. [...] Dieser Zukunfts-Perspektive des Schulauftrags entspricht auch ein an künftiger Rechtschreibung orientierter Deutschunterricht, sofern es sich denn um die in absehbarer Zeit „geltende" neue Rechtschreibung handelt. [...] Konkretisiert wird die danach zu erbringende Unterrichtsleistung hier durch den Runderlaß [...]. Dieser Erlaß enthält damit (rechts-)normkonkretisierende Verwaltungsvorschriften. Solche Verwaltungsvorschriften sind nur begrenzt justitiabel, nämlich für Verwaltungsgerichte verbindlich, sofern gesetzlich gezogene Grenzen gewahrt bleiben [...]. Dies ist der Fall, soweit aufgrund der hier im Verfahren um vorläufigen Rechtsschutz (Eilverfahren) nur summarisch möglichen Prüfung erkennbar. Für die schulische Einführung einer künftig geltenden Schreibweise der deutschen Sprache bedarf es einer Änderung des Landesschulgesetzes deswegen nicht, weil hierdurch nicht etwa der Inhalt des Deutschunterrichts - gestaltend - verändert (zum Gesetzeserfordernis in solchen Fällen BVerfGE 34, 165 [192]; BVerfGE 45, 400 [417ff.]; BVerfGE 47 [46, 58]), sondern einer auf anderer Grundlage mit Wirkung für die Zukunft normierten Sprachänderung angepaßt wird. Schule ändert so nicht die Orthographie, sondern paßt sich allgemein zu erwartenden Rechtschreibänderungen an. Die Rechtschreibreform zielt nämlich nicht nur auf eine Änderung der Schreibweise im Unterricht und in der Amtssprache. Reformiert wird zum 1. 8. 1998 die Schreibeweise der deutschen Sprache im deutschen Sprachraum überhaupt. Dies ergibt die Wiener Absichtserklärung vom 1. 7. 1996 [...] im Vorspann [...], in Art. III II 1 [...] sowie im Vorwort der „amtlichen Regelung". [...]

Eines Gesetzes aller Bundesländer und/oder des Bundes bedurfte und bedarf es zur Umsetzung von bundesdeutscher Seite nicht (a. A. Kopke, Rechtschreibreform und VerfR, 1995, S. 122 ff., 202 ff.; JZ 1995, 874; NJW 1996, 1081; VG Wiesbaden [...], VG Hannover [...]). Die Auffassung des Senats stützt sich auf folgende Erwägungen:

[...] Rechtschreibung [beruht] auf [...] außerrechtlichen Regeln. Außerrechtliche Normen können wie Naturgesetze für die Betroffenen, hier für Mitglieder der deutschen Sprachgemeinschaft, elementare Bedeutung haben. Einer Regelung durch Gesetz bedürfen außerrechtliche Normen grundsätzlich deshalb nicht, weil ihre Geltung auf anderer als auf rechtlicher Grundlage beruht. Grundrechtliche Gesetzesvorbehalte und die im Rechtsstaatsprinzip sowie im Demokratiegebot wurzelnde „Wesentlichkeitstheorie" des BVerfG (BVerfGE 49, 89 [126]; BVerfGE 57,295 [320f.]; BVerfGE 58,257 [268 f.]; BVerfGE 61, 260 [275]; 77, 170 [230f.]; BVerfGE 83, 130 [142]) erfordern für außerrechtliche Regelungen kein parlamentarisches Gesetz. Sprachliche Normen hängen im deutschen Sprachraum nicht vom Willen - unter Umständen kurzfristig wechselnder - Mehrheiten in Parlamenten ab, sondern – langfristig - von allgemeiner Akzeptanz (ähnlich bereits: BVerfG, NJW 1996, 2221 [2222]). Darauf und nicht etwa auf Rechtsverbindlichkeit zielt die hier schon zitierte Wiener Absichtserklärung („Vorbildcharakter") ausdrücklich. Sprache ist wohl auch nicht - positiv - durch parlamentarische Gesetze formbar (zweifelnd insofern: Kissel, NJW 1997, 1097 [1101]). Parlamente können sich allerdings - negativ - gegen Sprach-Reformen wehren und mit ihrer Parlaments-Autorität der für die außerrechtliche Geltung reformierter Sprachnormen erforderlichen Akzeptanz vorbeugen bzw. ihr entgegenwirken.[...]

[...] das Ministerium für Bildung [...] [stellte] sinngemäß die – gerichtlich nur auf ihrer Vertretbarkeit überprüfbare - positive Prognose, die Rechtschreibreform [...] werde die für eine Sprachgeltung notwendige allgemeine Akzeptanz finden. Nach dem derzeitigen Kenntnisstand ist diese Prognose nicht zu beanstanden. Da die außerrechtlich normierten Rechtschreibreform-Regeln mit durch staatlichen Einfluß geprägt sind,[...] hängt ihre zu erwartende Akzeptanz maßgebend von der innerstaatlichen und fachlichen Kompetenz dieser Normgeber ab. Sie wäre für eine Reform mathematischer oder physikalischer Regeln fraglos zu verneinen. Eine Rechtschreibreform hingegen wird in Deutschland seit der Mitte des vorigen Jahrhunderts - im Königreich Hannover, in Württemberg, in Bayern und Preußen (vgl. Kopke, Rechtschreibreform und VerfR, 1995, S. 8 ff. m. w. Nachw.), später im Deutschen Reich nach zwei Orthographiekonferenzen 1876 und 1901 durch Beschluß des Bundesrates vom 18. 12. 1902 (vgl. Kopke, S. 30 f. m. w. Nachw.), in der Bundesrepublik Deutschland 1955 durch Beschluß der Kultusministerkonferenz und erneut ab 1984 – traditionell als nach wissenschaftlicher Diskussion letztlich staatliche Aufgabe verstanden. Eine derartige Staatspraxis ist verfassungsrechtlich relevant (vgl. BVerwGE 68, 319 [328 f.]; BVerfGE 77, 308 [331]).

Träger dieser staatlichen Aufgabe sind nach Art. 30 GG heute grundsätzlich die Bundesländer [...]. Da jedoch die Länder nach Art. 32 III GG [...] mit Zustimmung des Bundes berechtigt sind, mit auswärtigen Staaten Verträge abzuschließen, gilt dies erst recht für die hier international vereinbarte (bloße) Wiener Absichtserklärung [...]. Die Zustimmung des Bundes [...] geht aus der förmlichen Kenntnisnahme [...] der Bundesregierung [...] hervor. [...]

Die innerstaatliche Kompetenz der Länder zur Rechtschreibreform ist ihnen weder seit 1955 noch seit 1984, als die Kultusministerkonferenz das Vorhaben einer Rechtschreibreform erneut aufnahm, bestritten worden. Die Kompetenz könnte ihnen inzwischen - außer auf Verfassungsbeschwerde hin - wohl auch nicht mehr in verfassungsprozessual zulässiger Weise streitig gemacht werden [...]. Da das Reformwerk mit auf einer durchgehend wissenschaftlich begleiteten Diskussion beruht, ist es auch Ausdruck von Fachkompetenz, wie für die Akzeptanz außerrechtlich gesetzter Normen erforderlich. Die Prognose des bekl. Landes, die Rechtschreibreform werde allgemein Akzeptanz finden, ist gerechtfertigt weiter durch das Reformverfahren. Denn die Reformdiskussion war der Öffentlichkeit zugänglich [...].

Zweifel an der vom bekl. Land erwarteten allgemeinen Akzeptanz der Rechtschreibreform werden geweckt durch die dagegen geführten Volksinitiativen in mehreren Bundesländern, durch energische Proteste von Berufsgruppen und durch politisch gegenläufige Tendenzen aus der Mitte des Bundestages. Die Vertretbarkeit der positiven Akzeptanz-Prognose des beklagten Landes wird indes durch bloße Zweifel - bei summarischer Prüfung derzeit - noch nicht erschüttert. Dazu gehörte mehr. Wenn allerdings der Bundestag und/oder Landtage durch politische Beschlüsse mit parlamentarischer Autorität gegen die Rechtschreibreform Stellung bezögen, wäre wohl nicht mehr damit zu rechnen, daß sich das Reformwerk gleichwohl noch durchsetzte. Für den Fall etwa wäre es dann kein tauglicher Gegenstand eines korrekten Deutschunterrichts mehr, wie ihn Eltern aus Schulverhältnis und Elternrecht verlangen können."[806]

b) Der Beschluß des OVG Schleswig erging im Rechtsmittelverfahren zur Entscheidung des VG Schleswig vom 12.3.1997. Das OVG Schleswig problematisierte erstmalig die Frage, ob auf die Begehren auf einstweiligen Rechtsschutz bezüglich der Rechtschreibreform eine Sicherungs- oder eine Regelungsanordnung gem. § 123 Abs. 1 Satz 1 bzw. Satz 2 VwGO zu ergehen habe. Nach Auslegung des klägerischen Antrags nahm das Gericht eine Sicherungsanordnung an, da es nur um die Beibehaltung der bisherigen Unterrichtspraxis gehe[807].

Tatbestandlich interessant ist die Ansicht des Gerichts, daß zum 1.8.1998 die Schreibweise im deutschen Sprachraum überhaupt reformiert werde. Dies wurde einzig auf das erklärte Ziel der Wiener Absichtsichtserklärung gestützt, ohne daß die Begrenzung auf die der staatlichen Regelung unterworfenen Bereiche Berücksichtigung fand. Das Gericht sah weiterhin in der förmlichen Kenntnisnahme der Bundesregierung eine eindeutige Zustimmung des Bundes zur Wiener Absichtserklärung. Andere Gerichte sahen später darin einen wesentlichen Formfehler[808].

Beachtlich sind in diesem Beschluß aber vor allem die Ausführungen zur staatlichen Regelungskompetenz, die nur bedingt nachzuvollziehen sind. So wird anfänglich betont, daß die Geltung der Rechtschreibung nicht auf rechtlicher Grundlage, sondern auf allgemeiner Akzeptanz beruhe und daher einer Regelung durch ein Gesetz grundsätzlich nicht bedürfe. Wenige Sätze später wird unter Hinweis auf die Geschichte hervorgehoben, daß Rechtschreibreformen traditionell dennoch als staatliche Aufgabe verstanden werden. Betrachtet man diese Auffassungen im Zusammenhang, so kommt man zu dem Ergebnis, daß im Verständnis des Gerichts die rechtlichen Regelungen von ihrer allgemeinen inhaltlichen Akzeptanz abhängen sollen. Aus normtheoreti-

---

806 Veröffentlicht in: NJW 1997, 2536 ff.

807 Die Annahme von Sicherungs- bzw. Regelungsanordnungen wird unten übergreifend-vergleichend und auch argumentativ noch gesondert behandelt.

808 Vgl. insbesondere unten (S. 227) die Entscheidung des OVG Lüneburg.

scher Sicht ist dies ein beachtliches Novum: die Geltung einer Norm, die für ihre Adressaten (Schulen und Behörden) verbindlich ist, soll von der inhaltlichen Akzeptanz derer abhängen, für die diese Regelung nur ein sanktions- und folgenloser Vorschlag ist. Dabei wird diese Akzeptanz antizipiert und prognostisch auf die Wissenschaftlichkeit der Regelerstellung und die Kompetenz der Regelersteller gegründet. Die tatsächliche Regelungskompetenz läge nach dieser Argumentation aber bei der Bevölkerung und nicht, wie das Gericht betont, auf staatlicher Seite.

Das Vorgehen, die Geltung der Norm von deren allgemeiner Akzeptanz abhängen zu lassen, birgt aber noch ein weiteres rechtliches Problem. Denn setzt man die allgemeine Akzeptanz der neuen Schreibung voraus, so scheint die Möglichkeit einer Grundrechtsverletzung durch eine Anordnung dieser Schreibweisen für Schulen und Behörden ausgeschlossen zu sein. Die Akzeptanzprognose selbst wird dabei nur für eingeschränkt justiziabel erklärt, wodurch der mögliche Rechtsschutz inhaltlich verkürzt wird. Hinzu kommt, daß durch diese Argumentationsführung eine Unterscheidung von nachvollziehenden und fortentwickelnden Schreibregelungen von vornherein unerheblich ist, da es einzig auf die prognostizierte Akzeptanz der Regeln ankommt. Dadurch wird deutlich, daß in dieser Entscheidungsbegründung bereits durch allgemeine Art der Argumentationsführung die Verfassungsmäßigkeit der Rechtschreibregelung zumindest teilweise vorweggenommen wird.

Aber auch die konkrete Argumentation hinsichtlich der zu erwartenden Akzeptanz der Rechtschreibreform ist nicht wirklich zwingend. Denn die Prognose wird nur aus der Wissenschaftlichkeit der Entstehung der Vorschläge und dem der Öffentlichkeit zugänglichen Reformverfahren hergeleitet. Dies sind zwar Bedingungen einer möglichen Akzeptanz, sie sagen aber selbst nichts über die zu erwartende Resonanz in der Sprachgemeinschaft aus. Den Ausdruck der Zweifel an der Akzeptanz sieht das Gericht in Volksinitiativen und Protesten. Ohne jedoch mit Zahlen, Statistiken oder Argumenten zu argumentieren, behauptet das Gericht pauschal, daß die damit zum Ausdruck gebrachten Zweifel die positive Akzeptanzprognose nicht erschüttern könnten. Aus juristischer Sicht hat diese Behauptung keine Überzeugungskraft. Dadurch erscheint auch die vom Gericht vorgenommene zeitliche Verkehrung der faktischen Umsetzungswirkung der Rechtschreibreform letztlich als höchst bedenklich: Die nicht belegte und insofern intuitive positive Akzeptanzprognose der Neuregelung diente dem Gericht alleinig zur Begründung, daß durch die an der Schule gelehrten neuen Regeln die elterlichen Grundrechte nicht verletzt seien[809].

---

[809] So auch *Schmittmann / Handtke*, VR 1997, S. 358, die der Ansicht sind, daß sich das OVG Schleswig mit der Begründung der Ablehnung der Anträge auf „dünnes Eis" begeben hat.

9. VG Dresden, Beschluß vom 14.8.1997

a) „Der Antrag [...] hat Erfolg, da er zulässig und begründet ist. [...] Nach der hier maßgeblichen Regelung des § 123 Abs. 1 Satz 1 VwGO [...].

Der Ast. zu 1) hat einen Anordnungsanspruch. Durch die Verwaltungsvorschrift [...] wird in das Recht des Ast. zu 1) auf Bildung [...] eingegriffen, denn er wird gezwungen, von Beginn seiner Einschulung an sich nach der neuen Rechtschreibung zu richten und in einer veränderten Weise zu schreiben, die nicht bereits mit einer schon praktizierten Sprech- bzw. Schreibentwicklung in der Sprache korrespondiert. Hierdurch wird ihm das Erlernen der deutschen Schriftsprache und der Zugang zum Lesen überhaupt und zu deutscher Literatur erschwert: Sowohl seine Eltern als auch andere erwachsene Bezugspersonen benutzen die traditionelle Rechtschreibung. [...] Wenn der Ast. zu 1) also seine in der Schule erworbenen Lese- und Schreibkenntnisse in der Praxis anwenden will, muß er sich ständig auf eine andere Schreibweise umstellen. Dieses Unterbleiben einer positiven Rückkopplung wirkt sich negativ auf den Lernprozeß aus [...]. Ferner haben sich einzelne Autoren und Verlage gegen die Rechtschreibreform ausgesprochen und untersagt, daß ihre Literatur in der neuen deutschen Schreibweise gedruckt wird. Das hat zur Folge, daß im Deutschunterricht zwei deutsche Schriftsprachen bestehen (vgl. so auch VG Wiesbaden [...]) und die Schüler einen Teil der Gegenwartsliteratur als nicht ihrer Muttersprache zugehörig empfinden. Hierin liegt zugleich ein Eingriff in das in dem allgemeinen Persönlichkeitsrecht [...] enthaltene Recht auf sprachliche Integrität (vgl. Kopke, NJW 1996, 1081 [1082]). Zu diesem zählt die Sprech- und Schreibfreiheit von Menschen, die die deutsche Sprache in der allgemein praktizierten Weise sprechen. Demnach umfaßt es auch das Recht zur Anpassung der Schriftsprache an den gegenwärtigen - und nicht den durch eine Neueinführung angestrebten schriftlichen Sprachgebrauch.

Diese Eingriffe bedürfen einer gesetzlichen Grundlage, da sie wesentlich sind (so auch Kopke, NJW 1996, 1081; VG Wiesbaden [...], VG Hannover [...]). [...] Im hier maßgeblichen Grundrechtsbereich bedeutet „wesentlich": Wesentlich für die „Verwirklichung der Grundrechte" (vgl. BVerfGE 34, 165 [192]; BVerfGE 47, 46 [79]). Aufgabe des Gesetzgebers ist die Festlegung von Schulinhalten jedenfalls insoweit, als sie in ihren Grundzügen gegenüber dem herkömmlichen staatlichen Bildungsangebot in wesentlichen Punkten geändert werden sollen (vgl. BVerwGE 64, 308 [315]). [...]

Die Kammer ist nach Abwägung aller hierfür maßgeblichen Gesichtspunkte zu der Überzeugung gelangt, daß die Einführung der Rechtschreibreform eine Entscheidung von bildungs- und schulpolitischer Grundsätzlichkeit darstellt und darüber hinaus von allgemeiner Bedeutung ist. [...] Bei der Neuregelung der Rechtschreibung handelt es sich [...] um eine Neueinführung. Die Schule paßt sich nicht einer mit Wirkung für die Zukunft normierten und allgemein zu erwartenden Rechtschreibänderung an (anders OVG Schleswig-Holstein [...]), sie ist vielmehr deren faktische Initiatorin. Durch die zur Anwendung der neuen Rechtschreibregeln erzogenen Schüler werden die Änderungen in die Bevölkerung getragen, die sich dann den neuen Gegebenheiten anpassen soll. Die Neuregelung ist Ergebnis einer bisher weitestgehend in der linguistischen Wissenschaft geführten Diskussion über die Vereinfachung der deutschen Schriftsprache. [...] Dabei erweisen sich die Änderungen sowohl der Schreibweise als auch der Interpunktion und der Trennungsregelungen als weitreichend [...]. Es bestehen bereits derzeit 8000 Zweifelsfälle über die Anwendung der Neuregelung, mit der sich eine Expertenkommission zu beschäftigen haben wird. Dabei soll eine Wörterliste veröffentlicht werden, die den neuen Wörter- und Schulbüchern nachgereicht werden soll. Darin soll dann die künftige Rechtschreibung festgelegt werden (vgl. VG Wiesbaden [...], VG Hannover [...]). Damit zeigt sich, daß die Neuregelung der Schriftsprache - wie das VG Hannover mit Beschluß vorn 7.8.1997 sehr plakativ, aber zutreffend beschrieben hat - als „Reform am Reißbrett der Linguisten" geschaffen worden ist [...]. Es kann deshalb nicht darauf ankommen, in welchem prozentual geringen Umfang sich die Schreibweisen ändern [...]. Das ist ein lediglich formaler Gesichtspunkt, der der Tragweite der Auswirkungen der Rechtschreibreform nicht gerecht wird [...]. Indes dürfte kaum zu bezweifeln sein, daß die Neuregelung weit über den schulischen Bereich hinausreichen und die Schreibweise der deutschen Sprache insgesamt verändern soll. [...] Auch der bayrische Kultusminister Zehetmair hat sich in diese Richtung geäußert, indem er gesagt hat, es gehe bei der Rechtschreibreform um einen Beschluß, der für viele Jahre regelt, wie das deutsche Volk schreibt (vgl. Kopke, NJW 1996, 1082). So schätzt das Schleswig-Holsteinische Oberverwaltungsgericht die Auswirkungen der neuen Rechtschreibweise in diesem Punkt ebenfalls ein. [...]

Die Neuregelung der Rechtschreibung beschränkt sich nicht auf den schulischen Bereich. Es läßt sich nicht vermeiden, daß auf die Allgemeinheit der deutsch schreibenden Bevölkerung auf die Dauer ein Anpassungsdruck ausgeübt wird. Zwar mag es sein, daß in einer Übergangszeit von mehreren Jahren beide Schreibweisen nebeneinander bestehen werden, langfristig wird aber die bisherige Schreibweise als altmodisch und überkommen gelten und durch die neue Schreibweise verdrängt (vgl. so auch VG Wiesbaden [...]). Es läßt sich auch nicht ausschließen, daß nach nicht allzu langer Zeit die bisherige Schreibweise als falsch gilt und Menschen, die diese weiterhin benutzen, als nicht in der Lage angesehen werden, der deutschen Schriftsprache mächtig zu sein, sie gar als minder intelligent eingestuft werden (vgl. Kopke JZ 1995, 878). Nicht außer acht gelassen werden darf, daß ferner beabsichtigt ist, die neue Schreibweise auch als Amtssprache einzuführen [...].

Insgesamt läßt sich sagen, daß das Sprachverhalten der Sprachgemeinschaft auf längere Sicht nicht davon unbeeinflußt bleiben wird, welche Schreibweisen in den Schulen gelehrt werden (vgl. BVerfG, Beschl. v. 21.6.1996, NJW 1996, 2221 [2222]). Nach alledem wird deutlich, daß die Neuregelung der Rechtschreibung eine gesamtgesellschaftliche Angelegenheit ist, die weit über den schulischen Bereich hinausreicht. [...] Die Schüler werden jedenfalls derzeit bei Einführung der neuen Regelung gezwungen sein, beide Schreibweisen zu verinnerlichen, weil sie ansonsten in Teilbereichen Kommunikationsschwierigkeiten haben werden (anderer Auffassung VG Mainz [...]). Angesichts dieses Einschnitts [...] stellt sie eine bildungs- und schulpolitische Grundentscheidung dar und ist mithin wesentlich. Unabhängig hiervon dürfte die Einführung der Neuregelung auch wegen der erheblichen Kosten, die sie nach sich zieht, als wesentlich anzusehen sein. Die Neuregelung bedarf demnach eines sie legitimierenden Gesetzes.

Auf eine gesetzliche Grundlage kann nicht deshalb verzichtet werden, weil Rechtschreibung im deutschen Sprachraum auf außerrechtlichen Regeln basiert, deren Geltung wie bei Naturgesetzen auf anderer als auf rechtlicher Grundlage beruht (anders Schleswig-Holsteinisches OVG [...]). Hier geht es nämlich gerade nicht um die Übernahme von Sprachänderungen, die sich außerrechtlich entwickelt haben. Bereits der Umstand, daß die Einführung der Rechtschreibreform im Schulwesen durch einen Regelungsakt erfolgt ist, spricht gegen ihre Außerrechtsqualität. Der Beschluß der Kultusministerkonferenz von 1.12.1995 ist kein Gesetz und kann auch ein solches nicht ersetzen. [...]

Ein Anordnungsanspruch der Ast. zu 2) und 3) ist ebenfalls gegeben. Die Ast. zu 2) und 3) werden durch die Verwaltungsvorschrift [...] in ihrem Elternrecht [...] verletzt. [...] Bei Maßnahmen, die zugleich den außerschulischen Bereich betreffen, hat allerdings das Elternrecht Vorrang vor dem staatlichen Erziehungsauftrag, so daß es bei Eingriffen hierin einer gesetzlichen Ermächtigung bedarf. Bei der Einführung der neuen Rechtschreibreform handelt es sich nicht nur um das Setzen von Lernzielen. Sie wirkt über den schulischen Bereich hinaus [...]. Die Fähigkeit sich schriftlich korrekt auszudrücken, spielt in der heutigen Kommunikationsgesellschaft eine bedeutende Rolle und erstreckt sich auf alle Lebensbereiche. Daher haben Eltern ein Recht darauf, daß ihren Kindern die in der Gesellschaft akzeptierte Schriftsprache vermittelt wird (vgl. VG Gelsenkirchen [...]). [...]

Dem Antrag mangelt es auch nicht an dem erforderlichen Anordnungsgrund. [...] Bis zu einer Entscheidung in der Hauptsache hätte der Ast. zu 1) das neue Regelwerk erlernt und verinnerlicht [...]. Es bestünde zudem die Gefahr, daß der Ast. zu 1) erneut umlernen müßte, wenn auf politischer Ebene von der Durchführung der Rechtschreibreform abgesehen würde (was z. Zt. nach der angekündigten Verfassungsbeschwerde gegen die Entscheidung des OVG Schleswig v. 13.8.1997 als durchaus offen anzusehen ist). Der Ag. ist es hingegen zuzumuten, mit einer Unterrichtung nach den neuen Rechtschreibregeln abzuwarten, bis die Angelegenheit entweder einer juristischen und/oder politischen Lösung zugeführt worden ist."[810]

b) Das VG Dresden hielt die Annahme einer Sicherungsanordnung pauschal für die maßgebliche Regelung. Es bezog sich inhaltlich als erstes Gericht auf das im allgemeinen Persönlichkeitsrecht enthaltene Recht auf sprachliche Integrität. Dieses Recht war ursprünglich in der Literatur in einem Aufsatz von *Kopke*[811] herausgearbeitet worden und fand hier erstmalig als Konkretisierung des allgemeinen Persönlichkeitsrechts Eingang in die Rechtsprechung zur Rechtschreibreform.

Das Gericht sah es weiterhin als erforderlich an, sich ausdrücklich gegen die Ansicht des OVG Schleswig zu wenden und klarzustellen, daß nicht die Schule sich einer zu erwartenden allgemeinen Änderung anpassen werde, sondern die Schule selbst die faktische Initiatorin der Rechtschreibänderung sei. Ebenso wurde dem OVG Schleswig in der Annahme der Außerrechtsqualität der Regeln mit dem Argument widersprochen, daß schon der Umstand der Einführung durch einen staatlichen Regelungsakt der Außerrechtsqualität entgegenstehe. Hierbei vermengte das VG Dresden aber offenbar Schreibregelung und Regelung der Schreibregelung. Denn die Außerrechtsqualität der traditionellen Rechtschreibregeln wurde vom OVG Schleswig durchaus von der Rechtsqualität der Neuregelung unterschieden, auch wenn dann aus Bezügen auf die Wissenschaftlichkeit und die Geschichte von Orthographiereformen ein verkürzter Schluß gezogen wurde[812].

Bei der Betrachtung der Wesentlichkeit wurde vom VG Dresden explizit die Wirkung der Reform über die Schule hinaus berücksichtigt. In bemerkenswerter Klarheit stellte das Gericht ein grundrechtliches Vorrangverhältnis heraus: „Bei Maßnahmen, die zugleich den außerschulischen Bereich betreffen, hat allerdings das Elternrecht Vorrang vor dem staatlichen Erziehungsauftrag, so daß es bei Eingriffen hierin einer gesetzlichen Ermächtigung bedarf." Der Beschluß des Bundesverfassungsgerichts wurde nur zum Beleg für die faktische Beeinflussung der Sprachgemeinschaft zitiert, wodurch indirekt, in Zusammenschau mit der Bejahung der Grundrechtsverletzungen, dem *obiter dictum* widersprochen wurde.

Die wahrscheinliche baldige politische oder endgültige juristische Lösung wurde letztlich als Argument für ein zumutbares Abwarten der Verwaltung

---

810 Veröffentlicht in: SächsVwBl. 1997, 241 ff.

811 *Kopke*, Die verfassungswidrige Rechtschreibreform, NJW 1996, 1081, 1082 ff.

812 Vgl. oben die Besprechung der Entscheidung des OVG Schleswig, S. 200 ff.

mit der Unterrichtung nach den Neuregeln benutzt. Hier kommt im Verlauf der Entscheidungen erstmals der zeitliche Aspekt im Rahmen der Zumutbarkeit zum tragen. Es wird sich jedoch herausstellen, daß das zeitliche Argument ambivalent ist und stets von den jeweiligen, die Entscheidung tragenden Gründen abhängt.

10. VG Greifswald, Beschluß vom 25.8.1997

a) „Die Voraussetzungen für den Erlaß einer einstweiligen Anordnung sind vorliegend nicht gegeben (§ 123 Abs. 1 und Abs. 3 VwGO). [...] Jedenfalls besteht kein Anordnungsgrund. Nach der Rechtsprechung des Bundesverfassungsgerichts verpflichten das Rechtsstaatsprinzip und das Demokratieprinzip des Grundgesetzes den Gesetzgeber, die wesentlichen (grundlegenden) Entscheidungen im Schulwesen selbst zu treffen [...] (z.B. BVerfGE 47, 46 ff.). Die Einführung der reformierten Rechtschreibung ist für die Verwirklichung des in Art. 6 Abs. 2 GG gewährten elterlichen Erziehungsrechts nicht wesentlich. [...] Der Staat kann daher in der Schule grundsätzlich unabhängig von den Eltern eigene Erziehungsziele verfolgen (BVerfG; aaO., 72). Um nichts anderes als um die inhaltliche Festlegung von Unterrichtszielen geht es bei der Einführung der reformierten Rechtschreibung. Der Lehr- und Erziehungsauftrag [...] ist hier darauf gerichtet, (allein) Wissensstoff zu vermitteln. [...] Ein Mitbestimmungsrecht der Eltern ist insoweit aufgrund Art. 6 Abs. 2 GG zu verneinen. [...] Es handelt sich bei der Einführung der reformierten Rechtschreibung auch nicht etwa um ein Bildungs- und Erziehungsziel („Groblernziel"), das wegen seiner zentralen Bedeutung vom Gesetzgeber festgelegt werden müßte. Anders verhielte es sich, wenn die Rechtschreibung an Schulen erstmalig eingeführt würde oder möglicherweise auch dann, wenn tiefgreifende Veränderungen daran vorgenommen würden, die die deutsche Schriftsprache in ihren Grundzügen[813] berührten. Dies ist ersichtlich nicht der Fall (a.A. VG Wiesbaden [...]). Insbesondere wird damit nicht Einfluß auf die Bedeutung der Wörter genommen (vgl. VG Mainz [...]).

Die Einführung der reformierten Rechtschreibung ist auch im Hinblick auf Art. 2 Abs. 1 i.V.m. Art. 1 Abs. 1 GG und Art. 2 Abs. 1 GG i.V.m. dem Rechtsstaatsprinzip nicht wesentlich. Diese Grundrechte schützen nicht davor, daß die Antragsteller mit neuen Schreibweisen konfrontiert werden, weil diese in der Schule gelehrt werden (vgl. BVerfG, Beschluß vom 21.06.1996 [...]).

Ob die Einführung der reformierten Rechtschreibung wegen der - wie die Antragsteller meinen - hohen Bedeutung für die Allgemeinheit im Hinblick auf den demokratischen Aspekt des Gesetzesvorbehalts wesentlich ist, bedarf hier keiner Entscheidung, da es den Antragstellern an einem Anordnungsgrund fehlt. Hier sei nur bemerkt, daß es nicht Aufgabe des Gerichts ist, die Rechtschreibreform inhaltlich zu bewerten. Das Gericht hat sich vielmehr auf die Beantwortung der im Rahmen des Verfahrens (rechtlichen) Fragen zu beschränken.

Den Antragstellern steht kein Anordnungsgrund zur Seite. Es ist nicht ersichtlich, daß die begehrte Anordnung eilbedürftig bzw. dringlich wäre. So ist nicht zu befürchten, daß den Antragstellern bzw. ihren neu eingeschulten Kindern ein nicht wiedergutzumachender Schaden entstünde, wenn vorerst Unterricht nach der reformierten Rechtschreibung erteilt würde. [...]

Die Antragsteller werden nicht gezwungen sein, ihre Schreibweise der Reform anzupassen, um eine Blamage beim Schreiben zu vermeiden (BVerfG, Beschluß vom 21.06.1996 [...]).

---

[813] Hervorhebung im Original.

Überdies werden bis zum 31.07.2005 Schreibungen, die nach der Neuregelung nicht mehr zulässig sind, als „überholt", jedoch nicht als Fehler gekennzeichnet. Die falsche Schreibung wird (lediglich) durch die richtige ersetzt. Danach muß nicht befürchtet werden, daß die Einführung der reformierten Rechtschreibung im Schulunterricht bis zu einer Entscheidung in der Hauptsache (generell) zu einer Verfestigung der neuen Regeln führt. Zu berücksichtigen ist hier insbesondere, daß die Schüler außerhalb des Unterrichts auch (weiterhin) mit der herkömmlichen Schreibweise konfrontiert werden. Abgesehen davon wirkt auch die erwähnte Übergangsregelung und die zunehmende Kritik an der reformierten Rechtschreibung einer Verfestigung entgegen. Eine Vorbildwirkung dürfte von der Reform (noch) nicht ausgehen. Die Kinder der Antragsteller werden zudem ohnehin (zunächst) nur in eingeschränktem Umfang mit der reformierten Rechtschreibung in Berührung kommen. Die Änderungen in der überwiegend verwendeten Fibel beschränken sich – soweit ersichtlich - auf die Ersetzung des 'ß' durch Doppel-S und die künftige Kleinschreibung in den Anreden 'du' und 'dir'. Ein regelrechtes Umlernen wäre danach nicht erforderlich, sollte sich die Reform nicht durchsetzen können."

b) Die Entscheidung des VG Greifswald ist ein weiterer Beschluß, der die abstrakte und die konkrete Ebene des Wesentlichkeitsproblems nicht trennt und sich nicht mit der Besonderheit des hier vermittelten „Wissensstoffs" auseinandersetzt. Ganz deutlich wurde auch zum ersten Mal das *obiter dictum* des Bundesverfassungsgerichts als alleinige rechtliche Begründung für die fehlende Verletzung des allgemeinen Persönlichkeitsrechts und der allgemeinen Handlungsfreiheit angeführt.

Anschließend kommt das Gericht zu dem Aspekt der hohen Bedeutung für die Allgemeinheit, läßt diese Frage aber mit pauschalem Hinweis auf den fehlenden Anordnungsgrund ausdrücklich offen. Dabei ist erneut eine Argumentationsebenenvermengung festzustellen, da das Gericht mit der Anmerkung, nicht inhaltlich, sondern nur rechtlich die Reform zu beurteilen, bei der abstrakten Frage der Bedeutung einer Reform für die Allgemeinheit mit einer auf die konkreten Reform bezogenen juristischen Selbstverständlichkeit antwortet. Zwar wird die Argumentation letztlich allein auf den fehlenden Anordnungsgrund gestützt, jedoch treten in der Entscheidung mehrfach Klammerzusätze wie „(noch)" und „(zunächst)" auf. Diese Zusätze sollen vermutlich eine zeitliche Einschränkung der Stichhaltigkeit der Argumentation zum Ausdruck bringen. Das Gericht hält sich damit offen, in Zukunft bei veränderter Sachlage doch noch einen Anordnungsgrund annehmen zu können.

Das VG Greifswald verweigert den einstweiligen Rechtsschutz mit Verweis auf die Übergangsregelung bis 2005. Es übersieht aber dabei, daß dadurch faktisch der individuelle Rechtsschutz stark verkürzt wird, denn nach Ablauf der Übergangsfrist könnte nur noch die Rechtmäßigkeit des Anstreichens der herkömmlichen Schreibweisen als Fehler, nicht aber die Einführung bisher ungebräuchlicher Schreibweisen gerichtlich überprüft werden.

Die vermutlich zeitlich nur knappe und inhaltlich oberflächliche Auseinandersetzung des Gerichts mit dem Problem kommt besonders in dem Satz zum Ausdruck: „Die falsche Schreibung wird (lediglich) durch die richtige ersetzt." Es war aber gerade Aufgabe des Gerichts, in diesem Verfahren rechtlich zu prüfen, ob die neuen Schreibweisen in der Schule als „richtig" gelten dürfen oder nicht.

11. VG Hamburg, Beschlüsse vom 26.8.1997

a) „Der Antrag auf Gewährung vorläufigen Rechtsschutzes nach § 123 Abs. 1 Satz 1 VwGO hat Erfolg, da er zulässig und begründet ist. [...] Der vorläufige Rechtsschutz ist notwendig, da die Gefahr besteht, daß bei einer fortgesetzten Unterrichtung der Antragstellerin zu 3) nach den neuen Rechtschreibregeln die Verwirklichung des durch Art. 6 Abs. 2 Satz 1 GG gewährleisteten Erziehungsrechtes als auch des grundrechtlich geschützten Rechts auf die freie Entfaltung der Persönlichkeit nach Art. 2 Abs. 1 und Art. 1 GG der Antragsteller wesentlich erschwert werden könnte. Denn bis zu einer rechtskräftigen Entscheidung im Klageverfahren können Jahre vergehen. Bis zu einer solchen Entscheidung hätte die Antragstellerin zu 3) die neue Rechtschreibung weitgehend erlernt und die neuen Regeln verinnerlicht. Ein Erfolg im Hauptsacheverfahren käme dann zu spät. Auch müssen die Antragsteller befürchten, daß die getroffene Entscheidung für die Neuregelung der Rechtschreibregeln faktisch unumkehrbar würde, je länger sich das Hauptsacheverfahren hinzögert. [...] Ein Aufschub dürfte auch zum gegenwärtigen Zeitpunkt zweckmäßig sein, da die Reform der Rechtschreibung zunehmend Kritik erfährt und ihre Durchsetzung - jedenfalls in der bislang beabsichtigten Form - letztlich bezweifelt werden kann. Zum einen liegen zahlreiche Beschlüsse der Verwaltungsgerichte vor, die eine Rechtschreibreform ohne eine gesetzliche Grundlage für nicht verfassungsgemäß erachten; zum anderen ist inzwischen auch eine Verfassungsbeschwerde beim Bundesverfassungsgericht mit dem Ziel der Überprüfung der Verfassungsmäßigkeit der Rechtschreibreform erhoben worden. [...] In Anbetracht des inzwischen ausgebrochenen heftigen Streites um die Rechtschreibreform, der „kulturkampfartige" Züge annimmt, ist nicht auszuschließen, daß es jedenfalls nicht zu einer neuen Rechtschreibung kommen wird, wie sie derzeit festgelegt worden ist, sondern allenfalls zu einer veränderten, und daß deshalb die Antragstellerin zu 3) die neuerlernten Rechtschreibregeln später überhaupt nicht mehr wird gebrauchen können.

Die Antragsteller haben auch einen Anordnungsanspruch hinreichend glaubhaft gemacht. Die Antragsteller zu 1) und 2) werden durch die Unterrichtung der Antragstellerin zu 3) nach der neuen Rechtschreibung sowohl in ihrem durch Art. 6 Abs. 2 Satz 1 GG gewährleisteten Erziehungsrecht als auch in ihrem durch Art. 2 Abs. 1 GG i.V.m. Art. 1 Abs. 1 GG geschützten Recht auf freie Entfaltung ihrer Persönlichkeit und damit auch ihres Rechtes auf sprachliche Integrität verletzt; die Antragstellerin zu 3) in den zuletzt genannten Grundrechten aus Art. 2 und 1 GG. Eine Einschränkung der vorgenannten Grundrechte ist - auch im Schulrechtsverhältnis - nur aufgrund einer gesetzlichen Regelung möglich. An einer solchen fehlt es vorliegend. [...]

Im grundrechtsrelevanten Bereich bedeutet somit „wesentlich" in der Regel „wesentlich" für die Verwirklichung der Grundrechte (vgl. BVerfGE 34, 165, 192; 40, 227, 248 f.; 41, 251, 260 f.; 17, 46 ff., 79). [...] Nach der vom Bundesverfassungsgericht entwickelten „Wesentlichkeitstheorie" ist für die Frage, ob eine wesentliche Entscheidung vorliegt, vor allem auf den Grad der Betroffenheit des Einzelnen und auf die Bedeutung der Regelung für die Allgemeinheit abzustellen. [...] Die Wesentlichkeitstheorie gilt auch im Schulrechtsverhältnis, in dem sie vom Bundesverfassungsgericht entwickelt worden ist (vgl. BVerfG 47, 46, 79; 58, 257, 268; [...]). Nach der Rechtsprechung des Bundesverfassungsgerichts sind im Schulverhältnis als „wesentlich" aber nur die „wirklich wichtigen Dinge" zu verstehen, um der Gefahr einer zu weitgehenden Vergesetzlichung vorzubeugen (BVerfGE 47, 46 f.). Der Gesetzesvorbehalt im Schulrechtsverhältnis ist deshalb nicht extensiv, sondern eng aufzufassen. [...] Eine gesetzliche Regelung ist danach jedenfalls insoweit auch für die Festlegung von Schulinhalten erforderlich, falls die Schulinhalte in ihren Grundzügen gegenüber dem herkömmlichen staatlichen Bildungsangebot in wesentlichen Punkten geändert werden sollen (BVerwGE 64, 308, 313).

Die verbindliche Einführung der neuen Rechtschreibung im Schulunterricht stellt [...] eine „wesentliche Entscheidung" dar. Sie beinhaltet eine bildungs- und schulpolitische Grundentscheidung von allgemeiner Bedeutung, die weit über den schulischen Bereich hinausreicht. Die Einführung der neuen Rechtschreibung bewegt sich deshalb nicht mehr innerhalb der Grenzen des der Antragsgegnerin zustehenden staatlichen Erziehungsauftrages nach Art. 7 Abs. 1 GG, sondern überschreitet diese und greift damit in das Elternrecht nach Art. 6 Abs. 2 GG sowie in das allgemeine Persönlichkeitsrecht nach Art. 2 Abs. 1 GG i.V.m. Art. 1 GG ein. [...]

Die Neuregelung der Rechtschreibung wirkt sich auf nahezu alle Unterrichtsfächer in der Schule aus. Nicht nur der Deutschunterricht, sondern auch die meisten anderen Unterrichtsfächer werden naturgemäß in deutscher Sprache und Schreibweise geführt. Anders als bislang, werden die jeweils bestehenden allgemeinen Regel des Schreibgebrauchs nicht als Wissensstoff den Schülern vermittelt, sondern es wird eine neuartige, bisher unbekannte Schreibweise eingeführt, die zudem vorübergehend sogar zu zwei unterschiedlichen Schriftsprachen führen kann (vgl. Kopke, Rechtschreibreform auf dem Erlaßwege?, JZ 1995, S. 874 ff., 877). Die Reform der Rechtschreibung ist mithin nicht mit einer bloßen Lehrplanänderung zu vergleichen. Auch paßt sich die Schule nicht einer allgemein in der Gesellschaft gebräuchlichen und gebilligten Rechtschreibung an, sondern sie - die Schule - soll vielmehr eine Vorreiterrolle für eine in Teilbereichen völlig neue und bislang ungebräuchliche Rechtschreibung ausüben. Damit wird der Schule ein neues Ziel beigegeben, nämlich eine Vorbildfunktion im Bereiche der neuen Rechtschreibung für die gesamte Bevölkerung einzunehmen.

Die Neuregelung der Rechtschreibung greift damit weit über den schulischen Bereich hinaus und zielt langfristig auf eine Veränderung der Schreibweise der deutschen Sprache insgesamt hin. Abgesehen davon, ob dies sinnvoll ist, was in diesen Eilverfahren nicht zu beurteilen ist, beinhaltet die Rechtschreibreform damit eine gesellschaftliche Entscheidung von allgemeiner und weitreichender Bedeutung. Die Rechtschreibreform regelt in faktischer Hinsicht für viele Jahre, wie das „deutsche Volk schreibt" - oder schreiben soll (?) - (vgl. die Äußerung des Bayerischen Kultusministers Zehetmair, zitiert bei Kopke, NJW 1986, 1082 [...]). [...] Jedenfalls ist eine Reform der Rechtschreibung eine gesamtgesellschaftliche Angelegenheit, die nicht nur im schulischen Bereich verfolgt werden kann. Entgegen der vom Schleswig-Holsteinischen Oberverwaltungsgericht vertretenen Auffassung [...] bedarf es nicht etwa deshalb keiner gesetzlichen Regelung zur Einführung der Rechtschreibreform, weil Rechtschreibung ebenso wie Sprache auf außerrechtlichen Regelungen beruht, deren Geltung wie bei Naturgesetzen auf anderer als auf rechtlicher Grundlage basieren. Die Sprache ist zwar etwas Vor-Staatliches. Auch gehört sie zu den Gegenständen, die der Staat prinzipiell nicht hoheitlich ordnet. [...] Die Sprache ist mithin weder als mündliche noch als schriftliche Verfügungsgut des Staates. Folgerichtig gibt es grundsätzlich auch kein Recht, über die Schule die Gesellschaft anzuleiten, wie sie richtig zu schreiben hat. [...] Denn es geht, wie dargelegt, nicht um die Übernahme von im Sprach- und Schreibgebrauch im Laufe der Zeit entstandenen Änderungen in der Bevölkerung, die sich außerrechtlich entwickelt haben. Es geht vielmehr um die durch einen staatlichen Akt eingeführte Rechtschreibregelung im Schulwesen, die eine staatliche Maßnahme und damit eine rechtlich relevante Handlung der Verwaltung ist. [...]

Da die Schule mit der Rechtschreibreform aber nicht lediglich Bildungs- und Erziehungsziele fortentwickelt, sondern ein neues Ziel verfolgt, nämlich in ihrem Bereich eine neue Rechtschreibung verbindlich zu machen, die Vorbildfunktion für die Gesamtbevölkerung haben soll, überschreitet die Antragsgegnerin die zulässigen Grenzen ihres staatlichen

Erziehungsauftrages nach Art. 7 Abs. 1 GG und greift in das Elternrecht nach Art. 6 Abs. 2 GG ein. [...] Den Eltern ist es nicht zuzumuten, daß ihre Kinder eine noch nicht akzeptierte Rechtschreibung erlernen müssen, [...]. Mit der angeordneten Einführung der neuen Rechtschreibung greift die Antragsgegnerin auch in wesentlichkeitsrelevanter Weise in die grundrechtlich geschützte allgemeine Persönlichkeitssphäre und Entfaltungsfreiheit nach Art. 2 Abs. 1 und 1 GG ein. [...] Die Sprechfreiheit ist Teil des allgemeinen Persönlichkeitsrechts und der Entfaltungsfreiheit des Einzelnen. Sie ist ihm grundrechtlich garantiert. [...] Zwar hat der Staat einen kulturpolitischen Auftrag zur Sprachpflege. [...] Die Sprachpflege als kulturstaatliche Daseinsvorsorge findet allerdings ihre Grenzen an einer unzulässigen Sprachbeeinflussung und Sprachlenkung. Gegenüber einer Sprachlenkung und Sprachbeeinflussung kann sich der Bürger aufgrund seines allgemeinen Persönlichkeitsrechts und seines freien Entfaltungsrechts, gleichermaßen aufgrund seines Grundrechts auf sprachliche Identität zur Wehr setzen [...].

Vorliegend handelt es sich bei der Rechtschreibreform um eine solche Sprachbeeinflussung, da sie eine neue Entwicklung der Schreibung plant. [...] Denn die möglichen Erleichterungen und Vorteile, die für die Bevölkerung mit der neuen geplanten Schreibweise verbunden sind, stehen in diesem Verfahren des vorläufigen Rechtsschutzes nicht zur Diskussion. Ausschlaggebend für das einstweilige Rechtsschutzverfahren ist vielmehr, ob die Exekutive oder aber die Legislative nach der Verfassungsordnung die Kompetenz zu einer Änderung der Rechtschreibung beanspruchen können. Wie oben dargelegt, bedarf eine verbindliche Einführung der neuen Rechtschreibung im Schulunterricht wegen ihres Charakters als einer wesentlichen und grundlegenden Entscheidung einer parlamentarischen Legitimation. Ein schlichter exekutiver Akt genügt dem nicht.

Ein die Rechtschreibreform einführendes und legitimierendes Gesetz ist aber nicht vorhanden. [...] Auch ist die Absichtserklärung der deutschsprachigen Länder aufgrund der Orthographiekonferenz vom November 1994 in Wien nicht geeignet, an die Stelle eines Gesetzes zu treten, sie bewirkt auch keine völkerrechtliche Bindung der Bundesrepublik Deutschland (vgl. BVerfG, NJW 1996, 2221 f.)."

b) Das VG Hamburg erließ am selben Tag zwei bis auf die Personalien der Antragsteller identische Beschlüsse, die daher nachfolgend wie ein einziger behandelt werden sollen. In den Gründen griff das Gericht auf mehrere vorhergehende Beschlüsse[814] zurück und setzte sich mit diesen intensiv auseinander. Die Gründe sind daher auch vergleichsweise ausführlich und umfangreich.

Das Gericht hielt eine Sicherungsanordnung für erforderlich und bejahte das Vorliegen eines Anordnungsgrundes, wobei es unter anderem auch Zweifel daran äußerte, daß sich die Reform in der geplanten Form durchsetzen lassen wird. Dies ist bemerkenswert, wenn man an die vorangegangenen Entscheidungen denkt, die vor allem mit der positiven Akzeptanzprognose der Umsetzung der Reform einstweiligen Rechtsschutz versagten. Interessant ist weiterhin, wie das Gericht konsequent und ausdrücklich in Abweichung von der Ansicht des OVG Schleswig vom gleichen Ausgangspunkt aus einen diametral anderen Schluß zog: Aus der Außerrechtsqualität der Sprachregeln

[814] Zitiert werden im Tatbestand der Entscheidung die Beschlüsse der VG Weimar, Mainz, Gelsenkirchen, Wiesbaden, Hannover, Dresden, des OVG Schleswig und sogar der am Vortag ergangene Beschluß des VG Greifswald.

wurde hier geschlossen, daß der Staat generell kein Recht habe, über die Schule die Sprache in der Gesellschaft fortzuentwickeln.

Deutlich wurde zum Ende der Entscheidung auch herausgearbeitet, daß die Vereinfachungsabsicht der konkreten Neuregelung unbeachtlich sei, da es sich um eine Sprachbeeinflussung handele. Allein deshalb sei die Regelung grundrechtsverletzend, damit wesentlich und hätte einer gesetzlichen Grundlage bedurft. Dieser Ansatz ist insofern bestechend, als die zugestandene Notwendigkeit eines eindeutigen Rechtschreibregelwerks an den Schulen in eine praktikable Abgrenzungsbeziehung zu den betroffenen Grundrechten gesetzt wird. Denn bei jedem Reformvorhaben bezüglich der Rechtschreibung ist ohne weiteres erkennbar, ob beabsichtigt wird, lediglich nachvollziehend oder aber beeinflussend-fortentwickelnd auf das Regelsystem einzuwirken. Die Ansicht des VG Hamburg bewies damit Weitblick auch in bezug auf künftige Vorhaben.

12. VG Freiburg, Beschluß vom 29.8.1997

a) „ [...] der Antrag des Antragstellers muß jedenfalls deshalb erfolglos bleiben, weil er weder einen Anordnungsgrund noch einen Anordnungsanspruch glaubhaft gemacht hat. [...] Der Antrag des Antragstellers richtet sich hier auf den Erlaß einer sog. Regelungsanordnung nach § 123 Abs. 1 Satz 2 VwGO. Denn sein Begehren im Eilverfahren geht über die bloße Sicherung bestehender Rechte oder Ansprüche hinaus. [...] Die Voraussetzungen für den Erlaß einer Regelungsanordnung [...] liegen aber nicht vor. Selbst wenn ein Anordnungsanspruch gegeben wäre (in vergleichbaren Fällen einen Anordnungsanspruch bejahend: VG Wiesbaden [...], VG Hannover [...], VG Dresden [...] und VG Gelsenkirchen [...]; verneinend: OVG Schleswig [...], VG Weimar [...], VG Mainz [...]; die Frage letztlich offenlassend: VG Greifswald [...]) fehlt es an einem glaubhaft gemachten Anordnungsgrund (so auch VG Greifswald [...]).

[...] Nach diesen Grundsätzen ist die Kammer der Auffassung, daß hier kein Anordnungsgrund glaubhaft gemacht ist. Dem Antragsteller drohen keine solchen Nachteile, daß ihm ein Zuwarten bis zur Hauptsacheentscheidung nicht zuzumuten wäre. [...] Das Gericht vermag aber auch unter Berücksichtigung der Vorbringen des Antragstellers nicht zu erkennen, daß das Recht auf Erziehung des Antragstellers aus Art. 6 Abs. 2 GG oder andere geschützte Rechte durch die Unterrichtung seines Sohnes in der [...] Grundschule nach den neuen Rechtschreibregeln in einem solchen Maße verletzt werden könnte, daß eine vorläufige Regelung notwendig wäre.

Zunächst ist davon auszugehen, daß der Sohn des Antragstellers [...] nur in eingeschränktem Umfang mit den neuen Rechtschreibregeln in Berührung kommen wird. [...] Diese Änderungen stellen im wesentlichen Vereinfachungen gegenüber der herkömmlichen Schreibweise dar. Sie dürften in der 2. oder 3. Klasse der Grundschule zum einen noch keine große Bedeutung haben. Zum anderen erscheint es der Kammer als nicht besonders schwierig und unzumutbar für die Grundschüler, gegebenenfalls später die diesbezüglichen - in der Regel zusätzlichen - Regeln der bisherigen Rechtschreibung wieder (dazu) zu lernen. Darüber hinaus wird allerdings auch die Schreibweise einiger Wörter geändert. [...] Laut eines Leitartikels [...] sind es aber nur 32 Wörter in den ersten vier Klassen, in der ersten sogar nur eines („muss"). Von Bedeutung ist auch, daß nicht zu befürchten ist, daß sich beim Sohn des Antragstellers die neuen Regeln und Schreibweisen so verfestigen, daß ein eventuelles späteres Umlernen nur unter großen und unzumutbaren Schwierigkeiten möglich wäre. Denn er wird im täglichen Leben mit den alten Schreibweisen und -regeln in Büchern, Zeitungen und auch über seine Eltern ständig in Kontakt kommen. Deshalb ist auch keine besondere Beeinträchtigung des Erziehungsrechts des Antragstellers erkennbar. [...]

Darüber hinaus hat der Antragsteller nämlich auch keinen Anordnungsanspruch glaubhaft gemacht (in vergleichbaren Fällen einen Anordnungsanspruch verneinend: Schleswig-Holstein. OVG [...]; VG Weimar [...], VG Mainz [...]; bejahend: VG Wiesbaden [...]; VG Hannover [...]; VG Dresden [...] und VG Gelsenkirchen [...]; die Frage letztlich offenlassend: VG Greifswald [...]). Denn die Kammer ist [...] der Auffassung, daß ein Erfolg des Antragstellers mit seiner Klage unwahrscheinlich ist. Der Antragsteller hat aller Voraussicht nach keinen Anspruch darauf, daß eine Unterrichtung seines Sohnes nach den neuen Regeln der Rechtschreibreform entsprechend der Verwaltungsvorschrift des Kultusministeriums [...] unterbleibt. [...] Die Verwaltungsvorschrift [...] ist als normkonkretisierende Verwaltungsvorschrift nur eingeschränkt gerichtlich überprüfbar [...]. Sie ist aller Voraussicht nach gerichtlich nicht zu beanstanden.

Der aus dem Rechtsstaatsprinzip und dem Demokratieprinzip herzuleitende Vorbehalt des Gesetzes gebietet weder, daß hier eine genauere und bestimmtere Ermächtigungsgrundlage vorliegen müßte, noch ist danach zu verlangen, daß die Rechtschreibreform für die Schule insgesamt durch ein Gesetz eingeführt wird. [...]

Die Einführung der neuen Rechtschreibreform für den Schulbereich bedarf nach diesen Grundsätzen hier keines Gesetzes bzw. einer spezielleren gesetzlichen Ermächtigungsgrundlage, weil dadurch nicht eine neue Rechtschreibung insgesamt eingeführt oder der Inhalt des Unterrichts wesentlich geändert wird. Sie erfolgt vielmehr aus Anlaß bzw. im Vorgriff auf die Änderung der Schreibweise der deutschen Sprache im gesamten deutschen Sprachraum zum 1.8.1998 entsprechend der „Wiener Absichtserklärung" vom 1.7.1996. Diese Änderung bedarf wiederum keiner Einführung durch Gesetz - für alle Bereiche - in der Bundesrepublik Deutschland. Denn die Grundsätze des Vorbehalts des Gesetzes und der Wesentlichkeitstheorie finden diesbezüglich keine Anwendung, weil die deutsche Rechtschreibung auf keinen Rechtsnormen, sondern auf sprachlichen, und damit außerrechtlichen[815] Regeln beruht (vgl. dazu und zum folgenden ausführlich OVG Schleswig [...]). Solche außerrechtlichen Normen - wie z. B. auch Naturgesetze - können zwar für die Betroffenen elementare - auch Grundrechte betreffende - Bedeutung haben. Der Gesetzesvorbehalt und die Wesentlichkeitstheorie greifen aber nur bei Rechtsnormen. Daß die beabsichtigte Einführung der Rechtschreibreform in Deutschland aus anderen Gründen rechtlich zu beanstanden wäre, ist nicht ersichtlich. [...]

Die Vermittlung der Rechtschreibung gehört zu den klassischen Unterrichtsinhalten und greift nicht in die Rechte der Eltern ein. Etwas anderes würde nur dann gelten, wenn - wie ausgeführt - lediglich in der Schule, völlig losgelöst von der in der deutschsprachigen Bevölkerung üblichen Schreibweise, wesentlich andere Regeln eingeführt würden. Dies ist aber hier nicht der Fall, weil die Kultusverwaltungen aller Länder erwarten, daß die Rechtschreibreform in den nächsten Jahren im gesamtdeutschen Sprachraum eingeführt und akzeptiert wird. Diese Prognose ist zur Zeit gerichtlich nicht zu beanstanden (vgl. dazu ausführlich OVG Schleswig [...]). Dies könnte allerdings dann anders zu sehen sein, wenn sich (zum Beispiel durch - die Reform ablehnende - Beschlüsse des Bundestags oder der Landtage, Volksbegehren oder Proteste eines erheblichen Teils der Bevölkerung u.ä.) absehen ließe, daß sich die Rechtschreibreform in Deutschland nicht durchsetzen wird. Das ist aber gegenwärtig (noch) nicht der Fall.

Durch die Einführung der neuen Rechtschreibregeln in die Schule wird der Antragsteller auch nicht in seinen Grundrechten aus Art. 2 Abs. 1 i.V.m. Art. 1 Abs. 1 GG und aus Art. 2 Abs. 1 GG betroffen. Denn diese schützen nicht davor, daß der Antragsteller mit neuen

---

815 Hervorhebung im Original.

Schreibweisen konfrontiert wird, weil diese in der Schule gelehrt werden (vgl. BVerfG, Beschluß vom 21.6.1996 [...])."

b) Das VG Freiburg hielt, wie vorher schon das VG Hannover, die Prüfung einer Regelungsanordnung für angemessen. Da die Verwaltungsvorschrift mit den Übergangsregelungen bereits Anfang August 1996 in Kraft getreten war und schon im Schuljahr 1996/97 die neuen Rechtschreibregeln unterrichtet wurden, lag hier auch schon ein rechtlicher Zustand vor, der für eine Unterrichtung nach den herkömmlichen Regeln einer Abänderung durch eine Regelungsanordnung bedurfte.

Tragender Aspekt der Entscheidung ist die Verneinung des Anordnungsgrundes unter Verweis auf die faktische Marginalität der Neureglung. Dafür werden kumulativ Kriterien wie die niedrige Klassenstufe der betroffenen Kinder, die inhaltlichen Vereinfachungen der Neuregelung, der tägliche Kontakt mit der Altschreibung und anderes angeführt. Eine echte Grundrechtsprüfung fand nicht statt, da das Gericht eine Verletzung nicht erkennen konnte. In der zusätzlichen Prüfung des Anordnungsanspruchs folgte das Gericht der Ansicht des OVG Schleswig. Mehr als nur unglücklich formuliert wurde jedoch bei der Ablehnung der Wesentlichkeit der Hinweis, daß etwas anderes nur gelten würde, wenn in der Schule wesentlich andere Regeln als die in der Bevölkerung üblichen gelehrt würden. Ein solcher Satz ist wenig hilfreich, da nur versucht wird, den Begriff „wesentlich" mit sich selbst zu erklären.

Das VG Freiburg beging dann den bereits in der Entscheidung des OVG Schleswig besprochenen Fehlschluß, aus der Außerrechtsqualität der Rechtschreibregeln die Außerrechtsqualität der Neuregelung herzuleiten. Über den Vergleich mit Naturgesetzen kam das Gericht zu der nur noch als kurios zu bezeichnenden Ansicht, daß der Erlaß keine rechtliche Regelungswirkung besitze und daher keiner Wesentlichkeitslehre und keinem Gesetzesvorbehalt unterliegen könne. Denn wenn ein Erlaß tatsächlich keine rechtlichen Regelungswirkungen, sondern nur faktisch-feststellende besäße, dann wäre es inhaltlich nicht mehr ein Erlaß, sondern allenfalls eine Aufzeichnung. Der in der Entscheidung folgende Verweis auf die nicht zu beanstandende Akzeptanzprognose ist das einzig verbleibende Argument, das den Beschluß an diesem Punkt noch nachvollziehbar stützt.

In einer Art Kurzannex nutzte das VG Freiburg zuletzt noch das *obiter dictum* des Bundesverfassungsgerichts als rechtliche Schnellbegründung für die fehlende Verletzung des Persönlichkeitsrechts des Antragstellers.

13. VGH Kassel, Beschluß vom 5.9.1997

a) „Die Voraussetzungen für den vom Ast. begehrten Erlaß einer einstweiligen Anordnung liegen nicht vor, [...] weil es jedenfalls an der Dringlichkeit [...] fehlt. [...] Richtig ist, daß nach der Rechtsprechung des BVerfG der Gesetzgeber alle wesentlichen Entscheidungen selbst treffen muß [...]. Im Bereich der Schule ist dies durch die Rechtsprechung des

BVerfG und des BVerwG [...] konkretisiert worden [...]. Ob die Einführung der reformierten Rechtschreibung nach diesen Vorgaben eine wesentliche Entscheidung ist, die durch den Gesetzgeber getroffen werden muß - und deshalb nicht auf dem Erlaßwege erfolgen kann -, ist nicht nur politisch, sondern auch in Rechtswissenschaft (beispielsweise Kopke, NJW 1996, 1081; Gröschner/Kopke, JuS 1997, 298, einerseits; Hufeld, JuS 1996, 1072, andererseits) und Rechtsprechung (vgl. u. a. die dem Senat vorliegenden Entscheidungen VG Wiesbaden [...], VG Hannover [...], VG Gelsenkirchen [...], einerseits; OVG Schleswig [...], VG Mainz [...], VG Weimar [...], andererseits) umstritten. Mangels Entscheidungserheblichkeit im vorliegenden Eilverfahren braucht der Senat über diese Frage hier indessen nicht zu befinden. Gewisse Bedenken gegen die Richtigkeit der These von der Regelungsbedürftigkeit der Reform durch formelles Gesetz, die ihm bei summarischer Überprüfung der Frage gekommen sind, stellt er deshalb zurück; ihnen wird im Hauptsacheverfahren weiter nachzugehen sein. [...]

Offenbleiben kann im Eilverfahren auch die für die Hauptsacheentscheidung bedeutsame Frage, ob die Vermittlung der reformierten deutschen Rechtschreibung im Schulunterricht - die Notwendigkeit einer formellgesetzlichen oder sonstigen normativen Regelung einmal unterstellt - Rechtspositionen des Ast. zu verletzen geeignet wäre. Denn jedenfalls fehlt es an der Dringlichkeit einer einstweiligen Anordnung. [...] Diese Abwägung geht zuungunsten des Ast. aus. Die obligatorische generelle Umstellung auf die neue Rechtschreibung ist gem. Nr. 3.2 des Erlasses zum 1. 8. 1998 vorgesehen; damit steht ein entsprechender Rechtschreibunterricht der Kinder des Ast. an der von ihnen besuchten Schule und in den von ihnen besuchten Klassen nicht unmittelbar bevor, sondern ist allenfalls in einem knappen Jahr zu erwarten. Angesichts der inzwischen von politischer Seite ins Gespräch gebrachten Regelung der Rechtschreibreform durch einen Staatsvertrag und angesichts der auf die Verfassungsbeschwerde gegen den Beschluß des OVG Schleswig vom 13. 8. 1997 zu erwartenden Entscheidung durch das BVerfG ist eine mögliche Gefährdung des vom Ast. geltend gemachten Elternrechts ab dem 1. 8. 1998 bis zur rechtskräftigen Hauptsacheentscheidung gegenwärtig nicht hinreichend sicher absehbar und schon deshalb unabhängig davon, daß insoweit ein Unterricht nach Maßgabe des Erlasses nicht unmittelbar bevorsteht, der Erlaß einer einstweiligen Anordnung nicht dringlich. Im Schuljahr 1997/98 wird durch die im Unterricht gegebenen anlaßbezogenen Hinweise auf die neuen Rechtschreibregeln eine die Kinder des Ast. beeinträchtigende Leistungsbewertung nicht erfolgen. [...] Bei der vom Senat vorzunehmenden Interessenabwägung ist auf Seiten des Ast. dessen möglicherweise betroffenes Elternrecht in Rechnung zu stellen. [...] Unter Berücksichtigung dieser widerstreitenden Interessen ergibt sich zur Überzeugung des Senats, daß das bei der gegebenen Sachlage derzeit allenfalls marginal durch die bevorstehende Rechtschreibpraxis an der von seinen Kindern besuchten Schule im Schuljahr 1997/98 tangierte Elternrecht des Ast. und das hieran geknüpfte Interesse hinter dem durch die gegenläufigen Interessen anderer Eltern verstärkten öffentlichen Interesse zurücktreten muß und daß dies für den Ast. zumutbar ist. Nicht unberücksichtigt bleiben kann bei dieser Interessenabwägung auch, daß sich ein vorläufiges „Unterrichtsverbot" auf die beiden Kinder des Ast. zu beschränken hätte und dadurch eine organisatorisch schwer beherrschbare und im übrigen auch pädagogisch unhaltbare Situation für die von ihnen besuchten Klassen entstehen würde. Die Alternative zur Vermeidung solcher Schwierigkeiten wäre, die Praxis der betreffenden Schule insgesamt zu ändern. Beide Alternativen - organisatorisches und pädagogisches „Chaos" oder generelle Änderung der Schulpraxis i. S. des Ast. - würden bei der gegebenen Sachlage angesichts der Vielzahl entgegenstehender öffentlicher und privater Interessen dem Gewicht des Elternrechts des Ast. nicht entsprechen."[816]

[816] Veröffentlicht in: NJW 1997, 2970 ff.

b) Der VGH Kassel konnte in diesem Rechtsmittelverfahren zum Beschluß des VG Wiesbaden den Untiefen der Diskussion des Anordnungsgrundes und der Wesentlichkeit dadurch entgehen, daß besondere tatbestandliche Gegebenheiten vorlagen. Ausschlaggebend war vor allem, daß an der betroffenen Schule eine generelle Umsetzung der Rechtschreibreform nicht beschlossen worden war. Mit der Feststellung, daß der Unterricht in der Übergangszeit nur anlaßbezogene Hinweise zur Neuregelung enthalte und auch keinen Einfluß auf die Notengebung habe, konnte das Gericht das Problem der Wesentlichkeit dahinstehen lassen und die Dringlichkeit des einstweiligen Rechtsschutzes verneinen. Bezüglich der vom Zeitpunkt der Entscheidung noch knapp ein Jahr in der Zukunft liegenden obligatorischen Einführung der Reform zum 1.8.1998 verwies das Gericht auf die bereits absehbare Entscheidung des Bundesverfassungsgerichts.

Bei der Interessenabwägung innerhalb des Anordnungsgrundes kam weiterhin die Besonderheit des Falls zum tragen, daß die Kinder des Antragstellers bereits in der 7. bzw. 9. Klasse waren und den Rechtschreiberwerb weitgehend abgeschlossen hatten. Erstmalig wurden vom VGH Kassel in die Interessenabwägung auch die möglichen gegenläufigen Interessen anderer Eltern an einer Unterrichtung nach der Neuregelung sowie die schulorganisatorischen Probleme einer isolierten Unterrichtung einzelner Kinder mit einbezogen. Diese Erwägungen führten dazu, daß Unterrichtungsalternativen nach Ansicht des Gerichts zu organisatorischen und pädagogischen Schwierigkeiten geführt hätten, denen das Gewicht des Elternrechts nicht entspreche.

Durch die vom Gericht herausgestellten fallspezifischen Besonderheiten ist diese Entscheidung nur eingeschränkt mit den übrigen vergleichbar.

14. VG München, Beschluß vom 9.9.1997

a) „Der zulässige Antrag ist unbegründet. Dabei kann es dahingestellt bleiben, ob ein Anordnungsgrund vorliegt, [...]. Jedenfalls konnte ein Anordnungsanspruch nicht glaubhaft gemacht werden. Eine Verletzung des elterlichen Erziehungsrechts gemäß Art. 6 Abs. 2 Satz 1 GG ist durch die Unterrichtung der Tochter des Antragstellers nach den neuen Rechtschreibregeln nicht ersichtlich. [...] Zwar umfaßt das Erziehungsrecht auch die sprachliche Erziehung des Kindes. Die einzelnen Rechtschreibregeln unterliegen jedoch nicht dem Verantwortungsbereich des Erziehungsberechtigten. Insbesondere bedurfte es für die Einführung der neuen Rechtschreibregelung in den Schulen nach der gebotenen summarischen Überprüfung keiner über die Regelungen des Bayerischen Erziehungs- und Unterrichtsgesetzes hinausgehenden gesetzlichen Ermächtigung. [...] Nach dieser Rechtsprechung ist das Merkmal der Wesentlichkeit dann erfüllt, wenn religiöse, weltanschauliche, ethische oder politische Aspekte der Erziehung berührt sind, wenn es um die Festlegung der Erziehungsziele in den Grundzügen geht, wenn die Wahl des weiteren Bildungsweges des Kindes entscheidend vorgeprägt wird und wenn es um bildungs- und schulpolitische Grundentscheidungen von allgemeiner Bedeutung geht, die die Struktur des herkömmlichen Schulsystems organisatorisch und inhaltlich wesentlich verändern (vgl. BVerfGE 34, 165 ff; 45, 400 ff; 47, 46 ff.; BVerwGE 64, 308 ff). Diese Bereiche werden durch die Unterrichtung neuer Rechtschreibregeln nicht berührt. [...] Es handelt sich dabei insbesondere nicht um eine bildungs-

und schulpolitische Grundentscheidung von allgemeiner Bedeutung, die die Struktur des herkömmlichen Schulsystems organisatorisch und inhaltlich wesentlich verändert. Die Unterrichtung, wie bestimmte Worte zu schreiben sind, ist lediglich eine wertneutrale Vermittlung von Sachwissen, die die innere Gestaltung des Deutschunterrichts betrifft. Sie ist insoweit einer Lehrplanänderung vergleichbar, die aufgrund wissenschaftlicher Erkenntnisse vorgenommen wurde. Auf der Grundlage der Ergebnisse der Bildungsforschung die hierfür erforderlichen Vorschriften zu erlassen und Lehrplan und Lernziele der traditionell bestehenden und vom allgemeinen Konsens getragenen Kernfächer der öffentlichen Pflichtschulen im einzelnen zu gestalten, ist gerade Aufgabe der Exekutive, auch wenn dadurch möglicherweise neue Inhalte eines neuen Schulfaches gesetzt werde (BayVerfGH 74, 47). Auch die Tatsache, daß die neuen Rechtschreibregelungen auch Vorbildcharakter für die Allgemeinheit haben sollen, vermag daran nichts zu ändern. Verbindlichkeit beanspruchen sie nach einer lang bemessenen Übergangsfrist lediglich für Schule und Verwaltung. Soweit der Antragsteller sich darauf beruft, durch den durch die Rechtschreibreform verursachten Anpassungsdruck seien er bzw. seine Tochter in ihrem allgemeinen Persönlichkeitsrecht gemäß Art. 2 Abs. 1 GG verletzt, wird auf den Beschluß des Bundesverfassungsgericht vom 21.06.1996 [...] Bezug genommen. Danach schützen Art. 2 I i.V.m. Art. 1 I GG und Art. 2 I GG in Verbindung mit dem Rechtsstaatsprinzip nicht davor, daß der Bürger mit neuen Schreibweisen konfrontiert wird, weil diese in der Schule gelehrt werden.

Ein Schaden für den Antragsteller oder seine Tochter, der nicht mehr im Hauptsacheverfahren korrigierbar wäre, ist aus den genannten Gründen ebenfalls nicht erkennbar. Die Tochter des Antragstellers besucht die Mittelstufe eines Gymnasiums. [...] Darüber hinaus ist gerade diese Altersgruppe der Schüler geeignet, nach Kenntnis auch der neuen Rechtschreibung zu beurteilen, ob die Ziele der sog. Rechtschreibreform durch die neuen Regeln erreicht wurden und danach maßgeblich dazu beizutragen, ob eine Akzeptanz der derzeit umstrittenen Regeln bei der Allgemeinheit erfolgt oder nicht."

b) Im Vergleich mit den vorher ergangenen Beschlüssen anderer Gerichte wirkt derjenige des VG München eindimensional und wird der Bedeutung des Problems nicht annähernd gerecht.

Bei der Frage der Wesentlichkeit verneinte das Gericht mit Verweis auf die höchstrichterliche Rechtsprechung pauschal das Vorliegen einer bildungs- und schulpolitischen Grundentscheidung von allgemeiner Bedeutung, die die Struktur des herkömmlichen Schulsystems organisatorisch und inhaltlich wesentlich verändere. Dem lag die Ansicht zugrunde, Rechtschreibunterricht sei, wie bereits vom VG Weimar angenommen, eine ausschließlich wertneutrale Vermittlung von Sachwissen. Das VG München beging damit in seiner Argumentation auch dieselbe kategoriale Ebenenvermischung, die bereits oben kritisiert wurde[817].

Bemerkenswert ist an dieser Entscheidung vor allem, daß die Kompetenz der Schulverwaltung, die Gestaltung der Kernfächer der öffentlichen Pflichtschulen im einzelnen zu regeln, ohne eine inhaltlich differenzierende Betrachtung auf die Änderung des Unterrichtsinhalts angewendet wird. Herkömmlich wird unter dieser Gestaltung lediglich die Auswahl der zu lehrenden Unterrichtsmaterie unter pädagogischen Gesichtspunkten verstanden. Eine Ausdehnung dieser Verwaltungskompetenz auf eine Neudefinition des Unter-

---

[817] Vgl. oben die Kritik der Entscheidung des VG Weimar, S. 189 ff.

richtsinhaltes selbst, wie dies in keinem anderen Fach möglich ist, hätte zumindest einer Diskussion bedurft.

Für die Verletzung des Persönlichkeitsrechts wurde hier ein weiteres Mal das *obiter dictum* des Bundesverfassungsgerichts zitiert und als rechtliche Begründung herangezogen. Die abschließende Nebenbemerkung, daß gerade Gymnasiasten zur qualitativen Beurteilung befähigt seien und dadurch auch die Akzeptanz bei der Allgemeinheit beeinflussen können, ist eindeutig keine Rechtsschutzerwägung. Da einer solchen Bemerkung insbesondere im Vergleich mit der vorherigen Betonung einer alleinigen Verbindlichkeit der Reform für Schule und Verwaltung auch ein zynischer Unterton beigemessen werden kann, hätte sie in einer gerichtlichen Entscheidung unterbleiben sollen.

Einzigartig ist im Vergleich der Entscheidungen insgesamt die Vorgehensweise des Gerichts, die Dringlichkeit, also den Anordnungsgrund wegen der klaren Verneinung des Anordnungsanspruchs dahinstehen zu lassen.

15. VG Gelsenkirchen, Beschlüsse vom 17.9.1997

Anmerkungen: Der Beschluß „4 L 2999/97" des VG Gelsenkirchen vom 17.9.1997 ist inhaltlich identisch mit dem bereits oben[818] dargestellten Beschluß vom 11.8.1997 desselben Gerichts. Einzig eine Bezugnahme auf die Entscheidungen der VG Wiesbaden, Hannover und Mainz bezüglich der Nichtausschließbarkeit des Erfordernisses einer gesetzlichen Grundlage fehlt bei beiden Beschlüssen vom 17.9.1997 im Vergleich zu dem zeitlich früheren.

Der zweite Beschluß vom 17.9.1997 („4 L 2832/97") weicht in den Gründen inhaltlich in den wenigen folgenden, im Satz jeweils textlich durch Unterstreichung gekennzeichneten Passagen von den anderen beiden Beschlüssen des VG Gelsenkirchen ab.

a) „Die Antragsteller haben einen Abwehranspruch aus Art. 2 Abs. 1, 6 Abs. 2 des Grundgesetzes und Art. 8 Abs. 1 Sätze 1 und 2 der Landesverfassung glaubhaft gemacht, der darauf gerichtet ist, daß eine Unterrichtung der Antragstellerin zu 2. nach den Regeln der Rechtschreibreform durch die Antragsgegnerin (vorläufig) unterbleibt. Die Antragsgegnerin greift durch die vorgezogene Unterrichtung der Kinder der Antragsteller rechtswidrig in die Grundrechte der Antragsteller aus Art. 2 Abs. 1, 6 Abs. 2 GG, 8 Abs. 1 Sätze 1 und 2 LVerf NW ein.

[...]

Der Staat kann daher in der Schule unabhängig von den Wünschen der Eltern oder der Schüler eigene Erziehungsziele verfolgen. BVerfG, a.a.O. E 47, 46 (71/72); BVerfG, Beschluß vom 22. Juni 1977 - 1 BvR 799/76 -; E 45, 400 (405).

[...]

Der Eingriff in das Recht der Antragsteller aus Art. 2 Abs. 1, 6 Abs. 2 GG, 8 Abs. 1 Sätze 1 und 2 LVerf NW stellt sich auch als rechtswidrig dar."

---

818 Vgl. oben S. 198 ff.

b) Die zusätzliche Bestätigung eines Eingriffs in die allgemeine Handlungsfreiheit erklärt sich daraus, daß in dem Beschluß „4 L 2832/97" auch eine Schülerin selbst Antragstellerin war und in den beiden anderen Verfahren nur die Eltern für ihre Kinder Rechtsschutz begehrt hatten. Das Gericht wandte dieselbe Begründung, die zunächst nur für die Verletzung des elterlichen Erziehungsrechts aus Art. 6 Abs. 2 GG entwickelt worden war, ohne Änderungen oder Zusätze auch auf die allgemeine Handlungsfreiheit aus Art. 2 Abs. 1 GG an und sah auch letztere durch einen nicht gerechtfertigten Eingriff als verletzt an. Nur durch den Entscheidungsvergleich wird hier deutlich, daß es sich das Gericht sehr einfach gemacht hat, die Verletzung eines weiteren Grundrechts zu bejahen und nicht die Möglichkeit nutzte (wie in den vorangegangenen Entscheidungen der VG Dresden und Hamburg), auf das in der Literatur aus dem allgemeinen Persönlichkeitsrecht hergeleitete Recht auf sprachliche Integrität[819] einzugehen.

Die jeweils entfallene Bezugnahme bezüglich eines nicht ausschließbaren Gesetzesvorbehalts kann möglicherweise so gedeutet werden, daß das Gericht die bestehenden Zweifel an der fehlenden gesetzlichen Grundlage durch die Vielzahl der bereits ergangenen Beschlüsse anderer Gerichte und die Widerspiegelung in den Medien als allgemein bekannt betrachtete.

16. VG Magdeburg, Beschluß vom 22.9.1998

a) „Der Antrag, mit welchem die Antragsteller begehren, dem Antragsgegner im Wege einstweiliger Anordnung zu untersagen, gegenüber den Kindern [...] der Antragsteller vorläufig den Unterricht nach Maßgabe der Anordnung zur Durchführung der Rechtschreibreform zu untersagen, ist zulässig, in der Sache jedoch unbegründet. [...] Auf eine unzulässige Vorwegnahme der Hauptsache zielt dieser Antrag nicht. Denn die Antragsteller verlangen lediglich die vorläufige Beibehaltung der bisherigen Unterrichtspraxis gegenüber ihren Kindern anstelle der vom Antragsgegner angeordneten künftigen Schreibweise. Für diese Situation gibt es die Sicherungsanordnung i.S.v. § 123 Abs. 1 Satz 1 VwGO (vgl. OVG Schleswig-Holstein [...]).[...]

Ein Unterlassungsanspruch bzw. Anspruch auf Beibehaltung des bisherigen Rechtschreibunterrichts besteht nicht. Der Erlaß des Antragsgegners erweist sich bei summarischer Überprüfung im Verfahren um die Gewährung vorläufigen Rechtsschutzes als rechtmäßig. Klar ist, daß Sinn und Wert der Rechtschreibreform dem Inhalt nach nicht Prüfungsmaßstab ist. [...]

Im Kern geht der Streit der Meinungen um die Frage, ob die sogenannte Rechtschreibreform im Wege ministerieller Erlasse durchgeführt werden darf, oder ob hierfür der Erlaß eines förmlichen Parlamentsgesetzes erforderlich ist. Für beide Auffassungen sprechen beachtliche Gründe. Unter Abwägung aller Gesichtspunkte gelangt die Kammer zu der Auffassung, daß der vom Antragsgegner eingeschlagene Weg, welcher der Praxis aller Landeskultusverwaltungen in der Bundesrepublik entspricht, nicht zu beanstanden ist. Es kann im Ergebnis dahingestellt bleiben, ob nicht bereits die Auffassung des Schleswig-Holsteinischen Oberverwaltungsgerichts eine tragende Grundlage für die Regelung der Rechtschreibreform im Erlaßwege bietet. [...] Zwar hält die Kammer diese Darlegungen im

[819] *Kopke*, NJW 1996, 1081, 1082.

Grundsatz für zutreffend, sieht aber Bedenken insoweit, als der Antragsgegner die Rechtschreibregeln mit dem Erlaß vom 10.7.1996 normiert hat und im schulischen Bereich mit Rechtsverbindlichkeit versehen wissen will. Insoweit hat er - materiell-rechtlich - die Rechtschreibregeln in Normen gegossen. Zwar zielt der Erlaß auf die Prognose, die Rechtschreibgemeinschaft werde die Regeln der Wiener Absichtserklärung verinnerlichen und zukünftig mit der erforderlichen Akzeptanz versehen. Dies ändert aber wohl nichts daran, daß heute eine allgemeine Akzeptanz der neuen Rechtschreibregeln angesichts der vielen veröffentlichten Zweifel an der inneren Logik der Regeln möglicherweise noch nicht oder nicht mehr gegeben ist. Die Kammer stellt die insoweit auftretenden Bedenken zurück, weil sie im Ergebnis der Auffassung ist, daß auch die Einführung partiell neuer Rechtschreibregeln jedenfalls im schulischen Bereich keinem Parlamentsvorbehalt durch förmliches Gesetz unterliegt, soweit es sich um einen Änderungsumfang handelt, wie er im Raum steht. Dabei geht die Kammer davon aus, daß der streitige Erlaß vom 10.7.1996 allein und ausschließlich das Verhältnis der Schule zu den Schülerinnen und Schülern regelt, keineswegs Rechtsverbindlichkeit gegenüber der Allgemeinheit beansprucht. [...] Das Schulgesetz des Landes Sachsen-Anhalt [...] gibt eine ausreichende Ermächtigung für das Kultusministerium des Antragsgegners, die Rechtschreibreform in den Schulen des Landes Sachsen-Anhalts verbindlich einzuführen. [...] Vorliegend orientiert sich der Erlaß vom 10.7.1996 am Stand der fachwissenschaftlichen und didaktisch-methodischen Forschung im Bereich der Linguistik. Unter der Berücksichtigung der Rechtsprechung des Bundesverfassungsgerichts und des Bundesverwaltungsgerichts zum Vorbehalt des Gesetzes im Rahmen der Kultusverwaltung erscheint die Einführung der Rechtschreibreform in den Schulen Sachsen-Anhalts von dieser allgemeinen Ermächtigung als gedeckt. [...] Keine der Fallgruppen ist von der Rechtschreibreform betroffen. Denn das zentrale Bildungs- und Erziehungsziel ist die Rechtschreibung selbst, die selbstverständlich zu vermitteln ist. Die Einführung von Änderungen in gewissen Teilbereichen der Rechtschreibung ändert das Bildungs- und Erziehungsziel selbst nicht. [...] Auch kommt eine schulpolitische Grundsatzentscheidung nicht in Betracht, weil vorliegend nicht Rechtschreibung als Bildungsprogramm neu eingeführt wird, vielmehr die bestehenden Rechtschreibregeln lediglich ergänzt und fortentwickelt werden. [...] Auch unter Berücksichtigung geänderter Zeichensetzung und der Regel zur Worttrennung am Zeilenende ergibt sich insgesamt nur ein bescheidener - wenn auch als erheblich empfundener - Eingriff in die bisherige Schreibweise. Mit Recht weist das Verwaltungsgericht Weimar [...] darauf hin, daß die Unterweisung darin, wie bestimmte Worte zu schreiben sind, lediglich – wertneutrale - Vermittlung von Sachwissen, darstellt. [...] Nach Vorstehendem kann unerörtert bleiben, ob für das von anderen Gerichten geforderte „Rechtschreibreformgesetz" überhaupt eine Landeskompetenz besteht, ob nicht vielmehr der Bund kraft Natur der Sache zuständig wäre, weil die deutsche Rechtschreibung kaum in den Ländern unterschiedlich geregelt werden kann."[820]

b) Das VG Magdeburg bezog sich für die Annahme einer Sicherungsanordnung auf den Beschluß des OVG Schleswig. Dabei hatte zum Zeitpunkt der Verkündung des Beschlusses am 22.9.1997 das neue Schuljahr 1997/97 in Sachsen-Anhalt bereits begonnen und es wurde bereits Unterricht nach der neuen Rechtschreibung erteilt. Das Verhältnis „Sicherungs- oder Regelungsanordnung" hätte also durchaus diskutiert werden können.

Der Beschluß ist insofern eine Novität in der Reihe der Entscheidungen, als er deutlich Bedenken und Zweifel zur Wesentlichkeit und zur Akzeptanzprognose äußert, dann aber den Anordnungsanspruch verneint, da der Erlaß al-

---

[820] Veröffentlicht in: VR 1998, 30 f.

lein und ausschließlich auf das Verhältnis von Schule und Schüler beschränkt sei. In diesem engen Rahmen wird der Erlaß als vom Landesschulgesetz gedeckt angesehen. Dabei wird vom Gericht implizit, über den Bezug auf die fachwissenschaftliche und didaktisch-methodische Sprachforschung, der Linguistik die Kompetenz auch zur Fortentwicklung der Schriftsprache zugesprochen. Gleichzeitig sah das Gericht die Bedeutung der Neuregelung für die Gesellschaft auch als vollständig von der Schulunterrichtung trennbar an, was lebensfremd erscheint. Die linguistische Fortentwicklungskompetenz und die Trennbarkeit von Schul- und Gesellschaftsrechtschreibung hätten vom VG Magdeburg einer näheren Betrachtung unterzogen werden müssen.

Sprachlich und juristisch nicht überzeugend stellt sich die Kernpassage zur Wesentlichkeit dar, wonach eine bildungs- und schulpolitische Grundsatzentscheidung nicht vorliege, da die bestehenden Regeln lediglich ergänzt und fortentwickelt werden. Hierdurch sollen die bisher völlig ungebräuchlichen Neuregelungen als eine mit dem Wort „lediglich" sprachlich entschärfte Ergänzung und Fortentwicklung der bestehenden Regeln dargestellt werden. Gleichzeitig erweckt das Gericht mit dieser Aussage den Eindruck, daß es Erwägungen zur Abgrenzung von einer echten Neuentwicklung der Rechtschreibung angestellt hat. Tatsächlich jedoch fehlen jegliche, für eine Abgrenzung dieser Art in einer Gerichtsentscheidung erforderlichen materiellen Argumente. Das Kriterium der Wesentlichkeit, auf das hier Bezug genommen wurde, wurde vom VG Magdeburg nicht einmal vollständig aufgegriffen, da die „hohe Bedeutung für die Allgemeinheit" weder erwähnt noch geprüft wurde. Das liegt nicht zuletzt daran, daß die Schulschriftsprache als isoliert von der in der Gesellschaft üblichen Schriftsprache sowie als Objekt der Didaktik und Methodik betrachtet wurde.

Das Gericht sah insgesamt in der Reform einen bescheidenen - wenn auch als erheblich empfundenen - Eingriff in die bisherige Schreibweise, konnte aber einen Eingriff in ein Grundrecht nicht erkennen. Die Verneinung eines Eingriffs führte, wie auch später im Urteil des Bundesverfassungsgerichts, dazu, daß es keiner verfassungsrechtlichen Rechtfertigung für den Erlaß bedurfte.

17. VG Stuttgart, Beschluß vom 23.9.1997

a) „Der Antrag [...] hat keinen Erfolg. [...] Der Antrag des Antragstellers richtet sich hier auf den Erlaß einer sogenannten Regelungsanordnung nach § 123 Abs. 1 Satz 1 VwGO. Denn sein Begehren im Eilverfahren geht über die bloße Sicherung bestehender Rechte oder Ansprüche hinaus. Da an den Schulen bereits seit Inkrafttreten der Verwaltungsvorschrift [...], mithin seit Beginn des Schuljahres 1996/97, die neuen Rechtschreibregeln unterrichtet werden können, geht es hier darum, den derzeit bestehenden Zustand vorläufig wieder zu ändern, indem wieder ausschließlich nach den alten Rechtschreibregeln unterrichtet werden soll (so auch VG Freiburg [...]). [...] Das Interesse des Antragstellers an einer vorläufigen Regelung im dargestellten Sinne muß so erheblich sein, daß es als unzumutbar erscheint, den

Antragsteller auf den rechtskräftigen Abschluß des Hauptsacheverfahrens zu verweisen. [...] Dem Antragsteller droht kein solcher Nachteil. Die Verwaltungsvorschrift [...] sieht eine Übergangsregelung vor. [...] Es ist davon auszugehen, daß das jüngste Kind in den ersten drei Klassen der Grundschule nur in eingeschränktem Umfang mit den neuen Rechtschreibregeln in Berührung kommen wird. [...] Wie vom Verwaltungsgericht Freiburg [...] ausgeführt wird, ist nur ein Teil der geänderten Wörter Gegenstand des Unterrichts in der 2. oder 3. Klasse der Grundschule. [...] Für die beiden anderen schulpflichtigen Kinder des Antragstellers greifen die Übergangsregelungen [...] der Verwaltungsvorschrift [...]. Sie werden den Schulbesuch aller Voraussicht nach vor Ende der Übergangsfrist beendet haben. [...] Sie haben aber, da für absehbare Zeit nicht zu erwarten ist, daß die reformierte Rechtschreibung außerhalb des Schulunterrichts dominiert, vielfältige Möglichkeiten, ihre Kenntnisse in der herkömmlichen Rechtschreibung zu ergänzen und zu vertiefen, zumal dann, wenn, wie im vorliegenden Fall, ein entsprechendes Engagement ihres Vaters besteht. Auch aus diesem Grund dürfte der Antragsteller in einer entsprechenden Beeinflussung seiner Kinder nicht erheblich beeinträchtigt sein (vgl. dazu auch BVerfG, Beschluß vom 21.6.1996 [...] und VG Greifswald [...]). Wegen der - im dargestellt begrenzten Maße - unterschiedlichen Unterrichtung seiner Kinder in den Rechtschreibregeln ist der Antragsteller ebenfalls, soweit hier erheblich, nicht unzumutbar beeinträchtigt. [...] Hinzu kommt, daß diesen ohne besonderen Aufwand weitgehend kompensierbaren Nachteilen ein erhebliches öffentliches Interesse an einer einheitlichen Verwaltungspraxis aufgrund einer ein Jahr vor Antragstellung begonnenen Verwaltungspraxis gegenübersteht. [...] Ein Erfolg des Rechtsschutzbegehrens hätte zur Folge, daß in den Schulen hinsichtlich der Rechtschreibung zweispurig verfahren werden müßte und daß gegebenenfalls einzelne Kinder gesondert unterrichtet werden müßten."

b) Das VG Stuttgart nahm zunächst nach einer kurzen Prüfung das Vorliegen eines Falls der Regelungsanordnung an. Inhaltlich beschränkte sich das Gericht jedoch allein auf die Verneinung eines Anordnungsgrundes mit der konkreten, fallbezogenen Argumentation, daß die Kinder des Antragstellers nur unwesentlich betroffen seien. Dadurch umging es alle Erwägungen zu den umstrittenen rechtlichen Problemen.

Die Betroffenheit der schulpflichtigen Kinder des Antragstellers wurde argumentativ in zwei Richtungen aus dem möglichen Bereich eines Anordnungsgrundes manövriert: Das jüngste Kind sei nur in sehr geringem Umfang betroffen und die älteren Kinder haben voraussichtlich vor Ablauf der Übergangsfrist die Schule beendet. In einer unpassenden Seitenanmerkung hat das Gericht das besondere, in dem Rechtsschutzersuchen konkretisierte Engagement des Vaters als Möglichkeit der Befassung mit der traditionellen Rechtschreibung argumentativ für eine Verneinung des Anordnungsanspruchs herangezogen. Ähnlich der Bemerkung des VG München ist auch hier die Möglichkeit der zynischen Deutung gegeben, weshalb auch diese Bemerkung als nicht in eine gerichtliche Entscheidung gehörig abzulehnen ist.

Mit Verweis auf die Beschlüsse des Bundesverfassungsgerichts und des VG Greifswald sowie die Kompensierbarkeit von Nachteilen wurde vom VG Stuttgart die Erheblichkeit der Beeinträchtigung für den Antragsteller selbst verneint. Dabei wurden dem Antragsteller ein öffentliches Interesse an einer einheitlichen Verwaltungspraxis im Sinne eines Selbstzwecks und die faktischen Probleme einer gesonderten Unterrichtung entgegengehalten. Das Gericht erreichte es letztlich, keine Aussage über einen Anordnungsanspruch treffen zu müssen. Im Vergleich zu den anderen Entscheidungen hinterläßt der Beschluß des VG Stuttgart den Eindruck, daß sich das Gericht nur mangelhaft mit der gesamten Problematik auseinandergesetzt hat.

18. VG Köln, Beschluß vom 24.9.1997

a) „Der Antrag [...] hat keinen Erfolg. Dabei kann letztlich dahinstehen, ob durch die Entscheidung der Antragsgegnerin, mit Beginn des Schuljahres 1997/98 die neue Rechtschreibung einzuführen, tatsächlich rechtswidrigerweise in Rechte der Antragsteller oder ihres Sohnes eingegriffen wird, etwa weil es zur Einführung der neuen Rechtschreibregeln eines Gesetzes bedurft hätte - so VG Wiesbaden [...]; VG Hannover [...]; VG Dresden [...]; a.A.: OVG Schleswig [...]; VG Schleswig [...]; VG Mainz [...]; VG Weimar [...] - sei es, weil die Beteiligung der Schulkonferenz an der Entscheidung der Antragsgegnerin diese Entscheidung als verfahrensfehlerhaft erscheinen läßt - so VG Gelsenkirchen [...] u. a. -. Die Antragsteller haben jedenfalls nicht glaubhaft gemacht, daß der Erlaß der von ihnen begehrten einstweiligen Anordnung gem. § 123 Abs. 1 VwGO notwendig ist, weil die Gefahr besteht, daß durch eine Veränderung des bestehenden Zustandes die Verwirklichung des von ihnen behaupteten Rechtes auf Verhinderung der Unterrichtung ihres Sohnes nach den neuen Rechtschreibregeln vereitelt oder wesentlich erschwert werden könnte oder um wesentliche Nachteile von ihnen oder ihrem Sohn abzuwenden. [...] Solche unzumutbaren Nachteile haben die Antragsteller nicht dargetan. Dabei ist [...] davon auszugehen, daß die Reform der Rechtschreibung im 1. Schuljahr [...] nur eine untergeordnete Funktion hat [...]. Selbst in den folgenden Klassen ist nicht damit zu rechnen, daß sich die Frage der Art und Weise der Rechtschreibung für den Sohn der Antragsteller in beachtlichem Maße stellen wird - vgl. VG Freiburg [...] -. Darüber hinaus ist durch die die Einführung der Rechtschreibreform im Schulbereich regelnden Erlasse sichergestellt, daß eine sich nach den bisher angewandten Regeln der Rechtschreibung richtende Orthographie nicht etwa als falsch, sondern vielmehr als überholt bezeichnet wird, mithin nicht als Fehler gewertet wird. Selbst wenn dem Sohn der Antragsteller zunächst einige wenige Rechtschreibregeln vermittelt werden, die sich bei einem Erfolg der Klage der Antragsteller als unzutreffend erweisen sollten, erscheint nicht glaubhaft, daß mit der dann möglicherweise notwendigen Umstellung eine erhebliche zusätzliche Belastung für den Sohn der Antragsteller verbunden sein sollte, die er im übrigen mit allen anderen Kindern seiner Klasse teilen würde. Insbesondere ist auch damit zu rechnen, daß die Frage, ob die Reform der Rechtschreibung in der Schule tatsächlich unter Verletzung bestehender rechtlicher Bestimmungen eingeführt worden ist, geklärt sein wird, bevor sich die Beherrschung der Sprache im allgemeinen bzw. einer korrekten Orthographie auf den späteren beruflichen Werdegang und die gesamte persönliche Entwicklung des Sohnes der Antragstellers auswirken kann. Mangels Glaubhaftmachung eines Anordnungsgrundes ist deshalb kein Raum für die von den Antragstellern begehrte einstweilige Anordnung - ebenso VG Freiburg [...]; VG Greifswald [...].“

b) Das VG Köln sah sich durch die Besonderheit des Falls, daß der Sohn des Antragstellers erst in der 1. Klasse war, in der Lage, sich einer rechtlichen Stellungnahme zum Anordnungsanspruch völlig enthalten zu können. Die Umstrittenheit der Frage des Gesetzesvorbehalts wurde durch Bezugnahme auf sieben vorangegangene verwaltungsgerichtliche Beschlüsse diskutiert, von denen sich drei für, und vier gegen einen Gesetzesvorbehalt ausgesprochen hatten. Im Ergebnis ließ das Gericht diesen Streit aber ohne eigene Erwägungen dahinstehen, da es einen Anordnungsgrund nicht erkennen konnte. Hauptargument ist hierfür die Darstellung des geringen Einflusses, den die neue Rechtschreibung auf den Sohn des Antragstellers in den ersten Schuljahren haben wird. Dies erfolgte unter Bezugnahme auf die Beschlüsse der VG Greifswald und Freiburg, die dies für Grundschüler ebenfalls so gesehen hatten, zusätzlich aber auch noch jeweils einen Anordnungsanspruch geprüft hatten.

Das VG Köln führte im Rahmen der Prüfung des Anordnungsgrundes ein völlig neues Argument ein, denn nach seiner Sicht werde die Frage der Rechtmäßigkeit der Reform geklärt sein, bevor sie Einfluß auf die persönliche Entwicklung des Kindes haben könne. Genau umgekehrt hatte etwas mehr als einen Monat vorher das VG Dresden mit eben diesem zeitlichen Argument die Zumutbarkeit des Abwartens der Verwaltung begründet. Die zeitliche Absehbarkeit einer politischen oder höchstrichterlichen Entscheidung läßt sich in einer Diskussion des Anordnungsgrundes also variabel einsetzten. In Abhängigkeit vom Ergebnis der kursorischen Prüfung des Anordnungsanspruchs konnte mithin die Zumutbarkeit des Abwartens für die eine oder die andere Seite begründet werden. Insofern ist die Überzeugungskraft der Entscheidung des VG Köln aber vergleichsweise gering, da es die Prüfung eines Anordnungsanspruchs konkret für nicht erforderlich hielt, die allgemeine Frage aber ausdrücklich offen ließ. Die Entscheidung nicht allein auf die Zumutbarkeit des Abwartens einer baldigen Klärung zu stützen, wäre hier klüger gewesen, zumal die Zumutbarkeit in Beziehung zur Persönlichkeitsentwicklung des Sohnes gesetzt wurde, eine vorherige Prüfung der Verletzung des Persönlichkeitsrechts aber nicht einmal im Ansatz erfolgte.

19. OVG Greifswald, Beschluß vom 8.10.1997

a) „Der Antrag auf Zulassung der Beschwerde gegen den Beschluß des Verwaltungsgerichts bleibt ohne Erfolg. [...] Was die tatsächlichen und rechtlichen Schwierigkeiten der Rechtssache betrifft, bleibt es in dem Zulassungsantrag bei der Bezeichnung des Zulassungsgrundes ohne jegliche Darlegung der Umstände, die für das Vorliegen des Zulassungsgrundes sprechen können. Soweit die Antragsteller ihren Antrag auf den Zulassungsgrund der grundsätzlichen Bedeutung stützen, reichen die Darlegungen ebenfalls nicht aus, um eine Zulassung der Beschwerde zu rechtfertigen: [...] die Darlegungen [...] der Antragsteller [...] lassen jedoch jegliche Begründung dazu vermissen, daß es für die Entscheidung der Rechtssache auf eine Beantwortung der aufgeworfenen Rechtsfrage ankommt und die Entscheidung in einem künftigen Beschwerdeverfahren die über den Einzelfall hinausgehende Bedeutung entfalten kann.[...] Der Senat teilt auch unter Beachtung der Ausführungen der Antragsteller zum Anordnungsgrund in der Beschwerdebegründung die Auffassung des Verwaltungsgerichts, wonach es für den Erlaß einer einstweiligen Anordnung im vorliegenden Verfahren an der erforderlichen Eilbedürftigkeit fehlt. [...] Ergänzend ist im Hinblick auf die Ausführungen der Antragsteller lediglich anzumerken, daß der Senat davon ausgeht, daß es nicht übermäßig lange dauern wird, bis es entweder zu einer politischen Lösung kommt, nach der sich jedenfalls die derzeit diskutierten Rechtsfragen erledigt haben werden, oder bis das Bundesverfassungsgericht eine endgültige rechtliche Klärung (allgemein) bewirkt haben oder bis zumindest das Hauptsacheverfahren der Antragsteller beendet sein wird. Für die Zwischenzeit ist es den Antragstellern zuzumuten, ihre Kinder bei gegebener Veranlassung auf die wenigen sich im Unterricht realisierenden Unterschiede zwischen den alten und den neuen Rechtschreibregeln aufmerksam zu machen, soweit dies nicht ohnehin seitens der Schule geschieht. [...] Aus den vorstehenden Feststellungen folgt überdies, daß ernstliche Zweifel an der Richtigkeit der Entscheidung des Verwaltungsgerichts [...] nicht bestehen."

b) Das OVG Greifswald ließ in diesem Rechtsmittelverfahren zum Beschluß des VG Greifswald als einziges Berufungsgericht eine Beschwerde nicht zu. Dies ist auf den Mangel des Zulassungsantrags zurückzuführen, der nicht auf die Eilbedürftigkeit einging und nur das für die Zulassung nicht erhebliche Problem der Rechtmäßigkeit der Reform rügte. Das Gericht sah es aber, mit Rücksicht auf die Darlegungen in der Beschwerdebegründung, als erforderlich an, sich trotzdem kurz zur Rechtmäßigkeit der erstinstanzlichen Entscheidung zu äußern. Durch die enge Bezugnahme auf die erstinstanzliche Entscheidung kann hier auf die Kurzkritik der Entscheidung des VG Greifswald[821] verwiesen werden. Das OVG Greifswald betonte zusätzlich den zeitlichen Aspekt, daß in Kürze eine politische Entscheidung oder eine endgültige rechtliche Klärung durch das Bundesverfassungsgericht zu erwarten sei. Wie aber bereits bei der Besprechung des Beschlusses des VG Köln erörtert, kann die Zumutbarkeit aus zeitlichen Gesichtspunkten nicht isoliert von der Beantwortung des Anordnungsanspruchs betrachtet werden. Im Rahmen der Nichtzulassung einer Beschwerde ist dieser Aspekt jedoch nebensächlich und sollte vermutlich nur ergänzend die erstinstanzliche Entscheidung als in ihren Wirkungen absehbar befristet darstellen.

20. OVG Hamburg, Beschluß vom 16.10.1997

a) „Die Beschwerde der Antragsgegnerin erweist [...] sich als begründet. [...] Zu Recht hat das Verwaltungsgericht in seiner Entscheidung die Frage aufgeworfen, ob dem Staat eine Kompetenz zur Regelung der Sprache oder jedenfalls der Rechtschreibung eingeräumt worden ist. [...] Eine Regelungskompetenz staatlicher Stellen für die Rechtschreibung der deutschen Sprache ist indessen im Grundgesetz nicht angelegt. Die Sprache und deren Schrift waren und sind einfach „da"; sie sind in einer langen Entwicklung entstanden, sie entwickeln und verändern sich weiter, ohne normativ gesteuert oder gestaltet zu sein (Kissel in NJW 1997 S. 1097). [...] Kirchhof [...] geht deshalb von einem Auftrag an den Staat zur Sprachpflege aus, billigt ihm aber nicht eine Vollmacht zur Sprachbeeinflussung und Sprachlenkung zu. [...] Diese Rechtsansicht teilt der Beschwerdesenat. Danach ist die anstehende Rechtschreibreform ohne Rechtsgrundlage, wenn sie ganz oder in Teilbereichen nicht Aufnahme bereits eingetretener Veränderungen im Schreibverhalten der Sprachgemeinschaft darstellt, sondern Motor für eine angestrebte Veränderung der Rechtschreibung sein will. Eine solche Grenzüberschreitung könnte auch durch ein Gesetz nicht geheilt werden. [...] Es spricht viel dafür, daß die jetzt von der Konferenz der Kultusminister angestrebte

---

[821] Vgl. oben S. 207.

Neuregelung der Rechtschreibung Veränderungen der im deutschen Sprachbereich allgemein geltenden Schreibweise anstrebt und dabei Motor für diese Veränderungen auch außerhalb des Schulbereichs sein will. [...] Letztlich wird die Frage, ob den Schulverwaltungen die Kompetenz zur Einführung der Rechtschreibreform oder jedenfalls den Parlamenten der Länder die Gesetzgebungskompetenz in diesem Umfang zusteht, vom Bundesverfassungsgericht zu entscheiden sein. Im vorliegenden Verfahren bedarf es an dieser Stelle keiner abschließenden Prüfung. Denn der Erlaß einer einstweiligen Anordnung scheitert daran, daß die Antragsteller einen Anordnungsgrund [...] nicht glaubhaft gemacht haben. [...] Zwar wird die Antragstellerin bereits jetzt nach der von den Kultusministern beschlossenen Neuregelung der Rechtschreibung unterrichtet, sie erhält Unterricht aber zugleich auch nach der bisher geltenden Übung. [...] Die Frage, ob die für den Unterricht eingeführte neue Schreibweise oder ob die bisher gelehrte und allgemein gebräuchliche als richtig oder als falsch angesehen werden, hängt in erster Linie davon ab, welche Schreibregeln die Sprachgemeinschaft als faktisch verbindlich ansieht (BVerfG, Kammerbeschluß v. 21. Juni 1996 [...]). Die Antragsteller zu 1 und zu 2 sind nicht gezwungen, ihre Schreibweise der Reform anzupassen, und auch die Antragstellerin zu 3 kann in der Schule nach den überkommenen Regeln schreiben, ohne daß ihr diese Schreibweise als fehlerhaft angerechnet wird. [...] Wird die Reform der Rechtschreibung schließlich nicht eingeführt, hat die Antragstellerin zwar entsprechende Übungen in der Schule vergeblich unternommen. Sie hat aber zugleich auch die überkommene Rechtschreibung erlernt und damit den gleichen Ausbildungsstand wie andere Schüler ihres Jahrgangs. Wird sich aber die Reform der Rechtschreibung durchsetzen, dann vermeidet die derzeitige Praxis, daß die Antragstellerin zu 3 einen Nachteil erleidet, der aber eintreten würde, wenn sie im Gegensatz zu anderen Schülern nicht im Schreiben nach den reformierten Regeln unterrichtet werden würde."[822]

b) Diese Entscheidung im Rechtsmittelverfahren zu einem der beiden Beschlüsse des VG Hamburg vom 28.8.1997 (Az.: 13 VG 3767/97) zeigt, daß das OVG Hamburg zu den Gerichten zu rechnen ist, die eine gesetzliche Grundlage für eine Rechtschreibreform für erforderlich halten, auch wenn es letztlich den in erster Instanz gewährten einstweiligen Rechtsschutz durch den vorliegenden Beschluß wieder aufgehoben hat. Das Gericht ging in seinen Anforderungen sogar noch darüber hinaus, da es nicht einmal dann ein Gesetz für eine ausreichende Grundlage hielt, wenn die Reform Motor für eine angestrebte Veränderung der Rechtschreibung in der Gesellschaft sein soll. Für Sprachlenkung und Sprachbeeinflussung hat der Staat nach Verständnis des Gerichts überhaupt keine Kompetenz. Insofern decken sich die Auffassungen des OVG Hamburg und des VG Hamburg. Mit Verweis auf die anhängige Verfassungsbeschwerde konnte das Gericht das Problem der Wesentlichkeit der Reform aber offenlassen und den Anordnungsgrund mit Hinweis auf die Übergangsregelung und die fehlende Nachteiligkeit für die betroffenen Kinder verneinen.

Der Beschluß wirkt in sich jedoch merkwürdig inkonsequent, da zunächst in der abstrakten Betrachtung eindeutig eine Reform ohne gesetzliche Grundlage für rechtswidrig gehalten wird, es gleichzeitig aber konkret den Schülern zumutbar sei, diese wahrscheinlich rechtswidrig ergangenen Regeln im Unterricht zunächst zu lernen, da sie weiterhin auch nach den alten Regeln

822 Veröffentlicht in: VR 1998, 31 ff.

schreiben könnten. Mit der Absehbarkeit einer höchstrichterlichen Entscheidung entledigt sich das Gericht einer Entscheidung und läßt die Schüler mit dem Problem allein. Das OVG Hamburg ist seiner Aufgabe, der Gewährung einstweiligen Rechtsschutzes, nicht nachgekommen, wenn es trotz Überzeugung von der Rechtswidrigkeit nicht die Unterrichtung nach diesen Regeln im einstweiligen Rechtsschutzverfahren verhindert. Der Hinweis auf den dualen Unterricht ist untauglich, da er die Schüler nicht vor einer Unterrichtung nach den, nach Ansicht des Gerichts rechtswidrigen Regeln, schützt. Hier zeigt sich erneut deutlich, daß die Absehbarkeit einer endgültigen Lösung und damit auch die Zumutbarkeit ambivalente Kriterien sind, die jeweils auch für die entgegengesetzte Ansicht fruchtbar gemacht werden können.

21. OVG Lüneburg, Beschluß vom 17.10.1997

a) „Die Beschwerde bleibt erfolglos. [...] Die Ast. hat einen Anspruch glaubhaft gemacht, daß ihre Tochter [...] derzeit nicht nach den geänderten Rechtschreibregeln unterrichtet wird. Zur Sicherung dieses Anspruches ist der Erlaß einer einstweiligen Anordnung erforderlich, mit der dem Ag. vorläufig untersagt wird, die Tochter der Ast. nach Maßgabe seines Erlasses unterrichten zu lassen. [...] die Einführung der geänderten Schreibungen [*ist*] bei der hier gebotenen und auch nur möglichen summarischen Prüfung mit hoher Wahrscheinlichkeit rechtswidrig [...]. Diese Feststellung beschränkt sich auf die vorgezogene Einführung der Reform aufgrund der im Erlaß für die Zeit bis zum 31. 7. 1998 getroffenen „Übergangsregelungen". Die vorgezogene Einführung der neuen Rechtschreibung durch den Erlaß [...] war rechtswidrig, weil dieser Erlaß nicht mit Nr. 2 des KMK-Beschlusses vom 1. 12. 1993 vereinbar war, über eine in Nr. 4 des KMK-Beschlusses zugelassene Übergangsregelung hinausgeht und nicht entsprechend dem § 122 II NSchG als Entwurf rechtzeitig dem Landtag vorgelegt wurde. Eine abschließende Entscheidung über die Rechtmäßigkeit der endgültigen Einführung der Reform zum 1. 8. 1998 erscheint im gegenwärtigen Zeitpunkt in diesem Anordnungsverfahren weder erforderlich noch angezeigt. Dafür würde es an dem Anordnungsgrund fehlen, weil eine mögliche Gefährdung von Rechten der Ast. und ihrer Tochter insoweit noch nicht unmittelbar bevorsteht, die Einführung der Reform in der jetzigen Gestalt im politischen Raum nicht gesichert erscheint und in der Zwischenzeit eine weitere rechtliche Klärung durch eine Entscheidung in der Hauptsache, vor allem aber durch eine Entscheidung des BVerfG erwartet werden kann (VGH Kassel [...]; VG Gelsenkirchen [...]). Es bestehen allerdings gewichtige Bedenken auch gegen die Rechtmäßigkeit der endgültigen Umsetzung der Rechtschreibreform in der bisher vorliegenden Fassung, die bei der Entscheidung zu berücksichtigen waren.

Schon nach dem KMK-Beschluß vom 1. 12. 1995 war der Ag. nicht berechtigt, die neue Rechtschreibung einzuführen. Denn es fehlte (und fehlt noch immer) an einer Voraussetzung, die nach dem KMK-Beschluß erfüllt sein muß, um die Rechtschreibreform als „verbindliche Grundlage für den Unterricht in allen Schulen einzuführen". Nach Nr. 2 des Beschlusses ist Voraussetzung dafür auch, daß der Bund dem neuen Regelungsvorschlag zustimmt. Eine derartige Zustimmung fehlt indessen bis heute, da das Bundeskabinett die Neuregelung am 17. 4. 1996 lediglich „zur Kenntnis genommen" hat. [...] Eine Beschlußfassung des Rechtsausschusses und des Bundestages steht noch aus. Mangels Zustimmung des Bundes ist die Einführung der Rechtschreibreform - zum 1. 8. 1998 - derzeit nach den eigenen Vorgaben der Kultusministerkonferenz danach nicht zulässig. Dieser Mangel berührt erst recht die vorgezogene Einführung schon zum 1. 8. 1996.

Der Ag. hat für seinen Bereich insofern gegen den KMK-Beschluß verstoßen, als er die neue Rechtschreibung schon vor dem 1. 8. 1998 für den Schulunterricht verbindlich gemacht hat. Er hat bestimmt, daß bereits „ab sofort", d.h. schon im Schuljahr 1996/ 97 (ab 1. 8. 1996) die als „überholt" bezeichnete alte Orthographie nicht mehr geübt werden solle, dagegen die neue Schreibung als „korrekt" zu akzeptieren sei. [...] Darüber hinaus hat er den Schulen freigestellt, die neuen Rechtschreibregeln [...] sofort in allen Fächern einzuführen [...]. Damit wurde die Rechtschreibreform praktisch schon zum Schuljahr 1996/97 verbindlich gemacht, was sich an der Gegenüberstellung der Begriffe „überholt" und „korrekt" deutlich zeigt. Ein solcher Vorgriff auf den Zeitpunkt der Einführung der reformierten Rechtschreibung verstößt indessen gegen den KMK-Beschluß vom 1. 12. 1995. [...] Nach Sinn und Zweck einer die Rechtschreibreform betreffenden Übergangsregelung kann eine solche nur die Frage der Behandlung der bisherigen Rechtschreibregeln betreffen. Insoweit ist eine Übergangsregelung naturgemäß aber erst nach Einführung der neuen Regeln, also ab dem 1. 8. 1998, relevant. Dazu ist im KMK-Beschluß eine Übergangszeit vom 1. 8. 1998 bis 31. 7. 2005 vorgesehen. [...] Wenn die Kultusminister für die Zeit davor „weitere Übergangsregelungen" sollen treffen dürfen, kann sich das nur auf solche Dinge beziehen, die die Einführung der Reform am 1. 8. 1998 vorbereiten, also vorher zu regeln sind. Das schließt jedenfalls die Frage des Zeitpunktes des „Inkrafttretens" der Neuregelung selbst nicht ein. Durch die vom Ag. vorgenommene Vorverlegung des Einführungstermins wird dagegen die Übergangszeit als solche um ein weiteres Jahr eigenmächtig (nach vorn) verlängert, was dem KMK-Beschluß widerspricht. [...] Das mithin dem KMK-Beschluß [...] widersprechende unzulässige Vorziehen der Rechtschreibreform verletzt auch Rechte der Ast. Als Erziehungsberechtigte kann sie verlangen (Art. 6 II 1 GG), daß ihre Tochter in der Schule der geltenden Rechtslage gemäß unterwiesen wird (Art. 20 III). [...] Dieser Beschluß sieht vor, daß die Rechtschreibreform im gesamten Bundesgebiet einheitlich in Kraft gesetzt wird, also auch zu demselben Zeitpunkt. Das ist unter dem Gesichtspunkt der Gleichbehandlung und dem der Chancengleichheit (Art. 3 I GG) sowie aus der Natur der Sache auch geboten; denn eine geänderte Orthographie kann nur insgesamt, also bundesweit, dem Schulunterricht zugrunde gelegt werden, und nicht in einem Land zu diesem, in einem anderen Land zu einem anderen Zeitpunkt. Sprache ist insofern ein überregionaler Sachverhalt; über die Notwendigkeit der Bundeseinheitlichkeit besteht allgemeine Übereinstimmung (Löwer, RdJB 1997, 226ff.). [...]

Der Erlaß [...] ist ferner verfahrensfehlerhaft ergangen, weil er nicht entsprechend § 122 II NSchG im Entwurfsstadium nicht dem Landtag zur Stellungnahme zugeleitet worden ist. [...] Dieses [...] Gebot erfaßt [...] die fächerbezogenen Grundzüge von Lernzielen, didaktischen Grundsätzen und Unterrichtsinhalten in Konkretisierung des gesetzlichen Bildungsauftrags [...]. Diese Voraussetzung ist [...] bei dem Erlaß [...] zur Umsetzung der Rechtschreibreform erfüllt. Kann die Ast. schon wegen des unzulässigen Vorziehens der Rechtschreibreform verlangen, daß die Unterrichtung ihrer Tochter danach vorläufig unterbleibt, so kann offen bleiben, inwieweit sich ein derartiger Anspruch auch aus einer Unzulässigkeit der endgültigen Einführung der Rechtschreibreform zum vorgesehenen Zeitpunkt ergibt. Diese Frage ist [...] hier nicht abschließend zu entscheiden. Gleichwohl bestehen in dieser Richtung erhebliche Zweifel. Sie ergeben sich nicht erst aus dem Vorbehalt des Gesetzes, sondern folgen schon aus der Frage, inwieweit die Sprache - als mündliche wie als schriftliche - Verfügungsgut des Staates ([...] so in Ansatz auch OVG Schleswig [...]) und damit hoheitlicher Regelung zugänglich ist. [...] Denn in der verfassungstheoretischen Unterscheidung von Staat und Gesellschaft gehört die Sprache zu den Gegenständen, die der Staat prinzipiell nicht ordnet; ihr vorstaatlicher Charakter bewirkt eine fortdauernde grundsätzliche Ent-Staatlichung der Sprache (Löwer, RdJB 1997, 226 m. Nachw.). [...] Mit der Rechtschreibreform [...] sind einschneidende Veränderungen in den Bestand der geltenden Orthographie verbunden. [...] Daß [...] die Rechtschreibreform [...] „nur" für den Schulunterricht für verbindlich erklärt („in Kraft gesetzt") werden soll, steht dem nicht entgegen. Denn dies beruht offensichtlich (allein) darauf, daß die Kultusminister eine darüber hinausgehende Regelungsbefugnis selbst nicht für sich in Anspruch nehmen. Ihre Absicht, die reformierte Rechtschreibung Allgemeingut werden zu lassen, kann nicht ernsthaft in Frage gestellt werden. Denn zum einen würde sie dies ohnehin über kurz oder lang, da kaum anzunehmen ist, daß Schüler sich später von der erlernten Rechtschreibung abwenden. Zum anderen vertrauen die Kultusminister fraglos auch auf die „Kraft des Faktischen" (Hufeld, JuS 1996, 1272 [1275] spricht insoweit von „Beflissenheit"). Insoweit zeigt sich auch bereits jetzt deutlich der „Vorbildcharakter" der Rechtschreibreform: Die neuen Regeln/Schreibungen werden auch in Zeitungen und Zeitschriften veröffentlicht und auch schon selbst praktiziert. Auch sonst ist verschiedentlich angekündigt worden, die Rechtschreibreform zu übernehmen (vgl. dazu Kissel, NJW, 1997, 1097 [1098 f.]).

Vor allem waren die Kultusminister gar nicht berechtigt, eine gesonderte „Schul-Rechtschreibung" einzuführen. Denn das wäre mit dem Recht auf Bildung [...] unvereinbar. Das Erlernen gesonderter; d. h. vom allgemeinen Schreibgebrauch abweichender Rechtschreibregeln als spezielle „Schülerrechtschreibung" würde dem staatlichen Erziehungsziel widersprechen, dem Schüler die erforderlichen Kenntnisse und Fähigkeiten zu vermitteln, die ihn befähigen, seine Ausdrucksmöglichkeiten zu entfalten und sich im Berufsleben zu behaupten [...], jedenfalls solange, bis sich die neue Rechtschreibung (infolge ihrer schulischen Vermittlung) allgemein durchgesetzt hat. [...] Die Schule soll eine „Vorreiterrolle" für eine in Teilbereichen völlig neue und bisher ungebräuchliche Rechtschreibung übernehmen und die Gesellschaft anleiten, wie sie „richtig" zu schreiben hat ([...] VG Hamburg [...]). Gegenüber dieser Absicht ist unerheblich, daß eine rechtliche Durchsetzbarkeit dieser Wirkung nicht besteht (insoweit differenzierend BVerfG, NJW 1996, 2221 [2222];. Hufeld, JuS 1996, 1072 [1075]; Hufen, JuS 1997, 170 [171]; Roellecke, NJW 1997, 2500; Jauernig, JuS 1997, 191). Die Betonung dieses rein rechtlichen Aspekts übersieht - über die Absicht der Kultusminister hinaus - die faktische Bedeutung und den sich daraus ergebenden „Anpassungsdruck" (s. dazu Kopke, JZ 1995, 874 [877f.]; NJW 1996, 1081 [1084]; Gröschner/ Kopke, JuS 1997, 298 [299]).

Soll aber mit der Rechtschreibreform die Orthographie der gesamten (schreibenden) Bevölkerung beeinflußt und verändert werden, so stellt sich die Rechtsfrage, ob die damit bezweckten Eingriffe in den vorhandenen (gewachsenen) Bestand der Rechtschreibung durch vom Staat - in welcher Form auch immer - vorgegebene Änderungen überhaupt zulässig sind. So weist Kopke (JZ 1995, 874 [875]) darauf hin, daß offenbleibe, woraus sich die von den Reformern (im Vorwort zum amtlichen Regelwerk- angesprochene und) in Anspruch genommene staatliche Regelungsgewalt ergebe; auch die - letztlich - geübte „Zurückhaltung" der Reformer spreche eher für die „Unzulässigkeit staatlicher Eingriffe in die Orthographie" (NJW 1996, 1081 [1082]). Auch Löwer (RdJB 1997, 226) vertritt die Ansicht, daß die Sprache nach dem Grundgesetz überhaupt nicht Gegenstand durchgreifender hoheitlicher Ordnung sein soll, und spricht dem Staat grundsätzlich die Kompetenz ab, seinen Bürgern Sprache - auch in deren Schreibweise - hoheitlich vorzuschreiben. [...] Auch Kissel spricht von einer Frage der „Regelbarkeit überhaupt" (NJW 1997,1097 [1099]). Diese Frage kann nicht, wie es das OVG Schleswig getan hat (NJW 1997, 1002 L), dadurch umgangen werden, daß lediglich auf eine Akzeptanz-Prognose abgestellt wird. Denn damit wird verkannt, daß die Rechtschreibreform nicht „Diskussionsgrundlage", sondern für Schüler/innen verbindlich ist und darüber hinaus mit dem Anspruch auf Allgemeinverbindlichkeit auftritt, und das nicht nur für den Fall einer allgemeinen Akzeptanz. Daß die Rechtschreibreform für künftige Änderungen offen sein mag, ändert nichts daran, daß durch sie die jetzt gültige Rechtschreibung geregelt werden soll. Ebensowenig kann die - nicht begründete und infolgedessen auch nicht als mehr denn ein obiter dictum zu wertende Aussage der Kammer des BVerfG (NJW 1996, 2222) als letztes Wort zu der in Rede stehenden Problematik angesehen werden, Art. 2 I i. V. mit Art. 1 I GG und dem Rechtstaatsprinzip schützten nicht davor, daß der Bf. mit neuen Schreibweisen konfrontiert werde, weil diese in der Schule gelehrt würden (ebenso Wimmer, DVBl 1996, 1208 f.). Das gilt jedenfalls insoweit, als damit ein Abwehrrecht verneint worden sein sollte. Nach Ansicht des Senats begegnet eine staatliche Regelungskompetenz in bezug auf die Schreibung der (Schrift)Sprache weiterhin durchgreifenden Zweifeln. Sprache ist nicht einfach „Manövriermasse" staatlicher Instanzen (Häberle, JZ 1996, 719), so daß dem Bürger insoweit durchaus ein Abwehrrecht zur Seite stehen kann. [...] Die hier streitige Rechtschreibreform kann durchaus als eine derartige Sprachbeeinflussung angesehen werden, indem sie neue Schreibungen „empfiehlt", teilweise sogar neue Wörter schöpft und möglicherweise auch auf persönliche Einstellungen einwirken will (s. Kleinschreibung des Anredepronomens „Du" [...]). Hinzukommt, daß eine Rechtschreibreform des hier in Rede stehenden Ausmaßes [...] auf Jahre hinaus uneinheitliche Schreibungen zur Folge hätte, was mit der Verpflichtung des Staates, die Gemeinsamkeit der Sprache zu fördern, unvereinbar ist. [...] Selbst wenn unterstellt würde, daß die streitige Reform sich ausschließlich auf den Bereich der Schule beschränkt, würden die aufgezeigten rechtlichen Bedenken damit nicht entfallen. Denn auch dann wäre eine staatliche Normierung der Rechtschreibung nicht inhaltlich frei gestaltbar. [...] Die staatliche Normierung darf auch in diesem Bereich grundsätzlich nur Nachvollzug eines gesellschaftlichen status quo in einem bestimmten Zeitpunkt sein, also Revision im Sinne der Anpassung an eingetretene Wandlungen und nicht eigentlich Reform im Sinne des Motors der Änderung (Löwer, RdJB 1997, 226 [227]). Diese Grenze dürfte indessen von der vorliegenden Reform überschritten sein (zweifelnd insoweit Löwer, RdJB 1997, 226 [227]).

Unabhängig von der Frage staatlicher Regelungskompetenz überhaupt spricht aus den [...] dargelegten und den vom VG ausgeführten Gründen vieles dafür, daß bei Bejahung der Frage die vorliegende Reform als „wesentliche" Entscheidung jedenfalls einer gesetzlichen Grundlage bedürfte. [...] Ebensowenig überzeugen die Einwände gegen die Annahme eines „Eingriffs" in die rechtlich geschützte Sphäre durch die Inkraftsetzung der Reform. Daß die verbindliche Einführung der neuen Rechtschreibung im Schulunterricht jedenfalls für die betroffenen Schüler [...] einen Eingriff in diesem Sinne darstellt, dürfte nicht zweifelhaft sein. Soweit es die Auswirkungen auf das Schreibverhalten der Sprachgemeinschaft insgesamt betrifft, ist auf die aufgezeigte, von der Reform beanspruchte allgemeine „Vorbildfunktion" und die bewußte Indienstnahme der Schule als Vorreiter und Instrument zur Sprachbeeinflussung der gesamten Gesellschaft zu verweisen."[823]

b) Die Darstellung dieses Beschlusses des OVG Lüneburg im Rechtsmittelverfahren zum Beschluß des VG Hannover mußte so umfangreich erfolgen, da das Gericht mehrere neuartige Aspekte als entscheidungserheblich herausarbeitete[824]. Zum einen hielt das Gericht den Beschluß der Kultusministerkonferenz für eine mangelhafte Rechtsgrundlage, da der Bund nicht zugestimmt habe. Das Gericht erwähnte dabei die Kenntnisnahme des Bundeskabinetts und die noch ausstehende Befassung des Bundestages. Es äußerte sich aber nicht dazu, welches Organ des Bundes die Zustimmung hätte erteilen sollen. Für eine Entscheidung zwischen diesen Organen wäre es auch ausschlaggebend, ob das Gericht im Sinne der Wesentlichkeitsrechtsprechung die Legislative oder allein die Exekutive für befugt hielt, den Beschluß der Kultusministerkonferenz zu legitimieren.

---

823 Veröffentlicht in: NJW 1997, 3456 ff.

824 Vgl. zur Entscheidung des OVG Lüneburg auch *Wolf*, Die rechtswidrige „Rechtschreibreform", NJW 1997, 3421 ff.

Der Kontext der Betonung des Wortlautes, daß das Bundeskabinett den Beschluß lediglich „zur Kenntnis genommen" hat, läßt vermuten, daß das Gericht eine Zustimmung der Bundesregierung für ausreichend hielt. Interessanter ist aber der Umstand, daß das OVG Lüneburg es für eindeutig hielt, daß in der Kenntnisnahme keine Zustimmung des Bundeskabinetts liege könne. Formal kann man dem Ansatz des OVG Lüneburg folgen, aber um zu überzeugen, hätte das Gericht zum einen das Zustimmungserfordernis des Bundes im juristischen Sinne auslegen müssen und zum anderen auch anhand einer üblichen Praxis nachweisen müssen, daß eine geäußerte Kenntnisnahme von Beschlüssen der Kultusministerkonferenz durch das Bundeskabinett regelmäßig ausdrücklich keine Zustimmung darstellt. Die reine Wortlautabgrenzung überzeugt nicht. Diese spezielle Sicht der fehlenden Zustimmung wurde von den drei nachfolgenden Entscheidungen zunächst nicht weiter beachtet, dann aber wieder im Urteil des VG Berlin[825] zitiert und schließlich von den VG Meiningen und Wiesbaden[826] erneut inhaltlich aufgegriffen und als tragendes Argument verwendet.

Ebenso formal ist die Ansicht des Gerichts, daß die nach dem Beschluß der Kultusministerkonferenz möglichen „weiteren Übergangsregelungen für die Zeit bis zum 1.8.1998" aus logischen Gründen eine vorherige Einführung der neuen Rechtschreibung durch eine Landesregelung ausschließe. Dieser Meinung folgte ebenfalls keine der weiteren Entscheidungen, da diese Ermächtigung im Beschluß der Kultusministerkonferenz einhellig als Möglichkeit der schul- und länderspezifischen Anpassung der Art und Weise des Übergangs aufgefaßt wurde, die auch eine vorgezogene Einführung der Vermittlung der Neuschreibungen eröffnen sollte. Weiterhin wenig überzeugend ist die Annahme einer Verletzung des Gleichheitssatzes, wenn nicht bundesweit zum gleichen Termin mit der Vermittlung der Neuregelungen begonnen wird. Allein die vorgesehene Übergangsfrist von 7 Jahren läßt für diese Zeit verschiedene Schreibweisen nebeneinander als richtig gelten, so daß schwerlich vertreten werden kann, daß ein Vorziehen der Unterrichtung von einem Jahr die Gleichbehandlung wegen fehlender Bundeseinheitlichkeit beeinträchtigen soll. Das vom Gericht im Rahmen der Gleichheit betonte erhöhte Risiko der Schüler, benachteiligt zu sein, falls die Reform vor dem offiziellen Einführungstermin gestoppt werde, hätte in die konkrete Prüfung eines Anordnungsgrundes gehört. Abstrakt läßt sich eine solche mögliche Benachteiligung ohne Berücksichtigung der konkreten Umstände, wie z.B. der Klassenstufe, nicht überzeugend als Gleichheitsverletzung darstellen. Die fehlerhafte Vorabeinführung und die Verletzung des Gleichheitsgrundsatzes wurde nachfolgend nur vom VG Meiningen aufgegriffen und geteilt.

Ein weiterer tragender Aspekt der Entscheidung ist die Verletzung einer landesgesetzlichen Vorschrift über die vorherige Stellungnahmemöglichkeit

---

825 Vgl. unten S. 241 ff.

826 Vgl. unten S. 246 ff. und S. 250 ff.

des Landtages. Hier wird der Beschluß endgültig zu einer Besonderheit unter den Entscheidungen, denn das Gericht ließ die Rechtmäßigkeit der Reform als solcher und damit das Problem der Wesentlichkeit ausdrücklich offen, äußerte daran aber trotzdem umfangreiche und gewichtige Zweifel und begründete mit diesen wiederum das vergleichbare Gewicht des Erlasses mit denen in § 122 Abs. 2 NSchG erwähnten fächerbezogenen Lernzielen, didaktischen Grundsätzen und bildungsauftragskonkretisierenden Unterrichtsinhalten. Über Eck sind somit doch die seitenlangen Ausführungen des Gerichts zur Wesentlichkeit entscheidungserheblich, auch wenn das Gericht dies selbst nicht herausstellt.

Die Ausführungen zur Regelungskompetenz und zur Wesentlichkeit einer Rechtschreibreform sind im Vergleich der Entscheidungen außerordentlich gründlich und umfangreich. Es wurde die Mehrzahl der Fachliteratur zitiert und auch andere Entscheidungen wurden kritisch analysiert. So wurde beispielsweise die den Beschluß des OVG Schleswig tragende Akzeptanzprognose als nicht zulässige Umgehung des Problems angesehen und auch weiterhin erstmals die Ansicht vertreten, daß das Bundesverfassungsgericht mit dem vorletzten Satz seines Beschlusses vom 21.6.1996 wegen fehlender Begründung nur eine als *obiter dictum* zu wertende Aussage getroffen habe.

Obwohl das Gericht eine Entscheidung über die Rechtmäßigkeit der endgültigen Einführung der Reform für nicht erforderlich oder angezeigt hielt, stellte es doch seine Ansicht dar, daß bei einer solchen Entscheidung kein Anordnungsgrund vorläge. Mit den Beschlüssen des VGH Kassel und des VG Gelsenkirchen belegte das Gericht die Ansicht, daß zum Zeitpunkt der Entscheidung die Einführung im politischen Raum noch nicht gesichert erscheine und in Bälde eine Entscheidung des Bundesverfassungsgerichts erwartet werden könne. Nach der inneren Logik des Beschlusses hätte es dieser Ausführungen nicht bedurft. Sie sollen vermutlich Beleg für die umfassende Behandlung mit der Thematik sein, vermitteln aber unvermeidlich auch den Eindruck, daß das Gericht selbst möglicherweise nicht vollständig von der Tragkraft der drei formalen entscheidungserheblichen Gründe überzeugt war.

22. OVG Bautzen, Beschluß vom 28.10.1997

a) „Die zulässige Beschwerde ist unbegründet. [...] Die Antragsteller haben einen Anspruch darauf, daß der Antragsteller zu 1 vorerst ohne Beachtung der Neuregelung der deutschen Rechtschreibung unterrichtet wird. [...] Hierfür kommt im System des vorläufigen Rechtsschutzes nur ein Antrag nach § 123 Abs. 1 VwGO in Betracht. [...] Allerdings stellt die von den Antragstellern begehrte einstweilige Anordnung [...] eine wenn auch nur teilweise Vorwegnahme der Hauptsache dar. [...] Denn wenn der Antragsgegner durch Erlaß einer einstweiligen Anordnung verpflichtet wird, den Antragsteller zu 1 bis zur Rechtskraft einer Entscheidung im Hauptsacheverfahren nicht nach den neuen, sondern dann nach den aufgrund des Beschlusses der Kultusministerkonferenz aus dem Jahre 1955 fortgeltenden Rechtschreibregeln zu unterrichten (vgl. BVerfG, NJW 1996, 2221, 2222), wird für diesen

Zeitraum das mit der Unterlassungsklage erstrebte Ergebnis vorweggenommen, ohne daß dies bei einem negativen Ausgang des Klageverfahrens wieder rückgängig gemacht werden könnte (ebenso: VG Freiburg [...]; a. A. OVG Schleswig [...]).

[...] Gemessen an diesen Grundsätzen erweist sich der Antrag als begründet, weil derzeit viel für ein Obsiegen der Antragsteller in der Hauptsache spricht und es ihnen nicht zugemutet werden kann, die ihnen drohende Grundrechtsverletzung bis zum Abschluß des Hauptsacheverfahrens hinzunehmen. [...] Die Einführung der neuen Rechtschreibregeln ist eine schulorganisatorische Maßnahme. [...] Dieses staatliche Bestimmungsrecht besteht jedoch nicht unbeschränkt. [...] Die Grundrechtsrelevanz spielt auch im Schulverhältnis eine große Rolle. [...] Bei Anlegung der Maßstäbe der Wesentlichkeitsrechtssprechung ergibt sich, daß das Persönlichkeitsrecht des Antragstellers zu 1 und das Erziehungsrecht der Antragsteller zu 2 und 3 voraussichtlich durch die Einführung der erneuerten Rechtschreibregeln verletzt werden. Erhebliche Bedenken gegen die Rechtmäßigkeit der Neuregelung der deutschen Rechtschreibung und deren Vermittlung im Schulunterricht bestehen schon deshalb, weil viel dafür spricht, daß die Sprache einschließlich der Rechtschreibung inhaltlich im wesentlichen nicht von der hoheitlichen Regelungsgewalt erfaßt wird (vgl. OVG Lüneburg [...]; ansatzweise auch OVG Schleswig [...]).

[...] Für die Schriftsprache gilt im Ergebnis nichts anderes. Sie ist zwar kein bloßes Abbild der sich außerhalb der unmittelbaren staatlichen Einflußsphäre entwickelnden Sprechsprache, sondern ein relativ selbständiges sprachliches Medium (vgl. Kopke, NJW 1997, 1081, 1083 m, w. N.) [...]. Eine weitere Gemeinsamkeit von Sprech- und Schriftsprache, die auf deren außerstaatliche Fortbildung hinweist, ist die Tatsache, daß sich auch in der Schriftsprache letztlich nur das an Neuem durchsetzt, was allgemeine Akzeptanz findet. Denn alle, die bereits lesen und schreiben können, haben die bisherige Rechtschreibung verinnerlicht (BVerfG, NJW 1996, 2221, 2222). Sie werden sich - zumindest in ihrem privaten Schriftverkehr - nur dann veränderten Schreibregeln anpassen, wenn sie von deren Richtigkeit und Notwendigkeit überzeugt sind. [...] Da sich der Staat nach alledem voraussichtlich mangels Kompetenz für die von ihm angestrebte Neuregelung der Rechtschreibung nicht im Rahmen der verfassungsmäßigen Ordnung bewegt, dürfte der Antragsteller zu 1 in seinem Persönlichkeitsrecht verletzt sein, wenn ihn in der Schule die neuen Schreibregeln gelehrt werden. Für die Antragsteller zu 2 und 3 dürfte die sonach wohl widerrechtliche Inanspruchnahme staatlicher Gewalt zu einem Eingriff in ihr elterliches Erziehungsrecht führen, indem ihr ansonsten unbeschränktes Recht, den Antragsteller zu 1 nach den herkömmlichen Schreibkonventionen zu erziehen, beeinträchtigt wird.

Sollte die Rechtschreibung, soweit sie infolge des Beschlusses der Kultusministerkonferenz [...] und der darauf beruhenden Verwaltungsvorschrift [...] einer Änderung unterzogen werden soll, trotz der vom Senat vertretenen Ansicht staatlich reglementierbar sein, so müßte die verbindliche Einführung der geänderten Schreibregeln in den Unterricht jedenfalls in einer dem Vorbehalt des Gesetzes entsprechenden Art und Weise geschehen. [...] Mit der Unterrichtung der neuen Rechtschreibregeln dürfte der Schule eine weitere, vom bisherigen Erziehungs- und Bildungsauftrag nicht erfaßte Aufgabe übertragen worden sein. [...] Darüber hinaus hat es sich das amtliche Regelwerk aber auch ausdrücklich zur Aufgabe gemacht, zur Sicherung der Einheitlichkeit der Rechtschreibung beizutragen. In diesem Sinne mißt es sich für die schreibende Bevölkerung „Vorbildcharakter" bei. [...] Eine derartige Instrumentalisierung der Schule und der Schüler zum Mittel der Sprachbeeinflussung ist der bisherigen Rechtsordnung fremd. Sie stellt eine wesentliche bildungs- und schulpolitische Grundentscheidung allgemeiner Art dar und bedarf somit zumindest einer gesetzgeberischen Leitentscheidung. An der fehlt es bisher, so daß die Unterrichtung der neuen Schreibregeln gegen das Rechtsstaatsprinzip und das Demokratieprinzip verstoßen dürfte. [...]

Den Antragstellern steht schließlich auch ein Anordnungsgrund zur Seite. In Anbetracht der Geschäftsbelastung der Verwaltungsgerichte ist nicht mit einem kurzfristigen Abschluß des Hauptsacheverfahrens zu rechnen. Es ist deshalb zu befürchten, daß der Antragsteller zu 1 die neuen Rechtschreibregeln verinnerlicht, bis abschließend über die Sache entschieden ist. Dadurch würde bei Versagung vorläufigen Rechtsschutzes sein Recht, auch in der Schule nach den herkömmlichen Rechtschreibregeln zu schreiben, und das Recht der Antragsteller zu 2 und 3, ihr Kind in diesen Regeln ohne eine gegenläufige staatliche Einflußnahme zu unterweisen, für einen längeren Zeitraum, wenn nicht gar völlig vereitelt. Dem kann nicht mit Erfolg entgegengehalten werden, daß der Antragsteller zu 1 in der 1. Klasse nach dem Wörterverzeichnis des Lehrplanes Grundschulen nur mit sechs neuen Schreibweisen [...] konfrontiert wird. Zum einen kommt es bei der Frage nach der Gefahr der Verinnerlichung neuer Schreibweisen [...] nicht nur auf die Anzahl, sondern auch auf die Häufigkeit der benutzten Wörter an [...]. Zum anderen ist keineswegs sicher, daß der Rechtsstreit noch während des ersten Schuljahres beendet werden kann. [...] Unbeachtlich ist, daß sich nunmehr auch das Bundesverfassungsgericht der entscheidungserheblichen Fragen angenommen hat und außerdem möglicherweise eine Klärung auf politischer Ebene ansteht. Denn weder die Beteiligten- noch die Fachgerichte haben auf den zeitlichen und inhaltlichen Ablauf dieser Vorgänge Einfluß. Im übrigen ist bei Grundrechtsverletzungen der in Rede stehenden Art die Bejahung des Anordnungsanspruches für die Prüfung des Anordnungsgrundes in weitem Umfang vorgreiflich [...]. Keinen Einfluß auf die gerichtliche Entscheidung konnte der Umstand haben, daß zwischenzeitlich im Freistaat Sachsen in weitem Umfang Unterricht nach den neuen Schreibregeln erteilt wird. Denn dies kann nicht dazu führen, daß der den Antragstellern verfassungsrechtlich garantierte Grundrechtsschutz (Art. 19 Abs. 4 GG) verkürzt wird.

Abschließend merkt der Senat noch ausdrücklich an, daß es aus pädagogischer und sprachwissenschaftlicher Sicht durchaus wünschenswert und erfolgversprechend sein mag, wenn die deutsche Schriftsprache [...] der beabsichtigten Neuregelung unterzogen würde. Allerdings konnten diese, ohnehin weitgehend gerichtlicher Beurteilung entzogenen Fragen [...] bei der vorliegenden Entscheidung, die allein nach rechtlichen Kriterien zu treffenden war, keine Berücksichtigung finden."[827]

b) In diesem Rechtsmittelverfahrensbeschluß zum Beschluß des VG Dresden verfolgt das OVG Bautzen eine außerordentlich klare Linie. Es verwarf dabei argumentativ einige der Ansichten und Standpunkte, die andere Gerichte voneinander als relevant oder zumindest plausibel übernommen hatten. Das Gericht differenzierte nicht zwischen Regelungs- und Sicherungsanordnung, problematisierte aber erstmals ausführlich, ob ein stattgebender Beschluß eine Vorwegnahme der Hauptsache darstellt. Im Gegensatz zur erstinstanzlichen Entscheidung wurde dies bejaht, aber es wurden auch unmittelbar die Kriterien dargestellt, nach denen gleichwohl einstweiliger Rechtsschutz gewährt werden kann: Ein hoher Grad an Wahrscheinlichkeit für einen Erfolg in der Hauptsache und die Gefahr schwerer und unzumutbarer, nicht anders abwendbarer Nachteile. An diesem verschärften Maßstab wurde dann die Einführung der neuen Rechtschreibregeln an der Schule geprüft.

Bei der Verneinung hoheitlicher Regelungsgewalt über die Sprache einschließlich der Rechtschreibung wurde insbesondere auf die Ausführungen des OVG Lüneburg verwiesen. Wie bereits oben dargestellt, waren diese sehr umfangreich und ausführlich erfolgt, zählten jedoch für das OVG Lüneburg nicht zu den den Beschluß inhaltlich tragenden Ausführungen.

---

[827] Veröffentlicht in: DÖV 1998, 118 ff.

Das OVG Bautzen kam zu der Ansicht, daß sich der Staat voraussichtlich mangels Kompetenz für Sprachbeeinflussung nicht mehr im Rahmen der verfassungsmäßigen Ordnung bewegte und mit der Neuregelung die Grundrechte der Antragsteller verletzt. Das Gericht hielt Äußerungen zur siebenjährigen Übergangsfrist, in der die traditionellen Schreibweisen noch nicht als Fehler gewertet werden, für entbehrlich. Für Gerichte wie z.B. das OVG Hamburg war dies immerhin noch ausschlaggebend zur Verneinung von Grundrechtsverletzungen gewesen. Das OVG Bautzen trennte weiterhin sauber die inhaltlich-grundrechtliche von der formell-kompetenziellen Ebene der Einführung und stellt dies konditional so dar, daß im Fall einer staatlichen Reglementierbarkeit der Rechtschreibung die Einführung jedenfalls per Gesetz zu erfolgen hätte. Die Wesentlichkeit folgt für das Gericht dabei allein aus der beabsichtigten und bekundeten Instrumentalisierung der Schule, durch die aus dem Reformerlaß eine bildungs- und schulpolitische Grundentscheidung wird. Hervorzuheben sind noch die im Rahmen des Anordnungsgrundes gemachten Äußerungen, daß es unbeachtlich sei, daß der Antragsteller zu 1 in der 1. Klasse sei, da es nicht auf die Anzahl, sondern auf die Häufigkeit der benutzten Wörter ankomme und der Rechtsstreit auch noch über das Schuljahr hinaus dauern könnte. Auch an dieser Stelle folgte das Gericht seiner klaren Linie der Argumentation.

Unbeachtlich sei weiterhin, daß eine Entscheidung des Bundesverfassungsgerichts beziehungsweise eine Klärung auf politischer Ebene zu erwarten sei, da keiner der Beteiligten einen Einfluß auf diese Vorgänge habe. Diese Aussicht war z.B. noch drei Wochen vorher vom OVG Greifswald als ausreichender Grund für die Verneinung eines Anordnungsgrundes angesehen worden. Auch die faktisch bereits erfolgende umfängliche Unterrichtung war für das OVG Bautzen rechtlich unbeachtlich. Mit der Abschlußbemerkung des Senats, daß die Reform ja durchaus wünschenswert und erfolgversprechend sein mag, stellte das Gericht noch einmal klar, daß nur rein rechtliche Kriterien ausschlaggebend waren und alle sonstigen Erwägungen hiervon strikt getrennt zu erfolgen haben.

23. VG Potsdam, Beschluß vom 4.11.1997

a) „Der Antrag ist zum Teil unzulässig und im übrigen unbegründet. [...] Der gestellte Antrag ist unzulässig, soweit die Antragstellerin die Aussetzung der Einführung der Rechtschreibreform insgesamt für das Land Brandenburg begehrt. Voraussetzung eines Antrags nach § 123 Abs. 1 Satz 2 VwGO ist ... [...] Die dabei zugunsten der Antragstellerin in Betracht kommenden Grundrechte nach Art. 2 Abs. 1 i.V.m. Art. 1 Abs. 1 (allgemeines Persönlichkeitsrecht) sowie Art. 6 Abs. 2 (elterliches Erziehungsrecht) des Grundgesetzes (GG) berechtigen mithin die Antragstellerin lediglich zu einer Antragstellung vor dem Verwaltungsgericht, welche sich auf eine Verletzung ihres allgemeinen Persönlichkeitsrechts oder Elternrechts durch die Erziehung ihm Sohnes nach den neuen Rechtschreibregeln stützt (vgl. so auch OVG Schleswig [...]; VGH Kassel [...]). Der Antrag im übrigen ist [...] nicht schon deshalb unzulässig, weil der Antragstellerin das erforderliche Rechtsschutzinteresse fehlen würde. [...] Die aufgrund völkerrechtlicher Vereinbarung und institutionell durch die „Zwischenstaatliche Kommission für die deutsche Rechtschreibung" auf den Weg gebrachte Rechtschreibreform ist demnach auf eine umfassende Reform der deutschen Rechtschreibung ohne vorgängige inhaltliche Beteiligung der betroffenen Eltern angelegt ist. [...]

Der Antrag ist aber unbegründet. [...] Die Antragstellerin hat bereits keinen Anordnungsgrund glaubhaft gemacht. [...] Ob die Einführung der Rechtschreibreform eine nach diesen Maßgaben wesentliche, zentrale Bildungs- und Erziehungsziele berührende Maßnahme ist (vgl. VGH Kassel [...]; bejahend VG Wiesbaden [...]; VG Gelsenkirchen [...]; VG Hamburg [...]; verneinend VG Weimar [...]; VG Mainz [...]) und inwieweit sie darüber hinaus einer staatlichen Regelung überhaupt zugänglich ist (vgl. OVG Lüneburg [...]; OVG Hamburg [...]), ist nachhaltig umstritten.

Fraglich ist insbesondere, ob die Rechtschreibreform eine solche Regelung von Erziehungszielen in ihren Grundzügen enthält. [...] Ungeachtet der entwicklungspsychologischen Bedeutung der Sprache im allgemeinen bedarf es aber näherer Untersuchungen, ob die Bedeutung der (Schrift-)Sprache durch die eingeführten neuen Rechtschreibregeln in der Weise angetastet wird, daß eine andere seelisch-geistige Entwicklung des Kindes der Antragstellerin zu gewärtigen wäre. Dies könne zweifelhaft sein, da das vorrangige Ziel der Reform ja die Vereinfachung und Systematisierung der Rechtschreibung sei. Andererseits werden aber gebräuchliche Schreibweisen zum Teil durch gänzlich neue ersetzt, so daß erkennbar im Wege der Beschulung auf die Sprache in einer Weise Einfluß genommen wird, die langfristig[828] auf die Sprachkultur, Wissensvermittlung und möglicherweise auf die Denkweise nachwirken könnte und damit auch über den schulischen Bereich hinaus erhebliche hinausgehende Regelungen enthält. Die Entscheidung der umstrittenen und schwierigen Fragen muß jedoch einem gegebenenfalls sich anschließenden Hauptsacheverfahren vorbehalten bleiben, weil die Antragstellerin durch die Einführung der Reform derzeit jedenfalls keine schlechthin unzumutbaren Nachteile erleidet. Die Befürchtung, die Einführung der reformierten Rechtschreibung im Schulunterricht bis zu einer Entscheidung in der Hauptsache würde zu einer irreversiblen Verfestigung der neugeregelten Schriftsprache im Bewußtsein des Sohnes der Antragstellerin führen, ist nicht begründet. Zwar wäre es angesichts der zunehmenden rechtlichen und tatsächlichen Unsicherheiten bei der Umsetzung der Reform im Hinblick auf das von dem Antragsgegner zu beachtende Kindeswohl wünschenswert und sinnvoll gewesen, ähnlich wie im Land Hamburg alte und neue Rechtschreibregeln gleichberechtigt für eine Übergangszeit nebeneinander zu lehren (vgl. OVG Hamburg [...]). Aber auch ohne diese Maßnahme dürfte es noch nicht zu einer unumkehrbaren Verfestigung der neuen Rechtschreibregeln kommen. [...] Gegen eine Verfestigung spricht auch der Umstand, daß die Einzelheiten der Reform derzeit noch im Fluß sind (vgl. VG Greifswald [...]; a. A. VG Hamburg [...]). [...]Die bis zum Jahr 2005 bestehende Zweigleisigkeit - wenngleich mit Gewicht auf der reformierten Schriftsprache - erlaubt es ohne weiteres, zur herkömmlichen Schriftsprache bzw. ihren Regeln zurückzukehren (vgl. VG Mainz [...]), zumal sich ein solches Umlernen im wesentlichen auf ein ergänzendes Hinzulernen der alten, gewachsenen Schreibweisen und -regeln beschränken würde. Schließlich dürfte eine Entscheidung des bereits angerufenen Bundesverfassungsgerichts schon in absehbarer Zeit eine Klärung der aufgeworfenen grundsätzlichen Fragen herbeiführen, wenn nicht schon vorher zwischen Bund und Ländern eine einvernehmliche politische Lösung erreicht wird, die auch den Bedenken der Gegner der Rechtschreibreform Rechnung trägt. Gegen die Aussetzung der Umsetzung der Rechtschreibreform spricht zudem das Interesse derjenigen Eltern, die ihre Kinder nach den neuen Regeln unterrichten lassen wollen. Ein Unterrichtsverbot der begehrten Art hätte auch diesen entgegenstehenden Interessen Rechnung zu tragen und würde den Antragsgegner in eine organisatorisch schwer beherrschbare und pädago-

828 Hervorhebung im Original.

gisch mißliche Situation versetzen, die in der Folge zu einer dem Kindeswohl abträglichen Stigmatisierung des Sohnes der Antragsstellerin führen könnte (vgl. VGH Kassel [...]). Hierfür spricht schon, daß lediglich ein Elternteil um einstweiligen Rechtsschutz nachgesucht hat, während die anderen Eltern sich nicht gegen die vorläufige Einführung der Rechtschreibreform gewandt haben."

b) Der Beschluß des VG Potsdam fügt sich in etwa in die Argumentationslinie der Entscheidungen der VG Weimar, Mainz und Freiburg ein. Das Gericht konnte aber auch auf die zwischenzeitlich ergangenen obergerichtlichen Entscheidungen zurückgreifen und dadurch bestimmte umstrittene Probleme bewußt offenlassen.

Das VG Potsdam nahm zunächst das Vorliegen einer Regelungsanordnung an, ohne näher darauf einzugehen. In der Prüfung des Rechtsschutzinteresses, welches sonst von keinem weiteren Gericht untersucht oder problematisiert wurde, wurde die Wiener Absichtserklärung als völkerrechtliche Vereinbarung qualifiziert. Mit dieser Ansicht steht das Gericht jedoch völlig allein, da noch nicht einmal die Verfasser der Wiener Absichtserklärung selbst von einer völkerrechtlichen Vereinbarung ausgingen. Auch das Bundesverfassungsgericht hatte in seinem Beschluß vom 21.6.1996 eine völkerrechtliche Bindung ausdrücklich verneint. Hätte das Gericht den Begriff „völkerrechtliche Vereinbarung" im Sinne des Art. 59 Abs. 2 GG verwendet, so hätte es die Kriterien einer völkerrechtlichen Vereinbarung erwähnen und zu den hieraus folgenden Konsequenzen Stellung nehmen müssen. Es ist daher wahrscheinlich, daß das Gericht diesen Begriff nur undifferenziert im Sinne einer zwischenstaatlichen Vereinbarung verwendete. Unabhängig von Begrifflichkeiten ist dem Gericht aber zuzugestehen, daß keine vorgängige inhaltliche Beteiligung betroffener Eltern vorgesehen war.

Offengelassen wurde in dem Beschluß die gesamte Wesentlichkeits- und die Kompetenzproblematik, obwohl umfangreich auf vorangegangene Entscheidungen Bezug genommen wurde, die dies problematisiert hatten. Der Beschluß stützt sich einzig darauf, daß für das Gericht keine Anhaltspunkte für unzumutbare, nicht wiedergutzumachende Nachteile durch das Abwarten der Hauptsacheentscheidung ersichtlich sind. Dafür wird eine umumkehrbare Verfestigung der neuen Regeln beim Sohn der Antragstellerin mit verschiedenen konkreten Erwägungen verneint. Außergewöhnlich ist dabei die Feststellung, daß gegen die Verfestigung der Umstand spreche, daß die Einzelheiten der Reform derzeit noch im Fluß seien. Denn darauf hätte mit gleichem argumentativem Gewicht auch die besondere Unzumutbarkeit der zu erduldenden Nachteile gestützt werden können.

Bedenklich ist dann auch der Schluß des Gerichts, daß bis 2005 noch „ohne weiteres" zu den herkömmlichen Regeln zurückgekehrt werden kann, da die Umkehrung der Argumente des Gerichts dies nicht zwingend nahelegen. Denn die traditionellen Regeln hat der Sohn der Antragstellerin nur 2 1/2 Schuljahre erlernt, sie werden an der betreffenden Schule nicht gleichberechtigt neben den Neuregelungen gelehrt und die Begegnung hiermit außerhalb der Schule ersetzt keine systematische Unterrichtung in einem komplizierten Regelwerk. Da zudem die Neuregelung von der Anzahl her, nach Behauptungen der Befürworter, nur ca. halb so viele Regeln wie die traditionelle Schreibung enthält, kann von einem Zurückkehren „ohne weiteres" so nicht gesprochen werden.

Als Auffangargument wurde am Ende der Entscheidung die Aussicht auf eine baldige bundesverfassungsgerichtliche oder politische Lösung gegeben. Mit dem VGH Kassel wurde auch das praktische Problem einer gesonderten Unterrichtung in die Abwägung mit einbezogen. Dies ist zwar kein rechtliches Argument, aber zumindest ein vertretbarer Abwägungsgesichtspunkt. Gänzlich außerhalb zulässiger gerichtlicher Erwägungen steht aber die Schlußbemerkung, daß die dem Kindeswohl abträgliche Stigmatisierung des Sohnes der Antragstellerin, die für das Gericht gegen eine Aussetzung der Reform spricht, auch durch das isolierte Rechtsschutzbegehren eines Elternteils befördert wird, während andere Eltern sich nicht dagegen wandten. Hier wird der einstweilige Rechtsschutz auf den Kopf gestellt und selbst in einem reflexiven Argumentationsgang zu seinem eigenen Versagungsgrund. Zusätzlich wird das Fehlen weiterer, in dieser Sache anhängiger Verfahren zu einem Argument der Versagung gerichtlichen Schutzes vor staatlichen Eingriffen, wodurch dem Gedanken individuellen Rechtsschutzes hohngesprochen wird.

24. OVG Münster, Beschluß vom 10.11.1997

a) „Der Antrag des beigeladenen Ministeriums auf Zulassung der Beschwerde ist abzulehnen. Er ist unzulässig, weil die vom Verwaltungsgericht erlassene einstweilige Anordnung nur die Antragsgegnerin bindet und das beigeladene Ministerium dadurch nicht beschwert ist. [...] Eine solche materielle Beschwer ergibt sich nicht allein aus dem verwaltungsmäßigen Interesse des Beigeladenen am Ausgang des Verfahrens. [...] Die angefochtene Entscheidung des Verwaltungsgerichts greift nicht unmittelbar in einen dem beigeladenen Ministerium übertragenen gesonderten Aufgabenkreis ein. Die vom Verwaltungsgericht getroffene Anordnung, die Tochter der Antragsteller nicht nach der Neuregelung der deutschen Rechtschreibung zu unterrichten, richtet sich ausdrücklich nur an die Antragsgegnerin. Das beigeladene Ministerium wird dadurch nicht unmittelbar berührt, da die hier durch das Verwaltungsgericht allein untersagte vorzeitige Einführung der neuen Rechtschreibung schon im Schuljahr 1997/98 nicht auf einer Entscheidung des Ministeriums, sondern auf einer Entscheidung der Antragsgegnerin beruht."

b) Diese Entscheidung im Rechtsmittelverfahren zum Beschluß des VG Gelsenkirchen vom 17.9.1997 (Az.: 4 L 2832/97) wurde einzig aus Gründen der Vollständigkeit aufgenommen. Da der Antragsteller nicht einmal Partei ist und die Antragsablehnung aus rein prozessualen Gründen erfolgt, ist die Thematik dieser Untersuchung nicht berührt und somit eine Kritik der Entscheidung nicht erforderlich.

25. OVG Münster, Beschluß vom 11.11.1997

a) „Ein Anspruch der Antragstellerin auf Erlaß einer einstweiligen Anordnung gemäß § 123 Abs. 1 VwGO besteht nicht. Es spricht zwar viel dafür, daß nach der [...] Rechtslage in Nordrhein-Westfalen [...] derzeit eine Unterrichtung der Schüler in den bisher gebräuchlichen Rechtschreibregeln weiterhin geboten und eine Unterrichtung in den neuen Rechtschreibregeln lediglich zusätzlich - gleichzeitig oder zeitlich versetzt - zulässig ist. Die Antragstellerin hat aber nicht glaubhaft gemacht, daß die deshalb mögliche Rechtsverletzung schwerwiegend ist und ein dauerhaftes Ausbildungsdefizit ihrer Töchter nur durch den Erlaß einer einstweiligen Anordnung vermieden werden kann. Sie hat deshalb keinen Anordnungsgrund glaubhaft gemacht. [...]

Gleichwohl bestehen erhebliche Bedenken dagegen, daß der derzeit von der Antragsgegnerin erteilte Rechtschreibunterricht mit höherrangigem Recht in Einklang steht. [...] Auch soweit der Staat die Aufgabe hat, die Schüler die richtige Schreibung der deutschen Sprache zu lehren, bedarf es dazu zwar einer staatlichen Normierung für den Schulunterricht, [...] diese Normierung hat aber sowohl vom Charakter der Rechtschreibregeln als Ergebnis gesellschaftlicher Konvention als auch vom gesetzlichen Bildungsziel der Schule her Nachvollzug gesellschaftlicher Konvention, nicht eine hiervon abgesetzte oder diese erst formenwollende Setzung zu sein (vgl. Löwer, [...]; OVG Hamburg [...]; OVG Lüneburg [...]). Diesen Anforderungen an den Rechtschreibunterricht dürfte eine Unterrichtung allein[829] in der neuen Schreibung nicht entsprechen. Zur Zeit ist in der Gesellschaft nämlich die alte Schreibweise nahezu ausschließlich verbreitet. [...] Die alte und die neue Rechtschreibung würden noch einige Jahrzehnte nebeneinander bestehen. [...] Wer die alte Rechtschreibung beibehält, schreibt daher auch nach dem 1.8.1998 nicht falsch oder „überholt" - so aber der Runderlaß des Ministeriums für Schule und Weiterbildung, sondern traditionell oder überkommen (vgl. BVerfG, Beschluß vom 21.6.1996, [...]). Will die Schule ihrem gesetzlichen Auftrag [...] gerecht werden, so wird sie deshalb in den nächsten Jahren auch in der alten Schreibweise unterrichten müssen, solange die Beherrschung der alten Rechtschreibung für Leben und Arbeit erforderlich ist. Das bedeutet nicht, daß die Bildungszielbestimmung [...] einer Unterrichtung zusätzlich auch in der neuen Schreibweise unter den hier gegebenen Umständen entgegensteht. Auch wenn die Normierung von Rechtschreibregeln für die Schule prinzipiell nur Nachvollzug vorgefundener Schreibung sein darf und die Neuregelung der deutschen Rechtschreibung jedenfalls in Teilen darüber hinausgeht, ist es der Schule, die insbesondere die künftige Bewährung der Schüler in Leben und Arbeit im Blick hat, nicht versagt, zusätzlich auch eine solche Schreibung zu unterrichten, die sich voraussichtlich - zunächst neben der überkommenen Schreibweise, später vielleicht an deren Stelle - gesellschaftlich durchsetzen wird. Einer weiteren gesetzlichen Grundlage bedarf es unter dieser Voraussetzung - Unterrichtung einer sich wahrscheinlich jedenfalls in Teilen der Gesellschaft durchsetzenden Schreibung - nicht. [...] Auch wenn die alte Schreibweise noch auf Jahre hin verbreitet bleiben wird, ist davon auszugehen, jedenfalls nicht auszuschließen, daß - zunächst nur daneben - auch die neue Schreibweise - mehr oder weniger - Verbreitung finden wird. [...] Es wird also für einen zeitlich nicht knapp bemessenen Zeitraum voraussichtlich zu einem Nebeneinander verschiedener Schreibweisen kommen. [...] Es ist daher sinnvoll [...], wenn [...] Schüler nicht nur in der alten Schreibweise [...] unterrichtet werden. Je nach dem Maß der Durchsetzung der neuen Schreibweise im Arbeits- und sonstigen gesellschaftlichen Leben kann es zu einem jetzt noch nicht bestimmbaren Zeitpunkt dazu kommen, daß in der neuen Schreibweise sogar unterrichtet werden muß und auch, nur noch unterrichtet zu werden braucht. [...] Vielleicht bietet gerade das Ungewöhnliche der Situation die Chance, ein aufgeschlossenes Verhältnis zur Rechtschreibung zu gewinnen und eine

---

[829] Hervorhebung im Original.

Überbewertung orthographischer Fehler abzubauen. [...] Dabei spricht angesichts der anhaltenden Diskussion über eine Überarbeitung des neuen Regelwerks und über einen Stopp der Reform durch Bundestag oder Landesparlamente sowie angesichts der in einigen Bundesländern angestrengten, auf einen Volksentscheid gerichteten Verfahren viel dafür, daß es derzeit geboten ist, zunächst mit Schwerpunkt die alte Schreibweise zu unterrichten, um das Risiko, bei einem Scheitern der Rechtschreibreform das erforderliche Wissen nicht erlernt zu haben, für die Schüler möglichst gering zu halten. Nach allem spricht viel für die Rechtswidrigkeit einer Unterrichtung der Schüler allein in der neuen Schreibweise. Eine rechtswidrige Unterrichtung würde auch Rechte der Antragstellerin verletzen. [...]

Auch wenn danach viel dafür spricht [...], daß die Antragstellerin einen Anordnungsanspruch auf Unterlassung des Rechtschreibunterrichts in der gegenüber ihren Kindern derzeit praktizierten Form glaubhaft gemacht hat, fehlt es hier jedoch für den Erlaß einer einstweiligen Anordnung an einem Anordnungsgrund, der von seinem Gewicht her die Vorwegnahme der Hauptsache rechtfertigen könnte. Dafür ist maßgeblich, daß die Kinder der Antragstellerin im Unterricht tatsächlich auch mit der alten Schreibweise in Berührung kommen. Die Antragsgegnerin hat [...] mitgeteilt, daß aus finanziellen Gründen für den Rechtschreibunterricht in der 1. Klasse Fibeln [...] und in der 3. Klasse Lesebücher [...] ausgegeben worden seien, die nach der alten Rechtschreibung verfaßt sind. [...] Von besonderem Gewicht ist hier, daß sich der vom VG durch Auslegung bestimmte und von der Antragstellerin akzeptierte Streitgegenstand des vorliegenden Verfahrens auf den Zeitraum bis zur Beendigung des laufenden Schuljahres beschränkt. [...] Nur ganz wenige Wörter seien von der neuen Rechtschreibregelung betroffen."[830]

b) Nach den vorher ergangenen obergerichtlichen Entscheidungen wirkt dieser Beschluß des OVG Münster, ergangen im Rechtsmittelverfahren zum Beschluß des VG Gelsenkirchen vom 17.9.1997 (Az.: 4 L 2999/97), insgesamt dürftig und sogar etwas unentschieden, jedenfalls nur mäßig überzeugend. Das Gericht differenzierte zum einen nicht zwischen den Varianten der einstweiligen Anordnung und beruft sich nur allgemein auf § 123 Abs. 1 VwGO. Anschließend äußerte es erhebliche Bedenken gegen die staatliche Kompetenz der Einführung völlig neuer Regeln und formulierte dann vorsichtig, daß daher eine Unterrichtung allein in der neuen Schreibung wohl rechtswidrig wäre. Dann folgt eine durch allein vier abschwächende Bindestricheinfügungen gekennzeichnete Passage, in der über die Akzeptanzprognose für die gesamte Gesellschaft die Erforderlichkeit einer gesetzlichen Grundlage für die Einführung als zusätzliche Schreibung verneint wird. Dabei meint man zwischen den Zeilen lesen zu können, wie wenig der Verfasser der Entscheidung selbst von der Kraft dieser Argumentation überzeugt war.

Nicht in eine gerichtliche Entscheidung gehört die rechtlich irrelevante und bedenklich gesellschaftsformerische Äußerung des Gerichts, daß die Situation ja vielleicht die Chance bietet, ein aufgeschlossenes Verhältnis zur Rechtschreibung zu gewinnen und eine Überbewertung orthographischer Fehler abzubauen. Im Beschluß eines Oberverwaltungsgerichts wirkt dieser Satz, anders als in der zitierten Quelle „Informationen zur neuen deutschen Rechtschreibung" des Duden-Verlages, wie eine hoheitliche Gesellschaftskri-

[830] Veröffentlicht in: NJW 1998, 1240 ff.

tik. Denn der Grad der Wertschätzung richtiger Schreibung entzieht sich eindeutig staatlicher Einflußnahmekompetenz.

Das Gericht stellte weiterhin fest, daß eine alleinige Unterrichtung in der neuen Schreibweise wahrscheinlich rechtswidrig sei und das elterliche Erziehungsrecht verletze. Es ließ dieses Problem aber offen, da ja konkret eine Parallelunterrichtung stattfinde. Letztlich wird die Versagung einstweiligen Rechtsschutzes auf den fehlenden, weil nicht glaubhaft gemachten Anordnungsgrund gestützt. Hier wird die Begründung jedoch dürftig, da zwar der Begriff „Vorwegnahme der Hauptsache" erwähnt wird, aber keine echte Abwägung bezüglich der hierzu in der Rechtsprechung entwickelten Kriterien, der Wahrscheinlichkeit des Erfolgs in der Hauptsache und der Intensität der Rechtsverletzung im Sinne der Zumutbarkeit des Abwartens, stattfindet. Das Gericht hielt am Anfang der Entscheidung die alleinige Unterrichtung nach den neuen Regeln noch für wahrscheinlich rechtswidrig, griff dies aber in der Dringlichkeitsprüfung nicht auf und verwies pauschal auf die parallele Unterrichtungspraxis. Wie schon das OVG Hamburg, so ließ auch das OVG Münster trotz wahrscheinlicher Rechtswidrigkeit der Neuregelung die Schüler mit der Entscheidung allein, welche Schreibweise nun die richtige sei.

Das Gericht stellte in seinem Beschluß schließlich fest, daß die Fibeln und Lesebücher auch noch zum Teil in alter Rechtschreibung verfaßt sind, insgesamt in den unteren Klassen nur wenige Wörter von der Neuregelung betroffen sind und der Antrag nur das laufende Schuljahr betrifft. Damit wurden zwar Argumente aufgereiht, die bei der Prüfung eines Anordnungsanspruchs zu berücksichtigen wären, eine wirkliche Darstellung der Interessen und eine echte Abwägung der rechtlichen Gefahren fand jedoch nicht statt.

26. VG Berlin, Urteil vom 14.11.1997

a) „Die Klage ist zulässig. [...] Das Rechtsschutzbedürfnis bei allgemeinen Leistungsklagen der vorliegenden Art erfordert es insbesondere nicht, daß sich der Bürger vorher mit seinem Anliegen an die zuständige Behörde wendet ([...] OVG Bautzen [...]). [...] Darüber hinaus besteht aufgrund der Erklärungen des Beklagten in der Öffentlichkeit und im Verfahren selbst kein Zweifel, daß es offensichtlich ohne Aussicht auf Erfolg geblieben wäre, wenn sich die Kläger bereits vor Beschreiten des Rechtsweges mit ihrem Anliegen an den Beklagten gewandt hätten. Unter diesen Umständen wäre es ein sachlich nicht zu rechtfertigender Formalismus gewesen, die Kläger zunächst auf den Verwaltungsweg zu verweisen (ebenso OVG Bautzen [...]).

Die Klage ist auch begründet. Die Kläger können beanspruchen, daß es der Beklagte unterläßt, die Kläger zu 3) bis 5) nach der von der Kultusministerkonferenz beschlossenen Neuregelung der deutschen Rechtschreibung zu unterrichten. Rechtsgrundlage für den Unterlassungsanspruch sind für die Kläger zu 3) bis 5) deren Grundrechte aus Art. 2 Abs. 1 GG, für die Kläger zu 1) und 2) deren Grundrechte aus Art. 6 Abs. 2 Satz 1 GG. [...]

Der Unterricht nach den Regeln der Rechtschreibreform beeinträchtigt die Kläger rechtswidrig in ihren Grundrechten, weil der Beklagte nicht befugt war, die Berliner Schulen [...] durch als Verwaltungsvorschriften zu qualifizierende Rundschreiben der Schulaufsichtsbehörden anzuweisen, überholte Rechtschreibregelungen im Unterricht nicht mehr neu einzuführen und überholte Schreibweisen nicht mehr zu üben, sondern Rechtschreibunterricht auf der Basis der Neuregelung zu erteilen. Denn bei dieser Anweisung zur Einführung der Rechtschreibreform in den Berliner Schulen handelt es sich um eine für die Ausübung von Grundrechten der Kläger wesentliche Entscheidung, die - sofern insoweit eine Regelungsbefugnis überhaupt besteht - nicht allein auf Verwaltungsvorschriften gestützt werden kann. [...] Da somit die vorgenannten Grundrechte mit dem staatlichen Erziehungsauftrag kollidieren können und die Grenzen zwischen dem staatlichen Erziehungsauftrag einerseits und dem Elternrecht sowie den Persönlichkeitsrechten des Kindes andererseits oft flüssig und nur schwer auszumachen sind, ist bereits die Markierung dieser Grenzen für die Ausübung der genannten Grundrechte vielfach von maßgebender Bedeutung; aus diesem Grunde verpflichten das Rechtsstaatsprinzip und das Demokratieprinzip des Grundgesetzes den Gesetzgeber, die für diese Grenzziehung wesentlichen Entscheidungen selbst zu treffen und nicht der Schulverwaltung zu überlassen (BVerfGE 45, 401, 418; 47, 46, 79, 83). Damit ist der Gesetzesvorbehalt insbesondere im Bereich des Schulwesens, in dem die Abgrenzungsmerkmale zwischen Eingriff und Begünstigung unentwirrbar ineinander übergehen (BVerfGE 41, 251, 259), von überholten Formeln (Eingriff in Freiheit und Eigentum) gelöst und von seiner demokratisch-rechtsstaatlichen Funktion her auf ein neues Fundament gestellt worden (BVerfGE 47, 46, 79). Unabhängig davon, ob im Einzelfall ein Eingriff oder eine Begünstigung in Frage steht, muß der Gesetzgeber im grundrechtsrelevanten Bereich daher bereits die Grenze zwischen dem staatlichen Erziehungsauftrag einerseits und dem Elternrecht sowie den Persönlichkeitsrechten des Kindes andererseits selbst festlegen, sofern es sich um eine für die Ausübung dieser Grundrechte wesentliche Entscheidung handelt. [...] Bei Anlegung dieser Maßstäbe erweist sich die Einführung der Rechtschreibreform in der Schule der Kläger zu 3) bis 5) als wesentlich für die Verwirklichung der Grundrechte der Kläger, weil durch sie herkömmliche Lernziele und -inhalte in ihren Grundzügen verändert werden (ebenso u.a. OVG Lüneburg [...] und OVG Bautzen [...]; wohl auch OVG Münster [...]). [...] Die Rechtschreibung hat in unserer Gesellschaft eine weitreichende Bedeutung für die weitere Entwicklung und Entfaltung der Persönlichkeit eines Kindes. Das Erlernen der Orthographie ist daher als ein grundlegendes Bildungsziel anzusehen (vgl. hierzu u. a. VG Wiesbaden [...]; VG Hannover [...]; Kopke, Rechtschreibreform und Verfassungsrecht [...]). [...] Darüber hinaus wird die Beherrschung der Rechtschreibung allgemein als ein Maßstab für Intelligenz angesehen, während mangelnde Rechtschreibkenntnisse Grundlage von Diskriminierungen sein können. Wegen der Bedeutung, die der Orthographie danach in unserer Gesellschaft zukommt, kann nicht der Ansicht gefolgt werden, daß Rechtschreibunterricht lediglich wertneutrale Vermittlung von Sachwissen ist (so aber VG München [...]; VG Weimar [...]; VG Magdeburg [...]). Aus dieser grundlegenden Bedeutung der Rechtschreibung für die Entfaltungsmöglichkeiten der Schülerinnen und Schüler allgemein und der Kläger zu 3) bis 5) im besonderen folgt, daß auch die Veränderung[831] der Grundsätze und des herkömmlichen Inhalts des Rechtschreibunterrichts eine wesentliche Entscheidung sein kann. Die Rechtschreibung, wie sie in der Schule bisher gelehrt wurde, beruht traditionell auf einem allgemeinen gesellschaftlichen Konsens. Die Entwicklung der Rechtschreibung zeigt, daß sie historisch gewachsen und primär das Ergebnis gesellschaftlicher Konvention ist (vgl. u. a. OVG Hamburg [...], OVG Lüneburg [...], OVG Bautzen [...] und OVG Münster [...]).[...] In Fortführung dieses herkömmlichen Lernziels würde es der staatlichen Erziehungsauftrag daher ohne weiteres gestatten, in den Schulunterricht neue Rechtschreibregeln einzuführen, die sich in der Gesellschaft bereits praktisch durchgesetzt haben [...] gleiches gilt, sofern ein gesellschaftlicher Konsens über die inhaltlichen Regelungen der Rechtschreibreform in absehbarer Zeit mit Sicherheit erwartet werden könnte, da eine verantwortungsbewußte Schulerziehung eine entsprechende Zukunftsperspektive zu berücksichtigen

[831] Hervorhebung im Original.

hätte (vgl. OVG Schleswig [...]). Demgegenüber würde mit der Einführung einer von anerkannten Schreibregeln abweichenden gesonderten „Schülerrechtschreibung" der bisherige Konsens über Grundsätze, Ziele und Inhalt des Rechtschreibunterrichts verlassen; eine solche Entscheidung wäre wesentlich im vorgenannten Sinne, sofern die Neuregelungen wegen ihres Umfangs mehr als eine nur marginale Korrektur des bisherigen Regelwerks darstellen würden. So liegt der Fall hier. Denn mit der Rechtschreibreform werden nicht nachvollziehend Schreibregeln eingeführt, die sich bereits im Sprachraum durchgesetzt haben oder in der Gesellschaft allgemein anerkannt sind, sondern neue Regeln, von denen ungewiß ist, ob sie allgemeine Anerkennung erlangen. [...] Damit erweist sich die Neuregelung der deutschen Rechtschreibung als das Ergebnis wissenschaftlicher und pädagogischer Erkenntnisse über die Vereinfachung der deutschen Schriftsprache, nicht aber als Festschreibung eines sich in der Sprachgemeinschaft entwickelten Prozesses. [...] Ebensowenig ist gegenwärtig mit hinreichender Sicherheit zu erwarten, daß sich die neue Rechtschreibung zukünftig in der Allgemeinheit durchsetzen wird. [...] Hinsichtlich der insoweit anzustellenden Prognose ist das Gericht nicht auf eine eingeschränkte Nachprüfung einer Entscheidung des Beklagten beschränkt; denn die Schulverwaltung hat weder eine entsprechende Prognoseentscheidung getroffen noch war sie hierzu gesetzlich ermächtigt (a. A. offenbar OVG Schleswig [...]). Mit der Anweisung an die Schule, nunmehr die in der Rechtschreibreform niedergelegten neuen Schreibweisen und Regeln zu lehren, werden die bisherigen Grundsätze und das traditionelle Ziel des Rechtschreibunterrichts, die Schülerinnen und Schüler mit dem im Sprachraum anerkannten Schreibgebrauch vertraut zu machen, teilweise aufgegeben und ins Gegenteil verkehrt. Indem die Schule allgemein anerkannte, gewachsene Rechtschreibung nicht mehr nachvollzieht, sondern eigene Rechtschreibregeln vermittelt, wird sie zur Initiatorin einer veränderten Rechtschreibung in der Allgemeinheit (vgl. OVG Bautzen [...] und OVG Schleswig [...]; VG Dresden). [...] Diese Abkehr von der bisherigen Tradition und eine Instrumentalisierung der Schule und Schüler zum Mittel der Sprachbeeinflussung stellt eine bildungs- und schulpolitische Grundentscheidung von allgemeiner Bedeutung dar, die - wenn überhaupt - nur durch eine Leitentscheidung des demokratisch legitimierten Gesetzgebers, nicht aber durch die Schulverwaltung im Wege von Verwaltungsvorschriften getroffen werden kann (vgl. u. a. OVG Bautzen [...]). Die veränderten Schreibregeln beziehen sich auch nicht nur auf verfassungsrechtlich irrelevante Randbereiche der Rechtschreibung (so u. a. auch OVG Lüneburg [...]) [...].

Es bedarf keiner Entscheidung, ob der Staat überhaupt berechtigt ist, die Rechtschreibung durch eigene Regelungstätigkeit - sei es auch durch Gesetz - zu verändern, was in Rechtsprechung und Schrifttum mit unterschiedlichen rechtlichen Erwägungen verneint wird (OVG Hamburg, OVG Lüneburg und OVG Bautzen [...];[...] ansatzweise auch OVG Schleswig [...]). Schließlich kommt es nach der Rechtsauffassung der Kammer nicht darauf an, ob die Länder für die Rechtschreibreform zuständig waren oder ob insoweit eine (ungeschriebene) Bundeskompetenz besteht [...] und ob - wie das OVG Lüneburg [...] meint - die Einführung der Rechtschreibreform insoweit gegen den Beschluß der Kultusministerkonferenz [...] verstieß, als es an einer dort vorausgesetzten Zustimmung der Bundesregierung fehlt und die Rechtschreibreform bereits vor ihrem Inkrafttreten (1. August 1998) in den Berliner Schulen umgesetzt wurde."[832]

b) Das VG Berlin erließ als erstes Gericht in Sachen Rechtschreibreform ein Urteil, d.h. eine Entscheidung in der Hauptsache. Das Urteil ist klar strukturiert und kommt über die bisherige Ungebräuchlichkeit der neuen Regeln und die fehlende Sicherheit der zukünftigen Durchsetzung in der Allgemeinheit zu der Schlußfolgerung, daß durch die Reform herkömmliche Lernziele und -

---

832 Veröffentlicht in: NJW 1998, 1243 ff.

inhalte in ihren Grundzügen verändert werden. Im Rahmen der Rechtsprechung zum Schulwesen ist die Reform als eine bildungs- und schulpolitische Grundentscheidung von allgemeiner Bedeutung eine wesentliche Entscheidung. Hervorzuheben ist an dem Urteil die deutliche Kenntlichmachung, daß die Wesentlichkeit grundsätzlich und allgemein festgestellt wurde und es für das Gericht auf eine konkrete Grundrechtsverletzung bei einzelnen somit nicht ankam. Auf die erforderliche saubere Trennung dieser Argumentationslinien wurde bereits oben bei der Besprechung der Entscheidung des VG Weimar[833] hingewiesen. Die Rechtswidrigkeit der Unterrichtung nach den neuen Regeln verletzt wegen der fehlenden gesetzlichen Grundlage nach Ansicht des Gerichts bereits das Persönlichkeitsrecht der Kinder und das Erziehungsrecht der Eltern. Die abstrakte Frage einer staatlichen Regelungskompetenz („ob" und wenn ja, „wer" und „wie") konnte daher explizit offenbleiben. Ebenfalls offen ließ das Gericht eine Entscheidung über die mögliche, vom OVG Lüneburg angenommene formelle Rechtswidrigkeit wegen fehlender Bundeszustimmung.

Bei den zitierten Entscheidungen fällt auf, daß das VG Berlin sich vorwiegend auf die bereits ergangenen oberverwaltungsgerichtlichen Entscheidungen stützte. Als Gruppe von argumentativ ähnlichen Entscheidungen wurden, bei der Verneinung der Ansicht, daß der Rechtschreibunterricht lediglich die Vermittlung von Sachwissen sei, aber auch die drei Beschlüsse der VG München, Weimar und Magdeburg zitiert. Dadurch entsteht im Urteil der Eindruck, daß eine Konvergenz in der Rechtssprechungsentwicklung hin zu den Oberverwaltungsgerichten im Hinblick auf eine Bejahung der Wesentlichkeit stattgefunden hatte. Selbst die Entscheidung des OVG Münster, die drei Tage vor dem Urteil des VG Berlin erging, wurde zitiert. Eine solche Rechtsprechungsentwicklung ist bei einer echten Gesamtbetrachtung der Entscheidungen jedoch nicht festzustellen, da die OVG Schleswig, Greifswald, Hamburg und Münster sowie der VGH Kassel weder Grundrechtsverletzungen noch die Wesentlichkeit bejahten, beziehungsweise diese Fragen offenließen.

Dem VG Berlin war in einem normalumfänglichen Urteil eine umfassende Berücksichtigung der gesamten Rechtsprechung wohl nicht zumutbar gewesen. Trotzdem bleibt zu konstatieren, daß die Bezugnahme auf vorherige Entscheidungen selektiv wirkt. Insgesamt tut dies allerdings der Klarheit der Struktur der Entscheidung keinen Abbruch.

27. Bundesverfassungsgericht, Beschluß vom 30.12.1997

a) „Die Annahmevoraussetzungen des § 93 a Abs. 2 BVerfGG liegen nicht vor, weil die Verfassungsbeschwerde unzulässig ist. [...] Der Vortrag der Bf. zu dem behaupteten Verstoß

---

[833] Vgl. oben S. 189 ff.

gegen die Grundrechte aus Art. 6 Abs. 2 Satz 1 und Art. 2 Abs. 1 GG geht, soweit er die materiellrechtliche Frage der Rechtmäßigkeit der Einführung der Rechtschreibreform betrifft, insbesondere sich mit der Frage des Gesetzesvorbehalts („Wesentlichkeitstheorie") befaßt, am maßgeblichen Inhalt des angegriffenen Beschlusses vorbei. Das OVG hat diese Frage ausdrücklich offengelassen („letztlich kann die Entscheidung dem Hauptverfahren vorbehalten bleiben"). Tragender Grund für die Ablehnung des Eilantrags war vielmehr die Verneinung eines Anordnungsgrundes, also der Eilbedürftigkeit der Sache. [...] Das OVG stützt seine Auffassung, daß ein Anordnungsgrund fehlte, ausschlaggebend auf die Erwägung, daß die Beeinträchtigung von Rechten der Bf. oder ihrer Kinder durch die derzeit praktizierte Unterrichtsgestaltung im allein streitgegenständlichen Zeitraum des verbleibenden Schuljahrs nicht von solchem Gewicht sei, daß es zu Ausbildungsdefiziten kommen könne, die nur durch den Erlaß einer einstweiligen Anordnung vermieden werden könnten. [...]. Der Vorwurf, daß die gegenwärtig gehandhabte Verwendung von Büchern in alter Schreibweise sich jederzeit ändern könne, ist tatsächlicher Art und zielt auf ungewisse Ereignisse in der Zukunft. Der weitere Einwand, auf die in den alten Schulbüchern enthaltene Schreibweise dürfe nicht abgehoben werden, weil in diese Bücher von den Schülern Änderungen aufgrund der Rechtschreibreform einzutragen seien und diese Änderungen an die Nachfolger des nächsten Schuljahres weitergegeben würden, geht ebenfalls an der konkreten Entscheidung vorbei, weil der Antrag auf einstweilige Anordnung ausdrücklich nur das laufende Schuljahr 1997/98 zum Gegenstand hat. Das Vorbringen schließlich, die derzeitige „de facto zweisprachige Erziehung" sei ein „unhaltbarer Zustand", ist so allgemein gehalten, daß ihm keine Anhaltspunkte dafür entnommen werden können, bei der konkret auf die Schulsituation der beiden Töchter der Bf. abstellenden Argumentation des OVG hätten Bedeutung und Umfang der angeführten Grundrechte grundlegend verkannt worden oder sachfremde Erwägungen maßgeblich gewesen sein können [...]."[834]

b) Die Ablehnung dieser Verfassungsbeschwerde zum Beschluß des OVG Münster vom 11.11.1997 erfolgte rein aus Gründen der inhaltlichen Mangelhaftigkeit der Beschwerdeschrift, die für das Gericht nicht substantiiert genug auf die in der Verneinung des Anordnungsgrundes möglicherweise liegende Grundrechtsverletzung durch das OVG Münster einging. Eine eindeutige Rechtsansicht des Bundesverfassungsgerichts zu den juristischen Problemen der Rechtschreibreform läßt sich dieser Entscheidung nicht entnehmen, obwohl mittelbar bereits durchscheint, daß das Gericht die Einführung der neuen Rechtschreibung auf dem Erlaßweg zumindest nicht für evident grundrechtswidrig hält.

28. Bundesverfassungsgericht, Beschluß vom 30.12.1997

a) „Die Annahmevoraussetzungen des § 93 a Abs. 2 BVerfGG liegen nicht vor, weil die Verfassungsbeschwerde unzulässig ist. Die materiellrechtlichen Rügen einer Verletzung von Art. 2 Abs. 1 i. V. mit Art. 1 Abs. 1 und von Art. 6 Abs. 2 Satz 1 GG sind unzulässig, weil sie am maßgeblichen Inhalt der angegriffenen Entscheidung vorbeigehen. [...] Unzulässig ist auch die Rüge, das OVG habe unter dem Aspekt einer unzulässigen Überraschungsentscheidung den Anspruch der Bf. auf rechtliches Gehör nach Art. 103 Abs. 1 GG verletzt, weil es unter Verkennung der von ihnen lediglich als „Zwischenlösung" für die Bf. vor dem

834 Veröffentlicht in: NJW 1998, 1218 f.

OVG gedachten Vereinbarung mit dem Gymnasium einen Anordnungsgrund verneint habe. Die Rüge genügt ebenfalls nicht den gesetzlichen Begründungserfordernissen [...]. Das Beschwerdevorbringen läßt nicht erkennen, daß die angegriffene Entscheidung auf dem geltend gemachten Verstoß gegen Art. 103 Abs. 1 GG beruht. Das OVG hat das - entscheidungserhebliche - Fehlen der Glaubhaftmachung eines Anordnungsgrundes damit begründet, daß die Bf. zu 3 sowohl nach der von den Kultus-ministern beschlossenen Neuregelung der Rechtschreibung, aber weiter auch nach der bisher geltenden Übung unterrichtet werde. Deshalb könne die Bf. zu 3 in der Schule nach den Überkommenen Regeln schreiben, ohne daß ihr dies als fehlerhaft angerechnet werde. [...] Daß die Bf. zu 3 nach Auffassung des OVG unabhängig davon auch nach dem Sinn der Neuregelung über die Rechtschreibung nach alter und neuer Schreibung unterrichtet wird und deshalb, ohne schulische Nachteile besorgen zu müssen, weiterhin auch nach den bisherigen Regeln schreiben kann, ist dagegen nicht Gegenstand von Rügen der Bf. Unter diesen Umständen kann nicht davon ausgegangen werden, daß die angegriffene Entscheidung auf dem von der Bf. geltend gemachten Gehörverstoß beruht [...]. Der Zulässigkeit der Rüge einer Verletzung von Art. 103 Abs. 1 GG steht im Übrigen auch der Grundsatz der Subsidiarität der Verfassungsbeschwerde entgegen. [...]“[835]

b) Die Ablehnung der Beschwerde zum Beschluß des OVG Hamburg erfolgte hier ebenfalls aus Gründen der Mangelhaftigkeit der Beschwerdeschrift. Zusätzlich wurde noch die Verletzung rechtlichen Gehörs gerügt; das Gericht konnte aber auf die noch nicht ausgeschöpften sonstigen Möglichkeiten des Rechtsschutzes verweisen. Der Beschluß ist, wie der vorhergehende, für diese Untersuchung inhaltlich ohne weitergehende Bedeutung.

29. VG Meiningen, Beschluß vom 14.1.1998

a) „Der Antrag auf Erlaß einer einstweiligen Anordnung ist zulässig [...] und begründet [...]. [...]

Nach § 123 Abs. 1 Satz 1 VwGO kann das Gericht [...] Anordnungen in Bezug auf einen Streitgegenstand treffen, wenn [...]. Einstweilige Anordnungen sind auch zur Regelung eines vorläufigen Zustands [...] zulässig [...] (§ 123 Abs. 1 Satz 2 VwGO). [...]

Die vorgezogene Einführung der neuen Rechtschreibung durch die Verwaltungsvorschrift vom 14. Dezember 1996 dürfte aller Voraussicht nach rechtswidrig sein, weil diese nicht mit Ziffer 2. des Kultusministerkonferenzbeschlusses vom 1. Dezember 1995 zu vereinbaren ist. Voraussetzung ist danach für die Einführung der neuen Rechtschreibung als verbindliche Grundlage für den Unterricht in allen Schulen, daß unter anderem auch der Bund dem Neuregelungsvorschlag **zustimmt**[836]. Diese Zustimmung liegt jedoch bislang nicht vor, da das Bundeskabinett die Neuregelung der Rechtschreibung am 17. April 1996 (lediglich) „zur Kenntnis genommen“ hat. Eine schlichte Kenntnisnahme unterscheidet sich jedoch rechtlich von einer Zustimmung und kann einer solchen inhaltlichen Zustimmung nicht gleichgesetzt werden. Es erscheint auch fraglich, ob die Meinungsbildung auf Bundesebene immer noch als abgeschlossen angesehen werden kann. Auf Antrag des Rechtsausschusses, der auf eine Ablehnung der von der Kultusministerkonferenz beschlossenen Neuregelung der deutschen Rechtschreibung gerichtet war, fand am 2. Juni 1997 eine öffentliche Anhörung statt. Zwar wurde der ursprüngliche Antrag nicht aufrecht erhalten, im

---

[835] Veröffentlicht in: NJW 1998, 1217 f.

[836] Hervorhebung im Original.

Rechtsausschuß aber ein neuer Entschließungsentwurf vom 12.06.1997 vorgelegt, der unter anderem die Kultusministerkonferenz dazu aufruft, „innezuhalten und auf die sofortige Umsetzung der Rechtschreibreform zu Beginn des nächsten Schuljahres zu verzichten" (OVG Lüneburg [...]; VG Hamburg [...]).[...]

Ein Verstoß gegen den Kultusministerkonferenzbeschluß liegt auch insofern vor, als der Antragsgegner in seinem Zuständigkeitsbereich die neue Rechtschreibung schon vor dem 1. August 1998 für den Schulunterricht verbindlich geregelt hat. [...] Mit dieser Verwaltungsvorschrift des Antragsgegners erfolgte praktisch schon zum Schuljahr 1996/97 die verbindliche Einführung der Rechtschreibreform. Insoweit unterscheidet sich der konkrete Fall hier von den Sachverhalten, die der Entscheidung des VGH Kassel [...] sowie dem Beschluß des OVG Münster [...] zugrunde lagen, da dort die Schüler jeweils auch noch in der herkömmlichen Rechtschreibung im Unterricht unterwiesen wurden. Der vom Antragsgegner durchgeführte „Vorgriff" auf den Zeitpunkt der Einführung der reformierten Rechtschreibung dürfte sich nicht mit dem Kultusministerkonferenzbeschluß vom 1. Dezember 1995 vereinbaren lassen, da dies nicht als „weitere Übergangsregelung" im Sinne von Ziffer 4 b des Beschlusses anzusehen sein dürfte. [...]

Die dem Kultusministerkonferenzbeschluß vom 1. Dezember 1995 widersprechende unzulässige Verbindlichkeitserklärung der Rechtschreibreform verletzt auch die Rechte der Antragsteller, da diese einen Anspruch haben, daß die Antragsteller zu 2. und 3. in der Schule gemäß der geltenden Rechtslage unterrichtet werden (Art. 20 Abs. 3 GG). Gerade dies dürfte jedoch im Fall des Vorziehens der Rechtschreibreform nicht vorliegen, da der Vorgriff von dem Kultusministerkonferenzbeschluß nicht gedeckt ist. Dieser sieht vor, daß die Rechtschreibreform im gesamten Bundesgebiet **einheitlich** zum 01.08.1998 in Kraft gesetzt wird. Dies dürfte auch unter dem Gesichtspunkt der Gleichbehandlung und der Chancengleichheit (Art. 3 Abs. 1 GG) sowie aufgrund der Natur der Sache geboten sein, denn eine geänderte Rechtschreibung kann nur insgesamt, d.h. bundesweit, dem Schulunterricht zugrunde gelegt werden und nicht in den Ländern zu unterschiedlichen Zeitpunkten. Die (Schrift-) Sprache ist eine überregionale Angelegenheit, weshalb über die Notwendigkeit der Bundeseinheitlichkeit Übereinstimmung besteht (OVG Lüneburg [...]). Eine unterschiedliche Einführung der Rechtschreibreform durch das Vorziehen in einzelnen Ländern, wie hier in Thüringen, würde für die Antragsteller zu 2. und 3. und die übrigen Schüler in Thüringen ein erhöhtes Risiko nach sich ziehen, falls die Rechtschreibreform geändert oder für nicht zulässig erklärt werden sollte. Da jedoch Schüler in anderen Bundesländern dieses Risiko nicht in gleichem Maße zu tragen haben, wie die Entscheidungen des OVG Münster und des VGH Kassel zeigen, dürften die Antragsteller zu 2. und 3. damit gegenüber Schülern aus anderen Bundesländern benachteiligt sein [...]. Das Unterlassen einer solchen ungleichen Behandlung können die Antragstellerin zu 1. aufgrund ihres Erziehungsrechtes (Art. 6 Abs. 2 Satz 1 GG) und die Antragsteller zu 2. und 3. unmittelbar geltend machen. [...]

Im übrigen haben die Antragsteller die Voraussetzungen für den Erlaß einer einstweiligen Anordnung auch glaubhaft gemacht, da nach der gebotenen summarischen Prüfung nach Auffassung der Kammer überwiegendes dafür spricht, daß die Anweisung zur vorzeitigen Einführung der Rechtschreibreform in den Thüringer Schulen durch die Verwaltungsvorschrift gravierend in die Grundrechte der Antragsteller eingreift. Da es sich bei der Rechtschreibreform um eine wesentliche Entscheidung handeln dürfte, kann sie - sofern insoweit eine Regelungsbefugnis überhaupt besteht - nicht allein auf einen Beschluß der Kultusministerkonferenz bzw. auf einen Erlaß des Thüringer Kultusministeriums, die lediglich Verwaltungsvorschriften darstellen, gestützt werden. [...] Ein Eingriff in das in dem allgemeinen Persönlichkeitsrecht enthaltene Recht auf sprachliche Integrität (Kopke [...]), zu dem die Sprech- und Schreibfreiheit von Menschen, die die deutsche Sprache in der allgemein praktizierten Weise sprechen, dürfte nicht zu verneinen sein. Die sprachliche Integrität umfaßt das Recht zur Anpassung der Schriftsprache an den gegenwärtigen schriftlichen Sprachgebrauch, nicht jedoch die planmäßige Änderung der Rechtschreibung. Eingriffe in dieses Recht bedürfen einer gesetzlichen Grundlage, da diese als wesentlich anzusehen sind (vgl. OVG Lüneburg [...], OVG Münster [...], OVG Bautzen [...], VG Wiesbaden [...], VG Hannover [...], VG Gelsenkirchen [...], VG Hamburg [...], a.A. OVG Schleswig [...], OVG Hamburg [...]; VG Weimar [...]; VG Mainz [...]; VGH Kassel [...]; OVG Greifswald [...]).

[...] Unter Zugrundelegung dieser Maßstäbe dürfte sich die vorgezogene Einführung der Rechtschreibreform als wesentlich für die Verwirklichung der Grundrechte der Antragsteller erweisen, da hierdurch herkömmliche Lernziele und Inhalte in ihren Grundzügen verändert werden. Die Rechtschreibung hat in der Gesellschaft eine weitreichende Bedeutung, weshalb das Erlernen der Orthographie als grundlegendes Bildungsziel angesehen wird. [...] Diese Entwicklung zeigt, daß sie historisch gewachsen und primär das Ergebnis gesellschaftlicher Konventionen ist (vgl. OVG Hamburg [...], OVG Lüneburg [...]; OVG Münster [...]; OVG Bautzen [...]).

[...] Wegen der anhaltenden Diskussionen über den Reformstop oder eine Überarbeitung des neuen Regelwerks durch Bundestag und Landesparlamente, der in einigen Bundesländern angestrengten Verfahren über einen Volksentscheid zur Rechtschreibreform, der als Konsequenz aus der Entscheidung des OVG Lüneburg erfolgten Rücknahme der neuen Rechtschreibregeln im Bundesland Niedersachsen und auch nach den in den Medien zum Ausdruck gebrachten allgemein gegen die Reform bestehenden Kritik dürfte aller Wahrscheinlichkeit nach davon auszugehen sein, daß die neuen Rechtschreibregeln in der Bevölkerung zumindest derzeit keine hinreichende Akzeptanz finden wird. [...] Bei der insoweit im summarischen Verfahren anzustellenden Prognoseentscheidung kann das Gericht eine zukünftige Akzeptanz der neuen Rechtschreibregeln zur Zeit nicht feststellen. [...] Die Schule paßt sich nicht einer mit Wirkung für die Zukunft normierten und allgemein zu erwartenden Rechtschreibung an, sie ist vielmehr deren faktische Initiatorin. [...] Es kann auch kaum ernsthaft bezweifelt werden, daß die Neuregelungen weit über den schulischen Bereich hinaus reichen und die Schreibweise der deutschen Sprache insgesamt verändern soll. [...] In diese Richtung zielt auch eine Äußerung des bayerischen Kultusministers, der gesagt hat, daß es bei der Rechtschreibreform um einen Beschluß gehe, der für viele Jahre regele, wie das deutsche Volk schreibe (vgl. Kopke [...]; VG Dresden [...]). [...] Die Veränderung der Schreibweisen stellt auch keine wertneutrale Vermittlung von Sachwissen dar [...] [und kann] nicht durch die Schulverwaltung im Wege von Verwaltungsvorschriften getroffen werden, denn diese veränderten Schreibregeln beziehen sich nicht nur auf verfassungsrechtlich irrelevante Randbereiche der Rechtschreibung (so auch OVG Lüneburg [...]; VG Dresden [...]; VG Berlin [...]). Unabhängig von der Frage, ob der Staat überhaupt berechtigt ist, die Rechtschreibung durch eigene Regelungstätigkeit zu verändern, was zum Teil in der Rechtsprechung [...] mit unterschiedlichen rechtlichen Erwägungen verneint wird (OVG Hamburg [...]; OVG Lüneburg [...] und OVG Bautzen [...]), spricht aus den vorgenannten Gründen vieles dafür, daß die Rechtschreibreform als „wesentliche" Entscheidung jedenfalls einer gesetzlichen Grundlage bedarf. [...] Von daher wäre eine formelle, gesetzliche Regelung im Bereich der Rechtschreibreform als eine parlamentarische Leitentscheidung jedenfalls hinsichtlich der Reichweite und Richtung einer über den Nachvollzug (sprach)gesellschaftlicher Wandlungen hinausgehenden Reform und der von ihr gegebenenfalls anzulegenden linguistischen Kriterien möglich (vgl. auch OVG Lüneburg [...]).

[...] Die Antragsteller haben auch den erforderlichen Anordnungsgrund für die Dringlichkeit einer Entscheidung glaubhaft gemacht. Die in der 5. und 7. Klasse befindlichen Antragsteller zu 2. und 3. werden zumindest seit dem Schuljahr 1997/98 (lediglich) mit der neuen Rechtschreibung konfrontiert [...]. Bis zu einer möglichen Entscheidung in der Hauptsache würden die Antragsteller durch das weitere Erlernen des neuen Rechtschreibregelwerkes weiter in der deutschen Rechtschreibung verunsichert, da die neuen Regelungen mit zunehmender Dauer weiter verinnerlicht würden und ein möglicher Erfolg der Klage nicht mehr rechtzeitig käme. Schließlich ist zu berücksichtigen, daß die Antragsteller erneut umlernen müßten, wenn auf politischer Ebene von der Durchführung der Rechtschreibreform abgesehen werden würde. Dies ist nach der derzeitigen Erkenntnislage, insbesondere auch nach der Verfassungsbeschwerde gegen die Entscheidung des OVG Schleswig sowie der Sprungrevision gegen das Urteil des VG Berlin zumindest als offen einzuschätzen. Dem gegenüber ist es dem Antragsgegner durchaus zuzumuten, mit einer Umsetzung der Rechtschreibreform vor dem 1. August 1998 zu warten, bis eine juristische bzw. politische Lösung erfolgt ist. Insoweit stellt der von der Kammer ausgelegte einstweilige Anordnungsantrag auch keine unzulässige Vorwegnahme der Hauptsache dar. Das Unterlassungsbegehren ist lediglich darauf gerichtet, die vorzeitige Umsetzung vor dem 1. August 1998 bis zu einer Entscheidung in der Hauptsache zu suspendieren."

b) Das VG Meiningen erwähnte in seinem Beschluß anfänglich die beiden Varianten des § 123 Abs. 1 VwGO, äußerte sich aber nicht, welche es für einschlägig hielt. Der Beschluß stellt sich in seinem materiellen Prüfungsergebnis als eine Synthese aus verschiedenen vorangegangenen Entscheidungen dar. Zum einen knüpft er eng an die Entscheidung des OVG Lüneburg an, übernimmt aber ergänzend und als tragende Gründe auch die Argumentationen mehrerer anderer Gerichte zu Grundrechtsverletzungen und der daraus folgenden Wesentlichkeit. Das OVG Lüneburg hatte in seiner Entscheidung an der Rechtmäßigkeit nur Zweifel geäußert, die Frage aber letztlich offengelassen.

Mit dem OVG Lüneburg wurden die Ansichten geteilt, daß es noch formell an der Zustimmung des Bundes fehle und eine verbindliche Vorabeinführung nicht vom Beschluß der Kultusministerkonferenz gedeckt sei. Bei der Kritik hieran kann auf die Ausführungen zum Beschluß des OVG Lüneburg verwiesen werden[837]. Bezüglich der verbindlichen Vorabeinführung stellte das VG Meiningen den Unterschied zu den Entscheidungen des VGH Kassel und des OVG Münster heraus, in denen tatbestandlich eine Parallelunterrichtung erfolgt war. Diese beiden Entscheidungen hatten einen Anordnungsanspruch für wahrscheinlich gehalten, die Frage aber letztlich offengelassen, da wegen der Parallelunterrichtung kein Anordnungsgrund vorliege. Ebenfalls mit dem OVG Lüneburg hielt das VG Meiningen die Bundeseinheitlichkeit für so wichtig, daß es schon in den unterschiedlichen Einführungsterminen eine Verletzung des Gleichbehandlungsgrundsatzes sah. In diesem Zusammenhang wurde die rechtliche Bindungswirkung aus dem Prinzip der Bundestreue hergeleitet und sogar eine verfassungsrechtliche Unterlassungspflicht bezüglich einer Vorverlagerung der Reform angenommen. Einen Anspruch auf Unterlassen der Unterrichtung nach den neuen Regeln aus Art. 6 Abs. 2 Satz 1 i.V.m. Art. 3 Abs. 1 GG für die Eltern und direkt aus Art. 3 Abs. 1 GG für die Kinder hatte in dieser Konsequenz nicht einmal das OVG Lüneburg vertreten.

Für die Frage der Wesentlichkeit wurden 13 der vorangegangenen Entscheidungen pro und contra zitiert. Die Wesentlichkeit wurde dann im Kern auf die Verletzung des Rechts auf sprachliche Integrität als Teil des allgemei-

---

[837] Vgl. oben S. 227 ff.

nen Persönlichkeitsrechts gestützt, wobei auf die weitreichende Bedeutung für die Gesellschaft und die zur Zeit der Entscheidung nicht hinreichende Akzeptanz in der Bevölkerung ergänzend verwiesen wurde. Die allgemeine Frage einer staatlichen Berechtigung der Einflußnahme wurde vom VG Meiningen bewußt offengelassen. Bei der Prüfung des Anordnungsgrundes kam das Gericht zu der Ansicht, daß ein weiteres Erlernen der neuen Rechtschreibung die Antragsteller auch weiter in der deutschen Rechtschreibung verunsichern würde. Dieser Gedanke war vorher nicht so eindeutig formuliert worden wie hier und es fällt dabei auch gleichzeitig die bemerkenswerte sprachliche Differenzierung nach neuer und nach deutscher Rechtschreibung ins Auge.

Diese Anfang 1998 ergangene Entscheidung kann bereits direkt auf die beiden anhängigen höchstrichterlichen Verfahren vor dem Bundesverfassungsgericht und dem Bundesverwaltungsgericht verweisen. Die Absehbarkeit der Klärung der verfassungsrechtlichen Fragen wurde hier als Argument für die Zumutbarkeit des Abwartens des Antragsgegners benutzt, d.h. die Zielrichtung des Arguments hing erneut eng zusammen mit dem Ergebnis der Prüfung des Anordnungsanspruches.

30. VG Wiesbaden, Beschluß vom 26.1.1998

a) „Der somit zulässige Antrag ist begründet. Insoweit wird auf die Gründe des Beschlusses der Kammer vom 28. 7. 1997 [...] Bezug genommen, an denen das Gericht im wesentlichen festhält. [...] Bezüglich eines Anordnungsanspruches ist das OVG Schleswig in seinem den Erlaß einer einstweiligen Anordnung ablehnenden Beschluß [...] noch davon ausgegangen, daß eine Änderung von Schreibweisen der deutschen Sprache staatlicher Verfügungsgewalt entzogen sei und die beabsichtigte Reform nicht die Orthographie ändere, sondern sie lediglich der allgemein zu erwartenden Rechtschreibänderung (im Rahmen der natürlichen Entwicklung) anpasse. [...] Die nach Erlaß des genannten Beschlusses eingetretene Entwicklung läßt es aber mehr als fragwürdig erscheinen, ob die vorgesehene Rechtschreibreform die erforderliche Akzeptanz finden wird. Auch das OVG Schleswig hat für den Fall, daß „die Vertretbarkeit der positiven Akzeptanz-Prognose" erschüttert werde, ausgeführt, daß das Reformwerk für diesen Fall „kein tauglicher Gegenstand eines korrekten Deutschunterrichts" mehr wäre. Die Kammer geht davon aus, daß sich die Verhältnisse bezüglich der Rechtschreibreform, wie sie noch dem Beschluß des OVG Schleswig zugrunde gelegen haben, seit damals so sehr geändert haben, daß es eher äußerst unwahrscheinlich erscheint, daß das auf den genannten Entscheidungen der Kultusministerkonferenz basierende Reformwerk überhaupt jemals umgesetzt werden wird. Auf die geforderte Akzeptanz kommt es dann nicht mehr an, weil es zu der vom OVG Schleswig angenommenen (natürlichen) Sprachentwicklung in diese Richtung gar nicht mehr kommen wird. Zu dieser Einschätzung gelangt das Gericht schon deshalb, weil sich nach der Meinung aller Obergerichte, die sich mit diesem Problem befaßt haben, schon im Eilverfahren ergeben hat, daß die beabsichtigte Einführung des Reformwerkes rechtswidrig sei. So hat das OVG Bautzen [...] in seiner umfangreichen Begründung zur Frage der Rechtswidrigkeit der hier in Rede stehenden Einführung der neuen Schreibweise im wesentlichen ausgeführt, erhebliche Bedenken gegen die Rechtmäßigkeit der Neuregelung der deutschen Rechtschreibung und deren Vermittlung im Schulrecht bestünden schon deshalb, weil viel dafür spreche, daß die Sprache einschließlich der Rechtschreibung inhaltlich im wesentlichen nicht von der hoheitlichen

Regelungsgewalt erfaßt werde [...]. Änderungen der Sprachgestalt vollzögen sich innerhalb der Sprachgemeinschaft, d.h. sie gingen vom Sprachvolk als dem natürlichen Sachwalter der Sprache und nicht vom Staat aus. Für die Schriftsprache gelte im Ergebnis nichts anderes. [...] Gleichwohl verlaufe auch ihre Weiterentwicklung primär in gesellschaftlichen Bahnen (OVG Bautzen [...]). [...] Eine derartige Instrumentalisierung der Schule und der Schüler zum Mittel der Sprachbeeinflussung sei der bisherigen Rechtsordnung fremd. Sie stelle eine wesentliche bildungs- und schulpolitische Entscheidung allgemeiner Art dar und bedürfe somit zumindest einer gesetzgeberische Leitentscheidung (OVG Bautzen [...]).

Auch das OVG Lüneburg kommt in seinem Beschluß [...] zu dem Ergebnis, daß bei der (im Eilverfahren) nur möglichen summarischen Prüfung die Einführung der geänderten Schreibweise mit hoher Wahrscheinlichkeit rechtswidrig sei [...]. [...] Mit dem OVG Lüneburg ist die Kammer der Auffassung, daß vorliegend wesentliche Voraussetzungen des Beschlusses der Kultusministerkonferenz vom 1. 12. 1995 für die Einführung der Rechtschreibreform fehlen. Insoweit macht sich das Gericht die Begründung im Beschluß des OVG Lüneburg [...] zu eigen. Darüber hinaus spricht nach Auffassung des OVG Lüneburg vieles dafür, daß die Rechtschreibung als Teil der gelebten Sprache staatlicher Regelungsgewalt weithin entzogen sei und, unabhängig von der Frage der Regelungskompetenz, die vorliegende Reform als „wesentliche" Entscheidung jedenfalls einer gesetzlichen Grundlage bedürfe. Auch insoweit macht sich das Gericht die Gründe der genannten Entscheidung zu eigen [...]. Schließlich haben selbst diejenigen Oberverwaltungsgerichte, die eine einstweilige Anordnung gegen die Rechtschreibreform abgelehnt haben, sofern sich dazu Ausführungen in den Beschlüssen finden, erhebliche Zweifel an der Einführung der (vorgezogenen) Rechtschreibreform geäußert. [...]

Bei der Beurteilung der Frage, wie weit eine (vorgezogene) Einführung der neuen Rechtschreibung rechtswidrig ist, nimmt die Kammer Bezug auf das Urteil des VG Berlin [...]. Diesem dürfte auch für andere Gerichtsentscheidungen eine besondere Bedeutung zukommen, da hier erstmals unter Verwertung des gesamten bis dahin erkennbaren Meinungsstandes in Rechtsprechung und Literatur über den Streitgegenstand in der Hauptsache entschieden worden ist. Hinsichtlich des Anordnungsanspruches ergibt sich nach alledem, daß - jedenfalls mit Geltung für das Eilverfahren - kaum ein Zweifel bestehen kann, daß die Einführung der (vorgezogenen) Rechtschreibreform rechts- bzw. verfassungswidrig ist und einen Eingriff in das Erziehungsrecht der Antragsteller darstellt. [...] Die Antragsteller haben im übrigen auch einen Anordnungsgrund glaubhaft gemacht. [...] Zu Recht hat das OVG Bautzen [...] einen Anordnungsgrund unter Hinweis darauf bejaht, daß aus vielfältigen Gründen mit einem kurzfristigen Abschluß eines Hauptsacheverfahrens nicht gerechnet werden könne. Das gilt um so mehr, als inzwischen feststeht, daß mit einer Entscheidung des BVerfG nicht unmittelbar gerechnet werden kann. Das BVerfG hat nämlich durch im Januar bekannt gewordene Beschlüsse vom 30.12.1997 [...] die vorliegenden Verfassungsbeschwerden im Eilverfahren nicht angenommen und den Erlaß von einstweiligen Anordnungen abgelehnt, ohne daß das Gericht in seinen Gründen Gelegenheit hatte, sich zu den entscheidungserheblichen materiellen Rechtsfragen zu äußern. [...] Ebenso unklar ist ein konkreter Zeitpunkt, zu dem das Bundesverwaltungsgericht aufgrund der zwischenzeitlich erfolgten Zulassung der Sprungrevision gegen das Urteil des VG Berlin [...] entsprechende Maßstäbe wird setzen können. Im Ergebnis gilt, daß bei Grundrechtsverletzungen der in Rede stehenden Art die Bejahung des Anordnungsanspruchs für die Prüfung des Anordnungsgrundes im weiten Umfang vorgreiflich ist (OVG Bautzen [...]). Der danach gegebene Anordnungsgrund ist auch nicht wegen Zeitablaufs weggefallen. Die Antragsteller haben sich nämlich offensichtlich in Kenntnis der unterschiedlichen Gerichtsentscheidungen und nachdem durch den VGH Kassel [...] vorläufiger Rechtsschutz versagt worden war, unter ausdrücklicher Bezugnahme auf die gerade bekannt gewordene Entscheidung des VG Berlin [...] an den Schulleiter der Gesamtschule gewandt, nachdem ihnen aufgrund der bekannt gewordenen Fakten [...] erstmals ein Vorgehen gegen den von ihnen behaupteten Grundrechtseingriff notwendig und wieder aussichtsreich erschien. [...]

Der Antrag der Ast. scheitert auch nicht daran, daß mit der Gewährung der begehrten einstweiligen Anordnung die Hauptsache vorweggenommen würde. Auch insoweit wird auf den vorangegangenen Beschluß der Kammer vom 28.7.1997 [...] ausdrücklich Bezug genommen. [...]

Daraus ergibt sich [...], daß eine Abwägung bezüglich der Vorwegnahme der Hauptsache zu Lasten der Antragsteller nicht erfolgen darf, weil auf der anderen Seite keine Interessen dafür streiten, daß eine Vorwegnahme der Hauptsache zugunsten des Antragsgegners (bzw. am Verfahren nicht beteiligter Eltern und Schüler, welche eine Unterrichtung in der neuen Weise wünschen) erfolgt. [...] Jede andere Sicht der Dinge würde es ermöglichen, daß trotz erkannter Rechts- und Verfassungswidrigkeit durch längerfristige Einführung der Rechtschreibreform und durch immer weitere Schaffung von neuen Unterrichtsmaterialien und sonstigen Druckstücken eine Verfestigung des jedenfalls aus rechtlichen Gründen zunächst nicht hinnehmbaren Zustandes erfolgt und schließlich aufgrund der „normativen Kraft des Faktischen" eine Umkehrung einer rechtlich möglicherweise nicht hinnehmbaren Situation deswegen nicht mehr möglich ist. [Zitierung von Ausführungen des OVG Bautzen]

Zu dem gleichen Ergebnis kommt das OVG Schleswig [...], das allerdings von einem Antrag auf ein positives Tun ausgeht. Danach handelt es sich nicht um eine endgültige Vorwegnahme der Hauptsache, sondern es werde vielmehr nur die vorläufige Beibehaltung der Unterrichtspraxis bis zum Ende des laufenden Schuljahres erstrebt (OVG Schleswig [...])."[838]

b) Dieser zweite Beschluß des VG Wiesbaden ist die letzte Entscheidung in einem Verfahren auf einstweiligen Rechtsschutz. Interessant ist an dieser Entscheidung zunächst der Umstand, daß Auslöser des Antrags u.a. das Urteil des VG Berlin war, nach deren Bekanntwerden der Antragsteller unter Bezugnahme hierauf den Schulleiter einer hessischen Schule aufforderte, in den von seinen Kindern besuchten Klassen die Unterrichtung nach der neuen Rechtschreibung auszusetzen. Nach der Ablehnung des Begehrens wurde der Antrag auf Erlaß einer einstweiligen Anordnung gestellt.

In seinem ersten Beschluß ging das Gericht noch von einer Sicherungsanordnung aus; in diesem Fall fehlt jeder Hinweis auf die eine oder andere Variante des einstweiligen Rechtsschutzes. Der Beschluß bestätigt inhaltlich zunächst in vollem Umfang die vom selben Gericht (der 6. Kammer des VG Wiesbaden) ein halbes Jahr früher gefaßte Entscheidung, ergänzt sie dann aber in den Gründen noch um die Aspekte, die in der Zwischenzeit durch die Rechtsprechung herausgearbeitet worden sind. Das Gericht setzte sich materiell vor allem intensiv mit den drei obergerichtlichen Beschlüssen der OVG Schleswig, Lüneburg und Bautzen auseinander. Es hielt insbesondere die positive Akzeptanzprognose des OVG Schleswig für nicht mehr vertretbar, da es nach den veränderten Verhältnissen mittlerweile als äußerst unwahrscheinlich erscheine, daß die Reform jemals umgesetzt werde. Durch den Wegfall der positiven Akzeptanzprognose ist nach Ansicht des VG Wiesbaden auch

---

838 NJW 1998, 1246 ff.

der Beschluß des OVG Schleswig nun zu den die Rechtswidrigkeit der Einführung der Reform bejahenden Beschlüssen zu rechnen.

Mit dem OVG Bautzen wurde die staatliche Regelungskompetenz grundsätzlich verneint und die Wesentlichkeit als bildungs- und schulpolitische Entscheidung allgemeiner Art betont. Aufgegriffen und übernommen wurde die Ansicht des OVG Lüneburg über die noch ausstehende Bundeszustimmung. Weiterhin wurden bei der Problematik des Gesetzesvorbehalts die Beschlüsse der OVG Hamburg und Münster zitiert, die erhebliche Zweifel an der Rechtmäßigkeit der Umsetzung per Erlaß geäußert, im Ergebnis aber einstweiligen Rechtsschutz versagt hatten. Für das schon im ersten Beschluß des Gerichts getrennt untersuchte Problem der Rechtswidrigkeit der konkreten Vorabeinführung wird vollumfänglich und mit Betonung des Gewichts einer Hauptsacheentscheidung auf das Urteil des VG Berlin verwiesen.

Neuartig ist bei der Prüfung des Anordnungsgrundes der Hinweis, daß mit einer Entscheidung des Bundesverfassungsgerichts nicht unmittelbar gerechnet werden könne. Genau mit der umgekehrten Ansicht hatten andere Gerichte vorher einen Anordnungsgrund versagt. Zum Beleg der Annahme wird angeführt, daß die beiden Beschlüsse des Bundesverfassungsgerichts vom 30.12.1997 dem Gericht keine Gelegenheit gegeben hatten, sich zu den materiellen Rechtsfragen zu äußern. Dieser Schluß ist aber nicht nachvollziehbar, denn es wird nicht dargestellt, warum sich die Entscheidung der anhängigen Verfassungsbeschwerde aus Schleswig-Holstein wegen zweier, als unzulässig zurückgewiesener Beschwerden verzögern sollte.

Ein weiterer neuer Gedanke ist der, daß wegen der Gefahr der faktischen Verfestigung der neuen Regeln eine Abwägung bezüglich der Vorwegnahme der Hauptsache zu Lasten des Antragstellers nicht erfolgen dürfe, da auf der anderen Seite keine Interessen für eine Vorwegnahme der Hauptsache zugunsten des Antragsgegners ständen. Aber auch dieser Schluß überzeugt nicht. Argumentativ und juristisch-methodisch richtiger hätte der Gedankengang in umgekehrter Reihenfolge erfolgen müssen: Eine Vorwegnahme der Hauptsache ist im Ergebnis gegeben, aber sie ist bei der hohen Wahrscheinlichkeit der Rechtswidrigkeit und angesichts der schweren, anders nicht wieder gutzumachenden Grundrechtsverletzungen auch gerechtfertigt. Das Gericht hatte selbst die umfängliche Vorgreiflichkeit der bejahten Grundrechtsverletzungen für die Prüfung des Anordnungsgrundes herausgestellt. Die Gefahr der faktischen Verfestigung hätte so vielmehr als Argument für die schwierige Wiedergutmachung von Grundrechtsverletzungen dienen können. Die Ablehnung einer Abwägung mit den Gründen, die eigentlich in diese Abwägung gehören, kann nur als dogmatisch fehlerhaft gewertet werden.

Bei dieser und der vorhergehenden Entscheidung ist festzustellen, daß vorwiegend Argumente aus der Rechtsprechung anderer Gerichte übernommen und kumulativ neu zusammengestellt worden sind. Dies ist durchaus positiv als Zeichen der Festigung der gemeinschaftlichen Überzeugung der Gerichte und der Herausbildung einer Rechtsprechung zu diesem neuartigen

Problem zu sehen. Dadurch wird gleichzeitig auch die argumentative Hürde für eine gegenteilige Entscheidung erhöht, die sich mit all den herausgearbeiteten Ansichten auseinanderzusetzen hätte. Darauf wird in der vergleichenden Betrachtung noch näher eingegangen werden.

31. VG Hannover, Urteil vom 2.3.1998

a) „Die Kl. kann von dem Bekl. verlangen, daß er die Unterrichtung ihrer Tochter nach Maßgabe seines Erlasses [...] unterläßt; denn die sogenannte Rechtschreibreform ist in einem mangelhaften Verfahren zustandegekommen [...] und enträt im übrigen der notwendigen gesetzlichen Grundlage. [...] Die Sprache ist vorstaatlich und für die Identität des Menschen von konstitutiver Bedeutung. [...] Der Staat findet sie als Ergebnis einer Entwicklung vor, die sich im Laufe der Menschheitsgeschichte vollzogen hat. Er hat die Sprache nicht geschaffen, und sein Wille ist nicht ihr Geltungsgrund. „Sprache" im hier gebrauchten Begriff schließt die Schreibung ein [...]. Gleichwohl ist die Schriftsprache [...] ein „relativ autonomes sprachliches Teilsystem, das der gesprochenen Sprache nicht untergeordnet ist" ([...] zust. OVG Bautzen [...]). Auch die Schrift ist „vorgesetzlich" [...].

[...] Die Sprache ist von elementarer Bedeutung für das Menschsein. Dies hat die Kammer bereits in ihrem Beschluß vom 7. 8. 1997 [...] ausgeführt; sie nimmt darauf Bezug. [...] Diese Eigenschaften der Sprache sind rechtlich erheblich. [...] Das Grundgesetz schützt die Sprache durch Art. 1 I und Art. 2 I, weil sie an der Würde des Menschen teilhat und zu seiner elementaren Entfaltung gehört. [...] Wegen ihrer Bedeutung als Grundbedingung menschlicher Entfaltung ist die sprachliche Integrität durch das allgemeine Persönlichkeitsrecht geschützt (Kopke [...]; OVG Lüneburg [...]; OVG Bautzen [...]; vgl. auch Hufen [...]). Die Entscheidung des BVerfG, die Verfassungsbeschwerden gegen die KMK-Beschlüsse zur Rechtschreibreform nicht anzunehmen [...], steht dieser Auffassung nicht entgegen. Daß das BVerfG die Grundrechte der Bf. aus Art. 1 I und 2 I GG nicht berührt sah, beruhte ersichtlich auf dem Umstand, daß es das Vorliegen einer mit der Verfassungsbeschwerde angreifbaren Entscheidung im Beschlußzeitpunkt („bisher", NJW 1996, 2221 [2222]) verneinte. Im übrigen hob es, offenbar am Beschwerdevorbringen orientiert, allein auf die Frage ab, ob eine Grundrechtsverletzung bereits deshalb zu besorgen sei, weil die vom Bf. zu 1 gebrauchte herkömmliche Schreibweise von einer die Neuregelung praktizierenden Sprachgemeinschaft als falsch angesehen werden könne. Das ist eine andere Fragestellung als die hier beschriebene. Die Feststellung grundrechtlichen Schutzes der Sprache [...] „dem Grunde nach" besagt noch nichts über die Grenzen staatlichen Handelns. [...] Zutreffend erscheint die Ansicht des Bekl., daß dem Staat kein „Befassungsverbot" entgegenzuhalten ist. In der Tat verwehrt das Grundgesetz dem Staat [...] nicht [...] die Regelung einer Materie schlechthin. [...] Wenn die Sprache [...] ein besonders wichtiges Individualrechtsgut ist, hat der Staat, gleich ob er selbst Normen setzt oder den von Dritten zu verantwortenden Normen Geltung verschaffen will, diese Rechtsposition zu respektieren. [...] Sprache lebt [...] und Lebendiges entwickelt sich nach eigenen Gesetzen (vgl. VG Wiesbaden [...]). [...] Soweit der Staat Gründe für ein Eingreifen in das gewachsene Gefüge der Sprache sieht, etwa im Sinne von „Sprachpflege" [...], hat er (im Rahmen der Schrankentrias des Art. 2 I GG) die einander gegenüberstehenden Rechtsgüter mit besonderer Sorgfalt gegeneinander abzuwägen. [...]Angemerkt sei, daß sich der Eingriff darüber hinaus an den Grundsätzen der Erforderlichkeit, Geeignetheit und Verhältnismäßigkeit messen lassen muß [...]. Das kann im Einzelfall der Setzung neuer Regeln entgegenstehen, wenn und soweit der Zweck einer Erleichterung des Erlernens der Orthographie durch präzisere, „adäquate Beschreibung der geltenden Normen" [...] erreicht werden kann. [...] Eine für Schulen geltende Normierung wird trotz ihres begrenzten Adressatenkreises zwangsläufig die künftige Schreibung der gesamten Gesellschaft bestimmen ([...] VG Hannover [...]; OVG Lüneburg [...]), wie auch das BVerfG einräumt (NJW 1996, 2221 [2222]). Dieser Umstand nötigt den Staat, sich auf das zur Erreichung seiner Zwecke Unerläßliche zu beschränken (Grundsatz der Verhältnismäßigkeit). Der Breitenwirkung einer Orthographieregelung ist im übrigen durch Organisation und Verfahren Rechnung zu tragen. [...] Darüber hinaus ist eine umfassende Anhörung der betroffenen Kreise geboten. Die Pflicht hierzu ergibt sich [...] aus dem Rechtsstaatsprinzip [...] sowie der Verpflichtung des Staates zur Achtung und Wahrung der Menschenwürde [...].[...] Legt man die vorstehenden Erwägungen zugrunde, so ergibt sich, daß die Legitimation der Rechtschreibreform durch Verfahren durchgreifenden Bedenken begegnet. Sie betreffen die Zusammensetzung der Kommission einerseits und die Anhörung andererseits. Angesichts der erörterten „Breitenwirkung" der neuen Orthographieregelung war es unerläßlich, die zu ihrer Vorbereitung eingesetzten Gremien so zu besetzen, daß schon bei der Erarbeitung von Vorschlägen eine gewisse Pluralität und die „Offenheit" des Verfahrens sichergestellt waren [...]. Davon kann im Streitfall nicht die Rede sein. [...] Unstreitig gehörten der (bundesdeutschen) Kommission neben [...] zwei Sprachwissenschaftlern und dem Duden-Herausgeber [...] neun Linguisten an [...]. Dichter, Schriftsteller, Drucker, Verleger, Journalisten, Pädagogen und Träger der Erwachsenenbildung waren nicht vertreten [...].[...] Selbst wenn man [...] auf den Internationalen Arbeitskreis abhöbe, so bliebe der Befund mangelnder Pluralität und mangelnder Legitimation bestehen. Ebensowenig genügte die Anhörung den an sie zu stellenden Anforderungen. [...] Ob die Arbeitsbasis der IdS-Kommission auch deshalb zu schmal war, weil es an empirischen Untersuchungen zur Verbesserung von Rechtschreibleistungen durch eine Orthographiereform fehlte [...], kann hier unerörtert bleiben, weil die Klage ohnehin Erfolg hat. Die Klage erweist sich darüber hinaus als begründet, weil die Neuregelung der deutschen Rechtschreibung sowohl als Eingriff in Grundrechte der Kl. und ihrer Tochter als auch im Hinblick auf ihre Wesentlichkeit rechtens nur auf gesetzlicher Grundlage hätte eingeführt werden dürfen. An einer solchen Grundlage fehlt es. [...]"[839]

b) Das Urteil des VG Hannover baute auf dem mehr als ein halbes Jahr vorher ergangenen Beschluß der gleichen Kammer im Verfahren des einstweiligen Rechtsschutzes auf und übernahm vollständig die dort gemachten Ausführungen zur Verletzung der Grundrechte aus Art. 6 Abs. 2 und Art. 2 Abs. 1 GG sowie die Feststellung des Fehlens der erforderlichen gesetzlichen Grundlage. Das Hauptaugenmerk der Entscheidung ist aber weniger auf die konkrete Problematik und die vorangegangenen fachgerichtlichen Entscheidungen, als vielmehr auf die Auseinandersetzung mit der einschlägigen Fachliteratur und den grundsätzlichen Problemen einer Reform der Schreibweisen gerichtet. Dadurch kam das Gericht z.B. zu einer in den bisherigen Entscheidungen nicht geäußerten Rüge am mangelhaften Verfahren des inhaltlichen Zustandekommens der Neuregelungen. Die fehlende Pluralität und Offenheit bei der Zusammensetzung und bei der Anhörung der Kommission ist nach Ansicht des Gerichts schon allein in der Lage, das Urteil zu tragen.

Das VG Hannover setzte sich auch mit dem Beschluß des Bundesverfassungsgerichts von 1996 auseinander und stellte fest, daß diesem ein anderer Sachverhalt zugrunde lag, weshalb die grundrechtsbezogenen verfassungsge-

839 Veröffentlicht in: NJW 1998, 1250 ff.

richtlichen Ausführungen unbeachtlich seien. Das Gericht stellte weiterhin dar, daß zwar kein generelles staatliches Befassungsverbot bestehe, machte aber auch die durch die betroffenen Grundrechte erforderliche Unterscheidung zwischen zulässiger Sprachpflege und unzulässiger Sprachbeeinflussung deutlich. Selbst die Sprachpflege wird als Eingriff qualifiziert, deren Grundrechtsrelevanz nach Erforderlichkeit, Geeignetheit und Verhältnismäßigkeit geprüft werden muß. Dabei führt die Zwangsläufigkeit der Beeinflussung der gesamten Gesellschaft durch eine Neuregelung der Rechtschreibung an den Schulen zu einer inhärenten Beschränkung auf das Unerläßliche.

Das Urteil ist in seiner Begründung außerordentlich umfassend und auch überzeugend strukturiert. Es ist ein originelles und originäres Urteil, das relativ unbeeinflußt von den vorher ergangenen Entscheidungen verfaßt worden zu sein scheint. Die Entscheidung gab dem Bundesverfassungsgericht eine fast ideale Vorlage für eine abstrakte Grundrechtsprüfung. Es stellte sich jedoch heraus, daß das Bundesverfassungsgericht in seinem Urteil eine solch stringente Prüfung nicht durchführte, da es Gründe sah, die abstrakte Prüfung bereits auf der Ebene der Regelungskompetenz für eine Rechtschreibreform beenden zu können[840].

32. Bundesverfassungsgericht, Urteil vom 14.7.1998

a) Leitsätze der amtlichen Sammlung, BVerfGE 98, 218:

1. Der Staat ist von Verfassungs wegen nicht gehindert, Regelungen über die richtige Schreibung der deutschen Sprache für den Unterricht in den Schulen zu treffen. Das Grundgesetz enthält auch kein generelles Verbot gestaltender Eingriffe in die Schreibung.
2. Regelungen über die richtige Schreibung für den Unterricht in den Schulen fallen in die Zuständigkeit der Länder.
3. Für die Einführung der von der Kultusministerkonferenz am 30. November / 1. Dezember 1995 beschlossenen Neuregelung der deutschen Rechtschreibung an den Schulen des Landes Schleswig-Holstein bedurfte es keiner besonderen, über die allgemeinen Lernzielbestimmungen des Landesschulgesetzes hinausgehenden gesetzlichen Grundlage.
4. Grundrechte von Eltern und Schülern werden durch die Neuregelung nicht verletzt.

Eine Darstellung und kritische Besprechung dieser Entscheidung erfolgte bereits oben[841].

[840] Vgl. oben S. 166 ff.
[841] Siehe oben S. 153 ff.

33. VG Freiburg, Urteil vom 27.1.1999

a) „Die mit dem Ziel der Unterrichtung des Sohnes des Klägers nach den bisherigen Rechtschreibregeln [...] erhobene Klage ist jedenfalls in der Sache unbegründet. [...] Die Verwaltungsvorschrift [...] ist gerichtlich nicht zu beanstanden. Dabei ist diese Verwaltungsvorschrift, die an sich lediglich verwaltungsinterne Regelungen enthält, also so genanntes Innenrecht darstellt, und bloß mittelbare Außenwirkung hat, nur eingeschränkt überprüfbar, so vor allem darauf, ob das Kultusministerium für den Erlass zuständig ist und die Verwaltungsvorschrift mit höherrangigem Recht in Einklang steht. Das ist hier der Fall. Die Befugnis des Kultusministeriums zur Regelung der Rechtschreibung in den Schulen ergibt sich bereits aus der dem Staat - grundsätzlich - zustehenden Bestimmung der konkreten Unterrichtsinhalte und -ziele in der Schule [...].[...] Die Rechtschreibung gehört auch zum traditionellen Inhalt des Schulunterrichts [...]. In der Grundschule sollen [...] insbesondere Grundkenntnisse und Grundfertigkeiten vermittelt werden, wozu gerade die Rechtschreibung zu zählen ist. Die Einführung der neuen Rechtschreibung in die Schulen verstößt auch nicht gegen höherrangiges Recht, insbesondere nicht gegen das Grundgesetz. Der der in Baden-Württemberg geltenden Verwaltungsvorschrift entsprechende Erlass des Kultusministeriums des Landes Schleswig-Holstein war bereits Gegenstand einer Verfassungsbeschwerde. Diese wurde mit dem Urteil des Bundesverfassungsgerichts vom 14.7.1998 [...] zurückgewiesen. Auf dieses, den Beteiligten bekannte und in der mündlichen Verhandlung erörterte Urteil, dem sich die Kammer insgesamt anschließt, soweit sie nicht ohnehin nach § 31 Abs. 1 BVerfGG an die Entscheidung gebunden ist, wird insoweit verwiesen. Das Bundesverfassungsgericht hat darin insbesondere ausführlich dargelegt, dass die Einführung der neuen Rechtschreibregeln in den Schulunterricht durch das Kultusministerium erfolgen konnte und nicht etwa eine gesetzliche Regelung erforderlich war. [...] Die Unterrichtung der Schülerinnen und Schüler nach der reformierten Rechtschreibung ist nicht von wesentlicher Bedeutung für die Ausübung des in Art. 6 Abs. 2 Satz 1 GG geschützten elterlichen Erziehungsrechts. Dieses elterliche Erziehungsrecht ist durch die aus Art. 7 Abs. 1 GG folgende Aufsicht des Staates über das gesamte Schulwesen beschränkt (vgl. dazu bereits Beschluss im Verfahren auf Gewährung vorläufigen Rechtsschutzes vom 29.8.1997 [...] m.w.N.). Rechtschreibunterweisung ist nicht in erster Linie eine Sache der Eltern. Sie [...] traditionell eine größere Affinität zum schulischen Bereich als zum Einwirkungsbereich der Eltern und gehört als wertfreie Wissensvermittlung zum typischen Aufgabenbereich des Schulunterrichts (BVerfG, Urteil vom 14.7.1998 [...]). Die Auswirkungen der konkreten Regelungen über die neue Rechtschreibung auf das Elternrecht, die Grundrechte der Schüler oder die Dritter kann auch nicht als so gewichtig angesehen werden, dass eine genauere gesetzliche Regelung über die neue Rechtschreibung erforderlich gewesen wäre (vgl. im Einzelnen BVerfG, Urteil vom 14.7.1998 [...]). Schließlich sind die Änderungen der Schreibweisen von Wörtern durch die neue Rechtschreibung verhältnismäßig gering [...]. Der Kläger kann seinem Sohn auch weiter bei schulischen Aufgaben oder Ähnlichem helfen. Es ist ihm gegebenenfalls zumutbar, die Schreibweise von Wörtern nach den neuen Rechtschreibregelungen nachzuschlagen (vgl. zum Ganzen bereits Beschluss der Kammer im Verfahren auf Gewährung vorläufigen Rechtsschutzes vom 29.8.1997 [...]; ausführlich auch BVerfG, Urteil vom 14.7.1998 [...]).[...]

Aus den oben genannten [...] und vom Bundesverfassungsgericht im Urteil vom 14.7.1998 [...] im Einzelnen angeführten Gründen verletzt die Einführung der neuen Rechtschreibung an den Schulen auch in sachlicher Hinsicht nicht das in Art. 6 Abs. 2 Satz 1 GG garantierte Erziehungsrecht der betroffenen Eltern bzw. hier des Klägers. Dieses wird, wie ausgeführt, durch den aus Art. 7 Abs. 1 GG folgenden Erziehungs- und Bildungsauftrag des Staates begrenzt. [...] Durch die Anwendung der neuen Rechtschreibung im Schulunterricht werden die Eltern bei der Ausübung ihres Erziehungsrechts auch nicht unangemessen benachteiligt (vgl. BVerfG, Urteil vom 14.7.1998 [...]). Das Bundesverfassungsgericht hat auch ausführlich dargelegt, dass eine Neuregelung der deutschen Rechtschreibung für den Bereich der Schulen nicht in die allgemeine Handlungsfreiheit des Art. 2 Abs. 1 GG oder das allgemeine Persönlichkeitsrecht aus Art. 2 Abs. 1 i.V.m. Art. 1 Abs. 1 GG des einzelnen eingreift. Schließlich ist die Einführung nach der Verwaltungsvorschrift des Kultusministeriums [...] auf dem Bereich der Schulen beschränkt. Personen außerhalb dieses Bereichs sind rechtlich nicht gehalten, die neuen Rechtschreibregeln zu beachten und die reformierte Schreibung zu verwenden. [...]

Entgegen seiner Auffassung ist die Rechtslage nicht etwa inzwischen deshalb anders zu beurteilen, weil aufgrund des Volksentscheides in Schleswig-Holstein an den dortigen Schulen die neuen Rechtschreibregeln nicht unterrichtet werden. [...] Das Bundesverfassungsgericht hat auch bereits darauf hingewiesen, dass das Ausscheren eines Beteiligten aus dem Kreis derer, die sich zuvor auf gemeinsame Regeln und Schreibweisen verständigt haben, verfassungsrechtlich nicht notwendig die Unzulässigkeit der Neuregelung zur Folge hat, wenn Kommunikation im gemeinsamen Sprachraum trotzdem weiterhin stattfinden kann. Davon ist hier auszugehen. [...]

Es ist auch nicht erkennbar, dass die Einführung der neuen Rechtschreibung an den Schulen gegen die Europäische Menschenrechtskonvention, die Verfassung des Landes Baden-Württemberg, gesetzliche Regelungen oder andere Rechtsgrundsätze verstößt. [...] Eine weiter gehende Überprüfung der Verwaltungsvorschrift des Kultusministeriums [...] kann nicht Gegenstand verwaltungsgerichtlicher Kontrolle sein. Insbesondere können nicht Notwendigkeit und Inhalt, Güte und Nutzen der Rechtschreibreform beurteilt werden (vgl. dazu auch BVerfG, Urteil vom 14.7.1998 [...]). Erst recht kann das Gericht entgegen der Auffassung des Klägers in diesem Verfahren nicht Verwaltungsvorschriften überprüfen, die den Kläger nicht in eigenen Rechten betreffen, wie die Einführung der neuen Rechtschreibung im Bereich der Landesverwaltung."

b) Das VG Freiburg sah durch das Urteil des Bundesverfassungsgerichts seine schon vorher im Beschluß zum einstweiligen Rechtsschutz geäußerte Position bestätigt, wonach es wegen fehlender Rechtsverletzung bereits an einem glaubhaften Anordnungsanspruch mangelt. Das Urteil stützt sich vollständig auf das Urteil des Bundesverfassungsgerichts und tut dies ausdrücklich auch über die Grenzen der Bindungswirkung hinaus. So kommen auch keine der von allen Verwaltungsobergerichten geäußerten Zweifel zur Sprache, sei es für die Ansicht, daß es sich nur um verwaltungsinterne Regelungen mit eingeschränkter Justiziabilität handelt oder daß es nur um wertfreie Wissensvermittlung geht.

Das Erziehungsrecht der Eltern wird implizit für betroffen gehalten, da der Gemeinwohlbelang des Erlernens des richtigen Schreibens im Rahmen des staatlichen Bildungs- und Erziehungsauftrags als verfassungsrechtliche Rechtfertigung angeführt wird. Was aber „richtiges" Schreiben ist und wer bestimmt, was richtig ist, bleibt offen. Ebenso wird ohne einen Beleg angenommen, daß die Neuregelung das Schreibenlernen tatsächlich vereinfacht. Noch bedenklicher ist jedoch, daß die Wirkung der Reform auf die gesamte Gesellschaft in dem Urteil schlicht geleugnet und mit der Bemerkung abgetan wird, daß niemand außerhalb der staatlichen Regelungssphären rechtlich daran gebunden sei. Auch die pauschale Übernahme der Ansicht, daß das Ausscheren eines Landes verfassungsrechtlich nicht notwendig die Unzulässigkeit der

Neuregelung zur Folge hat, da Kommunikation weiterhin stattfinden kann, ist in der Art und Weise („Davon ist hier auszugehen") dürftig. Der Hauptvorwurf bezüglich der Mangelhaftigkeit dieser Argumentationen muß dem Bundesverfassungsgericht gemacht werden[842]. Das VG Freiburg sah sich offensichtlich in vollem Umfang an diese Ausführungen gebunden.

Das Urteil fällt insgesamt vom Argumentationsniveau im Vergleich mit den anderen fachgerichtlichen Entscheidungen um mehr als ein Jahr zurück. Eine auf Überzeugung ausgerichtete Rechtsprechung hätte sich, auch nach dem Urteil des Bundesverfassungsgerichts, mit den bereits umfangreich in den sonstigen Entscheidungen angesprochenen Problemen, die über die verfassungsgerichtliche Bindungswirkung der fehlenden Grundrechtsbetroffenheit hinausgehen, auseinandersetzen können und müssen. Voraussetzung hierfür wäre insbesondere die Bestimmung des Umfangs und der Grenzen der Bindungswirkung, also das Herausarbeiten der tragenden Gründe der Verfassungsgerichtsentscheidung gewesen.

34. Bundesverwaltungsgericht, Urteil vom 24.3.1999

a) „Da die Kläger zu 1 und 2 sowie 4 und 5 die Klage mit Zustimmung des Beklagten zurückgenommen haben, ist insoweit das Verfahren einzustellen [...] und das angefochtene Urteil für wirkungslos zu erklären [...]. Soweit nach erfolgter Klagerücknahme das stattgebende Urteil des Verwaltungsgerichts noch Bestand hat - nämlich allein hinsichtlich des Klägers zu 3 -, ist es aufzuheben und die Klage abzuweisen. Denn die [...] zulässige Revision des Beklagten ist begründet. [...] Der als Rechtsgrundlage für das streitige Begehren allein in Betracht zu ziehende öffentlich-rechtliche Unterlassungsanspruch ist nicht schon deswegen begründet, weil es für das Unterweisen im richtigen Schreiben der deutschen Sprache - sei es nach den herkömmlichen oder reformierten Regeln - an den Schulen des Landes Berlin überhaupt an einer gesetzlichen Grundlage fehlte. Das Bundesverfassungsgericht hat hierfür in dem von ihm entschiedenen [...] Fall die Regelungen des Schleswig-Holsteinischen Schulgesetzes genügen lassen. Zwischen diesen Regelungen und vergleichbaren Bestimmungen des Berliner Schulgesetzes bestehen aber keine Unterschiede, die im vorliegenden verfassungsrechtlichen Zusammenhang von Belang sind. [...]

Einer ausdrücklichen Erwähnung der Unterweisung in den Grundkulturtechniken Lesen, Schreiben und Rechnen bedarf es im Berliner Schulgesetz wegen ihrer Selbstverständlichkeit nicht; diese Unterweisung ist traditioneller Mindeststandard staatlicher Schulen und erfordert daher keine ausdrückliche Steuerung durch den parlamentarischen Gesetzgeber, die auf ein bloßes Nachzeichnen des als unumgänglich Vorhandenen hinauslaufen müßte.

Dem Verwaltungsgericht hat das vorhandene Regelwerk des Berliner Schulgesetzes als Rechtsgrundlage für die Einführung der reformierten Schreibung an den Schulen des Landes nicht ausgereicht. Es hat vielmehr aus den Bestimmungen des Grundgesetzes gefolgert, daß es insofern einer speziellen gesetzlichen Grundlage bedürfe. Damit hat es indes das maßgebliche Bundesverfassungsrecht unrichtig angewandt. Denn daß ein solches Erfordernis in Wirklichkeit nicht besteht, hat das Bundesverfassungsgericht im Urteil vom 14. Juli 1998 [...] mit die Verwaltungsgerichte bindender Wirkung entschieden. Dies ergibt sich aus § 31 Abs. 1 BVerfGG. [...] Die Voraussetzungen [...] liegen hier [...] zweifelsfrei vor. [...] Die

[842] Vgl. oben S. 170.

Aussage im Urteil des Bundesverfassungsgerichts [...], wonach das Grundgesetz für die Einführung der Rechtschreibreform keine spezielle Ermächtigung verlangt, ist fähig, die Bindungswirkung nach § 31 Abs. 1 BVerfGG zu erzeugen. Sie entfaltet diese Bindungswirkung in bezug auf den vorliegenden Rechtsstreit auch tatsächlich. Denn die Rechtschreibreform, deren Einführung an den Schulen des Landes Schleswig-Holstein ohne ein spezielles Handeln des Gesetzgebers verfassungsgerichtlich gebilligt wurde, ist dieselbe wie diejenige, deren Einführung an Berliner Schulen Gegenstand des vorliegenden Rechtsstreits ist.

Zur Bestimmung der Reichweite der Bindungswirkung [...] ist [...] auf die Entscheidungsformel und die sie tragenden Gründe zurückzugreifen [...].[...] Als tragend erweisen sich zunächst die Aussagen dazu, daß die Rechtschreibung einer staatlichen Regelung zugänglich ist [...] und daß die Länder für die Einführung der Rechtschreibreform an den Schulen die Kompetenz besitzen [...]. Im Hinblick auf die entgegenstehende Auffassung des Verwaltungsgerichts im angefochtenen Urteil wesentlich ist die Aussage des Bundesverfassungsgerichts, daß die Umsetzung der Rechtschreibreform mit Rücksicht auf deren Inhalt, Reichweite und Konsequenzen keiner b e s o n d e r e n[843] gesetzlichen Regelung bedürfe [...]. Diese Aussage wird zunächst in bezug auf das Elternrecht [...], sodann aber auch in bezug auf die Grundrechtsausübung der Schüler [...] sowie von Dritten [...] getroffen. [...] Zu den tragenden Entscheidungsgründen im Urteil des Bundesverfassungsgerichts [...] gehört auch die Aussage, daß die Unterrichtung nach den neuen Rechtschreibregeln in sachlicher Hinsicht Grundrechte der Schüler nicht verletzt [...]. [...]

Das angefochtene Urteil erweist sich nicht aus anderen Gründen als im Ergebnis richtig [...]. Die vom Verwaltungsgericht noch offengelassenen Fragen sind im klageabweisenden Sinne zu beantworten. Die Reformierung der Schreibung der deutschen Sprache ist staatlicher Regelung zugänglich [...]. Den Ländern kommt die entsprechende Kompetenz zu [...]. Das Bundeskabinett hat die Beschlüsse der Kultusminister- und der Ministerpräsidentenkonferenz am 17. April 1996 zustimmend zur Kenntnis genommen [...]. Ob der Beklagte befugt war, die Rechtschreibreform an den Berliner Schulen vor dem 1. August 1998 einzuführen, ist unerheblich, weil dieser Zeitraum inzwischen verstrichen ist und ein etwaiges rechtswidriges Verwaltungshandeln vor jenem Zeitpunkt den geltend gemachten Unterlassungsanspruch nicht mehr zu tragen vermag."[844]

b) Das Bundesverwaltungsgericht prüfte in diesem Rechtsmittelverfahren zum Urteil des VG Berlin nur pauschal[845] die Reichweite der Bindungswirkung des Urteils des Bundesverfassungsgerichts und kam allein über die angenommenen tragende Gründe zur Aufhebung des Urteils des Verwaltungsgerichts Berlin. Die zahlreichen, im Urteil des VG Berlin umstrittenen und teilweise noch offengelassenen Fragen wurden kurz und knapp mit Verweisen auf die Passagen des Urteils des Bundesverfassungsgerichts abgehandelt. Eigene inhaltliche Abwägungen zur Rechtschreibproblematik trifft das Gericht nicht. Insofern enthält das Urteil keine eigenen Erwägungen, so daß sich eine kritische Auseinandersetzung erübrigt. Die vorher vielfach streitigen Fragen der Zustimmung des Bundes, der allgemeinen staatlichen Regelungszugänglichkeit und der speziellen Länderkompetenz, der ausreichenden Gesetzesgrundlage im Schulrecht sowie der sachlichen Verletzung von Schüler-

---

843 Hervorhebung im Original.

844 Veröffentlicht in: BVerwGE 108, 355.

845 Vgl. oben (S. 150) die vom Bundesverwaltungsgericht angenommenen mit den in dieser Arbeit systematisch herausgearbeiteten tragenden Gründen.

und Elterngrundrechten scheinen für das Bundesverwaltungsgericht endgültig und abschließend geklärt zu sein.

35. Bundesverfassungsgericht, Beschluß vom 20.7.1999

a) „Die beiden minderjährigen Kinder werden infolge des erfolgreichen Volksentscheids gegen die „Rechtschreibreform" in Schleswig-Holstein nach der alten Rechtschreibung unterrichtet. [...] Sie begehrten deshalb beim BVerfG, das Land Schleswig-Holstein vorläufig zu verpflichten, die Kinder nach den Regeln der „Rechtschreibreform" zu unterrichten. Die 1. Kammer des Ersten Senats hat den Antrag abgelehnt. Es ist nicht erkennbar, daß die beantragte Entscheidung zur Abwehr schwerer Nachteile oder aus einem anderen wichtigen Grund geboten sein könnte. [...]

Unzutreffend ist die Auffassung, in das Recht der Kinder auf Freizügigkeit (Art. 11 Abs. 1 GG) werde eingegriffen, weil sie im Falle eines Umzugs mit der neuen Rechtschreibung konfrontiert würden. Das Grundrecht schützt nicht vor jedem Nachteil, der auf staatliche Maßnahmen zurückgeht. [...] Hinzu kommt im vorliegenden Fall, daß die Unterschiede zwischen alter und neuer Rechtschreibung für die Betroffenen keine fühlbaren Beeinträchtigungen zur Folge haben (vgl. Urteil zur „Rechtschreibreform" vom 14. Juli 1998). Entsprechendes gilt für das Grundrecht auf Berufswahlfreiheit (Art. 12 Abs. 1 GG). Selbst wenn die reformierten Rechtschreibregeln von der Schreibgemeinschaft generell akzeptiert werden und künftig die Schreibweise bestimmen sollten, sind bei einer Unterrichtung nach den traditionellen Regeln greifbare Nachteile für die spätere Berufswahlentscheidung der Kinder nicht zu besorgen. Die Unterschiede zwischen herkömmlicher und neuer Schreibung sind geringfügig und beeinträchtigen die Lesbarkeit und Verwendbarkeit geschriebener Texte praktisch nicht.

Schließlich wird das allgemeine Persönlichkeitsrecht (Art. 2 Abs. 1 i.V.m. Art. 1 Abs. 1 GG) der Kinder nicht verletzt. Aus dem von den Antragstellern insoweit geltend gemachten „Durcheinander" bei der Rückumstellung von neuer Schreibung auf traditionelle Schreibweisen und dem Nebeneinander von alter und reformierter Rechtschreibung im gesamten deutschen Sprachraum läßt sich eine Grundrechtsverletzung nicht herleiten. Das behauptete ‚Durcheinander' läßt sich unschwer mit den Erfordernissen der neuerlichen Umstellung der Lehrinhalte erklären und kann dem Betroffenen als vorübergehender Vorgang zugemutet werden. Auch das Nebeneinander von Alt- und Neuschreibung hat für die Kinder kein nennenswertes Gewicht."[846]

b) Das Bundesverfassungsgerichts lehnte per Beschluß einen Antrag auf einstweiligen Rechtsschutz ab. Jedoch inhaltlich gegensätzlich zu allen vorhergehenden Entscheidungen wurde hier eine Unterrichtung gerade nach den Neuregelungen begehrt. Dadurch verschob sich der Brennpunkt der Prüfung auf die Grundrechte der Freizügigkeit und der Berufsfreiheit. In Konsequenz des gut ein Jahr vorher ergangenen Urteils verwies das Bundesverfassungsgericht in den Grundrechtserwägungen vornehmlich erneut auf die Geringfügigkeit der Neuregelung. Es blieb ebenfalls bei der Ansicht, daß es sich bei der Rechtschreibunterrichtung um eine reine Wissensvermittlung handele.

[846] Veröffentlicht in: NJW 1999, 3477.

Im Vergleich zum Urteil ist jedoch die Behauptung neu, daß die Unterschiede zwischen den Schreibungen für die Betroffenen keine fühlbaren Beeinträchtigungen zur Folge haben. Im Urteil waren zwar ernsthafte, verständigungserschwerende, praktische, unangemessene und wesentliche Beeinträchtigungen angesprochen und verneint worden, aber auf die Fühlbarkeit war nicht abgestellt worden. Eine gerichtliche Feststellung über eine zu erwartende subjektive Empfindung ist dogmatisch schlicht unmöglich, denn es ist individuell höchst unterschiedlich, wie die Wahrnehmung eigener Schreibfehler durch andere selbst empfunden wird. In Unterstellung einer semantischen Unachtsamkeit, bei der das Gericht eigentlich das objektive Kriterium der hohen Unwahrscheinlichkeit relevanter Beeinträchtigungen ausdrücken wollte, soll sich die Kritik in diesem Punkt erschöpfen.

Auch die Ansicht des Gerichts, daß greifbare Nachteile für die spätere Berufswahlentscheidung nicht zu besorgen sind, ist als zu pauschal zu kritisieren. Denn es ist individuell eine nicht zu vernachlässigende Überlegung, ob angesichts einer kritischen Arbeitsmarktlage eine Bewerbung noch in alter oder bereits neuer Rechtschreibung verfaßt werden soll. Trotz der mehrheitlichen Umstellung der periodischen Schriftmedien im August 1999 hat die Umsetzung der Reform nicht unmittelbar alle Gesellschaftsbereiche erreicht. Eine Bewerbung in der Privatwirtschaft nach neuer Rechtschreibung kann bei Unkenntnis der Neuregelung im Detail zum Eindruck der Fehlerhaftigkeit führen; bei einer Bewerbung für den öffentlichen Dienst nach alter Schreibung aber zum gleichen Zeitpunkt den Eindruck der Rückständigkeit erwecken. Allein auf die praktische Lesbarkeit, auf die das Bundesverfassungsgericht abstellt, kann nicht verwiesen werden, da es bei einer Vielzahl von Bewerbungen in Personalbüros auch auf das äußere Erscheinungsbild einer Bewerbung ankommt.

Die Verneinung einer Persönlichkeitsrechtsverletzung durch das geltendgemachte „Durcheinander" steht konsequent in der Folge des Urteils. Es ist dem Bundesverfassungsgericht zumindest bei der Bemerkung zuzustimmen, daß es nicht auf die Richtung der Umstellung ankommt, die ein Rechtschreibdurcheinander anrichtet.

36. OVG Lüneburg, Urteil vom 20.6.2001

a) „Die Berufung hat Erfolg. Das Verwaltungsgericht hat der Klage zu Unrecht entsprochen; allerdings konnte es insbesondere die erst später ergangenen Entscheidungen des Bundesverfassungsgerichts und Bundesverwaltungsgerichts noch nicht berücksichtigen, die dem Erfolg des Klagebegehrens entgegenstehen. [...] Darüber hinaus spielt auch der Zeitablauf eine nicht unerhebliche Rolle für die Entscheidung.[...] Das Verwaltungsgericht hat der Klage aus verfassungsrechtlichen Gründen entsprochen, insbesondere wegen des Fehlens einer spezialgerichtlichen Grundlage für die Rechtschreibreform. Das widerspricht dem Urteil des Bundesverfassungsgerichts vom 14. Juli 1998 (E 98, 218), [...] Hinsichtlich der Notwendigkeit einer gesetzlichen Grundlage ergibt sich aus der Entscheidung des Bundesverfassungsgerichts, dass insoweit Regelungen der (Landes-) Schulgesetze ausreichend sein können. [...] Insoweit verengte sich die hier zu entscheidende Frage auf das Niedersächsische SchulG als mögliche Rechtsgrundlage für die Einführung geänderter Rechtschreibregeln. Das ergibt sich aus der Bindungswirkung nach § 31 Abs. 1 BVerfGG, die auch vom Senat - trotz gewisser Bedenken - bejaht wird. [...] Den Umfang der Bindungswirkung dieses Urteil hat das Bundesverwaltungsgericht in der Entscheidung BVerwGE 108, 355 im Einzelnen dargelegt. Danach ist die Begründung des den Gegenstand der Berufung bildenden Urteils des Verwaltungsgerichts Hannover nicht haltbar. Denn tragender Grund für die Zurückweisung der Verfassungsbeschwerde war, dass es für die Einführung der Rechtschreibreform sowohl unter dem Gesichtspunkt des Persönlichkeitsrechts (Art. 1, 2 GG) als auch des Erziehungsrechts (Art. 6 Abs. 1 GG) und des Grundsatzes der Gesetzmäßigkeit der Verwaltung (Art. 20 Abs. 3 GG) einer spezialgesetzlichen[847] Grundlage nicht bedarf. Soweit es den [...] Schulbereich betrifft, können vielmehr die allgemeinen Vorschriften des Schulgesetzes eine ausreichende Grundlage bilden (so auch BVerwGE 108, 355). [...] Indessen ist damit das Problem des vorliegenden Falles nicht erschöpft, wo es gerade um die Vermittlung geänderter Rechtschreibregeln geht. Insoweit stellt sich vielmehr die Frage, ob den Schülern damit das „richtige" Schreiben beigebracht wird. Wie der Senat bereits im Beschluss vom 17. Oktober 1997 [...] ausgeführt hat, sind die Kultusminister nicht berechtigt, eine gesonderte 'Schul-Rechtschreibung' einzuführen, da dies mit dem Recht auf Bildung (Art. 4 Abs. 1 NV), das sich im Bildungsauftrag der Schule manifestiere, unvereinbar sei: [...] Wenn es im Rahmen des Deutschunterrichts darum geht, den Schülern „richtiges" Schreiben beizubringen, so ist das das Schreiben nach den allgemein üblichen, d.h. den geltenden Regeln, nicht aber nach künftigen Schreibweisen. Diese als „überholt" zu bezeichnen, ist demgegenüber fiktiv und daher unzutreffend (OVG Münster, Beschl. v. 11.11.97 [...]). Der Bildungsauftrag des NSchG verlangt, dass den Schülern ausschließlich solche Schreibweisen beigebracht werden, die auch insofern „richtig" sind, als sie der im deutschen Volke geübten Praxis entsprechen; [...]Nach Auffassung des Senats gilt diese Sicht der Dinge jedoch nicht unbegrenzt [...] Danach erscheint nunmehr der Zeitpunkt erreicht zu sein, in dem das Unterrichten nach den neuen Regeln [...] sinnvoll ist. Darüber hinaus bleibt es der Tochter der Klägerin überlassen, sich noch weitere vier Schuljahre[...] der „überholten" alten Schreibweisen zu bedienen. Insgesamt lässt sich damit ein Verstoß des Beklagten gegen das im NSchG niedergelegte Bildungsziel durch Unterrichten in den neuen Rechtschreibregeln zum jetzigen Zeitpunkt nicht (mehr) feststellen. [...] Das gilt auch insoweit, als in § 2 Abs. 1 Satz 5 NSchG im Rahmen des Bildungsauftrages der Schule bestimmt ist, dass die Bereitschaft und Fähigkeit zu fördern ist, für sich allein wie auch gemeinsam mit anderen zu lernen und Leistungen zu erzielen. Diesem Ziel mag es widersprechen, wenn Anforderungen an die Leistungsbereitschaft und -fähigkeit bewusst herabgesetzt werden, was hinsichtlich der Rechtschreibreform unstreitig geschehen ist, da damit u.a. eine „Vereinfachung der Rechtschreibung mit dem Ziel, eine Reihe von Ausnahmen und Besonderheiten abzuschaffen" [...], bezweckt ist. [...] Das damit festzustellende Fixieren auf die beschränkten Möglichkeiten Minderbegabter könnte das Recht der Besserbegabten verletzen, besser zu sein als jene, und damit die Leistungsbereitschaft der Leistungsfähigeren untergraben und zugleich auch deren Recht auf Chancengleichheit. [...] Dieser Nachteil trifft naturgemäß eher die begabteren Schüler als die weniger begabten. Indessen ist er nach Meinung des Senats nicht als besonders schwerwiegend einzustufen, insbesondere ist er nicht zwangsläufig geeignet, die Leistungsfähigkeit Begabterer leerlaufen zu lassen und so deren Leistungsbereitschaft zu behindern. [...] Denn insoweit ist davon auszugehen, dass diese zum einen ihre bessere Bildung dadurch erweisen können, dass sie (zulässigerweise) auf die eindeutschende Schreibweise von Fremdwörtern verzichten, weiterhin nach alter Art Zeichen setzen und auch bei der Zusammen-/Getrenntschreibung die noch belassenen Wahlmöglichkeiten nutzen. [...]

[847] Hervorhebungen im Original.

Im Übrigen kann sie künftig schreiben, wie sie es für richtig hält, ohne dass danach gravierende schulische Nachteile zu erwarten wären."

b) Das Urteil des OVG Lüneburg im Rechtsmittelverfahren zum Urteil des VG Hannover ist vor allem durch die Bezugnahme auf die Bindungswirkung der Verfassungsgerichtsentscheidung geprägt. Es weist aber auch mehrere Besonderheiten auf, die vor allem auf den zeitlichen Abstand von knapp zwei Jahren zur vorangegangenen Entscheidung zurückzuführen sind. Zum einen werden Bedenken an der Zulässigkeit der Entscheidung des Bundesverfassungsgerichts trotz vorheriger Beschwerderücknahme geäußert, die sich auch auf die Bindungswirkung auswirken könnten. Letztlich wird die Bindungswirkung des Bundesverfassungsgerichtsurteils jedoch bejaht, da das Bundesverwaltungsgericht keine diesbezüglichen Bedenken geäußert hatte. Hinsichtlich des Umfangs der Bindungswirkung bezieht sich das OVG Lüneburg ebenfalls auf die Feststellungen des Bundesverwaltungsgerichts[848]. Insofern wird die Einschränkung der Entscheidungsfreiheit durch die verfassungsgerichtliche Bindungswirkung zusätzlich überlagert von der präjudiziellen Bindung innerhalb des verwaltungsgerichtlichen Instanzenzuges.

Das OVG Lüneburg konzentrierte sich daher ganz auf die Frage, ob das Schulgesetz eine ausreichende Rechtsgrundlage zur Einführung der Neuregelung der Rechtschreibung an den Schulen Niedersachsens enthält. Mit dem im Schulgesetz enthaltenen Bildungsauftrag zum Lehren der „richtigen" Schreibweisen, d.h. der allgemein üblichen Schreibpraxis, waren die Neuregelungen nach Ansicht des Gerichts zwar ursprünglich nicht vereinbar. Allerdings sei mittlerweile der Zeitpunkt erreicht, in dem das Unterrichten nach den neuen Regeln sinnvoll sei. Für das OVG Lüneburg hat damit die Faktizität bereits die Normativität überlagert. Zusätzlich verweist das Gericht auch auf die individuelle Möglichkeit der Tochter der Klägerin, bis zum 31.07.2005 sanktionslos nach den traditionellen Regeln zu schreiben. In Verbindung hiermit kommt es auch zu vergleichsweise einmaligen Erwägungen darüber, ob durch die Vereinfachung der Rechtschreibung die Anforderungen so herabgesetzt werden, daß davon eine Beeinträchtigung der Chancengleichheit ausgehe: Das Recht der Besserbegabten auf differenzierte Leistungsbewertung könnte dadurch verletzt sein, daß besondere Rechtschreibleistungen nicht bewertet werden können, was letztlich auch die Leistungsbereitschaft dieser Schüler schmälern könnte. Daß das Gericht diesen Nachteil als nicht besonders schwerwiegend einstuft, ist weitaus weniger interessant als die Tatsache, daß das dem Vorwort der „Wiener Absichtserklärung" entnommene Ziel der Vereinfachung der Rechtschreibung ohne weiteres der durch die Neuregelung verwirklicht angesehen wird. Denn faktisch ist die Neuregelung nicht nur umfangreicher, sie ist auch komplizierter als alle bisherigen Regelwer-

848 Vgl. oben (S. 150) die Ausführungen zu den vom Bundesverwaltungsgericht angenommenen tragenden Gründe.

ke[849]. Das Gericht hätte sich die immerhin zweiseitigen Erwägungen zur Chancengleichheit sparen können, wenn es nach genauer Betrachtung des Sachverhalts zumindest von einer gleichwertigen Komplexität der traditionellen und der neuen Regeln ausgegangen wäre. Denn die tatsächliche Vereinfachung der Schreibung durch die Neuregelung war keineswegs eine unstrittige Tatsache, da die Kläger und Berufungsbeklagten neben der Beeinträchtigung der Chancengleichheit durch die vermeintliche Vereinfachung gleichzeitig auch die einhellige Ablehnung der Neureglung in der germanistischen Linguistik geltend machten. Hier hätte eine eigenständig ergänzte Sachverhaltsdarstellung des Gerichts unter Berücksichtigung der zwischenzeitlich neuen Erkenntnisse zur Umsetzung der Reform ansetzen können.

[849] *Ickler*, Regelungsgewalt, S.12 ff.

6. Kapitel
Vergleichende Untersuchung

I. „Spielstände"

In der Presse der Jahre 1997/98 wurde der jeweilige Stand der verwaltungsgerichtlichen Entscheidungen um die Rechtschreibreform mehrfach mit der Angabe eines pro-und-contra-Verhältnisses dargestellt[850]. In der juristischen Fachliteratur wurde diese „Sportberichterstattung"[851] teilweise aufgegriffen und entweder als Gesamtergebnis[852] oder nach Instanzen aufgegliedert[853] dargestellt. Durch den in einem solchen Verhältnis zum Ausdruck kommenden direkten und undifferenzierten Vergleich der Entscheidungen miteinander wird ein unkritischer Leser zu der Annahme verleitet, daß alle Gerichte über etwas Vergleichbares entschieden hätten. Für die Öffentlichkeit war an den Gerichtsentscheidungen vor allem die generelle Frage von Interesse, ob auf gerichtlichem Weg letztlich die Einführung der Rechtschreibreform verhindert oder zumindest verzögert werden könnte. Daher hatten die „Spielstände" vermutlich den Zweck, möglichst frühzeitig eine Tendenz erkennbar zu machen. Im Hinblick auf die damals noch anhängigen Verfahren kann weiterhin vermutet werden, daß sowohl den damaligen Verfahrensbeteiligten als auch den noch vor der Entscheidung über eine Klageerhebung stehenden ein Anhaltspunkt für eine Entscheidungsprognose gegeben werden sollte. Letztlich wäre es auch nicht nur aus journalistischer Sicht einem Skandal gleichgekommen, wenn sich das Verfahren der Kultusministerkonferenz als rechtswidrig herausgestellt hätte und die gesamte Reform daran gescheitert wäre. Der jeweilige Erfolg oder Mißerfolg einer Beschwerde oder Klage wurde so auch direkt in Beziehung zur Zulässigkeit der Einführung der neuen Regeln auf dem Erlaßweg gestellt. Dabei belegen die oben erfolgten Kurzdarstellungen der Entscheidungen bereits im Überblick, daß sich nur ein Teil der Entscheidungen überhaupt mit dieser materiell-rechtlichen Frage befaßte und diese besonders in den Verfahren des einstweiligen Rechtsschutzes nur in wenigen Fällen entscheidungserheblich war.

Über den tatsächlichen Stand der Rechtsprechung sagt ein Verhältnis von „10:10" für die hier untersuchten erstinstanzlichen Beschlüsse rein gar nichts aus. Bei diesem Ergebnisstand wurden beispielsweise die zwei Beschlüsse des VG Hamburg und die drei des VG Gelsenkirchen getrennt gezählt, obwohl sie in den Gründen jeweils fast identisch sind, gleichwohl aber unterschiedliche Verfahren darstellen. Faßt man die Entscheidungen des gleichen Gerichts mit

---

850 Exemplarisch hierzu der Artikel „Thema des Tages" aus der TLZ vom 13.5.1998.

851 *Menzel*: „Von Richtern und anderen Sprachexperten - Ist die Rechtschreibreform ein Verfassungsproblem?", NJW 1998, 1177.

852 „10:18 oder ähnlich" bei *Hufen*: „Verfassungsmäßigkeit der Rechtschreibreform", JuS 1998, 1153.

853 „10:6 vor den VG und 5:2 vor den OVG", *Menzel* (Fn. 851), S. 1177. Vgl. auch *Menzel*, Sprachverständige Juristen, RdJB 1998, S. 36.

identischem Wortlaut zusammen, ergibt sich ein Stand von „7:10". Schon diese Betrachtung zeigt, wie verfälschend Vereinfachungen dieser Art sein können. Ob ein differenzierter Ergebnisvergleich im Hinblick auf die Eigenheiten der Sachverhalte und Antragsumstände überhaupt möglich ist und wenigstens eine tendenzielle Aussagekraft haben kann, soll nachfolgend untersucht werden.

Von der anderen Seite her betrachtet konnten die veröffentlichten „Spielstände", selbst wenn nach den Instanzen differenziert wurde, als denkbar negativste Wirkung aber nur dahingehend irreführend wirken, daß sie die Bildung von Lagern pro- und kontra Rechtschreibreform in den Rechtsauffassungen der Verwaltungsgerichte vortäuschten. Ob es solche Lager überhaupt gab und wenn ja, in welcher Art und Anzahl, ist Gegenstand der anschließenden, sachnahen Untersuchung. Vorab sei angemerkt, daß es, was schon bei einer ersten Durchsicht der Entscheidungen offensichtlich ist, lediglich zwei sich einander klar gegenüberstehende Lager nicht gab.

Der Grundfehler der Vereinfachung bei den Verhältniswerten lag im wesentlichen in der Annahme, daß sich die Ansichten der Gerichte zur Rechtmäßigkeit der Durchsetzung der Rechtschreibreform auf dem Erlaßwege linear im Ergebnis der Entscheidung niederschlagen würden. Falsch ist dies insbesondere aus zwei Gründen: Zum einen wurde nicht auf die generellen Besonderheiten der Verfahren des einstweiligen Rechtsschutzes eingegangen (z.B. die Fragen der „Glaubhaftmachung" und der „Eilbedürftigkeit") und zum anderen wurde nicht differenziert, ob einem Antrag aus Gründen der Zulässigkeit oder der Begründetheit nicht stattgegeben wurde. Aber selbst nach diesen Kriterien geordnete Zahlenverhältnisse wären nicht aussagekräftiger gewesen, da die Unterschiede der so eingeteilten Beschlüsse im einzelnen noch recht gravierend wären. So läßt sich selbst in der Gruppe der Entscheidungen, die die Begründetheit der Anträge verneinen, wiederum danach differenzieren, ob ein Gericht das Vorliegen des Anordnungsanspruchs, des Anordnungsgrundes oder das Vorliegen beider verneinte. Aus all dem läßt sich schließen, daß an sich nur eine differenzierte verbale Beurteilung der Komplexität der Materie hinreichend gerecht wird. Es soll jedoch im folgenden gezeigt werden, daß auch aus einem tabellarischen Vergleich einzelner Aspekte der Entscheidungen in begrenztem Umfang Aussagen über die Rezeption der neuen Rechtsproblematik in der Rechtsprechung gewonnen werden können.

II. Rechtsprechung der obersten Gerichte

Bevor nachfolgend die Entscheidungen in formeller und vor allem auch in materieller Hinsicht untereinander verglichen werden, sollen aus inhaltlichen

Gründen vorher die jeweiligen Bezugnahmen auf die höchstrichterliche Rechtsprechung tabellarisch dargestellt werden[854].

Tabelle 1 **Zitierung des Bundesverfassungsgerichts**

Nr	Gericht / BVerfGE	3, 407	7, 89	19, 206	20, 250	24, 119	31, 194	33, 125	34, 165	40, 237	41, 251	45, 400	47, 46	49, 89	52, 223	53, 185	54, 148	57, 295	58, 257	59, 360	61, 260	68, 319	77, 308	79, 69	80, 124	83, 130	84, 133	93, 1	95, 267	Summe
1	BVerfG																													
2	VG Schleswig																													
3	VG Weimar					x			x			x	x											x						5
4	VG Wiesbaden												x						x											2
5	VG Mainz								x			x	x																	3
6	VG Hannover												x																	1
7	VG Gelsenk.												x																	1
8	OVG Schleswig	x							x			x	x	x				x	x		x	x	x			x	x			12
9	VG Dresden				x				x				x						x											4
10	VG Greifswald												x																	1
11	VG Hamburg								x	x	x		x	x					x											6
13	VG Freiburg								x				x																	2
14	VGH Kassel							x	x				x						x						x					5
15	VG München								x			x	x																	3
16	VG Gelsenk.											x	x																	2
18	VG Magdeburg								x				x																	2
19	VG Stuttgart																													
20	VG Köln																													
21	OVG Greifsw.																													
22	OVG Hamburg																							x				x		2
23	OVG Lüneburg																											x		1
24	OVG Bautzen		x	x					x	x	x	x	x			x														8
25	VG Potsdam					x			x				x																	3
27	OVG Münster								x				x																	2
28	VG Berlin								x		x	x	x			x			x	x										7
29	BVerfG																													
30	BVerfG																													
31	VG Meiningen												x						x											2
32	VG Wiesbaden																													
33	VG Hannover																x													1
34	BVerfG						x		x	x	x	x	x	x	x	x			x	x						x			x	13
35	VG Freiburg								x																					1
36	BVerwG																													
37	OVG Lüneburg																													
	SUMME	1	1	1	1	2	1	1	15	3	4	8	20	3	1	3	1	1	8	2	1	1	1	2	1	2	1	2	1	

854 Bei beiden der nachfolgenden Tabellen wurden von den zeitgleich ergangenen Beschlüssen der VG Gelsenkirchen und VG Hamburg jeweils nur eine Entscheidung gewertet. Die Entscheidung des Bundesverfassungsgerichts zur Rechtschreibreform wurde ausgenommen, da nur die drei zeitlich nachfolgenden Entscheidungen diese berücksichtigen konnten und aufgrund der Bindungswirkung auch berücksichtigen mußten.

Tabelle 2 **Zitierung des Bundesverwaltungsgerichts**

Nr.	Gericht / BVerwGE	40 ,347	47, 194	47, 201	56, 155	57, 360	NJW'81, 1056	64, 308	72, 300	82, 76	87, 37	90, 112	Summe
1	BVerfG												
2	VG Schleswig												
3	VG Weimar							x					1
4	VG Wiesbaden		x	x				x					3
5	VG Mainz		x										1
6	VG Hannover							x					1
7	VG Gelsenk.												
8	OVG Schleswig								x				1
9	VG Dresden		x	x				x					3
10	VG Greifswald							x					1
11	VG Hamburg		x	x				x					3
13	VG Freiburg		x	x					x				3
14	VGH Kassel		x		x			x					3
15	VG München							x					1
16	VG Gelsenk.												
18	VG Magdeburg				x			x					2
19	VG Stuttgart												
20	VG Köln												
21	OVG Greifswald												
22	OVG Hamburg												
23	OVG Lüneburg					x				x	x	x	4
24	OVG Bautzen	x	x	x	x	x	x	x		x			8
25	VG Potsdam		x		x			x					3
27	OVG Münster												
28	VG Berlin		x	x	x	x		x		x			6
29	BVerfG												
30	BVerfG												
31	VG Meiningen					x		x					2
32	VG Wiesbaden												
33	VG Hannover												
34	BVerfG												
35	VG Freiburg		x										1
36	BVerwG												
37	OVG Lüneburg												
	Summe:	1	10	6	5	4	1	13	2	3	1	1	

Die am häufigsten zitierten Entscheidungen beider Gerichte befaßten sich thematisch mit der Wesentlichkeitsrechtsprechung und der Grundrechtsgeltung im Schulwesen. In der Gesamtschau der Bezugnahmen auf die höchstrichterliche Rechtsprechung zeigt sich unter anderem, daß die bereits in der Dissertation von *Kopke* 1995 besprochenen Entscheidungen[855] zur Wesentlich-

[855] „Hessische Förderstufe" - BVerfGE 34, 165; „Speyrer Kolleg" - BVerfGE 41, 251; „Sexualkunde" BVerfGE 47, 46; BVerwGE 74, 194; „Bremer Pflichtfremdsprache" - BVerwGE 64, 308. Bei *Kopke* (Fn. 786), besprochen auf den S. 157 ff.

keit auch die letztlich in den Entscheidungen zur Rechtschreibreform am häufigsten zitierten sind.

1. Entscheidungen des BVerfG zur Wesentlichkeitsrechtsprechung und zu Grundrechtseingriffen im Schulwesen

Vier Entscheidungen des Bundesverfassungsgerichts wurden überproportional häufig, und zwar von acht bis zu zwanzig der untersuchten Entscheidungen zitiert. Diese vier Entscheidungen befaßten sich alle mit der Wesentlichkeit im Bereich des Schulwesens und dem Verhältnis von Art. 6 Abs. 2 S. 1 GG bzw. Art. 2 Abs. 1 GG zu Art. 7 Abs. 1 GG. Sie sollen hier in ihren allgemeinen Grundaussagen skizziert werden, um einen Vergleich mit der Rechtschreibreformproblematik zu ermöglichen.

a) Hessische Förderstufe - BVerfGE 34, 165

Im Urteil vom 6.12.1972 über die Einführung der sogenannten obligatorischen Förderstufe in Hessen per Gesetz, welche erst mit dem 7. Schuljahr einen Übergang an das Gymnasium beziehungsweise die Realschule ermöglichte, wurden im Tenor bestimmte allgemeine Grundsätze herausgearbeitet. Danach gehören neben der organisatorischen Gliederung der Schule auch die inhaltliche Festlegung der Ausbildungsgänge und Unterrichtsziele zum staatlichen Gestaltungsbereich im Rahmen des Art. 7 Abs. 1 GG. Ebenso müssen die wesentlichen Merkmale einer als Pflichtschule eingeführten Förderstufe durch ein Gesetz festgelegt werden. In den Entscheidungsgründen wurde das Verhältnis von elterlichem Erziehungsrecht und staatlichem Erziehungsauftrag als gleichrangig herausgearbeitet, da das gemeinsame Ziel der Bildung der *einen*[856] Persönlichkeit des Kindes in sinnvoll aufeinander bezogenem Zusammenwirken zu erfüllen sei.

b) Vorschaltgesetz und Gesetz zur Neuordnung des gymnasialen Oberstufe in Hessen - BVerfGE 45, 400; 53, 185

In diesen zwei Beschlüssen vom 22.6.1977 und 26.2.1980 befaßte sich das Bundesverfassungsgericht mit den Gesetzen zur Neuordnung der gymnasialen Oberstufe in Hessen. Der spätere der beiden Beschlüsse wurde in den Entscheidungen zur Rechtschreibreform zwar nur dreimal zitiert, soll hier aber aus Gründen der engen inhaltlichen Verknüpfung mitbetrachtet werden.

Der zeitlich frühere Beschluß zum Vorschaltgesetz bezog sich stark auf das Förderstufenurteil, verschärfte aber sprachlich die Abgrenzung, indem das inhaltliche und didaktische Programm und das Setzen von Lernzielen als nicht mehr nur zum staatlichen Erziehungsauftrag gehörig, sondern auch als der elterlichen Bestimmung grundsätzlich entzogen angesehen wurde[857]. Der Beschluß sprach auch die mögliche Verletzung des Rechts auf möglichst un-

---

[856] Hervorhebung wie in der amtlichen Sammlung, BVerfGE 34, 165, 183.
[857] BVerfGE 45, 400, 415.

gehinderte Entfaltung der Persönlichkeit aus Art. 2 Abs. 1 GG wegen des wahrscheinlichen größeren Leistungsstresses an, verneinte dies aber ohne nähere Untersuchung.

Der spätere Beschluß zum endgültigen Schulgesetz, welches weitere Einzelheiten regelte und Verwaltungsermächtigungen enthielt[858], lehnte sich bezüglich der inhaltlichen Festlegung der Ausbildungsgänge und Unterrichtsziele wieder enger an das Förderstufenurteil an[859]. Auch hier wurde die Verletzung von Art. 2 Abs. 1 GG geprüft und bei der Abgrenzung zu Art. 7 Abs. 1 GG eine generelle Parallele zur Abgrenzung zwischen Art. 6 Abs. 2 und Art. 7 Abs. 1 GG gezogen.

Das allgemeine Persönlichkeitsrecht aus Art. 2 Abs. 1 GG i.V.m. Art. 1 Abs. 1 GG, das vornehmlich in der Soraya-Entscheidung[860] herausgearbeitet worden war und von dem Recht auf möglichst ungehinderte Entfaltung der Persönlichkeit zu unterscheiden ist, wurde in beiden Beschlüssen nicht geprüft. Andererseits ging es hier auch um eine schulorganisatorische Thematik, die anders als beispielsweise die unterrichtsinhaltsbezogenen Entscheidungen zum Sexualkundeunterricht und zur Rechtschreibreform, keinen erkennbaren Bezug zur Privat- oder Intimsphäre besaß.

c) Sexualkundeunterricht in Hamburg - BVerfGE 47, 46

Der Sexualkundebeschluß vom 21.12.1977 unterscheidet sich von den vorhergehenden Entscheidungen schon insofern im Sachverhalt, als es nicht um eine schulorganisatorische Maßnahme, sondern um eine reine Unterrichtsinhaltsstreitigkeit geht. Schon allein daraus scheint sich die überproportionale Bezugnahme auf dieses Urteil in den Entscheidungen zur Rechtschreibreform zu erklären.

In diesem Beschluß wurde neben der zunächst erneuten Betonung der generellen Gleichrangigkeit von Elternrecht und Erziehungsauftrag herausgearbeitet, daß der staatliche Erziehungsauftrag auch zum Inhalt habe, „das einzelne Kind zu einem selbstverantwortlichen Mitglied der Gesellschaft heranzubilden"[861], er somit über die reine Vermittlung von Wissensstoff hinausgehe. Konkret sah das Gericht nicht nur Sexualwissensvermittlung, sondern auch Sexualerziehung als Teil des grundgesetzlichen Erziehungsauftrags an. Das elterliche Erziehungsrecht bleibe durch das Informations- und Stellungnahmerecht der Eltern gewahrt. Ein Mitbestimmungsrecht der Eltern wurde aus faktischen Gründen abgelehnt[862]. Die enge Verbindung des Sexualbereichs zur Privatsphäre ließ das Gericht das allgemeine Persönlichkeitsrecht aus Art. 2 Abs. 1 i.V.m. Art. 1 Abs. 1 GG prüfen und eine mögliche Verletzung durch den über die Faktenvermittlung hinausgehenden Unterricht annehmen.

---

858 BVerfGE 53, 185, 187.
859 BVerfGE 53, 185, 196.
860 BVerfGE 34, 269.
861 BVerfGE 47, 46, 72.
862 BVerfGE 47, 46, 76.

Dies und die fließenden Grenzen zwischen Art. 7 Abs. 1 GG und Art. 6 Abs. 2 GG ließen das Gericht die Wesentlichkeit und somit den Gesetzesvorbehalt bejahen[863].

In einer allgemeinen Abgrenzung unterschied das Gericht beim Gesetzesvorbehalt im Schulwesen zwischen Grob- und Feinlernzielen: erstere legen die Erziehungsziele in den Grundzügen fest und bedürfen einer parlamentarischen Leitentscheidung, letztere umfassen auch die zur Erreichung zweckmäßigsten Unterrichtsmethoden und seien Sache der Schulbehörden und der Lehrer[864].

d) Schulentlassung - BVerfGE 58, 257

Der Beschluß vom 20.10.1981 beschäftigte sich mit der Frage, inwieweit der Gesetzgeber verpflichtet ist, die Voraussetzungen für die Entlassung eines Schülers wegen unzureichender Leistungen selbst festzulegen. In der Entscheidung wurden umfangreich Rechtsprechung und Literatur zur Wesentlichkeit im Schulwesen zitiert sowie die gegenläufigen Tendenzen von Vergesetzlichung und Flexibilität der Exekutive dargestellt[865]. Mit Bezug auf die Veröffentlichungen des Deutschen Juristentages 1981 wurde hervorgehoben, daß die Frage der Wesentlichkeit für die einzelnen schulischen Regelungsbereiche jeweils gesondert betrachtet werden müsse. Hinsichtlich der Gefahr der zu weit gehenden Verrechtlichung verwies das Bundesverfassungsgericht darauf, daß die Kompetenzfragen in der Verfassung vorgezeichnet seien und die parlamentarischen Leitentscheidungen vorwiegend der Sicherung des pädagogischen Freiraums der Lehrerschaft und nicht deren Beschränkung dienten.

Zum Inhalt einer gesetzlichen Verordnungsermächtigung wurde auf den Gedanken des Art. 80 Abs. 1 GG verwiesen, wonach ein Gesetz Inhalt, Zweck und Ausmaß einer Ermächtigung hinreichend bestimmen muß. Dies sei ein allgemeiner Grundsatz, der aus dem rechtsstaatlichen und demokratischen Verfassungssystem stammt[866].

e) Die sonstigen Entscheidungen zum Schulwesen

Von den weiteren Entscheidungen des Bundesverfassungsgerichts wurde noch viermal der Beschluß zum „Speyrer Kolleg"[867] zitiert, in dem ein als Ordnungsmaßnahme verhängter Verweis vom zweiten Bildungsweg als Eingriff in die Berufsfreiheit aus Art. 12 Abs. 1 GG festgestellt worden war, der daher einer gesetzlichen Grundlage bedurft. Noch zweimal wurden zwei Entscheidungen zitiert, von denen die eine[868] ein Informationsanspruch der El-

---

[863] BVerfGE 47, 46, 80.
[864] BVerfGE 47, 46, 83.
[865] BVerfGE 58, 257, 268-271.
[866] BVerfGE 58, 257, 277.
[867] BVerfGE 41, 251.
[868] BVerfGE 59, 360.

tern über Schulvorgänge aus Art. 6 Abs. 2 S. 1 GG hergeleitet hatte und die andere[869] das Anbringen von Kruzifixen in staatlichen Schulen als Verstoß gegen Art. 4 Abs. 1 GG gewertet hatte. Nur einmal, im Bundesverfassungsgerichtsurteil selbst, wurde eine Entscheidung zitiert, in der ein Schulgebet bei Freiwilligkeit und Ausweichmöglichkeit als mit Art. 7 Abs. 1 GG vereinbar angesehen wurde[870].

Die sonstigen zitierten Bundesverfassungsgerichtsentscheidungen hatten keinen unmittelbaren Bezug zum Schulwesen; auf sie wird nur kursorisch eingegangen werden[871].

2. Entscheidungen des BVerwG mit Bezug zum Schulwesen

Bei den Entscheidungen des Bundesverwaltungsgerichts zeigt sich eine ähnliche Tendenz, d.h. die fünf meistzitierten höchstrichterlichen Entscheidungen befaßten sich ebenfalls mit den Grundrechten im Schulwesen. Die drei am häufigsten zitierten Entscheidungen sollen auch hier kurz in ihrer Struktur wiedergegeben werden.

a) Sexualkundeunterricht in Hamburg - BVerwGE 47, 194

Am 15.11.1974 erließ das Bundesverwaltungsgericht einen Vorlegungsbeschluß zum Bundesverfassungsgericht gem. Art. 100 Abs. 1 GG. Das Bundesverfassungsgericht entschied unter Einbeziehung von drei Verfassungsbeschwerden ca. 3 Jahre später mit der bereits oben skizzierten Entscheidung. Der Beschluß leitete das Wesentlichkeitsprinzip im Schulwesen aus dem Rechtsstaats- und dem Demokratieprinzip des Grundgesetzes ab und klassifizierte die Festlegung von Bildungs- und Erziehungszielen als wesentlich. Der Sexualkundeunterricht sei ein solches Erziehungsziel, über das der Gesetzgeber die grundlegenden Entscheidungen zu treffen habe. Das Gericht hielt daher die Vorschriften der Hamburger Schulgesetze, die die Entscheidung über die inhaltliche Bestimmung der Lehr- und Erziehungsziele allgemein der Schulverwaltung übertrugen, für verfassungswidrig.

b) 5-Tage-Schulwoche in Hamburg - BVerwGE 47, 201

Ebenfalls am 15.11.1974 erging das Urteil zur Einführung der ganzjährigen 5-Tage-Woche ohne Nachmittagsunterricht an den Hamburger Schulen. Wie im Vorlagebeschluß wurde auch hier festgestellt, daß die Verpflichtung des Gesetzgebers, die grundlegenden Entscheidungen selbst zu treffen, direkt aus dem Rechtsstaats- und dem Demokratieprinzip abzuleiten sei. Der Vorbehalt des Gesetzes für die Schulverwaltung sei weder durch Art. 7 Abs. 1 GG, noch durch die Annahme eines besonderen Gewaltverhältnisses oder eines Gewohnheitsrechts eingeschränkt. Die Einführung der 5-Tage-Woche wurde als

---

869 BVerfGE 93, 1.
870 BVerfGE 52, 223.
871 Vgl. unten S. 275 ff.

schulorganisatorische Maßnahme qualifiziert, die Grundrechte von Eltern und Schülern nicht verletzt und letztlich im Ermessen der Schulverwaltung geregelt werden könne.

c) Pflichtfremdsprache in der Bremer Orientierungsstufe - BVerwGE 64, 308

In diesem Urteil vom 13.1.1982 kam das Bundesverwaltungsgericht nach Erörterung der Rechtsprechung und Literatur zu dem Schluß, daß Festlegung der Pflichtfremdsprache einer normativen Regelung bedürfe, weil sie für die Verwirklichung des elterlichen Erziehungsrechts aus Art. 6 Abs. 2 GG von grundlegender Bedeutung sei; insbesondere werde die Wahl des weiteren Bildungsweges durch einen staatlich gesetzten Erziehungsrahmen entscheidend vorgeprägt.

Das Urteil ist das erste, daß die Wesentlichkeit konkretisiert mit dem Kriterium einer „schulpolitische(n) Grundentscheidung von allgemeiner Bedeutung, die die Struktur des herkömmlichen Schulsystems organisatorisch und inhaltlich wesentlich verändert"[872]. Dadurch wurde die Wesentlichkeit zwar von der alleinigen Voraussetzung einer „Wesentlichkeit für die Grundrechte" befreit, aber semantisch zum Teil ebenfalls nur mit sich selbst erklärt. In den Entscheidungen zur Rechtschreibreform spielte diese Umschreibung der Wesentlichkeit als Prüfungskriterium nichtsdestotrotz eine nicht geringe Rolle.

Die Häufigkeit der Zitierung dieses Urteils beruht unter anderem auch auf der darin enthaltenen ausführlichen Darstellung der höchstrichterlichen Rechtsprechung und der Literatur zur Wesentlichkeitsrechtssprechung im Schulwesen[873]. Nicht zuletzt ging es aber auch hier um eine Unterrichtsinhaltsstreitigkeit und nicht nur um eine schulorganisatorische Maßnahme.

d) Die sonstigen Entscheidungen zum Schulwesen

Von den sonstigen Entscheidungen des Bundesverwaltungsgerichts mit Bezug zum Schulwesen wurden fünf- bzw. viermal das Urteil zur Wesentlichkeit von Eignungsgrundsätzen in Bezug auf Versetzungsentscheidungen[874] und das Urteil zur Nichtverletzung von Art. 6 Abs. 2 GG durch Sexualkunderichtlinien[875] zitiert. Nur einmal, und zwar vom OVG Bautzen, wurde Bezug auf das Urteil zur Einführung der Mengenlehre an der Grundschule[876] genommen. Letzteres ist erstaunlich, da in diesem Urteil vom 17.7.1980 festgestellt worden war, daß die Bestimmung des Unterrichtsstoffes dem Staat obliege und die Grenze des verfassungsrechtlich Zulässigen erst dort liege, wo das Wahl- oder Bestimmungsrecht der Eltern leerzulaufen drohe. Die nur marginale Präsenz dieses Urteils in den Entscheidungen zur Rechtschreibre-

872 BVerwGE 64, 308, 315.
873 Vgl. BVerwGE 64, 308, 310 ff.
874 BVerwGE 56, 155 = NJW 1979, 229.
875 BVerwGE 57, 360 = NJW 1979, 1616.
876 BVerwG NJW 1981, 1056.

form läßt sich nur damit erklären, daß es nicht in die amtliche Sammlung der Entscheidungen des Bundesverwaltungsgerichts aufgenommen worden war.

3. *Entscheidungen des BVerfG und des BVerwG ohne Verbindung zum Schulwesen*

a) *Bundesverfassungsgerichtsentscheidungen*

Von den Bundesverfassungsgerichtsentscheidungen, die sich nicht auf das Schulwesen bezogen, wurden nur wenige mehrfach zitiert, darunter dreimal zwei Entscheidungen[877], die allgemeine Ausführungen zur Ableitung des Vorbehalts des Gesetzes aus Art. 20 Abs. 3 GG und der Loslösung vom Eingriffserfordernis gemacht hatten.

Die jeweils nur ein- bis zweimal zitierten Entscheidungen lassen sich in thematische Gruppen unterteilen. Zur Gesetzesvorbehaltsproblematik wurde insgesamt auf sechs Entscheidungen[878] zurückgegriffen; zum Problem der Gesetzgebungskompetenz wurden drei Entscheidungen[879], zum elterlichen Erziehungsrecht ohne Schulbezug zwei Entscheidungen[880] und zur allgemeinen Handlungsfreiheit[881] und zum allgemeinen Persönlichkeitsrecht[882] jeweils eine Entscheidung zitiert. Die übrigen zitierten Entscheidungen betrafen Fragen der Zulässigkeit von Verfassungsbeschwerden[883] und des einstweiligen Rechtsschutzes[884].

b) *Bundesverwaltungsgerichtsentscheidungen*

Die drei jüngsten der insgesamt zitierten Entscheidungen des Bundesverwaltungsgerichts haben die Gemeinsamkeit, daß sie sich mit Warnungen der Bundesregierung vor Gefahren beziehungsweise der Einflußnahme auf die Gefahrenbekämpfung befassen. So wurde dreifach die Entscheidung zum Recht der Bundesregierung zur Warnung vor Jugendreligionen und Jugendsekten[885] zitiert und jeweils einmal die Entscheidung zur Warnung vor glykolhaltigen Weinen[886] und die über die staatliche Förderung eines privaten Vereins zur Bekämpfung von Jugendsekten[887].

---

877 BVerfGE 40, 237, 248; 49, 89, 126.
878 BVerfGE 20, 150; 33, 125; 57, 295; 80, 124, 132; 83, 130, 142; 95, 267, 307.
879 BVerfGE 3, 408; 77, 308; 84, 133, 148.
880 BVerfGE 24, 119; 31, 194.
881 BVerfGE 19, 206.
882 BVerfGE 54, 148.
883 BVerfGE 61, 620; 68, 319.
884 BVerfGE 79, 69.
885 BVerwGE 82, 76 = NJW 1989, 2272.
886 BVerwGE 87, 37 = NJW 1991, 1766.
887 BVerwGE 90, 112 = NJW 1992, 2496.

Eine nur einmal vom OVG Bautzen zitierte Entscheidung des Bundesverwaltungsgerichts gehört teilweise in den Bereich des Schulwesens, als es darum ging, ob sich eine Privatschulstiftung auf Grundrechte berufen könne; die Entscheidung[888] wurde vom OVG Bautzen aber nur hinsichtlich der allgemeinen Ausführungen zu Art. 2 Abs. 1 GG zitiert. Die nach Tabelle 2 verbleibende Entscheidung[889] wurde vom OVG Schleswig und vom VG Freiburg zum Beleg der eingeschränkten Justiziabilität normkonkretisierender Verwaltungsvorschriften zitiert.

III. Vergleich der Bezugnahmen untereinander

Zum Vergleich der wechselseitigen Zitierungen der verwaltungsgerichtlichen Entscheidungen zur Rechtschreibreform wurden diese statistisch ausgewertet und, geordnet nach dem Zeitpunkt der Entscheidungsverkündung, in Tabellenform gebracht. Mit einbezogen in diese Tabelle wurde der Beschluß des BVerfG vom 21.6.1996, da diese die mit Abstand am häufigsten zitierte Entscheidung ist. Davon wurde als Untermenge noch getrennt erfaßt, wieviel Gerichte die in diesem Beschluß enthaltene, hier *obiter dictum* genannte Behauptung anführten, daß die Grundrechte nicht vor der Konfrontation mit neuen Schreibweisen schützen.

Tabelle 3

Nr.	Entscheidung	zitiert welche der anderen Entscheidungen	wird wie oft zitiert
1	Beschluß des BVerfG		17
1*	das *obiter dictum*		7
2	VG Schleswig	1*	2
3	VG Weimar	1*	12
4	VG Wiesbaden	1	15
5	VG Mainz	1*, 3, 4	11
6	VG Hannover	1, 3, 4, 5	10
7	VG Gelsenkirchen	3, 4, 5, 6	7
8	OVG Schleswig	1, 4, 6	12
9	VG Dresden	1, 4, 5, 6, 7, 8	5
10	VG Greifswald	1, 1*, 4, 5	5
11/12	VG Hamburg	1, 2, 3, 4, 5, 6, 7, 8, 9, 10	4
13	VG Freiburg	1*, 3, 4, 5, 6, 7, 8, 9, 10	4
14	VGH Kassel	3, 4, 5, 6, 7, 8	3
15	VG München	1*	1
16/17	VG Gelsenkirchen	3, 5	1
18	VG Magdeburg	3, 8	1
19	VG Stuttgart	1, 10, 13	
20	VG Köln	2, 3, 4, 5, 6, 7, 8, 9, 10, (11, 12),13	
21	OVG Greifswald		1

888 BVerwGE 40, 347, 349.
889 BVerwGE 72, 300, 320.

22	OVG Hamburg	1	5
23	OVG Lüneburg	1, 1*, 7, 8, (11, 12), 14	8
24	OVG Bautzen	1, 8, 13, 23	4
25	VG Potsdam	3, 4, 5, 7, 8, 10, (11, 12), 14, 22, 23	
27	OVG Münster	1, 22, 23	4
28	VG Berlin	3, 4, 6, 8, 9, 15, 18, 22, 24	3
31	VG Meiningen	3, 4, 5, 6, 8, 9, (11, 12), 14, (16, 17), 21, 22, 24, 27, 28	
32	VG Wiesbaden	4, 8, 22, 23, 24, 27, 28	
33	VG Hannover	1, 4, 6, 23, 24	1
34	BVerfG		4
35	VG Freiburg	13, 34	
36	BVerwG	28, 34	1
37	BVerfG	34	
38	OVG Lüneburg	23, 27, 28, 33, 34, 36	

Die Numerierung entspricht der in Tabelle 1. Die für die Bezugnahmen unbeachtlichen Entscheidungen Nr. 26, 29, 30 wurden nicht aufgeführt. Die erste Spalte der Tabelle zeigt einen zunächst zunehmenden Anstieg der Zitierungen, da in späteren Entscheidungen die vorherigen selbstverständlich erst nach deren Bekanntwerden, d.h. nach der Verkündung zitiert werden konnten. Im gleichen Sinne sinken die Zahlen des Zitiertwerdens in der zweiten Spalte, da sie zeitlich immer später ergingen und so seltener zitiert werden konnten.

Für die Bezugnahme auf vorangegangene Entscheidungen ist jeweils die Möglichkeit der Kenntnisnahme entscheidend. Die Verwaltungsgerichte nutzen dabei offensichtlich auch den direkten Kontakt untereinander, wie die Bezugnahme des VG Hamburg auf die am Vortag verkündete Entscheidung des VG Greifswald vermuten läßt. Unbekannt bleibt, welche und wieviel vorangegangene Entscheidungen den jeweiligen Verfassern der Entscheidungen tatsächlich bekannt waren beziehungsweise vorlagen.

Allgemein ist festzustellen, daß die in der NJW veröffentlichten frühen Beschlüsse des Jahres 1997 (vgl. Tabelle 1) der VG Weimar, Wiesbaden, Hannover und der OVG Schleswig und Lüneburg überproportional häufig zitiert wurden. Damit kommt man zu dem plausiblen Schluß, daß die Leichtigkeit der Kenntnisnahme von vorangegangenen Entscheidungen einen Einfluß auf die Wahrnehmung dieser Entscheidungen durch die anderen Gerichte hat. Es bleibt also festzuhalten, daß den Lektoren bei den Verlagen für die Auswahl dessen, was veröffentlicht wird, eine nicht zu unterschätzende Verantwortung für sich entwickelnde Rechtsprechungen zukommt.

Der Beschluß des VGH Kassel ist trotz der Veröffentlichung in der NJW in den anderen Entscheidungen unterrepräsentiert. Das liegt zum einen an der Besonderheit des Falls, wonach das Gericht den Anordnungsgrund wegen der geringen Betroffenheit der in höheren Klassen befindlichen Kinder des Antragstellers verneinte. Daran kann in gewissem Umfang aber auch der Effekt ursächlich sein, daß diejenigen Entscheidungen, die selbst oft Bezug auf andere nahmen, selbst weniger zitiert wurden. Beispielhaft seien hierfür die frühen Beschlüsse der VG Hamburg und Freiburg genannt, welche selbst 10 bzw. 9 Entscheidungen zitierten, aber nur je viermal zitiert wurden. Spätere Entscheidungen der VG Potsdam, Meiningen und Wiesbaden zeigen denselben Effekt. In gewissem Maß ist die Anzahl der Zitierungen Ausdruck dafür, wieviel Neues eine Entscheidung enthält. Dabei scheint es für die Gerichte selbstverständlich zu sein, mit Verweisen auf diejenigen Entscheidungen zu arbeiten, die den Ursprung eines Arguments bilden und nur zur Bestätigung auf diejenigen Entscheidungen zurückzugreifen, die diese Ansicht teilen.

Weiterhin ist festzustellen, daß in den Beschlüssen der Oberverwaltungsgerichte weniger Zitierungen der erstinstanzlichen Entscheidungen im Vergleich zu den Bezugnahmen auf höherinstanzliche Entscheidungen erfolgen. Gründe hierfür, die nicht spekulativ wären, sind nicht ersichtlich. Im übrigen ist die Datenmenge zu dieser Frage auch zu klein, um repräsentative Aussagen zu erhalten, so daß auch eine bloß zufällige Korrelation vorliegen kann.

Ebenso fällt als Besonderheit auf, daß die beiden Beschlüsse der VG München und Magdeburg, die selbst kaum Bezug auf Vorangegangenes nehmen, jeweils nur einmal im Urteil des VG Berlin erwähnt werden. Beide Entscheidungen vermochten argumentativ scheinbar keines der nachfolgenden Gerichte so zu überzeugen, daß diese eine Auseinandersetzung für erforderlich hielten. Dabei ist zu berücksichtigen, daß zeitlich nachfolgend fast nur noch Oberverwaltungsgerichte in zweiter Instanz entschieden haben, die bei Bezugnahmen auf erstinstanzliche Beschlüsse, wie bereits festgestellt, eher zurückhaltend waren.

Das VG Meiningen zitierte am umfangreichsten den Stand der bisherigen Rechtsprechung, aber es erwähnte selbst damit nur gut die Hälfte der bis dahin ergangenen Entscheidungen. Es ging dem Gericht aber wohl weniger um Vollständigkeit der Auflistung, sondern vielmehr um die Darstellung der in den vorangegangenen Entscheidungen kontrovers diskutierten Themenschwerpunkte. Jedoch wurde beispielsweise von allen oberverwaltungsgerichtlichen Beschlüssen einzig der des OVG Lüneburg nicht zitiert, obwohl gerade dort ein dezidiert kontroverser Standpunkt vertreten wurde. Dem VG Meiningen ist es aber nicht vorzuhalten, sich in einer Eilentscheidung nicht vollumfänglich mit allen mit der Problematik verbundenen Ansichten auseinandergesetzt zu haben.

VI. Grobstrukturen der Entscheidungen

Im folgenden soll eine tabellarische Übersicht über die Grobstrukturen der Entscheidungen gegeben werden, d.h. sie wurden zum Zweck des direkten Vergleichs nach bestimmten formellen und materiellen Kriterien aufgeschlüsselt. Dabei werden in der ersten Tabelle die Ergebnisse für formell-zwingende (Zulässigkeit, Begründetheit, Anordnungsanspruch, Anordnungsgrund, Sicherungs- oder Regelungsanordnung) und formell-statistische (ob jeweils nur die Eltern oder auch die Kinder als Kläger/Antragssteller auftraten und die Klassenstufe der betroffenen Kinder) Punkte dargestellt. Die zweite Tabelle differenziert die wichtigsten materiell-rechtlichen Gesichtspunkte, die übergreifend von der Mehrzahl der Entscheidungen beurteilt wurden. Leere Felder bedeuten, daß keine Aussage getroffen wurde; im Gegensatz hierzu sind die von den Gerichten bewußt offengelassenen Punkte mit einem „O" gekennzeichnet.

1. *Formelle Kriterien*

Tabelle 4

Legende: O=offengelassen; K=keine Aussage; GS=Grundschule

Nr.	Gericht	Zulässigkeit	Begründetheit	Anordnungs-anspruch	Sicherungs- oder Regelungsanordnung	Anordnungs-grund	Eltern+Kind (oder nur Eltern)	Klassenstufen der Kinder
1	BVerfG	(-)					+	8
2	VG Schleswig	(-)	(-)		Si		(-)	2
3	VG Weimar	+	(-)			(-)	(-)	
4	VG Wiesbaden	+	+	+	Si	+	(-)	7, 9
5	VG Mainz	+	(-)	(-)	Si	(-)	(-)	
6	VG Hannover	+	+	+	Re	+	(-)	GS
7	VG Gelsenk.	+	+	+	Si	+	(-)	2, 3
8	OVG Schleswig	+	(-)	(-)	Si	K	(-)	2
9	VG Dresden	+	+	+	Si	+	+	1
10	VG Greifswald	+	(-)	(-)	O	(-)	(-)	1
11,12	VG Hamburg	+	+	+	·Si	+	+	GS
13	VG Freiburg	+	(-)	(-)	Re	(-)	(-)	GS
14	VGH Kassel	+	(-)	O	O	(-)	(-)	7, 9
15	VG München	+	(-)	(-)	K	O	(-)	9
16,17	VG Gelsenk.	+	+	+	Si	+	+	2
18	VG Magdeburg	+	(-)	(-)	Si	K	(-)	
19	VG Stuttgart	+	(-)	(-)	Re	(-)	(-)	4, 5
20	VG Köln	+	(-)	O	O	(-)	(-)	1
21	OVG Greifswald	(-)				(-)		
22	OVG Hamburg	+	+	+	O	(-)	+	5
23	OVG Lüneburg	+	(-)	+	K	+	(-)	3
24	OVG Bautzen	+	(-)	+	O	+	+	1
25	VG Potsdam	+	(-)	O	Re	(-)	(-)	4
26	OVG Münster	(-)						
27	OVG Münster	+	+	O	O	(-)	(-)	1, 3
28	VG Berlin	+	+				+	1, 2, 4
29	BVerfG	(-)						5
30	BVerfG	(-)						1, 3
31	VG Meiningen	+	+	+	O	+	+	5, 7
32	VG Wiesbaden	+	+	+	O	+	(-)	6, 10
33	VG Hannover	+	+				(-)	
34	BVerfG	+	(-)				(-)	
35	VG Freiburg	+	(-)				(-)	3
36	BVerwG	+	(-)					GS, 5
37	OVG Lüneburg	+	(-)				+	6

a) Zulässigkeit

Die Zulässigkeit wurde nur anfangs vom VG Schleswig verneint. Keine der nachfolgenden Entscheidungen hielt aber die unmittelbare Betroffenheit direkt durch einen ministeriellen Erlaß für problematisch oder auch nur diskussionswürdig. Die OVG Greifswald und Münster ließen die Anträge auf Zulassung der Beschwerde gegen die erstinstanzlichen Beschlüsse nicht zu, was aber aufgrund der hohen Anforderungen der § 146 Abs. 4, 124 Abs. 2 VwGO eine andere Wertigkeit besitzt, als die üblichen Zulässigkeitserfordernisse bei verwaltungsgerichtlichen Eilverfahren. Ebenfalls eine andere, mit den Entscheidungen zum einstweiligen Rechtsschutz nicht vergleichbare Qualität besitzen die Unzulässigkeiten der beiden Verfassungsbeschwerden vom 30.12.1997 (Nr. 29 und 30).

Generell kann gesagt werde, daß das in der Judikatur völlig neuartige Problem „Rechtschreibreform" schnell aufgegriffen und in seinen rechtlichen Implikationen erkannt wurde. Nachdem zwei Gerichte, die VG Weimar und Wiesbaden, im Juli 1997 die Zulässigkeit bejaht hatten und zu gegenteiligen Ergebnissen in der Gewährung von einstweiligem Rechtsschutz in ihren Beschlüssen kamen, waren die nachfolgenden Gerichte in diesem Punkt sensibilisiert und mit den generellen Aspekten zur Zulässigkeit bei Klagen zur Rechtschreibreform vertraut. Die Veröffentlichungen der beiden Entscheidungen in der NJW und die Resonanz in der Presse trugen dazu bei, daß die rechtliche Relevanz und vor allem die Brisanz der Thematik schnell auch den Gerichten vermittelt wurde.

b) Anordnungsanspruch, Anordnungsgrund

Bei beiden Aspekten sind die Ergebnisse der Gerichte im Vergleich stark heterogen. Aus der tabellarischen Übersicht lassen sich keine echten Tendenzen ablesen. Gerecht wird der Thematik an sich nur die Einzelbetrachtung der Entscheidungen mit konkreter Bezugnahme auf die Gründe und Argumente und die jeweiligen spezifischen Besonderheiten der Fälle. Es erfolgt an dieser Stelle daher nur eine übersichtsweise, tabellarische Darstellung des Themenkomplexes „Anordnungsanspruch und Anordnungsgrund", die im Anschluß erläutert wird.

Tabelle 5

Instanz des Verwaltungs-rechtswegs	Anordnungsanspruch	Anordnungsgrund	Anordnungsanspruch und Anordnungsgrund	Anordnungsanspruch (-), Anordnungsgrund (O)	Anordnungsanspruch (O), Anordnungsgrund (-)	Anordnungsanspruch (+), Anordnungsgrund (-)
1. Instanz	7x(+), 7x(-), 1x(O)	7x(+), 7x(-), 1x(O)	7x(+), 3x(-)	1x	2x	
2. Instanz	3x(+), 1x(-), 2x(O)	2x(+), 3x(-), 1x(O)	2x(+)		2x	1x

Die Tabelle liest sich in der Art, daß erstinstanzlich ein Anordnungsanspruch von sieben Verwaltungsgerichten[890] bejaht und von sieben verneint wurde und eines die Frage offenließ. In zweiter Instanz wurde der Anspruch dreimal bejaht, einmal verneint und zweimal offengelassen. Einen Anordnungsgrund hielten erstinstanzlich sieben Verwaltungsgerichte[891] für gegeben, sieben Gerichte hielten ihn nicht für gegeben und je ein Gericht ließ ihn offen beziehungsweise machte überhaupt keine Aussage. Zweitinstanzlich wurde der Anordnungsgrund zweimal bejaht, dreimal[892] verneint und einmal keine Aussage dazu getroffen.

Wechselbezüglich betrachtet haben in erster Instanz sieben Verwaltungsgerichte sowohl den Anordnungsanspruch als auch den Anordnungsgrund bejaht. Beide Punkte verneint haben drei Gerichte. Bei Verneinung des jeweils anderen Aspekts wurde der Anordnungsanspruch zweimal und der Anordnungsgrund einmal ausdrücklich offengelassen. In zweiter Instanz wurden beide Punkte von zwei Gerichten kumulativ bejaht, von keinem Gericht kumulativ verneint. Zwei Obergerichte verneinten den Anordnungsgrund und ließen den Anordnungsanspruch ausdrücklich offen. Ein Obergericht bejahte den Anordnungsanspruch, verneinte aber den Anordnungsgrund und ein Obergericht machte bei Ablehnung des Anordnungsanspruches keine Aussage zum Anordnungsgrund.

Eine Korrelation der Entscheidung über das Vorliegen eines Anordnungsgrundes zu den jeweiligen Klassenstufen der betroffenen Kinder läßt sich statistisch nicht ausmachen. Dabei führten teilweise die Gerichte als Argument für einen Anordnungsgrund an, daß bei Kindern in der Grundschule bis zu

---

890 Dabei wurden die zwei Entscheidungen des VG Hamburg und die drei des VG Gelsenkirchen jeweils einfach gezählt.

891 Ebenda.

892 Die Verneinung des Vorliegens eines Anordnungsgrundes durch das OVG Greifswald erfolgte in der Begründung der Nichtzulassungsentscheidung über eine Beschwerde und wurde hier nicht mitgezählt.

einer Hauptsacheentscheidung das Erlernen der Rechtschreibung weitgehend abgeschlossen und die neuen Regeln verinnerlicht seien[893]. Andererseits wurde in einer Entscheidung gegen die Annahme eines Anordnungsgrundes gerade damit argumentiert, daß in der Grundschule sich nur wenige Wörter änderten und nur wenige neue Regeln vermittelt würden[894]. Einen Einzelfall stellt bei der Klassenstufenargumentation die Ansicht des VGH Kassel dar, nach der ein Anordnungsgrund mit der spezifischen Feststellung verneint wurde, in den höheren Klassen würden den Kindern des Antragstellers nur Hinweise auf die Regeln, aber keine Rechschreibungseinführungskurse gegeben.

c) Sicherungs- und Regelungsanordnung

Statistisch gesehen haben elf Entscheidungen die Frage nach dem Vorliegen einer Sicherungs- oder einer Regelungsanordnung entweder offengelassen, implizit dahinstehen lassen oder pauschal auf § 123 VwGO verwiesen. Dreizehn Gerichte legten sich fest; neun Gerichte nahmen eine Sicherungsanordnung und vier Gerichte eine Regelungsanordnung an. Tendenziell kann man erkennen, daß frühere Entscheidungen eher vom Vorliegen einer Sicherungsanordnung, spätere eher von einer Regelungsanordnung ausgingen oder das Problem bewußt offenließen. Ein Grund hierfür kann im zeitlichen Verhältnis der Verkündung der jeweiligen Entscheidung zum Termin der geplanten Einführung liegen, d.h. dem Beginn der Vorabeinführung der neuen Regeln an den Schulen im Schuljahr 1997/1998. Vor Beginn des Schuljahres und damit größtenteils auch der Unterrichtung nach den neuen Regeln begehrten die Kläger vornehmlich, durch den einstweiligen Rechtsschutz die bestehende Situation zu sichern. Nach Beginn der Unterrichtung wurde das Begehren dann vermehrt so verstanden, durch Gerichtsbeschluß eine Regelung zu erwirken, die die Unterrichtung nach den neuen Regeln bis zur Hauptsacheentscheidung aussetzt. Eine Korrelation zu den Klassenstufen der Kinder läßt sich auch bei der Frage Sicherungs- oder Regelungsanordnung nicht feststellen. Selbst zwei zeitnahe Entscheidungen, die einen Anordnungsanspruch mit der Gefahr der Verfestigung der Neuregelungen bei Grundschülern bis zur Hauptsacheentscheidung bejahten, kamen zu unterschiedlichen Ergebnissen bei der Frage der Anordnungsart[895].

Die auffallende Heterogenität ist ein Indiz dafür, daß viele Gerichte eine Unterscheidung zwischen Sicherungs- und Regelungsanordnung nicht für relevant erachteten, da es keine praktischen Unterschiede in den Erlaßvoraussetzungen gibt[896]. Die Gerichte hielten nicht einmal eine argumentative Auseinandersetzung für erforderlich. Dies steht in deutlichem Widerspruch zur

893 Bspw. VG Hannover, Gelsenkirchen, Dresden, Hamburg.

894 Bspw. VG Freiburg.

895 Das VG Hannover nahm Anfang August 1997 das Vorliegen einer Regelungsanordnung, das VG Gelsenkirchen das einer Sicherungsanordnung an.

896 So auch *Eyermann / Fröhler*, VwGO-Kommentar, 10. Aufl., 1998, Rdn. 20.

vorherrschenden Ansicht in der Literatur, nach der die Sicherungs- und die Regelungsanordnung auf gesonderten Tatbeständen beruhen und die Gerichte es nicht offenlassen dürfen, auf welchen der beiden Tatbestände sie sich stützen[897]. Beide Anordnungsarten ergeben ein Stufensystem des lückenlosen vorläufigen Rechtsschutzes[898], wobei die Sicherungsanordnung im Verhältnis zur Regelungsanordnung die speziellere Norm ist[899]. Erst wenn das Vorliegen eines Rechtsverhältnisses im Sinne des § 123 Abs. 1 Satz 2 VwGO verneint werden kann, ist die Prüfung einer Sicherungsanordnung möglich. Unter einem Rechtsverhältnis sind dabei rechtliche Beziehungen aufgrund des öffentlichen Rechts zu verstehen, die sich zwischen den Verfahrensbeteiligten aus einem konkreten Sachverhalt ergeben[900]. Zwischen den Schülern und der Schule ist ein solches Rechtsverhältnis auf verfassungsrechtlicher Grundlage gegeben, das zudem durch die jeweiligen Schulgesetze und Verwaltungserlasse konkretisiert wird. Der sich aus dem Rechtsverhältnis ergebende Rechtsanspruch bezieht sich hier auf die Unterrichtung in deutscher Rechtschreibung. Die Umstrittenheit des Inhalts dieses Rechtsanspruchs ist eine zusätzliche Voraussetzung einer Regelungsanordnung, die hier offensichtlich gegeben ist. Alle Verwaltungsgerichtsentscheidungen, in denen die Kinder die Verletzung eigener Rechte geltend gemacht hatten, hätten demzufolge als Regelungsanordnungen ergehen müssen. Jedoch ergingen faktisch alle diese Entscheidungen entweder als Sicherungsanordnung oder aber die Anordnungsart wurde offengelassen[901].

Ob das elterliche Erziehungsrecht aus Art. 6 Abs. 2 GG ein Rechtsverhältnis zur Schule begründet oder aber nur ein Recht im Sinne des § 123 Abs. 1 S. 1 VwGO darstellt, ist weniger eindeutig. Aber zumindest eine argumentative Auseinandersetzung wäre erforderlich gewesen. Insgesamt ist festzustellen, daß der Großteil der Gerichte bei der Frage nach der Anordnungsart versagt hat.

d) Eltern und Kinder als Antragsteller / Kläger

Interessant ist weiterhin die Korrelation, daß die Verfahren des einstweiligen Rechtsschutzes, in denen die Kinder selbst als Antragsteller auftraten und die Verletzung eigener Rechte geltend machten, überwiegend erfolgreich waren[902]. Dieser Korrelation entsprach auch das Urteil des VG Berlin in der Hauptsache. Nicht in dieses Schema paßt die Entscheidung des OVG Hamburg, das zwar den Anordnungsanspruch bejaht, aber den Anordnungsgrund

897 Vgl. *Finkelnburg / Jank*, Vorläufiger Rechtsschutz im Verwaltungsstreitverfahren, 4. Aufl., 1998, Rdn. 198 ff.; *Schoch*, Vorläufiger Rechtsschutz und Risikoverteilung im Verwaltungsrecht, 1988, S. 1476 ff.; jeweils mit zahlreichen weiteren Nachweisen.

898 *Schoch* (Fn. 897), S. 1476 f.

899 *Finkelnburg / Jank* (Fn. 897), Rdn. 200.

900 Vgl. BVerwGE 89, 327, 329.

901 Vgl. oben Tabelle 4.

902 Konkret sind das die Beschlüsse der VG Dresden, Hamburg, Gelsenkirchen und Meiningen sowie der des OVG Bautzen.

wegen der parallelen Unterrichtung und der Folgenlosigkeit traditionellen Schreibens verneint hatte. Allerdings ist diese Relation nur in einer Richtung feststellbar, da in fünf Verfahren auf einstweiligen Rechtsschutz ein Erfolg des Antrags auch bei alleiniger Geltendmachung von Elternrechten zu verzeichnen war[903]. Noch interessanter wird die Betrachtung der Kinder als Antragsteller in Zusammenschau mit der anschließenden Tabelle über die materiellen Kriterien, denn in den Verfahren mit Beteiligung der Kinder wurde jeweils die Verletzung des allgemeinen Persönlichkeitsrechts der Kinder aus Art. 2 Abs. 1, Art. 1 Abs. 1 GG bejaht. Einschränkend hierzu bildet wiederum die Entscheidung des OVG Hamburg eine Ausnahme, da hier keine direkte Aussage zur Betroffenheit des Persönlichkeitsrechts gemacht wird. Auf der anderen Seite wurde vom Beschluß und vom Urteil des VG Hannover jeweils eine Verletzung des Persönlichkeitsrechts der klagenden Mutter bejaht. Dieser speziellen Sicht hat sich aber keines der anderen Gerichte angeschlossen.

Statistisch kann aus diesen Daten geschlossen werden, daß die Wahrscheinlichkeit eines Erfolges in den Verfahren des einstweiligen Rechtsschutzes erheblich höher war, wenn neben den Eltern die betroffenen Schulkinder die Verletzung eigener Rechte geltend gemacht hatten.

2. Materielle Kriterien

Tabelle 6

Nr.	Gericht	Wesentlichkeit	Art. 6 II GG verletzt?	Art. 2 I, 1 I GG verletzt?	Bildungs- und schulpolitische Grundentscheidung	gesetzl. Grundlage erforderlich?	Breitenwirkung für die Allgemeinheit	wertneutrale Vermittlung von Fachwissen	Akzeptanzprognose	außerrechtlicher Gegenstand	baldige pol. Entscheidung bzw. des BVerfG
2	VG Schleswig		(-)	(-)							
3	VG Weimar	(-)	(-)	(-)	(-)			+			
4	VG Wiesbaden	+	+		+	+					
5	VG Mainz		(-)	(-)		(-)	(-)	+			
6	VG Hannover	+	+	+	+	+	+				
7	VG Gelsenkirchen	O	+		+	O	+		O		
8	OVG Schleswig					(-)			+	+	
9	VG Dresden	+	+	+	+	+	+		O	(-)	+
10	VG Greifswald	(-)	(-)	(-)		(-)	O	(-)	O		
11,12	VG Hamburg	+	+	+	+	+	+			(-)	
13	VG Freiburg	(-)	(-)	(-)		(-)		+	+	+	
14	VGH Kassel	O	O	O		O					+
15	VG München	(-)	(-)	(-)	(-)	(-)	(-)	(-)			
16,17	VG Gelsenkirchen	O	+	+	+	O	+		O		
18	VG Magdeburg				(-)	(-)		+	O		
19	VG Stuttgart										
20	VG Köln					O					
21	OVG Greifswald										+

903 VG Wiesbaden (zwei Beschlüsse), Hannover, Gelsenkirchen (der zeitlich frühere) und OVG Lüneburg.

22	OVG Hamburg	O				O					
23	OVG Lüneburg	+	+	+	+	+	+				+
24	OVG Bautzen	+	+	+	+	+	+				+
25	VG Potsdam	O				O					+
27	OVG Münster					O			+		+
28	VG Berlin	+	+	+	+	+		(-)	(-)		
31	VG Meiningen	+	+	+	+	+	+	(-)	(-)		+
32	VG Wiesbaden	+	+		+	+	+		(-)		+
33	VG Hannover	+	+	+		+	+				
34	BVerfG	(-)	(-)	(-)	(-)	(-)	(-)	(-)			
35	VG Freiburg	(-)	(-)	(-)	(-)	(-)	(-)	(-)			
36	BVerwG		(-)	(-)		(-)					
37	OVG Lüneburg	(-)	(-)	(-)	(-)	(-)	+		+		

a) Materielle Kriterien – Wesentlichkeit, Grundrechte, Grundentscheidung

Die Wesentlichkeit bejahten acht erstinstanzliche Gerichte, davon zwei in einer Hauptsacheentscheidung, und zwei Obergerichte in Verfahren des einstweiligen Rechtsschutzes. Verneint wurde sie erstinstanzlich bis zur Entscheidung des Bundesverfassungsgerichts von vier Verwaltungsgerichten, davon einmal in einer Hauptsacheentscheidung. Das Urteil des Bundesverfassungsgerichts verneinte ebenfalls die Wesentlichkeit, worauf nachfolgend das VG Freiburg in seiner Hauptsacheentscheidung Bezug nahm und sich dieser Ansicht anschloß. Ausdrücklich offengelassen wurde diese Frage der Wesentlichkeit von zwei erstinstanzlichen[904] und zwei zweitinstanzlichen Entscheidungen[905].

Aufschlußreicher als die rein statistische Sicht ist der Vergleich der Wesentlichkeitsproblematik mit den anderen untersuchten Gesichtspunkten. Ausnahmslos alle Gerichte, die sich mit der Wesentlichkeit befaßten, stellten gleichzeitig die Verletzung von Grundrechten fest. Die Entscheidung zur Wesentlichkeit ist also direkt mit der Auffassung des jeweiligen Gerichts verknüpft, ob Art. 6 Abs. 2 GG und / oder Art. 2 Abs. 1 GG bzw. Art. 2 Abs. 1 i.V.m. Art. 1 Abs. 1 GG verletzt wurden oder nicht. Das ist im Lichte der Wesentlichkeitsrechtsprechung kein überraschendes Ergebnis, läßt aber zunächst nur den Schluß zu, daß eine Grundrechtsverletzung jeweils als notwendiges Kriterium angesehen wurde.

Bei genauer Betrachtung der Entscheidungen, die die Wesentlichkeit bejahten, stellt sich heraus, daß diese Entscheidungen zusätzlich die Wesentlichkeit durch die Annahme stützten, daß eine Rechtschreibreform eine bildungs- und schulpolitische Grundentscheidung von hoher Bedeutung für die Allgemeinheit sei. Insofern kann als ein Ergebnis der Rechtsprechung vor den Verwaltungsgerichten festgehalten werden, daß zur Feststellung der Grundrechtsverletzung jeweils als hinreichendes Kriterium der Wesentlichkeit noch die

904 VG Gelsenkirchen und VG Potsdam. Die drei inhaltlich gleichen Beschlüsse des VG Gelsenkirchen wurden nur als eine Entscheidung gewertet.

905 VGH Kassel und OVG Hamburg.

Feststellung einer schulpolitischen Grundentscheidung hinzutrat. Das bedeutet auf der anderen Seite, daß kein Gericht ohne die Annahme eines Eingriffs in ein Grundrecht und allein gestützt auf die Breitenwirkung für die Allgemeinheit die Wesentlichkeit bejahen wollte. Damit zeigt sich, daß sich die vom Bundesverfassungsgericht in der Sexualkundeentscheidung[906] als Fortschritt begrüßte Loslösung des Gesetzesvorbehalts von der überholten Formel des Eingriffs in Freiheit und Eigentum[907] in der Rechtsprechungspraxis zum Schulrecht (noch) nicht niederschlägt. Zwar werden neben den Grundrechtsverletzungen auch andere Wesentlichkeitskriterien herangezogen, aber eine Loslösung in dem Sinne, daß die Wesentlichkeit auch völlig ohne eine festgestellte Grundrechtsverletzung bejaht wird, ist in den Entscheidungen zur Rechtschreibreform nicht festzustellen.

Bei der Grundrechtsprüfung wurden, statistisch gesehen, mehrheitlich beide infrage kommenden Grundrechte geprüft. Hiervon gab es insgesamt nur zwei Abweichungen. So beschränkte sich das VG Wiesbaden in seiner Eil- und seiner Hauptsacheentscheidung nur auf die Prüfung der Verletzung des elterlichen Erziehungsrechts. In den Beschlüssen des VG Gelsenkirchen blieb zwar die Wesentlichkeit jeweils letztlich offen, jedoch wurde zunächst allein das elterliche Erziehungsrecht und erst in den zwei Entscheidungen gut einen Monat später, als in den Verfahren auch die Kinder die Verletzung ihrer Rechte geltend machten, zusätzlich auch das Persönlichkeitsrecht der Kinder als verletzt angesehen.

Auffallend ist bei dieser Betrachtung auch die absolute Kohärenz der Annahme von Grundrechtsverletzungen in den Entscheidungen untereinander, d.h. wenn von einem Gericht sowohl das elterliche Erziehungsrecht als auch das Persönlichkeitsrecht geprüft worden sind[908], dann wurde entweder die Verletzung beider bejaht, beider verneint oder beides ausdrücklich offengelassen. In diesem Ergebnis spiegelt sich auch die starke Polarisierungswirkung der Thematik wider, d.h. es ging bei den Gerichten vornehmlich um die Bewertung der Intensität des Eingriffs durch die Neuregelung für beide infrage kommenden Grundrechte.

Von rechtswissenschaftlichem Interesse ist weiterhin, an welcher Stelle die Grundrechtsverletzungen geprüft worden sind, ob im Rahmen der abstrakten Regelungskompetenz des Staates oder konkret im Rahmen der verfassungsrechtlichen Rechtfertigung des jeweiligen Eingriffs[909]. Nachfolgend wird daher aufgeschlüsselt, welche der Entscheidungen eine lediglich nachvollzie-

---

906 BVerfGE 47, 46; Beschluß vom 21.12.1977.

907 BVerfGE 47, 46, 78 f.

908 Es wurde von einer Differenzierung der Bezogenheit der Verletzung des Persönlichkeitsrechts abgesehen, d.h. ob dasjenige der Eltern oder dasjenige der Kinder, wenn diese beteiligt waren, geprüft worden ist.

909 Bei der Besprechung des Beschlusses des VG Weimar wurde oben (S. 189 f.) bereits die zwei möglichen Argumentationsebenen und deren Wechselbezüglichkeit dargestellt.

hende staatliche Regelungskompetenz sahen und bereits daraus eine Grundrechtsverletzung herleiteten.

Tabelle 7

Nr.	Gericht	staatliche Regelungskompetenz lediglich nachvollziehend	GR-Verletzung aus Kompetenzverletzung
4	VG Wiesbaden	(+)	(+)
6	VG Hannover	(+)	(+)
9	VG Dresden	(+)	auch
11, 12	VG Hamburg	(+)	(+)
22	OVG Hamburg	(+)	
23	OVG Lüneburg	(+)	auch
24	OVG Bautzen	(+)	(+)
27	OVG Münster	(+)	
28	VG Berlin	(+)	(+)
31	VG Meiningen	(+)	auch
32	VG Wiesbaden	(+)	(+)
33	VG Hannover	(+)	(+)

Es zeigt sich, daß insgesamt 10 Entscheidungen die Grundrechtsverletzung bereits aus der fehlenden Regelungskompetenz des Staats für Rechtschreibfortentwicklungen bejahten; davon stützten sich 7 Entscheidungen[910] alleinig und 3 Entscheidungen[911] ergänzend auf die fehlende Kompetenz. Zwei obergerichtliche Beschlüsse[912] sahen die Kompetenzfrage ebenso, ohne jedoch daraus, aufgrund bestimmter Fallspezifikationen, Grundrechtsverletzungen herzuleiten.

Anhand dieser Differenzierung läßt sich auch ein Ergebnis für die Wesentlichkeitsprüfung der einstweiligen Rechtschutz gewährenden Entscheidungen formulieren: Die überwiegende Mehrheit dieser Gerichte sah bereits in der fehlenden Regelungskompetenz eine Grundrechtsverletzung, die die Wesentlichkeit der Regelung bedingt.

b) Erforderlichkeit einer gesetzlichen Grundlage

Unmittelbar aus der Wesentlichkeitsrechtsprechung folgt bei Bejahung der Wesentlichkeit die Erforderlichkeit einer gesetzlichen Grundlage für eine Reform des Rechtschreibunterrichts an den Schulen. Diese Korrelation spiegelt sich auch statistisch eindeutig wider. Dabei ist zu beachten, daß es zwei unterschiedliche Gesichtspunkte sind, ob ein Gericht nur das Vorliegen eines

---

910 VG Wiesbaden vom 28.7.1997 und vom 26.1.1998, VG Hannover vom 7.8.1997 und vom 2.3.1998, VG Hamburg, OVG Bautzen und VG Berlin.

911 VG Dresden, OVG Lüneburg, VG Meiningen.

912 OVG Hamburg, OVG Münster.

Gesetzes für die Einführung einer reformierten Schulrechtschreibung, oder ob es darüber hinaus auch eine Prüfung der prinzipiellen Regelungszuständigkeit des Staates für erforderlich hielt. Beide Betrachtungen können auch konfliktfrei nebeneinander bestehen, wenn argumentativ sauber zwischen abstrakter Regelungskompetenz und konkret fehlender gesetzlicher Grundlage für die sachgegenständliche Regelung unterschieden wird. Wie sich oben bei der Besprechung des Urteils des Bundesverfassungsgerichts zeigte[913], wurde auch in dieser Entscheidung keine saubere Trennung zwischen diesen Argumentationsebenen eingehalten.

Die vier Gerichte[914], die die Frage der Wesentlichkeit offenließen, taten dies in Konsequenz auch bezüglich des Gesetzeserfordernisses. Letzteres ließen insgesamt sechs Gerichte offen, d.h. zwei Gerichte[915] kamen ohne eine Prüfung der Wesentlichkeit aus, da sie das Vorliegen eines Anordnungsgrunds verneinten. Den zweitinstanzlichen Entscheidungen der OVG Hamburg und Münster, die beide das Gesetzgebungserfordernis offenließen, ist weiterhin gemeinsam, daß jeweils der Anordnungsgrund verneint wurde und so keine Aussagen mehr zum Anordnungsanspruch und damit auch zur Wesentlichkeit beziehungsweise zum Gesetzeserfordernis hatten getroffen werden müssen, die Überlegungen hierzu aber gleichwohl dargelegt wurden. Anscheinend hatten die Gerichte im Verfahren des einstweiligen Rechtsschutzes selbst noch keine einhellige und endgültige Auffassung zu dem Gesamtproblem gefunden und wollten sich für die Hauptsacheentscheidung verschiedene Optionen offenhalten beziehungsweise noch keine verfrühten Präjudizien setzen.

c) Breitenwirkung für die Allgemeinheit

Das Kriterium der Breitenwirkung der Reform für die Allgemeinheit ist in Tabelle 6 nicht identisch mit dem Terminus der „bildungs- und schulpolitischen Grundentscheidung mit hoher Bedeutung für die Allgemeinheit". Damit sollen unabhängig von der Wesentlichkeitsrechtsprechung die Ansichten der Gerichte zur Wirkung für die nicht direkt von den Reformumsetzungsakten betroffenen Gesellschaftsbereiche dargestellt werden. Allerdings kommt in der Tabelle eine hohe Entsprechung zur Annahme einer bildungs- und schulpolitischen Grundentscheidung zum Ausdruck, da im Kriterium der „hohen Bedeutung für die Allgemeinheit" in einem Rückbezug auf die Wirkung für die Schulen die Breitenwirkung einer Maßnahme teilweise mitbetrachtet wird. Vom Ausgangspunkt einer „hohen Bedeutung für die Allgemeinheit" war es für die Gerichte jeweils nur ein kleiner argumentativer Schritt, gesondert die Breitenwirkung der Reform für die gesamte Gesellschaft herauszustellen und diese, unabhängig von einer Grundrechtsprüfung für die

---

913 Vgl. oben S. 160 ff.

914 VG Gelsenkirchen, VGH Kassel, OVG Hamburg, VG Potsdam.

915 VG Köln und OVG Münster.

außerhalb staatlicher Einflußnahme stehenden, als zusätzliches Argument für die Wesentlichkeit und das Erfordernis einer gesetzlichen Grundlage anzuführen. Dieses Ergebnis kommt in der Tabelle durch die positive Korrelation zwischen dem Gesetzeserfordernis und der Annahme einer Breitenwirkung zum Ausdruck

d) Wertneutrale Vermittlung von Fachwissen, baldige politische Entscheidung, außerrechtlicher Gegenstand, Akzeptanzprognose

Bei den verbleibenden, in Tabelle 6 aufgeführten Kriterien lassen sich keine weiteren direkten Korrelationen zu anderen Kriterien feststellen. Im zeitlichen Verlauf der Annahme einer „wertneutralen Vermittlung von Fachwissen" läßt sich aber erkennen, daß diese Ansicht anfänglich[916] von 5 Gerichten bejaht worden war, sich dann aber verlor und nicht mehr aufgegriffen wurde. Dieser Befund hängt mit hoher Wahrscheinlichkeit mit der Zunahme und der Verfügbarkeit von Informationen um die Komplexität und die politische Brisanz der Thematik für die Gerichte zusammen. In umgekehrter Hinsicht verwiesen zu Ende des Jahres 1997 und Anfang 1998 vermehrt die Gerichte auf eine voraussichtliche baldige politische Lösung beziehungsweise eine klärende Entscheidung des Bundesverfassungsgerichts. Dies erklärt sich vornehmlich aus dem Charakter der Entscheidungen als Beschlüsse im einstweiligen Rechtsschutz und der vermehrten Berichterstattung der Medien über die Diskussionen im Bundestag und die Anhängigkeit der Verfassungsbeschwerde aus den Verfahren des Schleswig-Holsteinischen Rechtszuges vor dem Bundesverfassungsgericht.

Eine noch kürzere Blüte hatte die Ansicht, daß die Rechtschreibung ein außerrechtlicher Gegenstand sei. Genaugenommen beschäftigten sich mit dieser Ansicht in der zweiten Hälfte des Augusts 1997 vier Gerichte, von denen zwei[917] dies bejahten und ihrem Beschluß als entscheidungserheblich zugrunde legten. Diese zwei Beschlüsse stellten zusätzlich noch auf eine positive Akzeptanzprognose der Neuregelung durch die Bevölkerung ab. Die positive Akzeptanzprognose wurde im November 1997 noch einmal vom OVG Münster aufgegriffen, spielte aber insgesamt als Kriterium keine Rolle, obwohl sie mehrfach diskutiert und teilweise ausdrücklich offengelassen wurde.

VII. Entscheidungen und Presse

Das nachfolgende Diagramm zeigt beispielhaft die Relation zwischen der Zahl der Entscheidungen und der Zahl der Veröffentlichungen von Artikeln der überregionalen Tageszeitung „Die Welt"[918] zum Thema „Rechtschreibreform" in den jeweiligen Monaten von 1997 bis 1999.

---

[916] In den Entscheidungen, die ca. von Juli bis September 1997 ergangen sind.

[917] OVG Schleswig und VG Freiburg.

[918] „Die Welt" soll hier exemplarisch für die Wahrnehmung durch die Presse stehen. Die Wahl der Zeitung war bedingt durch die elektronische Verfügbarkeit des Archivs dieser Zeitung.

Diagramm 1

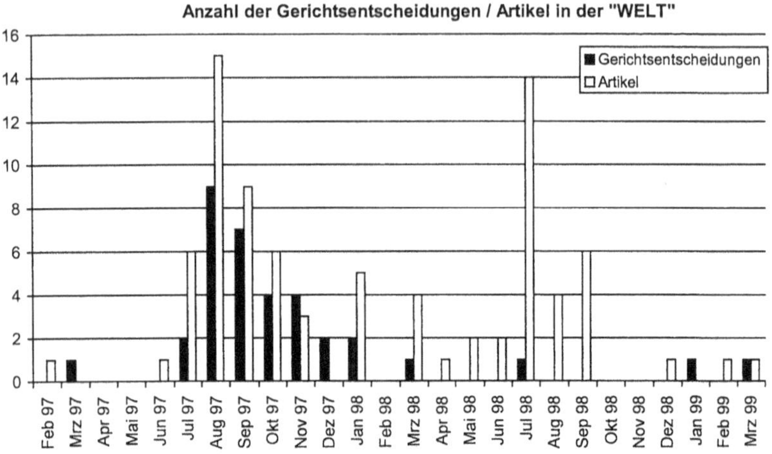

Das Diagramm zeigt auf den ersten Blick deutlich die beiden Höhepunkte der Wahrnehmung des Streits um die Rechtschreibreform im August 1997 und im Juli/August 1998 durch die Öffentlichkeit. Der frühe Beschluß des VG Schleswig im März 1997 wurde von der Presse kaum zur Kenntnis genommen. Das Thema wurde offenbar noch nicht in seiner Brisanz und Relevanz für die Gesellschaft wahrgenommen und auch die juristischen Implikationen wurden noch nicht erkannt. Die Wahrnehmung des Problems entwickelte sich dann aber schnell im Frühsommer 1997, als die divergierenden Verwaltungsgerichtsentscheidungen bekannt wurden.

Die Mehrzahl der Entscheidungen zur Rechtschreibreform erging im zweiten Halbjahr 1997, und zwar mit abnehmender Häufigkeit. In den Zahlen der Presseartikel spiegelt sich dies wider, wobei hinzukam, daß die auch in den Begründungen divergierenden Entscheidungen eine schnelle Beurteilung der rechtlichen Situation zunehmend erschwerte, Prognosen über das Ende des Streits immer unsicherer wurden und, da das öffentliche Interesse an einem Thema selten über längere Zeit aufrechterhalten bleibt, bald auch eine gewisse thematische Ermüdung einsetzte.

Im Umfeld des Urteils des Bundesverfassungsgerichts und der eigentlichen Einführung der neuen Rechtschreibung an den Schulen war im Sommer 1998 noch einmal eine rege Berichterstattung zu verzeichnen, die dann relativ abrupt endete. Es folgten lediglich vereinzelte Artikel im Zusammenhang mit den Urteilen der VG Freiburg und des Bundesverwaltungsgerichts.

Für einen über die gerichtsbezogenen Ereignisse hinausgehenden, umfassenden Eindruck von der Rechtschreibreform wird nachfolgend noch ein Überblick über den Umgang mit diesem Thema in Gesellschaft und Politik gegeben.

Anhang: Geschichte und Gegenwart der Rechtschreibreformen

I. Geschichte der vorangegangenen Rechtschreibreformen[1]

Bis Mitte des 19. Jahrhunderts gab es keine verbindliche Normierung der deutschen Orthographie[2]. Als Richtschnur für die Schreibung dienten vielfach die Werke einflußreicher Grammatiker und Lexikographen[3]. Dadurch hatte sich in Deutschland ohne staatliche Einflußnahme bereits Mitte des 18. Jahrhunderts ein Schreibgebrauch entwickelt, der unserem heutigen weitgehend entspricht[4]. In der zweiten Hälfte des 19. Jahrhunderts wurden in verschiedenen deutschen Ländern vermehrt von Lehrern oder Lehrervereinigungen verfaßte orthographische Regelhefte beziehungsweise Regelbücher für den Schulunterricht herausgegeben. Von den Schulverwaltungen wurden diese Regelbücher für die Schulen teilweise für amtlich verbindlich erklärt[5], teilweise nur zum Gebrauch empfohlen[6].

Die Reichsgründung 1871 beförderte Bestrebungen hin zu einer einheitlichen Rechtschreibung der deutschen Sprache. Bereits 1872 tagte in Dresden eine Reichsschulkonferenz, auf der fast alle Bundesstaaten vertreten waren. Die Konferenz bat den preußischen Kultusminister, mit der Ausarbeitung einer Vorlage eines Regel- und Wörterverzeichnisses den Germanisten *Rudolf von Raumer*[7] zu beauftragen. Vom 4. bis zum 15. Januar 1876 fand in Berlin die erste Orthographische Konferenz statt, die sich zum Ziel eine sowohl vereinheitlichte als auch systematisierte Rechtschreibung gesetzt hatte. Auf der Konferenz überwogen die Vertreter des „phonetischen Prinzips" die des „historischen Prinzips"[8]. Aber über die Kennzeichnung der Dehnung von Vokalen konnte keine Einigung erzielt werden, so daß deswegen und wegen heftiger öffentlicher Polemik gegen die Reformvorschläge die Mehrheit der deutschen Länder das Ergebnis der Konferenz ablehnte.

---

1 Ausführlich zur Geschichte der Reformen vom 18. Jahrhundert bis in die 60er Jahre des 20. Jahrhunderts: *Kopke*, Rechtschreibreform und Verfassungsrecht, 1995, S. 1 - 121.

2 Vgl. *Schlaefer*, Grundzüge der deutschen Orthographiegeschichte vom Jahre 1800 bis zum Jahre 1870, Sprachwissenschaft 5 (1980), S. 276 ff.

3 Vor allem die Wörterbücher von *Schottel* (1663), *Freyer* (1722), *Gottsched* (1748) und *Adelung* (1788).

4 *Kopke* (Fn. 1), S. 1.

5 Amtliche Regelbücher wurden 1855 in Hannover, 1851 in Leipzig, 1861 in Württemberg und 1871 in Berlin herausgegeben. Zitiert nach: *Zabel*, Keine Wüteriche am Werk - Berichte und Dokumente zur Neuregelung der deutschen Rechtschreibung, 1996, S. 13.

6 *Kopke* (Fn. 1), S. 8, 19.

7 Zur Bedeutung *Rudolf von Raumers*, an dem sich später auch *Konrad Duden* orientierte, vgl. *Kopke* (Fn. 1), S. 12 ff.

8 Ausführlich hierzu *Schlaefer*, Der Weg zur deutschen Einheitsorthographie vom Jahre 1870 bis zum Jahre 1901, Sprachwissenschaft 6 (1981), S. 391 ff.

Bayern und Preußen setzten im Jahr 1880 durch die Herausgabe eines amtlichen Regelbuches weitgehend identische Schulorthographien durch. Die Reichsbehörden wurden jedoch von Reichskanzler *Bismarck* angewiesen, an der bisherigen Praxis solange festzuhalten, bis eine gesetzliche Regelung gefunden sei. Von Rechts wegen gab es damit zwei Orthographien, eine für die Schule und eine für die Reichsverwaltung. Das preußische Regelbuch für die Schulen beruhte auf den Regeln des Gymnasialdirektors *Konrad Duden*, dessen erstes Wörterbuch im selben Jahr in der 1. Auflage erschienen war[9]. *Duden* unterzog dann 1886 die verschiedenen Regelbücher der deutschen Staaten einer Untersuchung und kam zu dem Ergebnis, daß diese Bücher sich voneinander nur wenig unterschieden[10]. Nach der Verkündung des BGB im Jahre 1896 gab es Vorschläge, die darin verwendete Rechtschreibung gegen die bereits weitverbreiteten Schulorthographien durchzusetzen. Aber zum einen hatten die Verfasser des Gesetzes keinerlei Aussagen darüber getroffen, wie der Text geschrieben werden sollte, und zum anderen konnte *Duden* nachweisen, daß die Schreibung keineswegs eigentümlich war, sondern lediglich der speziellen Variante der Reichsdruckerei entsprach[11].

Vom 17. bis zum 19. Juni 1901 fand in Berlin auf Initiative des Reichsinnenministeriums die sogenannte Zweite Orthographische Konferenz statt, die eine Vereinheitlichung der Rechtschreibung zum Ziel hatte. In deren Ergebnis wurde ein Regelbuch veröffentlicht, das aus den vorhandenen unterschiedlichen Schreibweisen die möglichst klarsten Regeln entnahm und Doppelformen tilgte[12]. Im Dezember 1902 faßte daraufhin der Bundesrat den Beschluß, diese Regeln als amtliche Rechtschreibung für die Schulen und Behörden des Deutschen Reiches einzuführen[13]. Von tatsächlichem und stetig zunehmendem Einfluß auf die Rechtschreibung war im 20. Jahrhundert der „Duden". Wie bereits erwähnt, erschien erstmals 1880 im Bibliographischen Institut Leipzig das „Orthographische Wörterbuch" von *Konrad Duden*[14]. In der 7. Auflage des Wörterbuchs von 1902 waren schon weitgehend die Beschlüsse der Zweiten Orthographischen Konferenz berücksichtigt worden und auch in die Wörterliste eingearbeitet[15]. Auf Anregung und Bitte von Buchdruckervereinigungen an *Konrad Duden* erschien zunächst 1903, und in einer zweiten Auflage 1907, parallel zum Wörterbuch ein sogenannter Buchdrucker-Duden[16], der in den Fällen, in denen die amtlichen Regelungen Doppelformen

---

[9] *Zabel* (Fn. 5), S. 13.

[10] *Kopke* (Fn. 1), S. 20.

[11] Vgl. *Meder*, Der Streit um die Kodifikation von Recht und Schreibung, JZ 1997, S. 192 m.w.N.

[12] *Kopke* (Fn. 1), S. 28, 29.

[13] *Kopke* verweist ausdrücklich darauf, daß die Kompetenz den Einzelstaaten zustand und der Bundesrat koordinierend wirkte. Die Umsetzung erfolgte durch Verwaltungsvorschriften, die nach damaliger Doktrin keine Rechtssätze darstellten und heute etwa Dienstanweisungen vergleichbar wären. *Kopke* (Fn. 1), S. 30.

[14] *Kopke* (Fn. 1), S. 51 - m.w.N.

[15] *Kopke* (Fn. 1), S. 51.

[16] Originaltitel war „Rechtschreibung der Buchdruckereien deutscher Sprache"; *Zabel* (Fn. 5), S. 12.

beziehungsweise Varianten zuließen, nur jeweils eine der möglichen Schreibweisen für vorzugswürdig erklärte. Nach dem Tode *Konrad Dudens* im Jahre 1911 wurden die über die amtlichen Regelungen hinausgehenden Schreibvorschriften des Buchdrucker-Dudens in die 9. Auflage des „Duden" von 1915 übernommen, so daß erstmalig auch ein Abschnitt mit Regeln zur Zeichensetzung erschien[17]. Das „Orthographische Wörterbuch" wurde dadurch mit den Zusatzregeln, Kommentaren und Anmerkungen angereichert, die vorher nur für eine Gruppe von Spezialisten wie Setzer und Korrektoren von Bedeutung waren. So wurde beispielsweise der die Groß- und Kleinschreibung regelnde Abschnitt durch Anmerkungen so erweitert, daß er im Umfang um mehr als 30 % des amtlichen Regeltextes angewachsen war[18]. Die relativ liberalen amtlichen Regeln von 1901, die viele Varianten zuließen, wurden so im Duden durch eindeutige Festlegungen der Schreibweisen ersetzt. Nicht zuletzt wegen dieser Eindeutigkeit entwickelte sich der „Duden" seit etwa 1915 zum einflußreichsten Wörterbuch der deutschen Sprache und es bestimmten fortan die Prinzipien der Ausdifferenzierung und der Expansion die Entwicklung der Regeln der deutschen Rechtschreibung[19]. Von staatlicher Seite ausgehend gab es nur noch im Juli 1927 eine minimale Änderung der Rechtschreibung, in der das Reichsinnenministerium die Schreibung „Waage" für amtlich erklärte[20].

In der Zeit des „Dritten Reichs"[21] hatte der „Duden" im Vergleich zu anderen Wörterbüchern eine besondere Staatsnähe[22], was sich besonders der hohen Zahl nationalsozialistisch geprägter Wörter in den Auflagen von 1934 und 1941 widerspiegelt. Daneben gab es auch Bestrebungen zur Vereinfachung der Rechtschreibung durch Eindeutschung von Fremdwörtern und einer Überarbeitung des Regelwerks. So brachte das Reichsministerium für Wissenschaft, Erziehung und Volksbildung am 20. Februar 1944 das Buch „Regeln für die deutsche Rechtschreibung und Wörterverzeichnis" heraus[23], das gegenüber den Regeln von 1901/1903 bedeutende Änderungen enthielt[24]. Die Regeln wurden per Erlaß des Reichsministers, der für das Schulwesen zuständig war[25], an allen Schulen des Reiches eingeführt. Eine belegbare Resonanz in der Bevölkerung rief diese Reform in der Zeit des totalen Krieges

---

17 *Kopke* (Fn. 1), S. 51; Vgl. auch *Böhme*, Ist die Dudenregelung zur Interpunktion amtlich?, Sprachwissenschaft 18 (1993), S. 322 ff.

18 *Zabel* (Fn. 5), S. 12.

19 *Zabel* (Fn. 5), S. 12.

20 Reichsministerialblatt Nr. 29 vom 8. Juli 1927, S. 205.

21 Dazu ausführlich: *Birken-Bertsch / Markner*, Rechtschreibreform und Nationalsozialismus, 2000.

22 *Kopke*, Rechtschreibreform auf dem Erlaßwege?, JZ 1995, 874 (879) m.w.N.

23 Abgedruckt in: Deutsche Wissenschaft, Erziehung und Volksbildung 1941, S. 314; zitiert nach *Kopke* (Fn. 1), S. 36.

24 Amtliche Zeichensetzungsregeln, Änderungen in der Silbentrennung, Groß- und Kleinschreibung und der Fremdwortschreibung. Zu den Einzelheiten vgl. *Ickler*, Regelungsgewalt, Hintergründe der Rechtschreibreform, 2001, S. 87 ff.

25 Mit dem „Gesetz über den Neuaufbau des Reiches" vom 30.1.1934 gingen die Hoheitsrechte der Länder auf das Reich über; RGBl. 1934 I, S. 75.

nicht hervor. Unabhängig von der umstrittenen Frage, ob diese Regelungen aus juristischer Sicht weitergelten[26] oder nicht[27], haben sie sich faktisch nicht durchsetzen können[28].

1947 erschien in Leipzig die erste Nachkriegsauflage[29] des „Duden", die in Lizenzausgabe auch in den westlichen Besatzungszonen erschien. Die erste westdeutsche Neubearbeitung erschien 1954 als 14. Auflage des „Duden". In der Zeit der Teilung Deutschlands gab es nachfolgend zwar keine neuen Rechtschreibregeln, wohl aber zwei Auslegungen der alten Regeln von 1901, die von den sprachwissenschaftlich konkurrierenden Bibliographischen Instituten in Mannheim[30] und in Leipzig befördert wurden. Die Wörterlisten der beiden „Duden" unterschieden sich jedoch in den nicht ideologisch beeinflußten Stellen auch in den folgenden mehr als 30 Jahren nur marginal[31]. Bemerkenswert ist, daß der westdeutsche „Duden" im Laufe der Auflagen überproportional an Umfang der verzeichneten Stichwörter zunahm[32], was zum Teil auf die Ausrichtung des Verlages auf den Verkauf von attraktiven Neuauflagen des Wörterbuchs zurückzuführen war. In der Zeit der innerdeutsch konkurrierenden „Duden" kam 1954 auch der Bertelsmann-Verlag mit einer eigenen „Deutschen Rechtschreibung" auf den Markt, die schnell großen Absatz fand. Herausgeber war der Lexikograph *Lutz Mackensen*, der eng mit der Gesellschaft für Deutsche Sprache zusammenarbeitete. Das Buch folgte im wesentlichen den amtlichen Regeln von 1901, löste aber ca. hundert Fälle, für die keine oder widersprüchliche amtliche Regeln vorlagen, anderes als der „Duden" und setzte sich auch einige Male über die amtlichen Regelungen hinweg. Von diesen abweichenden Schreibweisen (z.B. „im Klaren" statt „im klaren" und „Maschine schreiben" statt „maschineschreiben") wurden einige der Vorschläge von *Mackensen* in die jetzigen Reformbestimmungen übernommen[33]. Bereits im Jahr 1950 wurde von der Ständigen Konferenz der Kultusminister und -senatoren der Länder der Bundesrepublik Deutschland (im folgenden: Kultusministerkonferenz) auf deren Plenum am 27./28. 10. 1950 die Berufung eines Rechtschreibausschusses beschlossen. In einem nicht veröffentlichten Zusatz hieß es schon damals, daß in Zweifelsfällen bis auf weiteres die Schreibweise des „Duden" als richtungweisend angesehen werden solle[34].

---

26 *Kopke* (Fn. 1), S. 46 - m.w.N.

27 So die h.M., nach der Verwaltungsvorschriften nicht unter Art. 123 Abs. 1 GG fallen: *Maunz*, in: ders./*Dürig*, Grundgesetz, Art. 123, Rn. 6 m.w.N.

28 *Kopke* (Fn. 1), S. 48.

29 Die insgesamt 13. Auflage.

30 Wohin die nach dem Krieg enteignete Aktiengesellschaft „Bibliographisches Institut Leipzig" ihren Sitz verlegt hatte.

31 Vgl. *Siegl*, Duden Ost - Duden West, Zur Sprache in Deutschland seit 1945, 1987, m.w.N.

32 *Kopke* (Fn. 1), S. 57.

33 „Der Kampf Duden gegen Bertelsmann", Die Zeit, vom 27.9.1996.

34 *Strunk*, Stuttgarter und Wiesbadener Empfehlungen: Entstehungsgeschichte und politisch-institutionelle Innenansichten gescheiterter Rechtschreibreformversuche von 1950-1965, 1992, S.43 f.

Aber auch von nichtstaatlicher Seite gab es in der Aufbruchphase nach dem Krieg sprachreformerische Bestrebungen. So legte im Mai 1954 eine private Arbeitsgruppe für Sprachpflege die sogenannten „Stuttgarter Empfehlungen"[35] vor, die die Abschaffung der Substantivgroßschreibung und radikale Eindeutschungen vorschlug. Diese Vorschläge wurden von den Kultusministern der Länder auf Druck der Öffentlichkeit[36] jedoch nicht aufgenommen[37]. Andererseits bestätigte und erneuerte die Kultusministerkonferenz am 18./19. 11. 1955, herausgefordert durch das im Bertelsmann-Verlag erschienene Wörterbuch von *Mackensen* und nach Protest der Duden-Redaktion gegen die daraus angeblich folgende „rechtschreibliche Anarchie"[38], den folgenden, bereits 1950 gefaßten und als Provisorium[39] gedachten Beschluß:

„Die in der Rechtschreibreform von 1901 und den späteren Verfügungen festgelegten Schreibweisen und Regeln für die Rechtschreibung sind auch heute noch verbindlich für die deutsche Rechtschreibung. Bis zu einer etwaigen Neuregelung sind diese Regeln die Grundlage für den Unterricht in allen Schulen. In Zweifelsfällen sind die im 'Duden' gebrauchten Schreibweisen und Regeln verbindlich." [40]

Die deutsche Rechtschreibung wurde nach diesem Beschluß nur noch schrittweise durch Veränderungen im Wörterbuch „Duden" modernisiert[41], was dazu führte, daß letztlich die amtlichen Regeln zugunsten der differenzierten Regeln des „Dudens" zunehmend bedeutungslos wurden[42]. Mit einem weiteren Beschluß aus dem Jahre 1963 ergänzte die Kultusministerkonferenz den Beschluß von 1955 dahingehend, daß naturwissenschaftliche Fachausdrücke in der eingedeutschten Schreibweise in den Schulbüchern erscheinen sollen[43].

Aufgrund der Vorläufigkeit des Beschlusses von 1955 beauftragte die Kultusministerkonferenz gemeinsam mit dem Bundesinnenminister im Mai 1956 den „Arbeitskreis für Rechtschreibregelung"[44], ein Zusammenschluß privater Verbände[45], eine Empfehlung für eine Reform der Rechtschreibung vorzulegen. Im Dezember 1958 wurden von diesem Arbeitskreis die sogenannten

---

35 „Empfehlungen zur Erneuerung der deutschen Rechtschreibung".

36 *Kopke* (Fn. 1), S. 68 f.

37 *Strunk* (Fn. 34), S. 169 ff.

38 „Der Kampf Duden gegen Bertelsmann", Die Zeit, vom 27.9.1996.

39 *Kopke* (Fn. 1), S. 65.

40 Bundesanzeiger Nr. 242 vom 15. Dezember 1955, S. 4.

41 *Kopke* (Fn. 22), S. 879 f.

42 *Kopke* (Fn. 1), S. 51

43 Vgl. Urteil des VG Berlin vom 14.11.1997, VG 3 A 817.97, S. 2.

44 *Zabel*, Die Geschichte der Reformbemühungen von 1970 bis 1995 in der BRD, S. 7, in: *Augst/Bluml/Nerius/Sitta* (Hrsg.), Zur Neureglung der deutschen Orthographie, 1997.

45 *Kopke* (Fn. 1), S. 71 f, zeigt auf, daß die Bezeichnung „privat" politische, innerdeutsche Gründe hatte und sowohl die Auswahl der Mitglieder als auch deren Finanzierung behördlichem Einfluß unterlagen.

„Wiesbadener Empfehlungen" zur Reform der Orthographie vorgelegt, in deren Kern der Vorschlag stand, die Substantivgroßschreibung weitgehend abzuschaffen[46]. Weiterhin sollte die Kommasetzung vorwiegend auf die Fälle beschränkt werden, in denen das rhythmische Empfinden des Schreibenden mit der grammatischen Gliederung des Satzes übereinstimmte; die Silbentrennung sollte im wesentlichen den Sprechsilben folgen und Fremdwörter sollten bei gleichzeitiger Zulässigkeit der bisherigen Schreibweise eingedeutscht werden.

Diese weitgehenden Vorschläge scheiterten jedoch, trotz Zustimmung durch die DDR, an den Widerständen in der Schweiz und der uneinheitlichen Unterstützung in Österreich und der Bundesrepublik[47]. Insbesondere die Kultusminister von Baden-Württemberg und Bayern lehnten die Vorschläge ab, woraufhin die Kultusministerkonferenz die Umsetzung der Empfehlungen im Frühjahr 1959 auf unbestimmte Zeit vertagte[48]. In die Reformdiskussion kehrte für einige Jahre Ruhe ein, nachdem der „Arbeitskreis für Rechtschreibregelung" letztmalig um die Jahreswende 1963/64 zusammengetreten war und der Geschäftsführer des Arbeitskreises schließlich im Juli 1974 die Akten des Arbeitskreises dem Institut für deutsche Sprache in Mannheim übergeben hatte[49].

II. Chronologie der jetzigen Reform

In den 70er Jahren wurde die Diskussion um eine Rechtschreibreform als Thema der öffentlichen Auseinandersetzung wiederaufgenommen[50] - mit der zusätzlichen Qualität, daß die Rechtschreibfrage auch zu einer politischen Frage wurde, um mit einer Reform der Schreibweisen auch eine Reform der Gesellschaft zu befördern[51]. So sprachen sich am 25. Mai 1973 die Mitglieder der Kultusministerkonferenz für eine Rechtschreibreform auf der Basis der alten „Wiesbadener Empfehlungen" aus. Wenige Monate später distanzierte sich jedoch der Kultusminister von Baden-Württemberg wieder von dieser Stellungnahme[52]. In beiden deutschen Staaten kam es in der Folgezeit zu Institutionalisierungen der Reformbestrebungen: So wurde im Jahr 1974 in der DDR die „Forschungsgruppe Orthographie" und in der Bundesrepublik im Jahr 1977 die „Kommission für Rechtschreibfragen" am Institut für deutsche Sprache[53] (IdS) in Mannheim gegründet[54]. Die „Kommission für Rechtschreib-

---

46 Darstellung der geplanten Änderungen bei *Kopke* (Fn. 1), S. 74 m.w.N.

47 *Kopke* (Fn. 1), S. 75 ff. m.w.N.

48 *Strunk* (Fn. 34), S. 500 f.

49 *Zabel*, Die Geschichte der Reformbemühungen (Fn. 44), S.8.

50 *Zabel*, Die Geschichte der Reformbemühungen (Fn. 44), S.8 ff. m.w.N.

51 *Kopke* (Fn. 1), S. 85 m.w.N.

52 *Zabel*, Die Geschichte der Reformbemühungen (Fn. 44), S.10 m.w.N.

53 Das IdS Mannheim wurde 1964 von Germanistikprofessoren als Stiftung bürgerlichen Rechts gegründet. 1967 erfolgte die Übernahme durch den Bund und das Land Baden-Württemberg, die den Grundhaushalt des Instituts je zur Hälfte finanzieren. *Kopke* (Fn. 1), S. 111.

54 *Zabel* (Fn. 5), S. 7; *Kopke* (Fn. 1), S. 111 ff. m.w.N.

fragen", die enge Arbeitskontakte zur Rechtschreibkommission der Gesellschaft für deutsche Sprache in Wiesbaden hatte[55], entschied sich schon bald nach ihrer Konstituierung für die Planung und Durchführung einer Rechtschreibreform[56]. Die „Kommission für Rechtschreibfragen" trat in der Folgezeit, da es seit der Auflösung des „Arbeitskreises für Rechtschreibregelung" in der Bundesrepublik kein mit amtlichem Auftrag ausgestattetes, kompetentes Gremium mehr gab, *de facto* die Nachfolge des Arbeitskreises an[57].

Das IdS Mannheim führte 1979 eine wissenschaftliche Arbeitstagung zur deutschen Orthographie unter dem Titel „Rechtschreibreform in der Diskussion" durch, deren Ergebnis das erklärte Ziel war, eine Reform in allen deutschsprachigen Ländern durchzuführen[58]. Im Jahr 1980 wurde auf einer Tagung des Internationalen Germanistenverbandes in Basel der „Internationale Arbeitskreis für Rechtschreibreform" gegründet, der sich aus sprachwissenschaftlichen Gremien der Bundesrepublik[59], der DDR[60], der Schweiz[61] und Österreichs[62] zusammensetzte[63]. Dabei ist bemerkenswert, daß, im Gegensatz zur Kommission des IdS Mannheim, die Gremien der Schweiz und Österreichs durch die zuständigen staatlichen Stellen eingerichtet worden waren beziehungsweise das DDR-Gremium einen staatlichen Auftrag zur internationalen Zusammenarbeit hatte[64]. In den Jahren von 1980 bis 1991 traf sich dieser Arbeitskreis zu insgesamt neun Tagungen, auf denen jeweils spezielle orthographische Probleme gesondert diskutiert und bearbeitet wurden[65]. Die „Kommission für Rechtschreibfragen" des IdS Mannheim veröffentlichte 1985[66] und 1988/89[67] den jeweils erreichten Diskussionsstand in Fachpublikationen.

Parallel zu den Fachtagungen begannen auch Gespräche auf politischer Ebene. Im Jahr 1986 trafen sich zum ersten Mal politische Beamte und Wissenschaftler der deutschsprachigen Länder[68] zu den 1. Wiener Gesprächen,

---

55 *Zabel* (Fn. 5), S. 8.

56 *Kopke* (Fn. 1), S. 86.

57 *Zabel*, Die Geschichte der Reformbemühungen (Fn. 44), S.11.

58 *Zabel*, Die Geschichte der Reformbemühungen (Fn. 44), S.10.

59 Der „Kommission für Rechtschreibfragen" am IdS Mannheim.

60 Die Forschungsgruppe Orthographie des Zentralinstituts für Sprachwissenschaft der Akademie für Wissenschaften der DDR in Berlin und der Wilhelm-Pieck-Universität Rostock.

61 Die Arbeitsgruppe Rechtschreibreform der Schweizerischen Konferenz der kantonalen Erziehungsdirektoren in Zürich.

62 Das Koordinationskomitee für Orthographie beim Bundesministerium für Unterricht, Kunst und Sport in Wien.

63 Vgl. auch die Darstellungen bei *Veith*, Die deutsche Orthographie im Brennpunkt, Sprachwissenschaft 22 (1997), S. 19 ff.

64 *Kopke* (Fn. 1), S. 113.

65 *Zabel* (Fn. 5), S. 8.

66 „Die Rechtschreibung und ihre Neuregelung", Herausgegeben von der Kommission für Rechtschreibfragen am IdS Mannheim, Band 1. Düsseldorf 1985 (= Sprache der Gegenwart Bd. 66).

67 „Vorschlag zur Neuregelung der deutschen Rechtschreibung", Herausgegeben von der Kommission für Rechtschreibfragen am IdS Mannheim, Band 2. Düsseldorf 1989 (= Sprache der Gegenwart Bd. 77).

68 Die DDR war 1986 aus politischen Gründen nur durch einen Beobachter vertreten gewesen.

um über die Möglichkeiten einer Umsetzung der Reformvorschläge zu beraten[69]. Im Februar 1987 erteilte die Kultusministerkonferenz gemeinsam mit dem Bundesinnenministerium dem Institut für deutsche Sprache den inhaltlich begrenzten Auftrag[70], zusammen mit der Gesellschaft für deutsche Sprache[71] ein neues Regelwerk zu erstellen[72]. Anderthalb Jahre später, im Oktober 1988, wurde von den Beauftragten ein dem Auftrag entsprechendes Regelwerk, genannt „Vorschlag zur Neuregelung der deutschen Rechtschreibung", eingereicht. Dagegen setzten jedoch sofort heftige öffentliche Proteste ein, die sich vor allem gegen die zahlreichen neuen Vorschläge zur Laut-Buchstaben-Zuordnung („der Keiser im Bot") sowie zur Groß- und Kleinschreibung richteten[73]. Nur einen Monat später, im November 1988, signalisierte daraufhin die Kultusministerkonferenz, daß dieser Vorschlag nicht konsensfähig und somit unannehmbar sei[74].

Damit waren aber nur die ersten Vorschläge gescheitert, nicht das Vorhaben an sich. Unbeirrt forderten die Teilnehmer[75] der 2. Wiener Gespräche im Mai 1990 die mit der Rechtschreibreform befaßten Gruppen auf, ihre Arbeit fortzusetzen und dabei für die Groß- und Kleinschreibung drei Varianten (Status Quo, modifizierte Großschreibung und Substantiv-Kleinschreibung) auszuarbeiten[76]. Daraufhin erhielt im November 1991 das IdS Mannheim erneut vom Bundesinnenministerium und der Kultusministerkonferenz den Auftrag, eine Entscheidungsgrundlage für eine Neuregelung der deutschen Rechtschreibung unter Berücksichtigung der Beratungs- und Prüfungsergebnisse der Kultusministerkonferenz zu dem Entwurf von 1988 zu erarbeiten[77]. Dieser Auftrag führte zu dem überarbeiteten Vorschlag des IdS Mannheim, der vom „Internationalen Arbeitskreis für Orthographie" übernommen und zur Frankfurter Buchmesse 1992 als „Deutsche Rechtschreibung - Vorschläge zu ihrer Neuregelung" veröffentlicht wurde[78]. Das sogenannte „Reformpaket 1992" umfaßte Vorschläge für die Neuregelung von sechs Bereichen der

---

69 *Zabel* (Fn. 5), S. 10; *Kopke* (Fn. 1), S. 114.

70 Der Auftrag war begrenzt auf Vorschläge für die Bereiche Silbentrennung, Interpunktion, Zusammen- und Getrenntschreibung, Fremdwortschreibung und Laut-Buchstaben-Beziehung. Vgl. „Beschluß des 280. Plenums der Kultusministerkonferenz vom 23./24. Oktober 1997; Stellungnahme der Kultusministerkonferenz zur beim Bundesverfassungsgericht anhängigen Verfassungsbeschwerde Elsner und Diercks-Elsner", S. 4.

71 Zur die Reform begleitenden, aber einflußlosen Rolle der Gesellschaft für deutsche Sprache vgl. *Ickler*, Regelungsgewalt (Fn. 24), S. 69ff.

72 *Zabel*, Die Geschichte der Reformbemühungen (Fn. 44), S. 12.

73 *Zabel*, Die Geschichte der Reformbemühungen (Fn. 44), S. 12, m.w.N.

74 Stellungnahme der Kultusministerkonferenz (Fn. 70), S. 3.

75 Ein gegenüber den Gesprächen von 1986 erweiterter Kreis politischer Beamter und Sprachwissenschaftler aus der Bundesrepublik, der DDR, Frankreich, Italien, Liechtenstein, Luxemburg, Österreich, Rumänien, der Schweiz und Ungarn. *Augst/Schaeder*, Rechtschreibreform. Eine Antwort auf die Kritiker, 1997, S. 9.

76 *Zabel* (Fn. 5), S.10; Stellungnahme der Kultusministerkonferenz (Fn. 72), S. 5.

77 Stellungnahme der Kultusministerkonferenz (Fn. 70), S. 5.

78 *Zabel* (Fn. 5), S. 17.

Rechtschreibung[79] und wurde umrahmt von einer Einführung im Sinne einer Orientierungshilfe für den Leser und von einem Kommentar, in dem die veränderten Regeln näher erläutert und begründet wurden.[80] Um dieses Mal die gesellschaftliche Basis zu verbreitern und die Akzeptanz zu erhöhen, forderte im Januar 1993 die Kultusministerkonferenz 43 Verbände und Organisationen[81] zu einer Stellungnahme zum „Reformpaket 1992" auf. Vierundzwanzig Verbände antworteten darauf und es gingen auch vier weitere, unaufgeforderte Stellungnahmen ein. Die Kultusministerkonferenz und das Bundesinnenministerium luden daraufhin im Mai 1993 die Institute und Organisationen zu einer Anhörung nach Bonn ein. Dieser Einladung folgten 30 Verbände, die den Neuregelungsvorschlägen weitgehend zustimmten[82]. Aufgrund der in den 28 Gutachten vorgetragenen Einwände reduzierte der Internationale Arbeitskreis für Rechtschreibreform seinen Vorschlag um die ursprünglich geplante Substantivkleinschreibung und den Wegfall der Unterscheidungsschreibung des „das/ß/ss" als Konjunktion und als Artikel beziehungsweise Relativpronomen[83].

Vom 22. bis 24. November 1994 fanden die 3. Wiener Gespräche statt, bei der sich die Teilnehmer, die nationalen Fachkommissionen und jeweiligen Vertreter staatlicher Stellen[84], nach einer Reihe von Änderungen auf einen weiteren Neuregelungsvorschlag einigen konnten. Gegenüber dem „Reformpaket 1992" enthielt dieser Vorschlag zusätzlich neuartige Regeln für die Groß- und Kleinschreibung und die Getrennt- und Zusammenschreibung, die durch die Beibehaltung der Substantivgroßschreibung nötig geworden waren. Das grundsätzlich beschlossene Regelwerk wurde einer Redaktionsgruppe von Fachbeamten und Fachwissenschaftlern zur endgültigen Fertigstellung überantwortet; der Abschluß eines Verwaltungsabkommens wurde empfohlen[85]. Im März 1995 wurde das redigierte Regelwerk an alle Teilnehmerstaaten der 3. Wiener Gespräche verschickt. Eine vollständige Veröffentlichung dieser Vorschläge erfolgte aber erst im Juni 1995 unter dem Titel „Deutsche Rechtschreibung - Regeln und Wörterverzeichnis, Vorlage für die amtliche Regelung".

Im September 1995 kam es in der Kultusministerkonferenz zu erneuten inhaltlichen Beratungen, in deren Folge eine sogenannte Amtschefkommission

---

79 Laut-Buchstaben-Zuordnungen einschließlich der Fremdwortschreibung, Getrennt- und Zusammenschreibung, Schreibung mit Bindestrich, Groß- und Kleinschreibung, Zeichensetzung, Worttrennung am Zeilenende.

80 *Zabel* (Fn. 5), S. 17.

81 Darunter befanden sich alle Lehrerverbände, der Bundeselternrat, das P.E.N.-Zentrum, der Deutsche Journalistenverband, die IG Medien, der Börsenverein des Deutschen Buchhandels und der Verband der Schulbuchverlage. *Augst/Schaeder*, Rechtschreibreform, S. 9.

82 *Augst/Schaeder*, Rechtschreibreform, S. 9 f.

83 Stellungnahme der Kultusministerkonferenz (Fn. 70), S. 5.

84 Beteiligt waren Vertreter aus Deutschland, Österreich, der Schweiz, Liechtenstein, Italien, Frankreich, Belgien und Ungarn.

85 Stellungnahme der Kultusministerkonferenz (Fn. 70), S. 3; *Augst/Schaeder*, Rechtschreibreform, S. 9 f., m.w.N.

zur nochmaligen Überarbeitung des Regelwerks[86] eingesetzt wurde. Mehr Aufmerksamkeit erregte jedoch der zur gleichen Zeit auf politischer Ebene stattfindende Zusammenbruch des von etwa 1970 an geltenden Konsenses über die Zuständigkeit der Kultusministerkonferenz und des Bundesinnenministeriums in Sachen Rechtschreibreform. Nachdem der Bayerische Kultusminister *Hans Zehetmair* eine Verschiebung der für den 28.9.1995 geplanten Beratungen der Kultusministerkonferenz zur Rechtschreibreform beantragt hatte, machten die Ministerpräsidenten der Länder nach Vorschlag der Ministerpräsidenten Sachsens und Thüringens, *Kurt Biedenkopf* und *Bernhard Vogel*, die Rechtschreibreform zu ihrer Chefsache, d.h. zum Gegenstand von Beratungen und Beschlüssen der Ministerpräsidentenkonferenz. Die Fraktionsvorsitzenden der CDU-Landtagsfraktionen von fünf weiteren Ländern[87] forderten daraufhin die Einbeziehung der Länderparlamente in die Verabschiedung der geplanten Reformvorschläge[88].

Auf Grundlage der Beschlüsse der 3. Wiener Gespräche und unter Berücksichtigung der Änderungsvorschläge der Amtschefkommission faßte die Kultusministerkonferenz[89] am 30.11. / 1.12.1995 in Mainz den Beschluß, die Neuregelung der deutschen Rechtschreibung als verbindliche Grundlage für den Unterricht in allen Schulen einzuführen. Durch die Beseitigung von Ungereimtheiten, Fehlentwicklungen und Fehlerquellen, die im Laufe der Zeit entstanden sind, solle das Schreiben vereinfacht werden. Die Schreibregeln sollen von 212 auf 112 reduziert werden; von den 52 Kommaregeln des „Duden" sollen nur 9 übrig bleiben[90]. Die Länder einigten sich schließlich auch auf die Einsetzung einer zwischenstaatlichen Kommission mit der Aufgabe, die Rechtschreibung auf der Basis des neuen Regelwerks fortzuschreiben und weiterzuentwickeln. Der Beschluß der Kultusministerkonferenz hat den folgenden Wortlaut:[91]

---

[86] Von der Amtschefkommission kam im Oktober 1995 der Vorschlag, die Änderung der Fremdwortschreibung auf ein Minimum zu reduzieren und auf eine Angleichung an die deutsche Laut-Buchstaben-Zuordnung, bspw. die Schreibweise „Restorant" zu verzichten. Informationen der Kultusministerkonferenz zur Neuregelung der deutschen Rechtschreibung, Stand 30.10.1997, S. 6.

[87] Hamburg, Rheinland-Pfalz, Hessen, Saarland, Baden-Württemberg und Niedersachsen.

[88] *Zabel*, Die Geschichte der Reformbemühungen (Fn. 44), S. 7f.

[89] 274. Sitzung der Kultusministerkonferenz vom 30.11./1.12.1995 in Mainz.

[90] „Beschluß zur Neureglung der deutschen Rechtschreibung", Pressemitteilung der Kultusministerkonferenz vom 30.11.1995. *Werner H. Veith*, Germanist am Deutschen Institut der Johannes-Gutenberg-Universität Mainz, stellte dazu fest („Die Welt" vom 6.10.97): „Es ist falsch, daß die Vielzahl der deutschen Orthographieregeln auf 112 reduziert worden ist. Die 112 amtlichen Regeln der reformierten Rechtschreibung sind nur umsetzbar, wenn man 1106 Anwendungsbestimmungen berücksichtigt, in denen 105 Wortlisten (Ausnahmen von den Regeln) enthalten sind mit zusammen 1180 zu memorierenden oder nachzuschlagenden Wörtern. Allein im Bereich der Getrennt- und Zusammenschreibung gibt es bei sieben Regeln 253 Anwendungsbestimmungen mit 45 Unterregeln, zwei Spezifikationen, 15 Kann-Bestimmungen, 123 Bedingungen, 33 Listen und 28 Verweisen." Zur Divergenz von Numerierung und Anzahl der Regeln vgl. auch *Ickler*, Regelungsgewalt (Fn. 24), S. 34 ff.

[91] Zitiert nach: *Zabel*, Die Geschichte der Reformbemühungen (Fn. 44), S.12 ff.

1. Die Kultusministerkonferenz nimmt den Bericht der Amtschefkommission zur Neuregelung der deutschen Rechtschreibung zustimmend zur Kenntnis.
2. Die Kultusminister verständigen sich darauf, den überarbeiteten Neuregelungsvorschlag „Deutsche Rechtschreibung. Regeln und Wörterverzeichnis" (RS Nr. 322/95 vom 12.06.1995) mit den Änderungen der Beilage 1 des RS Nr. 595/95 vom 20.11.1995 unter der Voraussetzung, daß die Ministerpräsidenten dem Neuregelungsvorschlag zustimmen, daß der Bund dem Neuregelungsvorschlag zustimmt und daß die angestrebte zwischenstaatliche Erklärung von Deutschland, Österreich, der Schweiz und ggf. weiteren interessierten Staaten rechtzeitig unterzeichnet wird, als verbindliche Grundlage für den Unterricht in allen Schulen einzuführen.
3. Die Kultusministerkonferenz ermächtigt die Präsidentin - vorbehaltlich der Zustimmung durch die Ministerpräsidenten - , die zwischen den deutschsprachigen Ländern abzustimmende gemeinsame Erklärung zur Neuregelung der deutschen Rechtschreibung zu unterzeichnen.
4. Die Neuregelung tritt am 01.08.1998 mit folgenden Maßgaben in Kraft:
   a) Schulbücher, die das neue Regelwerk beachten, können im Vorgriff auf die Neuregelung bereits vor dem 01.08.1998 genehmigt werden.
   b) Weitere Übergangsregelungen für die Zeit bis zum 01.08.1998 – einschließlich der für die Schulbuchgenehmigung zu treffenden Entscheidungen - treffen die Länder in eigener Zuständigkeit.
   c) Bis zum 31.7.2005 werden bisherige Schreibweisen nicht als falsch, sondern als überholt gekennzeichnet und bei Korrekturen durch die neuen Schreibweisen ergänzt. Zu diesem Zeitpunkt sollen auch alle Schulbücher in der neuen Schreibung vorliegen. Sollte sich herausstellen, daß die Übergangszeit zu großzügig oder zu eng bemessen ist, wird eine Veränderung der Frist durch die Kultusministerkonferenz in Aussicht genommen.
5. In Zweifelsfällen der Rechtschreibung werden ab dem 01.08.1998 Wörterbücher zugrundegelegt, die nach Erklärung des jeweiligen Verlages der Neuregelung in der jeweils gültigen Fassung in vollem Umfang entsprechen.
6. Der Schulausschuß / die Arbeitsgruppe „Rechtschreibreform" wird gebeten, die Umsetzung der Neuregelung im Schulbereich zu begleiten.
7. Die Kultusministerkonferenz geht davon aus, daß besondere Kosten bei der Umsetzung der Neuregelungen nicht entstehen werden, da die Schulbücher mit Ausnahme der Rechtschreiblernmittel angesichts der gewählten Fristen und Termine im normalen Erneuerungsturnus ersetzt werden können.
8. Die Kultusministerkonferenz stimmt der Einrichtung einer international besetzten „Zwischenstaatlichen Kommission für die deutsche Rechtschreibung" beim Institut für deutsche Sprache (IdS) zu. Grundlage der Arbeit der Kommission soll der vorgelegte Entwurf „Aufgaben, Zusammensetzung und Verfahren ..." sein.
9. Bisherige Festlegungen zur Rechtschreibung, insbesondere der Beschluß der Kultusministerkonferenz vom 18./19.11.1955 „Regeln für die deutsche Rechtschreibung" werden mit Wirkung vom 01.08.1998 aufgehoben.
10. Die Kultusministerkonferenz ist der Auffassung, daß den von der Ministerpräsidentenkonferenz am 25.-27.10.1995 gefaßten Beschlüssen zur Neuregelung der deutschen Rechtschreibung durch den überarbeiteten Neuregelungsvorschlag und die geplanten Verfahrensschritte Rechnung getragen wird, und bittet die Präsidentin, die Ministerpräsidentenkonferenz und das Bundesministerium des Innern über das Ergebnis der Beratungen zu unterrichten.
11. Die Kultusministerkonferenz wird die Einführung der Neuregelung durch geeignete Informationen begleiten.

Die Konferenz der Ministerpräsidenten der Länder nahm diesen Beschluß auf ihrer Sitzung am 14.12.1995 in Bonn zustimmend zur Kenntnis und bestätigte dies in einem Umlaufbeschluß vom 5.3.1996. Das Bundeskabinett befaßte sich in seiner Sitzung am 17.4.1996 mit der Rechtschreibreform und bestätigte, die Beschlüsse der Kultusministerkonferenz und der Ministerpräsidentenkonferenz zur Kenntnis genommen zu haben[92], ohne jedoch eigene Zustimmung oder Ablehnung zu signalisieren. Ob in der Bestätigung der Kenntnisnahme durch die Bundesregierung eine Zustimmung des Bundes nach Nr. 2 des Beschlusses der Kultusministerkonferenz zu sehen ist, wurde in einigen der Entscheidungen der Verwaltungsgerichte zur Rechtschreibreform in den Jahren 1997 und 1998 kontrovers diskutiert[93].

Die 3. Kammer des Bundesverfassungsgerichts nahm am 21.06.1996 eine im Mai gegen den Beschluß der Kultusministerkonferenz eingelegte Verfassungsbeschwerde wegen Unzulässigkeit nicht zur Entscheidung an[94]. In der Begründung wurde vom Bundesverfassungsgericht angeführt, daß der Beschwerdeführer weder durch die Beschlüsse der Kultusministerkonferenz, der Ministerpräsidentenkonferenz oder die Kenntnisnahme durch die Bundesregierung in seinen Grundrechten unmittelbar betroffen sein könne.

Am 1.7.1996 unterzeichneten in Wien die politischen Vertreter der deutschsprachigen Staaten[95] und weiterer Länder[96], in denen Deutsch von einer Minderheit gesprochen wird, eine gemeinsame Absichtserklärung zu Neuregelung der deutschen Rechtschreibung. Es wurden darin vor allem die Termine der Einführungsbeginns der Neuregelung und des Endes der Übergangszeit vereinbart. Die Absichtserklärung hat den folgenden Wortlaut:[97]

---

92 Informationen der Kultusministerkonferenz (Fn. 86), S. 6.

93 Vgl. oben die Entscheidungen OVG Lüneburg, VG Berlin, VG Meiningen und VG Wiesbaden.

94 Beschluß vom 21.6.1996, Az.: 1 BvR 1057/96 und 1 BvR 1067/96, NJW 1996, 2221 f.

95 Der Präsident der Ständigen Konferenz der Kultusminister der Länder der Bundesrepublik Deutschland, der Parlamentarische Staatssekretär im Bundesministerium des Innern der Bundesrepublik Deutschland, die Bundesministerin für Unterricht und kulturelle Angelegenheiten der Republik Österreich, der Präsident der Schweizerischen Konferenz der kantonalen Erziehungsdirektoren der Schweizerischen Eidgenossenschaft und der Vizekanzler der Schweizerischen Eidgenossenschaft.

96 Der Minister für Unterricht, Kultur, wissenschaftliche Forschung, Denkmäler und Landschaften der Regierung der Deutschsprachigen Gemeinschaft des Königreichs Belgien, der Landesrat für Denkmäler, deutsche und ladinische Schule und Kultur der Landesregierung der Autonomen Provinz Bozen-Südtirol der Republik Italien, der Regierungschef-Stellvertreter des Fürstentums Liechtenstein, der außerordentliche und bevollmächtigte Botschafter von Rumänien in Österreich im Auftrag der Regierung der Republik Rumänien und der Dekan der Philosophischen Fakultät und Direktor des Germanistischen Instituts der Eötvös Loránd Universität Budapest im Auftrag des Ministers für Kultur und Bildung der Republik Ungarn.

97 Zitiert nach: *Augst/Blüml/ Nerius/Sitta* (Hrsg.), Zur Neureglung der deutschen Orthographie, S. 69 f.

Artikel I

Die Unterzeichner nehmen das auf Grundlage der Dritten Wiener Gespräche vom 22. bis 24. November 1993 entstandene und als Anhang beigefügte Regelwerk „Deutsche Rechtschreibung, Regeln und Wörterverzeichnis" zustimmend zur Kenntnis.

Artikel II

Die Unterzeichner beabsichtigen, sich innerhalb ihres Wirkungsbereiches für die Umsetzung des in Artikel I genannten Regelwerkes einzusetzen. Folgender Zeitplan wird in Aussicht genommen:
1. Die Neuregelung der Rechtschreibung soll am 1. August 1998 wirksam werden.
2. Für ihre Umsetzung ist eine Übergangszeit bis zum 31. Juli 2005 vorgesehen.

Artikel III

Die zuständigen Stellen Deutschlands, Österreichs und der Schweiz werden Experten in eine Kommission für die deutsche Rechtschreibung entsenden, deren Geschäftsstelle beim Institut für deutsche Sprache in Mannheim eingerichtet wird. Die Kommission wirkt auf die Wahrung einer einheitlichen Rechtschreibung im deutschen Sprachraum hin. Sie begleitet die Einführung der Neuregelung und beobachtet die künftige Sprachentwicklung. Soweit erforderlich erarbeitet sie Vorschläge zu Anpassung des Regelwerks.

Artikel IV

Zuständigen Stellen anderer Staaten steht es frei, dieser „Gemeinsamen Absichtserklärung" beizutreten. Das Bundesministerium für Unterricht und kulturelle Angelegenheiten der Republik Österreich wird sodann die anderen Unterzeichner von diesen Beitritten in Kenntnis setzen.

Die Wiener Absichtserklärung nebst dem als Anhang beigefügten Regelwerk „Die deutsche Rechtschreibung, Regeln und Wörterverzeichnis" wurde im Oktober 1996 durch den Bundesinnenminister im Bundesanzeiger bekannt gemacht[98], nachdem auch die Bundesregierung die Anwendung der neuen Regeln im Bereich der Bundesverwaltung beschlossen hatte[99]. Die Umsetzung der neuen Regeln in Wörterlisten erfolgte am schnellsten in den Rechtschreibwörterbüchern des Duden-[100] und des Bertelsmann-Verlages[101], die beide bereits im Sommer 1996[102] erschienen waren und jeweils mit der Einarbeitung der geplanten Neuregelungen auf dem Einband warben. Mit Beginn des Schuljahres 1996/97 konnte also begonnen werden, in den Grundschulklassen der Schulen der Bundesrepublik nach den neuen Regeln zu lehren. Rechtsgrundlage für die Verwaltungserlasse zur Umsetzung des Beschlusses der Kultusministerkonferenz waren die in den jeweiligen Landesschulgeset-

98 Bundesanzeiger, Ausgabe vom 31.10.1996, Nr. 205 a.

99 Informationen der Kultusministerkonferenz (Fn. 86), S. 7.

100 „Duden", Dudenverlag im Verlag Bibliographisches Institut & F.A. Brockhaus AG, 21. Auflage von 1996.

101 „Die deutsche Rechtschreibung", Bertelsmann Lexikon Verlag GmbH Gütersloh, München, 1996.

102 Die „Neue deutsche Rechtschreibung" von Bertelsmann erschien am Tag nach der Wiener Absichtserklärung im Juli 1996, der Duden erschien in 21. Auflage im August 1996. Vgl. *Ickler*, Regelungsgewalt (Fn. 24), S. 56 ff., mit einer Aufstellung der zahlreichen Unterschiede der Auslegung der Regeln in der Wörterliste.

zen vorgesehenen Befugnisse der Bildungsministerien, auf die Lehrpläne der Schulen Einfluß zu nehmen. Von der im Beschluß der Kultusministerkonferenz vorgesehenen Möglichkeit der Vorabeinführung der neuen Regeln an den Schulen wurde von allen Ländern der Bundesrepublik Gebrauch gemacht. Die Umsetzung in den Ländern erfolgte durch im wesentlichen gleichartige Verwaltungserlasse. Exemplarisch soll im folgenden die Umsetzung in Schleswig-Holstein[103] geschildert werden.

Die Schulen in Schleswig-Holstein erhielten zunächst im Juli 1996 durch das Ministerium für Bildung, Wissenschaft, Forschung und Kultur ein Schreiben zum aktuellen Stand der Neuregelung, zum Zeitplan für den Erlaß zur Übergangsregelung sowie eine Informationsbroschüre des IdS Mannheim. Im September 1996 verschickte das Ministerium ein Exemplar der vollständigen amtlichen Regelung an jede Schule. Nach einer öffentlichen Anhörung betroffener Kreise und einer Empfehlung des Landesschulbeirats veröffentlichte das schleswig-holsteinische Ministerium für Bildung, Wissenschaft, Forschung und Kultur einen Runderlaß im Nachrichtenblatt des Ministeriums mit dem folgenden Wortlaut:[104]

„Die am 1. Juli 1996 in Wien unterzeichnete zwischenstaatliche Erklärung schafft die Voraussetzung für die Umsetzung der Neuregelung der Rechtschreibung an den Schulen der Länder. Die Neuregelung ist die erste systematische Bearbeitung des gegenwärtig gültigen Regelwerks von 1901/02 und verfolgt das Ziel, die Grundregeln zu stärken, Ausnahmen abzubauen und Widersprüche zu beseitigen.

Regelung für die Zeit vom 1. August 1998 bis zum 31. Juli 2005:

Gemäß Beschluß der Kultusministerkonferenz vom 1. Dezember 1995 tritt die Neuregelung in den Ländern am 1. August 1998 mit folgenden Maßgaben in Kraft:

[Es werden die Punkte 4, 5 und 9 des Beschlusses der Kultusministerkonferenz im Wortlaut wiedergegeben] [105]

Übergangsregelung bis zum 31. Juli 1998:

1. In allen Klassenstufen aller Schularten wird in allen Fächern die neue Schreibung neben der alten als korrekt akzeptiert und vorrangig verwendet.
2. Generell werden überholte Regeln und Schreibungen nicht mehr neu eingeführt und nicht mehr geübt.
3. Bei schriftlichen Leistungsnachweisen werden nur noch solche Schreibungen als Fehler gewertet, die auch nach der Neuregelung nicht zulässig sind.
4. Es sollen nur solche Lehrbücher neu eingeführt werden, in denen die Neuregelung bereits berücksichtigt ist.
5. Die Schulen informieren die Eltern sowie die Schülerinnen und Schüler spätestens ab Klassenstufe 8 in geeigneter Form über die Umsetzung dieser Erlaßbestimmungen.

---

[103] Für Schleswig-Holstein stand aufgrund der letztlich bis zum Verfassungsgericht reichenden Verfahren und des späteren Volksentscheids das umfangreichste Material zur Verfügung.

[104] Nachrichtenblatt des Ministeriums für Bildung, Wissenschaft, Forschung und Kultur Schleswig-Holstein, 1996, S. 476.

[105] Vgl. oben Seite 301.

6. Das IPTS[106] wird die Schulen bei der Umsetzung der Neuregelung im Rahmen der Unterrichtsfachberatung unterstützen.
7. Der Erlaß tritt mit seiner Veröffentlichung im Nachrichtenblatt in Kraft.

Mit der Bekanntmachung der Wiener Absichtserklärung und des Regelwerks im Bundesanzeiger im Herbst 1996 gewann aber auch die öffentliche Polemik der Reformgegner an Schärfe und es kam zu der von einem Studiendirektor[107] privat verfaßten und von zahlreichen[108] Schriftstellern und Wissenschaftlern anläßlich der Frankfurter Buchmesse am 6.10.1996 unterzeichneten „Frankfurter Erklärung" für einen Stop der Rechtschreibreform. Die Kultusministerkonferenz[109] reagierte hierauf mit der „Dresdner Erklärung" vom 25.10.1996 und bekräftige ihr Festhalten an der Reform[110]. Für eine Einstellung der Reform im Sinne der „Frankfurter Erklärung" sprachen sich in der Folgezeit auch die Deutsche Akademie für Sprache und Dichtung in Darmstadt sowie 95 Mainzer Professoren aus[111].

Die Kultusministerkonferenz richtete sich am 4.9.1996 direkt an alle Auslandsschulen und setzte sie von den von ihr beschlossenen Einzelheiten der Umsetzung der Neuregelung der Rechtschreibung in Kenntnis, die nach Ansicht der Kultusministerkonferenz auch für die deutschen Schulen im Ausland gelten[112]. Dieser Vorgang ist, wie auch in der Anhörung vor dem Rechtsausschuß des Deutschen Bundestages vertreten[113], verfassungsrechtlich höchst bedenklich, da für die Auslandsschulen ausschließlich der Bund zuständig ist und die Kultusministerkonferenz keine Bundesinstitution, sondern ein Koordinierungsgremium der Länder ist. Die Kultusministerkonferenz hatte weder für die Ausweitung ihres Beschlusses auf die Auslandsschulen noch für eine direkte Anweisung der Schulen eine Kompetenzgrundlage.

Um die Jahreswende 1996/97 begann die Rechtschreibreform bundesweit zum Thema von Auseinandersetzungen auf verschiedenen Ebenen zu werden. So wurde aus Bürgerprotest gegen die Reform bereits im Dezember 1996 in Bayern und Schleswig-Holstein mit den ersten Unterschriftensammlungen gegen die Reform begonnen. Aber auch Fachgerichte sahen sich zunehmend einer neuen Rechtsproblematik gegenüber, da es seit Anfang 1997 zu einer Reihe verwaltungsgerichtlicher Verfahren gegen die Einführung der Rechtschreibreform an den Schulen kam. Aufgrund der in den Verwaltungserlassen der Länder zusätzlich enthaltenen Übergangsregelungen, die die Möglichkeit vorsahen, schon vor dem offiziellen Einführungstermin am 1.8.1998

---

[106] Institut für Lehrerfortbildung in Schleswig-Holstein.
[107] Studiendirektor Friedrich *Denk* aus Weilheim.
[108] Ca. 100 Unterschriften nach Aussage von *Denk*.
[109] Während der 277. Plenarsitzung der Kultusministerkonferenz vom 24./25.10.1996 in Dresden.
[110] „Dresdner Erklärung der Kultusministerkonferenz zur Neuregelung der deutschen Rechtschreibung", Pressemitteilung vom 25.10.1996.
[111] „Chaos und Murks", Die Welt, vom 31.7.1997.
[112] Abgedruckt bei *Ickler*, Regelungsgewalt (Fn. 24), S. 93.
[113] Vgl. unten S. 341.

die Schüler in den neuen Regeln zu unterrichten, wurden die Klagen durchweg auch mit einem Begehren auf einstweiligen Rechtsschutz verbunden.

Nicht zuletzt sahen sich auch Abgeordnete des Bundestags in der Pflicht, sich des Themas anzunehmen. So stellten 45 Abgeordnete des Deutschen Bundestages im Februar 1997 interfraktionell den Antrag[114], daß der Deutsche Bundestag die Neuregelung förmlich ablehnen solle und forderten die Bundesregierung auf, diese nicht auf die Amtssprache anzuwenden[115]. Die mit diesem Antrag eingeleitete Reformdiskussion im Rechtsausschuß und im Plenum des Deutschen Bundestages wird in ihrem zeitlichen Ablauf gesondert[116] dargestellt.

Die deutschen Printmedien und Verlage reagierten zunächst abwartend, mit Ausnahme der Wochenzeitung „Die Woche", die als erste bereits Anfang 1997 auf die reformierte Rechtschreibung umstellte[117] und auf jeder Titelseite damit warb. Durch die relativ geringe Auflage des erst 1993 gegründeten Blattes[118] gab es aber auf diese frühzeitige Umstellung so gut wie kein Echo in anderen Medien. Die österreichische Tageszeitung „Die Presse" hingegen kündigte bereits 1997 an, bei der traditionellen Orthographie zu bleiben[119] und hielt daran auch über den 1. September 1999 hinaus fest, dem Tag, an dem die meisten deutschsprachigen Tageszeitungen umstellten[120].

Als Reaktion auf die Irritationen, die in der Öffentlichkeit durch die in Bayern, Schleswig-Holstein und Niedersachsen angestrebten Volksbegehren sowie infolge der Initiative von Abgeordneten des Deutschen Bundestages entstanden waren, verabschiedete die Kultusministerkonferenz[121] Ende Februar 1997 eine erneute Erklärung zur Neuregelung der Rechtschreibung. Darin betonten die Kultusminister, daß sie in allen diesen Initiativen keine neuen Argumente erkennen könnten, die eine erneute inhaltliche Diskussion der Neuregelung der Rechtschreibung notwendig machen würden. Zur Klärung wurde noch einmal festgestellt, daß die Neuregelung von den dazu legitimierten politischen Instanzen beschlossen worden sei. Die Kultusminister betonten weiterhin, daß es für die Rechtschreibung nur eine gemeinsame Regelung in allen Ländern geben könne. Die Einheitlichkeit des Sprachraumes in Frage zu stellen, wie es die Initiativen tun, sei für die Kultusministerkonferenz inakzeptabel. Die Konferenz war ebenfalls davon überzeugt, daß die Neuregelung nicht die Grundrechte der Bürger tangiere und schon gar nicht den Wesensgehalt von Grundrechten berühre[122].

---

114 BT-Drucks. 13/7028.

115 Deutscher Bundestag, Heft 4, vom 5.3.1997.

116 Vgl. unten S. 339 ff.

117 *Ickler*, Regelungsgewalt (Fn. 24), S. 8; „Weicher Übergang", Frankfurter Rundschau, vom 28.7.1998

118 Das Erscheinen der Wochenzeitung wurde Anfang 2002 aus wirtschaftlichen Gründen eingestellt.

119 „ 'Presse' macht nicht mit!", Die Presse, vom 6.9.1997.

120 Vgl. zur Umstellung der Printmedien unten S. 330.

121 278. Plenarsitzung der Kultusministerkonferenz am 27./28.02.1997 in Bonn.

122 „Erklärung der Kultusministerkonferenz zur Neuregelung der deutschen Rechtschreibung", Pressemitteilung der Kultusministerkonferenz vom 27.02.1997.

Von Seiten der Bundesregierung kamen unterstützende Signale, als am 14. März 1997 der Bundesminister des Innern in einem Schreiben an den Präsidenten der Kultusministerkonferenz erneut bestätigte, daß die Bundesregierung entschlossen sei, die Neuregelung in ihrem Wirkungsbereich umzusetzen[123]. Auf Länderebene beschloß am 6. Juni 1997 die Innenministerkonferenz, daß die Länderverwaltungen mit der Einführung der neuen Schreibweisen für den dienstlichen Schriftverkehr der Behörden zum 1. August 1998 beginnen sollen[124].

Am Institut für deutsche Sprache in Mannheim konstituierte sich am 25.3.1997, wie in der Wiener Erklärung vorgesehen, die von den Regierungen der deutschsprachigen Staaten beauftragte „Zwischenstaatliche Kommission für deutsche Rechtschreibung". Zu ihren Aufgaben gehört es, die Einführung der Neuregelung beratend zu begleiten und Zweifelsfälle zu klären und zu beseitigen[125]. Die Arbeit der Kommission sollte dabei auch als Richtschnur für alle Wörterbuchverlage dienen. Aber schon Mitte Juli 1997 mußte vom Linguisten *Peter Eisenberg*, einem Mitglied der „Zwischenstaatlichen Kommission für Rechtschreibfragen" öffentlich eingeräumt werden, daß das neue Regelwerk ca. 8000 Zweifelsfälle hervorgebracht habe[126]. Damit wurde von berufener sprachwissenschaftlicher Seite die Unvollkommenheit der der Wiener Absichtserklärung zugrundeliegenden Regelungsvorschläge dokumentiert. Die Kommission erklärte daraufhin, ein Jahr lang die Zweifelsfälle zu prüfen und anschließend eine überarbeitete Wörterliste zu veröffentlichen[127].

Einen ersten Rückschlag erlebten die Reformbefürworter am 28.7.1997, als erstmals ein deutsches Gericht, das VG Wiesbaden[128], in einem Einzelfall die Einführung der Reform stoppte und wegen fehlender gesetzlicher Grundlage die weitere Unterrichtung nach den neuen Regeln untersagte[129]. Daraufhin äußerte sich auch erstmals ein Mitglied der Bundesregierung kritisch zum Thema Rechtschreibreform. Der Bundesminister für Bildung, *Jürgen Rüttgers*, forderte dazu auf, bildungspolitische Fragen stärker in der Öffentlichkeit und in den Parlamenten zu diskutieren. Was die Rechtschreibreform angehe, so sei „das Kind nun endgültig in den Brunnen gefallen". „Ohne ausreichende öffentliche Debatte könne man eine Reform dieser Reichweite nicht verordnen."[130]

Anfang August 1997 forderte der Staatsrechtler und stellvertretene Vorsitzende der CDU/CSU Bundestagsfraktion *Rupert Scholz* die Kultusminister öffentlich auf, die bereits ergangenen Erlasse zur Rechtschreibreform bis zu

---

[123] Informationen der Kultusministerkonferenz (Fn. 86), S. 21.
[124] Informationen der Kultusministerkonferenz (Fn. 86), S.7.
[125] Vgl. *Ickler*, Regelungsgewalt (Fn. 24), S. 29 ff.
[126] „Muß Karlsruhe über die neue Rechtschreibung entscheiden?", Die Welt, vom 22.7.1997.
[127] Vgl. *Ickler*, Regelungsgewalt (Fn. 24), S. 30. Zu den späteren Vorschlägen der Kommission zur Präzisierung und Weiterentwicklung der Neuregelung vgl. unten S. 312.
[128] Beschluß vom 28.7.1997, NJW 1997, 2399.
[129] Der Beschluß wurde am 5.9.1997 in 2. Instanz aufgehoben.
[130] „Hessen will Richterspruch kippen", Die Welt, vom 31.7.1997.

einer gerichtlichen Klärung auszusetzen. Das Regelwerk müsse zwischen Bund und Ländern noch einmal von Grund auf sorgfältig geprüft und diskutiert werden. „Das setzt allerdings voraus, daß die Kultusminister jetzt in den Ländern nicht mit dem Kopf durch die Wand marschieren und mit Brachialgewalt ihre Verwaltungserlasse durchsetzen." Das ganze Thema sei ohnehin nicht eilig[131].

Der Beschluß des OVG Schleswig vom 13.8.1997[132], in dem ein Gesetzesvorbehalt verneint und auf die positive Akzeptanzprognose der Rechtschreibreform abgestellt wurde, eröffnete durch die Rechtswegerschöpfung im Eilverfahren die Möglichkeit einer Überprüfung der Grundrechtsbetroffenheit durch das Bundesverfassungsgericht. Es hatte sich zu diesem Zeitpunkt durch einige verwaltungsgerichtlichen Entscheidungen bereits herauskristallisiert, daß die Frage der Rechtmäßigkeit der Einführung der Reform auf dem Erlaßwege von den Gerichten vornehmlich von der Annahme bestimmter Grundrechtsverletzungen, namentlich des elterlichen Erziehungsrechts und des allgemeinen Persönlichkeitsrechts, abhängig gemacht wurde. Die bis Mitte August 1997 ergangenen kontroversen Gerichtsentscheidungen waren auch der Auslöser dafür, daß von Bundeskanzler *Helmut Kohl* ein Angebot für Spitzengespräche zwischen der Bundesregierung, den Ministerpräsidenten und den Kultusministern zur Beilegung des Konfliktes um die Rechtschreibreform ausging[133].

Der Kieler Landtag stimmte am 27.8.1997 einem Antrag der Volksinitiative „Wir gegen die Rechtschreibreform" auf Durchführung eines Volksbegehrens zu[134]. Wenn die für ein Volksbegehren erforderliche Anzahl Unterschriften[135] gesammelt werden könnten, dann werde in einem anschließenden Volksentscheid über die Änderung des schleswig-holsteinischen Schulgesetzes entschieden werden, ob in dieses eine Bestimmung aufgenommen wird, daß die Rechtschreibung nach den herkömmlichen Regeln zu lehren sei.

Eine befristete Abkehr von der Zielrichtung der „Zwischenstaatlichen Kommission", auf die Wahrung einer einheitlichen Rechtschreibung im deutschen Sprachraum bedacht zu sein, wurde durch eine Äußerung des Vorsitzenden der Kommission für Rechtschreibfragen am IdS Mannheim, *Gerhard Augst*, angekündigt. Er bekannte am 28.8.1997 in der ARD, daß „wir in den nächsten zehn, zwanzig Jahren zwei Rechtschreibungen nebeneinander erleben" werden[136].

Anfang September 1997 kam es in der von der Kultusministerkonferenz eingesetzten „Zwischenstaatlichen Rechtschreibkommission" zu erheblichen

131 „Wernstedt: Schreibreform kann vor Gericht scheitern", Die Welt, vom 4.8.1997.
132 Veröffentlicht in: NJW 1997, 2536 ff.
133 „Spitzengespräch zur Schreibreform geplant", Die Welt, vom 16.8.1997.
134 „Volksbegehren über Schreibreform zugelassen", Die Welt, vom 28.8.1997
135 Mindestens 5 % der Stimmberechtigten, ca. 106 000 Unterschriften.
136 „Zweifel an Schreibreform auch in Nachbarländern", Die Welt, vom 22.9.1997.

Differenzen zwischen den Mitgliedern.[137] Während der Geschäftsführer der Kommission, *Klaus Heller*, eine „Reform der Reform" ablehnte, bestanden andere Kommissionsmitglieder auf einer gründlichen Überarbeitung. Der Sprachwissenschaftler *Peter Eisenberg* erklärte die neuen Regeln zur Zeichensetzung für „unerträglich" und sprach sich für eine Änderung der geplanten Getrennt- und Zusammenschreibung, der Silbentrennung und der Groß- und Kleinschreibung aus. Der Linguist *Horst Haider Munske* kritisierte die Zusammensetzung der überwiegend aus Sprachwissenschaftlern bestehenden Kommission und forderte eine Umbesetzung unter Hinzuziehung von Schriftstellen, Journalisten und Lehrern. Diese Kritik wurde sowohl vom Geschäftsführer der Kommission, *Klaus Heller*, als auch vom Vorsitzenden der Kommission, *Gerhard Augst*, zurückgewiesen. Beide lehnten auch einen Vorschlag des amtierenden Vorsitzenden der Kultusministerkonferenz und damaligen niedersächsischen Innenministers, *Rolf Wernstedt*, ab, eine Liste von Zweifelsfällen und unterschiedlichen Schreibweisen vorzulegen, die durch die Reform entstanden sind. Die Kommission solle stattdessen Vorschläge zur Handhabung der neuen Schreibweisen ausarbeiten. *Munske* kündigte im Laufe der Auseinandersetzung an, daß er für sich, im Falle einer Ablehnung der von ihm für erforderlich gehaltenen Änderungen bei der Getrennt- und Zusammenschreibung am geplanten Regelwerk, keinen Platz mehr in der Kommission sehe[138].

Ein Jahr nach der Frankfurter Erklärung gegen die Rechtschreibreform, im Oktober 1997, gab es in Deutschland bereits 26 Bürgerinitiativen, die zusammen mehr als 500 000 Unterschriften gegen die Reform gesammelt hatten[139].

Zu einer inhaltlich bemerkenswerten Feststellung gelangte das bayerische Kultusministerium in einem Rundschreiben an alle Schulen am 6.10.1997, worin betont wurde, daß der Buchstabe ß eine Ligatur und folglich nur eine stellungsbedingte typographische Variante für ss ist, dessen Änderung folglich also gar nicht vom Auftrag einer orthographischen Neuregelung umfaßt sei[140]. Im Zusammenhang damit, daß die Änderungen in der ss-Schreibung ca. 90 Prozent der Neuregelungen ausmachen[141], bliebe von der Reform nur ein geringfügiger Rest echter orthographischer Neuregelungen übrig. Dieser Unterscheidung von Typographie und Orthographie folgte jedoch, soweit ersichtlich, niemand in letzter Konsequenz.

In Niedersachsen führte eine obergerichtliche Entscheidung im Oktober 1997 zu einer völligen Aussetzung der Unterrichtung nach den neuen Regeln an allen Schulen. Die Entwicklung hierzu begann bereits im August 1997, als

---

137 „Experten-Streit um Schreibreform weitet sich aus", Die Welt, vom 12.9.1997.

138 „Änderung der Schreibreform in Sicht", Die Welt, vom 13.9.1997. Zu sprachwissenschaftlichen Kritik vgl. auch *Munske*, das und daß – Ein exemplarischer Fall der Orthographiegeschichte und Orthographiereform, Sprachwissenschaft 18 (1993), S. 406 ff.

139 „Gegner der Schreibreform machen mobil", Die Welt, vom 6.10.1997.

140 Rundschreiben des bayerischen Kultusministeriums vom 6.10.1997 an die bayerischen Schulen, zitiert nach: *Ickler*, Regelungsgewalt (Fn. 24), S. 15.

141 *Ickler*, Regelungsgewalt (Fn. 24), S. 8.

das VG Hannover eine einstweilige Anordnung auf Unterlassung des vorzeitigen reformierten Rechtschreibunterrichts wegen der Verletzung elterlicher Grundrechte erlassen hatte. Auf die vom Vorsitzenden der Kultusministerkonferenz, Niedersachsens Kultusminister *Rolf Wernstedt*, eingelegte Beschwerde, bestätigte am 17.10.1997 das OVG Lüneburg die Entscheidung des VG Hannover. Die Landesregierung Niedersachsens setzte daraufhin am 20.10.1997 die Vorabeinführung der neuen Regeln an den Schulen Niedersachsens bis zu einer endgültigen rechtskräftigen Entscheidung vollständig aus. Die Lehrkräfte wurden angewiesen, wieder nach den bisher gültigen Rechtschreibregeln zu unterrichten[142].

Bis zu diesem Zeitpunkt war es Leitlinie und gemeinsame Auffassung der Kultusminister gewesen, daß beim Ausscheren eines einzelnen Landes zur Wahrung der Einheitlichkeit der deutschen Schriftsprache die gesamte Reform ausgesetzt werden sollte. Nach der Aussetzung der Vorabeinführung in Niedersachsen erklärten die Kultusminister der übrigen Länder auf dem 280. Plenum der Kultusministerkonferenz in Konstanz am 23.10.1997, daß in dieser Frage „alles beim neuen" bliebe[143] und faßte den folgenden Beschluß:

> Die Kultusministerkonferenz hält an der Einführung der neuen Rechtschreibung zum 1.8.1998 fest. Sie nimmt zur Kenntnis, daß in Niedersachsen wegen des Beschlusses des Oberverwaltungsgerichts die vorgezogene Einführung der neuen Regeln in den Schulen ausgesetzt ist. Diese Aussetzung hat keine Auswirkungen für die anderen Länder und wird dort nicht zum Anlaß genommen, die bereits getroffenen Maßnahmen zur Einführung in den Schulen zu ändern. Eine vorgezogene Einführung in den Schulen vor dem 1. August 1998 gestalten die Länder in eigener Zuständigkeit; dies ist auch im Beschluß der Kultusministerkonferenz vom 1. Dezember 1995 zur Neuregelung der deutschen Rechtschreibung festgehalten. Auch ein Land, das erst zum Termin des offiziellen Inkrafttretens der neuen Regeln am 1.8.1998 die Einführung in den Schulen vornimmt, bleibt damit im Rahmen des Kultusministerkonferenzbeschlusses.

Einen Tag später erklärten auch die Ministerpräsidenten der Länder nach Beratungen in Stuttgart, weiter an der Rechtschreibreform festzuhalten[144].

Im Oktober 1997 wurde für bundesweit sechs Eilanträge gegen die Reform, darunter die Verfahren vor den Oberverwaltungsgerichten Weimar, Münster und Koblenz, eine Aussetzung der Verfahren bis zu einer Entscheidung des Bundesverfassungsgerichts beantragt. Der Vertreter der Kläger in diesen Verfahren, *Rolf Gröschner*, erklärte hierzu: „Die Tendenz bei den Oberverwaltungsgerichten geht eindeutig dahin, die Dringlichkeit einer Entscheidung zu verneinen."[145]

---

142 „Hannover setzt Reform der Rechtschreibung aus", Die Welt, vom 21.10.1997.

143 „Länder wollen die Neuregelung", Die Welt, vom 23.10.1997.

144 „Länderchefs halten an Schreibreform fest", Die Welt, vom 25.10.1997.

145 „Rechtschreibung: Prozesse gestoppt", Thüringer Landeszeitung, vom 31.10.1997.

Das VG Berlin erließ Mitte November 1997 die erste Entscheidung in der Hauptsache und eröffnete damit, nachdem beide Parteien in der mündlichen Verhandlung einer Sprungrevision zugestimmt hatten, den direkten Weg zu einer höchstrichterlichen Entscheidung. Der Vorsitzende Richter der 3. Kammer des Berliner Verwaltungsgerichts, *Peter Rueß*, nannte als Grund für dieses Vorgehen das Interesse beider Seiten, rasch zu einem höchstrichterlichen Urteil zu kommen, denn bislang hatten deutsche Verwaltungsgerichte in einer Art entschieden, die ihn an ein „juristisches Elfmeterschießen" erinnere[146].

Vom Bundesverfassungsgericht wurden am 30.12.1997 zwei Verfassungsbeschwerden gegen die Versagung vorläufigen Rechtsschutzes[147] im Zusammenhang mit der Rechtschreibreform nicht zur Entscheidung angenommen[148]. In beiden Fällen genügten nach Ansicht der 1. Kammer des Ersten Senates des Bundesverfassungsgerichts die Begründungen der Beschwerden nicht den gesetzlichen Darlegungserfordernissen[149].

Bemerkenswert war im Januar 1998 die einem Gerichtbeschluß gegenüber verhältnismäßig ignorante Reaktion des Thüringer Kultusministeriums. Das VG Meinigen hatte einem Begehren auf einstweiligen Rechtsschutz gegen die Vorabeinführung der reformierten Schreibweisen im Unterricht stattgegeben. Ein Sprecher des Ministeriums sagte dazu am 19.1.1998, daß zwar sichergestellt werde, daß den zwei Kindern der Klägerin die Unterrichtung in der neuen Rechtschreibung nicht länger zugemutet werde. Sie blieben aber in ihren Klassen, auch wenn dort generell weiter nach den neuen Regeln unterrichtet werde. Das Land werde insbesondere im Hinblick auf das offizielle Inkrafttreten der reformierten Schreibweisen zum 1.8.1998 gegen die Entscheidung des Gerichts kein Rechtsmittel einlegen[150].

Noch im Dezember 1997 legte die Zwischenstaatliche Kommission für deutsche Rechtschreibung einen ersten, 66-seitigen Bericht mit dem Titel „Vorschläge zur Präzisierung und Weiterentwicklung der Neuregelung der deutschen Rechtschreibung" vor[151]. Die Kommission vertrat darin einhellig[152] die Ansicht, daß die Neuregelung sich im Kern als tragfähig erweise, aber in Teilen zu korrigieren sei. Es wurden insbesondere Änderungen vorgeschlagen, durch die exemplifizierte herkömmliche Schreibungen weiterhin als Varianten bestehen bleiben sollten[153]. Der Vorsitzende der Kommission, *Gerhard*

---

146 „Schreibreform verworfen", Die Welt, vom 15.11.1997.

147 Durch die OVG Hamburg bzw. OVG Münster.

148 BVerfG, Beschlüsse vom 30. Dezember 1997, - 1 BvR 2264/97 - und - 1 BvR 2368/97 -, NJW 1998, 1217 f.

149 Pressemitteilung des Bundesverfassungsgerichts Nr. 1/98 vom 13.1.1998.

150 „Thüringer lernen weiter neue Rechtschreibregeln", Berliner Zeitung, vom 21.1.1998.

151 Pressemitteilung der Kommission für deutsche Rechtschreibung vom 18. Dezember 1997; Zur Kritik der Vorschläge vgl. im einzelnen: *Ickler*, Regelungsgewalt (Fn. 24), S. 135 ff; *Heller*, Keine 'Reform der Reform', SchulVerwaltung NRW, Heft 3/98.

152 Die Kommission hatte die Änderungsvorschläge einstimmig gefaßt. *Ickler*, Regelungsgewalt (Fn. 24), S. 166.

153 So sollten beispielsweise „belemmert" neben „belämmert" und „Quentchen" neben „Quäntchen" bestehen bleiben und auch in der Groß- und Kleinschreibung sowie der Getrennt- und Zusam-

Augst, betonte ausdrücklich, daß dieser Bericht keine „Reform der Reform" sei. Bis zum Jahr 2005 würden ohnehin alte und neue Schreibweisen parallel existieren. Im Laufe von etwa 10 Jahren werde die Schreibgemeinschaft im Einzelfall dann selbst entscheiden, welche Schreibweise sie vorziehe[154].

Die Kommissionsvorschläge stießen aber auf unerwartete und heftige Kritik in der Öffentlichkeit, der sich auch das Deutsche Bibliographische Institut und der Dudenverlag anschlossen[155]. Die Einwände richteten sich nicht gegen bisher ungebräuchliche Regelungen, sondern vor allem gegen die Wiederzulassung bisher üblicher Schreibweisen, die zu 500 bis 1000 neuen Varianten führen würden und daher die Einheitlichkeit der Schriftsprache gefährdeten. Der Vorsitzende der Duden-Redaktion, *Matthias Wermke*, äußerte seine Befürchtungen und Einwände in dem Satz: „Wie soll man mit dieser Variantenvielfalt so umgehen, daß das Wörterbuch auch noch lesbar und benutzbar bleibt?"[156]

Wenige Wochen nach dem Bekanntwerden der Kommissionsvorschläge lud die Kommission die Befürworter und Gegner der Reform zu einer Anhörung am 23.1.1998 nach Mannheim ein[157]. Eingeladen waren 36 Institutionen und Verbände, die überwiegend als Befürworter der gesamten Rechtschreibreform galten[158]. Nicht eingeladen wurden hingegen Vertreter der deutschen Pen-Vereinigungen sowie Vertreter der ca. 26 Bürgerinitiativen gegen die Reform. Einen Tag vor der Anhörung wurde von der Kommission außerdem die Teilnahme von Journalisten an der Anhörung abgelehnt[159]. Trotz dieser Ausgangslage prallten in der Anhörung die Argumente der Gegner und Befürworter der Reform unversöhnlich aufeinander. Der Vorsitzende der Kommission, *Gerhard Augst*, lehnte es ab, nochmals in eine grundsätzliche Diskussion über die Rechtschreibreform einzutreten. „Die Neuregelung ist beschlossen, und die Politiker haben daraus ein Handeln abgeleitet." Der Vertreter der Österreichischen Interessengemeinschaft Autorinnen und Autoren, *Gerhard Ruiss*, stellte fest, daß Diskussionen nicht möglich seien, da im Vordergrund das Bemühen stehe, den „Weg der Kommission zu legitimieren". Mehrere Verbände kritisierten sowohl die Zusammensetzung der Teilnehmer der Anhörung als auch die späte Versendung der Änderungsvorschläge. Der Deutsche Lehrerverband erklärte sich beispielsweise außerstande, innerhalb von zwei Wochen eine Stellungnahme seiner fünf Mitglieds- und 65 Landesverbände einzuholen. Der Verein für Deutsche Rechtschreibung und Sprachpflege aus Nürnberg mißbilligte den Versuch der Kommission, „Richter in eige-

menschreibung verschiedene Varianten erlaubt bleiben. Vgl. Pressemitteilung der Kommission für deutsche Rechtschreibung vom 18. Dezember 1997.

154 „Rechtschreib-Kommission verteidigt Vorschläge", Berliner Zeitung, vom 9.1.1998.

155 „Kritik an Änderungsvorschlägen", Die Welt, vom 24.1.1998.

156 „Rechtschreib-Kommission verteidigt Vorschläge", Berliner Zeitung, vom 9.1.1998.

157 Vgl. *Ickler*, Regelungsgewalt (Fn. 24), S. 135 ff. m.w.N.

158 *Ickler*, Regelungsgewalt (Fn. 24), S. 136.

159 „Kritiker fühlen sich ausgesperrt", Die Welt, vom 22.1.1998.

ner Sache zu spielen"[160]. Der Vorsitzende des Deutschen Germanistenverbandes, *Hartmut Kugler*, erklärte, daß das Ziel einer Erleichterung des Gebrauchs der deutschen Sprache nicht erreicht worden sei und unter unabhängigen Didaktikern ein Konsens darüber bestehe, „daß die Zahl der Rechtschreibfehler nicht abnehmen wird"[161]. Dies wurde auch von dem Sprachwissenschaftler und Mitglied der Kommission *Eisenberg* bestätigt. Nach der ca. fünfstündigen Anhörung fand eine Pressekonferenz statt, an deren Ende der Vorsitzende der Kommission, *Gerhard Augst*, überraschend eingestand, daß die Rechtschreibreform an sich auf politischer Ebene neu verhandelt werden müßte. Die Wiener Absichtserklärung von 1996 habe sich nur auf eine ganz bestimmte Reform bezogen. Änderungen am Reformtext und neue Wörterlisten machten die Vereinbarung hinfällig. Die Staaten müßten deshalb neu verhandeln[162].

Die Amtschefkommission der Kultusministerien beriet Anfang Februar 1998 über die Korrekturvorschläge der Zwischenstaatlichen Kommission und empfahl der Kultusministerkonferenz, diese nicht zu übernehmen und am 1.8.1998 die unkorrigierte Neuregelung von 1996 in Kraft treten zu lassen[163]. Die Politiker befanden, daß die Regeln von 1996 sogar der sprachwissenschaftlichen Kritik der Zwischenstaatlichen Kommission standhalten, die überwiegend mit den Verfassern der Regeln von 1996 besetzt war. Die Kultusminister beschlossen letztlich am 26./27.2.1998, sich dem Rat der Amtschefkommission anzuschließen[164]. Damit wurde die „Zwischenstaatliche Kommission" *de facto* ihrer in der Wiener Absichtserklärung zugedachten Aufgabe des Begleitens der Reform enthoben, aber so mußten auch die überarbeiteten Vorschläge nicht erneut auf politischer Ebene abgestimmt werden.

Aufgrund dieses Vorgangs kündigte im Februar 1998 *Horst Haider Munske* die Mitarbeit in der Zwischenstaatlichen Kommission auf[165]. Im März 1998 trat auch *Peter Eisenberg* aus der Zwischenstaatlichen Kommission aus[166]. Die vakanten Posten wurden durch die Kultusminister nicht neu besetzt, obwohl dadurch der vereinbarte Besetzungsschlüssel - drei Schweizer, drei Österreicher und sechs Deutsche - nicht mehr stimmte.

In Folge der Entscheidung der Kultusminister brachten 55 Professoren der Linguistik mit ihrer Unterschrift unter eine Erklärung ihren Protest gegen die „wissenschaftlich unhaltbare" Rechtschreibreform zum Ausdruck. Sie bezogen sich dabei auf die Ansicht der Deutschen Gesellschaft für Sprachwissenschaft, wonach die Reform „nicht dem Stand sprachwissenschaftlicher Forschung" entspreche[167].

---

160 „Kritik an Änderungsvorschlägen", Die Welt, vom 24.1.1998.

161 „Diktat des Lächerlichen", Die Welt, vom 11.3.1998.

162 „Die Schreibreform ist tot, es muß neu verhandelt werden", Die Welt, vom 26.1.1998.

163 *Ickler*, Regelungsgewalt (Fn. 24), S. 165 m.w.N.

164 *Ickler*, Regelungsgewalt (Fn. 24), S. 166.

165 *Munske / Habermann*, Germanistische Linguistik in Erlangen, Nr. 27, 1/2000, S. 129 ff. m.w.N. zu seiner vorherigen Mitarbeit an den Reformvorschlägen und den Motiven seines Austritts.

166 *Ickler*, Regelungsgewalt (Fn. 24), S. 166.

167 „Professoren protestieren gegen Rechtschreibreform", Die Welt, vom 4.4.1998.

Aus Gründen des chronologischen Zusammenhangs sei an dieser Stelle erwähnt, daß der Deutsche Bundestag Ende März 1998 die Bundesregierung aufforderte, die Einführung der neuen Schreibweisen bei den Bundesbehörden vorerst auszusetzen[168].

Vor dem Ersten Senat des Bundesverfassungsgerichts fand am 12.5.1998 die öffentliche Anhörung zur Verfassungsbeschwerde des vor dem VG und dem OVG Schleswig mit ihren Anträgen auf einstweiligen Rechtsschutz gegen die Rechtschreibreform gescheiterten Elternpaares statt. Das Gericht hatte einen vorab den Beteiligten zugestellten Katalog von Fragen vorbereitet, der in sechs Punkten[169] zunächst die Hintergründe und das Umfeld der Reform beleuchten und im siebten Fragenkomplex[170] einer eingehenden Darstellung der verfassungsrechtlichen Fragen der Rechtschreibreform dienen sollte[171]. Zu der Anhörung waren 13 Institutionen[172] geladen worden[173]. Zu Beginn der Anhörung erklärte der Vorsitzende des Ersten Senats und Vizepräsident des Bundesverfassungsgerichts, *Hans-Jürgen Papier*, das Gericht beanspruche nicht die Rolle eines sprachwissenschaftlichen Obergutachters. Es habe lediglich zu klären, ob die Einführung der Reform an den Schulen auf dem Wege des ministeriellen Erlasses Grundrechte von Eltern und Schülern verletze und ob für die Einführung ein Gesetz erforderlich sei[174]. Gehört wurden u.a. der Präsident der Akademie für Sprache und Dichtung, der Historiker *Christian Meier*, der die Ansicht vertrat, daß allein die Reform von 1944 die gleiche Tendenz der Schrifterneuerung gehabt habe. Dem trat die Präsidentin der Kultusministerkonferenz, *Anke Brunn*, entgegen und verbat sich, in die Nähe des NS-Staates gerückt zu werden[175]. Der Vorsitzende der Duden-Redaktion, *Matthias Wermke*, legte dar, wie sich in Deutschland seit der Jahrhundertwende unab-

---

168 Stenographische Berichte des Deutschen Bundestages, Bd. 192 (1998), S.20550-20567; TOP 10 der 224. Sitzung des Deutschen Bundestages vom 24.3.1998. Vgl. zum Bundestagsbeschluß unten S. 345.

169 Die historische Entwicklung der Rechtschreibung; Gründe, Inhalt und Umsetzung der Neuregelung; praktische Erfahrungen mit der Umsetzung; die Fortentwicklung der Rechtschreibung; wirtschaftliche Auswirkungen der Reform; wirtschaftliche Auswirkungen einer eventuellen Rücknahme.

170 Der Berichterstatter, Richter *Dieter Hömig*, unterteilte diesen Fragenkomplex in sechs Stufen: 1. Ist der Staat überhaupt für eine Rechtschreibreform zuständig? 2. Wenn ja, ist sie Sache der Länder oder des Bundes? 3. Können Ministerien entscheiden oder muß der Gesetzgeber sprechen? 4. Welche Grundrechte könnten verletzt sein? 5. Wie intensiv ist die Eingriffswirkung der Reform? 6. Wie steht es gegebenenfalls um die verfassungsrechtliche Rechtfertigung?

171 „Ist 'Schifffahrt' mit zwei 'f' ein Grundrecht?", Süddeutsche Zeitung, vom 12.5.1998.

172 Ständige Konferenz der Kultusminister der Länder, Deutsche Akademie für Sprache und Dichtung, Gesellschaft für deutsche Sprache, Institut für deutsche Sprache, Redaktion des Duden-Verlages, Gewerkschaft Erziehung und Wissenschaft, Verband der Schulbuchverlage, Deutscher Philologenverband, Deutscher Beamtenbund, Bundeselternrat, Börsenverein des deutschen Buchhandels, Verein für Rechtschreibung und Sprachpflege, Bundesverband deutscher Zeitungsverleger.

173 Darstellung der Anhörung vor dem BVerfG am 12.5.1998 von *Wolfgang Mentrup*; Internet-Publikation des IdS Mannheim Mai 1998; www.ids-mannheim.de/reform/bvg5-98.doc.

174 „Deutsches Höchstgericht prüft Schreibreform", Die Presse (Wien), vom 12.5.1998.

175 „Wildwuchs einer Hecke oder Ende der Orthographie?", Frankfurter Rundschau, vom 13.5.1998.

hängig von staatlicher Einflußnahme ein Schreibgebrauch herausgebildet habe, an dem sich die Duden-Redaktion orientiert habe, aber nie eigenmächtige Veränderungen an der Rechtschreibung vorgenommen habe[176]. Auch der den Verein für deutsche Rechtschreibung und Sprachpflege vertretende Linguist *Theodor Ickler* hob das bisherige Dudenkonzept hervor, weitgehend beschreibend und nachvollziehend zu wirken, von dem jetzt abgewichen werden solle. Der Prozeßbevollmächtigte der Beschwerdeführer, *Rolf Gröschner*, formulierte die Ansicht, daß der Staat die Sprache nicht normieren dürfe, mit den Worten: „Die Münzen einer Währung werden vom Staate geprägt, die Schreibweisen eines Volkes nicht". Dem widersprach der Linguist *Gerhard Augst* vom IdS Mannheim und verwies darauf, daß fast die Hälfte der Deutschen nur mangelhaft die Rechtschreibung ihrer Sprache beherrschten und daß es eine Tradition staatlich regelnder Eingriffe in die Orthographie gebe. Die Kultusministerin Schleswig-Holsteins, *Gisela Böhrk*, hob die Vorteile der Neuregelungen hervor und erwähnte auch die „eindrucksvolle Reihe von Rechtschreibfehlern" im Schriftsatz der Verfassungsbeschwerde der Kläger[177]. Der Vorsitzende des Bundeseltern-Beirats bezweifelte, daß die Reform bei der Mehrheit der Schüler und Eltern auf Ablehnung stoße.

Das Volksbegehren in Schleswig-Holstein endete am 30. April 1998. Mitte Juni 1998 wurde vom Landesabstimmungsleiter in Schleswig-Holstein mitgeteilt, daß sich insgesamt 223.338 Bürger für das Volksbegehren der Bürgerinitiative „Wir gegen die Rechtschreibreform" in die Unterschriftslisten eingetragen hatten. Das seien rund 10,5 % der stimmberechtigten Bürger Schleswig-Holsteins; erforderlich waren 5 %. Damit war der Weg für einen Volksentscheid über die Rechtschreibreform prinzipiell frei[178]. Anfang Juli bahnte sich aber in der schleswig-holsteinischen Landesregierung ein Konflikt über den anstehenden Volksentscheid an. Teile der SPD wollten verhindern, daß die Rechtschreibreform durch den Volksentscheid bundesweit ausgesetzt werde. Neben dem Antrag der Bürgerinitiative sollte ein eigener SPD-Antrag zur Abstimmung gestellt werden, der als allgemeine, in den Schulen zu lehrende Rechtschreibung die in der Mehrzahl der anderen Bundesländer praktizierte Schreibung bestimmte[179]. Streit gab es auch über den Abstimmungstermin. Letztlich stimmte aber am 2. Juli 1998 die SPD-Landtagsfraktion im schleswig-holsteinischen Landtag dafür, den Abstimmungstermin über den Volksentscheid mit der Bundestagswahl am 27. September 1998 zusammenzulegen. Die Abgeordneten begaben sich damit auf die Seite des Koalitionspartners Bündnis 90/Die Grünen und der CDU und stellten sich gegen die Empfehlung der Kultusministerin *Gisela Böhrk* und der SPD-Parteispitze in Schleswig-Holstein. Der Landtag stimmte auch dafür, daß es beim Volksentscheid zu einer alternativen Abstimmung kommt, bei der neben der Position der Reformgegner auch die neue Rechtschreibung explizit

176 „Karlsruhe hört Pro und Kontra zur Schreibreform", Die Welt, vom 13.5.1998.

177 „Wildwuchs einer Hecke oder Ende der Orthographie?", Frankfurter Rundschau, vom 13.5.1998.

178 REUTERS-Meldung, 12.6.1998.

179 „In Kiel wird Streit um Schreibreform schärfer", Die Welt, vom 1.7.1998.

der Reformgegner auch die neue Rechtschreibung explizit befürwortet werden könne[180]. In der Landtagsdebatte verteidigte die Vorsitzende der SPD-Fraktion, *Ute Erdsiek-Rave*, das Instrument des Volksentscheids, aber auch die Rechtschreibreform. Sie befürchtete, daß ein erfolgreicher Volksentscheid Schleswig-Holstein von allen anderen Bundesländern abkoppeln würde. Der amtierende Präsident der Kultusministerkonferenz, *Hans Joachim Meyer*, äußerte sich Anfang Juli 1998 hierzu, daß selbst ein erfolgreicher Volksentscheid in Schleswig-Holstein keine Auswirkungen auf die Umsetzung der Reform in den anderen Bundesländern habe[181] und diese nicht dem Votum der 2,2 Millionen Wahlberechtigten im Norden der Republik unterworfen werden[182].

Am 30. Juni 1998 meldete die „Frankfurter Rundschau", daß das Bundesverfassungsgericht nach Aussage maßgeblicher Bonner Politiker bei der Bekanntgabe seiner Entscheidung am 14. Juli keine verfassungsrechtlichen Einwände gegen die Reform erheben werde[183]. Sechs Tage später meldete auch das Nachrichtenmagazin „Focus",[184] daß das Bundesverfassungsgericht die Verfassungsbeschwerde gegen die Rechtschreibreform zurückweisen werde. Dabei wurde, bereits unter Berufung auf das noch nicht verkündete Urteil, im einzelnen dargelegt, daß nach Ansicht des Gerichts das Erziehungsrecht der Eltern nicht verletzt werde, es nicht erforderlich sei, die Reform durch Gesetz statt per Erlaß einzuführen und sich die Reform im Rahmen der bisherigen Schreibweise halte und sich darauf beschränke, widersprüchliche Regelungen zu beseitigen[185].

Mit Schriftsatz vom 6.7.1998 zogen daraufhin die Beschwerdeführer die Verfassungsbeschwerde mit dem Vorwurf zurück, daß das Bundesverfassungsgericht seine Entscheidung vorzeitig „gut informierten politischen Kreisen ... bereits vollständig bekanntgegeben" habe und damit ein faires Verfahren nicht mehr zu erwarten sei[186]. Sie bezogen sich dabei auf die detaillierten Berichte in der „Frankfurter Rundschau" und dem Nachrichtenmagazin „Focus". Die Beschwerdeführer kritisierten zusätzlich auch die Verfahrensentscheidung des Bundesverfassungsgerichts, daß bei der Anhörung sechs Gegnern der Reform fünfzig Befürworter gegenübergestanden hatten und den Befürwortern zwei Drittel der Redezeit zugeteilt worden war[187].

Im Bundesverfassungsgericht zeigte man sich über die Vorabveröffentlichung der Entscheidung verärgert und dementierte, den Urteilsentwurf bereits weitergegeben zu haben[188]. Der frühere Präsident des Bundesverfas-

[180] „SPD gibt bei Volksentscheid klein bei", Kieler Nachrichten, vom 3.7.1998.
[181] „Bei Schreibregeln droht Alleingang im Norden", Stuttgarter Nachrichten, vom 3.7.1998.
[182] „Rechtschreibreform: Jetzt wartet alles auf Karlsruhe", Main-Echo, vom 7.7.1998.
[183] „Rechtschreibreform hat Chancen", Frankfurter Rundschau, vom 30.6.1998.
[184] Focus, vom 29.6.1998.
[185] „Die Rechtschreibung kann kommen", TAZ, vom 6.7.1998.
[186] „Beschwerde zurückgezogen", Die Welt, vom 8.7.1998; „Verfassungsbeschwerde in Karlsruhe zurückgezogen", Süddeutsche Zeitung, vom 8.7.1998.
[187] „Beschwerde zurückgezogen", Die Welt, vom 8.7.1998.
[188] „Beschwerde zurückgezogen", Die Welt, vom 8.7.1998.

sungsgerichts *Ernst Benda* wies darauf hin, daß der Personenkreis groß sei, der über die Entscheidungen des Gerichts informiert sei: Die beteiligten acht Richter, deren wissenschaftliche Mitarbeiter, sowie die an der technischen Herstellung beteiligten Personen[189]. Das Bundesverfassungsgericht wies am 8.7.1998 die in der Rücknahme der Verfassungsbeschwerde geäußerten Kritik fehlender Unabhängigkeit zurück. Die Verdächtigungen und Unterstellungen seien aus der Luft gegriffen und entbehrten jeder Grundlage. Absprachen mit anderen Staatsorganen oder interessierten Kreisen gäbe es nicht und habe es nicht gegeben[190]. Am darauffolgenden Tag schrieb der Vizepräsident des Bundesverfassungsgerichts und Vorsitzende des Ersten Senats, *Hans-Jürgen Papier*, einen an die Chefredaktionen des Nachrichtenmagazins „Focus" und der „Frankfurter Rundschau" gerichteten offenen Brief. Darin äußerte er seine Ansicht, daß „der Respekt vor den Verfahrensbeteiligten und vor Gerichten es gebietet, auch anscheinend verläßlich zutreffende Informationen über den Ausgang eines Verfahrens nicht ohne Not vor dem festgelegten Verkündungszeitpunkt in den Medien zu verbreiten." Er bat die Chefredakteure ausdrücklich, auch dann von Vorabmeldungen Abstand zu nehmen, wenn sie durch Indiskretionen ermöglicht würden[191].

In einem am 11.7.1998 erschienenen Interview mit dem amtierenden Bundesjustizminister *Edzard Schmidt-Jortzig* äußerte dieser seine Überzeugung, daß es „im Gericht keine undichte Stelle gegeben hat und daß da in keiner Weise gegen die guten Sitten verstoßen wurde". Seiner Ansicht nach seien die Vorab-Berichte zum Urteil des Bundesverfassungsgerichts „glatte Spekulation". Da es nicht viele Ergebnisvarianten gebe, könne man leicht den Anschein erwecken, man wisse irgend etwas ziemlich genau aus irgendwelchen „wohl unterrichteten Kreisen"[192].

Das Bundesverfassungsgericht verkündete sein Urteil zur Rechtschreibreform am 14. Juli 1998. Dabei ist die prozessuale Besonderheit hervorzuheben, daß erstmals über eine Verfassungsbeschwerde trotz Rücknahme nach der mündlichen Verhandlung entschieden worden war. Eine Verkündung trotz Rücknahme war vorher nur in Organstreitverfahren vor dem Bundesverfassungsgericht mit Berufung auf das öffentliche Interesse und die allgemeine Bedeutung üblich. Im Urteil wurde nun die Unwirksamkeit der Rücknahme der Verfassungsbeschwerde unter Hinweis auf drei neu entwickelte Kriterien für unwirksam erklärt: Die Beschwerde hat eine allgemeine Bedeutung, es wurde bereits mündlich verhandelt und die allgemeine Bedeutung ist auch in

---

189 „Verfassungsbeschwerde in Karlsruhe zurückgezogen", Süddeutsche Zeitung, vom 8.7.1998.

190 „Verfassungsgericht rügt Rechtschreibgegner", Stuttgarter Zeitung, vom 9.7.1998; „Karlsruhe weist Kritik zurück", Die Welt, vom 9.7.1998.

191 „Verfassungsgericht rügt Medien", Berliner Zeitung, vom 10.7.1998. Hierzu ist anzumerken, daß diese Auffassung auch vom deutschen Presserat geteilt wird, der in seinem Kodex den Passus enthält: „Über Entscheidungen von Gerichten soll nicht ohne schwerwiegende Rechtfertigungsgründe vor deren offizieller Bekanntgabe berichtet werden." Vgl. „Vorab-Urteil", Stuttgarter Zeitung, vom 13.7.1998.

192 „Alles nur Spekulation", Süddeutsche Zeitung, vom 11.7.1998.

der Zeit bis zur Urteilsverkündung nicht entfallen[193]. Diese Einschränkung der Dispositionsbefugnis des Beschwerdeführers und die damit verbundene Objektivierung des verfassungsrechtlichen Individualrechtsschutzes ist in Literatur[194] und Rechtsprechung[195] umstritten. Es bleibt abzuwarten, ob sich diese Sicht des Bundesverfassungsgerichts zu einer ständigen Rechtsprechung entwickeln wird.

Die Reaktionen auf das Urteil fielen sehr unterschiedlich aus, was aber aufgrund der hohen Emotionalität der vorherigen Diskussionen nicht verwunderlich war. So bezeichnete der Sprecher der Reformgegner aus Schleswig-Holstein, *Wolfgang Deppert*, das Urteil als eine „demokratische Katastrophe". Bayerns Kultusminister *Hans Zehetmair* hingegen begrüßte das Urteil und betonte, daß jetzt die Verunsicherung in Schulen und Verlagen ein Ende habe und es nun eindeutige Rechtssicherheit gebe[196]. Aus dem Deutschen Bundestag kamen von Abgeordneten fraktionsübergreifend vorwiegend ablehnende und enttäuschte Stellungnahmen zu dem Urteil des Bundesverfassungsgerichts[197].

Am 15.7.1998 gab der Präsident des Landtages von Schleswig-Holstein, *Heinz-Werner Arens*, bekannt, daß der Volksentscheid über die Rechtschreibreform mit der Bundestagswahl am 27.9.1998 zusammengelegt werde[198]. Die Ministerpräsidentin von Schleswig-Holstein, *Heide Simonis*, hatte in einem Interview des Nachrichtenmagazins „Focus" vom 20.7.1998 geäußert, daß eine gesetzliche Gegeninitiative im Falle eines Erfolges der Reformgegner beim Volksentscheid nicht ausgeschlossen sei[199]. Bündnis 90 / Die Grünen, der Koalitionspartner der SPD im Kieler Landtag, warnte daraufhin die SPD davor, den Volksentscheid per Gesetz arrogant korrigieren zu wollen. Der parlamentarische Geschäftsführer der Landtagsfraktion von Bündnis 90 / Die Grünen, *Karl Martin Hentschel*, schloß jedoch eine Korrektur des Volksentscheides gegen die Reform durch den Landtag nicht für ewig aus und brachte als möglichen Zeitpunkt die nächste Legislaturperiode ins Spiel[200].

Nach einer Umfrage des Münchener polis-Institutes lehnten im Juli 1998 ca. 84 Prozent der Deutschen die Rechtschreibreform in der derzeitigen Fassung ab. 72 Prozent plädierten für einen bundesweiten Volksentscheid über

---

193 BVerfGE 98, 218, 242 f.

194 *Hufen*, Verfassungsmäßigkeit der Rechtschreibreform, JuS 1998, 1153, 1155; *Cornils*, Zur Rücknahme der Verfassungsbeschwerde, NJW 1998, 3624 ff.; *Wißmann*, Wo kein Kläger, da kein Richter, DÖV 1999, 152 ff.; *Menzel*, Rücknahme von Verfassungsbeschwerden 'Last Minute', JuS 1999, 339 ff.; *Wegener*, Rechtschreibreform und Verfassungsrecht, Jura 1999, 185, 187; *Bauer/Möllers*, Die Rechtschreibreform vor dem Bundesverfassungsgericht, JZ 1999, 697 f.

195 Vgl. Urteil des OVG Lüneburg vom 20.6.2001; oben S. 236.

196 „Weg für Schreibreform frei", Die Welt, 15.7.1998.

197 Die Erklärungen von *Rupert Scholz* (CDU), *Detlef Kleinert* (F.D.P.) und *Liesel Hartenstein* (SPD) werden unten (S. 346) im Zusammenhang mit der Darstellung der Behandlung der Rechtschreibreform im Bundestag wiedergegeben.

198 „Einführung der Schreibreform für Beamte offen", Die Welt, vom 16.7.1998.

199 „Rupert Scholz hofft auf 'Gegenreformation' „, Stuttgarter Zeitung, vom 20.7.1998.

200 „Volkswillen nicht mißachten", Kieler Nachrichten, vom 20.7.1998.

dieses Thema[201]. Allerdings räumten 42 Prozent der Befragten ein, die neuen Schreibweisen „kaum" oder „überhaupt nicht" zu kennen und weitere 43 Prozent gaben an, sie wüßten „einigermaßen" Bescheid[202]. Eine Umfrage unter den Kultus- und Bildungsministern aller Bundesländer ergab die einhellige Ansicht, daß ein Votum der schleswig-holsteinischen Bürger gegen die Reform ihre bundesweite Einführung nicht verhindern werde[203].

Ende Juli 1998 unterzeichneten 30 namhafte deutsche Autoren und Verleger[204], darunter auch *Günter Grass* und *Siegfried Lenz*, einen Boykottaufruf gegen die Rechtschreibreform. „Alle, die nicht dazu gezwungen sind, die Reform umzusetzen, sollten bei den alten Regeln bleiben", sagte der Verfasser des Aufrufs, der Präsident der Deutschen Akademie für Sprache und Dichtung, *Christian Meier*[205]. Die Schriftsteller forderten die Politiker auf, die zum 1. August 1998 geplante Einführung der neuen Regeln in Schulen und Behörden zu verschieben, bis die Mängel der Reform durch eine gründliche Überarbeitung behoben seien. Zugleich empfahlen sie den Medien und Verlagen, „die Mühen und Kosten einer unsinnigen Umstellung zu sparen und die Neuschreibung erst dann in Betracht zu ziehen, wenn sie soweit korrigiert ist, daß sie als echte Verbesserung allgemein akzeptiert werden kann"[206]. *Meier* betonte, daß sich „Unsinn in der Schrift nicht durchsetzen" werde und die überwiegende Zahl der Verlage und alle „führenden Linguisten" mit der Reform nicht einverstanden seien[207].

Die Autoren wiederholten in der Erklärung ihre Ankündigung, vorerst an den alten Schreibregeln festhalten zu wollen. Sie erklärten, auch in Zukunft darauf zu bestehen, daß die eigenen Texte nur in der bekannten Form abgedruckt werden dürfen. Nach Ansicht der Autoren hat das Bundesverfassungsgericht in seinem Urteil zugelassen, „daß die Einheit unserer Schriftsprache zerstört wird"[208]. Nach einer Umfrage der Deutschen Presseagentur im Juli 1998 wollten die führenden deutschen Literaturverlage, der Suhrkamp und der S. Fischer Verlag, zunächst den Volksentscheid in Schleswig-Holstein abwarten und die neue Rechtschreibung vorerst nur in Kinder- und Jugendbüchern umsetzen. Danach sei eine schrittweise Anpassung bei den Sachbüchern und bei Übersetzungen geplant. Für den Verlag Klett-Cotta entscheide bei literarischen Titeln allein der Wille des Autors, wie sein Werk erscheint[209]. Der List Verlag nimmt sich die „künstlerische Freiheit", in der Literatur wei-

---

201 „Rupert Scholz hofft auf 'Gegenreformation' „, Stuttgarter Zeitung, vom 20.7.1998.

202 „Focus", vom 20.7.1998.

203 Welt am Sonntag, vom 19.7.1998.

204 Unter anderem: *Günter Grass, Siegfried Lenz, Martin Walser, Walter Jens, Ilse Aichinger, Hans Magnus Enzensberger, Joachim Kaiser* sowie der Suhrkamp-Verleger *Siegfried Unseld*.

205 „Autoren rufen zu Boykott der Schreibreform auf", Die Welt, vom 24.7.1998.

206 Die Welt, (Fn. 205).

207 Die Welt, (Fn. 205).

208 Die Welt, (Fn. 205).

209 dpa-Meldung, vom 30.7.1998.

ter nach den alten Regeln zu schreiben[210]. Andere Verlage wie Kiepenheuer & Witsch, Piper, Siedler und Hoffmann und Campe sahen keinerlei Zeitdruck und rieten zur Gelassenheit. Der Verlag Droemer-Knaur beabsichtigte bis zur voraussichtlichen Umstellung der Schreibweise in den Tageszeitungen Mitte 1999 zu warten. Für den Geschäftsführer der Deutschen Verlags-Anstalt Stuttgart, *Jürgen Horbach*, stellten die neuen Regeln nur eine „Sonderform für Schüler und einige Beamte" dar[211].

Am 31.7.1998 erklärte ein Sprecher des Deutsche Fußballbundes, daß auch nach der offiziellen Einführung der reformierten Schreibweise der Begriff „Fußballländerspiel"[212] geschrieben werde wie bisher. Auch der Bundesverband der Binnenschiffahrt beabsichtigte nicht, zum 1.8. sein Klingelschild zu ändern und auch die Deutsche Post erklärte, zunächst weiterhin „Schmuckblattelegramme" zu verschicken[213].

Am 1. August 1998 trat die Neuregelung an allen Schulen der Bundesrepublik, Österreichs, der Schweiz und Liechtensteins in Kraft. In zunächst neun Ländern[214] der Bundesrepublik sowie in der Schweiz und Österreich gelten ab diesem Termin die Regeln auch für den Schriftverkehr der Behörden. In Brandenburg erfolgte die Umsetzung nur wenig später durch Erlaß des Ministeriums des Innern zum 25.8.1998. Die jeweiligen Ländererlasse[215] sind zum Teil verbindlich; teilweise stellen sie auch den Mitarbeitern die Anwendung der neuen Regeln frei. Der Vorsitzende der zwischenstaatlichen Kommission, *Gerhard Augst*, sagte hierzu: „Die Schlachten sind alle geschlagen, jetzt beginnt unsere eigentliche Arbeit."[216] Die Präsidentin der Kultusministerkonferenz, *Gabriele Behler*, rief die deutschen Schriftsteller zur Mitarbeit bei der weiteren Gestaltung der Reform auf. Was jetzt in Kraft trete, sei kein Schlußstrich unter den Reformprozeß[217]. Die schleswig-holsteinische Kultusministerin, *Gisela Böhrk*, warnte erneut vor einem Sonderweg ihres Landes und betonte, daß unter einem Votum gegen die Reform vor allem die Kinder leiden würden. Sie warb dafür, „daß diese verbissene und verbiesterte Dis-

---

210 „Reform findet ohne Literatur statt", Stuttgarter Nachrichten, vom 30.7.1998.

211 „Die deutschen Verlage meinen: Autoren sollen selbst entscheiden", Pforzheimer Zeitung, vom 10.8.1998.

212 Die nach den traditionellen Regeln falsche Schreibweise wurde in dieser Form als Agenturmeldung verbreitet. Es ist wahrscheinlich, daß die Erklärung des Deutschen Fußballbundes auf die traditionelle Schreibung Bezug nehmen sollte.

213 Reuters-Meldung, vom 31.7.1998.

214 Hamburg, Hessen, Niedersachsen, Nordrhein-Westfalen, Rheinland-Pfalz, Saarland, Sachsen, Sachsen-Anhalt und Thüringen.

215 Anordnung in Bremen durch Senatsbeschluß; in Hamburg durch Rundschreiben der Finanzbehörden an alle übrigen Behörden; in Hessen durch Erlaß vom 24.7.1998; in Niedersachsen durch Runderlaß vom 1.8.1998; in Rheinland-Pfalz durch Rundschreiben vom 1.8.1997; im Saarland durch Erlaß vom 22.7.1997; in Sachsen durch Kabinettsbeschluß vom 21.7.1998; in Sachsen-Anhalt durch Erlaß des Innenministeriums vom 22.7.1998 und in Thüringen durch Kabinettsbeschluß vom 21.7.1998; (Quelle: BT-Drucks. 14/356).

216 „Jetzt beginnt für die Rechtschreibhüter 'die eigentliche Arbeit' „, Frankfurter Rundschau, vom 3.8.1998.

217 Frankfurter Rundschau, (Fn. 216).

kussion, die in ihrer Heftigkeit in keinem Verhältnis zu den Regelungstatbeständen steht, auf den Boden der Tatsachen zurückkommt"[218].

Im August 1998 kamen die Initiatoren des Volksentscheides in Schleswig-Holstein, die Initiative „Wir gegen die Rechtschreibreform", in Geldprobleme. Ein Gesuch an die Landesregierung auf Zahlung eines Vorschusses auf die Wahlkampfkosten in Höhe von 150.000,- DM wurde mit Hinweis auf die eindeutige Gesetzeslage abgelehnt[219]. In Kiel gründete sich Ende August als Gegenbewegung eine „Initiative für die Reform, für die Kinder", hinter der Verbände von Lehrern, Eltern und vor allem die ca. 70 Schulbuchverlage in Deutschland standen. Die Verlage könnten nach Aussage des Vorsitzenden des Verbandes der Schulbuchverlage bei einem Scheitern der Reform an den Rand des Ruins geraten, da nach Investitionen von ca. 300 Millionen Mark fast alle lieferbaren Titel bereits auf die neue Schreibweise umgestellt worden waren. Die Verlage beabsichtigten, bis zu 400.000,- DM für Werbung im Vorfeld des Volksentscheids auszugeben[220].

Mitte September 1998 stellte die Kieler Landesregierung klar, daß sie das Ergebnis des Volksentscheids zur Rechtschreibreform in jedem Fall akzeptieren werde und keine Klage beim Bundesverfassungsgericht erheben werde. Die Landesregierung ging jedoch davon aus, daß die Gegner der Reform nicht die notwendige Stimmenzahl zusammenbekommen werden[221]. Zwei Tage vor dem Volksentscheid appellierten 48 Professoren der Kieler Universität in einer Anzeige in verschiedenen Lokalzeitungen „an alle einsichtigen Bürger Schleswig-Holsteins: Kreuzen Sie die Wahlmöglichkeit '1' auf dem Stimmzettel an!"[222]. Der Volksentscheid in Schleswig-Holstein erforderte bei den Wählern ein genaues Lesen und Verstehen der Stimmzettel. Zu Abstimmung standen zwei Fassungen zur Änderung des Landesschulgesetzes und eine Ablehnung der Änderung. Wer gegen die Reform war, mußte für den ersten Antrag[223] stimmen. Wer für die Reform war, konnte für den zweiten Antrag[224] stimmen, der von der rot-grünen Landesregierung mit Unterstützung der Landtagsfraktionen der SPD, der Grünen, der F.D.P und dem SSW[225] eingebracht worden war[226]. Wer für die Ablehnung der Änderung[227] stimmte,

---

218 „Debatte um neue Rechtschreibung reißt nicht ab", Berliner Zeitung, vom 3.8.1998.

219 „Gegner der Schreibreform brauchen Geld", Hamburger Abendblatt, vom 20.8.1998.

220 „Jetzt machen die Befürworter mobil", Hamburger Abendblatt, vom 1.9.1998.

221 „Schreibreform: 'Kiel wird Volkes Wille akzeptieren' „, Berliner Morgenpost, vom 11.9.1998.

222 „Letztes Aufbäumen vor der Rechtschreibreform", Die Welt, vom 26.9.1998.

223 „In den Schulen wird die allgemein übliche Rechtschreibung unterrichtet. Als allgemein üblich gilt die Rechtschreibung, wie sie in der Bevölkerung seit langem anerkannt ist und in der Mehrzahl der lieferbaren Bücher verwendet wird."

224 „In den Schulen wird die allgemein übliche Rechtschreibung unterrichtet. Als allgemein üblich gilt die Rechtschreibung, wie sie in den übrigen Ländern der Bundesrepublik Deutschland für die Schulen verbindlich ist."

225 Die Partei der dänischen Minderheit in Schleswig-Holstein.

226 „Norden stimmt über Schreibreform ab", Die Welt, vom 25.9.1998.

227 Im Wortlaut: „Ich lehne den Gesetzentwurf der Volksinitiative und die Vorlage des Schleswig-Holsteinischen Landtages ab."

stimmte aber faktisch ebenfalls für die Einführung der Reform, dann jedoch ohne Änderung des Schulgesetzes und nur durch Erlaß des Kultusministeriums[228]. Wegen der vor der Wahl aufgekommenen Kritik über mögliche Verwirrung der Wähler bei der Abstimmung, welcher Antrag nun für und welcher gegen die Reform sei, wurde vom Landesabstimmungsleiter angeordnet, einen klärenden Aushang mit Erläuterungen der drei Abstimmungsmöglichkeiten in den Stimmlokalen anzubringen[229].

Bei dem Volksentscheid am 27. September 1998 sprachen sich letztlich 56,4 Prozent der Wähler Schleswig-Holsteins für den Gesetzentwurf der Initiative „Wir gegen die Rechtschreibreform" aus; für den Gegenentwurf des Landtages stimmten 29,1 Prozent und 14,6 Prozent gegen beide Änderungsentwürfe. Die Wahlbeteiligung am Volksentscheid lag bei 76,4 Prozent der ca. 2,2 Millionen wahlberechtigten Bürger[230]. Das Ergebnis des Volksentscheids wurde ebenso kontrovers kommentiert, wie es die vorherigen Diskussionen erwarten ließen. So nannte die Kultusministerin Schleswig-Holsteins, *Gisela Böhrk*, das Abstimmungsergebnis „deprimierend"[231] und befürchtete einen „Rückfall in die Kleinstaaterei"[232]. Die Vorsitzende der Gewerkschaft Erziehung und Wissenschaft, *Eva-Maria Stange*, lehnte die Entscheidung als eine „Benachteiligung der Wehrlosen" ab. Angesichts der Tatsache, daß diese Entscheidung in absehbarer Zeit korrigiert werden müsse, könne man sie nur als „groben Unfug" bezeichnen[233]. Der Vorsitzende des Deutschen Philologenverbandes, *Heinz Durner*, meinte, die Lehrer wünschten sich nichts mehr, als daß in dieser Frage Ruhe einkehre[234]. Der Verband der Schulbuchverlage sprach von einem „absurden Theater". Unterrichtsmaterial in alter Schreibweise könne und werde nicht eigens für Schleswig-Holstein produziert werden[235]. Der Leiter der Mannheimer Duden-Redaktion, *Matthias Wermke*, sagte zum Volksentscheid: „Die Welt geht nicht unter". Der Verlag habe noch genügend alte Rechtschreibduden für Schleswig-Holstein auf Lager[236].

Auf der anderen Seite wurde das Ergebnis ebenso lautstark befürwortet. Der Präsident der Deutschen Akademie für Sprache und Dichtung in Darmstadt, *Christian Meier*, sah im Ergebnis des Volksentscheids ein „beglückendes Erlebnis" und einen „willkommenen Beleg dafür, daß unausgegorene, wider den Sinn der Schriftentwicklung sich richtende Eingriffe in die deutsche

---

228 „Nur ein Wahlgang für Bundestag und Rechtschreibung", Die Welt, vom 7.8.1998; „Ein Stimmzettel verwirrt die Bürger", Die Welt, vom 24.9.1998.

229 „Norden stimmt über Schreibreform ab", Die Welt, vom 25.9.1998.

230 „Kultusminister: Rechtschreib-Entscheid im Norden ohne Bundeswirkung", Westfälische Nachrichten, vom 28.9.1998.

231 „Reformgegner erringen Sieg", Stuttgarter Zeitung, vom 28.9.1998.

232 „Daß diese Insel Festland wird", Berliner Zeitung, vom 29.9.1998.

233 „Lehrer entsetzt über Rechtschreib-Entscheid in Schleswig-Holstein", Main-Echo, vom 28.9.1998.

234 Main-Echo, (Fn. 233).

235 „Alte und neue Rechtschreibung im Norden gültig", Landeszeitung Lüneburger Heide, vom 28.9.1998.

236 Landeszeitung Lüneburger Heide, (Fn. 235).

Rechtschreibung" keine Chance hätten[237]. Der Sprecher der Initiative „Wir gegen die Rechtschreibreform", *Matthias Dräger*, betonte, daß die Initiative eine einheitliche Rechtschreibung in allen Bundesländern wolle und forderte die Ministerpräsidenten der Länder auf, innerhalb der nächsten vier Wochen auf einer Sonderkonferenz über das Thema Rechtschreibung zu beraten. Begrüßt wurde das Ergebnis auch vom Schriftsteller *Günter Grass* als Möglichkeit, noch einmal nachzudenken. Auf Dauer sei es „natürlich kein Zustand", daß es allein in Schleswig-Holstein bei der alten Regelung bleiben solle[238].

Die Kultusministerin von Schleswig-Holstein, *Gisela Böhrk*, setzte den Volksentscheid, nach vorheriger Verständigung mit Vertretern von Lehrer-, Eltern- und Schülerverbänden, am 29.9.1998 durch einen Erlaß um. Danach werde zwar in Zukunft ausschließlich nach den alten Rechtschreibregeln unterrichtet werden, aber bei der Verwendung der neuen Regeln durch die Schüler werden diese nicht als Fehler gewertet, so daß ihnen daraus kein Nachteil entstehe[239]. Die Schüler werden nach Darstellung des Kultusministeriums aber nur so lange in alter Rechtschreibung unterrichtet, bis die Mehrzahl aller gedruckten Bücher in neuer Rechtschreibung vorliegen. Dies werde das Ministerium mit gesetzlichem Auftrag beobachten. Die Ministerin wurde daraufhin vom Verleger und Sprecher der Initiative „Wir gegen die Rechtschreibreform", *Matthias Dräger*, „wegen offensichtlicher Inkompetenz" zum Rücktritt aufgefordert: „Eine Ministerin, die nicht weiß, daß in Deutschland erst ein Bruchteil der lieferbaren Bücher auf Neu-Schreibung umgestellt wurde, hat offensichtlich ihren Beruf verfehlt." Wenn sie erneut versuche, die Bevölkerung auszutricksen, „sollte das ihr letzter Streich gewesen sein"[240]. Das Kabinett in Schleswig-Holstein hatte sich am 29.9.1998 weiterhin darauf verständigt, mit Blick auf die noch zu treffende Entscheidung auf Bundesebene zunächst abzuwarten und die Umsetzung in die Verwaltungssprache einheitlich mit dem Bund vorzunehmen[241].

Zum Volksentscheid in Schleswig-Holstein nahm die Präsidentin der Kultusministerkonferenz, *Gabriele Behler*, vor Beginn einer Tagung der Kultusministerkonferenz am 24./25.10.1998 in Brandenburg Stellung: Trotz des Volksentscheids in Schleswig-Holstein sehe die Kultusministerkonferenz keinen Handlungsbedarf. Kein anderes Land halte es für notwendig, vom Beschluß der Einführung der neuen Schreibweisen an den Schulen abzurücken[242].

In Berlin kam es im Oktober 1998 zu einer Auseinandersetzung über die Umsetzung der Reform zum 1.1.1999 in den Berliner Behörden. Dies war vom Senat aufgrund einer Vorlage des Innensenators *Jörg Schönbohm* beschlossen worden und löste heftige Kritik zweier Initiativen gegen die Rechtschreibre-

---

237 „Alte Regeln aus neuen Büchern", Mannheimer Morgen, vom 29.9.1998.
238 „Reformgegner erringen Sieg", Stuttgarter Zeitung, vom 28.9.1998.
239 „Schleswig-Holstein verwendet nur alte Schreibregeln", Berliner Morgenpost, vom 30.9.1998.
240 „Reformgegner: Böhrk soll zurücktreten", Die Welt, vom 30.9.1998.
241 BT-Drucks. 14/356.
242 „Deutschlands Kultusminister bleiben hart", Hamburger Abendblatt, vom 23.10.1998.

form aus. Der „Berliner Verein für deutsche Rechtschreibung und Sprachpflege" und die Bürgerinitiative „Wir sind das Sprachvolk" hielten den Senatsbeschluß für rechtswidrig und bezogen sich dabei ausdrücklich auf eine Passage aus dem Urteil des Bundesverfassungsgerichts vom 14.7.1998. Darin heißt es: „Soweit dieser Regelung rechtliche Verbindlichkeit zukommt, ist diese auf den Bereich der Schulen beschränkt. Personen außerhalb dieses Bereichs sind rechtlich nicht gehalten, die neuen Rechtschreibregeln zu beachten und die reformierte Schreibung zu verwenden. Sie sind vielmehr frei, wie bisher zu schreiben."

Die Initiativen bezogen dies ausdrücklich auch auf Angestellte im öffentlichen Dienst und auf Beamte und verteilten vor den Senatsverwaltungen Flugblätter, in denen sie die Beschäftigten im öffentlichen Dienst auf ihre Rechte aufmerksam machen wollten. Nach Auffassung der Senatsinnenverwaltung sei eine Umsetzung jedoch zulässig, da nur der Tenor und die zur zentralen Begründung gehörenden Sätze des Urteils Gesetzeskraft haben. Der umstrittene Satz gehöre nicht dazu, da die Isolierung ihm eine falsche Bedeutung gebe und er auch im Umkehrschluß nicht so verstanden werden darf, daß es das Recht eines jeden ist, im Rahmen seines Dienstverhältnisses so zu schreiben, wie er will[243].

Am 14.12.1998 beschloß auch das Kabinett in München, daß vom 1.1.1999 an die reformierten Schreibregeln auch für alle Bediensteten des Freistaats Bayern gelten. Nach Mitteilung des bayerischen Innenministers *Günther Beckstein* wird jedoch die vorgesehene Übergangszeit bis zum Jahr 2005 voll ausgenutzt werden[244].

Nach bereits zweimaliger Verschiebung[245] beschlossen die deutschen Nachrichtenagenturen[246] am 16.12.1998 nach intensiver Beratung einvernehmlich, die neuen Regeln der Rechtschreibung weitestgehend und möglichst gleichzeitig zum 1.8.1999 einzuführen. Wichtiges Ziel der Abstimmung war u.a. auch die Eindeutigkeit der Schreibweisen bestimmter Wörter bei zugelassenen Schreibvarianten, um bei den Lesern keine Unsicherheiten zu erzeugen. Dem Transskriptionsausschuß der deutschsprachigen Agenturen lagen dabei acht verschiedene Papiere zur Auslegung und Anwendungsweise der neuen Regeln vor, die auf einen Kompromiß vereinigt werden mußten und der bis zum Einführungstermin gefunden werden sollte. Nicht darin eingehen sollten jedoch die von der Kultusministerkonferenz abgelehnten Vorschläge der Zwischenstaatlichen Kommission für eine „Reform der Reform" vom Januar 1998, obwohl nach Aussage des ehemaligen niedersächsischen Kultusministers *Rolf Wernstedt* diese voraussichtlich in spätestens fünf Jahren in aktualisierter Form erneut von der Kommission zur Umsetzung empfohlen werden[247].

---

243 „Neue Rechtschreibung ab 1999 in den Behörden", Berliner Morgenpost, vom 28.10.1998.
244 „Reform wird Vorschrift", Nürnberger Zeitung, vom 15.12.1998.
245 „Das dreizehnte Wörterbuch", Die Welt, vom 14.12.1998.
246 AFP, AP, dpa, ddpADN, epd, KNA, Reuters, sid, vwd, APA (Österreich) und SDA (Schweiz).
247 „Das dreizehnte Wörterbuch", Die Welt, vom 14.12.1998.

Längere Zeit hatten sich die Agenturen den Versuchen widersetzt, die Presse zum Vehikel für die Durchsetzung willkürlich festgelegter Schreibregeln in der breiten Öffentlichkeit zu machen[248]. Doch nach dem Urteil des Bundesverfassungsgerichts und der Folgenlosigkeit des Volksentscheids von Schleswig-Holstein für die anderen Bundesländer sowie die Schweiz und Österreich kamen die Agenturen mehrheitlich zu der Ansicht, daß es nicht ihre Aufgabe sein könne, die Reform zu steuern oder zu verhindern. Sie beabsichtigten aber, auch künftig die Rechtschreibung aufmerksam zu beobachten und gegebenenfalls auf neue Entwicklungen zu reagieren[249]. Dabei waren sich die Presseagenturen bewußt, daß ihnen eine Schlüsselrolle bei der Umsetzung der Rechtschreibreform in der gesamten Schreibgemeinschaft zukommt, denn die von ihnen den Medien zur Verfügung gestellten Texte werden von der Mehrzahl aller Blätter in Wortlaut und Schreibweise unverändert übernommen[250].

Ab dem 1. Januar 1999 wurde die neue Schreibung durch Erlasse der jeweiligen Länder auch für die Behörden in Baden-Württemberg[251], Bayern[252] und Berlin[253] verbindlich eingeführt. Die Behörden Schleswig-Holsteins und Mecklenburg-Vorpommerns schrieben vorerst weiter nach den traditionellen Regeln.

Wirtschaftlich negative Folgen zeigte die Rechtschreibreform Anfang 1999, als es zu einem branchenweiten Umsatzeinbruch beim Verkauf deutschsprachiger Wörterbücher kam, was in der Folge auch zu Streitigkeiten zwischen den führenden Wörterbuchverlagen führte. Allein dem Duden-Verlag hatte der Geschäftseinbruch nach Aussage des Redaktionsleiters *Matthias Wermke* Verluste in Millionenhöhe gebracht[254]. Gründe hierfür waren die langanhaltenden Diskussionen in den Medien um die unterschiedlichen Regelwerke und die zwischen den Wörterbüchern nicht unwesentlich differierenden Schreibweisen und die zahlreichen neuen Variantenschreibweisen. Hinzu kamen Verunsicherungen in der Bevölkerung durch das Ergebnis des Volksentscheids in Schleswig-Holstein und das Urteil des Bundesverfassungsgerichts, das eine rechtliche Verbindlichkeit der neuen Regeln nur auf den Bereich der Schulen beschränkte.

Der Dudenverlag hatte diese Entwicklung zum Teil vorhergesehen und verlegte ab Ende 1998 ein sogenanntes „Praxiswörterbuch", das eine abgemilderte Form der neuen Rechtschreibung anbot und anstelle von zulässigen Varianten jeweils nur eine einzige Schreibweise enthielt. Als markanter Aufdruck in Form eines runden Stempels stand auf dem Einband der Text: „Was

---

248 „Das dreizehnte Wörterbuch", Die Welt, vom 14.12.1998.

249 „Die Rechtschreibreform wird im Sommer Praxis für die Medien", Salzburger Nachrichten, vom 22.1.1999.

250 „Das dreizehnte Wörterbuch", Die Welt, vom 14.12.1998.

251 Durch Anordnung für die Landesverwaltung vom 5.10.1998.

252 Durch Beschluß des Ministerrats vom 15.12.1998.

253 Durch Senatsbeschluß für Verwaltungsvorschriften.

254 „Rechtschreibkrieg der Wörterbuchverlage", Die Welt, vom 11.2.1999.

DUDEN empfiehlt". Im Vorwort wurde zwar darauf hingewiesen, daß die Varianten nur begründete Empfehlungen der Dudenredaktion seien und das Buch so die oft mühevolle Ausarbeitung einer sogenannten „Hausorthographie" ersparen oder nützliche Anregung dafür geben könne. Einige Seiten später steht jedoch in der Einleitung der Satz: „Das Wörterbuch ist **nicht**[255] für die Korrektur von Schuldiktaten o.Ä. geeignet"[256].

Der größte Konkurrent des Dudenverlags auf dem Gebiet der Wörterbücher, der Bertelsmann-Verlag, verglich daraufhin das relativ billige[257] „Praxiswörterbuch" mit dem Buchdruckerduden von 1907, der damals faktisch für eine Vereinheitlichung vieler Schreibvarianten sorgte und startete eine Reihe von Werbeveranstaltungen in Buchhandlungen, in denen die neuen Schreibregeln und ihre Darstellung in den Bertelsmann-Wörterbüchern erläutert wurden. An den Schulen Schleswig-Holsteins wurden Ende Januar 1999 sogar 10.000 Bertelsmann-Wörterbücher mit Unterstützung der Gewerkschaft Erziehung und Wissenschaft verschenkt[258].

Anfang März 1999 legten die deutschen Nachrichtenagenturen ihren „Beschluß zur Umsetzung der Rechtschreibreform" vor, der sich inhaltlich weitgehend an den amtlichen Vorgaben orientierte, aber ein paar Ausnahmen in der Groß- und Kleinschreibung und der Getrennt- und Zusammenschreibung machte. Die Einführung sollte nach Planung der Agenturen am 1.8.1999 stattfinden.[259]

Zum gleichen Zeitpunkt legte auch die Deutsche Akademie für Sprache und Dichtung ihren „Vorschlag zur Neuregelung der Orthographie" vor[260]. Oberstes Ziel sei dabei gewesen, die Einheit der deutschen Rechtschreibung wiederherzustellen, was angesichts der erschienenen 16 verschiedenen Wörterbücher und der als 17. Variante vorliegenden Wörterliste der deutschsprachigen Nachrichtenagenturen dringend erforderlich gewesen sei[261]. Der Präsident der Akademie, *Christian Meier*, betonte, er gehe „angesichts der Machtverhältnisse von der Neuregelung aus und übernimmt von ihr nicht nur, was sinnvoll, sondern auch, was ohne nennenswerten Schaden hinnehmbar ist"[262]. Jedoch wurde das, was irreparabel mangelhaft oder ästhetisch inakzeptabel war, zurückgewiesen. Der Akademieentwurf verwarf beispielsweise Neuschreibungen wie „schnäuzen", „Tollpatsch" und „Missstand", wollte aber

[255] Hervorhebung im Original.

[256] „Praxiswörterbuch", Dudenverlag 1998.

[257] Das „Praxiswörterbuch" kostet nur 24,90 DM. Der reguläre „Duden" war in seiner 21. Auflage von 1996 mit einem Preis von 38,-DM lange Zeit wesentlich teurer als „Die Deutsche Rechtschreibung" aus dem Bertelsmann-Verlag für 29,90 DM.

[258] „Rechtschreibkrieg der Wörterbuchverlage", Die Welt, vom 11.2.1999.

[259] „Ein Handvoll Kängurus", Berliner Zeitung, vom 9.3.1999.

[260] „Erlösung für das Geisterschiff", Süddeutsche Zeitung, vom 8.3.1999. Ausführlich zum Vorschlag der Akademie: *Ickler*, Regelungsgewalt (Fn. 24), S. 95 ff.

[261] „Akademie sucht Rechtschreib-Kompromiß", Die Welt, vom 9.3.1999.

[262] „Ein Handvoll Kängurus", Berliner Zeitung, vom 9.3.1999.

Worte wie „überschwänglich" hinnehmen[263]. Bei der Getrennt- und Zusammenschreibung plädierte der Entwurf für eine Freigabe bei Bedeutungsdifferenzierungen. Der Präsident der Akademie betonte hierzu: „Der Schreiber muß in Zweifelsfällen selbst wissen, was er meint und wie er das am besten schreibt."[264] Wesentlich beteiligt an dem neuen Vorschlag war auch der Sprachwissenschaftler *Peter Eisenberg*, der aus der Kommission für Rechtschreibfragen am IdS Mannheim aus Protest gegen deren Inkompetenz ausgeschieden war[265].

Am 24.3.1999 wurde vom sechsten Senat des Bundesverwaltungsgerichts[266] eine Sprungrevision gegen die Rechtschreibreform unter teilweiser Bezugnahme auf das Urteil des Bundesverfassungsgerichts abgewiesen[267]. Da das Bundesverfassungsgericht nur die Verletzung von Elternrechten geprüft hatte, ging das Urteil des Bundesverwaltungsgerichts durch die Verneinung der Verletzung von Schülerrechten durch die Reform inhaltlich über die Entscheidung des Bundesverfassungsgerichts hinaus. Hierzu ist anzumerken, daß das Bundesverfassungsgericht mit seinem Urteil zur Rechtschreibreform nicht, wie bislang üblich, zunächst eine Entscheidung des Bundesverwaltungsgerichts als oberster Fachgerichtsbarkeit abgewartet hatte. Rechtlich ist dies nicht zu beanstanden, da der Rechtsweg des Eilverfahrens erschöpft war und somit zwei völlig getrennte Rechtszüge vorlagen. Jedoch war die Sprungrevision zum Bundesverwaltungsgericht im Hauptsacheverfahren des VG Berlin bereits im November 1997 zugelassen worden und eine Entscheidung des Bundesverwaltungsgerichts somit abzusehen. Die Bindungswirkung des Bundesverfassungsgerichtsurteils brachte das Bundesverwaltungsgericht um die Möglichkeit einer ausführlichen Würdigung von höchstrichterlicher fachgerichtlicher Seite. Diese Durchbrechung des guten Stils liegt mit hoher Wahrscheinlichkeit in der politischen Brisanz der Thematik und dem zeitlichen Druck zur Klärung vor dem vorgesehenen Termin der allgemein verbindlichen Einführung der Reform begründet.

Anfang Mai 1999 äußerte sich der Präsident der Deutschen Akademie für Sprache und Dichtung, *Christian Meier*, auf der Vollversammlung der Akademie in Erfurt erneut kritisch zur Rechtschreibreform. Dreifach-Konsonanten bezeichnete er als „unnütz und häßlich" und sah sowohl in diesen, als auch in den neuen Regeln zur Getrenntschreibung ein Einfallstor für ziemlich chaotische Schreibgewohnheiten. Er kritisierte insbesondere die geplante Übernahme der neuen Schreibweisen durch die Nachrichtenagenturen als vorauseilenden Gehorsam[268].

---

263 *Ickler*, Regelungsgewalt (Fn. 24), S. 97 f.
264 „Erlösung für das Geisterschiff", Süddeutsche Zeitung, vom 8.3.1999.
265 „Akademie sucht Rechtschreib-Kompromiß", Die Welt, vom 9.3.1999.
266 BVerwGE 108, 355.
267 „Rechtschreibreform: Gegner unterliegen vor Gericht", Berliner Zeitung, vom 25.3.1999.
268 „Tiefes Bedauern, keine Resolution", Berliner Zeitung, vom 3.5.1999.

Seit 10.6.1999 erscheint die Hamburger Wochenzeitung „Die Zeit" in einer eigenen neuen, ausführlich dokumentierten Hausorthographie[269]. Auf sechs Zeitungsseiten wurden detailliert und mit Wörterlisten die Abweichungen von den Reformbestimmungen dargestellt. Unter den nach den neuen Regeln möglichen Varianten wurde aus drucktechnischen Gründen eine bewußte Wahl getroffen. Bestimmten Neuregelungen wurde aus jeweils einzeln dargelegten Gründen nicht gefolgt. Die tatsächliche Umsetzung brachte in der Folgezeit jedoch auch Probleme mit sich. Insbesondere bei der Worttrennung kam es durch die neuen Regeln zu einem „Trennchaos"[270], dem die Zeitung durch eine Überarbeitung der eigenen Regeln entgegenzuwirken versucht. Tatsächlich führte die Umsetzung der neuen Schreibweisen aber auch zu Ungereimtheiten, wenn beispielsweise in derselben Ausgabe auf einer Seite „aufwändig" und fünf Seiten darauf „aufwendig" geschrieben wird[271].

Gegen die Rechtschreibreform waren im Juli 1999 noch Volksbegehren in den vier Ländern Berlin, Mecklenburg-Vorpommern, Bremen und Bayern aktiv und sammelten Unterschriften. In Berlin lag die Hürde für einen Volksentscheid jedoch besonders hoch: 243.000 Unterschriften hätten als zweite Phase eines Volksbegehrens binnen zwei Monaten, in diesem Fall konkret bis zum 9.7.1999, gesammelt werden müssen. Noch am 1.7.1999 riefen 111 Professoren von sechs Hochschulen Berlins zum Stop der Reform auf und beriefen sich dabei u.a. auch auf die Bibel. Der Theologe *Klaus Motschmann* erläuterte, daß es in den nach der neuen Rechtschreibung verfaßten Bibeln zu Mißverständnissen kommen könne. Beispielsweise werde aus dem Satz „Der Herr wird's wohlmachen" durch die Reform „Der Herr wird's wohl machen"[272]. Alle Professoren bekundeten, auch in Zukunft in ihren Seminaren und Veröffentlichungen die alte Rechtschreibung anzuwenden[273].

Am 4.7.1999 wurden von der Medienanstalt Berlin/Brandenburg die Sendung von Radio-Werbespots der Reformgegner, gesprochen vom Schauspieler *Manfred Krug*[274], untersagt, da politische Werbung nach dem Medienstaatsvertrag für Berlin/Brandenburg unzulässig sei[275]. Das Quorum von 243.000 Unterschriften wurde in Berlin jedoch verfehlt, da nur ca. 108.000 Bürger (d.h. knapp 5 % der stimmberechtigten Bürger) bis zum Stichtag unterschrieben hatten. Die Organisatoren des Volksentscheids, der Berliner Hochschularbeitskreis „Kulturelle Selbstbestimmung", sahen die Gründe des

---

[269] Die Zeit, Nr. 24, vom 10.6. 1999, S. 37 ff.

[270] Die Zeit, Nr. 46, vom 11.11. 1999, S. 2.

[271] Die Zeit, Nr. 46, vom 11.11. 1999, S. 65 und S. 70.

[272] „Professoren: Stopp der Rechtschreibreform", TAZ, vom 1.7.1999.

[273] „Professoren für alte Schreibweise", Berliner Morgenpost, vom 1.7.1999.

[274] Der Text der Werbespots lautete: „Liebe Mitmenschen! Schluß mit der Rechtschreibreform! Das Volksbegehren läuft! Bitte gehen Sie in das nächste Bezirksrathaus in Berlin, in eines von 21 Rathäusern und unterschreiben Sie. Kostet keinen Pfennig. Geöffnet jeden Tag in der Woche ... nehmen Sie den Personalausweis mit. Ich hab schon unterschrieben. Danke. Ihr Manfred Krug."

[275] „Spots gegen Rechtschreibreform gestoppt", Berliner Morgenpost, vom 5.7.1999; „Werbeverbot für Manfred Krug", Der Spiegel, vom 6.7.1999.

Scheiterns in der Art und Weise der Durchführung des Volksbegehrens durch die Verwaltung, die zu geringe Zahl der Auslegungsstellen und vor allem die geringe Resonanz in den Medien. Gegen die nach Ansicht der Organisatoren „politische Behinderung" wurde eine gerichtliche Klärung angekündigt[276].

In Mecklenburg-Vorpommern wurde im Juni 1999 die erforderliche Zahl von 15.000 Unterschriften klar überschritten. In Bremen wurden in einem zweiten Anlauf, nachdem der Bremer Senat das erste Begehren wegen Verfassungswidrigkeit der Formulierung als unzulässig zurückgewiesen hatte, bis Juni 3.500 der erforderlichen 5.000 Unterschriften gesammelt. In Bayern, wo seit dem 30.1.1999 gesammelt wurde, lagen Ende Juni ca. 10.000 der erforderlichen 25.000 Unterschriften vor[277].

Anfang Juli 1999 erklärte die CDU Schleswig-Holsteins, daß sie ihre Gegnerschaft gegen die Rechtschreibreform aufgebe. Der Spitzenkandidat der CDU für die Landtagswahlen im Frühjahr 2000, *Volker Rühe*, sagte hierzu, daß im Interesse der Kinder die neue Lage akzeptiert werden sollte, um eine Insellage zu vermeiden. Die Kultusministerin von Schleswig-Holstein, *Ute Erdsiek-Rave*, kommentierte die Initiative der CDU als „heuchlerischen Salto mortale rückwärts"[278].

Für den Großteil der Bevölkerung wurde die Rechtschreibreform erst am 1. August 1999 relevant, als die deutschsprachigen Nachrichtenagenturen planmäßig auf die neue Schreibung umstellten und in deren Folge auch fast alle der Printmedien die Umstellung vollzogen. Nur wenige, relativ unbedeutende Publikationen[279] kündigten an, vorerst noch nicht umzustellen.

In Schleswig-Holstein führte das Ergebnis des Volksentscheids auch dazu, daß vor Gericht eine Unterrichtung nach der Neuregelung durchgesetzt werden sollte. Einige Schüler sahen sich dadurch, daß sie nicht nach den neuen Regeln unterrichtet wurden, verletzt in ihren Grundrechten auf Freizügigkeit und Berufswahl sowie ihrem Persönlichkeitsrecht. Daraus resultierte letztlich ein Antrag beim Bundesverfassungsgericht auf Erlaß einer einstweiligen Anordnung auf Unterrichtung nach den neuen Regeln. Dieser Antrag wurde mit Beschluß des Bundesverfassungsgerichts vom 20.7.1999 abgelehnt mit dem Hinweis auf die Geringfügigkeit der Änderungen.[280]

Weniger als ein Jahr nach dem Erfolg des Volksentscheids, am 17.9.1999, beschloß der Landtag Schleswig-Holsteins einstimmig eine Änderung des Schulgesetzes, so daß seit November 1999 auch an den Schulen Schleswig-Holsteins nach den neuen Rechtschreibregeln unterrichtet wurde. Der Gesetzgeber negierte damit das Ergebnis des Volksentscheids vom 27.9.1998 und beendete die Sonderstellung Schleswig-Holsteins. Aus demokratietheoreti-

---

276 Pressemitteilung des Berliner Hochschularbeitskreises „Kulturelle Selbstbestimmung", vom 11.7.1999.

277 „Schreibreformgegner geben nicht auf", Die Welt, vom 29.6.1999.

278 „Kehrtwendung der Nord-CDU in Sachen Rechtschreibreform", Die Welt, vom 10.7.1999.

279 Beispielsweise „Spektrum der Wissenschaft", „Rheinischer Merkur", „Gong" und der „Playboy".

280 Az.: 1 BvQ 10/99, Pressemitteilung des BVerfG Nr. 79/99 vom 29. Juli 1999.

scher Sicht wurde damit durch eine Entscheidung der mittelbaren Demokratie eine Entscheidung der direkten Demokratie nach relativ kurzer Frist aufgehoben, ohne daß das Organ der mittelbaren Demokratie durch zwischenzeitliche Wahlen eine erneute Legitimation vom Souverän erfahren hatte.

Gegen die Aufhebung des Volksentscheids per Gesetz erhoben drei Schüler aus Schleswig-Holstein, vertreten durch ihren Vater, Verfassungsbeschwerde vor dem Bundesverfassungsgericht. Mit Beschluß vom 25. 11. 1999[281] wurde diese Beschwerde jedoch einstimmig nicht zur Entscheidung angenommen, da die Frage, ob dem Landtag im Hinblick auf den Volksentscheid die aufhebende Gesetzgebungskompetenz zukomme, anhand der Verfassung des Landes zu beantworten wäre. Ob ein Landesgesetz mit der Landesverfassung übereinstimmt, sei grundsätzlich eine Sache des Landesverfassungsgerichts. Die Landesverfassung Schleswig-Holstein hat dem Bundesverfassungsgericht zwar die Stellung als Verfassungsgericht für das Land Schleswig-Holstein zugewiesen, dabei jedoch nicht die Landesverfassungsbeschwerde ermöglicht.[282]

Ende 1999 wurde eine sprachwissenschaftliche Studie[283] der Universität Bielefeld veröffentlicht, der die Untersuchung zugrunde lag, anhand der neuen s-Laut-Schreibung zu überprüfen, ob die behauptete und erhoffte Erleichterung im Erwerb der Schriftsprache bei Grundschulkindern empirisch nachweisbar ist. Im Ergebnis dieser Studie stellte sich heraus, daß nicht nur keine Verbesserung der Rechtschreibleistungen, sondern eine deutliche Verschlechterung und eine offensichtlich größere Verunsicherung der Kinder zu verzeichnen war: „Die nach neuen Regeln unterrichteten Kinder schneiden sowohl bei den reformkritischen s-Wörtern selbst als auch bei den reformunkritischen s-Wörtern deutlich schlechter ab als die nach den alten Regeln unterrichteten."[284] Hinzu kommt die Feststellung unzulässiger Generalisierungen bei reformunkritischen Wörtern (sog. Übergeneralisierungen)[285], vor allem in den höheren Klassen der Grundschulen. Die Studie berücksichtigte bei dem durchgeführten Test auch die verschiedenen Korrekturmöglichkeiten zur s-Schreibung (gemäßigte und strenge Fehlerauslegung) und kam zu der Feststellung, daß der direkte Rechtschreibreformeffekt „bei strenger Fehlerauslegung *deutlich* zugunsten der *alten* Rechtschreibweise"[286] spreche. Der Verfasser der Studie kommt letztlich zu der Schlußfolgerung, daß vor allem Veränderungen in der Didaktik des Orthographieunterrichts erforderlich sind, um zu verhindern, daß sich die Rechtschreibleistungen in den Grundschulen wei-

281 Az.: 2 BvR 1958/99, Beschluß vom 25.11.1999, Pressemitteilung des BVerfG Nr. 138/99 vom 10. Dezember 1999; „Mit Beschwerde zur Schreibreform gescheitert", OTZ, vom 11.12.1999.

282 Beschluß vom 25.11.1999, (Fn. 281).

283 *Harald Marx*, Rechtschreibleistung vor und nach der Rechtschreibreform: Was ändert sich bei Grundschulkindern?, Zeitschrift für Entwicklungspsychologie und Pädagogische Psychologie, Heft 4 / 1999, S. 180-189.

284 Ders., a.a.O., S. 187.

285 Ders., a.a.O., S. 180.

286 Ders., a.a.O., S. 185; Hervorhebungen im Original.

ter tendenziell verschlechtern, insbesondere über das Jahr 2005 hinaus, wenn die Möglichkeit der gemäßigten Fehlerauslegung entfällt[287].

Am 14. Februar 2000 entschied der Bremer Staatsgerichtshof, daß ein Volksbegehren gegen die Rechtschreibreform in Bremen zulässig sei. Es hob damit gleichzeitig die Erklärung der Unzulässigkeit des Begehrens durch den Bremer Senat vom März 1999 auf[288]. Für einen Erfolg des Volksbegehrens müßten innerhalb von drei Monaten 52 000 Bürger der Städte Bremen und Bremerhaven einen Antrag auf Änderung des Bremer Schulgesetzes unterschreiben. Die Sprecherin der Bremer Initiative „Wir gegen die Rechtschreibreform", *Petra Ahrens*, hielt einen Zeitraum von sechs bis acht Wochen für ausreichend, das Quorum zu erreichen[289]. Der Bremer Senator für Kultur und Bildung, *Willi Lemke*, zugleich damaliger Vorsitzender der Kultusministerkonferenz, appellierte an die Gegner der Reform, ihr Ziel nicht weiter zu verfolgen: „Die neue Rechtschreibung wird ohne Probleme in den Schulen angewandt, es gibt bereits Schülerinnen und Schüler, die nur die neuen Regeln kennen. Auch die Medien praktizieren die neue Rechtschreibung und große Teile der Bremischen Wirtschaft haben sich bereits auf die neue Schreibweise eingestellt oder seien zur Zeit bei der Umstellung. Ein Erfolg des Volksentscheides würde insbesondere den Bremer Schülerinnen und Schülern zum Nachteil gereichen, weil sie dann die einzigen in ganz Deutschland seien, die die Rechtschreibung nicht nach den bundesweit geltenden Regeln lernen würden. Dies dürfen wir unseren Kindern nicht zumuten"[290].

Gut eine Woche später, am 23.2.2000, bat die Initiative „Wir gegen die Rechtschreibreform" den Landeswahlleiter in Bremen, das anstehende Volksbegehren auszusetzen. Der Schritt wurde den Vertretern der Initiative mit der ablehnenden Haltung des Bremer Senats gegenüber dem Gesetzgebungsverfahren der Volksinitiative und den Vorkommnissen im September 1999 in Schleswig-Holstein begründet: „Wir möchten nicht, daß in Bremen bei einem erfolgreichen Volksentscheid der gleiche Fall eintritt, wie er sich zuvor in Schleswig-Holstein abgespielt hat. [...] Wir sehen die Gefahr, daß das Vertrauen der Bürger in das wichtige Instrument der Volksgesetzgebung weiter beschädigt wird, da wir derzeit nicht ausschließen können, daß sich ein ähnlicher Fall wie in Schleswig-Holstein auch in der Hansestadt Bremen wiederholen könnte."[291] Das Verfahren zum Volksbegehren wurde vorerst ausgesetzt. Es sollte erst dann wieder aufgenommen werden, wenn entweder das laufende Normenkontrollverfahren wegen der Annullierung des schleswig-holsteinischen Volksentscheides zur Rechtschreibreform zu einem positiven Abschluß gekommen wäre oder alle Parteien der bremischen Bürgerschaft

---

287 Ders., a.a.O., S.187.

288 dpa-Meldung vom 14.2.2000.

289 dpa-Meldung, (Fn. 288).

290 Presseinformation des Senats der Freien Hansestadt Bremen, 7. Ausgabe, Stellungnahme des Bremer Senators für Kultur und Bildung *Lemke*, zugleich Vorsitzender der KMK, vom 14.2.2000.

291 Pressemitteilung der Initiative „Wir gegen die Rechtschreibreform" vom 23.2.2000.

eine verbindliche Demokratieerklärung abgegeben hätten, daß sie einen Volksentscheid zur Rechtschreibreform respektieren und unangetastet lassen werden.

Am darauffolgenden Tag bat die Initiative die in der Bremer Bürgerschaft vertretenen Parteien SPD, CDU und Bündnis 90 / Die Grünen um die Abgabe einer Demokratieerklärung der folgenden Art: „Die bremische [...] bekennt sich zum Grundsatz der bremischen Verfassung (Art. 66): 'Alle Staatsgewalt geht vom Volke aus.' Die bremische [...] wird zukünftige Volksentscheide in Bremen (Art. 69 bis 74 der bremischen Verfassung) respektieren und unangetastet lassen." Wenn diese Erklärungen nicht innerhalb von 10 Tagen abgegeben würden, würde das Volksbegehren abgesagt werden[292].

Im Juli 2000 kam es nach einem Bericht der Zeitung „Die Welt"[293], daß die Kommission für Rechtschreibfragen tiefgreifende Änderungen plane und der Duden-Verlag Teile der Reform zurücknehmen wolle, zu einem erneuten Aufflammen der Rechtschreibreformdiskussion[294]. Der Dudenverlag dementierte sogleich, daß an den Regeln von 1996 etwas geändert werde, da es sich bei den Neuerungen lediglich um eine Angleichung auf Basis der amtlichen Regelungen handele. Frühestens im Jahr 2005 werde die Kommission ein Gutachten vorlegen, auf dessen Basis dann die Reform überprüft werde. Bis dahin schreibe die Rechtschreibkommission lediglich die Umsetzung des Regelwerks fort und treffe im Auftrag der Kultusminister Entscheidungen in Bereichen, in denen es noch Klärungsbedarf gebe[295].

In diese Diskussion hinein kündige am 26.7.2000 die Frankfurter Allgemeine Zeitung an, ab dem 1.8.2000 wieder in traditioneller Rechtschreibung zu erscheinen. Der Redakteur *Thomas Steinfeld* schildert die Reaktion seiner Kollegen auf den Beschluß der Herausgeber der Zeitung mit den Worten: „Auf einmal sind wir alle wie befreit."[296] Der Vorsitzende der Rechtschreibkommission *Augst* fand diese Entscheidung bedauerlich, war jedoch der Meinung, daß die Rechtschreibreform ein Generationsproblem ist[297]. Die öffentlichen Reaktionen auf die Rückumstellung der FAZ reichten von einem Begrüßen (*Wolfgang Gerhardt*, F.D.P.-Vorsitzender) über die Annahme eines Fehlgriffs (*Jürgen Rüttgers*, stellvertretender CDU-Vorsitzender) bis hin zur Bezeichnung als Sommertheater (der Lehrerverband Bildung und Erziehung)[298].

---

292 Pressemitteilung der Initiative „Wir gegen die Rechtschreibreform" vom 25.2.2000.

293 „Die deutschen Rechtschreibregeln werden erneut reformiert", Die Welt vom 25.7.2000.

294 Vgl. auch: „Zwei Jahre später - Verdruß in Deutschland", Le Figaro vom 18.7.2000; „ ‚Auf Wiedersehen, Rechtschreibreform!' - Hausorthografien ersetzen unsinnige Regeln", Die Welt vom 25.7.2000; „Die Rechtschreibkommission kehrt stillschweigend zur alten Orthografie zurück - Essay", Die Welt vom 25.7.2001; „Wenig geliebte neue Rechtschreibung", Focus-online vom 25.7.2000; „Klärung auftretender Zweifelsfälle", Die Welt vom 26.7.2000; „Paradoxe Lage", Die Welt vom 26.7.2000.

295 AP-Meldung vom 25.7.2000.

296 „Rechtschreibung: Deutsche Akademie fordert Reform der Reform", Die Welt vom 27.7.2000.

297 „Gerhard Augst begegnet Kritik mit Gelassenheit", Westfälische Rundschau vom 27.7.2000.

298 „Verleger halten an geltenden Schreibregeln fest", Die Welt vom 28.7.2000.

Von Bundestagsabgeordneten verschiedener Fraktionen kamen ebenfalls Forderungen, zur alten Rechtschreibung zurückzukehren[299].

An selben Tag, dem 1.8.2000, an dem die FAZ wieder zur traditionellen Rechtschreibung zurückkehrte, wurde der deutsche Schriftverkehr aller EU-Behörden auf die neue Rechtschreibung umgestellt[300]. Ebenfalls zur alten Rechtschreibung zurückzukehren, kündigte der Deutsche Hochschulverband, die Berufsvertretung der Universitätsprofessoren und Privatdozenten, für den 1. Oktober 2000 an[301]. Der Deutsche Beamtenbund sprach sich gleichfalls für eine Rückkehr aus[302]. Auch der Präsident der Deutschen Akademie für Sprache und Dichtung, *Christian Meier*, forderte eine generelle, sofortige Rückkehr zu den alten Rechtschreibregeln: „Das Beste wäre zweifellos, wenn man die Reform umgehend kassiert, und zwar ganz und gar. Jeder Tag, an dem das nicht geschieht, mehrt den Schaden."[303] Auch die Deutsche Akademie für Sprache und Dichtung appellierte öffentlich an alle Zeitungen, Verlage, Betriebe und staatliche Stellen, zur alten Rechtschreibung zurückzukehren[304].

Der Vorsitzende der Rechtschreibkommission *Augst* sprach sich Anfang August 2000 dafür aus, mit der Reformschreibweise locker umzugehen[305]. Ein vehementer Kritiker der Reform lobte zur gleichen Zeit 10.000,-DM aus für allgemein überzeugende Argumente (mehr als 50 % Zustimmung in einer unabhängigen Umfrage) für die Überlegenheit der reformierten Rechtschreibung[306]. Der Präsident des Deutschen Lehrerverbandes sprach sich aus inhaltlichen und didaktischen Gründen ebenfalls für eine Rückkehr zur alten Rechtschreibung aus, dem sich auch der Deutsche Elternverein anschloß[307]. Auf der anderen Seite erklärten Gewerkschaft Erziehung und Wissenschaft, der Bundesverband der Lehrer und Lehrerinnen an beruflichen Schulen, der Deutschen Philologenverband, der Deutsche Kinderschutzbund und der Verband Bildung und Erziehung, daß eine Rückkehr nicht akzeptabel sei[308]. Der Ro-

299 *Norbert Geis*, (CDU): „Eine überflüssige Reform, die das Volk nicht annimmt. So schnell als möglich einstampfen!" *Reinhold Robbe* (SPD): „Die Reform ist gescheitert. Unsicherheit und Durcheinander haben Formen angenommen, die eine erneute Debatte dringend notwendig machen." *Jürgen Koppelin* (F.D.P.): „Nachdem es eine Zeit der Bewährung gegeben hat, müssen jetzt dringend Korrekturen vorgenommen werden.", BILD-Zeitung vom 28.7.2000. Eine Rückkehr verlangte auch *Ulrike Flach* (F.D.P.), die Vorsitzende im Bildungsausschuß des Deutschen Bundestages. Die Welt vom 4.8.2000.

300 „Gerhard Augst begegnet Kritik mit Gelassenheit", Westfälische Rundschau vom 27.7.2000; „EU-Dokumente in neuer Rechtschreibung", FAZ vom 21.8.2000.

301 Presseinformation des Deutschen Hochschulverbandes Nr. 12/2000 vom 1.8.2000.

302 ARD-aktuell vom 2.8.2000.

303 Spiegel online vom 2.8.2000.

304 „Ausstieg gefordert", Die Welt vom 3.8.2000.

305 „Kommissionsvorsitzender für lockeren Umgang mit Rechtschreibreform", ARD-aktuell vom 2.8.2000; „Neue Regeln nur noch locker anwenden", Die Welt vom 4.8.2000.

306 Spiegel online vom 2.8.2000; „Der Herr Professor und die 10 000-Mark-Frage", Rhein-Neckar-Zeitung vom 21.8.2000.

307 „Nochmal von vorn", SZ-online vom 6.8.2000.

308 „Sommertheater der alten Herren", Hamburger Morgenpost vom 8.8.2000; „Rechtschreib-Streit spaltet Öffentlichkeit", Berliner Morgenpost vom 9.8.2000; „Flickschuster" und „Den Kontakt verloren", FAZ vom 9.8.2000.

wohlt-Verlag betonte die wirtschaftlich bedeutenden Kosten, die eine Rückumstellung verursachen würde[309].

Die Rückumstellung der FAZ, als auch das für den 25. August 2000 avisierte Erscheinen der 22. Auflage des Dudens mit Rücknahmen bestimmter Neuregelungsauslegungen der Vorauflage, führte zu einer erneuten detaillierten inhaltlichen Auseinandersetzung um die Qualität der Reform und die Behauptung der Vereinfachung des Schreibenlernens[310], ohne daß die bekannten Meinungslager sich jedoch annäherten[311]. Für eine teilweise Rücknahme der Neuregelung im Sinne einer Verbesserung der Reform sprachen sich interessanterweise nun auch die Kultusminister der Länder Hessen, Berlin, Thüringen und Sachsen aus[312]. Es kam auch bei einigen Abgeordneten des Bundestages zu erneuten Diskussionen, so daß Bundesbildungsministerin *Edelgard Bulmahn* (SPD) den Bundestag aufforderte, sich aus der Rechtschreibreformdiskussion herauszuhalten, da die Kulturhoheit bei den Ländern liege und die getroffenen Entscheidungen nun umgesetzt und praktiziert werden müßten[313].

Im August 2000 kam es daraufhin auch zu verschiedenen Umfragen über die Akzeptanz der reformierten Rechtschreibung in der Bevölkerung. Nach einer Forsa-Umfrage waren 68 % der Befragten der Meinung, daß die Rechtschreibreform völlig zurückgenommen werden sollte; 75 % der Befragten erklärten, in der täglichen Praxis ohnehin bei den alten Regeln geblieben zu sein[314]. Nach einer Umfrage des Instituts für Demoskopie Allensbach sprachen sich ca. 61 % der Bevölkerung für eine Rückkehr zur alten Rechtschreibung aus[315].

Eine Umfrage in mehreren überregionalen Tageszeitungen erbrachte, bei insgesamt etwa 71 000 Zuschriften, eine Ablehnungsrate von 97 bis 99 % bei den Lesern der Süddeutschen Zeitung, der Frankfurter Allgemeinen Zeitung, der Berliner Zeitung, des Münchner Merkur, der Nordwest-Zeitung und der Welt[316]. Nach einer detaillierten vergleichenden Rechtschreibanalyse zweier Wochenendausgaben der Süddeutschen Zeitung vom 17./18.1.1998 und 24./25.6.2000 waren in der jüngeren Ausgabe etwa doppelt so viele Recht-

309 „Nochmal von vorn", SZ-online vom 6.8.2000.

310 „Viel versprechend, aber nicht viel versprechend", FAZ vom 10.8.2000; „Dudendämmerung", Die Zeit vom 10.8.2000; „Die neue Rechtschreibung in der Schule und in der Zeitung", FAZ vom 5.10.2000.

311 „Das Durcheinander wird immer größer", „Besprechung des Duden 2000" und „Die Verwirrung bei der Rechtschreibung ist längst da", FAZ vom 11.8.2000; „Wie reformiert man eine Reform?", Süddeutsche Zeitung vom 12.8.2000; „Von der Steigerbarkeit der Willkür", Süddeutsche Zeitung vom 21.8.2000.

312 „Auch Thüringen will Rechtschreibung ändern", Die Welt vom 11.8.2000.

313 „Bundestag soll sich heraushalten", Berliner Morgenpost vom 14.8.2000.

314 Spiegel online vom 2.8.2000.

315 „Mehrheit gegen Rechtschreibreform", FAZ vom 13.9.2000.

316 „70 000 Zeitungsleser für Rückkehr", FAZ vom 2.9.2000; „Verlage bleiben einstweilen trotz Unmuts der Leser bei Schreibreform", Die Welt vom 2.9.2000; „Alle Macht geht von der Sprachgemeinschaft aus", Berliner Zeitung vom 2.9.2000.

schreibfehler wie in der älteren zu finden[317], in den von der Reform betroffenen Bereichen stieg die Fehlerzahl sogar auf das Fünffache[318]. Anfang Oktober wurde auch eine sprachwissenschaftliche Untersuchung bekannt, in der 200 Lehramtsreferendare auf ihre Rechtschreibfähigkeiten hin untersucht worden waren: Die neue ß/ss - Regelung handhabten nur 60 Prozent richtig; die anderen Neuregelungen beherrschten jeweils nur knapp ein Drittel der Lehramtskandidaten[319].

Auf der Plenarsitzung der Kultusministerkonferenz am 5.10.2000 konnte das Thema „Rechtschreibreform" nicht unbeachtet bleiben. Die Kultusminister stellten ausdrücklich fest, daß keine „Reform der Reform" beabsichtigt sei, jedoch wurde die Kommission für Rechtschreibfragen beauftragt, schneller als geplant, bis Ende des Jahres 2001, die Erfahrungen mit den neuen Regeln in der Praxis zusammenzufassen. Falls die Kommission zu der Einschätzung käme, daß sich Details nicht bewährt hätten, werde sie den staatlichen Stellen der beteiligten Länder Alternativlösungen vorschlagen[320]. Nach dieser Tagung der Kultusministerkonferenz entschied der Suhrkamp Verlag, die alte Rechtschreibung beizubehalten[321].

Im Oktober 2000 erschien das Buch „Rechtschreibreform und Nationalsozialismus"[322], in dem die Autoren nach akribischem Quellenstudium die Reformpläne des Reichsinnenministeriums und des Reichsministers für Wissenschaft, Erziehung und Volksbildung, *Bernhard Rust*, analysierten und zeigen konnten, daß die späteren „Stuttgarter Empfehlungen" von 1954 mit den Entwürfen *Rusts* nahezu identisch waren[323]. Bis in viele verblüffende Einzelheiten waren auch inhaltliche Kontinuitäten bis hin zur jetzigen Rechtschreibreform nachweisbar. Für die Autoren lag die Gemeinsamkeit vor allem im technokratisch-obrigkeitsstaatlichen Regelungsansatz beider Reformen[324]. Obwohl die Rust'sche Reform nichts spezifisch Nationalsozialistisches hatte und die Gemeinsamkeiten auf den Vorrang des phonetischen vor dem historischen Prinzip beruhen[325], war die Aufdeckung dieser Verbindung in der Lage, die jetzige Rechtschreibreform zu desavouieren. Auf der Pressekonferenz der Deutschen Akademie für Sprache und Dichtung am 27.10.2000, auf der das Buch vorgestellt wurde und auf der der Präsident der Akademie, *Christian*

---

317 „Doppelte Fehlerzahl bei neuer Schreibung", Die Presse vom 31.8.2000; „Das wohltemperierte Wörterbuch", FAZ vom 11.9.2000.

318 Wolfgang Wrase, Rechtschreibungsanalyse der SZ-Ausgaben vom 17./18.1.1998 und 24./25.6.2000, zu beziehen unter „www.rechtschreibreform.com".

319 „Lehrer patzen bei Rechtschreibung", Die Welt vom 2.10.2000.

320 Pressemitteilung der Kultusministerkonferenz vom 6.10.2000; „Rechtschreibreform wird schneller überprüft als geplant", FAZ vom 6.10.2000.

321 „Überflüssig, verwirrend, schädigend", FAZ vom 16.10.2000.

322 *Birken-Bertsch / Markner*, Rechtschreibreform und Nationalsozialismus (Fn. 21).

323 „Klar, schlicht und stark", Süddeutsche Zeitung vom 2.10.2000.

324 „Rechtschreibung nach Nazi-Vorbild?", Welt am Sonntag vom 8.10.2000; „Nicht ohne Demokratie", Thüringische Landeszeitung vom 11.10.2000M; „Auf dem Weg ins Jahr 2005" in: Rechtschreibreform und Nationalsozialismus, S. 121 ff.

325 „Zermürbung der Hirne durch Schreibreform", FAZ vom 10.11.2000.

Meier, erneut die Zumutung betonte, welche die Rechtschreibreform für die Bürger darstelle, bezeichnete das Kommissionsmitglied *Hermann Zabel* die Publikation als den bisher umfangreichsten Versuch, die Reformer und die Kultusminister zu verunglimpfen und zu disqualifizieren[326]. Der Vorwurf *Zabels* gipfelte darin, daß die historische Parallele „unanständig" sei; die Reformgegner hielten dagegen, daß der Mangel an Anstand bei den Reformern zu suchen sei[327].

Anfang des Jahres 2001 trat erstmals der mit Vertretern von 15 Organisationen[328] besetzte „Beirat für deutsche Rechtschreibung" zusammen, der der Kommission zweijährlich über die Praktikabilität und die Akzeptanz der Kommissionsvorschläge in der Sprachgemeinschaft berichten soll[329]. Österreich und die Schweiz lehnten jedoch den Beirat ab und entsandten auch keine Mitglieder[330].

Im Februar 2002 stellte die Zwischenstaatliche Kommission für Rechtschreibfragen ihren dritten Bericht fertig, der jedoch vertraulich nur der Kultusministerkonferenz zugänglich und keinesfalls veröffentlicht werden sollte. Der Beirat für deutsche Rechtschreibung verlangte hingegen, diesen Bericht gegen den Willen der Kommission zu veröffentlichen[331]. Einige Zeitungsredaktionen und Sprachwissenschaftler gelangten in Besitz des vertraulichen Berichts[332] und veröffentlichten, daß die Kommission in diesem Bericht sowohl eine höchst unzureichende Befolgung der neuen Regeln feststellt, als auch für eine nicht unbedeutende Zurücknahme bestimmter Neuregelungen plädiert[333]. Die Kommission selbst widersprach einer solchen Darstellung und behauptete, daß der Bericht nur bestimmte Zweifelsfälle zu klären versuche[334].

326 „Akademie legt nach", Darmstädter Echo vom 28.10.2000.

327 „Die Tagung fiel aus, der Büchnerpreis bleibt", Neue Züricher Zeitung vom 30.10.2000.

328 P.E.N.-Zentrum Bundesrepublik Deutschland, Verband deutscher Schriftsteller in der IG Medien, Deutscher Journalistenverband, Bundesverband deutscher Zeitungsverleger e.V., Verband deutscher Zeitschriftenverleger e.V., Arbeitsgemeinschaft der deutschsprachigen Nachrichtenagenturen, Börsenverein des Deutschen Buchhandels, VdS Bildungsmedien e.V. (vormals Verband der Schulbuchverlage), Bundeselternrat, Deutscher Gewerkschaftsbund (Lehrerorganisationen), Deutscher Beamtenbund (Lehrerorganisationen), Deutsches Institut für Normung, Dudenredaktion, Bertelsmann-Lexikonverlag, Wahrig-Wörterbuchredaktion.

329 „ ‚Beirat für Rechtschreibung' soll Reform mitgestalten", Die Welt vom 7.2.2001.

330 „Die Rechtschreibreform ‚wie Kraut und Rüben' „, Münchner Merkur vom 8.2.2001.

331 „Dessen Komma du nicht verstehst", Süddeutsche Zeitung vom 22.2.2002.

332 Der Bericht wurde insbesondere im Internet veröffentlicht unter „www.rechtschreibreform.com".

333 „Rückbau - die neueste Regelung", Süddeutsche Zeitung vom 20.2.2002; „Neuschreib-Konfusion", Die Welt vom 27.2.2002; „Kommission stellt Rechtschreibreform infrage", Die Welt vom 27.2.2002; „Bank Rott Erklärung", FAZ vom 28.2.2002; „Im Rückwärtsgang", Neue Züricher Zeitung vom 1.3.2002; „Mit Unsicherheiten leben", Frankfurter Rundschau vom 4.3.2002; „Fröhlicher Wildwuchs", Die Zeit vom 8.3.2002; „Die Reform erledigt sich selbst", Bayerische Staatszeitung vom 8.3.2002; „Diskrete Rücknahme vieler Regeln: Schreiben wie es euch gefällt?", Die Presse vom 12.3.2002; „Scheitern oder weiterwursteln?", FAZ vom 19.3.2002.

334 „Keine Reform der Reform", Börsenblatt des Deutschen Buchhandels vom 1.3.2002.

Nach einer Umfrage des Instituts Allensbach im Frühjahr 2002 stößt die Rechtschreibreform in der Bevölkerung weiterhin auf starken Widerstand[335]. Mehr als die Hälfte aller Befragten sind gegen die Reform und sehen auch in Zukunft keinen Grund, sich anzupassen[336].

[335] „Nicht damit abgefunden, dass daß dass ist", Süddeutsche Zeitung vom 19.4.2002.
[336] Ausführlich zu dieser Umfrage: Allensbacher Archiv, IfD-Umfrage 7020, März/April 2002.

III. Die Befassung mit der Rechtschreibreform durch Bundestag und Bundesregierung

Im Februar 1997 versuchten 50 Abgeordnete des Deutschen Bundestages mit einem Antrag[337] aus den Fraktionen der CDU/CSU, der SPD und der F.D.P., die Umsetzung der beschlossenen Rechtschreibreform zu verhindern. Nach diesem Antrag solle der Deutsche Bundestag beschließen, die beschlossene Neuregelung der deutschen Rechtschreibung abzulehnen; die Bundesregierung werde gebeten, den Beschluß der Kultusministerkonferenz nicht auf die Amtssprache anzuwenden und die Parlamente der Länder werden gebeten, in entsprechender Weise tätig zu werden[338]. In der Begründung des Antrags hieß es u.a. :

> „Eine Neuregelung der Rechtschreibung in einer Vielzahl von wesentlichen Punkten ist von so erheblicher Bedeutung für das Zusammenleben der Menschen in unserem Land, daß sie nicht ohne Mitwirkung der Gesetzgeber in Bund und Ländern mit Wirkung für die Amtssprache und den Schulunterricht sowie u.a. für die Beurteilung schulischer Leistungen eingeführt werden kann. Ein solches Vorgehen ohne die Parlamente widerspricht dem sog. Wesentlichkeitsprinzip, wonach Regelungen von so wesentlicher Bedeutung für die Gesellschaft nur von den Parlamenten entschieden werden können. Der Deutsche Bundestag ist zuständig für Regelungen, die die Amtssprache des Bundes betreffen. [...]
>
> Der Deutsche Bundestag fordert die Bundesregierung auf, es bei der seit Jahrzehnten gebräuchlichen Amtssprache zu belassen. Es soll weiterhin auf die behutsame, durch gesellschaftliche Übereinkunft entstandene und durch Regelwerke dokumentierte Entwicklung der Sprache vertraut werden. Die Ansicht des Bundesverfassungsgerichts, die Gesellschaft werde - offenbar auch nach längerer Zeit - nicht zu dem Schluß gelangen, daß jemand, der sich nicht an die reformierten Rechtschreiberegeln hält, nicht „falsch" schreibe, sondern sich vielmehr an die traditionellen Rechtschreiberegeln hielte, geht davon aus, daß die Benutzer zumindest zweier - unter Einbeziehung von Mischformen weit mehr - unterschiedlicher Rechtschreibungen ohne Störung des gesellschaftlichen Miteinanders auf mehrere Jahre nebeneinander leben und miteinander kommunizieren könnten. Dieser Ansicht wird nicht gefolgt. Sie bedeutet die Inkaufnahme einer geteilten Gesellschaft in „Alt- und Neuschreiber", letztlich zwischen Eltern und Kindern in einem Lande. Der Deutsche Bundestag ist nicht der Auffassung, daß die Rechtschreibung einer gesetzlichen Regelung bedürfe. Er ist vielmehr der Ansicht, daß untergesetzliche Eingriffe verfassungsrechtlich nicht institutionalisierter Zusammenschlüsse von Behörden jedenfalls solche Regelungen nicht einführen können."[339]

Dieser Antrag wurde vom Deutschen Bundestag in seiner 170. Sitzung am 18. April 1997 in erster Lesung beraten und zur federführenden Beratung an den Rechtsausschuß und zur Mitberatung an den Auswärtigen Ausschuß, den Innenausschuß, den Haushaltsausschuß und den Ausschuß für Bildung, Wissenschaft, Forschung, Technologie und Technikfolgenabschätzung überwiesen[340].

---

337 BT-Drucks. 13/7028 vom 21.2.1997.

338 „Forschung: Neue Schreibregeln einfach nicht anwenden." Woche im Bundestag, Heft 4 vom 5.3.1997.

339 BT-Drucks. 13/7028 vom 21.2.1997.

340 BT-Drucks. 13/10183 vom 24.3.1998, Bericht der Abgeordneten *Joachim Gres, Peter Enders, Volker Beck und Detlef Kleinert* zum Beratungsverfahren, m.w.N. zu den Beratungen und Beschlußempfehlungen der einzelnen Ausschüsse.

Am 2. Juni 1997 fand in der 86. Sitzung des Rechtsausschusses des Deutschen Bundestages eine Anhörung von Sachverständigen[341] zu dem interfraktionellen Antrag statt[342]. Als mögliche juristische Lösung für die Einführung verbindlicher Rechtschreibnormen wurde von den Rechtswissenschaftlern vorgeschlagen, daß Bund und Länder durch Staatsvertrag eine Akademie für die Entwicklung von Sprache und Rechtschreibung gründen sollten, der auch Autoren, Verleger und Wissenschaftler angehören sollten. Gleichzeitig wurde allerdings der Vorbehalt geäußert, daß die Länder einer Konstruktion, die die Kulturkompetenz des Bundes betone, kaum zustimmen würden. Im übrigen sei der Vorschlag politisch wenig geeignet, die Frage der Abgeordneten zu beantworten, was man tun könne, um die von der Kultusministerkonferenz beschlossene Rechtschreibreform zu stoppen. Einig waren sich die Rechtswissenschaftler, daß der Bund kein Gesetz zur Rechtschreibung mit Einzelregelungen machen könne. Andererseits sei aber auch die Konferenz der Kultusminister nicht dazu berechtigt gewesen, ein "Rechtschreibdiktat", wie es die mit der Schweiz und Österreich vereinbarte Rechtschreibreform darstelle, zu dekretieren[343]. Das Reformwerk sei „juristisch ein Nullum"[344]. Der Rechtswissenschaftler *Rolf Gröschner* wies gesondert darauf hin, daß die Reform in keiner Weise rechtlich verbindlich sei und die Kultusministerkonferenz nicht befugt ist, eine bestimmte Schreibweise anzuordnen[345].

Der Vorsitzende des Rechtsausschusses, *Horst Eylmann*, sprach sich daraufhin für einen sofortigen Stop der Reform aus und ergänzte, daß die Reform Auswirkungen in das ganze Leben hinein habe. Es könne doch nicht sein, daß der Bundestag hier keine Kompetenzen habe. Zudem sei die „vermeintlich logische" Reform tatsächlich unlogisch und schaffe neue Unsicherheiten[346]. Von Seiten der Rechtswissenschaftler wurden die Abgeordneten darüber informiert, daß die Kultusministerkonferenz in der Selbstorganisation der Länder als Exekutive befugt war, die Regelungen für die Schulen zu erarbeiten, zumal die Landesparlamente das überwiegend gebilligt hätten. Der Bund sei an der Erarbeitung durch das Innenministerium beteiligt gewesen.

Der Sprachwissenschaftler *Gerhard Augst* verwies anschließend in einer historischen Übersicht darauf, daß die deutsche Rechtschreibung stets dekretiert worden sei[347]. Er betonte, daß die Rechtschreibregeln seit dem Jahrhundertanfang immer schwieriger geworden seien, so daß es notwendig geworden war, Vereinfachungen zu schaffen und Angleichungen an die Sprachent-

---

341 Den Rechtswissenschaftlern *Max-Emanuel Geis* (Konstanz), *Rolf Gröschner* (Jena), *Wolfgang Löwer* (Bonn) und *Hans-Peter Schneider* (Hannover), den Sprachwissenschaftlern *Gerhard Augst* (Gesamthochschule Siegen) und *Theodor Ickler* (Erlangen), sowie dem Verleger *Hans-Joachim Gelberg*.

342 „Klärung für die Rechtschreibreform gesucht", Woche im Bundestag, Heft 10/97, vom 10.6.1997

343 Vgl. auch die Stellungnahmen von *Gröschner* und *Löwer*, RdJB 1997, S. 223 ff., für den Rechtsausschuß des Deutschen Bundestages.

344 „Wie die Rechtschreibreform doch noch gestoppt werden soll", Die Welt, vom 4.6.1997.

345 Woche im Bundestag, (Fn. 342).

346 Woche im Bundestag, (Fn. 342).

347 Woche im Bundestag, (Fn. 342).

wicklung vorzunehmen. *Gröschner* war hingegen der Ansicht, daß das Vorgehen einem „Rechtschreibdiktat" des Staates gleichkomme, das selbst zu Zeiten der Monarchie vermieden worden sei[348]. So habe man bei der letzten Rechtschreibreform 1902 noch von einer „fließenden Geltungsfortbildung" der Orthographie gesprochen. Danach habe der Duden als Rechtschreibinstanz keine neuen Normen setzen, sondern lediglich Schreibweisen, die sich neben der „offiziellen" Rechtschreibung eingebürgert hatten, zusätzlich zulassen können. Die jetzige behördliche „Anordnung" ungebräuchlicher Schreibungen bedeute demgegenüber einen „qualitativen Sprung"[349].

Diese Analyse fand bei den Parlamentariern ein lebhaftes Echo. So rief eine SPD-Abgeordnete: „Die Sprache ist Eigentum und Werk des Volkes". Der Ausschußvorsitzende *Eylmann* merkte an: „Das Grundgesetz gibt uns die Kompetenz, Maße und Gewichte zu ändern, aber nicht die Sprache. Sie reformiert sich selbst."[350] Der Sprachwissenschaftler *Theodor Ickler* sah in den neuen Regeln keine Vereinfachung sondern eine "Verrohung", gegen die sich die Autoren und Verlage wehrten[351]. Die Reform sei ein "menschenverachtendes Massenexperiment", weil sie die Lehrer zwinge, eine "objektiv falsche Rechtschreibung" weiterzugeben. Dies wirke sich gravierend auch in den deutschen Auslandsschulen aus. Außerdem koste die Reform viel Geld. Dies bestätigte aus der Praxis der Verleger *Hans-Joachim Gelberg*. Die Verlage, vor allem Schulbuch- und Kinderbuchverlage, seien wegen der erzeugten Nachfrage faktisch gezwungen worden, ihre Produkte auf die neue Rechtschreibung umzustellen[352]. Nach Ansicht *Gröschners* ist es im Zusammenhang mit der Reform möglicherweise gegenüber Schul- und Kinderbuchverlagen sogar zu enteignungsgleichen Eingriffen gekommen. Außerdem ändere sich durch neue Schreibweisen auch der Text des Grundgesetzes, ohne daß der Gesetzgeber gefragt worden sei[353]. Die angehörten Verfassungsrechtler verwiesen darauf, daß für die Unterweisung in den Auslandsschulen wie auch für die Amtssprache allein der Bund zuständig ist. Der Rechtswissenschaftler *Max-Emanuel Geis* sah dennoch keine grundgesetzlich gegebene Pflicht für den Bund, gesetzgeberisch tätig zu werden[354]. Der Gesetzgeber sei nur für die Regelung "wesentlicher" Bereiche gefordert, wie der Bildung oder Erziehung. Die Feinziele müßten von der Exekutive vorgegeben werden. Solange die Reform Entwicklungen nachzeichne, sei sie Feinziel und somit Länderexekutivangelegenheit. Die Verfassungswidrigkeit der Rechtschreibreform wurde von *Gröschner* herausgearbeitet[355]. Der Bundestag könne eine zu erwartende Entscheidung des Bundesverfassungsgerichts überflüssig machen und mit einer

---

348 „Wie die Rechtschreibreform doch noch gestoppt werden soll", Die Welt, vom 4.6.1997.
349 Woche im Bundestag, (Fn. 342).
350 Woche im Bundestag, (Fn. 342).
351 Woche im Bundestag, (Fn. 342).
352 Woche im Bundestag, (Fn. 342).
353 „Wie die Rechtschreibreform doch noch gestoppt werden soll", Die Welt, vom 4.6.1997.
354 Woche im Bundestag, (Fn. 342).
355 Woche im Bundestag, (Fn. 342).

Entschließung weiteren Schaden vermeiden, weil er befugt sei, die Durchführung der Rechtschreibreform zu verhindern. Der Rechtswissenschaftler *Wolfgang Löwer* sprach dem Staat grundsätzlich die Kompetenz ab, "seinen Bürgern Sprache, auch nicht deren Schreibweise hoheitlich" vorzuschreiben, was jedoch nicht bedeute, daß er auf "normiertes Lehren und Lernen" verzichten müsse[356]. Für die Schule dürfe Rechtschreibung "in eine Art DIN-Norm" gefaßt werden. Der Rechtswissenschaftler *Hans-Peter Schneider* hingegen setzte sich dafür ein, eine gemeinsame Kompetenz von Bund und Ländern in Form eines Staatsvertrages zu schaffen, zumal seiner Auffassung nach die Reform zahlreiche Vorschriften der Verfassung tangiere und weit über den Schulbereich hinausgehe. Er schlug ferner vor, durch ein Normenkontrollverfahren klären zu lassen, inwieweit Bund und Länder, Exekutive und Parlamente bei der Reform der Rechtschreibung zuständig seien[357]. *Gröschner* lehnte ein solches Verfahren ab: „Wir sollten die politische Entscheidung nicht nach Karlsruhe verschieben."[358] Die größte Zustimmung fand die Anregung, der „Absichtserklärung" der Kultusminister eine Absichtserklärung des Bundestages entgegenzusetzen. Der Bundestag könne natürlich beschließen, sich der Reform nicht anzuschließen. *Eylmann* bemerkte dazu: „Wenn wir im Deutschen Bundestag mit Mehrheit sagen, wir wollen die Reform so nicht, dann, so hoffe ich zuversichtlich, ist sie vom Tisch."[359]

Anders als im Rechtsausschuß war die Mehrheit im Bildungs- und Forschungsausschuß des Deutschen Bundestages auf der Seite der Befürworter der Reform[360]. Der Ausschuß sprach sich am 1. Oktober 1997 mit großer Mehrheit bei nur zwei Gegenstimmen für die von der Kultusministerkonferenz beschlossene Neuregelung der deutschen Rechtschreibung aus. Das Gremium wandte sich damit gegen den Antrag[361] der Abgeordneten aus CDU/CSU, SPD und F.D.P. vom Februar desselben Jahres. Der Ausschuß war der Auffassung, die Neuregelung der Rechtschreibung sei zwar nicht optimal ausgefallen, dennoch aber im Prinzip sinnvoll. Im übrigen habe es vorab genügend Zeit gegeben, Einwände gegen die Reform vorzubringen[362].

Durch den Beschluß des Bildungs- und Forschungsausschusses herausgefordert, befaßte sich der Rechtsausschuß des Deutschen Bundestages am 29. Oktober 1997 erneut mit dem Antrag[363] bezüglich der Ablehnung der Rechtschreibreform[364]. Am Ende der intensiven Diskussion des Parlaments stand ein fraktionsübergreifendes Votum, nach welchem der Bundestag in einem

356 Woche im Bundestag, (Fn. 342).
357 Woche im Bundestag, (Fn. 342).
358 „Wie die Rechtschreibreform doch noch gestoppt werden soll", Die Welt, vom 4.6.1997.
359 Woche im Bundestag, (Fn. 342).
360 „Bildungsausschuß für Rechtschreibreform", Woche im Bundestag, Heft 16/97, vom 7.10.1997.
361 BT-Drucks. 13/7028.
362 Woche im Bundestag, (Fn. 360).
363 BT-Drucks. 13/7028.
364 „Noch einmal mit den Ländern über die Rechtschreibreform sprechen", Woche im Bundestag, Heft 18/97, vom 4.11.1997.

nochmaligen Gespräch mit der Kultusministerkonferenz versuchen solle, eine Verständigung über die Zukunft der Rechtschreibreform in Deutschland zu erreichen, die auch den bei Gerichtsentscheidungen und den in der öffentlichen Diskussion in jüngster Zeit vorgebrachten Bedenken gegen die Neuregelung der Rechtschreibung gerecht werden könne[365]. Das angestrebte Gespräch mit dem Vorsitzenden der Kultusministerkonferenz solle möglichst bald stattfinden, auch wenn, wie in der Diskussion kritisch angemerkt worden war, die beiden schon geführten Erörterungen bisher kein konkretes Ergebnis gehabt hatten und auf Seiten der Kultusministerkonferenz keine Bereitschaft, beispielsweise zu einem Moratorium, erkennbar gewesen war[366].

Von Seiten der CDU/CSU war darauf hingewiesen worden, daß das Beispiel Niedersachsen die Möglichkeit gezeigt habe, bei der Neuregelung innezuhalten; eine nach Regionen sowie Schul- und Behördensprache gespaltene Rechtschreibung müsse vermieden werden; eine Reform der Reform auf ein in der Bevölkerung akzeptiertes Maß angestrebt und eine gesicherte Rechtsgrundlage dafür geschaffen werden[367]. Die SPD wollte, weil die Reform in den Schulen nicht plötzlich gestoppt werden könne, sicherstellen, daß deren Revidierbarkeit möglich bleibe und daß zusätzlich ein Gremium zur Überprüfung eingesetzt werden solle, das nicht identisch ist mit dem, das die Neuregelung erarbeitet hat. Die F.D.P. machte deutlich, daß etwas von der Bedeutung wie die Rechtschreibreform nicht ohne Beteiligung des Gesetzgebers und ohne ausreichende Rechtsgrundlage umgesetzt werden könne; auch die Bundesregierung habe die Reform „mit spitzen Fingern angefaßt". Im übrigen sei es sinnvoller, wenn sich die Rechtschreibung „in Ruhe weiterentwickeln" könne. Bündnis 90/Die Grünen sprachen sich für eine „liberalere Umsetzung" der Reform aus; die Länder sollten Unstimmigkeiten überprüfen und mehr Klarheit schaffen. Positiv sei das Anliegen der Reform, eine Vereinfachung von Schreibregeln zu bewirken. Die PDS meinte, dem Staat müsse das Recht eingeräumt werden, Änderungen bei der Rechtschreibung durchzuführen[368].

Die im Januar 1998 von der zwischenstaatlichen Kommission vorgelegten überarbeiteten Vorschläge zur Rechtschreibreform[369] stießen bei Bonner Politikern auf massive Ablehnung[370]. Die kulturpolitische Sprecherin der CDU/CSU-Bundestagsfraktion, *Erika Steinbach*, war der Ansicht, daß die Verunsicherung nun nicht mehr zu überbieten sei und forderte in einer Pressemitteilung die Kultusminister der Länder auf, die Arbeit der zwischenstaatlichen Kommission für beendet zu erklären und zur Rechtschreibung vor der

---

365 Woche im Bundestag, (Fn. 364).

366 Woche im Bundestag, (Fn. 364).

367 Woche im Bundestag, (Fn. 364).

368 Woche im Bundestag, (Fn. 364).

369 „Vorschläge zur Präzisierung und Weiterentwicklung der Neuregelung der deutschen Rechtschreibung", vgl. oben (S. 312).

370 „Rechtschreib-Kommission verteidigt Vorschläge", Berliner Zeitung, vom 9.1.1998

Reform zurückzukehren. Die SPD-Bundestagsabgeordnete *Liesel Hartenstein* sprach sich für ein vorläufiges Aussetzen der Reform und die Einsetzung einer unabhängigen Kommission aus, die mit breiter Sachkompetenz und unter Einbeziehung von Schriftstellern, Journalisten und Pädagogen zu sprachlich vernünftigen Lösungen kommen solle. Mit den neuen Vorschlägen sei dagegen „das Chaos der Beliebigkeit" programmiert[371].

Der Rechtsausschuß des Deutschen Bundestages stimmte in seiner 111. Sitzung am 4. März 1998 mit deutlicher Mehrheit einer Beschlußempfehlung[372] an das Bundestagsplenum zu. Mit dieser Empfehlung hatte der Ausschuß den interfraktionellen Antrag vom Februar 1997[373] modifiziert und inhaltlich teilweise zurückgenommen. Mit dem ursprünglichen Antrag sollte die Anwendung der Reform pauschal vom Bundestag abgelehnt werden und die Bundesregierung zur Nichtanwendung im Bereich der Amtssprache bewegt werden[374]. Nunmehr sollte, neben dem Ausdruck der Besorgnis über die Art und Weise der Umsetzung der Rechtschreibreform wegen der großen Zahl unterschiedlicher verwaltungsgerichtlicher und oberverwaltungsgerichtlicher Bewertungen und der angelaufenen Volksbegehren, der Bundestag die Kultusminister der Länder bitten, an der Entwicklung eines nachzeichnenden Verfahrens mitzuarbeiten, das den Konsens in der Sprachgemeinschaft feststellt; die Bundesregierung sollte gebeten werden, dieses Verfahren zu begleiten und den Bundestag rechtzeitig zu unterrichten, insbesondere im Hinblick auf die Umsetzungsmaßnahmen in die Amtssprache[375].

In der Beratung des Ausschusses wurde einstimmig[376] die Ansicht geäußert, daß sich die Sprache ständig und behutsam, organisch und schließlich durch gemeinsame Überzeugung weiterentwickelt[377]. In der Beschlußempfehlung fand dieser Gedanke seinen pointierten Ausdruck in dem Satz: „Mit einem Wort: Die Sprache gehört dem Volk"[378].

Der Rechtsausschuß sprach sich am Ende der Beratung mehrheitlich dafür aus, die hergebrachte Amtssprache des Bundes solange beizubehalten, bis ein unabhängiges Gremium das Ergebnis einer Überprüfung des neuen Regelwerks vorgelegt habe[379]. Die Kultusminister sollten gebeten werden, das Lehren und Lernen der Rechtschreibung an den Schulen auf eine gesichertere Verfahrensgrundlage zu stellen. Das koordinierende Gremium, dessen Einrichtung der Rechtsausschuß in seiner Bitte an die Kultusminister in diesem Zusammenhang vorschlug, solle die Sprachentwicklung beobachten und für

---

371 Berliner Zeitung, (Fn. 370).

372 BT-Drucks. 13/10183 vom 24.3.1998.

373 BT-Drucks. 13/7028 vom 21.2.1997.

374 Vgl. oben S. 339.

375 BT-Drucks. 13/10183 vom 24.3.1998.

376 Zum Beratungsverfahren, BT-Drucks. 13/10183.

377 „Ein unabhängiges Gremium soll Konsens über Sprache finden", Woche im Bundestag, Heft 4/98, vom 10.3.1998.

378 BT-Drucks. 13/10183.

379 Woche im Bundestag, (Fn. 377)

die Erhaltung der Einheitlichkeit der deutschen Sprache Sorge tragen. Ihm sollten Sprachwissenschaftler und Praktiker angehören. Die vorliegende Rechtschreibreform einschließlich der bereits in der Schulpraxis übernommenen Teile sei in die Prüfungen und Beratungen des Gremiums einzubeziehen, um die Verunsicherung der betroffenen Schüler, Eltern und Lehrer möglichst bald zu beenden. Das neue Regelwerk müsse auf die Notwendigkeit von Änderungen beziehungsweise Ergänzungen hin grundlegend überprüft werden.

Für diese Beschlußempfehlung sprachen sich im Rechtsausschuß 15 Parlamentarier aus allen Fraktionen aus, sieben stimmten gegen sie, drei enthielten sich der Stimme[380].

Am 26. März 1998 folgte das Plenum des Deutschen Bundestages[381] der modifizierten interfraktionellen Beschlußempfehlung und faßte mit Stimmen aller Fraktionen den folgenden Beschluß:

> „1. Der Deutsche Bundestag nimmt mit Besorgnis zur Kenntnis, daß die Art und Weise der Umsetzung der Rechtschreibreform und ihre Inhalte bei den Bürgern unseres Landes ein hohes Maß an rechtlicher und sprachlicher Unsicherheit über die deutsche Rechtschreibung hervorgerufen haben. Es hat eine große Zahl unterschiedlicher verwaltungsgerichtlicher und oberverwaltungsgerichtlicher Bewertungen gegeben. In einer Reihe von Bundesländern sind Volksabstimmungen angelaufen.
> 2. Der Deutsche Bundestag ist der Überzeugung, daß sich die Sprache im Gebrauch durch die Bürgerinnen und Bürger, die täglich mit ihr und durch sie leben, ständig und behutsam, organisch und schließlich durch gemeinsame Übereinkunft weiterentwickelt. Mit einem Wort: Die Sprache gehört dem Volk.
> 3. Der Deutsche Bundestag bittet die Kultusminister der Länder, an der Entwicklung eines Verfahrens mitzuarbeiten, in dem die Fortentwicklung der Sprache behutsam nachgezeichnet und festgestellt wird, was als Konsens in der Sprachgemeinschaft gelten kann. An dieser Aufgabe sollten alle, die durch ihre beruflichen und wissenschaftlichen Bezüge der Sprache besonders verpflichtet sind, beteiligt werden. Dazu gehören zum Beispiel die deutsche Akademie für Sprache und Dichtung, die Verbände der Schriftsteller und Journalisten, die Vereinigungen der Germanisten und der Sprachforscher. Ein für diese Aufgabe zuständiges koordinierendes Gremium sollte unter Mitwirkung der an der Wiener Absichtserklärung beteiligten Unterzeichnerstaaten zudem Sorge für die Erhaltung der Einheitlichkeit der Sprache im deutschen Sprachraum tragen. In die Prüfungen und Beratungen ist die vorliegende Rechtschreibreform einschließlich der bereits in die Schulpraxis übernommenen Teile einzubeziehen, um die Verunsicherung der betroffenen Schüler, Eltern und Lehrer möglichst bald zu beenden.
> 4. Der Deutsche Bundestag bittet die Bundesregierung, die behutsame Entwicklung der deutschen Sprache -- einschließlich des vorstehenden Überprüfungsverfahrens (Nummer 3) -- zu begleiten und darüber den Deutschen Bundestag rechtzeitig -- insbesondere im Hinblick auf Umsetzungsmaßnahmen in die Amtssprache -- zu unterrichten."[382]

---

[380] Woche im Bundestag, (Fn. 377).

[381] Stenographische Berichte des Deutschen Bundestages, Bd. 192 (1998), S.20550-20567; TOP 10 der 224. Sitzung des Deutschen Bundestages vom 24.3.1998.

[382] BT-Drucks. 13/10113; „Rechtschreibreform überprüfen", Woche im Bundestag, Heft 5/98, vom 31.3.1998.

An den Bundestag wurden auch von Seiten der Bevölkerung vielfach Anfragen zur Rechtschreibreform und Aufforderungen zu einem Einschreiten des Bundes gerichtet. So wurde im Jahresbericht des Petitionsausschusses des Deutschen Bundestages von 1997 festgestellt, daß die Rechtschreibreform die Bürger so intensiv beschäftigt habe, daß den Ausschuß hierzu im Berichtszeitraum 20.000 Eingaben erreicht hatten[383].

Nach der Verkündung des Urteils des Bundesverfassungsgerichts am 14.7.1998 kam es noch am selben Tag zu mehreren Stellungnahmen von Abgeordneten des Deutschen Bundestages. Der stellvertretende Vorsitzende der CDU/CSU-Bundestagsfraktion, *Rupert Scholz*, erklärte, daß mit dem Urteil das letzte Wort zur Rechtschreibreform noch nicht gesprochen sei[384]. Votierten die Bürger Schleswig-Holsteins dagegen, dann sei die Reform tot, denn es könne keine unterschiedliche Schreibweise in den deutschen Bundesländern geben. Schließlich hätten sich auch die Unterzeichner der „Wiener Absichtserklärung" zur Wahrung der Einheit des deutschen Sprachraums verpflichtet. Auch nach dem Urteil blieben gravierende verfassungsrechtliche Bedenken gegen die Modalitäten der Umsetzung neuer, vom Staat hoheitlich verordneter Rechtschreibregeln. Der kultusministerielle Oktroi greife in die Grundrechtssphäre von Eltern und Schülern ein, die die Reform mehrheitlich ablehnten. Die Sprache werde jedenfalls als etwas so Wesentliches empfunden, daß sie ohne allgemeine Akzeptanz nicht geändert werden könne[385]. Der F.D.P.-Bundestagsabgeordnete *Detlef Kleinert* brachte seine Enttäuschung über das Urteil zum Ausdruck. Die Betonung des Eltern-Schüler-Verhältnisses berücksichtige nicht die gesamtgesellschaftliche und volkswirtschaftliche Bedeutung der durch die Reform notwendigen Umstellungen[386]. Die SPD-Bundestagsabgeordnete *Liesel Hartenstein* war der Ansicht, daß das Urteil in höchstem Maße zwiespältig und in keiner Weise überzeugend sei.[387] Zwar müsse die verfassungsrichterliche Wertung akzeptiert werden, daß die Reform nicht in das elterliche Grundrecht auf Erziehung eingreife, jedoch gingen die Richter weit über ihre Kompetenz hinaus, wenn sie die Einführung neuer Rechtschreibregeln als keine „wesentliche" Maßnahme deklarierten, die dadurch per Erlaß angeordnet werden könne. Damit setze sich das Gericht auch in Widerspruch mit sich selbst, da der Vorsitzende des Ersten Senats, *Hans-Jürgen Papier*, bei der Eröffnung des Verfahrens erklärt hatte, das es nicht die Aufgabe des Bundesverfassungsgerichts sei, sich zum „sprachlichen Obergutachter" aufzuschwingen, also über Sinn oder Unsinn der Reform in der Sache zu entscheiden. Genau dies tue Karlsruhe aber, und zwar in einer schlecht begründeten und höchst oberflächlichen Weise. Das Urteil stehe zudem nicht

383 „Zahl der Petitionen um 12 Prozent gestiegen", Woche im Bundestag, Heft 9/98, vom 12.5.1998.
384 Pressemitteilung des Deutschen Bundestages vom 14.7.1998.
385 Pressemitteilung des Deutschen Bundestages, (Fn. 384)
386 Pressemitteilung des Tagesdienstes der F.D.P.-Bundestagsfraktion vom 14.7.1998.
387 Pressemitteilung des Deutschen Bundestages vom 14.7.1998.

auf solidem Boden, da die Hauptargumente schlicht falsch seien. So müßten nicht 185, wie das Gericht behaupte, sondern über 1000 Wörter geändert werden. Falsch sei weiterhin die Aussage, daß die Reform nur der Sprachentwicklung Rechnung trage und nicht in die Sprachgestaltung selbst eingreife. Im übrigen habe das Gericht die vielen Neuregelungen bei der Getrennt- und Zusammenschreibung, die willkürliche Eindeutschung von Fremdwörtern und die Verschlechterung der Verständlichkeit beim Streichen von Zwischenregeln nicht beachtet. Letztlich wurde auch nicht die Tatsache berücksichtigt, daß die Reformkommission im Januar 1997 selbst ihr Regelwerk in großen Teilen als korrekturbedürftig erkannt habe. Alles in allem sei es ein gravierendes Fehlurteil in der Sache[388].

Bereits mit Blick auf den Volksentscheid in Schleswig-Holstein äußerte sich am 15.7.1998 der Justitiar der CDU/CSU-Bundestagsfraktion, *Joachim Gres*, dahingehend, daß er mit weiteren Volksentscheiden rechne, wenn sich die Bevölkerung von Schleswig-Holstein gegen die Reform entscheide. Das Thema komme so zwangsläufig erneut vor den Bundestag, „denn wenn einzelne Länder ausbrechen, müssen wir letztlich doch politisch entscheiden"[389]. Skeptisch äußerten sich die Abgeordneten *Scholz* und *Gres* auch zur Übernahme der reformierten Schreibweise in die Amtssprache. Das Bundesverfassungsgericht hätte in seinem Urteil die Anwendung außerhalb der Schulen ausdrücklich freigestellt. Der Bundesinnenminister müsse sich mit dem Bundestag ins Benehmen setzten, ob er die Regeln anwenden darf. Dies werde aber nicht vor der Bundestagswahl am 27.9.1998 geschehen[390]. Nach Ansicht des F.D.P.-Abgeordneten *Kleinert* sei die Reform gescheitert, falls der Bundestag gegen die Übernahme in die Amtssprache votieren sollte[391].

Anders sahen dies schon Ende Juli 1998 die alte Bundesregierung unter Bundeskanzler *Helmut Kohl* und das Innenministerium und beriefen sich dabei auf das Urteil des Bundesverfassungsgerichts vom 14.7.1998. Da vom Bundesverfassungsgericht festgestellt worden war, daß die neuen Schreibweisen sich nicht wesentlich auf das Erziehungsrecht der Eltern und das Persönlichkeitsrecht der Schüler auswirken, bedürfe es keines besonderen Gesetzes und sei damit auch allein die Bundesregierung für die Entscheidung über die Einführung der reformierten Schreibweisen in die Amtssprache zuständig[392].

Anknüpfend hieran faßte die neue Bundesregierung unter Bundeskanzler *Gerhard Schröder* am 27.1.1999 auf Vorlage des Bundesinnenministeriums den Beschluß, daß die neuen Rechtschreibregeln vom 1.8.1999 an auch in der Amtssprache aller Bundesbehörden angewendet werden. In dem Beschluß wird auf die Erlasse von 14 Ländern[393] Bezug genommen, die neuen Regeln in

---

388 Pressemitteilung des Deutschen Bundestages (Fn. 387).
389 „Einführung der Schreibreform für Beamte offen", Die Welt, vom 16.7.1998.
390 Die Welt, (Fn. 389).
391 „Gegner der Schreib-Reform werden kleinlaut", Saarbrücker Zeitung, vom 27.7.1998.
392 Saarbrücker Zeitung, (Fn. 391).
393 Außer Schleswig-Holstein und Mecklenburg-Vorpommern.

die Amtssprache einzuführen. Angestrebt wird ein moderater Übergang zu den neuen Regeln[394]. Die Regierung wolle dabei die weitere Entwicklung der Schriftsprache im Kontakt mit der Rechtschreibkommission beobachten und sich bemühen, einen Expertenrat zu berufen, dem auch Eltern und Journalisten angehören sollen[395]. Nicht nachvollziehbar ist jedoch die regierungsinterne Regelung, nach der die Zuständigkeit für die Rechtschreibung des Bundes grundsätzlich dem Kulturstaatsminister übertragen wurde[396], die Zuständigkeit für die Rechtssprache jedoch beim Bundesinnenministerium im Rahmen seiner Verwaltungsorganisationszuständigkeit verblieben ist[397].

Der Beschluß der Bundesregierung wurde vom Vorsitzenden der Zwischenstaatlichen Kommission, *Augst*, als endgültiger Durchbruch begrüßt. Kommissionssekretär *Heller* vom IdS Mannheim sagte, daß die Regierung nun Rechtssicherheit für Beamte geschaffen habe, nachdem schon das Bundesverfassungsgericht Rechtssicherheit für die Schulen geschaffen hatte[398].

Am 3.2.1999 teilte die neue Bundesregierung in einer Unterrichtung[399] dem Deutschen Bundestag mit, daß sie keine verfassungsrechtlichen Bedenken mehr sehe, die jetzige Fassung der Neuregelung der deutschen Rechtschreibung sowohl in den Schulen als auch in der Verwaltungssprache des Bundes und der Länder einzuführen. Die Bundesregierung nahm dabei im Teil 1 der Unterrichtung Bezug auf das Urteil des Bundesverfassungsgerichts zur Rechtschreibreform vom 14. Juli 1998 und stellte mit längeren Ausführungen aus den Gründen des Urteils die vier Leitsätze der Entscheidung dar. Im Teil 2 zum Stand der Umsetzung der Wiener Absichtserklärung wurde die Absicht des Bundes geäußert, zum 1.8.1999 die Neuregelung der deutschen Rechtschreibung im amtlichen Schriftverkehr und in der Normsprache des Bundes[400] mit einer Übergangszeit bis zum 31.7.2005 einzuführen. Für den Bereich der Rechtsetzung wurde eine Besonderheit für die Variantenschreibung vorgesehen, wonach in der Normsprache anders als im amtlichen Schriftverkehr wegen der wünschenswerten Einheitlichkeit der Schreibweisen bei nach der Neuregelung zulässigen Varianten stets die bisher gebräuchlichen Varianten

394 Zu den Auswirkungen der Umsetzung der Neuregelung für die Amtssprache, insbesondere Gesetzestexte, vgl. *Ickler*, Regelungsgewalt (Fn. 24), S. 19 ff. Zum Problem der Neubekanntmachung von Gesetzen in neuer Rechtschreibung sowie der richterlichen Rechtschreibunabhängigkeit vgl. *Jauernig*, Das „zuständige Bundesministerium", der Richter, der Verleger und die neue Rechtschreibung, JZ 1997, S. 814 ff.

395 „Neue Schreibweise in Amtsstuben", Frankfurter Rundschau, vom 28.1.1999.

396 Organisationserlaß des Bundeskanzlers vom 27.10.1998.

397 Vgl. *Ickler*, Regelungsgewalt (Fn. 24), S. 108.

398 Frankfurter Rundschau, (Fn. 395).

399 BT-Drucks. 14/356 vom 3.2.1999.

400 „Gesetzes- und Verordnungsentwürfe sind [...] unter Beachtung der Neuregelung zu erstellen, zu verkünden und bekanntzumachen. Dies gilt für neue Stammgesetze und Stammverordnungen und für Gesetze und Verordnungen, durch die bestehende Regelungen geändert werden. Die Neuregelung ist ebenfalls bei der Bekanntmachung von Gesetzen und Verordnungen zu beachten."; BT-Drucks. 14/356, Teil 2, II, 1, d).

verwendet werden sollen[401]. Im Teil 3 der Drucksache führte die Bundesregierung zur Bewertung aus, daß die Erfahrungen mit der Einführung des neuen Regelwerks in Schulen und Behörden der Länder gezeigt hätten, daß im täglichen Gebrauch keine nennenswerten Schwierigkeiten aufgetreten seien. „Die Tatsache, daß weder in den Schulen noch in den Verwaltungen ‚Sanktionen' an die Anwendung der neuen oder alten Rechtschreibregeln geknüpft worden seien, trage wesentlich zur Bereitschaft bei, sich mit den neuen Regeln vertraut zu machen und sie anzuwenden."[402]

Nach der Entscheidung des Bundesverfassungsgerichts beständen auch keine verfassungsrechtlichen Bedenken mehr, die jetzige Fassung der Neuregelung der deutschen Rechtschreibung sowohl in den Schulen als auch in die Verwaltungssprache des Bundes und der Länder einzuführen. Der Bund messe der Einheitlichkeit der deutschen Rechtschreibung große Bedeutung bei. Er werde deshalb mit der Einführung der Neuregelung dem Beispiel Österreichs, der Schweiz, Liechtensteins und der meisten deutschen Bundesländer kurzfristig folgen. Der Übergangszeitraum bis 2005 solle u.a. auch dafür genutzt werden, die Anwendbarkeit einzelner Regeln auf ihrer Tauglichkeit hin zu überprüfen und ggf. Anpassungen vorzunehmen. Die weitere Schreibentwicklung und die Möglichkeit der Anpassung des Regelwerks werde so durch die Einführung der Neuregelung in die Verwaltungssprache des Bundes und der Länder nicht behindert. Die Bundesregierung werde die weitere Entwicklung durch einen engen Kontakt mit der Kommission für die deutsche Rechtschreibung und intensive Prüfung der von dieser zu erstellenden Berichte und Vorschläge begleiten. Sie sei ferner gemeinsam mit der Ständigen Konferenz der Kultusminister der Länder bemüht, dem Wunsch des Deutschen Bundestages entsprechend einen Beirat ins Leben zu rufen, dem Schriftsteller, Journalisten, Lehrer, Eltern etc. angehören, der seinerseits der Kommission beratend zur Seite stehen und insbesondere die Interessen der „Anwender" vertreten soll[403].

In der Praxis erfolgte diese Umsetzung im Bund jedoch uneinheitlich, d.h. im Gegensatz zum Bundesgesetzblatt, bei dem die Umstellung mit dem Stichtag der Umstellung der Presseagenturen koordiniert wurde, gab es beim Bundesanzeiger einen Zeitraum der Überschneidung der Schreibweisen. So erschien das Bundesgesetzblatt Teil 1 erstmals mit seiner Nummer 44 vom 31.8.1999 nach den neuen Rechtschreibregeln, allerdings ohne daß der Bundesanzeigerverlag hierzu im Impressum oder an anderer Stelle eine Erklärung abgab. Die Nummer 43 vom 16.8.1999 war noch in traditioneller Rechtschreibung verfaßt worden. Beim Bundesanzeiger selbst fand die Umstellung über einen längeren Zeitraum statt. In den Monaten August bis Oktober 1999 erschienen die Bekanntmachungen der Ministerien, Gerichte und anderer staat-

401 BT-Drucks. 14 /356, Teil 2, II, 1, d).
402 BT-Drucks. 14 /356, Teil 3.
403 BT-Drucks. 14/356 Teil 3.

lichen Stellen in der gleichen Ausgabe des Bundesanzeigers teils in alter und teils in neuer Schreibweise. So kommt bereits in der Ausgabe Nr. 162 vom 31.8.1999 in einer Richtlinie des Bundeswirtschaftsministeriums vom 20.8.1999 das Wort „Missbrauch" vor; die gerichtlichen Bekanntmachungen dieser Ausgabe enthalten aber noch die Rubriken „Nachlaßsachen" und „Ausschlußurteile". Fast zwei Monate später erscheint in der Ausgabe Nr. 198 vom 20.10.1999 eine Bekanntmachung des Freistaats Bayern vom 23.9.1999 mit dem Wort „Mißbrauch"; die „Lage auf dem Arbeitsmarkt im September 1999" der Bundesanstalt für Arbeit wird in dieser Ausgabe in neuer Rechtschreibung veröffentlicht. Spätere Ausgaben enthalten nur noch vereinzelt Bekanntmachungen in alter Rechtschreibung.

Daraus läßt sich schließen, daß der Bundesanzeigerverlag selbst keine Rechtschreibprüfung und Überarbeitung vorgenommen hatte, sondern die Vorlagen der staatlichen Stellen in jeweils der Schreibweise abdruckte, in der sie dem Verlag überlassen wurden. Ein redaktioneller Hinweis zur Umstellung auf die neuen Schreibweisen fand sich auch in keiner Ausgabe der Bundesanzeiger der Monate August bis Oktober 1999.

In diesem Zusammenhang sei noch eine selbst vom C.H.-Beck Verlag als Kuriosum empfundene Situation erwähnt, durch die ein Nebeneinander von Schreibweisen entstand. In den Hinweisen „Sartorius aktuell" zur 64. Ergänzungslieferung merkte der Verlag an: „Da die neue Rechtschreibung seit einiger Zeit auch vom Gesetzgeber angewendet wird - und dies auch bei Änderungsgesetzen - erscheint manches Gesetz in der Textsammlung nun in zweierlei Schreibweisen. Die geänderten Teile sind in der neuen Rechtschreibung abgefasst, die älteren Teile unverändert in der alten. Abhilfe können hier nur Neubekanntmachungen schaffen, da für den Verlag die im Bundesgesetzblatt abgedruckte Fassung die entscheidende ist."[404] Konkret führt dies dazu, daß sich beispielsweise in § 264 HGB die Bezeichnung „Jahresabschluß" findet; hingegen in § 264 b HGB „Jahresabschluss" steht[405].

In einer Antwort auf eine Große Anfrage bestätigte die Bundesregierung im Oktober 2001, daß bei der Bundesregierung ein Beirat für deutsche Rechtschreibung eingerichtet wurde, der den deutschen Mitgliedern der Zwischenstaatlichen Kommission zuarbeitet. Aufgabe des Beirates sei es, zu den von der Kommission für die deutsche Rechtschreibung im zweijährigen Turnus vorzulegenden Berichten Stellung zu nehmen hinsichtlich der Praktikabilität und der Akzeptanz von Vorschlägen der Kommission in der Sprachgemeinschaft[406].

Nachdem Anfang 2002 der an sich vertrauliche dritte Bericht der Zwischenstaatlichen Kommission für Rechtschreibfragen bekannt wurde und erneut eine Kontroverse über die Rücknahme der Reform auslöste[407], äußerte

---

404 „Sartorius aktuell" zur 64. Ergänzungslieferung vom 1. September 2000.

405 Vgl. „Wieder eingeführtes Komma", FAZ vom 26.10.2000.

406 BT-Drucks. 14/7250 vom 30.10.2001.

407 Vgl. oben S. 310.

Kulturstaatsminister *Julian Nida-Rümelin*, daß er die staatliche Einmischung in die Rechtschreibreform für einen Fehler halte[408].

[408] „Rechtschreibreform nichts für den Staat", Berliner Morgenpost vom 24.3.2002.

Thesen

1. Dem Bundesverfassungsgericht wird herkömmlich über Art. 93 GG die alleinige Kompetenz zugewiesen, im vorgegebenen Rahmen über die Befolgung des Grundgesetzes zu wachen und dessen Inhalt in diesen Grenzen autoritativ zu interpretieren. Die verfassungsmäßige Übertragung der Aufgabe der alleinigen verbindlichen Verfassungsinterpretation macht es aber unabdingbar, auch deren Maßgeblichkeit zu sichern und dem Gericht eine über die konkrete Streitentscheidung hinausgehende Wirkung seiner Entscheidungen zuzugestehen.

2. Ein sich in die Systematik des Grundgesetzes einfügender und die Probleme der lediglich einfachgesetzlichen Normierung in § 31 Abs. 1 BVerfGG beseitigender Lösungsansatz besteht darin, für den nichtreflexiven, nicht verfassungsorganbezogenen Bereich eine verfassungsrechtliche Bindungswirkung im Sinne eines maßgeblichen Interpretationsmonopols direkt aus Art. 93 GG zu postulieren.

3. Mithilfe des im Rechtsstaatsprinzip enthaltenen Prinzips der Verfassungsbindung läßt sich der Adressatenkreis einer verfassungsunmittelbaren Bindungswirkung auf diejenigen Institutionen eingrenzen, die mit hoheitlicher Gewalt die Vorschriften der Verfassung und deren Auslegungen anwenden. Nimmt man die Verfassungsorgane von Bund und Ländern aus, so sind dies alle Gerichte und Behörden.

4. Für die Verfassungsorgane des Bundes gilt die Verfassungsorgantreue, weshalb in diesem Bereich die Annahme einer verfassungsunmittelbaren Bindungswirkung nicht erforderlich ist. Insbesondere ist auch eine Selbstbindung des Bundesverfassungsgerichts für die Funktion des Systems der Verfassungsorgane nicht erforderlich.

5. Für die Verfassungsorgane der Länder wird die Beachtlichkeit der Entscheidungen des Bundesverfassungsgerichts vom Prinzip der Bundesstaatstreue gewährleistet. Der Annahme einer zusätzlichen verfassungsunmittelbaren Bindungswirkung bedarf es auch für diese Organe nicht.

6. Der einfachgesetzlichen Kodifizierung in § 31 Abs. 1 BVerfGG kommt im Verhältnis zur verfassungsunmittelbaren Bindungswirkung in Bezug auf die Gerichte und Behörden ein nur deklaratorischer Charakter zu. Dadurch entfällt die Möglichkeit einer einfachen Derogation von § 31 Abs. 1 BVerfGG hinsichtlich der Landesverfassungsgerichte durch Art. 100 Abs. 3 GG. Mit der Annahme einer verfassungsunmittelbaren Bindungs-

wirkung muß das Verhältnis von Art. 93 Abs. 1 GG und Art. 100 Abs. 3 GG so bestimmt werden, daß beide nebeneinander bestehen können. Dies ist möglich mit der Annahme, daß Art. 100 Abs. 3 GG nicht die Landesverfassungsgerichte von der Bindungswirkung freistellt, sondern vielmehr dem Bundesverfassungsgericht hinsichtlich seiner eigenen Entscheidungen die Möglichkeit einer Rechtsprechungsanpassung eröffnet.

7. Die vom 5. Gesetz zur Änderung des Bundesverfassungsgerichtsgesetzes für bestimmte Gerichtszweige des öffentlichen Rechts eröffnete Möglichkeit, eine Abweichung von einer Entscheidung des Bundesverfassungsgerichts als Rechtsmittelzulassungsgrund zu werten, ist durch die Annahme einer verfassungsunmittelbaren Bindungswirkung auf die vom Gesetzgeber anvisierten Fälle unbeabsichtigten Abweichens beschränkt.

8. Die Annahme einer Bindungsunterworfenheit auch des Gesetzgebers ist wegen dessen Verfassungsorganqualität nicht nur nicht erforderlich, sondern wäre auch gefährlich, denn die Sicherheit einer solchen Gewaltenteilungsabgrenzung wäre trügerisch. Ein echter Konflikt zwischen diesen beiden Verfassungsorganen ist nicht formal lösbar. Dem Gesetzgeber gegenüber sollte das Bundesverfassungsgericht auf die Überzeugungswirkung seiner Argumente, die Akzeptanz seiner Entscheidungen und die auf sein erworbenes Ansehen gründende fachliche Autorität beschränkt bleiben.

9. Bindungswirkung können nur Senatsentscheidungen in Sachfragen entfalten. Die dem Bundesverfassungsgericht verfassungsrechtlich gezogenen sachlichen Kompetenzgrenzen wirken sich auf die Grenzen der Bindungswirkung direkt aus. Für die Verfahrensarten des Art. 93 Abs. 1 GG lassen sich enumerativ verfassungsunmittelbare Forderungen an die Qualität der für eine Bindungswirkung in Betracht kommenden Gründe formulieren.

10. Nach rund drei Dekaden ohne faktische Resonanz in der Rechtsprechung kann die Lehre der präjudiziell-bindenden Wirkung von Verfassungsgerichtsentscheidungen als nicht hinreichend überzeugend und daher als überholt gelten.

11. Nach fast einhelliger Auffassung binden sowohl der Entscheidungstenor als auch die ihn tragenden Gründe. Die Art der Gründe, die überhaupt Bindungswirkung entwickeln können, folgt für die verfassungsunmittelbare Bindungswirkung aus deren Funktion als Kernelement der Aufgabe des Gerichts, die letztverbindliche Verfassungsauslegung zu sichern. Daher können nur abstrahierbare, in vergleichbaren Sachverhalten

verwendbare Auslegungssätze zum Verfassungsrecht die Bedingungen einer bindenden Wirkung erfüllen.

12. Tragende Gründe müssen den Tenor kausal und alternativlos stützen. Bei Entscheidungen mit Stimmengleichheit bindet jedoch entweder nur der den Tenor kausal tragende Argumentationsstrang oder aber, wenn die Ansicht der anderen vier Richter auch geeignet ist, den Tenor zu stützen, der vom Gericht als tragend bestimmte Argumentationsstrang. Für das Bundesverfassungsgericht ergibt sich daraus in diesen Fällen die Forderung der expliziten Bestimmung der tragenden Argumentation bei Stimmengleichheit.

13. Argumentative Grenzen ergeben sich aus intuitiven Prognosen, da diese nicht rational nachvollziehbar sind und damit nicht die Voraussetzungen der Rechtsstaatlichkeit erfüllen. Intuitive Prognosen sind formell daran zu erkennen, daß weder das verwendete Prognoseverfahren, noch ein Wahrscheinlichkeitsquotient angegeben sind. Sie sind geeignet, die auf ihnen beruhenden Wertungen so zu beeinflussen, daß diesen aus rechtsstaatlichen Gründen eine Bindungswirkung nicht zugemessen werden kann.

14. Eine logisch-inhaltliche Dekompositionsmethode von Bundesverfassungsgerichtsentscheidungen zur Ermittlung der mit Bindungswirkung ausgestatteten tragenden Gründe bedarf keiner formallogischen Darstellung. Sie bedarf jedoch einer durchgehenden Aufmerksamkeit hinsichtlich der Konsistenz der verwendeten Begrifflichkeiten und einer kritischen Hinterfragung der präskriptiven und deskriptiven Begründungselemente auf ihre Wechselbezüglichkeiten.

15. Geht man mit dem Bundesverfassungsgericht davon aus, daß Verfassungsinterpretation ein Diskurs ist und diese Beschreibung in Kenntnis der Diskurstheorie erfolgte, dann kann festgestellt werden, daß die allgemeinen praktischen Diskursregeln in den formellen Vorschriften für die Verfahren vor dem Bundesverfassungsgericht berücksichtigt werden.

16. Bei der Analyse richterlicher Entscheidungen ist mitzubedenken, daß sie nicht unerheblich von unbewußten Antrieben beeinflußt sein können, daß die sprachliche Begründung eine nur nachträgliche Legitimation darstellen kann, daß eine Entscheidung in der Regel auch die subjektive Darstellung ihrer Herstellung enthält und daß rhetorische Figuren ein Indiz für argumentative Schwachpunkte seien können. Der grundlegende Rationalitätsanspruch sollte insofern nur als relativ verstanden werden.

17. Eine konkrete Entscheidungsanalysemethode muß streng passiv und rein deskriptiv sein. Dogmatische Erwägungen und Auslegungselemente sind als solche zu kennzeichnen. Es erscheint ausreichend, eine Unterteilung in lediglich vier Argumentenklassen vorzunehmen, die benannt werden können als intuitive Prognosen, sonstige Tatsachenfeststellungen, abstrahierbare Verfassungsauslegungen sowie sonstige Wertungen.

18. Die konkrete Entscheidungsanalyse sollte in drei Schritten erfolgen: erstens der hierarchischen Numerierung der argumentativen Sätze oder Teilsätze, zweitens der Zuordnung zu den Argumentenklassen, gegebenenfalls einer Qualifizierung als Brücke, bzw. Teilstück einer Argumentation, sowie drittens der Isolierung der tragenden Argumentationsstränge durch Selektion der abstrakten Verfassungsauslegungen, dem Verwerfen der auf intuitiven Prognosen beruhenden Verfassungsauslegungen sowie der außerhalb der jeweiligen sachlichen Verfahrenskompetenzen liegenden Erwägungen. Es empfiehlt sich, die ersten beiden Schritte in tabellarischer Form durchzuführen.

19. Als tragende Gründe des beispielhaft analysierten Urteils zur Rechtschreibreform (BVerfGE 98, 218) lassen sich durch diese Methode die folgenden fünf Sätze isolieren:

a) Regulierende Eingriffe sind dem Staat grundsätzlich erlaubt. Für den Bereich der Schulen kann er sich zudem auf Art. 7 I GG berufen. Die Festlegung der Regeln der Rechtschreibung ist davon nicht ausgenommen.

b) Die grundrechtlich verbürgte Kommunikationsmöglichkeit setzt ein hohes Maß an Einheitlichkeit des Kommunikationsmittels „Schreibung" voraus, steht einer Länderregelung aber nicht entgegen, denn sie bedeutet nicht notwendig Übereinstimmung in allen Einzelheiten.

c) Art. 12 Abs. 1 GG ist nicht verletzt, da die Regelung keine berufsregelnde Tendenz hat.

d) Art. 2 Abs. 1 GG ist nicht verletzt, da die Regelung keine wirtschaftliche Ausrichtung besitzt.

e) Das Ziel des Erleichterns des Erlernens richtigen Schreibens ist ein Gemeinwohlbelang, der [eine] Neuregelung verfassungsrechtlich rechtfertigt.

20. Eine kritische inhaltliche Analyse des Urteils des Bundesverfassungsgerichts deckt verschiedene dogmatische Widersprüche und Unsauberkeiten auf. So findet sich in der Entscheidung keine eindeutige Aussage zur

Eingriffsqualität des Beschwerdegegenstandes; abstrakte und konkrete Betrachtungen staatlicher Regelungsbefugnis werden vermengt; die Erforderlichkeit wird ohne die Prüfung eines milderen Mittels bejaht; deskriptive und präskriptive Elemente vermengen sich in Feststellungen wie „die Notwendigkeit der Reform kann nicht nach verfassungsrechtlichen Maßstäben bestimmt werden" und „die Tatsache, daß die Sprache dem Volk 'gehöre', drückt keine rechtliche Zuordnung aus"; es wird nicht zwischen nachvollziehenden und fortentwickelnden Rechtschreibregelungen unterschieden; die staatliche Festsetzung von Unterrichtsinhalten wird gleichgesetzt mit der Änderung der Auswahl von Inhalten aufgrund neuer wissenschaftlicher Entdeckungen oder gesellschaftlicher Wandlungen; erst ernsthafte Kommunikationsstörungen werden als Grenze staatlicher Regelungsbefugnis angesehen.
Das Urteil bleibt letztlich tatbestandlich direkt abhängig von der Akzeptanz der Neuregelung der Rechtschreibung in der Bevölkerung.

21. Die mehr als dreißig verwaltungs- und oberverwaltungsgerichtlichen Entscheidungen zur Rechtschreibreform sind stark heterogen, was angesichts der fast identischen Tatbestände bemerkenswert ist. Die Annahme einer Sicherungs- oder einer Regelungsanordnung wurde in den Eilentscheidungsverfahren überwiegend dahingestellt gelassen oder ohne Angabe einer Begründung festgestellt. Anordnungsanspruch- und Anordnungsgrund wurden in allen möglichen Kombinationen bejaht und verneint.

22. Wechselseitige inhaltliche Bezugnahmen waren überwiegend davon abhängig, ob vorhergehende Entscheidungen mit ihren Gründen veröffentlicht wurden. Eine in einem frühen Beschluß des Bundesverfassungsgerichts als *obiter dictum* geäußerte Bemerkung wurde zwar von den Verwaltungsgerichten überproportional häufig, aber gleichzeitig auch unkritisch übernommen.

23. In den Verfahren auf einstweiligen Rechtsschutz waren überwiegend diejenigen erfolgreich, in denen Schulkinder (auch) selbst als Antragsteller auftraten. Wurde in Entscheidungen das allgemeine Persönlichkeitsrecht und das elterliche Erziehungsrecht geprüft, dann wurde stets entweder die Verletzung beider bejaht, verneint oder offengelassen. Entscheidend war für all diese Gerichte die Bewertung der Intensität des Eingriffs durch die Neuregelung für beide infrage kommenden Grundrechte.

24. Die überwiegende Mehrheit der Verwaltungsgerichte, die die Wesentlichkeit bejahten, sah bereits in der fehlenden staatlichen Regelungskompetenz für fortentwickelnde Rechtschreibungen eine Grundrechtsverletzung, die die Wesentlichkeit der Regelung bedingt. Auf die konkreten

Umsetzungsakte, insbesondere den Umfang der Neureglung, kam es danach nicht an.

25. Die gesellschaftlichen Widerstände gegen die Einführung bisher ungebräuchlicher Schreibweisen an den Schulen und in Behörden wurden von den Befürwortern stark unterschätzt. In absehbarer Zeit wird es nicht zu einem erneuten Versuch einer staatlichen Reform der Rechtschreibung kommen. Es wird aber vermutlich noch weitere Teilrücknahmen der Neuregelungen geben, um die Einheitlichkeit der deutschen Schriftsprache zu wahren.

Literaturverzeichnis

Achterberg, Norbert: Bundesverfassungsgericht und Zurückhaltungsgebote, DÖV 1977, S. 649 ff.

Alexy, Robert: Theorie der juristischen Argumentation: Die Theorie des rationalen Diskurses als Theorie der juristischen Begründung, stw 436, 3. Aufl., 1996

- Theorie der Grundrechte, stw 582, 3. Aufl., 1996
- Die logische Analyse juristischer Entscheidungen, ARSP Beiheft 14/1980, S. 181 ff.
- Eine diskurstheoretische Konzeption der praktischen Vernunft, in: Rechtssystem und praktische Vernunft, ARSP Beiheft 51/1991, S. 11 ff.
- Notizen zu einer Diskurstheorie des Rechts, in: *Siller / Keller*, Rechtsphilosophische Kontroversen der Gegenwart, 1. Aufl., 1999

Aristoteles, Erste Analytiken oder: Lehre vom Schluß. Übersetzt und erläutert von J. H. von Kirchmann, Felix Meiner, o.J. (Philosophische Bibliothek, Bd. 10)

Augst, Gerhard - *Schaeder*, Burghard: Rechtschreibreform. Eine Antwort an die Kritiker, 1997

Badura, Peter: Verfassung, Staat und Gesellschaft in der Sicht des Bundesverfassungsgerichts, Bundesverfassungsgericht und Grundgesetz, Bd. 2, S. 1 ff.

- Die Bedeutung von Präjudizien im öffentlichen Recht, in: *Blaurock*, Uwe (Hrsg.), Die Bedeutung von Präjudizien im deutschen und französischen Recht, 1985, S. 49 ff.
- Das Kreuz im Schulzimmer, BayVBl. 1996, S. 33 ff.
- Staatsrecht, Systematische Erläuterung des Grundgesetzes der Bundesrepublik Deutschland, 2. Aufl., 1996

Bauer, Hartmut: Die Bundestreue, zugleich ein Beitrag zur Dogmatik des Bundesstaatsrechts und zur Rechtsverhältnislehre, 1992

Bauer, Hartmut - *Möllers*, Christoph: Die Rechtschreibreform vor dem Bundesverfassungsgericht, JZ 1999, S. 697 ff.

Baumbach, Adolf - *Lauterbach*, Wolfgang - *Albers*, Jan - *Hartmann*, Peter: Zivilprozeßordnung, Kommentar, 1997

Benda, Ernst - *Klein*, Eckart: Lehrbuch des Verfassungsprozeßrechts, 1991

Benda, Ernst - *Maihofer*, Werner - *Vogel*, Hans-Jochen: Handbuch des Verfassungsrechts, 2. Aufl., 1994

Birken-Bertsch, Hanno - *Markner*, Reinhard: Rechtschreibreform und Nationalsozialismus. Ein Kapitel aus der politischen Geschichte der deutschen Sprache, 2000

Blaurock, Uwe (Hrsg.), Die Bedeutung von Präjudizien im deutschen und französischen Recht, Referate des 5. deutsch-französischen Juristentreffens in Lübeck vom 13.-16. Juni 1984, 1985

Böckenförde, Ernst-Wolfgang: Die Methoden der Verfassungsinterpretation – Bestandsaufnahme und Kritik, NJW 1976, S. 2089 ff.

- Grundrechte als Grundsatznormen, Der Staat 29 (1990), S. 1 ff.

- Die Verfassungsgerichtsbarkeit im Gefüge der Staatsfunktion, Aussprache und Schlußworte, VVDStRL 39 (1981), S. 173.

- Verfassungsgerichtsbarkeit, Strukturfragen, Organisation, Legitimation, in: ders., Staat, Nation, Europa, stw 1419, 1999, S. 157 ff.

- Staat, Verfassung, Demokratie, stw 953, 2. Aufl., 1992

- Die Entstehung des Staates als Vorgang der Säkularisation, in: ders., Recht, Staat, Freiheit, stw 914, 1992, S. 92 ff.

Böhme, Gunnar: Ist die Dudenregelung zur Interpunktion amtlich?, Sprachwissenschaft 18 (1993), S. 322 ff.

Brandom, Robert B.: Expressive Vernunft, Begründung, Repräsentation und diskursive Festlegung, 2000

Buchwald, Delf: Der Begriff der rationalen juristischen Begründung, Zur Theorie der juristischen Vernunft, 1990

- Prinzipien des Rechtsstaats, Zur Kritik der gegenwärtigen Dogmatik des Staatsrechts anhand des allgemeinen Rechtsstaatsprinzips nach dem Grundgesetz der Bundesrepublik Deutschland, 1996

- Objektive Bindungswirkung – materielle Rechtskraft – Richterrecht, 1997

Bullert, Hans Günther: Die Gesetzeskraft und die bindende Wirkung der Entscheidungen des Bundesverfassungsgerichts, 1965

Busse, Dietrich: Juristische Semantik, 1993

Bydlinski, Franz: Juristische Methodenlehre, 2. Aufl. 1991

Cornils, Matthias: Zur Rücknahme der Verfassungsbeschwerde, NJW 1998, S. 3624 ff.

Depenheuer, Otto: Der Wortlaut als Grenze, Thesen zu einem Topos der Verfassungsinterpretation, 1988

Detterbeck, Steffen: Streitgegenstand und Entscheidungswirkungen im öffentlichen Recht, 1995

Dreier, Horst, (Hrsg.): Grundgesetz-Kommentar, Bd. 3, 2000

Ebsen, Ingwer: Das Bundesverfassungsgericht als Element gesellschaftlicher Selbstregulierung, Eine pluralistische Theorie der Verfassungsgerichtsbarkeit im demokratischen Verfassungsstaat, 1985

- Der Beitrag des Bundesverfassungsgerichts zum politischen Grundkonsens, S. 83 ff., in: *Schuppert*, Gunnar – *Bumke*, Christian, (Hrsg.): Bundesverfassungsgericht und gesellschaftlicher Grundkonsens, 2000

Erichsen, Hans-Uwe: Allgemeines Verwaltungsrecht, 11. Aufl., 1998

Esser, Josef: Vorverständnis und Methodenwahl in der Rechtsfindung, 2. Aufl., 1972

Eyermann, Erich - *Fröhler*, Ludwig: Verwaltungsgerichtsordnung, Kommentar, 10. Auflage, 1998

Fikentscher, Wolfgang: Methoden des Rechts in vergleichender Darstellung, Bd. IV, 1977

Finkelnburg, Klaus - *Jank*, Klaus Peter: Vorläufiger Rechtsschutz im Verwaltungsstreitverfahren, 4. Aufl., 1998

Frowein, Jochen Abraham - *Peukert*, Wolfgang: Europäische Menschenrechtskonvention, Kommentar, 2. Aufl., 1996

Gadamer, Hans-Georg: Wahrheit und Methode, Grundzüge einer philosophischen Hermeneutik, 2. Aufl., 1965

Geiger, Willi: Die Grenzen der Bindung verfassungsgerichtlicher Entscheidungen (§ 31 Abs. 1 BVerfGG), NJW 1954, S. 1057 ff.

- Einige Besonderheiten im verfassungsgerichtlichen Prozeß, 1981

Gröschner, Rolf: Ein Albtraum, Stellungnahme zum Bundestagsbeschlußantrag vom 21.2.1997, RdJB 1997, S. 223 ff.

- Dialogik und Jurisprudenz, Die Philosophie des Dialogs als Philosophie der Rechtspraxis, 1982

- Das Hermeneutische der juristischen Hermeneutik, JZ 1982, S. 622 ff.

- Die richterliche Rechtsfindung: ‚Kunst' oder ‚Methode' ?, JZ 1983, S. 944 ff.

- Theorie und Praxis der juristischen Argumentation, JZ 1985, S. 170 ff.

- Judiz - was ist das und wie läßt es sich erlernen?, JZ 1987, S.903 ff.

Gröschner, Rolf - *Kopke*, Wolfgang: Die „Jenenser Kritik" an der Rechtschreibreform, JuS 1997, S. 298 ff.

Gussek, Lutz: Bundestagsauflösung kraft Richterspruch?, NJW 1983, 721 ff.

Habermas, Jürgen: Theorie und Praxis, 4. Aufl., 1972

- Faktizität und Geltung, stw 1361, 1. Aufl., 1998

Haft, Fritjof: Juristische Rhetorik, 4. Aufl., 1990

- Recht und Sprachtheorie, ARSP Beiheft Nr. 9, 1977, S. 27 ff.

Heckmann, Dirk: Geltungskraft und Geltungsverlust von Rechtsnormen, Elemente einer Theorie der autoritativen Normgeltungsbeendigung, 1997

Heller, Klaus: Keine 'Reform der Reform', Schulverwaltung NRW, Heft 3/98

Henkel, Heinrich: Einführung in die Rechtsphilosophie, 2. Aufl., 1977

Herzog, Roman: Das Bundesverfassungsgericht im Prozeß der deutschen Einigung, in: *Burmeister*, Joachim: Germania restituta, wissenschaftliches Symposium anläßlich des 60. Geburtstags von Klaus Stern, 1993, S. 161 ff.

Hesse, Konrad: Grundzüge des Verfassungsrechts der Bundesrepublik Deutschland, 20. Aufl., 1995

– Verfassungsrechtsprechung im geschichtlichen Wandel, JZ 1995, 265 ff.

Heun, Werner: Funktionell-rechtliche Schranken der Verfassungsgerichtsbarkeit, 1992

Höffe, Otfried: Wieviel Politik ist dem Verfassungsgericht erlaubt?, Der Staat 1999, S. 171 ff.

– Entscheidungstheoretische Denkfiguren und die Begründung von Recht, ARSP Beiheft 14/1980, S. 21 ff.

Höfling, Wolfram – *Roth*, Thomas: Ungesetzliche Bundesverfassungsrichter? – Zur Geltung des Art. 101 Abs. 1 Satz 2 GG für das Bundesverfassungsgericht, DÖV 1997, 67 ff.

Hruschka, Joachim: Das Verstehen von Rechtstexten, Zur hermeneutischen Transpositivität des positiven Rechts, 1972, Nachdruck 1995

Huber, Peter-Michael: Allgemeines Verwaltungsrecht, 2. Aufl. 1997

Hufeld, Ulrich: Verfassungswidrige Rechtschreibreform?, JuS 1996, S. 1072 ff.

Hufen, Friedhelm: Verfassungsmäßigkeit der Rechtschreibreform, JuS 1998, S. 1153 ff.

– Rechtschreibreform: Karlsruhe locuta ..., RdJB 1998, S. 472 ff.

Ickler, Theodor: Regelungsgewalt, Hintergründe der Rechtschreibreform, 2001

Isensee, Josef – *Kirchhof*, Paul: Handbuch des Staatsrechts der Bundesrepublik Deutschland, Bd. I, 1987.

Jauernig, Othmar: Das „zuständige Bundesministerium", der Richter, der Verleger und die neue Rechtschreibung, JZ 1997, S. 814 ff.

Jäger, York: Entscheidungsverhalten und Hintergrundfaktoren der Bundesverfassungsrichter, ZRP 1987, S. 360 ff.

Kant, Immanuel: Grundlegung zur Metaphysik der Sitten, Werke in zwölf Bänden, 1977, Bd. 7

Kastendieck, Kristina: Der Begriff der praktischen Vernunft in der juristischen Argumentation, 2000

Kissel, Otto Rudolf: Der „neue" Duden und die richterliche Unabhängigkeit, NJW 1997, S. 1097 ff.

Klein, Hans. H.: Probleme der Bindung des „einfachen Richters" an Entscheidungen des BVerfG, NJW 1977, S. 697 ff.

Klein, Eckart (Hrsg.): Grundrechte, soziale Ordnung und Verfassungsgerichtsbarkeit, Festschrift für Ernst *Benda* zum 70. Geburtstag, 1995

Klug, Ulrich: Juristische Logik, 4. Aufl., 1982

Koch, Hans-Joachim - *Rüßmann*, Helmut: Juristische Begründungslehre. Eine Einführung in Grundprobleme der Rechtswissenschaft, Schriftenreihe der Juristischen Schulung, 1982

Kopke, Wolfgang: Rechtschreibreform und Verfassungsrecht, Schulrechtliche, persönlichkeitsrechtliche und kulturverfassungsrechtliche Aspekte einer Reform der deutschen Orthographie, 1995

- Rechtschreibreform auf dem Erlaßwege?, JZ 1995, S. 874 ff.
- Die verfassungswidrige Rechtschreibreform, NJW 1996, S. 1081 ff.

Kopp, Ferdinand - *Schenke*, Wolf-Rüdiger: Verwaltungsgerichtsordnung, 11. Aufl., 1998

Korioth, Stefan: Die Bindungswirkung normverwerfender Entscheidungen des Bundesverfassungsgerichts für den Gesetzgeber, Der Staat 30 (1991), S. 549 ff.

Kriele, Martin: Theorie der Rechtsgewinnung, 2. Aufl., 1976

- § 218 StGB nach dem Urteil des Bundesverfassungsgerichts, ZRP 1975, S. 73 ff.

Kunig, Philip: Das Rechtsstaatsprinzip, Überlegungen zu seiner Bedeutung für das Verfassungsrecht der Bundesrepublik Deutschland, 1986

Lange, Klaus: Rechtskraft, Bindungswirkung und Gesetzeskraft der Entscheidungen des Bundesverfassungsgerichts, JuS 1978, S. 2 ff.

Larenz, Karl: Methodenlehre der Rechtswissenschaft, 6. Aufl., 1991

Larenz, Karl - *Canaris*, Claus-Wilhelm: Methodenlehre der Rechtswissenschaft, 3. Aufl., 1995

Lechner, Hans - *Zuck*, Rüdiger: Bundesverfassungsgerichtsgesetz, Kommentar, 4. Aufl., 1996

Lege, Joachim: Pragmatismus und Jurisprudenz, Über die Philosophie des Charles Sanders Pierce und über das Verhältnis von Logik, Wertung und Kreativität, 1999

Leibholz, Gerhard - *Rupprecht*, Reinhard: Bundesverfassungsgerichtsgesetz, Rechtsprechungskommentar, 1968

Limbach, Jutta: Im Namen des Volkes, Macht und Verantwortung der Richter, 1999

Looschelders, Dirk - *Roth*, Wolfgang: Juristische Methodenlehre, 1986

Löwer, Wolfgang: Verfassungsrechtliche Thesen zur Rechtschreibreform, Stellungnahme zum Bundestagsbeschlußantrag vom 21.2.1997, RdJB 1997, S. 226 ff.

Luetjohann, Eberhart: Nicht-normative Wirkungen des Bundesverfassungsgerichts, Ein Beitrag zur Rechtsprechungslehre, 1991

Luhmann, Niklas: Ausdifferenzierung des Rechts, Beiträge zur Rechtssoziologie und Rechtstheorie, 1999

Marx, Harald: Rechtschreibleistung vor und nach der Rechtschreibreform: Was ändert sich bei Grundschulkindern?, Zeitschrift für Entwicklungspsychologie und Pädagogische Psychologie, Heft 4 / 1999, S. 180 ff.

Maassen, Herrmann: Die Probleme der Selbstbindung des Bundesverfassungsgerichts, NJW 1975, S. 1343 ff.

MacCormic, Donald Neil: Die Grenzen der Rationalität im Rechtsdenken, in: *MacCormic*, Donald Neil - *Weinberger*, Ota: Grundlagen des Institutionalistischen Rechtspositivismus, 1985

von Mangold, Hermann - *Klein*, Friedrich - *Stark*, Christian, (Hrsg.): Das Bonner Grundgesetz, Kommentar, Band 3, 4. Aufl., 2001

Maunz, Theodor - *Dürig*, Günter - *Herzog*, Roman - *Klein*, Franz: Grundgesetz, Kommentar, Stand 1994

Maunz, Theodor - *Schmidt-Bleibtreu*, Bruno - *Klein*, Franz - *Ulsamer*, Gerhard - *Bethge*, Herbert: Bundesverfassungsgerichtsgesetz, Kommentar, Stand: 18. Ergänzungslieferung, Februar 1999

Meder, Stephan: Der Streit um die Kodifikation von Recht und Schreibung, JZ 1997, S. 190 ff.

Menzel, Jörg: Rücknahme von Verfassungsbeschwerden 'Last Minute', JuS 1999, S. 339 ff.

- Von Richtern und anderen Sprachexperten - Ist die Rechtschreibreform ein Verfassungsproblem?, NJW 1998, S. 1177 ff.

- Sprachverständige Juristen, Ein Zwischenbericht zum Rechtstreit um die Rechtschreibreform, RdJB 1998, S. 36 ff.

Meyn, Karl-Ulrich: Kontrolle als Verfassungsprinzip, Problemstudie zu einer legitimationsorientierten Theorie der politischen Kontrolle in der Verfassungsordnung des Grundgesetzes, 1982

Müller, Friedrich: Juristische Methodik, 7. Aufl., 1997

- Methodik, Theorie, Linguistik des Rechts, Neue Aufsätze (1995-1997), Schriften zur Rechtstheorie, Heft 181

von Münch, Ingo - *Kunig*, Philip, (Hrsg.): Grundgesetzkommentar, Bd. 1, 4. Aufl., 1992,

- Bd. 2, 3.Aufl., 1999

- Bd. 3, 3. Aufl., 1996

Munske, Horst Haider: *das* und *daß* - Ein exemplarischer Fall der Orthographiegeschichte und Orthographiereform, Sprachwissenschaft 18 (1993), S. 406 ff.

Munske, Horst Haider - *Habermann*, Mechthild: Germanistische Linguistik in Erlangen, Eine Bilanz nach 50 Jahren, 1/2000, S. 129 ff.

Neumann, Ulfried: Juristische Argumentationslehre, 1986

Ossenbühl, Fritz: Die Kontrolle von Tatsachenfeststellungen und Prognoseentscheidungen durch das Bundesverfassungsgericht, in: Bundesverfassungsgericht und Grundgesetz, Festgabe zum 25jährigen Bestehen des Bundesverfassungsgerichts, Bd. 1, Verfassungsgerichtsbarkeit, 1976.

Pawlowski, Hans-Martin: Methodenlehre für Juristen, 3. Aufl., 1999

Perelman, Chaim: Juristische Logik als Argumentationslehre, 1979

Pestalozza, Christian: Verfassungsprozeßrecht, 3. Aufl., 1991

Philippi, Klaus Jürgen: Tatsachenfeststellungen des Bundesverfassungsgerichts, 1971

Pieroth, Bodo - *Schlink*, Bernhard: Grundrechte, Staatsrecht II, 14. Aufl., 1998

Rawls, John: Die Idee des politischen Liberalismus, Aufsätze 1978-1989, Herausgegeben von Wilfried Hirsch, stw 1123, 2. Aufl., 1997

Reinhardt, Michael: Konsistente Jurisdiktion, 1997

Rennert, Klaus: Historisches zur Bindungswirkung und Gesetzeskraft verfassungsgerichtlicher Entscheidungen, Der Staat, 1993, S. 527 ff.

Rollecke, Gerd: Grundrecht auf richtiges Deutsch?, NJW 1997, S. 2500 ff.

Rottleuthner, Hubert: Plädoyer für eine empirische Argumentationstheorie, ARSP Beiheft 14/1980, S. 87 ff.

Roth, Gerhard: Fühlen, Denken, Handeln, 2001

Roth, Wolfgang: Zur Verfassungswidrigkeit der Rechtschreibreform, BayVBl. 1999, S. 257 ff.

Rupp, Hans G.: Zur Bindungswirkung der Entscheidungen des Bundesverfassungsgerichts, in: Festschrift für Eduard Kern, 1968

Sachs, Michael: Die Bindung des Bundesverfassungsgerichts an seine Entscheidungen, 1977

- Der Fortbestand der Fristenlösung für die DDR und das Abtreibungsurteil des Bundesverfassungsgerichts, DtZ 1990, S. 193 ff.

Šarcenic, Elin: Der Rechtsstaat, Modernität und Universalitätsanspruch der klassischen Rechtsstaatstheorien - eine Bilanz der Rechtsstaatslehren zwischen aufgeklärtem Liberalismus und Nationalsozialismus, 1996

Schapp, Jan: Hauptprobleme der juristischen Methodenlehre, 1983

Schenke, Wolf-Rüdiger: Die Verfassungsorgantreue, 1977

Schlaefer, Michael: Grundzüge der deutschen Orthographiegeschichte vom Jahre 1800 bis zum Jahre 1870, Sprachwissenschaft 5 (1980), S. 276 ff.

- Der Weg zur deutschen Einheitsorthographie vom Jahre 1870 bis zum Jahre 1901, Sprachwissenschaft 6 (1981), S. 391 ff.

Schlaich, Klaus - *Korioth*, Stefan: Das Bundesverfassungsgericht - Stellung, Verfahren und Entscheidungen, 5. Aufl., 2001

Schmidt-Bleibtreu, Bruno - *Klein*, Franz: Kommentar zum Grundgesetz, 9. Aufl., 1999

Schmittmann, Jens - *Handtke*, Irena: Kurzkommentar zum Beschluß des OVG Schleswig vom 13. August 1997, VR 1997, S. 355 ff.

Schnapp, Friedrich - *Henkenötter*, Sandra: Zur Bindungswirkung der Entscheidungen des BVerfG, JuS 1994, S. 121 ff.

Schneider, Egon: Logik für Juristen, 3. Aufl., 1991

Schneider, Hans-Peter: Verfassungsgerichtsbarkeit und Gewaltenteilung, Zur Funktionsgerechtigkeit von Kontrollmaßstäben und Kontrolldichte verfassungsgerichtlicher Entscheidungen, NJW 1980, S. 2103 ff.

Schoch, Friedrich: Vorläufiger Rechtsschutz und Risikoverteilung im Verwaltungsrecht, 1988

Schoch, Friedrich - *Wahl*, Rainer: Die einstweilige Anordnung des Bundesverfassungsgerichts in außenpolitischen Angelegenheiten, in: Grundrechte, soziale Ordnung und Verfassungsgerichtsbarkeit, Festschrift für Ernst *Benda* zum 70. Geburtstag, Herausgegeben von Eckart *Klein*, 1995, S. 265 ff.

Schroth, Ulrich: Eine Methode der formalen Rekonstruktion von Gerichtsurteilen, ARSP Beiheft 14/1980, S. 119 ff.

Schünemann, Bernd: Die Gesetzesinterpretation im Schnittfeld von Sprachphilosophie, Staatsverfassung und juristischer Methodenlehre, in: Festschrift für Ulrich Klug, Bd. I, 1983, S. 169 ff.

Seyfarth, Georg: Die Änderung der Rechtsprechung durch das Bundesverfassungsgericht, 1998

Siegl, Elke Annalene: Duden Ost - Duden West, Zur Sprache in Deutschland seit 1945, 1987

Sobota, Katharina: Sachlichkeit, Rhetorische Kunst der Juristen, 1989

- Rhetorisches Seismogramm - eine neue Methode in der Rechtswissenschaft, JZ 1992, S. 231 ff.

- Argumente und stilistische Überzeugungsmittel in Entscheidungen des Bundesverfassungsgerichts, in: Rhetorik, Ein internationales Jahrbuch 15, 1996, S. 115 ff.

- Das Prinzip Rechtsstaat, verfassungs- und verwaltungsrechtliche Aspekte, 1997

- Rhetorische Muster der Rechtsgewinnung am Beispiel einer Entscheidung des OVG Münster, in: Topoi und Rhetorik, Ein interdisziplinäres Symposium, Herausgegeben von Thomas Schirren und Gert Ueding, 2000

Stern, Klaus: Das Staatsrecht der Bundesrepublik Deutschland, Bd. II, 1980

Stricker, Gregor: Subjektive und objektive Grenzen der Bindungswirkung verfassungsgerichtlicher Entscheidungen gemäß § 31 Abs. 1 BVerfGG, DÖV 1995, S. 978 ff.

Struck, Gerhard: Zur Bedeutung von Widersprüchen, ARSP Beiheft Nr. 9 (1977), S. 79 ff.

Strunk, Hiltraud: Stuttgarter und Wiesbadener Empfehlungen: Entstehungsgeschichte und politisch-institutionelle Innenansichten gescheiterter Rechtschreibreformversuche von 1950-1965, 1992

Thieme, H.: Zum Problem der Bindung aller Gerichte und Behörden an die Entscheidungen des Bundesverfassungsgerichts, ZBR 1954, S. 194 ff.

Tugendhat, Ernst: Zur Entwicklung von moralischen Begründungsstrukturen im modernen Recht, ARSP Beiheft 14/1980, S. 1 ff.

Umbach, Dieter – *Clemens*, Thomas: Bundesverfassungsgerichtsgesetz, Mitarbeiterkommentar und Handbuch, 1992

Viehweg, Theodor: Topik und Jurisprudenz, 2. Aufl., 1963

Vogel, Klaus: Bundesverfassungsgericht und Grundgesetz, Band I, Festgabe aus Anlaß des 25jährigen Bestehens des Bundesverfassungsgerichts, 1976, S. 568 ff.

Wagner, Volkmar: Mögliche Staatshaftungsansprüche der Schulbuchverlage im Falle eines Scheiterns der Rechtschreibreform - ein Gedankenspiel, NJW 1998, S. 1184 ff.

Wegener, Bernhard: Rechtschreibreform und Verfassungsrecht, Jura 1999, S. 185 ff.

Weinberger, Ota: Rechtslogik, 2. Aufl., 1989

Wieacker, Franz: Über strenge und unstrenge Verfahren der Rechtsfindung, in: Im Dienst an Recht und Staat, Festschrift für W. Weber, Berlin 1974, S. 421 ff.

Wischermann, Norbert: Rechtskraft und Bindungswirkung verfassungsgerichtlicher Entscheidungen, 1979

Wißmann, Hinnerk: Wo kein Kläger, da kein Richter, DÖV 1999, S. 152 ff.

Wittgenstein, Ludwig: Ein Reader, 1. Aufl., 1996

Wolf, Ernst: Die rechtswidrige „Rechtschreibreform“, NJW 1997, S. 3421 ff.

Veith, Werner H.: Die deutsche Orthographie im Brennpunkt, Sprachwissenschaft 22 (1997), S. 19 ff.

Zabel, Hermann: Keine Wüteriche am Werk. Berichte und Dokumente zur Neuregelung der deutschen Rechtschreibung, 1996

– Die Geschichte der Reformbemühungen von 1970 bis 1995 in der BRD, in: *Augst/Blüml/Nerius/Sitta* (Hrsg.): Zur Neuregelung der deutschen Orthographie, 1997

Ziekow, Jan: Die Bindungswirkung der Entscheidungen des Bundesverfassungsgerichts, Jura 1995, S. 522 ff.

Zippelius, Reinhold: Rechtsphilosophie, 3.Aufl., 1994

Zuck, Rüdiger: Die Selbstbindung des Bundesverfassungsgerichts, NJW 1975, S. 907 ff.

Peter Lang · Europäischer Verlag der Wissenschaften

Bodo von Wolff

Das Grundgesetz als prinzipaler Entscheidungsmaßstab bei der Landesverfassungsbeschwerde

Zugleich ein Beitrag zur vorrangigen, aber nicht ausschließlichen Entscheidungszuständigkeit des Bundesverfassungsgerichts

Frankfurt/M., Berlin, Bern, Bruxelles, New York, Oxford, Wien, 2001. 274 S.
Europäische Hochschulschriften: Reihe 2, Rechtswissenschaft. Bd. 3254
ISBN 3-631-38121-2 · br. € 45.50*

Die Arbeit geht von der Frage aus, inwieweit die Verfassungsgerichte der Länder zur Kontrolle der fachgerichtlichen Anwendung von Bundesrecht berufen sind. Nach kritischer Betrachtung der Rechtsprechung beschäftigt sich die Untersuchung mit der grundsätzlichen Abgrenzung der Prüfungszuständigkeiten von Bundes- und Landesverfassungsgerichtsbarkeit. Der Verfasser entwickelt die These, daß die bisher angenommene Beschränkung der Landesverfassungsgerichte ausschließlich auf ihr jeweiliges Landesverfassungsrecht nicht zwingend durch Bundesrecht vorgegeben sei. Es müsse vielmehr nur gewährleistet sein, daß das Bundesverfassungsgericht seine *vorrangige* Entscheidungszuständigkeit für die Auslegung des Grundgesetzes abschließend zur Geltung bringen könne. Auf der Grundlage dieses Ansatzes versucht die Arbeit die Bedingungen zu benennen, unter denen ein Landesverfassungsgericht den Beschwerdeführer mit der Behauptung hören kann, er sei in einem seiner Bundesgrundrechte verletzt.

Kolibri 360 GmbH
Ferdinand-Jühlke-Straße 7
99095 Erfurt, Deutschland
produktsicherheit@kolibri360.de

Druck:
CPI Druckdienstleistungen GmbH
im Auftrag der
Kolibri 360 GmbH
Ferdinand-Jühlke-Str. 7
99095 Erfurt